全本全注全译丛书

中华经典名著

陈桐生◎译注

# 国 语

中华书局

**图书在版编目(CIP)数据**

国语/陈桐生译注. —北京:中华书局,2013.4(2025.3重印)
(中华经典名著全本全注全译丛书)
ISBN 978-7-101-09208-0

Ⅰ.国… Ⅱ.陈… Ⅲ.①中国历史-春秋时代-史籍②《国语》-译文③《国语》-注释 Ⅳ.K225.04

中国版本图书馆 CIP 数据核字(2013)第 031530 号

| | | |
|---|---|---|
| 书　　名 | 国　语 | |
| 译 注 者 | 陈桐生 | |
| 丛 书 名 | 中华经典名著全本全注全译丛书 | |
| 责任编辑 | 周　旻 | |
| 装帧设计 | 毛　淳 | |
| 责任印制 | 韩馨雨 | |
| 出版发行 | 中华书局 | |
| | (北京市丰台区太平桥西里 38 号　100073) | |
| | http://www.zhbc.com.cn | |
| | E-mail:zhbc@zhbc.com.cn | |
| 印　　刷 | 北京中科印刷有限公司 | |
| 版　　次 | 2013 年 4 月第 1 版 | |
| | 2025 年 3 月第 13 次印刷 | |
| 规　　格 | 开本/880×1230 毫米　1/32 | |
| | 印张 24　字数 390 千字 | |
| 印　　数 | 64001-67000 册 | |
| 国际书号 | ISBN 978-7-101-09208-0 | |
| 定　　价 | 62.00 元 | |

# 目　录

# 前　言

　　《国语》是一部什么样的书？汉人说它是"《春秋》外传"，所谓"外传"，是相对于"内传"即《左传》而言。既然《国语》、《左传》一是外传，一是内传，那么自然这两部书就同出于左丘明之手，司马迁即在《史记》中明确地说左丘明作《左传》，又在《报任安书》中说"左丘失明，厥有《国语》"。"《春秋》外传"之说是汉代经学兴盛时代的产物，今人已经不再相信它了。《四库全书总目提要》将《国语》置于"杂史"一类，这个处理解除了《国语》与《春秋》之间所谓的经传关系，不过"杂史"之说略嫌宽泛。清人浦起龙在《史通通释》中根据刘知几六家之说，从史书体例上将《国语》断为"国别家"。

　　本书以为，对于《国语》性质，必须把握以下几个要点：

　　首先，《国语》之"语"，是西周春秋时期一种记载君臣治国之语的文体。在《国语》之前，《尚书》记载了虞夏商周君臣治国言论，只不过没有使用"语"这个名称。根据现存文献，"语"的名称最早出现于西周，《周语》是我们所能见到的最早的"语"体文章。不仅周王室有"语"，各诸侯国也有自己的"语"。《楚语上》载楚人用来教育太子的《语》，《郑语》所引《训语》，都应该是记载治国言论的典籍。《论语》、《孔子家语》的命名，也是因为它们都是记载言论的书。"语"之前冠以国名，就成为某国之"语"，诸如《鲁语》、《齐语》、《晋语》、《吴语》等等。各国之《语》最初可能是单篇流传,并借朝聘赴告机会得到交流,战国初年某国史官把他手头上所掌握的各国之《语》按国别编为一书,遂成今本《国语》。

其次,《国语》的写作模式是:王侯卿士大夫就某些具体现实政治问题发表言论,史官将其言论载之简帛。所以,《国语》各篇文章是王侯卿士大夫与史官共同的精神劳动产品。《国语》的主体是记载治国言论,属于说理文字,主体内容的前后都有文字记叙言论的前因后果。它的每一篇文章的写作都经历了若干年时间,如《周语上》"邵公谏厉王弭谤章"发生在公元前845年,文章结尾又记载:"王不听,于是国莫敢出言,三年乃流王于彘。"周厉王被流放是在公元前842年。所以,"邵公谏厉王弭谤"一文的写作前后经历了三年。

第三,《国语》是"编"不是"著",是"选"不是"作"。《国语》文章是从西周到战国初年不同时代的周王室和各诸侯国史官早就写好了的,编者只是起到选篇、编辑的作用。《国语》选编范围,包括西周、东周、鲁、齐、晋、郑、楚、吴、越等诸侯国。尽管选篇不够完备,但是像西周覆灭、齐桓、晋文称霸以及吴越兴亡等重大历史事件都在这部书中得到反映。它的记载上至周穆王,下迄鲁悼公,约当公元前967年至公元前453年,历时514年。各国史料在全书中所占的比重悬殊甚大,其中《晋语》所占篇幅最多,而《郑语》只有两条材料。

第四,《国语》是"史料汇编"而不是"史"。史书应该是有着前后因果联系的系统记载,拿这一标准衡量《国语》,显然它还不够史的规格。《国语》一共收有235条材料,每一条材料截取一个历史片断,除《晋语》某些材料和《吴语》、《越语下》上下章有所衔接之外,大多数材料之间没有上下前后的因果联系。

第五,《国语》保留了史料的原貌。编者没有对全书语言和文风做统稿、改写、加工、提炼的工作,而是原汁原味地编排,给人以"茅茨不翦,采椽不斫"(《韩非子·五蠹》)的感觉。《国语》中有不少史料重复,甚至存在一事异记现象,如吴越不少记载就互有不同,可能这些史料最初是出于不同史官之手,编者原封不动地将其收入《国语》之中。

根据以上所述,《国语》是一部记载西周春秋王侯卿士大夫治国言论的原始史料汇编。

《国语》内容广泛涉及"邦国成败,嘉言善语,阴阳律吕,天时人事逆顺之数",其书"包罗天地,探测祸福,发起幽微,章表善恶"(韦昭《国语解叙》),编者选编的宗旨是为王侯卿士大夫治国保家"道训典","献善败",其中劝谏内容远远多于颂美。例如周宣王本是西周中兴之主,但在《周语上》有关宣王的五条材料中,竟有四条是写西周名臣讽谏宣王弊政,从中可见编者提供懿戒的意识是何等强烈!《国语》文章呈现出鲜明的时代性,西周文章多记载名臣讽谏弊政和嘉言懿行,春秋文章则主要突出齐桓、晋文等人的称霸谋略,如《齐语》载管仲治齐,全然不用礼乐道德教化,而是依靠他个人的政治智慧,《晋语》载晋文公称霸也多出于子犯、先轸等人的谋略,这显示了"上古竞于道德,中世逐于智谋,当今争于气力"(《韩非子·五蠹》)的历史发展趋势。由于历史文化传统和现实条件的差异,《国语》各篇的地域特色也很明显。周、鲁以及刻意向周、鲁文化靠近的楚国言论多为道德劝谏。以《鲁语》为例,无论是匠师庆、夏父展的犯颜直谏,还是叔孙穆子聘晋不拜天子诸侯之乐,抑或太史里革斩断宣公之罟,无一不显示了鲁人对礼义价值的维护。公父文伯之母只是鲁国的一名贵族妇女,可是《鲁语》收录她的言论材料就达八条之多,这些材料围绕着一个共同主题,就是这位贵妇人如何维护礼义。齐、晋、郑、吴、越之语则多为计谋,如吴、越的兴衰存亡,起决定因素的不是句践、夫差等人的道德水平高低,而是他们立国的方略是否正确。《国语》中有不少文章是告诫卿士大夫如何持禄保宠全身免祸,评论者多从卿士大夫言行举止来预测其吉凶祸福。如《周语中》载单襄公、刘康公等人言论,说明轻佻、无礼、淫逸、奢侈、矜夸必致败亡的道理。《晋语五》"师胜而范文子后入章"载范文子在班师之际不抢主帅风头,其父范武子发出"吾知免矣"的赞叹。《晋语九》收录了三条与智氏有关的言论材料:"智果论智瑶必灭宗章"载智宣子错选继承人,"士茁谓土木胜惧其不安人章"载士茁讽谏智伯大兴土木,"智伯国谏智襄子章"载智伯国讽劝智伯备难,这些言论已经预示智氏覆灭的下场。《国语》记载了很多有价值的思想言论,如《周语上》载邵公"防民之口,甚于防川","为民者宣之使言"之语,这在当时具有振聋发聩的意义,对后代也有强烈的针砭价值;《鲁语上》载曹刿肯定鲁庄公"中心图民",同篇载臧文仲倡导"居官者当事不避难,在位者恤民之患",这些都是值得肯定的思想;《郑语》载史伯说"夫成天地之大功者,其子孙未尝不章",这种积善积德的观念对此后民族心理产生了深远影响;《越语下》载范蠡"人事必将与天地相参,然后乃可以成功"言论,体现了中国传统的天人合一的思想。《国语》保存了一批珍贵的文献资料,如《周语上》所载伯阳父言论是中国最早的对地震成因的阐述,《周语下》载单穆公谏景王铸大钱、铸大钟以及伶州鸠论钟律,是中国早期社会非常珍贵的金融、音律文献,《鲁语上》载展禽论祀典,详细地讲述了上古帝王的祭祀制度,《楚语下》载观射父论绝地天通和祀牲,可以帮助后人了解先秦巫觋和祭祀牺牲情形,其他如《郑语》所载史伯言论包含了大量的中国早期历史资料。但是《国语》并非所有言论都是可取的,像《周语上》载仲山父认为周宣王料民会导致西周覆灭,《周语下》载彪傒论定刘文公、苌弘由于建议城周而蒙受阴祸,太子晋认为堵塞谷水会导致东周王室政治衰微,这些观点显然都没有说服力。

　　《国语》应该在中国文学史上如何定位?目前流行的中国文学史论著都是将《尚书·周书》和《春秋》作为西周春秋散文的代表作,而把《国语》放在《左传》之后论述。这个处置遮蔽了《国语》的真实文学价值。实际上,《尚书·周书》有意地模仿《尚书·商书》的文风,是典型的仿古之作,而《春秋》仅仅是大事记,两者都不能代表西周春秋散文的真实成就。真正能够代表西周春秋散文成就的唯一典籍是《国语》，它代表了《尚书》之后《左传》之前西周春秋历史散文的真实发展水平，堪称是研究西周春秋历史散文的活标本。《国语》中有 11 篇西周文章，这 11 篇文章就代表了西周散文的成就。《国语》中有 10 篇战国文章，从中可见战国初年历史散文的风貌。剩下的 214 篇文章便代表了春秋散文水平。《国语》235 篇文章展示了从西周中期到战国初年 514 年历史散文发展轨迹。

与《尚书》相比，《国语》文章最大的进步是语言。我们将《尚书·周书》与《国语》中 11 篇西周散文进行比较，就可以发现前者晦涩艰深而后者平易浅近。其中的原因，就在于《周书》沿用了《商书》的典诰公文体语言。《国语》散文是史官在履行记载职责过程中诞生的，它不是朝廷的正式公文，所以史官们不必运用佶屈聱牙的官方典诰公文体语言，而是用西周流行的普通书面语从事写作。当西周史官这样做的时候，他们没有意识到这实际上是一场历史散文语言的革命——它使得散文语言更接近人们实际生活中所使用的语言。在此后三千多年封建社会中，散文创作所使用的语言就是由《国语》所代表的文言。从西周到战国初年，《国语》语言继续向平易化方向发展，鲁、晋、齐、楚的春秋文章语言整炼流利，而战国初年的散文，其语言流畅程度已经接近于《战国策》。通读《国语》，读者自会从中深切地感受到历史散文语言的演进，一种由古朴到畅达、由简练到流利的演进。

作为记言散文，《国语》上承《尚书》下启战国诸子说理散文，它代表了西周春秋时期说理散文所达到的水平。《国语》某些记言文抽象概括能力较《尚书》有所提高，呈现出由直观经验向抽象概括过渡的倾向。如《周语上》载伯阳父论三川地震："夫天地之气，不失其序；若过其序，民乱之也。阳伏而不能出，阴迫而不能烝，于是有地震。"伯阳父从复杂的宇宙现象中抽象出阴阳这两种原始的物质和力量，用阴阳二气的相互作用来解释地震发生原因。《郑语》载史伯说，"和实生物，同则不继",史伯此论是由周幽王远君子亲小人现象而发,他从对立统一的哲理高度来讨论朝廷用人问题。《尚书》记言文结构松散、内容枝蔓的情形到《国语》有了明显的改变。从《国语》我们看到,到西周中后期,人们已经能够比较纯熟地运用先提出核心论点、再围绕主题逐层展开论述的说理方式,一席言论往往就是一篇主题突出、结构紧凑、条理清楚的说理散文。如《周语上》载祭公谋父谏穆王征犬戎,先提出"先王耀德不观兵"作为一篇说辞的灵魂,以下引经据典,运用翔实的理论和史实论据对观点进行论证,如果去掉前后的叙事文字,主体部分就是一篇观点鲜明、逻辑严谨的小型论文。同篇载邵公谏厉王弭谤,也是先提出"防民之口,甚于防川"的中心思想然后再展开论证,文理可圈可点。对话体是先秦记言文的重要形式。《尚书》的《皋陶谟》、《洛诰》、《西伯戡黎》、《微子》记载了人物问答,但尚未形成固定的格式。《国语》为对话体散文所作的最大贡献是确立了宾主对答的形式格局,问者为主,答者为宾,而文章重点则落在对答之上。在这些对话体散文中,主方的问语除了具有叙事功能以外,还有推进文章深入的结构意义。如《齐语》载齐桓公问管仲:"成民之事若何?""处士、农、工、商若何?""定民之居若何?"……这一系列的问语将文章一步步引向深入,使管仲得以系统全面地阐述自己的改革思路和主张。从春秋中叶开始,《晋语》就收录一些充满智慧与机锋的短小隽语,例如《晋语四》载:"文公学读书于白季,三日,曰:'吾不能行也咫,闻则多矣。'对曰:'然而多闻以待能者,不犹愈也?'"这样的短章只有寥寥数语,语言凝练,意味隽永,它们与西周春秋时期格言、谚语一起,成为春秋战国时期语录体散文的源头。进入春秋以后,《国语》叙事成分明显增多,如《晋语》载献公、奚齐、卓子、惠公、怀公、文公数世之乱,《吴语》、《越语》载吴、越兴亡经过,都将历史事件的发展过程叙述得委曲详尽。尽管叙事不是《国语》的正宗,但它为此后的《左传》记事提供了丰富的写作经验。

由于《国语》材料来自不同地域,因此各国文章风格不尽相同。前人对此已经有所体会，如朱彝尊在《经义考》卷二百九引陶望龄曰："《国语》一书，深厚浑朴，《周》、《鲁》尚矣。《周语》辞胜事，《晋语》事胜辞。《齐语》单记桓公霸业，大略与《管子》同。如其妙理玮辞，骤读之而心惊，潜玩之而味永，还须以《越语》压卷。"崔述《洙泗考信录·余录》也认为《国语》各国文风不同："周、鲁多平衍，晋、楚多尖颖，吴、越多恣放。"《周语》、《鲁语》风格比较接近，均以浑朴平实见长。其文持论正统，语言朴实，不夸张，不诡激，立论重视遗训故实，多引经据典，显示出深厚的历史文化底蕴。周、鲁文风之所以相近，是因为它们拥有共同的礼乐文化。与周、鲁文风相近的还有《郑语》，这是因为郑桓公向史伯咨询时尚在担任西周王朝的司徒，而与郑桓公对话的史伯则是周王室的史官，对话的地点是在西周都城。《齐语》八条材料主要记载管仲的治国言论，文风一如管仲改革一样干练明断。《晋语》前半部分记载晋国五世动乱，后半部分记载六卿专权，其文风像政局一样波谲云诡，其中蕴含着阴险狠毒的杀机和深不可测的权术。楚国本为蛮夷之邦，令人惊异的是它的文章价值取向和文风颇近周、鲁。但是切勿认为《楚语》就是《周语》、《鲁语》的翻版，《周语》、《鲁语》多少带有一些因循守旧的年迈暮气，而《楚语》则于浑厚古朴之中蕴含着一个新崛起的泱泱大国所特有的大气、朝气和颖锐之气。《吴语》、《越语》历来并提，两国文章也各有特色：《吴语》文风突怒偃蹇，拗倔恣放；《越语》上下篇分别出于两位越国史官之手，上篇概述句践灭吴经过，下篇记述范蠡为句践筹划灭吴的谋略，其中蕴含着一种深沉的哲理意味，文章洋洋洒洒极为畅达，如同风行水上。《国语》各国文章无论历时长短，文风都呈现出相对的稳定性。以《周语》为例，它的上限是西周中叶穆王征犬戎（公元前967年），下限是战国初期刘氏之亡（约公元前468年），前后时间跨度是495年，执笔记载的史官不知换了多少人，虽然前后文风有着从古朴到平易的细微变化，但《周语》上中下三篇文风大体保持一致。又如《晋语》，它的记事上限是晋武公伐翼（公元前709年），下限是智伯之亡（公元前

448 年），历时 261 年，共有 127 篇文章，文风也没有大的变化。各国之《语》文风之所以能够保持相对的稳定，一方面是因为各国政治文化传统具有传承性，另一方面则是因为该国前代史官文风对其后任者产生持久的示范作用。

《国语》在表现手法上呈现出逐步演进的趋势。《周语上》的表现手法还相对单一。历史人物发表言论，常见的手法是运用比喻和引经据典。谏辞前后的记事基本上是叙述，很少艺术描写。这种情况到春秋散文已有改变。排比是春秋散文经常运用的手法，《楚语上》载申叔时论太子之教，在讲到文献教育时接连用了九个"教之……"句式，论及道德教育时又一口气用了十二个"明……以……之"排比句，多重排比句的大量运用，为言论增添了艺术感染力。同篇载蔡声子为椒举游说楚国令尹子木，蔡声子没有从正面为椒举求情，而是运用侧面微讽的手法。春秋散文时有幽默之笔，如《晋语九》载董叔娶范宣子之妹为妻，叔向加以劝阻，董叔说"欲为系援"。婚后妻子向哥哥状告董叔不敬，范宣子将董叔绑在庭院槐树上，正好叔向从旁边路过，董叔要叔向替自己求情，叔向说："求系既系矣，求援既援矣。欲而得之，又何请焉？"幽默之中包含着讽刺意味。由于叙事成分的增多，《晋语》、《吴语》、《楚语》突破了《周语上》单纯的叙述，文章中常有人物语言、行动、细节、场面描写。如《吴语》写吴王夫差与晋人对阵，左、中、右三军分别著赤、白、玄三色衣甲，宛若一幅色彩绚丽的画卷，再现了当年吴师严整的阵容和强大的军威，千年之下读来宛在目前。同篇写董褐对吴王心理的分析："臣观吴王之色，类有大忧：小则嬖妾嫡子死，不则国有大难；大则越入吴。将毒，不可与战。"对人物心理的刻画可谓鞭辟入里。《越语下》在篇章组织结构上颇见匠心，八篇文章拆开来各自独立，合起来是一个整体。多元表现手法为此后历史散文作家积累了艺术经验。

《国语》现存最早的注本是三国时期韦昭的《国语解》，该书保留了郑众、贾逵、虞翻、唐固等人的旧注，现存明道本和公序本两种版本。清代洪亮吉有《国语韦昭注疏》、汪远孙有《国语校注本三种》，董增龄有《国语正义》。王引之《经义述闻》中的《国语》部分，精见迭出。俞樾《群经平议》中有《春秋外传国语》，亦为学人所重。近代学者吴增祺有《国语韦解补正》，徐元诰有《国语集解》。当代有十几种《国语》选本或注译本，其中影响较广的是傅庚生《国语选》。上海古籍出版社1978年出版了吴绍烈等人校点的《国语》，为每章拟定标题。本书文字以《四部备要》排印清代士礼居翻刻明道本为底本，参校《四部丛刊》影印明代翻刻公序本，注释和译文博采韦昭、汪远孙、高邮王氏父子、俞樾、吴增祺、徐元诰等前贤旧注，间或参以己意，各章采用吴绍烈等人拟定的标题。

　　两年前，中华书局编辑周旻博士向我约稿，要我承担《国语》全本全注全译的写作任务，当时虽然感到责任重大而自己能力不足，但出于对《国语》的喜爱，于是咬着牙将任务接下来。经过披阅两载，三易其稿，终于完成了写作任务，尽管它还有诸多不尽如人意之处。

　　我注译《国语》，首要动机是提请学术界关注这部文献，因为它的文学史价值未能被人们真正认识，我个人的看法是，《国语》是西周中期到战国初期的作品，《左传》是战国前期的作品，《国语》代表了西周中期到战国初年散文的真实水平，《国语》本身就是一部散文发展史，尤其在说理散文方面，《国语》有着不可替代的文学地位。

　　本书在写作过程中，始终得到责任编辑周旻博士的关心，并根据她的建议，对于历史事件、典故、人物进行了较为详细的注释，使读者对于事件的来龙去脉有更清晰的了解，从而对于其言论有更深刻的认识；同时注意比较《国语》、《左传》、《史记》对于相同事件、人物的记载异同，以见《国语》的特点。研究生黄晓鋆、王群、刘奕华、沈逸莹、吴柳纯、王豪菁、刘世鹏、郑陈娟、朱啸雪等人校对了书稿。在此一并表示诚挚的感谢。

由于注译者才疏学浅,虽然在注译过程中尽力做到准确,但书中肯定还存在不少疏漏错误之处,在此诚恳地希望读者批评指正。

陈桐生

2012 年 7 月 22 日

# 周语上

【题解】

　　本篇收录了十四条言论材料，其中十条来自西周，四条是东周材料，其年代上至西周穆王下至东周襄王。

　　"祭公谏穆王征犬戎章"、"邵公谏厉王弭谤章"、"芮良夫论荣夷公专利章"、"虢文公谏宣王不籍千亩章"、"仲山父谏宣王立戏章"记载西周卿士大夫讽谏周王弊政，其中邵公"防民之口，甚于防川"、"为民者宣之使言"之语，尤为犀利深刻，堪称振聋发聩。但"仲山父谏宣王料民章"以周宣王料民作为周幽王覆灭的原因，这显然没有多少说服力。"穆仲论鲁侯孝章"、"内史过论晋惠公必无后章"、"内史兴论晋文公必霸章"记载周王室大夫评论诸侯贤不肖，以此预测国运兴废和人物吉凶，开后代人物评论的先河。"密康公母论小丑备物终必亡章"反映了西周政治宗法等级制度下弱肉强食的历史现象。"邵公以其子代宣王章"体现了邵公对周王室的忠诚。"西周三川皆震伯阳父论周将亡章"从阴阳失序预测西周即将灭亡。"郑厉公与虢叔杀子颓纳惠王章"说明幸灾乐祸会导致灾难后果。

　　本篇是《国语》中最早的篇章，它标志着"语"这一记言文体的建立。文章作者不采用《尚书》艰深的典诰语言，而是运用当时的普通书面语记载人物言论，这是当时文学语言的重大革新。厚重朴实而不失典雅，是本篇的文风特色。

# 祭公谏穆王征犬戎

穆王将征犬戎①，祭公谋父谏曰②："不可。先王耀德不观兵③。夫兵戢而时动④，动则威，观则玩⑤，玩则无震⑥。是故周文公之《颂》曰⑦：'载戢干戈，载櫜弓矢。我求懿德，肆于时夏，允王保之⑧。'先王之于民也，懋正其德而厚其性⑨，阜其财求而利其器用⑩，明利害之乡⑪，以文修之⑫，使务利而避害，怀德而畏威，故能保世以滋大⑬。

【注释】

①穆王：西周第五位君王，姬姓，名满。在位期间征讨犬戎，又好巡游天下，小说《穆天子传》记载他巡游事迹。征：以上讨下曰征。犬戎：西方少数民族，为西戎的一个种族。

②祭(zhài)公谋父：周王室卿士。祭，西周王畿内封国，为周公之后。谋父，祭公之名。

③耀德：明德，指施行文德教化。观兵：示兵，指显示兵力威武。

④戢(jí)：收藏。时动：以时出兵。古代春夏秋三季务农，冬季讲武。务农之时兵藏不出，只有在讲武季节才出兵。

⑤玩：黩武。

⑥震：威。

⑦周文公：周公旦，文王之子，武王之弟。"文"是他的谥号。《颂》：此指《诗经·周颂·时迈》，周公所作，讲述武王克商后封建诸侯，威震四方，安抚百神，偃武修文，从而发扬光大大周祖先功业诸事。《毛诗序》："《时迈》，巡守告祭柴望也。"是武王巡守祭山

川时所唱的乐歌。

⑧"载戢干戈"以下五句:讲述武王克商后偃武修文。载,则。干,楯。戈,戟。櫜(tuó),弓韬。懿,美。肆,陈布。时,是,这个。夏,华夏。允,信,确实。王,周武王。保之,保有华夏。

⑨懋(mào):勉励。正:端正。性:生,民生。

⑩阜:增大。求:通"賕",财。器:兵器。用:耒耜等农具。

⑪明利害之乡:给老百姓指明利害方向。乡,方。

⑫以文修之:用礼法文德来教化人民。文,礼法。

⑬保世:保有世传王业。滋:益。

**【译文】**

　　周穆王将要征讨犬戎,祭公谋父劝谏说:"不可以征讨。先王的做法是耀明文德而不显示兵威。兵威在绝大多数情况下应该敛藏,只在特定时节出动,一出动便显示兵威,若单纯显示兵威,那就是黩武,而黩武是不会有兵威的。所以周文公的《颂》诗说:'把楯戟收藏起来,将弓矢收进弓韬。周王追求的是美德,他要将美德广布这华夏大地,武王真正做到保有华夏。'先王对于人民,勉励他们端正德行,致力于加厚民生,增加人民的财富,改善兵器和农具,给人民指明利害的方向,修文德教化人民,使他们趋利避害,让远方之人感怀明君恩德而畏惧兵威,因此先王能够保有世传王业而发扬光大。

　　"昔我先王世后稷①,以服事虞、夏②。及夏之衰也,弃稷不务③,我先王不窋用失其官④,而自窜于戎、狄之间⑤,不敢怠业,时序其德⑥,纂修其绪⑦,修其训典⑧,朝夕恪勤⑨,守以敦笃⑩,奉以忠信,奕世载德⑪,不忝前人⑫。至于武王,昭前之光明而加之以慈和⑬,事神保民⑭,莫弗欣喜⑮。商王帝辛⑯,大恶于民⑰。庶民不忍,欣戴武王⑱,以致戎于商牧⑲。

是先王非务武也,勤恤民隐而除其害也<sup>⑳</sup>。

**【注释】**

①世:世袭。后:君。稷:农官。

②服事虞、夏:周人先祖先后为虞舜和夏朝后稷。

③弃稷不务:废弃后稷农官,不再重视务农。

④不窋(zhú):周人先祖,为公刘祖父。用:因而。失其官:失去后稷官职。

⑤自窜于戎、狄之间:尧封周人始祖弃于邰,邰在陕西武功,旧为戎、狄杂居之地。不窋失去后稷官职之后,奔窜回邰,故云自窜戎、狄之间。又,戴震曰:"《史记》称孔甲淫乱,夏后氏德衰,诸侯叛之。殆后稷之官及有邰之封,乃相因而失。诸侯侵夺,天子不正之,是以远窜。"窜,窜匿。

⑥时序其德:时时论叙周人后稷之德。序,同"叙"。

⑦篡修其绪:继承周人的后稷事业。篡,继承。绪,事。

⑧修:整理。训典:指记载先王教训的经典。

⑨恪勤:恭敬勤劳。

⑩敦笃:敦厚。

⑪奕世:累世。奕,各本作"亦"或"弈",此处据明道本。载德:成就德行。

⑫忝:辱没。

⑬昭:昭显。前之光明:先王的明德。

⑭保民:养育人民。

⑮莫弗欣喜:没有人不高兴。

⑯帝辛:殷纣王。

⑰大恶于民:施大虐于民。

⑱欣戴:欣然拥戴。

⑲戎：兵，战争。商牧：商郊牧野，在今河南汲县。

⑳勤恤：尽心体恤。民隐：人民的痛苦。

**【译文】**

　　"从前我们周人先君世代担任后稷之职，侍奉虞、夏两朝。到了夏朝衰落的时候，夏王废弃后稷农官，不再重视农，我先王不窋因此失去后稷官职，只好自己隐匿到戎、狄之间。他不敢怠惰先人基业，时时论叙先人的美德，继承先人的事业，修整先王的教训典籍，从早到晚恭敬勤劳，坚守敦厚，奉行忠信，世代被人称颂为有德，不曾辱没先人。到了武王，昭显先王的光明德行，更加上慈爱和善，敬事天神，怀保小民，没有人不喜欢他。商纣王帝辛，大施虐政于民。庶民不能忍受纣王暴政，欣然拥戴武王，商周在牧野决战。这说明先王并非崇尚武力，而是尽心体恤人民的痛苦，为民除害。

　　"夫先王之制，邦内甸服①，邦外侯服②，侯、卫宾服③，蛮、夷要服④，戎、狄荒服⑤。甸服者祭⑥，侯服者祀⑦，宾服者享⑧，要服者贡⑨，荒服者王⑩。日祭、月祀、时享、岁贡、终王⑪，先王之训也。有不祭则修意⑫，有不祀则修言⑬，有不享则修文⑭，有不贡则修名⑮，有不王则修德⑯，序成而有不至则修刑⑰。于是乎有刑不祭，伐不祀，征不享，让不贡⑱，告不王⑲。于是乎有刑罚之辟⑳，有攻伐之兵㉑，有征讨之备㉒，有威让之令㉓，有文告之辞㉔。布令陈辞而又不至，则增修于德而无勤民于远㉕，是以近无不听，远无不服。

**【注释】**

①邦内：天子千里王畿之内。甸：王田。服：服事天子，指诸侯对天子所尽的职责。

②邦外侯服:王畿之外方五百里称之为侯服。

③侯、卫宾服:从侯服到卫服之间,本来是侯、甸、男、采、卫五服,此处举侯、卫而包括五服。宾服,以宾客身份服事天子。

④蛮、夷要服:距离王城三千五百里为蛮圻(qí),距离王城四千里为夷圻。要服,通过要结友好关系而服事天子。

⑤戎、狄荒服:距离王城四千五百里为戎,距离王城五千里为狄。荒服,居政教荒忽之地而服事天子。

⑥甸服者祭:甸服者助天子日祭。

⑦侯服者祀:侯服者助天子月祀。

⑧宾服者享:宾服者每个季节到王城奉献祭品。

⑨要服者贡:要服者每年到京师进贡祭品。或曰要服六年一见。

⑩荒服者王:荒服者三十年到王城一次,以当地宝物为进见礼,尊天子为王。或曰:据《周礼》,九州之外谓之蕃国,旧君死新君继位才到王城进见。

⑪日祭:天子祭祀祖考。月祀:天子每月祭祀曾祖和高祖。时享:天子每季祭祀远祖宗庙。岁贡:天子每年献享于坛、墠。终王:戎狄旧君死后,新君要入朝尊王。终:指世终。

⑫修意:修治志意以示自责。

⑬修言:修治号令。

⑭修文:修治典法。

⑮修名:修治尊卑名号。

⑯修德:修治文德。

⑰序成:上述五者次序已成。修刑:修治刑诛。

⑱让:谴责。

⑲告:以文辞告晓之。

⑳刑罚之辟:指刑不祭。辟,治。

㉑攻伐之兵:指伐不祀。

㉒征讨之备：指征不享。

㉓威让之令：指让不贡。

㉔文告之辞：指告不王。

㉕勤：劳。

【译文】

"先王的制度是：王畿之内的邦国为甸服，王畿之外的邦国为侯服，从侯圻到卫圻的邦国为宾服，蛮、夷邦国为要服，戎、狄邦国为荒服。甸服邦国助天子日祭，侯服邦国助天子月祀，宾服邦国每季奉献祭品，要服邦国每年入朝进贡，荒服邦国三十年一次入朝尊王。天子日祭祖考，月祀曾祖和高祖，每季祭祀远祖宗庙，每年献享于祭神的坛墠，戎狄新君嗣位时应入朝尊王：这些都是先王留下的训示。甸服邦国若有不助日祭者，天子就要修治志意以示自责；侯服邦国若有不助月祀者，天子就要修治号令；宾服邦国若有不以时献享者，天子就要修治典法；要服邦国若有不入朝进贡者，天子就要修治尊卑名号；荒服邦国新君若有不入朝尊王者，天子就要修治德行；如果上述次序已经完成仍有不入朝的邦国，那就要修治刑诛。于是对不助日祭者有刑罚之治，对不助月祀者有攻伐之兵，对不以时献享者有征讨之备，对不入朝进贡者有威责之令，对戎狄新君不入朝尊王者有文辞之告。文告辞令发布之后仍然不至，那就要加倍修德，而不要劳民远征。所以近处邦国没有不听，远方邦国没有不服。

"今自大毕、伯士之终也①，犬戎氏以其职来王②。天子曰：'予必以不享征之③，且观之兵④。'其无乃废先王之训而王几顿乎⑤！吾闻夫犬戎树，惇帅旧德⑥，而守终纯固⑦，其有以御我矣！"

**【注释】**

①大毕、伯士：犬戎的两个君主。终：死亡。

②犬戎氏以其职来王：犬戎嗣君带着宝物入朝见王。

③以不享征之：穆王以宾服之礼责犬戎，出兵征讨。

④观之兵：对犬戎显示兵威。

⑤其、无乃：均为表示揣测的副词，大概。几：其。顿：疲惫。

⑥吾闻夫犬戎树，惇帅旧德：一本断句为"吾闻夫犬戎树惇"，谓树惇为犬戎主名。王引之以为"树"为名，惇，勉也，属下句读，意更明朗。今从王说。帅，遵循。

⑦守终：始终。纯固：专一。

**【译文】**

"自从大毕、伯士死后，犬戎新君都是携宝入朝见王。天子说：'我一定要按照宾服之礼征讨犬戎，而且要对犬戎展示兵威。'这样做大概会废弃先王的训示，君王也会因此疲惫吧！我听说那个名叫树的犬戎君主，敦朴地遵循旧德，始终专一地遵守荒服之礼，他恐怕是有抵御王师的理由了。"

王不听，遂征之，得四白狼，四白鹿以归①。自是荒服者不至。

**【注释】**

①白狼、白鹿：为犬戎贡品。

**【译文】**

穆王不听祭公劝谏，于是发兵征讨犬戎，获得四头白狼、四头白鹿而归来。从这以后，荒服的邦国就不再入朝见王了。

# 密康公母论小丑备物终必亡

　　恭王游于泾上①，密康公从②，有三女奔之③。其母曰④：
"必致之于王。夫兽三为群，人三为众，女三为粲⑤。王田不
取群⑥，公行下众⑦，王御不参一族⑧。夫粲，美之物也。众
以美物归女，而何德以堪之⑨？王犹不堪，况尔小丑乎⑩？小
丑备物⑪，终必亡。"康公不献。一年，王灭密。

【注释】

①恭王：周穆王之子，姬姓，名伊扈。泾：水名，渭河第一大支流，发
　　源于宁夏六盘山东麓泾源境内，流经平凉、彬县，于陕西高陵南
　　入渭河。

②密康公：密国君主，姬姓。密，诸侯国名，故城在今陕西泾川南。

③有三女奔之：有三个同姓女子不经过媒妁而嫁给密康公。

④其母：据《列女传》，密康公之母姓魏氏。

⑤粲：美貌。

⑥田不取群：打猎不同时打三只野兽。

⑦公行下众：诸侯出行，遇众则凭轼致礼。

⑧王御不参一族：王的后宫嫔妃不会三人娶自同一族姓。

⑨而：尔，你。堪：承受。

⑩小丑：小人之类。丑，类。

⑪小丑备物：德小而物备。

【译文】

　　周恭王在泾水边游玩，密康公扈从，有三个同姓美女奔嫁密康公。
密康公母亲说："你一定要将这三个美女献给周王。三只野兽称为群，
三个人称为众，三个女人称为美。王打猎不会同时打三只野兽，诸侯出

行时遇三人则凭轼致礼,王不会娶三个同一族姓的女人做嫔妃。粲,是美好的东西。三个美女同时嫁给你,你有什么德行能够承受?王尚且不能从同一族姓娶三女,何况你是小人之类呢?德行细小而美物皆备,最终一定会灭亡。"密康公不愿献出三个美女。一年之后,周恭王消灭密国。

# 邵公谏厉王弭谤

厉王虐①,国人谤王②。邵公告曰③:"民不堪命矣!"王怒,得卫巫④,使监谤者,以告,则杀之。国人莫敢言,道路以目⑤。王喜,告邵公曰:"吾能弭谤矣⑥,乃不敢言。"邵公曰:"是障之也⑦。防民之口,甚于防川。川壅而溃⑧,伤人必多,民亦如之。是故为川者决之使导⑨,为民者宣之使言⑩。故天子听政,使公卿至于列士献诗⑪,瞽献曲⑫,史献书⑬,师箴⑭,瞍赋⑮,矇诵⑯,百工谏⑰,庶人传语⑱,近臣尽规⑲,亲戚补察⑳,瞽史教诲㉑,耆艾修之㉒,而后王斟酌焉,是以事行而不悖㉓。民之有口,犹土之有山川也,财用于是乎出;犹其有原隰衍沃也㉔,衣食于是乎生。口之宣言也,善败于是乎兴㉕,行善而备败,其所以阜财用衣食者也㉖。夫民虑之于心而宣之于口,成而行之㉗,胡可壅也?若壅其口,其与能几何㉘?"王不听,于是国莫敢出言,三年乃流王于彘㉙。

**【注释】**

①厉王:西周第十位国王,姬姓,名胡,是西周末年有名的暴君,他在位期间与民争利,禁止人民批评,结果导致国人暴动,被赶到

　　毙地。

②谤：指责别人的过失。

③邵公：邵穆公，名虎，为王室卿士。

④卫巫：卫国的巫师，据说卫巫具有特殊功能，知道谁在诽谤厉王。

⑤道路以目：人民在道路上相遇，不敢说话，只能彼此用眼睛看看而已。

⑥弭(mí)谤：止息诽谤。弭，止息。

⑦障：本义是防水的堤，引申为堵塞。

⑧壅：壅塞。溃：溃决。

⑨为川者：治河的人。决：排除。导：通畅。

⑩为民者：治民的人。宣：宣导。

⑪列士：上士、中士、下士。献诗：献诗以讽。《论语·阳货》："子曰：'小子何莫学夫诗？诗可以兴，可以观，可以群，可以怨。'"

⑫瞽(gǔ)：无目曰瞽。古代乐师多由盲人担任。

⑬史献书：《周礼》，外史掌三皇五帝之书。史，外史。

⑭师箴：小师进箴言正王得失。师，小师。箴，一种具有劝诫意义的文体。

⑮瞍赋：瞍朗诵公卿列士的讽谏诗篇。瞍，无眸子曰瞍。赋，不歌而诵。

⑯矇诵：矇诵读箴谏之语。矇，有眸子而看不见叫矇，即青光眼。诵，诵读。

⑰百工谏：各类工匠以与其执掌技艺相关的事进谏，如《左传》载匠师庆谏鲁庄公为桓公庙丹楹刻角之类。百工，各类工匠。一说，百工指乐工。

⑱庶人：平民。传语：将意见传递给天子。

⑲近臣：国王左右侍奉保卫的臣子。尽规：进陈规谏。尽、荩义通。荩，进也。

⑳亲戚补察:《左传·襄公十四年》:"自王以下各有父子兄弟以补察其政。"亲戚,与国王同宗大臣。补察,弥补督察。

㉑瞽史:韦昭注:"瞽,乐大师。史,太史也。掌阴阳、天时、礼法之书,以相教诲者。"按,前文已分说过瞽、史,此处又说,当与前不同。或曰此瞽史乃西周初年的一种史官,其源头当为乐师瞽,因瞽能听风协律而观季,以知天时,并能诵远古歌谣史事,西周初年即设立瞽史,掌天道、记事。

㉒耆艾:六十岁的人叫耆,五十岁的人叫艾。或曰耆艾即王之师傅。修之:修饬国王的政令。

㉓悖:逆。

㉔原:宽阔平坦的土地。隰:低下潮湿的土地。衍:低下平坦的土地。沃:有河流灌溉的土地。

㉕兴:体现。

㉖阜:增多。

㉗成而行之:君王认为可行就推行它。

㉘与:帮助。一说,"与"为语气词。几何:多少。

㉙三年乃流王于彘(zhì):公元前842年周厉王被流放到彘地。彘,在今山西霍县。

**【译文】**

周厉王暴虐,国人指责厉王的过失。邵公告诉厉王说:"人民忍受不了您的政令了。"厉王大怒,找来卫国的巫师,命他监察指责者。卫巫将指责者告诉厉王,厉王就将其杀死。国人没有人敢再说话,在路上遇见了,只是彼此用眼睛看看而已。厉王大喜,告诉邵公说:"我能够止息指责了,国人不敢说话了。"邵公说:"这是把人民的口堵住了。堵人民的口,后果比堵塞大河还要严重。大河因壅塞而溃决,一定会淹死很多人,堵人民的口也是这样。所以,治水的人要排除壅塞,使之畅流,治民的人要宣导人民,让他们说话。因此,天子处理政事,要让公卿、大夫、士奉献讽谏诗歌，乐师向天子进献乐曲，史官献书，小师进献箴言，盲人朗诵讽谏诗篇，青光眼的乐师也参与诵读，各类工匠进谏，平民托人将意见带给天子，左右侍卫大臣进陈规谏，天子的同宗大臣弥补督察，瞽史以天道史事教诲，师傅老臣修饬政令，而后天子对各种意见进行斟酌，因此天子的一切行事才不至于与情理相违背。人民有口，就如同土地有山川，财富用度就是从山川生产出来的。土地有原、隰、衍、沃，衣食才从此产生。人民用口发表言论，国家政事的好坏才能体现出来。人民认为好的就推行，人民认为坏的就防范，才能使人民的衣食财用大大增多。人民先在心里考虑而后说出口，君王认为可行就推行它，怎么能够堵塞呢？如果把他们的口堵住了，又能有多少帮助呢？"厉王不听。于是国人没有人敢说话。三年之后国人便把厉王流放到彘地。

## 芮良夫论荣夷公专利

厉王说荣夷公①，芮良夫曰②："王室其将卑乎③！夫荣公好专利而不知大难④。夫利，百物之所生也，天地之所载也⑤，而或专之，其害多矣⑥。天地百物，皆将取焉，胡可专也？所怒甚多，而不备大难，以是教王，王能久乎？夫王人者⑦，将导利而布之上下者也⑧，使神人百物无不得其极⑨，犹日怵惕⑩，惧怨之来也。故《颂》曰⑪：'思文后稷，克配彼天。立我蒸民，莫匪尔极⑫。'《大雅》曰⑬：'陈锡载周⑭。'是不布利而惧难乎？故能载周，以至于今。今王学专利，其可乎？匹夫专利，犹谓之盗，王而行之，其归鲜矣⑮。荣公若用，周必败。"既⑯，荣公为卿士，诸侯不享⑰，王流于彘。

**【注释】**

①说：同"悦"。荣夷公：荣国君主，姬姓。夷，荣公的谥号。

②芮良夫：周王室大夫，姬姓，名良夫，食采邑于芮。芮，今山西芮城。

③卑：衰微。

④专：擅，独占。

⑤载：成。

⑥其害多矣：害，指为害国家。孔子曰："放于利而行，多怨。"

⑦王（wàng）人者：统治人民的人。王，统治。

⑧导利：通利。布：敷，用。上下：上指天神，下指人民。

⑨极：适中。

⑩犹：尚且。日：每日。怵（chù）惕：恐惧。

⑪《颂》：此指《诗经·周颂·思文》，该诗歌颂周人始祖为民造福，是郊祀时以后稷配天的乐歌。

⑫"思文后稷"以下四句：思，思念。文，经纬天地曰文。克，能。立，通"粒"，吃谷物叫粒食。烝，众。匪，非。极，至德。

⑬《大雅》：此指《诗经·大雅·文王》，是追述周文王德业告诫殷商旧臣的诗。

⑭陈锡载周：文王布赐施利，以成就周道。陈，发布。锡，赐。载周，成就周人事业。

⑮归：人心归附。鲜（xiǎn）：少。

⑯既：不久。

⑰享：献贡。

**【译文】**

　　周厉王喜欢荣夷公，芮良夫说："周王室大概要衰微了吧！荣公爱好独擅百物之利而不知大难临头。利，是由各种物质所产生，由天地所生成，如果有人独擅利益，那么对国家的害处可就太多了。天地之间的各种物质,人民都要取用,怎么能够独擅利益呢?荣公因为独擅利益而结下的怨恨很多,对大难又毫无防备,他以独擅利益的方法教国王,国王能够长治久安吗?统治人民的国王,应该疏通财利而上用于神下用于民,使神民和各种物质都各得其所,这样做尚且每日恐惧,害怕引起民怨。所以《诗经·周颂·思文》说:'想起有文德的后稷,他的德行能够配天。我们这些吃谷物的人民,没有一个不蒙受他的大德。'《诗经·大雅·文王》说:'文王陈布利益,成就周人事业。'这难道不是广布利益而畏惧祸难吗?因而文王能够成就周人大业,一直延续到现在。如今国王想学独擅利益,这岂是能做的事?匹夫独擅利益,尚且被称为强盗,国王如果也这样做,那么民心归附就很少了。荣公若得重用,周王室必败。"不久,荣公被任命为卿士,诸侯不再献贡,厉王被流放到彘地。

# 邵公以其子代宣王死

彘之乱,宣王在邵公之宫①,国人围之。邵公曰:"昔吾骤谏王②,王不从,是以及此难③。今杀王子,王其以我为怼而怒乎④!夫事君者险而不怼⑤,怨而不怒,况事王乎?"乃以其子代宣王,宣王长而立之。

**【注释】**

①宣王:厉王之子,姬姓,名靖,即位后征讨戎狄和淮夷,史称西周中兴之主。邵公:即前谏厉王弭谤之邵穆公,名虎。

②骤:屡次。

③及:至。

④怼:狠戾,违逆。

⑤险:心中忧虑,感到危险。

**【译文】**

　　彘之乱发生期间,厉王儿子宣王藏在邵公家中,国人将邵公家包围起来。邵公说:"以前我多次劝谏国王,国王不听从,所以才有今天的灾难。如今若让国人杀了王子,国王可能会认为我心存违逆而愤怒吧!一个事奉君主的人,心中应该为君主忧虑而不应该违逆,哀怨而不应该愤怒,何况是事奉国王呢?"于是邵公以自己的儿子代替宣王受死,宣王长大以后,被拥立为周王。

# 虢文公谏宣王不籍千亩

　　宣王即位,不籍千亩①。虢文公谏曰②:"不可。夫民之大事在农,上帝之粢盛于是乎出③,民之蕃庶于是乎生④,事之供给于是乎在⑤,和协辑睦于是乎兴⑥,财用蕃殖于是乎始⑦,敦庞纯固于是乎成⑧,是故稷为大官⑨。古者,太史顺时脉土⑩,阳瘅愤盈⑪,土气震发⑫,农祥晨正⑬,日月底于天庙⑭,土乃脉发⑮。

**【注释】**

①籍:指上古籍田礼制。孟春正月,天子举行亲自耕田典礼,以此表示重视农耕。千亩:天子籍田为千亩。

②虢文公:时任周王室卿士,为文王母弟虢仲之后。虢,此为西虢,在今河南陕县东南,周迁都洛邑后在王畿内。"文"是虢公的谥号。

③粢盛(zī shèng):盛在祭器中的谷物。

④蕃庶:滋生,繁衍。蕃,生息。庶,众。

⑤事:战争、祭祀之类的国家大事。

⑥和:和谐。协:协调。辑:凝聚。睦:亲睦。

⑦蕃殖:增长。

⑧敦:敦厚。庞(máng):大。纯固:专一。

⑨大官:一本作"天官"。周人始祖弃为尧时后稷,稷为天官。

⑩顺时:顺应时令。脉:察看。

⑪阳瘅(dàn):阳气兴起。瘅,起。一曰厚。愤:盛大。盈:充满。

⑫震发:发动。

⑬农祥:房星。晨正:房星晨时位于正中。

⑭底:同"厎(zhǐ)",至。天庙:营室,即二十八宿之一的室宿。

⑮脉发:脉理发动。

**【译文】**

周宣王即位后,不举行籍田千亩的典礼。虢文公劝谏说:"不可以这样。民生大事在农耕,上帝的祭品就是出于农耕,民众生息繁衍生于农耕,国事财政供给在于农耕,和谐、协调、凝聚、亲睦起于农耕,财用增长始于农耕,敦厚、庞大、专一民风成于农耕,所以负责农耕的后稷自古为天官。古时候,太史顺应时令察看土地,春天阳气始兴,盛大充盈,土气发动,房星晨时位于正中,日月运行到营室,土地脉理于是勃发。

"先时九日①,太史告稷曰:'自今至于初吉②,阳气俱蒸③,土膏其动④。弗震弗渝⑤,脉其满眚⑥,谷乃不殖⑦。'稷以告王曰:'史帅阳官以命我司事曰⑧:距今九日,土其俱动,王其祗祓⑨,监农不易⑩。'王乃使司徒咸戒公卿、百吏、庶民⑪,司空除坛于籍⑫,命农大夫咸戒农用⑬。

**【注释】**

①先时九日:立春前九日。

②初吉：立春之日。

③蒸：升腾。

④膏：润泽。动：发动。

⑤震：动。渝：输泄。

⑥脉：土地气脉。眚（shěng）：疾病。

⑦殖：增长。

⑧史：太史。阳官：春官。司事：主管农事官员，即稷。

⑨祗（zhī）：敬。袚（fú）：斋戒袚除。

⑩监农：监督农官。不易：不可慢易。

⑪司徒：夏商周六卿之一，掌管土地、教育、民众。百吏：百官。庶民：负责耕种天子千亩籍田的农夫。

⑫司空：西周官名，位同六卿，掌管水利、营建。除：修治。坛：祭坛。

⑬农大夫：掌管农耕的大夫，又称"田畯"。咸：都。戒：准备好。农用：农具。

**【译文】**

"立春前九日，太史告诉农官稷说：'从今天到立春，阳气都已升腾，土地受到润泽而震发，如果不让土地震动和输泄，那么土地气脉就会郁而不出，导致满塞而成灾，谷物就不会成长。'稷将此事告诉国王说：'太史帅春官告诉我们农官说：再过九日就是立春，土地气脉都已发动，国王应该恭敬地斋戒袚除，监督农官，不可慢易。'国王于是命司徒告诫公卿、百官和农夫，命司空在籍田修治祭坛，命农大夫准备好农具。

"先时五日①，瞽告有协风至②，王即斋宫③，百官御事④，各即其斋三日⑤。王乃淳濯飨醴⑥，及期，郁人荐鬯⑦，牺人荐醴⑧，王裸鬯⑨，飨醴乃行，百吏、庶民毕从。及籍，后稷监之，膳夫、农正陈籍礼⑩，太史赞王⑪，王敬从之。王耕一垅⑫，班三之⑬，庶民终于千亩⑭。其后稷省功⑮，太史监之；司徒省民⑯，太师监之⑰；毕，宰夫陈飨⑱，膳宰监之⑲。膳夫赞王⑳，王歆大牢㉑，班尝之㉒，庶人终食㉓。

**【注释】**

①先时五日：籍田前五日。

②瞽：盲人乐太师，能听风辨时。协风：和风。

③即：住进。斋宫：用于国王斋戒的宫殿。

④御事：治事。

⑤各即其斋：各自住进自己的斋宫。

⑥王乃淳濯（zhuó）飨醴（lǐ）：谓王沐浴饮甜酒。淳，沃。濯，洗涤。飨醴，饮甜酒。醴，甜酒。

⑦郁人：官名，负责制作郁金香甜酒。荐：进献。鬯（chàng）：用郁金和黑黍制作的祭祀香酒。

⑧牺（suō）人：官名，负责制作醴酒。

⑨裸（guàn）鬯：将香酒洒在地上以祭神。一说，裸鬯，饮用香酒。

⑩膳夫：官名，负责君主膳食。农正：农大夫。陈籍礼：陈布籍田之礼。

⑪赞：引导。

⑫一垅（fá）：推三次耒耜为一发。垅，耕地翻起的土块，亦用作量词。

⑬班三之：公、卿、大夫按爵位班次各三垅，即公三垅，卿九垅，大夫二十七垅。班，按官爵尊卑次序。

⑭终：耕完。

⑮省（xǐng）：察看。功：籍田事功。

⑯省民：探望籍田民众。

⑰太师：官名，三公之一。

⑱宰夫：官名，掌管君主膳食，为下大夫。陈飨：陈布祭品。

⑲膳宰：官名，膳食官员之长。

⑳膳夫：即上文膳宰。

㉑歆：享用。大（tài）牢：牛、羊、猪三牲。

㉒班尝之：公、卿、大夫按官爵次序享用太牢。

㉓终食：尽食。

**【译文】**

"耕田前五日，盲人乐太师禀报有和风将至，国王于是住进斋戒之宫，百官治事人员各住进自己的斋宫斋戒三日。国王于是沐浴饮甜酒，到了籍田那天，郁人进献鬯酒，牺人进献甜酒，国王将鬯酒洒地祭神，享用甜酒，然后来到籍田地点，百官农夫跟在国王身后。籍田典礼开始，后稷充当监礼人，膳夫、农正陈布籍田礼文，太史引导国王，国王恭敬地走在太史身后。国王推了三次耒耜，随后百官按爵位次序各推耒耜，最后由庶民农夫耕完千亩籍田。后稷负责察看籍田事功，由太史督察；司徒察看劳作民众，由太师督察；籍田礼毕，宰夫陈布祭品，由膳宰督察。膳夫引导国王，国王先享用牛、羊、猪太牢，然后百官按爵位次序品尝太牢，最后由耕籍田的农夫将太牢吃完。

"是日也，瞽帅音官以风土①。廪于籍东南②，钟而藏之③，而时布之于农④。稷则遍诫百姓⑤，纪农协功⑥，曰：'阴阳分布⑦，震雷出滞⑧。'土不备垦⑨，辟在司寇⑩。乃命其旅曰⑪：'徇⑫，农师一之⑬，农正再之⑭，后稷三之⑮，司空四之⑯，司徒五之⑰，太保六之⑱，太师七之，太史八之⑲，宗伯九之⑳，王则大徇㉑。耨获亦如之㉒。'民用莫不震动㉓，恪恭于农㉔，修其疆畔㉕，日服其镈㉖，不解于时㉗，财用不乏，民用和同。

## 【注释】

①音官:乐官。以风土:宋庠本作"以省风土"。省,省察。

②廪:仓廪,此处用做动词,修建仓廪。籍东南:籍田的东南面。

③钟:聚。

④时:按一定时节。布之于农:散发给农夫。按,俞樾认为,"廪于籍东南,钟而藏之,而时布之于农"几句为错简,当移于"耨获亦如之"之下。

⑤遍诫:广泛告诫。百姓:本指百官族姓,此处指天下官员和农夫。

⑥纪农:治理农事。协功:共同致力农功。协,同。

⑦阴阳分布:立春时节,白天和夜晚的阴气和阳气平均分布。

⑧震雷:隆隆春雷。出滞:使冬蛰的虫儿开始出来活动。

⑨备垦:充分开垦。

⑩辟在司寇:由司寇定罪。辟,罪。

⑪旅:徒众。

⑫徇:行,指巡视天下春耕情况。

⑬农师:官名,为上士。一之:作为第一批巡视官员。以下"再之"、"三之"等等,分别指"第二批巡视官员"、"第三批巡视官员"等。

⑭农正:后稷之佐,即田畯。

⑮后稷:农官首领。

⑯司空:掌管道路沟洫是其职能之一。

⑰司徒:掌管民众是其职能之一。

⑱太保:与下句太师都为天子三公,佐王论道,监察百官。

⑲太史:掌管官府之治是其职能之一。

⑳宗伯:相助国王举行典礼。

㉑大徇:亲帅公卿大夫巡视农耕。

㉒耨(nòu):除草。获:收获。亦如之:也像春耕一样。

㉓用:因而。

㉔恪:恭敬。

㉕疆畔:土地疆界。

㉖服:用。镈(bó):锄一类的农具。

㉗解:通"懈"。

**【译文】**

"籍田这一天,盲人乐太师帅乐官省察风气和土气。在籍田的东南方建起粮仓,准备日后聚藏粮食,按时开仓散发粮食给农夫。后稷广泛告诫天下百姓,要他们处理农事,共同致力农功。后稷说:'阴阳之气在白天夜晚的分布日渐平均,隆隆春雷唤醒蛰虫出来活动。'土地如果得不到充分开垦,那么就由司寇来定罪。国王于是命令随从官员说:'巡视天下农耕! 农师为首批巡视官员,农正为第二批,后稷为第三批,司空为第四批,司徒为第五批,太保为第六批,太师为第七批,太史为第八批,宗伯为第九批,本王也要亲帅公卿大夫巡视。日后除草和收获季节也这样做。'人民因此没有不为之震动,人人都恭敬地从事农耕,修治田界,每天挥动镈锄,农耕时节不敢懈怠,财用因此不空乏,人民因此和谐同心。

"是时也,王事唯农是务,无有求利于其官①,以干农功②,三时务农而一时讲武③,故征则有威,守则有财。若是,乃能媚于神而和于民矣④,则享祀时至而布施优裕也⑤。今天子欲修先王之绪而弃其大功⑥,匮神乏祀而困民之财⑦,将何以求福用民?"

**【注释】**

①求利于其官:指改变官员农事职责。

②干:干扰。

③三时：春、夏、秋。一时：冬季。讲武：习武。

④媚：取悦。

⑤优：富饶。裕：余裕。

⑥绪：事业。大功：农耕。

⑦匮(kuì)神乏祀：由于不重农耕，缺乏祀神的黍稷。匮，缺乏。困民之财：国家财政不足，只好取之于民。

**【译文】**

“在农耕时节，国王对政事只注重农耕，不能改变农官职责以求他利，以免干扰农事。春、夏、秋三季务农，冬季习武，因此征讨就会有军威，防守就会有足够的财用。如果这样，就能取悦于神而和谐于民，神就能按时歆享祭祀，国家也就有充裕的资财布施民众了。如今天子想继承先王的事业，却抛弃了籍田大事，这会使祭神黍稷缺乏，民众财用受困，拿什么来求神赐福、驱使民众呢？”

王不听。三十九年①，战于千亩②，王师败绩于姜氏之戎③。

**【注释】**

①三十九年：周宣王三十九年为公元前789年。

②千亩：地名，在王城近郊，一说在山西境内。

③败绩：大败。《左传·庄公十一年》：“京师败曰王师败绩于某。”姜氏之戎：西戎的一支。

**【译文】**

宣王不听。三十九年，在千亩发生大战，宣王军队被姜氏之戎打得大败。

# 仲山父谏宣王立戏

鲁武公以括与戏见王①,王立戏②,樊仲山父谏曰③:"不可立也! 不顺必犯④,犯王命必诛,故出令不可不顺也。令之不行,政之不立,行而不顺,民将弃上。夫下事上,少事长,所以为顺也。今天子立诸侯而建其少,是教逆也⑤。若鲁从之而诸侯效之,王命将有所壅⑥,若不从而诛之,是自诛王命也。是事也,诛亦失,不诛亦失⑦,天子其图之⑧!"王卒立之。鲁侯归而卒,及鲁人杀懿公而立伯御⑨。

**【注释】**

①鲁武公:鲁国君主,姬姓,名敖。以:带领。括:鲁武公长子。戏:括之弟。

②王立戏:周宣王立戏为鲁国太子。

③樊仲山父:王室卿士。樊,仲山父的封邑,在今河南济源。

④不顺:指违反了周人立长不立少的秩序。犯:指鲁人违犯王命而不从。

⑤教逆:教人叛逆。

⑥王命:先王立长不立少的命令。壅:壅隔。

⑦诛亦失,不诛亦失:诛之则诛先王之命,不诛则废今王之命。

⑧图:图谋,考虑。

⑨懿公:即鲁武公少子戏。伯御:鲁武公长子括。一说,伯御乃括之子。

**【译文】**

鲁武公率领括、戏两个儿子晋见周宣王,宣王立武公小儿子戏为鲁国太子,樊仲山父劝谏说:"不可立戏! 秩序不顺就会导致鲁人违犯王命，违犯王命就会受到王师征讨，所以国王发布命令不能不顺。王令行不通，王政就立不起来，王政施行如果秩序不顺，民众就会抛弃在上位者。下级事奉上级，年少事奉年长，这就是顺的秩序。如今天子立诸侯却立少子，这是教人叛逆。如果鲁国听从您的立少命令，诸侯从而效法，那么先王立长不立少的命令就会被壅隔，如果鲁国不听从您的立少命令，您就会征讨鲁国，这就是自己诛讨先王之命。这件事，如果征讨就会失之于征讨先王之命，如果不征讨就会失之于废弃今王之命，天子您还是认真考虑吧！"周宣王最终立戏为鲁国太子。鲁武公回国后就死了，后来鲁人杀死懿公戏而立伯御为君。

# 穆仲论鲁侯孝

　　三十二年春①，宣王伐鲁②，立孝公③，诸侯从是而不睦④。宣王欲得国子之能导训诸侯者⑤，樊穆仲曰⑥："鲁侯孝。"王曰："何以知之？"对曰："肃恭明神而敬事耆老⑦；赋事行刑⑧，必问于遗训而咨于故实⑨，不干所问⑩，不犯所咨⑪。"王曰："然则能训治其民矣。"乃命鲁孝公于夷宫⑫。

**【注释】**

①三十二年：周宣王三十二年为公元前 796 年。

②宣王伐鲁：周宣王立鲁武公少子戏为君，是为懿公，鲁人不服，杀戏而立伯御，宣王因此讨伐鲁国。

③孝公：鲁懿公之弟，一说为懿公之子，名称。

④从是：从宣王立少这件事。不睦：对宣王不亲睦。

⑤国子：姬姓王公子弟。

⑥樊穆仲：即仲山父，穆仲是他的谥号。

⑦肃恭：严肃恭敬。明神：指神灵。耇（gǒu）老：老人。

⑧赋事：发布政事。行刑：施行刑罚。

⑨遗训：先王之教训。故实：故事。

⑩干：触犯。所问：遗训。

⑪所咨：故事。

⑫命：命为侯伯。夷宫：宣王祖父夷王之庙。

**【译文】**

　　三十二年春，周宣王征讨鲁国，立孝公，诸侯从此不再与宣王亲睦。宣王想物色一位能够训导诸侯的姬姓子弟，樊穆仲说："鲁侯孝顺。"宣王说："你凭什么知道他孝顺？"樊穆仲说："鲁侯对神灵严肃恭敬，敬重老人，无论发布政事还是施行刑罚，都一定要问先王遗训，咨询先王故事，不触犯先王遗训，也不违犯先王故事。"宣王说："这样他就能训导治理民众了。"于是在夷王宗庙任命鲁孝公为侯伯。

# 仲山父谏宣王料民

　　宣王既丧南国之师①，乃料民于大原②。仲山父谏曰："民不可料也！夫古者不料民而知其少多，司民协孤终③，司商协民姓④，司徒协旅⑤，司寇协奸⑥，牧协职⑦，工协革⑧，场协入⑨，廪协出⑩，是则少多、死生、出入、往来者皆可知也。于是乎又审之以事⑪，王治农于籍⑫，蒐于农隙⑬，耨获亦于籍⑭，狝于既烝⑮，狩于毕时⑯，是皆习民数者也⑰，又何料焉？不谓其少而大料之，是示少而恶事也⑱。临政示少，诸侯避之。治民恶事，无以赋令⑲。且无故而料民，天之所恶也，害于政而妨于后嗣。"王卒料之，及幽王乃废灭⑳。

【注释】

①既:已。丧:亡。南国之师:南阳部队。一说,南国指江汉之间。韦昭以为南国之师即与姜氏之戎交战之时所亡者。

②料民:清查人口。料,数。大原:在甘肃固原,非山西太原。

③司民:官名,掌管户口登记。协:合,掌管。孤:无父曰孤。终:死亡。

④司商:俞樾说当读为"司章",司章,音乐官员。协民姓:司章吹音律以决定民之姓氏。

⑤司徒协旅:司徒掌管师旅之众。

⑥司寇协奸:司寇掌管奸民数目。

⑦牧协职:牧大夫掌管委任民职。

⑧工协革:百工之官掌管度制变革。

⑨场:场人,掌场圃,收藏财物。入:财物收入。

⑩廪:廪人。出:钱粮支出。

⑪事:指下文籍田、蒐、狩之事。

⑫籍:籍田。

⑬蒐(sōu):春季打猎。农隙:农闲。

⑭耨获亦于籍:耨获,除草和收获。亦于籍,也在籍田考核。按,或曰此句当据《国语发正》,次于"狩于毕时"句下,方不致间隔三时田猎文意。

⑮狝(xiǎn):秋天打猎。既烝:指仲秋时节,新谷已经食用。烝,升。

⑯狩:冬天打猎。毕时:岁末。

⑰习:通晓。

⑱示少:展示民少这一弱点。恶事:厌恶政事。

⑲赋令:发布政令。

⑳幽王:宣王之子,名宫涅。废灭:指西周灭亡。

【译文】

　　周宣王已经失去南国部队，于是在大原清查人口。仲山父劝谏说："人口是不可以清查的。古时候不清查而知道人口是多少，司民掌管天下孤儿和老人死亡情况，司商掌管天下民众姓氏，司徒掌管师旅人数，司寇掌管奸民数目，牧大夫掌管委任民职，百工之官掌管度制变革，场人掌管财物收入，廪人掌管钱粮支出，这样天下人口的多少、死生以及财粮的收支、往来都可以知道。于是又通过籍田、蒐、狩之事来仔细考察人口，国王在举行籍田典礼时治理农政，在农闲举行春猎，除草和收获季节也在籍田考察人口，在新谷食用时举行秋猎，在岁末举行冬猎，凡此都是获知人口的方法，又何必专门清查人口呢？国王不说人口少而大规模清查，这是展示民少的弱点，表明国王厌恶籍田、蒐、狩政事。施政展示民少，天下诸侯将会逃避王室。治理民众却又厌恶政事，将无以发布政令。况且无事而清查人口，这种做法为上天所厌恶，对政治有害，且妨害后嗣国王。"宣王最终还是清查人口，到宣王之子幽王时，西周就灭亡了。

# 西周三川皆震伯阳父论周将亡

　　幽王二年①，西周三川皆震②。伯阳父曰③："周将亡矣！夫天地之气，不失其序④；若过其序，民乱之也⑤。阳伏而不能出，阴迫而不能烝⑥，于是有地震。今三川实震，是阳失其所而镇阴也⑦。阳失而在阴⑧，川源必塞⑨；源塞，国必亡。夫水土演而民用也⑩。水土无所演，民乏财用，不亡何待？昔伊、洛竭而夏亡⑪，河竭而商亡⑫。今周德若二代之季矣⑬，其川源又塞，塞必竭。夫国必依山川，山崩川竭，亡之征也。川竭，山必崩。若国亡不过十年，数之纪也⑭。夫天之所弃，不过其纪。"是岁也，三川竭，岐山崩。十一年⑮，幽王乃灭，周乃东迁⑯。

**【注释】**

①幽王二年：周幽王二年为公元前780年。

②西周：镐（hào）京。三川：泾水、渭水、洛水。皆出于岐山。按，此洛水为北洛水，即今陕西的北洛河，非河南的洛河。震：地震。

③伯阳父：西周大夫。或曰即周柱下史老子。

④序：次序。

⑤民乱之也：意即王者扰乱了次序。伯阳父不敢直斥周王，故曰"民"。

⑥阴迫而不能烝：阳气在下，为阴气所迫而不能升腾。烝，升。

⑦镇阴：为阴气所镇压。

⑧阳失而在阴：阳失其位，在阴之下。

⑨川源：水的源头。塞：壅塞。

⑩夫水土演而民用也：《经传述闻》将此句断为："夫水，土演而民用也。"意谓水使土地润泽而为民生所用。演，润泽。

⑪伊、洛竭而夏亡：伊水、洛水皆在洛阳附近，夏桀时正都其地。

⑫河竭而商亡：商纣都朝歌，在今河南淇县，黄河边上。河，黄河。

⑬二代：夏、商。季：末世。

⑭数之纪：数字超过十以后，又从一开始数，故将十作为终极。纪，终极。

⑮十一年：周幽王十一年为公元前771年。

⑯周乃东迁：指公元前770年周平王东迁洛邑。

**【译文】**

周幽王二年，西周泾、渭、洛三川地区都发生地震。伯阳父说："西周要亡了！天地之间的阴阳之气，不应该失去正确的次序；如果失去正确的次序,那就是人们将它搞乱了。阳气隐伏而出不来,为阴气所迫而不能升腾,于是才有地震。如今泾、渭、洛三川发生地震,这是由于阳气失其所而为阴气所压。阳失其位,在阴之下,水的源头一定会被壅塞;水的源头壅塞了,国家一定会灭亡。水使土地润泽而为民生所用。水土无所润泽,民生缺乏财用,不亡国还等什么? 从前伊水、洛水干涸而夏朝灭亡,黄河干涸而商朝灭亡。如今周人德行也像夏、商二代末世了,泾、渭、洛三川的源头又被壅塞,水源壅塞就一定会导致河流干涸。国家一定要依赖山川,山峦崩塌,河流枯竭,这是国家灭亡的征兆。河流枯竭了,山峦一定会崩塌。如果西周亡国,那么不会超过十年,这是数的终极。上天所要抛弃的国家,不会超过十年这个极数。"这一年,泾、渭、洛三川枯竭,岐山崩塌。到周幽王十一年,幽王政权覆灭,周平王于是东迁洛邑。

# 郑厉公与虢叔杀子颓纳惠王

惠王三年,边伯、石速、苪国出王而立子颓①。王处于郑三年②。王子颓饮三大夫酒③,子国为客④,乐及遍舞⑤。郑厉公见虢叔⑥,曰:"吾闻之,司寇行戮⑦,君为之不举⑧,而况敢乐祸乎! 今吾闻子颓歌舞不息,乐祸也。夫出王而代其位,祸孰大焉! 临祸忘忧,是谓乐祸,祸必及之。盍纳王乎⑨?"虢叔许诺。郑伯将王自圉门入⑩,虢叔自北门入,杀子颓及三大夫⑪,王乃入也。

## 【注释】

① 惠王三年,边伯、石速、苪国出王而立子颓:《左传·庄公十九年》载:"初,王姚嬖于庄王,生子颓。子颓有宠,苪国为之师。及惠王

即位,取苏国之圉以为圉。边伯之宫近于王宫,王取之。王夺子
禽祝跪与詹父田,而收膳夫之秩。故苏国、边伯、石速、詹父、子禽
祝跪作乱,因苏氏。秋,五大夫奉子颓以伐王,不克,出奔温。苏
子奉子颓以奔卫。卫师、燕师伐周。冬,立子颓。"惠王三年,公
元前 674 年。惠王,名凉,《史记》作阆,周僖王之子,公元前
676—公元前 652 年在位。边伯、石速、苏国,三人皆为东周大夫。
石速即《左传》中的膳夫。出王,将周惠王赶出都城。子颓,惠王
叔父。按,鲁庄公十九年是周惠王二年(公元前 675 年);《史记》
记此事在惠王二年,则三年当为二年之误。

②王处于郑三年:周惠王离开王城后,奔温。郑厉公将他接到郑
国,安置在栎地。惠王自二年到郑国,至四年回王城,首尾三年。

③饮(yìn):给别人喝。三大夫:指边伯、石速、苏国。

④子国:苏国。为客:为上客。

⑤遍舞:指奏舞六代之乐。六代之乐:黄帝之《云门》、《大卷》,尧之
《大咸》,舜之《大韶》,禹之《大夏》,汤之《大濩》,周武王之《大
武》。

⑥郑厉公:郑庄公之子,姬姓,名突。郑,诸侯国名,姬姓,周宣王母
弟桓公友之后。初在今陕西华县东北,郑武公时迁至今河南新
政。虢叔:王室卿士虢公林父。

⑦司寇:掌管刑狱的官。行戮:行刑杀人。

⑧不举:不奏乐。

⑨盍:何不。纳:指护送惠王回都复位。

⑩圉门:王城南门。

⑪杀子颓及三大夫:《左传》作"杀王子颓及五大夫",除边伯、石速、
苏国外,还有詹父、子禽祝跪。

【译文】

周惠王三年(当是二年),边伯、石速、苏国三大夫将惠王赶出都城,

立子颓为王。周惠王在郑国住了三年。子颓请三位大夫饮酒,茑国为上客,遍奏各代乐舞。郑厉公去见虢叔,说:"我听说,司寇行刑杀人之日,君主为此不观乐舞,何况敢于以祸为乐呢! 如今我听说子颓观赏歌舞不止,这是以祸为乐啊。赶走国王,自己代王位,没有比这更大的祸了! 面临大祸而忘记忧患,这就叫以祸为乐,大祸一定会临头。我们何不送天子复位呢?"虢叔答应了。郑厉公保护惠王从南门进入京都,虢叔从北门进入京都,杀死子颓和边伯、石速、茑国三大夫,惠王才入国复位。

# 内史过论神

　　十五年①,有神降于莘②,王问于内史过③,曰:"是何故? 固有之乎?"对曰:"有之。国之将兴,其君齐明、衷正、精洁、惠和④,其德足以昭其馨香⑤,其惠足以同其民人⑥。神飨而民听⑦,民神无怨,故明神降之,观其政德而均布福焉⑧。国之将亡,其君贪冒、辟邪、淫佚、荒怠、粗秽、暴虐⑨;其政腥臊⑩,馨香不登⑪;其刑矫诬⑫,百姓携贰⑬,明神不蠲而民有远志⑭,民神怨痛,无所依怀⑮,故神亦往焉,观其苛慝而降之祸⑯。是以或见神以兴,亦或以亡。昔夏之兴也,融降于崇山⑰;其亡也,回禄信于聆隧⑱。商之兴也,梼杌次于丕山⑲;其亡也,夷羊在牧⑳。周之兴也,鸑鷟鸣于岐山㉑;其衰也,杜伯射王于鄗㉒。是皆明神之志者也㉓。"

**【注释】**

　　①十五年:周惠王十五年为公元前 662 年。

　　②神:神灵。莘:虢国地名,在今河南陕县。

③内史：周大夫。内史代表周王室到诸侯国行聘问、庆吊、策命之礼,时人认为他们通晓神道与天道,能预知吉凶。过：人名。

④齐明：专一明智。衷正：中允公正。精洁：精粹高洁。惠和：惠爱和善。

⑤昭：昭示。馨(xīn)香：芳香。

⑥同：凝聚。

⑦神飨：神灵歆享祭祀。

⑧均布：平均布散。

⑨贪冒：贪婪。辟邪：邪僻。荒怠：迷乱怠惰。

⑩其政腥臊：比喻政治气氛秽恶。

⑪登：升不登,指祭品芳香之气不能上升。

⑫矫：以诈用法。诬：加罪于无辜。

⑬携贰：离心。携,离。贰,二心。

⑭蠲(juān)：洁净。远志：欲叛之心。

⑮依怀：依归。

⑯苛：苛政。慝(tè)：邪恶。

⑰融：祝融。崇山：嵩山。古人认为夏都阳城在今河南登封,嵩山在其附近。

⑱回禄：火神。信：停留两夜。聆隧：地名。《墨子·非攻下》："天命融隆火于夏之城间西北之隅。"或曰即聆隧。

⑲梼杌(táo wù)：鲧。次：住两夜以上。丕山：山名,在今河南境内。

⑳夷羊：神兽。牧：商郊牧野。

㉑鷟鸑(yuè zhuó)：凤凰的别名。岐山：山名,在今陕西岐山县。

㉒杜伯射王于鄗：传说周宣王无辜杀死杜伯,三年之后,宣王打猎,被杜伯魂灵射死。杜伯,杜国君主。杜,国名。伯,爵位。鄗,即镐京。在今陕西西安长安区西北,西周都城。

㉓志：记载。

## 【译文】

周惠王十五年,有神降临到虢国莘地,惠王问内史过,说:"这是什么缘故? 以前曾经有过这种事吗?"内史过回答说:"有过这事。国家将要兴盛,君主专一明智、中允公正、精粹高洁、惠爱和善,他的德行足可以昭示芳香,他的惠爱足可以凝聚全国人民。神灵乐意歆享祭祀,人民乐意听从政令,人民和神灵都没有怨恨,因此明神降临,观察君主的政治德行而平均布赐福泽。国家将要灭亡,君主贪得无厌、放辟邪侈、纵欲放荡、迷乱怠惰、粗暴污秽、残暴酷虐,政治气氛腥臊难闻,祭品的芳香升不上去;用刑徇情枉法,百姓离心离德,明神以为祭品不洁,人民有远叛意图,人民和神灵都怨恨痛苦,感到无所归依,因此神也会降临,观察昏君苛政邪恶而给他降下灾祸。所以,有人看到神会兴旺,也有人看到神会灭亡。从前夏朝将要兴盛,祝融降临嵩山;夏朝将要灭亡的时候,回禄在聆隧停留了两宿。商朝将要兴盛的时候,梼杌在丕山停留多日;商朝将要灭亡的时候,神兽夷羊出现在商郊牧野。周朝将要兴盛的时候,鸑鷟在岐山鸣叫;周朝将要衰落的时候,宣王在镐京被杜伯鬼魂射杀。这些都是关于明神的记载啊。"

王曰:"今是何神也?"对曰:"昔昭王娶于房①,曰房后,实有爽德②,协于丹朱③,丹朱凭身以仪之④,生穆王焉。是实临照周之子孙而祸福之⑤。夫神壹不远徙迁⑥,若由是观之,其丹朱之神乎?"王曰:"其谁受之?"对曰:"在虢土。"王曰:"然则何为?"对曰:"臣闻之,道而得神⑦,是谓逢福,淫而得神,是谓贪祸。今虢少荒⑧,其亡乎?"王曰:"吾其若之何?"对曰:"使太宰以祝、史帅狸姓⑨,奉牺牲、粢盛、玉帛往献焉⑩,无有祈也⑪。"

**【注释】**

①昭王：周康王之子，名瑕，西周第四代君主，公元前995—公元前977在位。房：国名。

②爽德：失德。

③协：合。丹朱：尧之不肖子。

④凭：依附。仪：匹配。

⑤临照：悬照。

⑥壹：一心。徙迁：离开。

⑦道：有道。

⑧少：稍。荒：荒淫。

⑨太宰：王室卿士，掌管祭祀。祝：太祝，掌管祈福。史：太史。狸姓：丹朱后人。神不歆非类，故使帅以往。

⑩牺牲：供祭祀的纯毛体全的牲畜。粢盛：盛在祭器中的谷物。献：敬献。

⑪祈：祈祷。

**【译文】**

惠王问："如今这是什么神？"内史过回答说："从前昭王从房国娶妃，称之为房后，这位房后实在有失德之处，言行与丹朱相合，好像丹朱依附于房后之身与其合一，生下穆王。这位丹朱实在是悬照在周人子孙头上、决定他们祸福的神灵。神是专一的，不会迁徙离开。由此看来，大概是丹朱之神吧！"惠王问："谁来承受神降的祸福呢？"内史过回答说："神在虢国。"惠王问："如此神为何而降？"内史过回答说："我听说，有道而得神，这叫做遇到洪福，荒淫而得神，这叫做以贪取祸。如今虢君有些荒淫，大概要亡国了吧？"惠王问："我应该怎么做？"内史过回答说："命太宰与太祝、太史帅丹朱后人狸姓，带着牺牲、粢盛、玉帛前往虢国奉献，不要祈求什么。"

王曰："虢其几何①?"对曰:"昔尧临民以五②,今其胄见③,神之见也,不过其物④。若由是观之,不过五年。"王使太宰忌父帅傅氏及祝、史奉牺牲、玉鬯往献焉⑤。内史过从至虢,虢公亦使祝、史请土焉⑥。内史过归,以告王曰:"虢必亡矣。不禋于神而求福焉⑦,神必祸之;不亲于民而求用焉,人必违之。精意以享⑧,禋也;慈保庶民,亲也。今虢公动匮百姓以逞其违⑨,离民怒神而求利焉⑩,不亦难乎!"十九年⑪,晋取虢。

**【注释】**

①几何:多少年。

②临民:治民。五:尧为土德,与土德相配的数字是五。

③胄:后裔,指丹朱之神。见:同"现"。

④物:数,即五。

⑤太宰忌父:周公忌父。傅氏:与狸氏同为丹朱之后。玉鬯:鬯酒之圭,用来灌地降神。

⑥虢公亦使祝、史请土焉:据《左传》,虢公请虢国的祝应、史嚚请土。请土,请神赐予土地。按,《左传》记曰:"史嚚曰:'虢其亡乎! 吾闻之:国将兴,听于民;将亡,听于神。神,聪明正直而壹者也,依人而行。虢多凉德,其何土之能得!'"

⑦禋(yīn):洁净的祭祀。

⑧精意:精诚的心意。享:献。

⑨逞:快意。违:邪念。

⑩求利:指求神赐土地。

⑪十九年:周惠王十九年为公元前658年。

**【译文】**

　　惠王问："虢国大概还有几年气数？"内史过回答说："从前尧治民，数用五，如今他的后裔丹朱之神出现，神的出现，不会超过五这个数。如果从这一点来看，虢国气数不会超过五年。"惠王派太宰周公忌父帅丹朱后人傅氏以及太祝、太史带着牺牲、玉瓒前往虢国献神。内史过随从太宰到虢国，虢公也派了虢国的太祝、太史祈求神赐土地。内史过回到东周，以其所见向惠王汇报说："虢国一定要灭亡了。平时不祭神而求神赐福，神一定会降祸于他；不亲近人民而只求使用民力，人民一定不会顺从。以精诚的心意献享神灵，这叫做禋祀；慈爱地保护庶民，这叫做亲民。如今虢公动辄使百姓匮乏以满足自己的欲念，使人民离心，使神愤怒，而祈求神赐土地，这不是一件难事吗？"惠王十九年，晋人攻取虢国。

# 内史过论晋惠公必无后

　　襄王使邵公过及内史过赐晋惠公命①，吕甥、郤芮相晋侯不敬②，晋侯执玉卑，拜不稽首③。内史过归，以告王曰："晋不亡，其君必无后。且吕、郤将不免。"王曰："何故？"对曰："《夏书》有之曰④：'众非元后⑤，何戴⑥？后非众，无与守邦⑦。'在《汤誓》曰⑧：'余一人有罪，无以万夫；万夫有罪，在余一人⑨。'在《盘庚》曰⑩：'国之臧⑪，则惟女众；国之不臧，则惟余一人，是有逸罚⑫。'如是则长众使民⑬，不可不慎也。民之所急在大事⑭，先王知大事之必以众济也⑮，是故被除其心以和惠民⑯。考中度衷以莅之⑰，昭明物则以训之⑱，制义庶孚以行之⑲。被除其心，精也⑳；考中度衷，忠也㉑；昭明物则，礼也；制义庶孚，信也。然则长众使民之道，非精不和，非忠不立，非礼不顺，非信不行。今晋侯即位而背外内之赂㉒，虐其处者㉓，弃其信也；不敬王命，弃其礼也；施其所恶，弃其忠也㉔；以恶实心㉕，弃其精也。四者皆弃，则远不至而近不和矣，将何以守国？

**【注释】**

①襄王使邵公过及内史过赐晋惠公命：《左传》记此事在襄王四年（公元前649年），是年为晋惠公二年。襄王，周惠王之子，名郑，公元前652—公元前619年在位。邵公过，邵穆公后人邵武公。晋惠公，晋献公庶子，姬姓，名夷吾。赐命，新君即位，周天子给予册封，表示一种荣宠。命，瑞命，指赐予命圭以为瑞节。

②吕甥、郤芮：晋国大夫。夷吾因晋献公听信骊姬谗言而流亡在外，吕、郤二人帮助他回国继位为晋惠公。吕甥，又叫瑕甥、瑕吕饴甥、阴饴甥。盖吕、瑕、阴皆其采邑，饴为其名；为晋侯之外甥，故名曰甥。郤芮，又叫冀芮。相：相礼。

③晋侯执玉卑，拜不稽首：《左传·僖公十一年》作"受玉惰"，意即晋惠公受玉时怠惰。玉，信圭，为诸侯所执。卑，低下。稽首，跪拜磕头。

④《夏书》：佚书。内史过所引文字被后人收入伪古文《尚书·大禹谟》。

⑤众：众民。元后：明君。元，善。后，君主。

⑥戴：奉。

⑦守邦：守卫邦国。

⑧《汤誓》：见于《尚书·商书》，记载汤伐桀的誓词。

⑨"余一人有罪"四句：这几句话见今伪古文《尚书·汤誓》。余一人，天子自称。以，与。万夫，万民。

⑩《盘庚》：见于《尚书·商书》，记载商王盘庚迁殷的训词。

⑪臧：善。

⑫逸：过。罚：罪。

⑬长众：为众民之长。使民：统治人民。

⑭大事：指祭祀、战争。《左传·成公十三年》："国之大事，在祀与戎。"

⑮以众济：依靠民众取胜。

⑯被除其心：使心灵纯洁。以和惠民：以和谐政治惠爱人民。

⑰考中度衷：考省己心去推度民心，即推己及人。莅：驾驭。

⑱昭明物则：昭示事物法则。训：训导。

⑲制义：制定事宜。庶：众。孚：信。

⑳精：洁。

㉑忠：尽己责之谓忠。

㉒背外内之赂：夷吾在即位之前，曾许诺以河外五城贿赂秦国，又承诺给晋大夫里克、丕郑田地，即位之后便违背对内外的承诺。

㉓虐其处者：施虐于那些留在国内的大夫，指杀害里克、丕郑。

㉔施其所恶，弃其忠也：惠公将己之所恶施于人，故曰弃其忠。

㉕实：满。

**【译文】**

　　周襄王派邵公过及内史过赐晋惠公命圭，晋大夫吕甥、郤芮为惠公赞礼而态度不敬，惠公执信圭低下，跪拜时又头不着地。内史过回到东周，将所见禀告襄王，说："晋国虽然不会灭亡，但惠公一定没有后继者，而且吕、郤将免不了灾难。"襄王问："这是什么缘故？"内史过回答说："《夏书》有这样的话：'众民若没有明君，将拥戴谁呢？君主如果没有众民，就无人守卫邦国。'《汤誓》说：'我一人有罪，与万民无关；万民有罪，责任在我一人。'《盘庚》说：'国家有善，功在你们众人；国家不善，过在我一人，应受惩罚。'如按照先王这些话，那么身为众民之长来统治人民，不可不慎重啊。治民所急的是祭祀、战争大事，先王知道大事一定要依靠众民才能成功,因此要纯洁自己的心灵,用和谐政治施惠爱于民众。考省己心推度民心来驾驭民众,昭示事物法则来训导民众,制定民众所信的事宜来规范民众行动。纯洁己心叫做精,考省己心推度民心叫做忠,昭示事物法则叫做礼,制定民众所信的事宜叫做信。这样说来,统治民众的方略,不精就不能和谐,不忠就不能立足,不循礼就不能顺利,不讲信就行不通。如今晋侯即位而背弃对外对内承诺的贿赂,施虐于那些留在国内的大夫,这是丢弃了诚信;不敬周王之命,这是丢弃了礼;将他所厌恶的施加于人,这是丢弃了忠;心内装满了恶,这是丢弃了精。精、忠、礼、信四者全丢弃了,就会导致远人不来近人不和,这将拿什么守卫国家呢?

　　"古者,先王既有天下,又崇立上帝、明神而敬事之①,于是乎有朝日、夕月以教民事君②。诸侯春秋受职于王以临其民③,大夫、士日恪位著以儆其官④,庶人、工、商各守其业以共其上⑤。犹恐其有坠失也,故为车服、旗章以旌之⑥,为贽、币、瑞、节以镇之⑦,为班爵、贵贱以列之⑧,为令闻嘉誉以声之⑨。犹有散、迁、懈、慢而著在刑辟⑩,流在裔土⑪,于是乎有蛮、夷之国,有斧钺、刀墨之民⑫,而况可以淫纵其身乎?

**【注释】**

①崇:尊崇。立:建立祭祀。明神:指下文的日神、月神。

②朝日:祭祀日神。夕月:祭祀月神。

③诸侯春秋受职于王:诸侯于春、秋入朝述职,接受周王政令。

④日:每日。恪:恭敬。位著:大夫和士在朝廷中站立的位置,引申为职位。儆(jǐng)其官:指以谨慎严肃的态度供职。儆,警戒。

⑤共:同"供",供奉。

⑥为车服、旗章以旌之：车服、旗章的上下等级，作为区别贵贱的标志。车服，车驾服饰。旗章，旗帜徽章。旌，表识。

⑦贽、币、瑞、节：贽，古代见面礼。币，泛指车、马、皮、帛、玉器。瑞，作为凭证的玉器。节，符节。韦昭注曰："贽，六贽也。谓孤执皮帛，卿执羔，大夫执雁，士执雉，庶人执鹜，工商执鸡。币，六币也：圭以马，璋以皮，璧以帛，琮以锦，琥以绣，璜以黼也。瑞，六瑞：王执镇圭，尺二寸；公执桓圭，九寸；侯执信圭，七寸；伯执躬圭，七寸；子执谷璧，男执蒲璧，皆五寸。节，六节：山国用虎节，土国用人节，泽国用龙节，皆以金为之；道路以旌节，门关用符节，都尉用管节，皆以竹为之。"则此四物亦标志等级差别。镇：镇服。

⑧班爵：制定不同级别的爵位。

⑨令闻：美好名声。声：传播声誉。

⑩散：涣散。迁：转移。懈：松懈。慢：怠慢。辟：法。

⑪流：流放。裔土：荒远地带。

⑫斧钺(yuè)：指大辟、腰斩之类的大刑。刀墨：用刀在脸上刻划后涂墨，指黥刑。

【译文】

"古时候，先王在已获天下之后，又尊奉上帝和日月之神而恭敬地祭祀，通过祭日、祭月来教化人民如何事奉君主。诸侯在春秋时节接受天子政令来统治人民，大夫和士每日恪守职位，谨慎严肃地履行官职，庶人、工匠和商人各守其职业，以供奉上司。这样做仍怕有所失落，于是制定车驾、服饰、旗帜的等级作为区分尊卑的表识，确定不同等级的贽品、币物、瑞玉、符节来镇服人心，制定不同爵位和贵贱等级来序列官员，确定美名令誉让有功德的人声名远播。这样做仍存在涣散、转移、松懈、怠慢的现象，于是不得不制定刑法，将其流放到荒远地带，这样就有了蛮夷邦国，有了遭到斧钺和刀墨刑法的罪民，何况君主可以放纵其身呢?

"夫晋侯非嗣也<sup>①</sup>,而得其位,亹亹怵惕<sup>②</sup>,保任戒惧<sup>③</sup>,犹曰未也<sup>④</sup>。若将广其心而远其邻<sup>⑤</sup>,陵其民而卑其上<sup>⑥</sup>,将何以固守<sup>⑦</sup>?夫执玉卑,替其贽也<sup>⑧</sup>;拜不稽首,诬其王也<sup>⑨</sup>。替贽无镇<sup>⑩</sup>,诬王无民。夫天事恒象<sup>⑪</sup>,任重享大者必速及<sup>⑫</sup>。故晋侯诬王,人亦将诬之;欲替其镇,人亦将替之。大臣享其禄<sup>⑬</sup>,弗谏而阿之<sup>⑭</sup>,亦必及焉。"

**【注释】**

①嗣:嫡嗣。晋惠公夷吾是献公的庶子。

②亹亹(wěi):勤勉不倦的样子。怵惕:戒惧。

③保任:保持。

④未:未足。

⑤广其心:放纵情欲。远其邻:背弃赂秦诺言而疏远邻国。邻,指秦国,秦晋相邻。

⑥陵其民:虐待留在国内的人。卑其上:不敬王命,指执玉卑,拜不稽首。

⑦守:守其君位。

⑧替其贽:废弃执贽之礼。替,废。

⑨诬:俞樾认为是"轻"字之误。

⑩镇:重。

⑪天事:天下之事。恒象:善恶常常因果相报。恒,常。

⑫任重享大:责任重,享受大。速及:很快得到报应。

⑬大臣:指吕甥、郤芮。

⑭阿:曲意迎合。

【译文】

　　"晋侯并不是献公的嫡嗣,而得到君位,勤勉谨慎,保持戒惧,尚嫌不够。如果他放纵情欲,背叛邻人,陵辱臣民,轻视王命,那么他将靠什么固守君位?晋侯执玉低下,这是废弃了执赞之礼;跪拜而头不着地,这是轻视周王。废弃执赞之礼就无以自重,轻视周王就没有人民拥护。天下的事善恶常常因果相报,责任重、享受大的人会很快受到报应。因此晋侯轻视周王,别人也会轻视他;他想废弃对天子使臣的执赞之礼,别人也会废弃对他的礼节。大臣享受国家的俸禄,不劝谏君主反而曲意逢迎,也一定会赶上灾难。"

　　襄王三年而立晋侯①,八年而陨于韩②,十六年而晋人杀怀公③。怀公无胄④,秦人杀子金、子公⑤。

【注释】

①襄王三年:周襄王三年为公元前 649 年。

②八年:周襄王八年为公元前 644 年。陨于韩:晋惠公在秦晋韩之战中战败,做了秦人俘虏。陨,战败。

③十六年:"六"当为"七",周襄王十七年为公元前 635 年。晋人杀怀公:怀公,惠公之子,名圉,即位后不得人心。其叔父公子重耳在秦国帮助下,与留在国内的晋大夫结盟,入为国君,是为晋文公,派人在高粱杀死了怀公。

④胄:后代。

⑤秦人杀子金、子公:子金即吕甥。子公即郤芮。二人悔纳文公,欲焚公宫,寺人披告知文公,文公潜会秦穆公于王城,秦穆公诱而杀之。

【译文】

　　襄王三年晋侯被立为君,襄王八年晋侯在韩之战中战败,襄王十六年(当为十七年)晋人杀死惠公之子怀公。晋怀公没有后代,吕甥和郤芮也被秦人杀死。

# 内史兴论晋文公必霸

襄王使太宰文公及内史兴赐晋文公命①。上卿逆于境②,晋侯郊劳③,馆诸宗庙④,馈九牢⑤,设庭燎⑥。及期⑦,命于武宫⑧,设桑主⑨,布几筵。太宰莅之,晋侯端委以入⑩。太宰以王命命冕服⑪,内史赞之⑫,三命而后即冕服⑬。既毕,宾、飨、赠、饯⑭,如公命侯伯之礼⑮,而加之以宴好⑯。内史兴归,以告王曰:“晋,不可不善也。其君必霸,逆王命敬,奉礼义成⑰。敬王命,顺之道也;成礼义,德之则也。则德以导诸侯,诸侯必归之。且礼所以观忠、信、仁、义也,忠所以分也⑱,仁所以行也⑲,信所以守也⑳,义所以节也㉑。忠分则均㉒,仁行则报㉓,信守则固㉔,义节则度㉕。分均无怨,行报无匮㉖,守固不偷㉗,节度不携㉘。若民不怨而财不匮,令不偷而动不携,其何事不济!中能应外㉙,忠也;施三服义㉚,仁也;守节不淫㉛,信也;行礼不疚㉜,义也。臣人晋境,四者不失,臣故曰:‘晋侯其能礼矣,王其善之!’树于有礼㉝,艾人必丰㉞。”

**【注释】**

①太宰文公:东周王室卿士王子虎。内史兴:东周内史叔兴父。晋文公:晋献公之子,名重耳,为春秋五霸之一。

②逆:迎。

③郊劳:到郊外迎接并慰劳。

④馆诸宗庙:让襄王使者住进宗庙以示尊崇。馆,入住。

⑤九牢:牛、羊、猪为一太牢,九牢为九份太牢。

⑥庭燎:在宫庭点燃大烛,称为庭燎。

⑦期:举行典礼的日期。

⑧命:宣布王命。武宫:晋武公的宗庙。

⑨设桑主:设立用桑木制做的晋献公灵牌。按,古代既葬而后举行
　虞祭,虞祭用桑木灵牌。虞祭时天子爵命世子,世子即位,受命
　服。此举表明晋文公继父献公位,而不是继承惠公、怀公。

⑩端:穿玄端礼服。委:戴玄冠礼帽。

⑪冕:大冠。服:鷩服。

⑫赞:赞礼。

⑬三命:使者三次宣读王命,晋文公三次辞让。即:穿戴。

⑭宾:接待宾客之礼。飨:飨食之礼。赠:馈赠之礼。饯:郊送饮酒
　之礼。

⑮公命侯伯:公以王命命侯伯。侯伯,诸侯领袖。

⑯宴好:欢宴之好。

⑰奉礼义成:王引之曰:“义,读为仪,谓奉行礼仪而有成也。古书
　多以义为仪。”

⑱分:分配资源。

⑲行:施行。

⑳守:保证操守。

㉑节:节制行为。

㉒均:平均。

㉓报:得到报答。

㉔固:牢固。

㉕度:适度。

㉖匮:匮乏。

㉗偷:苟且。

㉘携:离心离德。

㉙中能应外:内心与外在相应。

㉚三:指三次礼让。服义:行为合宜。

㉛淫:过度。

㉜疚:诟病。

㉝树:种植。

㉞艾:养。丰:丰厚。

**【译文】**

　　周襄王派太宰文公和内史兴赐晋文公命服。晋国上卿到边境迎接天子使者,晋文公亲自到郊外迎接慰问,让天子使者住进宗庙,馈赠使者九份太牢,在宫庭点燃大烛。到了举行大典的日子,典礼地点在晋武公宗庙,庙中设立晋献公桑主牌位,布置几案宴席。典礼开始,太宰莅临武公庙,晋文公穿玄端礼服戴玄冠礼帽进入。太宰宣读周王命令,赐予晋文公大冠鷩服,内史为赞礼,太宰三次宣读王命,晋文公三次辞让,然后晋文公才穿上鷩服。典礼完毕,举凡接宾、飨食、馈赠、郊送饮酒之礼,都按公命侯伯礼仪的规格进行,再加上以欢宴示好。内史兴回到东周,将这些情况禀告襄王,说:"晋国,对它不可以不善待啊。晋君一定会称霸,他迎接王命恭敬,奉行礼仪有成。恭敬王命,这是表示恭顺的方法;成就礼仪,这是显示德行的法则。以道德准则来引导诸侯,诸侯一定会归附晋君。礼是用来观察忠、信、仁、义的,忠是用来分配资源的,仁是用来施行的,信是用来保证操守的,义是用来节制行为的。以忠分配资源就会平均,仁心施行就会得到报答,信用得到遵守就会牢固,以义节制行为就会适度。资源分配平均就无怨恨,仁行受到报答财用就不会匮乏,操守坚固就不会苟且,节制有度就不会离心离德。如果人民不怨恨,财用不匮乏,政令不苟且,人民行为不离心,什么事情不能成功！内心与外在相应,叫做忠;施行三让、行为合宜叫做仁;遵守节度、不会过度叫做信;行礼不为人诟病,叫做义。臣进入晋国境内,忠、信、仁、义四者不失,臣所以说:'晋侯是符合礼的,君王您要善待他啊!'对有礼的人播下友善种子,养人是丰厚的。"

王从之,使于晋者,道相逮也①。及惠后之难,王出在郑②,晋侯纳之③。

【注释】

①道相逮:指道路上王室使者络绎不绝。逮,及。

②惠后之难,王出在郑:指周襄王十七年(公元前635年),惠后之子王子带篡位之事。惠后,周惠王之后,襄王继母陈妫。陈妫有宠,生子带,子带奔齐,王复之。又通于襄王之后隗氏,王废隗氏,周大夫颓叔、桃子奉子带以翟师伐周,王出适郑,处于氾。

③晋侯纳之:襄公十八年(公元前636年),晋文公听从狐偃建议,派左师包围王子带与隗氏所在的温邑,并俘虏了他,又派右师迎襄王送入王城,杀王子带于隰城。

【译文】

襄王听从内史兴的建议,王室派往晋国的使者,在路上络绎不绝。等到惠后之子王子带作乱,襄王出奔郑国,是晋文公护送襄王恢复王位。

襄王十六年①,立晋文公。二十一年②,以诸侯朝王于衡雍③,且献楚捷④,遂为践土之盟,于是乎始霸⑤。

【注释】

①襄王十六年:当为"襄王十七年",周襄王十七年为公元前635年。

②二十一年:周襄王二十一年为公元前631年。

③以:率领。衡雍:郑国地名。在今河南原阳西,践土东北。

④献楚捷:献楚国俘虏。此年夏四月城濮之战晋败楚,晋文公率领诸侯朝拜周王,献上俘获的楚国兵车和士卒。

⑤遂为践土之盟,于是乎始霸:践土之会上,王命尹氏及王子虎、内史叔兴父策命晋文公为侯伯,赐之大辂之服,戎辂之服,彤弓一,彤矢百,旅弓十,旅矢千,秬鬯一卣,虎贲三百人。践土,郑国地名。在今河南原阳西南。

**【译文】**

　　襄王十六年(当为襄王十七年),立晋文公重耳为晋国国君。襄王二十一年,晋文公率诸侯在衡雍朝见周襄王,并且向周襄王献上楚国的俘虏,于是晋文公在践土主持诸侯盟誓,由此开始称霸。

# 周语中

## 【题解】

本篇收录东周王室君臣十条言论材料,取材上自周襄王十三年(公元前 639 年),下至周灵王九年(公元前 563 年)。

"富辰谏襄王以狄伐郑及以狄女为后章"论述"利内"与"利外"的夷夏之辨;"襄王拒晋文公请隧章"、"定王论不用全烝之故章"、"襄王拒杀卫成公章"分别阐明隧礼、肴烝之礼和君臣之礼,从一个侧面反映了衰微之后的周室天子与崛起的春秋霸主之间的微妙矛盾;"阳人不服晋侯章"、"王孙说请勿赐叔孙侨如章"阐述德义的价值;"王孙满观秦师章"、"单襄公论陈必亡章"、"刘康公论鲁大夫俭与侈章"、"单襄公论郤至佻天之功章"分别说明轻佻、无礼、淫逸、奢侈、矜夸必以致败亡的道理。

本篇文章说理层次井然,如"单襄公论陈必亡章"逐层征引"先王之教"、"周制"、"周之秩官"、"先王之令",逐一对照陈国混乱的政治现实,令人信服地得出陈国必然亡国的结论。

## 富辰谏襄王以狄伐郑及以狄女为后

襄王十三年①,郑人伐滑②。王使游孙伯请滑③,郑人执之④。王怒,将以狄伐郑⑤。富辰谏曰⑥:"不可。古人有言曰：'兄弟谗阋，侮人百里⑦。'周文公之诗曰⑧：'兄弟阋于墙⑨，外御其侮⑩。'若是则阋乃内侮⑪，而虽阋不败亲也⑫。郑在天子，兄弟也。郑武、庄有大勋力于平、桓⑬；我周之东迁，晋、郑是依⑭；子颓之乱，又郑之缘定⑮。今以小忿弃之，是以小怨置大德也⑯，无乃不可乎！且夫兄弟之怨，不征于他⑰，征于他，利乃外矣。章怨外利⑱，不义；弃亲即狄，不祥；以怨报德，不仁。夫义所以生利也，祥所以事神也，仁所以保民也。不义则利不阜⑲，不祥则福不降，不仁则民不至。古之明王不失此三德者，故能光有天下⑳，而和宁百姓，令闻不忘。王其不可以弃之。"王不听。十七年㉑，王降狄师以伐郑㉒。

**【注释】**

①襄王十三年：周襄王十三年为公元前 639 年。

②郑人伐滑：此年滑人叛郑，郑军入滑，滑人服从了郑国。滑，姬姓小国，故址在今河南偃师。

③游孙伯：东周大夫。请滑：为滑国求情。

④郑人执之：据《左传·僖公二十四年》，郑伯怨周惠王在郑厉公的帮助下回国而在庆功时不与郑厉公酒爵，又怨周襄王偏袒卫、滑，所以不听王命而抓了游孙伯。郑人，郑文公姬捷，郑厉公之子。执之，将游孙伯抓起来。

⑤狄：隗姓诸侯国。

⑥富辰：东周大夫。

⑦兄弟谗阋(xì)，侮人百里：兄弟虽然因谗言而争斗，但对于欺侮自己的外人还要拒之百里之外。谗阋，因谗言而争斗。阋，争吵，争斗。侮人，欺侮自己的外人。

⑧周文公之诗:指下引《诗经·小雅·棠棣》。周文公,周公旦。

⑨阋于墙:在墙之内争斗。

⑩外御其侮:对外抵御侵略者的欺侮。

⑪内侮:指兄弟争斗。

⑫虽阋不败亲:虽然争斗,但兄弟亲情仍然存在。

⑬郑武、庄有大勋力于平、桓:指周幽王被灭,郑武公辅佐周王室东迁。桓王即位,郑庄公奉王命讨伐不入朝进贡的诸侯。郑武,郑武公姬突。庄,郑庄公姬寤生,武公之子。平,周平王姬宜臼。桓,周桓王姬林,平王之孙。

⑭我周之东迁,晋、郑是依:周平王东迁时晋文侯与郑武公戮力同心,夹辅平王。

⑮子颓之乱,又郑之縣定:子颓为周惠王叔父,篡惠王位而自立,郑厉公杀子颓而纳惠王。縣,通"由"。

⑯置:废。

⑰征:召。他:外族,此指狄国。

⑱章:明。

⑲阜:厚。

⑳光:大。

㉑十七年:周襄王十七年为公元前635年。

㉒降:下。

**【译文】**

　　襄王十三年,郑人讨伐滑国。周襄王派游孙伯为滑国求情,郑人将游孙伯抓起来。周襄王大怒,准备派狄国讨伐郑国。富辰劝谏说:"不可以这样做。古人有话说:'兄弟之间虽因谗言争斗,但对欺侮自己的外人仍然拒之于百里之外。'周文公的诗说:'兄弟之间虽然争斗于宫墙之内,但仍然共同抵御外族侵略者。'如果这样,那么虽然内部争斗,但兄弟亲情仍然存在。郑君之于天子,是兄弟的关系。郑武公、郑庄公对于周平王、周桓王有大功劳;周王室东迁,就是依靠晋国和郑国;子颓之乱,是由郑国平定的。如今以小的怨恨而抛弃了郑国旧恩,是以小怨废弃了大德,恐怕不可以吧!况且兄弟之间的怨恨,不召外人来插手,若召外人插手,利益就给外人了。将兄弟之怨公开挑明,让外人得利,这样做不义;抛弃亲兄弟,接近夷狄,这样做不祥;以结怨方式报答恩德,这样做不仁。义是用来产生利益的,祥是用来事奉鬼神的,仁是用来保有民众的。不义利益就会不厚,不祥鬼神就不会赐福,不仁民众就不会亲附。古代明王不失义、祥、仁三种德行,所以能够广有天下,使百姓和谐安宁,他们的美好名声永远被人铭记。君王还是不要抛弃义、祥、仁这些德行。"襄王不听。十七年,襄王派狄国军队讨伐郑国。

王德狄人①,将以其女为后,富辰谏曰:"不可。夫婚姻,祸福之阶也②。由之利内则福③,利外则取祸④。今王外利矣,其无乃阶祸乎?昔挚、畴之国也由大任⑤,杞、缯由大姒⑥,齐、许、申、吕由大姜⑦,陈由大姬⑧,是皆能内利亲亲者也⑨。昔鄢之亡也由仲任⑩,密须由伯姞⑪,郐由叔妘⑫,聃由郑姬⑬,息由陈妫⑭,邓由楚曼⑮,罗由季姬⑯,卢由荆妫⑰,是皆外利离亲者也⑱。"

**【注释】**

①王德狄人:《左传·僖公二十四年》载狄人奉王命伐郑,取郑栎地。故襄王德之。德,感激。

②阶:阶梯。

③利内:指与中原诸侯结为婚姻。

④利外:指与夷狄结为婚姻。

⑤挚、畴:商朝王畿之内诸侯国,任姓,奚仲、仲虺之后。大任:挚国

之女,王季之妃,文王之母。

⑥杞、缯:商朝姒姓诸侯国,夏禹之后。大姒:杞国之女,文王之妃,武王之母。

⑦齐、许、申、吕:商朝姜姓诸侯国,四岳之后。大姜:吕氏之女,太王之妃,王季之母。

⑧陈由大姬:陈为西周诸侯国,帝舜之后。大姬,周武王长女,嫁陈国之君虞胡公。

⑨内利亲亲:对内有利,通过缔结姻亲来巩固根本。

⑩鄅之亡也由仲任:《潜夫论·志氏姓》:"鄅娶仲任不妻,贪冒爱吝,蔑贤简能,是用亡邦。"鄅,妘姓诸侯国。仲任,任氏之女,嫁为鄅国夫人。

⑪密须由伯姞(jí):密取同姓之女而亡国。密须,周朝姞姓诸侯国,周共王时被灭国。伯姞,姞姓之女,与密须同姓。

⑫郐(kuài)由叔妘(yún):《春秋公羊传》:"先郑伯有善于郐公者,通于夫人,以取其国。"郐,周朝妘姓诸侯国,被郑武公所灭。叔妘,郐国夫人,与郐君同姓。

⑬聃(dān):周文王之子聃季之国,姬姓。郑姬:郑国之女,为聃国夫人,与聃君同姓。

⑭息由陈妫(guī):陈妫,陈女,为息侯夫人。蔡哀侯亦取于陈,陈妫归过蔡,蔡哀侯止而见之,弗宾。陈妫以告息侯,息侯遂导楚伐蔡,虏蔡侯。蔡侯怨,因称息妫之美于楚文王,楚遂灭息,以息妫归。息,周朝姬姓诸侯国。

⑮邓由楚曼:楚曼,《左传》称邓曼,邓国之女,楚武王夫人,生楚文王。文王过邓而利其国,遂灭邓而兼之。邓,商周曼姓诸侯国。

⑯罗:周朝熊姓之国。季姬:姬氏之女,为罗君夫人。

⑰卢:周朝妫姓之国。荆妫:卢国之女,为楚王夫人。

⑱外利离亲:求利于外,不能亲亲,以致亡国。

**【译文】**

　　襄王感激狄人，拟以狄人之女为王后，富辰进谏说："不可以。婚姻是祸福的阶梯。结婚对内有利是福，结婚对外有利是祸。如今君王的做法对外有利，恐怕是取祸的阶梯吧？从前挚、畴兴旺是由于大任，杞、缯兴旺是由于大姒，齐、许、申、吕兴旺是由于大姜，陈国兴旺是由于大姬，这些国家都能够对内有利而缔结姻亲。从前鄢国灭亡是由于仲任，密须灭亡是由于伯姞，郐国灭亡是由于叔妘，聃国灭亡是由于郑姬，息国灭亡是由于陈妫，邓国灭亡是由于楚曼，罗国灭亡是由于季姬，卢国灭亡是由于荆妫，这些国家都是对外有利而背离至亲。"

　　王曰："利何如而内，何如而外①？"对曰："尊贵、明贤、庸勋、长老、爱亲、礼新、亲旧②。然则民莫不审固其心力以役上令③，官不易方④，而财不匮竭⑤，求无不至⑥，动无不济⑦。百姓兆民⑧，夫人奉利而归诸上⑨，是利之内也⑩。若七德离判⑪，民乃携贰⑫，各以利退⑬，上求不暨⑭，是其外利也⑮。夫狄无列于王室⑯，郑伯南也⑰，王而卑之，是不尊贵也。狄，豺狼之德也，郑未失周典⑱，王而蔑之⑲，是不明贤也。平、桓、庄、惠皆受郑劳，王而弃之，是不庸勋也。郑伯捷之齿长矣⑳，王而弱之，是不长老也。狄，隗姓也，郑出自宣王㉑，王而虐之，是不爱亲也。夫礼，新不间旧㉒，王以狄女间姜、任㉓，非礼且弃旧也。王一举而弃七德，臣故曰利外矣。《书》有之曰㉔：'必有忍也，若能有济也㉕。'王不忍小忿而弃郑，又登叔隗以阶狄㉖。狄，封豕豺狼也㉗，不可厌也㉘。"王不听。

## 【注释】

①利何如而内,何如而外:怎样对内有利,怎样对外有利。

②尊贵:尊重贵人。明贤:显明贤人。庸勋:任用功臣。长老:敬重老者。爱亲:爱护六亲。礼新:礼遇新宾。亲旧:亲近故旧。

③审固其心力:审慎而坚决地运用心力。役:服役,服务。

④官不易方:官不改治民之道。

⑤匮竭:枯竭。

⑥求无不至:所求的都能得到。

⑦动:行动。济:成功。

⑧百姓:百官。兆民:当时人口未达十亿,"兆民"犹今之"广大人民"。兆,十亿为兆。

⑨夫人:人人。

⑩利之内:利益向内。

⑪七德:指尊贵、明贤、庸勋、长老、爱亲、礼新、亲旧。离判:分开。

⑫携贰:离心。

⑬各以利退:各自利其身而去。

⑭暨:至。

⑮是其外利:这些情况对外有利。

⑯狄无列于王室:狄国在王室没有位次。

⑰郑伯南也:郑国为伯爵。南,官爵名,后多作"男"。

⑱周典:周室礼法。

⑲蔑:蔑视。

⑳郑伯捷:郑文公名捷。齿:年齿。

㉑郑出自宣王:郑桓公姬友是周宣王同母弟,为周宣王所封。

㉒间:代替。

㉓王以狄女间姜、任:此前王妃皆为姜、任二氏之女,如今却以狄女代替姜、任二氏。

㉔《书》:逸书。

㉕若:乃。

㉖叔隗(wěi):狄女,襄王欲以为后者。叔,排行第二。因是狄国次
　　女,故称叔隗。阶狄:引发狄祸的阶梯。

㉗封豕:大野猪,比喻贪暴者。豺狼:比喻凶残的恶人。

㉘厌:满足。

**【译文】**

　　襄王问:"利益怎样才能对内,怎样才能对外?"富辰回答说:"尊重
贵人,彰显贤人,任用功臣,敬重年老,爱护六亲,礼遇新宾,亲近故旧。
这样做人民就都会审慎而坚决地运用心力来服从上级命令,官员不用
改变治民方略,财用不会匮乏,所求的目标都能达到,举动没有不成功。
百官民众,人人都会将利益奉献上司,这样做利益就会向内。如果背离
了尊重贵人、彰显贤人、任用功臣、敬重年老、爱护六亲、礼遇新宾、亲近
故旧七种德行,人民就会离心离德,各利其身而退,在上位者所追求的
目标都达不到,这样做利益就会向外。狄国在周王室本来是没有位次
的,而郑国是伯爵之国,君王如果看不起郑国,这是不尊重贵人。狄国
具备豺狼的品性,而郑国不失周礼,君王如果蔑视郑国,这是不彰显贤
人。周平王、周桓王、周庄王、周惠王都蒙受郑国功劳,君王如果抛弃郑
国之功,这是不任用功臣。郑伯姬捷年纪已长,君王如果视为稚弱,这
是不敬重年老。狄人姓隗,而郑国为周宣王所封,君王如果虐待郑国,
这是不爱护六亲。礼的规定是,新不代替旧,君王以狄女代替姜、任,这
样做不符合周礼,而且抛弃旧亲。君王一个举动就抛弃了七种德行,我
因此说对外有利。《书》上说:'能有所忍,乃能有成功。'君王不忍小忿
恨而抛弃郑国,又进用叔隗为王后,以此成为狄国之祸的阶梯。狄人如
同大野猪,如同豺狼,他们的贪心是不会满足的。"襄王不听。

　十八年①,王黜狄后②。狄人来诛,杀谭伯③。富辰曰:

"昔吾骤谏王,王弗从,以及此难。若我不出,王其以我为怼乎④!"乃以其属死之⑤。

【注释】

①十八年:周襄王十八年为前634年。

②王黜狄后:狄后与王子带私通,故襄王废黜狄后。黜,废黜。

③谭伯:周大夫原伯。

④怼(duì):怨恨。

⑤以:率。其属:富辰的徒属。死之:死于狄师。

【译文】

十八年,襄王废黜狄后。狄人前来诛讨,杀死周大夫原伯。富辰说:"以前我多次劝谏君王,君王不听,以至于陷入这一灾难。如果我不出战,君王大概会认为我心怀怨恨吧!"于是富辰率领徒属战死。

初,惠后欲立王子带,故以其党启狄人①。狄人遂入,周王乃出居于郑②,晋文公纳之。

【注释】

①故以其党启狄人:王子带率领同党指使狄人。据《左传·僖公二十四年》载,王子带有宠于惠后,"惠后将立之,未及而卒",则此时惠后已死,启狄人者当是王子带。又,《左传》言颓叔、桃子奉王子带以狄师攻王,则王子带似为被动,此则不同。其党,或指颓叔、桃子。启,开。

②周王乃出居于郑:襄王出居于郑国氾地。

【译文】

当初,惠后想立王子带为君,所以让王子带徒党开启狄人,狄人于是入侵东周，周襄王出居郑国避难，晋文公护送襄王归国即位。

## 襄王拒晋文公请隧

晋文公既定襄王于郏①，王劳之以地②，辞，请隧焉③。王不许，曰："昔我先王之有天下也，规方千里以为甸服④，以供上帝山川百神之祀，以备百姓兆民之用，以待不庭不虞之患⑤。其余以均分公侯伯子男⑥，使各有宁宇⑦，以顺及天地⑧，无逢其灾害，先王岂有赖焉⑨。内官不过九御⑩，外官不过九品⑪，足以供给神祇而已，岂敢厌纵其耳目心腹以乱百度⑫？亦唯是死生之服物采章⑬，以临长百姓而轻重布之⑭，王何异之有？今天降祸灾于周室⑮，余一人仅亦守府⑯，又不佞以勤叔父⑰，而班先王之大物以赏私德⑱，其叔父实应且憎⑲，以非余一人，余一人岂敢有爱⑳？先民有言曰：'改玉改行㉑。'叔父若能光裕大德㉒，更姓改物㉓，以创制天下㉔，自显庸也㉕，而缩取备物以镇抚百姓㉖，余一人其流辟旅于裔土㉗，何辞之有与㉘？若由是姬姓也，尚将列为公侯㉙，以复先王之职，大物其未可改也㉚。叔父其懋昭明德㉛，物将自至㉜，余何敢以私劳变前之大章㉝，以忝天下㉞，其若先王与百姓何？何政令之为也㉟？若不然，叔父有地而隧焉㊱，余安能知之？"文公遂不敢请，受地而还。

### 【注释】

①晋文公既定襄王于郏：晋文公杀王子带，送周襄王回都城复位。郏，地名，东周都城，在今河南洛阳附近。

②劳:慰劳。地:指阳樊、温、原、攒茅之田。

③请隧:晋文公请求周襄王允许他死后以天子之礼下葬。《左传·
僖公二十五年》杜预注:"阙地通路曰隧,王之葬礼也;诸侯皆
县(悬)柩而下。"

④规:规划。甸服:王畿之内的服国。

⑤庭:直。不虞:意外事件。虞,度。

⑥其余以均分公侯伯子男:据《周礼》,公的封国方五百里,侯的封
国方四百里,伯的封国方三百里,子的封国方二百里,男的封国
方一百里。其余,指甸服以外的土地。

⑦宁宇:安宁的居处。

⑧顺及天地:顺应天尊地卑之义。

⑨先王岂有赖:先王将甸服以外的土地均分给诸侯,未从中谋利。
赖,利。

⑩内官:指宫内女官。九御:九嫔。

⑪外官:指外廷官员。九品:九卿。

⑫厌:满足。纵:放纵。耳目:指声色享受。心腹:嗜欲。百度:各
种法度。

⑬服物:指天子按照礼制所享用的服饰用物。采章:采色文章,即
礼仪形式。

⑭临长百姓:统治百姓。轻重布之:贵贱各有等差。

⑮降祸灾于周室:指狄人侵周,王子带篡位,襄王出奔郑国。

⑯余一人:周天子的自称。仅:仅能。守府:守护先王的府藏。

⑰不佞:不才。勤:劳。叔父:周天子对同姓诸侯的称呼,此指晋
文公。

⑱班:分。大物:指隧礼。私德:晋文公护送襄王复位的恩德。

⑲应:接受襄王私赠的隧礼。憎:憎恶襄王的行为。

⑳爱:吝惜。

㉑改玉改行：古人佩玉，是为了节制步伐，越是尊贵的人，步行越慢越短。佩玉变了，行步节奏也要改变。玉，佩玉。行，行步。

㉒光裕：发扬光大。光，广。裕，宽。

㉓更姓：易姓。改物：改正朔，易服色。

㉔创制天下：创造天下而为天子。

㉕自显庸：自我显明。

㉖缩取备物：乱法取隧礼。缩，乱。备物，指隧礼。镇抚：威镇安抚。

㉗流：流放。辟：退避。旅：羁旅。裔土：荒裔远土。

㉘何辞之有：犹言"在所不辞"。

㉙若由是姬姓也，尚将列为公侯：如果姬姓仍为天子，那么晋文公仍列为公侯。由，通"犹"。

㉚大物：指隧礼。

㉛懋：勉。

㉜物将自至：拥有天下则隧礼自然而至。

㉝前之大章：以前的大法，指隧礼。大章，大法。

㉞忝：辱没。

㉟何政令之为：如何发布政令。

㊱有地而隧：自己举行隧礼。

## 【译文】

晋文公送周襄王回都城复位，襄王以赏赐土地来慰劳晋文公，晋文公推辞了土地，请求襄王赐予下葬时的隧礼。襄王不允许，说："从前我们先王拥有天下，规划王畿内千里为甸服，来供奉上帝山川百神的祭祀，预备百官兆民的财用，防备不道和意想不到的忧患。其余的甸外土地依等级平均地分给公侯伯子男，使诸侯各有安居，以此顺应天尊地卑的秩序，避免遇上天灾人祸，先王哪里想到要从中取利呢？宫中女官不过九嫔，外廷官员不过九卿，足以供奉天神地祇祭祀而已，哪里敢满足、放纵声色嗜欲来扰乱各种法度呢？周王也只是在死生的服饰用物以及礼仪形式方面不同而已，以此统治百姓并体现贵贱等差，除此之外周王又有什么差异呢？如今上天降下祸灾给周王室，我仅能守护先王府藏，又因为不才而让叔父劳苦，如果我分发先王的隧礼来赏赐私人恩德，叔父本人在接受的同时也会憎恶，批评我的做法，我哪里敢吝惜隧礼呢？先人有话说：'改了佩玉也就改了步伐。'叔父如果能将大德发扬光大，易姓受命称王，改正朔易服色，来创建新的天下，这样就可以自我彰显了，那时叔父乱取隧礼来威镇安抚百姓，那么我即使是被流放规避，旅居到荒裔野土，我也会在所不辞。如果仍由姬姓当天子，那么叔父还是被列为公侯，恢复先王确定的职分，这样隧礼就是不可更改的。叔父勉力彰显光明的德行，拥有天下隧礼就会自然而至，我怎么敢以私人恩劳来改变前代的大法，以此辱没天下，那将如何对先王和天下百官交代？又如何发布政令呢？要不然，叔父自己有土地，自己去举行隧礼，我怎么能知道？"晋文公于是再也不敢请求隧礼，接受襄王所赐土地而回到晋国。

## 阳人不服晋侯

王至自郑[①]，以阳樊赐晋文公[②]。阳人不服，晋侯围之。仓葛呼曰[③]："王以晋君为能德，故劳之以阳樊。阳樊怀我王德[④]，是以未从于晋。谓君其何德之布以怀柔之[⑤]，使无有远志[⑥]？今将大泯其宗祊[⑦]，而蔑杀其民人[⑧]，宜吾不敢服也！夫三军之所寻[⑨]，将蛮、夷、戎、狄之骄逸不虔[⑩]，于是乎致武。此赢者阳也[⑪]，未狎君政[⑫]，故未承命[⑬]。君若惠及之，唯官是征[⑭]，其敢逆命[⑮]，何足以辱师[⑯]！君之武震[⑰]，无乃玩而顿乎[⑱]？臣闻之曰：'武不可觌，文不可匿[⑲]。觌武无烈[⑳]，匿文不昭㉑。'阳不承获甸㉒，而只以觌武，臣是以惧。不然，其敢自爱也？且夫阳，岂有裔民哉㉓？夫亦皆天子之父兄甥舅也，若之何其虐之也？"晋侯闻之，曰："是君子之言也。"乃出阳民㉔。

**【注释】**

①王至自郑：周襄王从郑国回到王城。公元前634年，狄人攻入东周王城，襄王逃到郑国避难，晋文公护送襄王归国复位。

②阳樊：地名，在今河南济源西南。

③仓葛：阳樊人。

④怀：思念。

⑤怀柔：招来，安抚，指用政治手段笼络人心，使之归服。

⑥远志：离叛志向。

⑦泯：泯灭。宗祊（bēng）：宗庙。祊，庙门。

⑧蔑：灭杀。

⑨寻：用。

⑩虔：恭敬。

⑪羸（léi）：弱。

⑫狃：习。

⑬承命：听命。

⑭官：晋国派来管理阳樊的官员。征：征召。

⑮其：岂。逆命：违命。

⑯辱师：屈辱地动用军队征讨。

⑰震：威。

⑱玩：轻慢。顿：疲敝，挫伤。

⑲武不可觌（dí），文不可匿：意为修文偃武。觌，见。匿，隐藏。

⑳烈：功业。

㉑昭：彰显。

㉒阳不获承甸：阳樊不能成为甸服。承获，据王引之说，当为"获承"。甸，甸服。

㉓裔民：流放在荒裔的凶恶之民，此处泛指夷狄。

㉔乃出阳民：放出阳樊民众，任其自择居处，晋国只要阳樊土地。

**【译文】**

　　周襄王从郑国回到王城，将阳樊赏赐给晋文公。阳樊人不服，晋文公率兵包围了阳樊。仓葛大声叫道："周王认为晋君能够施行德政，所以拿阳樊城邑慰劳晋人。阳樊人思念周王恩德，因此未能服从晋国。阳樊人说，晋君不知会施布什么样的德政来安抚我们，让我们不要叛离晋君？如今晋国却要彻底毁灭我们的宗庙，杀死我们的民众，这说明，我们不敢服从晋国是适宜的！三军所应该用的地方，应该是那些骄奢淫逸、不恭不敬的蛮夷戎狄，它们才是用武的对象。一个羸弱的阳樊，没有习惯于晋国的政令，这才导致不服从命令的情形。晋君如果施及恩惠，阳樊人就会只听从晋国官员的征召，哪里敢违抗命令？哪里值得晋国屈辱地兴师动众？这对晋君的武威而言，恐怕有些轻慢挫伤吧？我听说：'武不可显示，文不可隐藏。炫武没有功业，藏文无法彰显。'阳樊不能成为王畿内的甸服，而仅仅看到晋人耀武扬威，我因此感到恐惧。如果不是晋国炫武，阳樊哪里敢自我怜惜而不服从呢？况且阳樊民众，岂是夷狄荒裔凶恶之民？他们也都是天子的父兄甥舅啊，为什么要虐待他们呢？"晋文公听了仓葛一番话，说："这是君子的话啊。"于是放出阳樊居民。


# 襄王拒杀卫成公

　　温之会①，晋人执卫成公归之于周②。晋侯请杀之，王曰："不可。夫政自上下者也③，上作政④，而下行之不逆⑤，故上下无怨。今叔父作政而不行⑥,无乃不可乎？夫君臣无狱⑦,今元咺虽直⑧,不可听也。君臣皆狱,父子将狱,是无上下也。而叔父听之,一逆矣。又为臣杀其君,其安庸刑⑨？布刑而不庸,再逆矣。一合诸侯,而有再逆政,余惧其无后⑩。不然,余何私于卫侯⑪?"晋人乃归卫侯。

**【注释】**

①温之会:周襄王二十一年,晋人在城濮打败楚国,在践土举行诸侯盟会,成为中原霸主。温,地名,在今河南温县。

②晋人执卫成公归之于周:卫成公,卫国君主,姬姓,名郑。在晋楚争霸中,卫成公站在楚国一边。城濮之战后,卫成公惧而奔楚,派其弟叔武和大夫元咺参与晋文公主持的践土之盟,元咺即奉叔武守国。后来晋人允许卫成公归国复位,成公前驱射杀叔武,元咺奔晋。元咺与卫成公在晋文公面前互诉,晋人拘捕卫成公。

③政自上下:政令自上而及下。

④作政:发布政令。

⑤逆:违犯。

⑥叔父:周天子称同姓诸侯为叔父,此指晋文公。不行:不顺。

⑦狱:诉讼。

⑧元咺虽直:元咺奉卫成公之命奉叔武守国,并没有擅立篡国之事。卫成公回国时,叔武将沐,闻君至,握发出来迎接,被成公前驱射杀,元咺奔晋。所以元咺理直。直,理直。

⑨安:怎么。庸:用。

⑩无后:没有后继,指不能再主盟诸侯。

⑪私:私情。

【译文】

在温地举行的诸侯盟会上,晋国人拘捕了卫成公,将其送交周天子。晋文公请周天子杀死卫成公,周襄王说:"不可以。政令自上而及下,在上位者发布政令,下面的民众执行政令而不违犯,因此上下都没有怨愤。如今叔父发布政令却无法施行,恐怕不可以这样做吧? 君臣之间不宜有诉讼,如今元咺虽然理直,但不能听他的。如果君臣都互相诉讼,那么父子之间也会有诉讼,这就没有上下之分了。如果叔父听从卫国君臣诉讼,那就是一件悖逆的事。进而又为了卫臣而杀卫君,那该怎么用刑? 颁布刑罚而不能施用,这又是一件悖逆的事。一次聚合诸侯,而两次发布悖逆的政令,我担心叔父今后再也不能主盟诸侯了。如果不是为叔父着想,那么我与卫侯之间又有什么私情?"晋人于是让卫侯回国。


# 王孙满观秦师

二十四年①,秦师将袭郑②,过周北门③。左右皆免胄而下拜④,超乘者三百乘⑤。王孙满观之⑥,言于王曰:"秦师必有谪⑦。"王曰:"何故?"对曰:"师轻而骄⑧,轻则寡谋,骄则无礼。无礼则脱⑨,寡谋自陷⑩。入险而脱,能无败乎? 秦师无谪,是道废也⑪。"是行也,秦师还,晋人败诸崤⑫,获其三帅丙、术、视⑬。


【注释】

①二十四年:当为"二十六年",周襄王二十六年为公元前627年。

②秦师将袭郑:秦晋于周襄王二十三年(公元前630年)围郑,秦穆公单独与郑讲和,并派杞子等率一支军队留在郑国。此年秦将

杞子约秦穆公前来偷袭郑国,秦穆公派孟明视等帅师千里偷袭
郑国。

③周北门:东周王城的北门。

④左右:先秦兵车上有三人,中间是驾车者,左右是武士。免胄而
下拜:胄,头盔。左右武士脱下头盔下拜,是为了表达对周王的
敬意。《吕氏春秋·悔过篇》载王孙满曰:"过天子之城,宜橐甲
乘兵,左右皆下,以为天子礼。"免胄则仅脱去头盔,并不去甲,也
未必束其兵,不合于当时之礼。

⑤超乘者:一跃而跳上车。武士们刚免胄下车,又迅速跳上车,以
示其勇,显得轻狂无礼。

⑥王孙满:周共王儿子姬围的曾孙。据《左传》记载,王孙满当时只
是一个儿童。

⑦谪:凶咎。

⑧轻:轻佻。

⑨脱:粗疏。

⑩自陷:自己陷入险境。

⑪道废:古道废弃。

⑫秦师还,晋人败诸崤(xiáo):郑国商人弦高路遇秦师,他一面派人
报告郑伯,一面假称奉郑伯之命犒军,秦师遂未袭郑,灭滑而还。
至崤山,被早已埋伏在此的晋军打得大败,只轮片甲无还者。
崤,山名,在河南洛宁北,为绝险之地。

⑬丙:白乙丙。术:西乞术。视:孟明视。

**【译文】**

周襄王二十四年(当为二十六年),秦国军队千里偷袭郑国,路过东
周王城北门。战车上左右武士都脱下头盔下车参拜,随后一跃上车,三
百辆战车上的武士都是如此。王孙满看到这个情景,对襄王说:"秦国
军队一定会栽跟头。"襄王问:"这是什么缘故?"王孙满回答说:"秦国军

队轻佻而骄傲,轻佻就会缺少谋略,骄傲就会无礼。无礼就会粗疏,缺少谋略就会自陷险境。进入险境而粗疏,能不失败吗? 秦国军队如果不栽跟头,那就是古道废弃了。"这次出征,秦国军队在返回途中遭到伏击,晋人在崤山打败秦军,俘房了秦军三位统帅白乙丙、西乞术、孟明视。

# 定王论不用全烝之故

晋侯使随会聘于周[1]。定王享之肴烝[2],原公相礼[3]。范子私于原公[4],曰:"吾闻王室之礼无毁折[5],今此何礼也?"王见其语,召原公而问之,原公以告。

## 【注释】

①晋侯使随会聘于周:此事在周定王十四年(公元前593)冬。去年,王孙苏与毛公、召公争政,杀毛公、召公,王室复乱。王孙苏奔晋,晋人复之。随会此次聘周是奉晋侯之命平王室。晋侯,晋景公,名獳(nòu)。随会,祁姓,随氏,因食采邑于范,又以范为氏,名会,谥武,史称范武子、随武子,为晋国正卿。随会本人以士为姓,排行第三,故又称士季。聘,派使者致意。

②定王:名榆,周匡王之子。公元前606年—公元前586年在位。享:用酒食款待。肴(yáo)烝:献上折骨剔肉、置于俎中的肉食。肴,鱼肉类荤食。烝,升,献。

③原公:周王室卿士原襄公。相礼:辅助行礼。

④范子:随会。私:私下交谈。

⑤无毁折:不折断牲体。

**【译文】**

晋景公派随会到东周王室聘问，周定王用肴烝礼招待他，原襄公辅佐定王行礼。随会私下对原襄公说："我听说王室之礼不折断牺牲之体，今日天子用的是什么礼仪？"周定王看到随会与原襄公交谈，就召原襄公询问，原襄公将随会的疑问告诉周定王。

王召士季，曰："子弗闻乎，禘郊之事①，则有全烝②；王公立饫③，则有房烝④；亲戚宴飨，则有肴烝。今女非他也⑤，而叔父使士季实来修旧德⑥，以奖王室⑦。唯是先王之宴礼，欲以赐女⑧。余一人敢设饫禘焉⑨，忠非亲礼⑩，而干旧职⑪，以乱前好⑫？且唯戎、狄则有体荐⑬。夫戎、狄，冒没轻儳⑭，贪而不让。其血气不治⑮，若禽兽焉。其适来班贡⑯，不俟馨香嘉味⑰，故坐诸门外，而使舌人体委与之⑱。女今我王室之一二兄弟，以时相见，将和协典礼⑲，以示民训则，无亦择其柔嘉⑳，选其馨香，洁其酒醴，品其百笾㉑，修其簠簋㉒，奉其牺象㉓，出其樽彝㉔，陈其鼎俎㉕，净其巾幂㉖，敬其祓除㉗，体解节折而共饮食之㉘。于是乎有折俎加豆㉙，酬币宴货㉚，以示容合好㉛，胡有孑然其郊戎、狄也㉜？

**【注释】**

①禘：帝王祭祀始祖大典。郊：帝王祭天大典。

②全烝：进献完整牲体。

③立饫(yù)：在宗庙中招待宾客并议政的礼仪，出席者均站立。

④房烝：半牲之体。

⑤女：同"汝"。

⑥叔父：指晋景公。

⑦奖:扶助。

⑧贻:赠。

⑨饫:牺牲半体。禘:牺牲全体。焉:乎。

⑩忠:厚。亲礼:亲戚宴飨之礼。

⑪干:犯。旧职:故事。

⑫前好:先王之好。

⑬体荐:进献整头牲体。

⑭冒没:蒙昧。轻儳(chán):轻贱。

⑮不治:未经教化。

⑯适:往。班贡:进贡。

⑰俟:等待。

⑱舌人:翻译。体:牲体。委与:交付。

⑲协:合。典礼:常礼。典,常。

⑳无亦:亦。柔:脆。嘉:美好。

㉑品:排列。笾:竹器,盛枣栗等食物。

㉒簠簋(fǔ guǐ):两种盛黍稷的青铜器皿,簋为圆形器皿,簠为方形器皿。

㉓牺象:牺尊和象尊,两种酒器,牺尊以翡翠装饰,象尊以象骨装饰。

㉔樽彝:盛酒之器。

㉕鼎:烹饪器具,或祭祀礼器。俎:盛牲体的礼器。

㉖巾幂(mì):覆盖樽彝的巾帛。

㉗祓除:扫除。

㉘体解:分解牲体。节折:折断骨节。

㉙折俎:将牲体分解折断。加豆:增加盛菜的豆。

㉚酬币:指酬宾束帛之礼。宴货:宴会之间赠送束帛以示友好。

㉛示容合好:示容仪,合和好。

㉜胡：何。孑然：全体之貌。郊：通"效"。

【译文】

周定王召来士季，说："您没有听说过吗？天子祭祀始祖的禘祭和祭天的郊祭，会进献完整牲体的祭品；王公在宗庙中举行的立饮之礼，是用半牲之体的房烝；父母兄弟内外亲戚之间的宴飨，是用将牲体分解折断的肴烝。您不是其他人，而是叔父晋君派士季前来王室重温旧德，扶助王室。我这是用先王的宴飨之礼，想以此款待您。我岂敢用半牲的饮礼或全牲的禘礼来款待您？饮礼和禘礼虽然是厚礼，但却不是亲近之礼，我怎敢触犯旧例，扰乱先王之好？况且只有戎、狄使者前来，才会进献整头牲体。戎、狄之人，蒙昧轻贱，贪婪而不知礼让。他们的血气未经过礼义教化，如同禽兽一般。戎、狄使者前来进贡，往往等不到牲体烧烤出馨香美味，就坐在王宫门外，而让翻译人员将牲体交给他们。你们晋国是我周王室数一数二的亲兄弟，我们按一定的时段兄弟相见，将用和合的常礼，给民众做出典范，所以我们要选择脆美的肴烝，选择馨香的食物，准备洁净的甜酒，排列盛枣栗的竹器，预备盛黍稷的圆簠方簋，奉上牺尊和象尊，陈列盛酒的樽彝，排列盛牲体的鼎俎，洗净覆盖樽彝的巾帛，恭敬地进行扫除，分解牲体，折断骨节，然后共同饮食。于是将牲体分解折断，增加盛菜的笾豆，席间举行酬宾束帛之礼，以此示容仪，合和好，哪里像对待戎、狄使者那样，给一只完整的牲体呢？

"夫王公诸侯之有饮也，将以讲事成章①，建大德、昭大物也②，故立成礼烝而已③。饮以显物④，宴以合好，故岁饮不倦⑤，时宴不淫⑥，月会、旬修、日完不忘⑦。服物昭庸⑧，采饰显明⑨，文章比象⑩，周旋序顺⑪，容貌有崇⑫，威仪有则⑬，五味实气⑭，五色精心⑮，五声昭德⑯，五义纪宜⑰，饮食可飨⑱，和同可观⑲，财用可嘉⑳，则顺而德建㉑。古之善礼者，将焉用全烝㉒?"

**【注释】**

①讲事:讲军旅,议大事。

②大德:大功。大物:大器。

③立成:不坐。烝:升。

④显物:显示物备。

⑤岁饫不倦:每年举行饫礼,不至于懈倦。

⑥时宴不淫:每个季节必有宴礼,不至于淫湎。

⑦月会:每月计算一次功用。旬修:每十天审订一次功用。日完:
　一日完成的功用。

⑧服:冕服。物:旗章。昭:彰显。庸:功。

⑨采饰:五彩之饰。显明:彰显明德。

⑩文章:指黼黻等绘绣图案。比象:比拟摹象山、龙、华虫等物象。

⑪周旋:古代行礼时进退揖让的动作。序顺:有序。

⑫容貌有崇:容貌行止可观。崇:整饬。

⑬威仪:泛指举止动作的种种律仪规范。则:法则。

⑭五味:酸、咸、苦、辣、甜。实气:充实精气。

⑮五色:五彩装饰。精心:旌表其心。精,俞樾说,读为"旌"。

⑯五声:宫、商、角、徵、羽。昭德:昭明其德。

⑰五义:父义、母慈、兄友、弟恭、子孝。纪宜:纲纪之所宜。

⑱飨:享用。

⑲和同可观:和同之德可观。

⑳财用:指酬宾礼物。可嘉:可以赞美。

㉑则顺:法则顺礼。建:立。

㉒全烝:指牲体完整。

**【译文】**

"王公诸侯举行饫礼,用来讲军旅、议大事,建大功、明大器,因此饫礼都是站着举行的。举行饫礼是显示物备,宴飨宾客是为了和合友好,因此王公诸侯每年都举行饫礼而不知疲倦,每个季节举行宴礼而不至于淫湎,每月统计、每十天审订、每日计算所完成的功用,不会忘记。冕服、旗章昭明,五彩之饰显明,黼黻文章有次,周旋容止有序,容貌行止可观,威仪可以法则,酸、咸、苦、辣、甜五味充实精气,五彩装饰旌表其心,宫、商、角、徵、羽五声昭明其德,父义、母慈、兄友、弟恭、子孝五义各纪其宜,肴烝饮食可以享用,和谐同心之德可以观瞻,酬宾礼物可以赞美,法则顺礼而美德建立。古代善于行礼的人,哪里用得着进献完整的牲体呢?"

武子遂不敢对而退①。归乃讲聚三代之典礼②,于是乎修执秩以为晋法③。

**【注释】**

①武子:随会。

②三代:夏、商、周。

③修执秩以为晋法:始备主三代典礼之官,作为晋国之法。修,备。执,主。秩,官。

**【译文】**

随武子于是不敢应对而退下来。回到晋国之后,于是讲论搜集夏、商、周三代典礼,由此晋国始备职掌三代典礼之官,制定了晋国的礼法。

# 单襄公论陈必亡

定王使单襄公聘于宋①。遂假道于陈②,以聘于楚。火朝覿矣③,道茀不可行④,候不在疆⑤,司空不视涂⑥,泽不陂⑦,川不梁⑧,野有庾积⑨,场功未毕⑩,道无列树⑪,垦田若蓺⑫,膳宰不致饩⑬,司里不授馆⑭,国无寄寓,县无施舍⑮,民将筑台于夏氏⑯。及陈,陈灵公与孔宁、仪行父南冠以如夏氏⑰,留宾不见。

【注释】

①单襄公:东周王室卿士单朝。

②假道:借路。

③火:二十八宿中的心宿。朝覿(dí):早晨出现。觌,见。

④茀(fú):草秽塞路。

⑤候:候人,官名,掌管迎送宾客。疆:边境。

⑥司空:官名,掌管道路建设。涂:道路。

⑦陂(bēi):堤岸。

⑧梁:水渠桥梁。

⑨庾积:露天堆积。

⑩场功:庄稼收割。毕:完成。

⑪列树:在大道两边栽树作为道路标识。

⑫蓺(yì):杂草丛生的样子。

⑬膳宰:官名,掌管饮食。致饩(xì):赠送牲畜。

⑭司里:官名,掌授客馆。

⑮国无寄寓,县无施舍:国,国都。寄寓、施舍,都是指旅馆。

⑯夏氏:陈大夫夏徵舒之家。

⑰陈灵公:陈国君主,名平国。孔宁、仪行父:陈国二卿。南冠:楚国的帽子。如夏氏:陈灵公、孔宁、仪行父与夏徵舒之母夏姬通奸。

## 【译文】

　　周定王派单襄公到宋国聘问。于是向陈国借道,以便到楚国聘问。当时,心宿早晨出现在东方,道路上杂草丛生,不可通行,候人不在边境岗位,司空不视察道路,川泽未筑堤岸,河川上没有桥梁,野地里堆积着谷物,场上谷物尚未入仓,道路两旁没有排列的树木,农田杂草丛生,膳宰不赠送牲畜,司里不安排客馆,国家没有寄居的旅社,郊县没有客舍,民众准备在夏徵舒宅第周围筑台观。进入陈国后,陈灵公与二卿孔宁、仪行父戴着楚国的帽子去找夏姬,撇下宾客不予接见。

　　单子归,告王曰:"陈侯不有大咎①,国必亡。"王曰:"何故?"对曰:"夫辰②,角见而雨毕③,天根见而水涸④,本见而草木节解⑤,驷见而陨霜⑥,火见而清风戒寒⑦。故先王之教曰:'雨毕而除道⑧,水涸而成梁⑨,草木节解而备藏⑩,陨霜而冬裘具⑪,清风至而修城郭宫室。'故《夏令》曰⑫:'九月除道,十月成梁。'其时儆曰⑬:"收而场功,待而畚梮⑭,营室之中⑮,土功其始⑯,火之初见,期于司里⑰。'此先王所以不用财赂,而广施德于天下者也。今陈国火朝觌矣,而道路若塞,野场若弃,泽不陂障,川无舟梁,是废先王之教也。

## 【注释】

①咎:灾祸,不幸之事。

②辰:星。

③角:二十八宿中的角宿。见:同"现"。雨毕:雨季结束。

④天根:二十八宿中的氐宿。涸:干涸。

⑤本:韦昭认为是氐宿。王引之疑为"亢",即二十八宿中的亢宿。

　草木节解:草木凋谢。

⑥驷:天驷,即二十八宿中的房宿。陨:落。

⑦火:心宿。

⑧除道:修治道路。

⑨成梁:架桥梁。

⑩备藏:收藏。

⑪冬裘:冬天所穿的裘衣。具:具备。

⑫《夏令》:夏后氏之令。

⑬儆:警戒。

⑭侍:具。畚(běn):畚箕。梮(jú):抬土器具。

⑮营室:二十八宿中的室宿。

⑯土功:土木工程。

⑰期:会。司里:春秋官名。掌授宾馆与民居。

### 【译文】

单襄公回到东周,告诉周定王说:"陈侯如果没有大祸,国家必定会灭亡。"周定王问:"这是什么缘故?"单襄公说:"星辰:角宿出现意味着雨季结束,氐宿出现意味着水流干涸,亢宿出现意味着草木凋谢,房宿出现意味着落霜,心宿出现意味着冷风到来,预示寒冬将至。因此先王教导说:'雨季完毕就要修整道路,水流干涸就要架设桥梁,草木凋谢就要收藏,落霜就要准备好冬天的裘衣,寒风到来就要修城郭宫室。'因此《夏令》说:'九月修整道路,十月架设桥梁。'此时要告诫百姓:"收割完你们的庄稼,准备好你们的畚箕扁担,定宿出现在天空正中的时候,土木工程就可以开始了,心宿初现的时候,就要到司里之处报到。'这就是先王不用多少财物,就可以广泛施德于天下的原因。如今陈国心宿早晨已经出现,但道路却像堵塞了一般,田野谷场也像被人抛弃,川泽不筑堤岸,河上没有船只和桥梁,这是废弃先王教训啊。

　　"周制有之曰<sup>①</sup>：'列树以表道<sup>②</sup>，立鄙食以守路<sup>③</sup>，国有郊牧<sup>④</sup>，疆有寓望<sup>⑤</sup>，薮有圃草<sup>⑥</sup>，囿有林池<sup>⑦</sup>，所以御灾也。其余无非谷土<sup>⑧</sup>，民无悬耜<sup>⑨</sup>，野无奥草<sup>⑩</sup>。不夺民时，不蔑民功<sup>⑪</sup>。有优无匮<sup>⑫</sup>，有逸无罢<sup>⑬</sup>。国有班事<sup>⑭</sup>，县有序民<sup>⑮</sup>。'今陈国道路不可知，田在草间，功成而不收，民罢于逸乐，是弃先王之法制也。

**【注释】**

①周制：周朝制度。

②表：标识。

③鄙食：十里有庐，庐有饮食。鄙，郊野。守路：守候过路之人。

④郊牧：郊外放牧之地。

⑤疆：边境。寓望：寓舍候望之人。

⑥薮：泽无水曰薮。圃草：园圃之草。

⑦囿：苑囿。林：积木。池：积水。

⑧谷土：适宜种谷的土地。

⑨悬耜：悬挂的农具。

⑩奥草：深草。

⑪蔑：弃。

⑫优：优裕充足。匮：匮乏。

⑬逸：安逸。罢(pí)：疲劳，疲惫。

⑭国：城邑。班事：官员依次治事。

⑮县：县鄙。序民：百姓有序劳作。

**【译文】**

　　"周朝制度说：'道路两旁栽树用以标识道路，在郊野建立食店，用以守候过路之人，国都郊外要有放牧之地，边疆要有寓舍候望之人，浅滩泽薮要有园圃之草,苑囿要有积木和积水,这些是用来防御自然灾害的。其余的地方,都应该是适宜种谷的土地,农夫家中没有闲置悬挂的农具,田野中没有深草。不要抢夺民时,不要抛弃民事。保持优裕充足,不要陷入匮乏,保持安逸,不要疲惫。城邑官员依次治事,县鄙百姓有序劳作。'如今陈国道路不可辨认,田地隐没在荒草之间,秋粮成熟却不收获,民众为了君主逸乐而疲于奔命,这是抛弃了先王的法制啊。

"周之《秩官》有之曰①:'敌国宾至②,关尹以告③,行理以节逆之④,候人为导⑤,卿出郊劳⑥,门尹除门⑦,宗祝执祀⑧,司里授馆⑨,司徒具徒⑩,司空视涂⑪,司寇诘奸⑫,虞人入材⑬,甸人积薪⑭,火师监燎⑮,水师监濯⑯,膳宰致饔⑰,廪人献饩⑱,司马陈刍⑲,工人展车⑳,百官以物至㉑,宾入如归。是故小大莫不怀爱。其贵国之宾至㉒,则以班加一等㉓,益虔㉔。至于王吏,则皆官正莅事㉕,上卿监之㉖。若王巡守,则君亲监之。'今虽朝也不才㉗,有分族于周㉘,承王命以为过宾于陈㉙,而司事莫至,是蔑先王之官也㉚。

【注释】

①周之《秩官》:周朝记载官员级别及职责的典籍,已佚。

②敌国:地位相等的国家,与下文"贵国"相对。

③关尹:边关长官,掌管四方宾客。

④行理:又作"行李",小行人。节:符节。逆:迎接。

⑤导:引导宾客入朝,护送宾客出境。

⑥卿出郊劳:卿到城郊,用束帛慰劳宾客。

⑦门尹:司门官员。除门:打扫门庭。

⑧宗:宗伯。祝:太祝。执祀:俞樾说,当为"执礼"。

⑨授馆：将宾客安排到客馆。

⑩具徒：指挥服务的徒役。

⑪视涂：巡察道路。

⑫诘奸：诘问奸盗。

⑬虞人：官名，掌管山泽。入材：供应所需材料。

⑭甸人：官名，掌薪蒸之事。积薪：堆积薪柴。

⑮火师：官名，司火。燎：庭燎。

⑯水师：官名，掌水。濯：洗濯。

⑰饔（yōng）：熟食。

⑱饩：禾米。

⑲司马：掌帅圉人养马。刍：草料。

⑳工人：工匠。展车：检查车辆。

㉑物：事。

㉒贵国：大国。

㉓班：次。

㉔益虔：更加恭敬。

㉕官正：官长。莅：临。

㉖监：视。

㉗朝：单襄公之名。

㉘有分族：周王亲族。

㉙过宾：路过宾客。

㉚蔑：欺。

【译文】

　　"周朝《秩官》说：'地位相等国家的宾客到来时，关尹以此禀告国君，小行人手持符节迎接，候人为宾客做引导，卿出城郊，用束帛慰劳宾客，门尹扫除门庭，宗祝负责赞助各种礼仪，司里安排宾馆，司徒指挥服侍人员，司空巡察道路，司寇诘问奸盗，虞人供应各种材料，甸人为庭燎而堆积薪柴,火师监视庭燎,水师监视洗濯,膳宰进献熟食,廪人进献禾米,司马提供马匹草料,工匠检视车辆,百官各司其职,宾至如归。因此来访小大官员莫不感激。大国宾客到来,那么接待官员的规格就要加高一等,表现更加恭敬。至于王室使者到来,那么各部门官长就要亲自接待,由上卿监察。如果是天子巡守,那么诸侯国君就要亲自监察接待。'如今我单朝尽管没有什么才干,但我毕竟是王室亲族,禀承王命借道路过陈国,但是陈国主管官员竟然没有人接待,这是蔑视先王的《秩官》制度啊。

　　"先王之令有之曰:'天道赏善而罚淫,故凡我造国①,无从非彝②,无即慆淫③,各守尔典④,以承天休⑤。'今陈侯不念胤续之常⑥,弃其伉俪妃嫔⑦,而帅其卿佐以淫于夏氏⑧,不亦黩姓矣乎⑨?陈,我大姬之后也⑩。弃衮冕而南冠以出⑪,不亦简彝乎⑫?是又犯先王之令也。

【注释】

①造:封。

②彝:法。

③即:就。慆:慢。

④典:常法。

⑤休:庆。

⑥胤续:宗法血缘继承。

⑦伉俪:配偶。

⑧卿佐:孔宁、仪行父。夏氏:夏姬。

⑨黩(dú)姓:亵渎同姓。夏徵舒之父御叔为陈灵公从祖父,与陈灵公同姓。陈灵公淫乱夏姬,是亵渎同姓。

⑩大姬之后：大姬是周武王之女，嫁给陈国始封君虞胡公，所以陈
　　国是大姬后人。

⑪衮冕：衮龙之衣和大冠，为公侯之服。

⑫简彝：抛弃常法。俞樾说，简彝，即简易。

**【译文】**

"先王训令说：'天道奖赏善人而惩罚淫乱，因此凡属我周朝封国，所作所为都要遵从常法，不要怠慢荒淫，各自遵守你们的常法，以此来承受上天所赐的福庆。'如今陈侯不顾念宗法血缘伦常，抛弃自己的配偶妃嫔，率领孔宁、仪行父等卿佐与夏姬淫乱，这不是亵渎同姓吗？陈国，是我周室大姬的后裔。陈侯抛弃衮龙之衣、大冠公侯之服而戴着楚国的帽子出门，这不是抛弃常法吗？这又违犯了先王的训令。

"昔先王之教，懋帅其德也①，犹恐殒越②。若废其教而弃其制，蔑其官而犯其令，将何以守国？居大国之间，而无此四者③，其能久乎？"

**【注释】**

①懋：勉。

②殒越：坠落。

③四者：先王之教、周制、周之秩官、先王之令。

**【译文】**

"遵照昔日先王的教导，勉力发扬美德，尚且怕坠落。如果废弃先王教令和制度，蔑视《秩官》，违犯先王政令，那么将凭什么守卫国家？陈国处于大国之间，而丢掉了先王之教、周制、周之《秩官》、先王之令四者，国家能够长久吗？"

六年①,单子如楚。八年②,陈侯杀于夏氏③。九年④,楚子入陈⑤。

**【注释】**

①六年:周定王六年为公元前 601 年。

②八年:周定王八年为公元前 599 年。

③陈侯杀于夏氏:《左传·宣公十年》:"陈灵公与孔宁、仪行父饮酒于夏氏。公谓行父曰:'徵舒似女。'对曰:'亦似君。'徵舒病之。公出,自其厩射而杀之。"

④九年:周定王九年为公元前 598 年。

⑤楚子入陈:陈灵公被杀后,孔宁、仪行父逃奔楚国。楚庄王以弑君之罪伐陈,杀夏徵舒,并将陈收为楚国一县,后在申叔时的劝谏下复封陈国。楚子,楚庄王,名侣,楚穆王之子,为春秋五霸之一。

**【译文】**

周定王六年,单襄公到楚国聘问。周定王八年,陈侯在夏徵舒家被杀死。周定王九年,楚庄王攻入陈国。


# 刘康公论鲁大夫俭与侈

定王八年①,使刘康公聘于鲁②,发币于大夫③。季文子、孟献子皆俭④,叔孙宣子、东门子家皆侈⑤。


**【注释】**

①定王八年:周定王八年为公元前 599 年。

②刘康公:东周王室卿士,周定王同母弟,又称王季子。刘,畿内

之国。

③发币:赠送礼物。

④季文子:季孙行父,鲁国正卿。孟献子:鲁卿仲孙蔑,谥献,孟文
伯之子。

⑤叔孙宣子:鲁国下卿叔孙侨如。东门子:鲁国大夫公孙归父,东
门襄仲之子,因世居鲁东门,因以东门为氏。按,鲁桓公有四子:
嫡长子为鲁庄公;嫡次子季友,其后为季孙氏;庶长子庆父,其后
为孟孙氏;庶次子叔牙,其后为叔孙氏。庄公即位后,封季孙、孟
孙、叔孙三家为卿,此后世为鲁卿,称为"三桓"。

**【译文】**

周定王八年,派刘康公到鲁国聘问,赠送礼物给鲁国卿大夫。季文
子、孟献子都很节俭,而叔孙宣子、东门子两家都很奢侈。


归,王问鲁大夫孰贤。对曰:"季、孟其长处鲁乎!叔
孙、东门其亡乎!若家不亡,身必不免。"王曰:"何故?"对
曰:"臣闻之:为臣必臣,为君必君。宽肃宣惠①,君也;敬恪
恭俭②,臣也。宽所以保本也③,肃所以济时也④,宣所以教
施也⑤,惠所以和民也。本有保则必固,时动而济则无败功,
教施而宣则遍,惠以和民则阜⑥。若本固而功成,施遍而民
阜,乃可以长保民矣,其何事不彻⑦?敬所以承命也,恪所以
守业也,恭所以给事也⑧,俭所以足用也。以敬承命则不违,
以恪守业则不懈,以恭给事则宽于死⑨,以俭足用则远于忧。
若承命不违,守业不懈,宽于死而远于忧,则可以上下无隙
矣⑩,其何任不堪?上任事而彻,下能堪其任,所以为令闻长
世也⑪。今夫二子者俭,其能足用矣,用足则族可以庇⑫。二
子者侈,侈则不恤匮,匮而不恤,忧必及之,若是则必广其

身⑬。且夫人臣而侈，国家弗堪，亡之道也。"王曰："几何⑭？"对曰："东门之位不若叔孙⑮，而泰侈焉，不可以事二君⑯。叔孙之位不若季、孟⑰，而亦泰侈焉，不可以事三君。若皆蚤世犹可⑱，若登年以载其毒⑲，必亡⑳。"

**【注释】**

①宽：宽厚。肃：整肃。宣：宽大。惠：惠爱。

②敬：恭敬。恪：谨慎。恭：谦逊。俭：节俭。

③保本：保有民心。本，指民心。

④济：成，救济。

⑤教施：教化施恩。

⑥阜：厚。

⑦彻：达。

⑧给事：完成职事。

⑨宽：远。

⑩上下：君臣。隙：矛盾。

⑪长世：长久。

⑫庇：庇护。

⑬广其身：扩大自身利益而不顾君上。

⑭几何：指叔孙氏、东门氏能够维持多久。

⑮东门之位不若叔孙：叔孙氏为卿，东门氏为大夫，地位低于叔孙氏。

⑯不可以事二君：言东门捱不到下任鲁君。

⑰叔孙：下卿。季、孟：季孙氏、孟孙氏，世为鲁上卿。

⑱蚤世：早去世。蚤，同"早"。犹可：其家犹可免于灭亡。

⑲登年：长寿。载：行。毒：害。

⑳必亡：指其家必亡。

**【译文】**

　　刘康公回到东周,周定王询问鲁国大夫哪一个贤明。刘康公回答说:"季孙氏、孟孙氏大概会长期在鲁国掌权吧!叔孙氏、东门氏大概要灭亡吧!如果他们的家族不灭亡,那么他们自身必定不能免于灾难。"周定王问:"这是什么缘故?"刘康公回答说:"我听说:做臣子的一定要像个臣子,做君主一定要像个君主。宽厚、整肃、宽大、惠爱,是为君之道;恭敬、谨慎、谦逊、节俭,是为臣之道。宽厚是用来保证民心这个根本的,整肃是用来按时成就事功的,宽大是用来教化施恩的,惠爱是用来和合民众的。民心这个根本有保证,政权就一定会稳固;按时行动,就不会败于事功;教化施恩宽大,就会遍及民众;用惠爱和合民众,民生就会丰厚。如果根本稳固而且大功告成,施惠普遍而且民生丰厚,那么君主就可以长久保有庶民,做什么事不能达到目的?恭敬是用来承奉君命的,谨慎是用来守住家业的,谦逊是用来完成职事的,节俭是用来保证财用充足的。用恭敬态度承奉君命就不会违背君臣伦理,用谨慎态度守持家业就不会懈怠,用谦逊态度完成职事就会远离死罪,用节俭态度充足财用就会远于忧患。如果臣子承奉君命不违反君臣伦理,守持家业不懈怠,远离死罪,远于忧患,就可以做到君臣上下没有矛盾,什么重任不能承受呢?君主处理国事能够达到目的,臣下能够承受重任,这就是取得美好名声、统治长久的原因。如今季氏、孟氏二大夫节俭,能够做到财用充足,财用充足家族就可以得到庇护。叔孙氏、东门氏二大夫奢侈,奢侈就不会体恤财用匮乏,财用匮乏而不知体恤,忧患就一定到来,如果忧患到了,他们一定会扩大自身利益而不顾君上。况且作为人臣而奢侈,国家无法承受,这是自取灭亡之道啊。"周定王问:"叔孙氏、东门氏能够撑多久?"刘康公回答说:"东门子家的地位比不上叔孙宣子,而奢侈却超过了叔孙宣子,他不能事奉两代君主。叔孙宣子的地位比不上季文子、孟献子,而奢侈超过了季文子、孟献子,他不能事奉三代君主。如果他们死得早,还可以保存其家,如果他们年寿高,持续毒害国家，那么他们的家族必定灭亡。"

十六年①，鲁宣公卒。赴者未及②，东门氏来告乱，子家奔齐③。简王十一年④，鲁叔孙宣伯亦奔齐⑤，成公未殁二年⑥。

**【注释】**

①十六年：周定王十六年为公元前591年。

②赴者：报丧的人。

③东门氏来告乱，子家奔齐：东门子家向周王室报告鲁国发生内乱，自己逃奔到齐国。按，鲁文公十八年，东门子家之父襄仲杀太子恶及视而立鲁宣公，子家遂有宠于宣公，欲去三桓而张公室。宣公十七年，子家使于晋，想借助晋国的力量除去三桓。未及归国，鲁宣公死，季孙氏先发难，鲁遂驱逐东门氏。前句言"赴者未及"，说明东门子家只事奉了鲁宣公一代君主。

④简王十一年：周简王十一年为公元前575年，当鲁成公十六年。

⑤鲁叔孙宣伯亦奔齐：叔孙宣伯与鲁宣公夫人穆姜私通，欲除季、孟，结果于鲁成公十六年被季、孟驱逐。

⑥成公未殁二年：成公去世前两年。叔孙氏只事奉了鲁宣公、鲁成公两代君主。成公，鲁成公黑肱，鲁宣公之子，在位十八年。殁，去世。

**【译文】**

周定王十六年，鲁宣公去世。报丧的人还没有到东周，东门氏就来东周告诉鲁国内乱，东门子家逃奔齐国。周简王十一年，鲁国叔孙宣伯也逃奔齐国，这是鲁成公死前两年发生的事。

# 王孙说请勿赐叔孙侨如

简王八年[1]，鲁成公来朝，使叔孙侨如先聘且告[2]。见王孙说[3]，与之语。说言于王曰："鲁叔孙之来也，必有异焉。其享觐之币薄而言谄[4]，殆请之也，若请之，必欲赐也。鲁执政唯强[5]，故不欢焉而后遣之，且其状方上而锐下[6]，宜触冒人[7]。王其勿赐。若贪陵之人来而盈其愿[8]，是不赏善也[9]，且财不给[10]。故圣人之施舍也议之[11]，其喜怒取与亦议之。是以不主宽惠，亦不主猛毅，主德义而已。"王曰："诺。"使私问诸鲁，请之也。王遂不赐，礼如行人。及鲁侯至，仲孙蔑为介[12]，王孙说与语，说让[13]。说以语王，王厚贿之[14]。

**【注释】**

①简王八年：周简王八年为公元前578年。

②先聘：先修聘问之礼。告：告以鲁成公即将朝见周王。

③王孙说：东周大夫。

④享觐(jìn)：朝见天子并进贡礼物。币：礼物。

⑤鲁执政：指叔孙侨如。强：强悍。

⑥方上而锐下：方额头，尖下巴。

⑦触冒：触犯，冒犯。

⑧贪陵：贪婪，强横。

⑨不赏善：当为"赏不善"。

⑩给：供给。

⑪施：给予。舍：不予。议：斟酌。

⑫仲孙蔑：鲁国正卿。介：宾介，铺助其主以成礼。

⑬说让：喜欢仲孙蔑的谦让。

⑭王厚贿之：贿，赐予财物。按，《左传·成公十三年》载："（成）公如京师，宣伯欲赐，请先使。"则明其为自请，非鲁公使先聘也。

**【译文】**

　　周简王八年，鲁成公来周室朝觐，派叔孙侨如先修聘礼，且告以鲁成公将朝之事。叔孙侨如见到周室大夫王孙说，与他交谈。王孙说对周简王说："鲁国叔孙侨如前来聘问，必定有异常原因。他进贡的礼物很少，但说话谄媚，恐怕是自己要求来的，如果是他自己请求来聘，必定是想得到赏赐。鲁国执政卿大夫强悍，因此鲁君即使不高兴，也会派遣他来。况且叔孙侨如面相是方额头尖下巴，容易触犯他人。君王您不要赏赐他。如果贪婪强悍之人来聘而满足愿望，这是赏赐不善之人，况且王室财物也不能供给。因此圣人赏赐与不赏赐，都要经过斟酌，圣人或喜或怒，或取或与，也都经过斟酌。因而不主张宽惠，也不主张严苛，只是主张德义而已。"周简王说："好。"派人私下询问鲁国，果然是叔孙侨如自己请求来聘。周简王于是不加赏赐，只是按照接待行人的礼节对待叔孙侨如。等到鲁成公来朝，鲁卿仲孙蔑为宾介，王孙说与仲孙蔑交谈，喜欢仲孙蔑的谦让。王孙说把自己的印象告诉周简王，周简王赐予仲孙蔑一笔重礼。


# 单襄公论郤至佻天之功

　　晋既克楚于鄢①，使郤至告庆于周②。未将事③，王叔简公饮之酒④，交酬好货皆厚⑤，饮酒宴语相说也⑥。


**【注释】**

　　①晋既克楚于鄢：公元前575年，晋楚在鄢陵交战，晋国大胜。

　　②郤至：晋卿，新军之佐，即下文温季。告庆：将战胜喜庆告诉

周王。

③将：行。事：告庆之事。

④王叔简公：东周大夫。

⑤交酬：互赠礼物。好货：高级礼品。厚：多。

⑥宴语：宴会上的交谈。

**【译文】**

　　晋国在鄢陵战胜楚国，派郤至到周王室禀告这一喜庆之事。郤至尚未向周王禀告，王叔简公请郤至饮酒，双方互赠礼物，高级礼品都很多，两人一边饮酒一边交谈，彼此都很高兴。

　　明日，王叔子誉诸朝①，郤至见邵桓公②，与之语。邵公以告单襄公曰③："王叔子誉温季，以为必相晋国，相晋国，必大得诸侯，劝二三君子必先导焉④，可以树⑤。今夫子见我，以晋国之克也，为己实谋之，曰：'微我⑥，晋不战矣！楚有五败，晋不知乘⑦，我则强之⑧。背宋之盟⑨，一也；德薄而以地赂诸侯⑩，二也；弃壮之良而用幼弱⑪，三也；建立卿士而不用其言⑫，四也；夷、郑从之，三陈而不整⑬，五也。罪不由晋，晋得其民，四军之帅⑭，旅力方刚⑮；卒伍治整，诸侯与之。是有五胜也：有辞⑯，一也；得民，二也；军帅强御⑰，三也；行列治整，四也；诸侯辑睦，五也。有一胜犹足用也，有五胜以伐五败，而避之者，非人也。不可以不战。栾、范不欲⑱，我则强之。战而胜，是吾力也。且夫战也微谋⑲，吾有三伐⑳：勇而有礼，反之以仁㉑。吾三逐楚君之卒，勇也；见其君必下而趋㉒，礼也；能获郑伯而赦之㉓，仁也。若是而知晋国之政㉔，楚、越必朝。'

**【注释】**

①王叔子:即王叔简公。

②邵桓公:周王室卿士。

③单襄公:周王室卿士,名朝,襄是他的谥号。

④二三君子:指东周王室诸位卿大夫。导:引导晋君提拔郤至为
　上卿。

⑤树:在晋国树立党羽。

⑥微:无。

⑦乘:抓住机会击楚。

⑧我则强之:指郤至强烈要求晋国作战。《左传·成公十六年》载
　郤至之言曰:"楚有六间,不可失也:其二卿相恶;王卒以旧;郑陈
　而不整;蛮军而不陈;陈不违晦;在陈而嚣,合而加嚣,各顾其后,
　莫有斗心。旧不必良,以犯天忌,我必克之。"

⑨背宋之盟:公元前 579 年,晋、楚、郑、宋等国结盟,但在四年之
　后,楚国、郑国背盟伐宋。

⑩以地赂诸侯:指楚国以汝阴之地赂赂郑国,使之叛晋。

⑪弃壮之良而用幼弱:舍弃强壮的士卒而用幼弱的士卒。《左传·
　成公十六年》记郤至有"王卒以旧","旧不必良"之语。

⑫卿士:令尹子囊。不用其言:楚王不听子囊反对背盟的建议。

⑬三陈:东夷、郑、楚。陈,同"阵"。

⑭四军之帅:当时晋有四军,由八卿统帅:栾书将中军,士燮为佐;
　郤锜将上军,荀偃为佐;韩厥将下军,荀罃为佐;赵旃将新军,郤至
　为佐。

⑮旅力:膂力。

⑯有辞:有说话的理由,指楚国背盟。

⑰强御:强悍勇猛。

⑱栾、范不欲:栾,指晋国中军之帅栾书。范,指晋国中军之佐士

燮。二人都不愿与楚开战。栾书认为楚师轻佻,不会持久,三日
后必退,退而击之必可获胜。士燮则认为晋内患重于外忧,不如
留着楚国这个外部威胁,则可以延缓晋国内部危机的爆发。

⑲微谋:无谋。

⑳伐:泛指功勋,功业。

㉑反:指放走郑君。

㉒见其君必下而趋:鄢陵之战中,郤至多次遇到楚恭王的亲兵,每
次见到楚恭王都要下车,脱去头盔疾行。这是臣见君的礼节。
下,下车。趋,古代的一种礼节,以碎步疾行表示敬意。

㉓能获郑伯而赦之:鄢陵之战中,郤至追赶郑伯,他的车右茀翰胡
说:"派遣轻兵拦击,我从后面登上他的车将他俘获。"郤至说:
"伤害国君是要受处罚的。"放走了郑伯。

㉔知晋国之政:执掌晋国政事。

**【译文】**

　　第二天,王叔简公在朝廷上称誉郤至,郤至会见邵桓公,与他交谈。
邵桓公将郤至的话告诉单襄公,说:"王叔子称誉郤至,认为郤至一定能
成为晋国之相,如果他担任晋国之相,一定会大得诸侯拥护,劝告周室
卿大夫一定要预先引导晋君,这样周室可以在晋国树立党羽。今天郤
至见我,认为晋国战胜,都是由于自己的谋略,说:'没有我,晋国是不会
出兵作战的。楚国有五败,晋国不知道抓住机会,是我强行要求作战。
楚国背叛宋国之盟,这是一败;德行浅薄而以土地贿赂诸侯,这是二败;
抛弃强壮的士卒而用幼弱的士卒,这是三败;建立卿士而不采纳他的建
议,这是四败;东夷、郑国随从楚国,三国军阵军容不整,这是五败。双
方交战之罪不在晋国,晋国得到民心支持,中、上、下、新四军之帅,身强
力壮;军队纪律严整,各国诸侯支持晋国。晋国有五胜:师出有名,这是
一胜;得到民心支持,这是二胜;军队统帅强悍勇猛,这是三胜;军容齐
整,这是四胜;晋国与诸侯和睦,这是五胜。有一胜就足够用了,如今晋

国有五胜以讨伐楚国五败,却躲避楚国,这不是有识之人的态度。因此对楚国不可以不战。栾书、士燮不想作战,我强行要求作战。交战取胜,这是我一人之力。况且这次战役没有我的谋划,我也有三大功劳:勇敢、有礼、以仁心释放郑君。我多次追逐楚君士卒,这是勇敢;我见到楚王一定下车趋行,这是有礼;我力能俘虏郑君而释放了他,这是仁心。像我这样的人执晋国之政,楚国、越国一定会朝贡晋国。'

"吾曰:'子则贤矣。抑晋国之举也,不失其次,吾惧政之未及子也①。'谓我曰:'夫何次之有? 昔先大夫荀伯自下军之佐以政②,赵宣子未有军行而以政③,今栾伯自下军往④。是三子也,吾又过于四之无不及⑤。若佐新军而升为政,不亦可乎? 将必求之。'是其言也,君以为奚若?"

**【注释】**

①吾惧政之未及子也:鄢陵之战,郤至为新军佐,位次在第八,其上还有中军将、佐,上军将、佐,下军将、佐和新军将七位。故曰以位次论还轮不到郤至执政。

②荀伯自下军之佐以政:荀林父从下军之佐第六卿升为正卿。荀伯,荀林父。《左传·僖公二十八年》称荀林父将中行,故又以中行为氏,谥桓,又称中行桓子。在城濮之战中,荀林父为晋文公御戎,后将中行,鲁文公七年晋灵公立,为上军佐,至鲁宣公十二年邲之战时为中军将,则为晋之正卿。从《左传》的记载来看,荀林父并未做过下军佐,而是从上军佐的第三卿直接升为正卿。

③赵宣子未有军行而以政:赵盾没有军职却做了正卿。赵宣子,赵盾,赵衰之子。鲁文公六年,晋蒐于夷,赵盾为中军佐,后改蒐于董,则代狐射姑将中军。此前未有赵盾任军职的记载。军行,

　　军职。

④栾伯自下军往：栾书从将下军第五卿升为正卿。鲁成公二年齐
　晋鞌之战时栾书为下军将，鲁成公十三年秦晋麻隧之战时为中
　军将，则为正卿。栾伯，栾书。

⑤四之：荀林父、赵盾、栾书、郤至。

**【译文】**

　　"我说：'您确实贤明。不过晋国用人，不会失去次序，我怕执政还轮不到您。'郤至对我说：'哪有什么次序？以前先大夫荀林父从下军之佐升为正卿，赵盾未有军职而升为正卿，如今栾书从下军之将升为正卿。荀林父、赵盾、栾书这三个人，我的功劳超过了他们，可以与他们并列为四，并无不及之处。如果我从新军之佐而升为正卿，不是可以的吗？我一定要求得正卿职位。'郤至这一番话，您认为怎么样？"

　　襄公曰："人有言曰：'兵在其颈①。'其郤至之谓乎！君子不自称也②，非以让也，恶其盖人也③。夫人性陵上者也④，不可盖也。求盖人，其抑下滋甚⑤，故圣人贵让。且谚曰：'兽恶其网，民恶其上。'《书》曰⑥：'民可近也，而不可上也⑦。'《诗》曰⑧：'恺悌君子⑨，求福不回⑩。'在礼，敌必三让⑪，是则圣人知民之不可加也⑫。故王天下者必先诸民⑬，然后庇焉，则能长利⑭。今郤至在七人之下而欲上之，是求盖七人也，其亦有七怨。怨在小丑⑮，犹不可堪，而况在侈卿乎⑯？其何以待之⑰？

**【注释】**

①兵在其颈：兵器架在脖子上。

②自称：自我称举。

③盖人:掩盖他人。

④夫:凡。陵上:胜陵他人之上。

⑤抑下:被他人抑制在下。滋:益。

⑥《书》:此指《尚书·五子之歌》,今佚。

⑦不可上:不可凌驾其上。

⑧《诗》:此指《诗经·大雅·旱麓》。

⑨恺悌(kǎi tì):快乐和易。

⑩回:邪恶。

⑪敌必三让:地位相当的人必须再三谦让。

⑫加:上。

⑬先诸民:先了解民意。

⑭长利:长有福利。

⑮小丑:小人物。丑,类。

⑯侈:大,自我膨胀。

⑰待:备。

**【译文】**

单襄公说:"古人有句话说:'刀架在脖子上。'说的就是郤至这种人吧!君子不会自我称举,这不是谦让,而是厌恶掩盖他人。凡人性,都喜欢凌驾他人之上,不愿被他人掩盖。想掩盖他人,那么会被他人抑制在下,因此圣人看重谦让。况且谚语说:'野兽厌恶其网,民众厌恶其上。'《尚书·五子之歌》说:'民众可以亲近,而不可凌驾其上。'《诗经·大雅·旱麓》说:'快乐平易的君子,不以邪恶追求福禄。'礼的规定是,地位相当的人必须再三谦让,这说明圣人深知民众是不可凌驾其上的。因此统治天下的王者必先了解民意,然后给予庇荫,这样才能长有福利。如今郤至地位在七人之下却想凌驾其上,这是追求掩盖上面的七人,他大概会招来七人之怨。怨恨聚集在小人物身上,尚且不可忍受,何况是在奢侈自大的卿士身上呢?他拿什么来防备这些怨恨?

"晋之克也,天有恶于楚也,故儆之以晋①。而郤至佻天之功以为己力②,不亦难乎? 佻天不祥,乘人不义③,不祥则天弃之,不义则民叛之。且郤至何三伐之有? 夫仁、礼、勇,皆民之为也。以义死用谓之勇④,奉义顺则谓之礼⑤,畜义丰功谓之仁⑥。奸仁为佻⑦,奸礼为羞,奸勇为贼。夫战,尽敌为上⑧,守和同⑨,顺义为上⑩。故制戎以果毅⑪,制朝以序成⑫。叛战而擅舍郑君⑬,贼也;弃毅行容⑭,羞也;叛国即雠⑮,佻也。有三奸以求替其上,远于得政矣。以吾观之,兵在其颈,不可久也。虽吾王叔,未能违难⑯。在《太誓》曰:'民之所欲,天必从之⑰。'王叔欲郤至,能勿从乎?"

**【注释】**

①儆:警示,警戒。

②佻(tiāo):偷。

③乘人:凌驾他人之上。

④以义死用:坚持大义,死于国家所用。

⑤奉义:遵奉道义。则:法。

⑥畜义丰功:蓄积道义,增加功绩。

⑦奸:伪。

⑧尽敌:全歼敌人。

⑨守和同:不战而和。

⑩顺义:顺王义。

⑪制戎:治兵。果毅:杀敌为果,致果为毅。

⑫序:按次序升职。

⑬叛战:背离作战目的。

⑭行容：行礼容，指郤至在战场上向楚王下车行礼。

⑮即雠：接近仇敌。

⑯违难：远离灾难。

⑰民之所欲，天必从之：按，今本《太誓》无此语。

**【译文】**

"晋国战胜楚国，这是上天厌恶楚国，因此借晋国来警示楚国。而郤至却偷天之功以为是自己之力，这不是困难的吗？偷天不吉祥，凌驾他人之上不合道义，不吉祥就会遭到上天抛弃，不合道义就会遭到民众反叛。况且郤至哪有什么三大功劳？仁、礼、勇，三者都是民众促成的。为了道义而死于国家所用叫做勇，遵奉道义顺从法则叫做礼，蓄积道义增加功绩叫做仁。伪装的仁就是偷，伪装的礼就是耻，伪装的勇就是贼。作战，以全歼敌人为上，或者以不战而和、顺从道义为上。因此治兵要果敢坚毅，治理朝廷要按次序升迁。郤至背离作战目标，擅自放走郑君，这是贼；放弃坚毅而在战场上向楚王致礼，这是羞；背离晋国接近仇敌，这是偷。郤至有贼、羞、偷三项奸伪却要求废替其上，这距离升为正卿就是很远的了。在我看来，刀架在郤至的脖子上，他在卿位不久了。即使是我们的王叔子，也不能幸免于难。《尚书·太誓》说：'民众所想得到的，上天一定会依从。'王叔子想让郤至升为晋国正卿，能够不受郤至的牵连吗？"

郤至归，明年死难①。及伯舆之狱，王叔陈生奔晋②。

**【注释】**

①郤至归，明年死难：晋大夫权重，公室弱，鲁成公十七年，晋厉公欲尽去群大夫，郤氏树怨多，最先被除掉。郤至之死，首先是因为栾书怨其不听从自己的计谋而打败了楚军，欲废之，而向厉公进谗言说郤至欲废立晋君，使厉公深恨之；其次是郤至当着厉公

的面射杀了厉公的宦官,厉公感到郤至欺压自己,故最终授命胥
童等人将其杀死。

②伯舆之狱,王叔陈生奔晋:公元前563年,王叔子与伯舆争当周
王室卿士,失败后奔晋。

**【译文】**

郤至回到晋国,第二年死于祸难。后来周王室发生王叔子与伯舆
的讼狱,王叔陈生逃奔晋国。

# 周语下

## 【题解】

本篇收录东周王室君臣九条言论材料,取材上自公元前 575 年,下迄公元前 492 年。篇中所论广泛涉及政治、水利、金融、音律等各方面内容,具有重要的文献价值。

"单穆公谏景王铸大钱章"载单穆公批评周景王铸大钱"废轻而作重",指出此举妨害民生,这是中国最早的论述金融的文献。"单穆公谏景王铸大钟章"、"景王问钟律于伶州鸠章"讨论音律,这是中国早期社会非常珍贵的音律资料。"单襄公论晋将有乱章"、"单襄公论晋周将得晋国章"、"晋羊舌肸聘周论单靖公敬俭让咨章"从人物言行举止来预测其吉凶祸福,从中可见先秦时期人物品评的风气。"宾孟见雄鸡自断其尾章"借雄鸡为喻,暗示周景王下决心改立太子,在劝谏手法上独具匠心。本篇某些人物言论理由并不充分,例如"刘文公与苌弘欲城周章"载彪傒论定刘文公、苌弘等人因城周而受祸,其中的因果关系并不成立。又如"太子晋谏灵王壅谷水章"虽然有尊重天地自然秩序的合理因素,但太子晋认为堵塞谷水会导致东周王室政治衰微,这显然缺乏说服力。

# 单襄公论晋将有乱

柯陵之会①，单襄公见晋厉公视远步高②。晋郤锜见③，其语犯④。郤犨见⑤，其语迂⑥。郤至见⑦，其语伐⑧。齐国佐见⑨，其语尽⑩。鲁成公见⑪，言及晋难及郤犨之谮⑫。

**【注释】**

①柯陵：郑国地名，在郑国西部，今河南临颖北。周简王十二年，即公元前575年，晋国在柯陵召集诸侯会盟。

②晋厉公：晋国君主，名州蒲。视远：眼睛看着远方。步高：脚抬得高。

③郤锜：晋卿驹伯，郤缺嫡孙，郤克嫡长子，为郤氏宗主。

④语犯：言语冒犯。

⑤郤犨(chōu)：晋卿苦成叔，郤锜的堂弟。

⑥迂：迂回。

⑦郤至：晋卿，郤锜的堂弟。

⑧其语伐：伐，自我夸耀。按，郤锜、郤犨、郤至号称"三郤"。郤氏本出晋公族，自叔虎立宗以来，郤芮、郤缺、郤克连续三代都是晋国执政正卿，四世共出八卿（郤芮、郤臻、郤縠、郤缺、郤克、郤锜、郤至、郤犨）。这个家族发展到郤锜之时，四军八卿之中有其三，真正达到了"其富半公室，其家半三军"的程度。

⑨国佐：齐上卿，谥武，称国武子，亦称宾媚人。齐晋鞌之战，齐国大败，他奉命出使求和，经他力争才得讲和。

⑩尽：言无不尽，善恶褒贬全部说出。

⑪鲁成公：鲁国君主，名黑肱。

⑫晋难：指晋楚鄢陵之战。郤犨之谮：鄢陵之战前夕，晋请鲁国出

兵相助,鲁国因叔孙侨如叛乱而未能参战。郤犫受叔孙贿赂而在晋厉公前说鲁成公坏话。

【译文】

柯陵会盟期间,单襄公看见晋厉公目光远视,脚步抬高。晋卿郤锜见单襄公,言语多有冒犯。晋卿郤犫见单襄公,言语迂回。晋卿郤至见单襄公,言语自我夸耀。齐卿国佐见单襄公,言语详尽。鲁成公见单襄公,谈及晋楚鄢陵之战以及郤犫诬陷自己的事情。

单子曰:"君何患焉!晋将有乱,其君与三郤其当之乎!"鲁侯曰:"寡人惧不免于晋,今君曰'将有乱',敢问天道乎,抑人故也?"对曰:"吾非瞽史①,焉知天道?吾见晋君之容,而听三郤之语矣,殆必祸者也。夫君子目以定体②,足以从之,是以观其容而知其心矣。目以处义③,足以步目④,今晋侯视远而足高,目不在体,而足不步目,其心必异矣。目体不相从,何以能久?夫合诸侯,民之大事也,于是乎观存亡。故国将无咎,其君在会,步言视听,必皆无谪⑤,则可以知德矣。视远,日绝其义;足高,日弃其德;言爽⑥,日反其信⑦;听淫,日离其名⑧。夫目以处义,足以践德,口以庇信⑨,耳以听名者也,故不可不慎也。偏丧有咎⑩,既丧则国从之⑪。晋侯爽二⑫,吾是以云。

【注释】

①瞽史:西周初年的一种史官,其源头当为乐师瞽,瞽能听风协律而观季,以知天时,并能诵远古歌谣史事,西周初年即设立瞽史,掌天道、记事。

②目:目光。体:手足,此指手足的行动。

③处义:决定行动是否适宜。义,宜。

④足以步目:双足根据目光行走。

⑤谪:指责。

⑥爽:过失。

⑦反:违反。

⑧离:失。名:名声。

⑨庇:覆,恪守。

⑩偏丧:一部分丧失。

⑪既丧:全部丧失。

⑫二:指视与步。

**【译文】**

　　单子说:"君主您担忧什么呢! 晋国将有动乱,晋君与三郤大概会承受动乱的恶果吧!"鲁侯说:"我害怕受到晋国的处罚,如今您说'晋国将有动乱',我大胆地问一下:这是天道的原因呢,还是人为的缘故呢?"单襄公说:"我不是瞽史,怎么能知天道? 我看见晋君的容貌,听到三郤的言语,推测晋国一定要发生祸乱。君子的目光决定四肢的行动,双足随从目光而行走,因此观察容貌就知道一个人的心理。目光决定行动是否适宜,双足按照目光指引而行走,如今晋侯目光远视,脚步抬高,目光与四肢形体不相协调,脚步不按照目光的指引走,他的内心一定有异念。目光与形体不相协调,怎么能够长久? 会合诸侯,这是人们生活中的大事,可以从中观察兴废存亡。因此国家如果没有凶咎,那么它的君主在盟会上,行走、说话、目视、耳听,都一定无可指摘,可以从中判定君主德行如何。目光远视,日复一日行为不合时宜;脚步抬高,日复一日抛弃美德;言语过失,日复一日违反诚信;耳听邪淫,日复一日远离美名。目光决定行动是否适宜,脚步践履道德,言语用来恪守诚信,耳朵用来倾听名声,因此不可不慎重。言、步、视、听一部分偏离常道就会有凶咎,全部丧失常道国家就会随之灭亡。晋侯在视、步两方面有过失,因此我才这样说。

"夫郤氏，晋之宠人也，三卿而五大夫<sup>①</sup>，可以戒惧矣。高位寔疾颠<sup>②</sup>，厚味寔腊毒<sup>③</sup>。今郤伯之语犯，叔迂，季伐<sup>④</sup>，犯则陵人，迂则诬人，伐则掩人。有是宠也，而益之以三怨<sup>⑤</sup>，其谁能忍之！虽齐国子亦将与焉。立于淫乱之国<sup>⑥</sup>，而好尽言，以招人过，怨之本也。唯善人能受尽言，齐其有乎？吾闻之，国德而邻于不修<sup>⑦</sup>，必受其福。今君逼于晋，而邻于齐，齐、晋有祸，可以取伯<sup>⑧</sup>，无德之患，何忧于晋？且夫长翟之人利而不义<sup>⑨</sup>，其利淫矣<sup>⑩</sup>，流之若何<sup>⑪</sup>？"

**【注释】**

①三卿而五大夫：三卿，郤锜、郤犨、郤至。复有五人为大夫，故号"八郤"。

②寔：实。疾颠：快速摔倒。

③腊（xī）毒：久毒，指毒性积累多。腊，久。

④今郤伯之语犯，叔迂，季伐：伯指郤锜，叔指郤犨，季指郤至。

⑤益：加上。三怨：陵、诬、掩。

⑥立于淫乱之国：指齐大夫庆克与齐灵公之母声孟子私通。

⑦国德而邻于不修：本国有德而与不修德之国为邻。

⑧伯：通"霸"。

⑨长翟之人：指叔孙侨如，其父叔孙得臣曾俘获长翟侨如，故将其子取名侨如。利而不义：好利而不好义。

⑩淫：指叔孙侨如与鲁成公之母穆姜私通。

⑪流：流放。

## 【译文】

"郤氏是晋国得宠之人,一门出了三位卿五位大夫,他们应该对此警戒畏惧了。处于高位的人实在容易快速摔倒,浓味的菜实在有毒。如今郤氏老大言语侵犯,老二言语迂回,老小自我夸耀,言语侵犯就会凌驾他人之上,言语迂回就会诬陷他人,自我夸耀就会掩盖他人。享受如此的宠幸,再加上凌人、诬人、掩人三怨,谁能忍受他们呢!就是齐卿国佐也会遭祸。他立于淫乱之国,却喜欢口无遮拦,以此招来别人罪责,这是结怨的祸根,只有善人能承受言无不尽,齐国有这样的条件吗?我听说,国家有德,而与不修德国家为邻,一定会受到福善。如今您被晋国所逼,而鲁国邻近齐国,齐、晋如有祸乱,鲁国就可以称霸,您担忧的应该是自己有没有德行,对晋国有什么可担忧的?况且像叔孙侨如这样见利忘义的人,他的利益来自淫乱,将他流放如何?"

鲁侯归,乃逐叔孙侨如①。简王十一年,诸侯会于柯陵②。十二年,晋杀三郤③。十三年,晋侯弑④,于翼东门葬,以车一乘⑤。齐人杀国武子⑥。

## 【注释】

①鲁侯归,乃逐叔孙侨如:叔孙侨如与鲁成公之母穆姜通奸,鄢陵之战前,欲通过鲁成公驱除季氏、孟氏,不成,又贿赂郤犨扣押季孙行父,又不成。战后,鲁成公乃驱逐叔孙侨如,侨如奔齐。按,据《左传》记载,驱逐叔孙侨如在柯陵之会前,是先逐侨如而后会,与此异。

②简王十一年,诸侯会于柯陵:周简王十一年为公元前575年,鲁成公十六年。《左传》记此会在鲁成公十七年,即周简王十二年,公元前574年。

③十二年,晋杀三郤:周简王十二年,晋厉公欲尽去诸大夫,郤氏族

大而逼，树怨多，三郤首先被杀。

④十三年，晋侯弑：周简王十三年（公元前 573 年），晋栾书、中行偃惧厉公杀己，乃弑厉公。

⑤于翼东门葬，以车一乘：晋厉公在匠丽氏游玩时被栾书、中行偃拘捕，随即被杀。依古代礼制，被杀之君不葬于先君墓址内，匠丽氏在翼地，因此葬厉公于晋国旧都翼。又依礼，诸侯死，随葬之车七乘，今只有一乘，是不以国君之礼对待，只简单草率埋葬了厉公。翼，晋国旧都。

⑥齐人杀国武子：事亦在周简王十三年。齐庆克与齐灵公母声孟子私通，国佐斥责庆克，声孟子怒。柯陵之会，国佐随齐灵公赴会，高无咎、鲍牵守国。灵公还，声孟子进谗言说："高、鲍将不纳君，而立公子角。国子知之。"灵公听信谗言，七月，刖鲍牵，逐高无咎。于是高无咎奔莒，高弱以卢地叛齐。该年冬，灵公使崔杼、庆克率师围卢。国佐率师至卢，杀庆克，以谷地叛齐。灵公无奈，与国佐盟于徐关，复国佐之位。第二年春，灵公使士华免刺杀国佐于内宫之朝。

【译文】

鲁成公回到鲁国，驱逐叔孙侨如。周简王十一年，诸侯在柯陵会盟。周简王十二年，晋人杀三郤。周简王十三年，晋厉公被弑，葬于翼城东门，仅以一乘车殉葬。同年，齐人杀死国武子。

# 单襄公论晋周将得晋国

晋孙谈之子周适周①，事单襄公，立无跛②，视无还③，听无耸④，言无远⑤。言敬必及天，言忠必及意⑥，言信必及身⑦，言仁必及人⑧，言义必及利，言智必及事⑨，言勇必及制⑩，言教必及辩⑪，言孝必及神，言惠必及和⑫，言让必及敌⑬。晋国有忧未尝不戚，有庆未尝不怡⑭。

**【注释】**

①晋孙谈之子周适周：晋孙谈，晋襄公之孙惠伯谈。周，惠伯谈之子，即后来的晋悼公。适周，前往东周王室。按，晋献公听信骊姬谗言，将群公子全部赶到晋国之外，且在神前盟誓"无畜群公子"，此后晋国公子便一直在国外寄养。

②跛：歪着身子站立。

③还：环视，指眼珠乱转。

④耸：竖起耳朵听。

⑤远：不着边际。

⑥意：出自心意。

⑦言信必及身：先信于自身，然后推及于人。

⑧言仁必及人：博爱于人为仁。

⑨言智必及事：能处理事务为智。

⑩制：法度。

⑪辩：同"遍"，遍施。

⑫惠：惠爱。和：和睦。

⑬敌：匹敌，指地位相等。

⑭怡：悦。

**【译文】**

晋襄公孙惠伯谈之子周前往东周，事奉单襄公，他站立时不会歪着身子，看东西眼珠不会乱转，不竖起耳朵听，不说不着边际的话。谈到恭敬一定要援及上天，谈到忠恕一定要出自心意，谈到诚信一定要联系自身，谈到仁爱一定要推及于人，谈到大义一定要联系到利，谈到才智一定要落实到事，谈到勇敢一定要考虑法度，谈到教化一定要主张普遍,谈到孝道一定要论及祖先神明,谈到惠爱一定要强调和睦,谈到礼让一定要考虑地位匹敌。晋国有了忧患,周未尝不为之忧戚;晋国有了喜庆,周未尝不怡然欢乐。

　　襄公有疾,召顷公而告之①,曰:"必善晋周②,将得晋国。其行也文③,能文则得天地。天地所胙④,小而后国⑤。夫敬,文之恭也;忠,文之实也⑥;信,文之孚也⑦;仁,文之爱也⑧;义,文之制也⑨;智,文之舆也⑩;勇,文之帅也;教,文之施也⑪;孝,文之本也;惠,文之慈也;让,文之材也⑫。象天能敬⑬,帅意能忠⑭,思身能信⑮,爱人能仁,利制能义⑯;事建能智⑰,帅义能勇⑱,施辩能教⑲,昭神能孝⑳,慈和能惠,推敌能让㉑。此十一者,夫子皆有焉㉒。

**【注释】**

①顷公:单襄公之子。

②善:善待。

③文:经纬天地曰文。

④胙(zuò):赐福。

⑤小而后国:小则得国,大则得天下。

⑥实:实诚。

⑦孚:践履。

⑧爱:慈爱。

⑨制:裁定事宜。

⑩舆:车舆。

⑪施:施布德化。

⑫材:材用。

⑬象天：模仿上天。

⑭帅意：遵循心意。

⑮思身：思诚其身。

⑯利制：以利为制。

⑰事建：建立百事。

⑱帅义：循义而行。

⑲施辩：施教普遍。辩，通"遍"。

⑳昭神：尊显祖宗神明。

㉑推敌：推让与自己匹敌之人。

㉒夫子：指晋周。

**【译文】**

　　单襄公有疾病，召来儿子单顷公，告诉他说："你一定要善待晋周，他将会得到晋国。他的言行有文德，有文德就能得天地。天地所福佑的人，至小也会得到国家。敬，是文德的恭敬；忠，是文德的实诚；信，是文德的践行；仁，是文德的惠爱；义，是文德的裁决；智，是文德的车舆；勇，是文德的统帅；教，是文德的布施；孝，是文德的根本；惠，是文德的慈爱；让，是文德的材用。模仿上天就能做到敬，遵循自己心意就能做到忠，思诚其身就能做到信，惠爱他人就能做到仁，以利为制就能做到义；百事建立就能做到智，遵义而行就能做到勇，施教普遍就能做到教，尊显神明就能做到孝，慈爱和睦就能做到惠，推先匹敌就能做到让。这十一种美德，周都具备了。

　　"天六地五①，数之常也。经之以天，纬之以地②。经纬不爽③，文之象也。文王质文④，故天胙之以天下。夫子被之矣⑤，其昭穆又近⑥，可以得国。且夫立无跛，正也；视无还，端也；听无耸，成也⑦；言无远，慎也。夫正，德之道也；端，德之信也;成,德之终也;慎,德之守也⑧。守终纯固,道正事信,明令德矣⑨。慎成端正,德之相也⑩。为晋休戚⑪,不背本也。被文相德⑫,非国何取!

【注释】

①天六:天有阴、阳、风、雨、晦、明六气。地五:地有金、木、水、火、土五行。

②经之以天,纬之以地:以天之六气为经,以地之五行为纬。

③爽:差错。

④质文:品质有文德。

⑤夫子:指周。被:被服,继承。

⑥昭穆又近:按照父昭子穆、一昭一穆的次序,周与晋君最为亲近。

⑦成:心志坚定。

⑧守:操守。

⑨明令德:成于善德。

⑩相:助。

⑪休:喜。戚:忧。

⑫被文:禀受文德。相德:有正、端、成、慎四德辅助。

【译文】

"天有阴、阳、风、雨、晦、明六气,地有金、木、水、火、土五行,这是天地常数。以天之六气为经,以地之五行为纬。天经地纬不出差错,这就是文德之象。周文王品质有文德,因此上天赐给他以天下。周继承了文德,按照昭穆次序他与晋君最为亲近,因此他可以得到晋国。况且站立不歪着身子,这是正;看东西眼珠不乱转,这是端;不竖着耳朵听,这是成;不说不着边际的话,这是慎。正,是德的道路;端,是德的信用;成,是德的终端;慎,是德的操守。始终秉守道德纯粹坚固,道路正确处事可信,这说明他成就善德。慎、成、端、正,这四者是德的辅助。周为晋国而喜忧，这表明他不违背根本。既禀受文德又有正、端、成、慎的辅助，不是晋国他还得到什么！

　　"成公之归也①，吾闻晋之筮之也②，遇《乾》之《否》③，曰：'配而不终，君三出焉④。'一既往矣⑤，后之不知⑥，其次必此⑦。且吾闻成公之生也，其母梦神规其臀以墨⑧，曰：'使有晋国，三而畀骓之孙⑨。'故名之曰'黑臀'，于今再矣⑩。襄公曰骓，此其孙也。而令德孝恭，非此其谁？且其梦曰'必骓之孙，实有晋国。'其卦曰：'必三取君于周。'其德又可以君国，三袭焉⑪。吾闻之《大誓》故⑫，曰：'朕梦协朕卜⑬，袭于休祥⑭，戎商必克⑮。'以三袭也⑯。晋仍无道而鲜胄⑰，其将失之矣。必早善晋子，其当之也。"

**【注释】**

①成公之归：公元前 607 年，赵穿弑晋灵公，赵盾从东周迎晋文公庶子、晋襄公之弟公子黑臀而立之，是为晋成公。

②筮：用蓍草占卜。

③《乾》：《周易》中的《乾》卦，卦象为乾下乾上（▤）。之：指变卦。《否》(pǐ)：《周易》中的《否》卦，卦象为坤下乾上（▤）。

④配而不终，君三出焉：成公可以配先君，但子孙不能终为晋君，晋君三次出于东周。韦昭注曰："《乾》，天也，君也，故曰配，配先君也。不终，子孙不终为君也。《乾》下变而为《坤》，《坤》，地也，臣也。天地不交曰《否》，变有臣象。三爻，故三世而终。上有《乾》，《乾》天子也，五体不变，周天子国也。三爻有三变，故君三出于周。"

⑤一：指晋成公。既往：已经回到晋国。

⑥后之不知：最后从周室回晋国为君的人不知是谁。

⑦其次必此：第二位从周室回晋国为君者一定是周此人。

⑧规：画。

⑨三：三世为晋君。畀：予。骓之孙：即周。骓，晋襄公。周为晋襄公曾孙，自孙以下皆可称孙。

⑩再：晋成公之后，其子晋景公、其孙晋厉公相继为君。

⑪三袭：指卦、梦、德三者相合。袭，合。

⑫《大誓》：《尚书·泰誓》。大，同"泰"。故：故训。

⑬朕：周武王自称。协：合。

⑭休祥：吉兆。

⑮戎：兵，指加兵。

⑯三袭：指周武王梦、卜、吉兆三者相合。

⑰仍：屡次。鲜胄：少有后代。

**【译文】**

　　"晋成公归国即位的时候，我听说晋国有卜筮，卦象由《乾》卦变《否》卦，占辞说：'成公虽然可配先君但子孙不能世代为君，晋君会三次出自东周。'晋成公作为第一次，已经归国为君了，最后从周室回晋国为君的不知是谁，第二位从周室回国为君的一定是周此人。况且我听说晋成公出生的时候，他的母亲梦见天神在他的屁股上用黑墨写字，说：'让你拥有晋国，三世以后将晋国交给骓的子孙。'因此晋成公名字叫'黑臀'，到现在为止，成公的儿孙已经两世为君。晋襄公名叫骓，这个周就是骓的孙子。周具有美德和孝道、恭敬品质，不是他为君又是谁呢？况且成公母亲梦中听见神说'一定是骓的孙子，实在拥有晋国'。卦辞说：'一定要三次从周室请回君主。'周的品德又可以君临晋国，卦、梦、德三者相合。我听到《尚书·泰誓》的解释说：'周武王的梦与占卜相合，又与吉祥的预兆相应，起兵灭商一定胜利。'周武王就是以梦、卜、征兆三者相合为依据。晋国屡次出现无道之君而公室后代稀少，而今在位的晋君恐怕要失国了。你一定要早一点善待晋周，预言恐怕要应验在他身上。"

顷公许诺。及厉公之乱，召周子而立之，是为悼公。

**【译文】**

单顷公答应了。等到发生晋厉公之乱，晋人召回周而立为国君，他就是晋悼公。

# 太子晋谏灵王壅谷水

灵王二十二年①，谷、洛斗②，将毁王宫。王欲壅之③，太子晋谏曰④："不可。晋闻古之长民者，不堕山⑤，不崇薮⑥，不防川⑦，不窦泽⑧。夫山，土之聚也；薮，物之归也；川，气之导也；泽，水之钟也⑨。夫天地成而聚于高⑩，归物于下⑪。疏为川谷⑫，以导其气；陂塘污庳⑬，以钟其美⑭。是故聚不陁崩⑮，而物有所归；气不沉滞⑯，而亦不散越⑰。是以民生有财用，而死有所葬。然则无夭、昏、札、瘥之忧⑱，而无饥、寒、乏、匮之患，故上下能相固，以待不虞⑲，古之圣王唯此之慎。

**【注释】**

①灵王二十二年：周灵王二十二年为公元前550年。灵王，周灵王，名大心，周简王之子。

②谷、洛斗：谷水、洛水汇合相激。

③雍之:筑坝拦阻谷水。

④太子晋:周灵王太子,早死,未即位。

⑤堕:毁。

⑥崇:填高。薮:泽无水叫薮。

⑦防:障。川:河流。

⑧窦:决,引流。泽:湖泊。

⑨钟:聚。

⑩高:指山陵。

⑪下:指薮泽。

⑫疏:通。

⑬陂(bēi)塘:池塘。污庳(bì):低洼之地。

⑭美:指滋润。

⑮阤(zhì)崩:崩溃。

⑯沉滞:沉伏滞积。

⑰散越:散开播扬。

⑱夭:夭折。昏:狂惑。札:染疫而死。瘥(cuó):疾病。

⑲虞:预料。

## 【译文】

周灵王二十二年,谷水、洛水交汇相激,将要冲毁王宫。周灵王想筑堤拦阻谷水,太子晋劝谏说:"不可以。我听说古代做君主的人,不堕毁山陵,不填高大薮,不拦阻河流,不引流湖泊。山,是土聚积而成;薮,是众物生长之处;河流,是地气通达的渠道;湖泊,是水的积蓄。天地生成之后,土石聚于高山,万物归于薮泽。河流山谷起到疏通的作用,以此通达地气;池塘低洼,用来滋养万物。因此高山凝聚而不崩溃,万物各有归养之地;地气不会沉伏滞积,也不会散开播扬。所以民众生有财用,死有归葬。这样就不会有夭折、狂惑、疫死、疾病的忧愁,也不会有饥饿、寒冷、困乏、财匮的忧患,因此上下关系能够稳固,可以防备预料之外的事情发生，古代圣王对此非常慎重。

　　"昔共工弃此道也①，虞于湛乐②，淫失其身③，欲壅防百川，堕高堙庳④，以害天下。皇天弗福，庶民弗助，祸乱并兴，共工用灭⑤。其在有虞⑥，有崇伯鲧⑦，播其淫心，称遂共工之过⑧，尧用殛之于羽山⑨。其后伯禹念前之非度，釐改制量⑩，象物天地⑪，比类百则⑫，仪之于民⑬，而度之于群生⑭，共之从孙四岳佐之⑮，高高下下，疏川导滞，钟水丰物⑯，封崇九山⑰，决汩九川⑱，陂鄣九泽⑲，丰殖九薮⑳，汩越九原㉑，宅居九隩㉒，合通四海。故天无伏阴㉓，地无散阳㉔，水无沉气㉕，火无灾燀㉖，神无间行㉗，民无淫心，时无逆数㉘，物无害生㉙。帅象禹之功㉚，度之于轨仪㉛，莫非嘉绩，克厌帝心㉜。皇天嘉之，祚以天下㉝，赐姓曰'姒'，氏曰'有夏'㉞，谓其能以嘉祉殷富生物也㉟。祚四岳国，命以侯伯，赐姓曰'姜'，氏曰'有吕'㊱，谓其能为禹股肱心膂㊲，以养物丰民人也㊳。

【注释】

①共工：尧时诸侯，与驩兜、三苗、鲧并称"四凶"。

②虞：通"娱"。湛乐：过度安乐。湛，同"沉"。

③失（yì）：通"佚"，放荡，淫佚。

④堕高：堕毁山陵。堙（yīn）：堵塞。庳（bì）：池泽。

⑤用：因此。

⑥有虞：舜。

⑦崇：鲧的封国。伯：鲧为伯爵。

⑧称遂共工之过：指鲧像共工一样堵塞洪水。称遂，称举。

⑨殛(jí)：诛杀。羽山：有多种说法,比较合理的是在今山东蓬莱。

⑩釐：理。量：度。

⑪象物天地：取法天地物象。

⑫比类：比象。则：法则。

⑬仪：准。

⑭度之：不伤害。

⑮共：共工。从孙：侄孙。四岳：官名,共工侄孙担任四岳之官。佐之：帮助大禹治水。

⑯钟水：聚蓄水潦。丰物：丰殖百物。

⑰封：大。崇：高。九山：九州山岳。

⑱决汩(gǔ)：疏通。九川：九州河流。

⑲陂鄣：筑起堤坝。九泽：九州沼泽。

⑳丰：茂。殖：长。九薮：九州林薮。

㉑汩越：治理。九原：九州平原。

㉒宅居：居住。九陾(ào)：九州可居之土。

㉓伏阴：潜伏的阴气,如夏天霜冻冰雹。

㉔散阳：散佚的阳气,如李梅冬天结实。

㉕沉气：伏积之气。

㉖灾燀(chǎn)：火焰冲天。

㉗间行：不轨奸行。

㉘时无逆数：四季没有季节反常。

㉙物无害生：农作物没有病虫害。

㉚帅：循。

㉛轨仪：法则,仪制。轨,道。仪,法。

㉜克：能。厌：满足。帝：天帝。

㉝祚(zuò)：赐福。

㉞赐姓曰"姒(sì)",氏曰"有夏"：尧赐禹姒姓,以夏为氏。

㉟祉:福。殷:盛。生物:养育万物。

㊱"祚四岳国"四句:尧认为四岳佐禹有功,因此赐福四岳之国,命为诸侯之伯,以姜为姓,以吕为氏。

㊲肱:臂。心膂(lǚ):心脏与脊骨。

㊳丰:厚。

**【译文】**

"从前共工抛弃了这个道理,沉溺于娱乐,其身骄奢淫逸,他想要堵塞大小河流,堕毁山陵,填塞池泽,结果坑害天下。上天不赐福给他,庶民也不帮助他,祸乱频仍,共工因此灭亡。到了有虞时期,崇国诸侯鲧,放纵心志,沿袭共工的错误,尧因此将鲧杀死在羽山。鲧的后人禹意识到此前父亲的错误,于是改变方法,效法天地,取法自然各种规则,以利民为准则,不伤害天下万物,共工的侄孙四岳帮助大禹,高者高之,下者下之,疏通堙塞河流,蓄水滋养百物,增高九州山陵,疏导九州河流,筑堤保护九州沼泽,丰育培殖九州林薮,治理九州平原,让民众安居在九州土地,并修筑道路通达四海。因此上天没有夏天霜冻之类潜伏的阴气,大地没有李梅冬天结实之类散佚的阳气,水无沉积之气,火无冲天之灾,神无不轨奸行,民无淫逸之心,四季没有季节反常情形,农作物没有病虫害。从大禹的功绩来看,他顺应了自然的规则,所作所为无一不是美好的业绩,能够满足天帝之心。上天嘉奖大禹,将天下赐给他,尧赐禹姓'姒',赐氏'有夏',就是说大禹能够给天下带来美好的福祉和殷实的财富,能够养育万物。尧认为四岳佐禹有功,因此赐福四岳之国,命为诸侯之伯,以'姜'为姓,以'吕'为氏,就是说四岳能够作为大禹股肱之臣,堪称大禹的心脏与脊梁,能够养育万物,使民众富有。

"此一王四伯①,岂繁多宠②?皆亡王之后也。唯能釐举嘉义③,以有胤在下④,守祀不替其典⑤。有夏虽衰,杞、缯犹在⑥;申、吕虽衰,齐、许犹在⑦。唯有嘉功,以命姓受祀⑧,迄于天下⑨。及其失之也,必有惛淫之心间之⑩。故亡其氏姓,踣毙不振⑪;绝后无主⑫,湮替隶圉⑬。夫亡者岂繄无宠?皆黄、炎之后也。唯不帅天地之度,不顺四时之序,不度民神之义,不仪生物之则⑭,以殄灭无胤⑮,至于今不祀。及其得之也,必有忠信之心间之。度于天地而顺于时动,和于民神而仪于物则,故高朗令终⑯,显融昭明⑰,命姓受氏,而附之以令名。若启先王之遗训⑱,省其典图刑法,而观其废兴者,皆可知也。其兴者,必有夏、吕之功焉;其废者,必有共、鲧之败焉。今吾执政无乃实有所避⑲,而滑夫二川之神⑳,使至于争明㉑,以妨王宫,王而饰之,无乃不可乎!

**【注释】**

①一王:大禹。四伯:四岳之伯。

②繄(yī):是。

③釐:选择。举:用。嘉义:好的观念。

④胤:后嗣。下:后。

⑤替:废。典:常。

⑥杞、鄫:大禹后裔的封国。

⑦申、吕虽衰,齐、许犹在:申、吕为四岳之后,商、周之世,或封于申、齐、许其族也。

⑧受祀:接受后人祭祀。祀,一本作"氏"。

⑨迄:至于。

⑩惛:慢。淫:放纵。间:替代。

⑪踣(bó)毙:倒地。振:救。

⑫无主:无祭主。

⑬湮:没。替:废。隶:役。圉:养马者。

⑭仪：准。

⑮殄（tiǎn）：灭。

⑯高朗：高贵明朗。令终：美好的结局。

⑰显融：长久的显赫。

⑱启：开。

⑲避：违背。

⑳淈（gǔ）：乱，扰乱。

㉑争明：争强斗胜。

**【译文】**

"这一王和四岳之伯，岂是多蒙宠幸之人？他们都是亡国之君的后代啊。唯其能够选择运用好的观念，故能有后裔绵绵不绝，奉守祭祀，不废常典。有夏王朝虽然衰落，但作为大禹后裔的杞、鄫两国至今尚在；四岳后裔中的申、吕二氏虽然衰落，但齐、许两国至今尚在。只有立下美好的功勋，才能获命赐姓，接受祭祀，乃至于拥有天下。如果失掉这些，那就一定是产生了怠慢淫逸之心。因此导致氏姓灭绝，倒地不救；断子绝孙，没有祭主，后代沦为役隶。难道这些亡国之君是失去上天宠幸吗？他们可都是黄帝、炎帝的后裔啊。唯其不遵循天地法度，不顺应四时秩序，不考虑民众和神灵的意愿，不遵守万物生存的准则，以至于他们被消灭，没有后嗣，直到今天都没有人祭祀他们。那些得到天下的人，一定是他们拥有忠信之心。考虑天地秩序，顺时而动，使民众与神灵和谐，遵循事物生存准则，因此他们都有一个高贵、明朗、美好的结局，能够显赫长久，功业昭明，受赐姓氏，加上美好的名声。如果开启先王的遗训，省察先王的典章、图象、刑律、法度，从中观察废兴之理，这一切道理就可以知道了。那些兴盛的君王，一定是有夏禹、四岳的功绩；那些被废黜的君王，一定是有共工、伯鲧的败政。如今我周朝执政，大概确实有某些罪过，干扰了谷水、洛水二川之神，使两水神灵争强斗胜，妨害王宫，君王如果堵塞谷水，加固王宫，恐怕不可以吧！

"人有言曰:'无过乱人之门①。'又曰:'佐饔者尝焉②,佐斗者伤焉。'又曰:'祸不好,不能为祸③。'《诗》曰④:'四牡骙骙⑤,旟旐有翩⑥,乱生不夷⑦,靡国不泯⑧。'又曰:'民之贪乱,宁为荼毒⑨。'夫见乱而不惕⑩,所残必多,其饰弥章⑪。民有怨乱,犹不可遏,而况神乎? 王将防斗川以饰宫,是饰乱而佐斗也,其无乃章祸且遇伤乎? 自我先王厉、宣、幽、平而贪天祸⑫,至于今未弭⑬。我又章之,惧长及子孙,王室其愈卑乎? 其若之何?

**【注释】**

①无过乱人之门:不过乱人之门,以防触犯乱人之怒。

②佐饔(yōng)者:烹煎之官。

③祸不好,不能为祸:不好财色,不会为祸。

④《诗》:此指《诗经·大雅·桑柔》。

⑤牡:公马。骙骙(kuí):行走的样子。

⑥旟(yú):绘有鸟隼的旗帜。旐(zhào):绘有龟蛇的旗帜。有翩:翩翩,旗帜翻卷的样子。

⑦夷:平定。

⑧靡:无。泯:灭。

⑨宁:安。荼:苦。

⑩惕:警惕。

⑪饰:掩饰。弥:更加。章:明显,显著。

⑫自我先王厉、宣、幽、平而贪天祸:韦昭注曰:"此四王父子相继,厉暴虐而流,宣不务农而料民,幽昏乱以灭西周,平不能修政至于微弱,皆己行所致,故曰贪天祸。"

⑬弭:止。

**【译文】**

"古人有话说:'不要路过乱人之门。'又说:'帮助烹煎的人自然先品尝,帮助斗殴的人必然要受伤。'又说:'祸么? 不好财色,不能为祸。'《诗经·大雅·桑柔》写道:'四匹公马不停跑,鸟旗龟旗车上飘,战乱发生不能平,没有一国不受扰。'诗中又说:'民众贪乱有因,安为苦毒之行。'眼见祸乱而不警惕,所受残破必然甚多,越是掩饰越明显。民众有怨乱,尚且不可遏止,何况是神灵呢? 君王为了防止两水相激而加固王宫,这是掩饰祸乱而帮助两水神灵斗殴,这样做恐怕只会彰显祸乱,而且会导致自己受伤吧? 自从先王厉王、宣王、幽王、平王起,我周室因贪婪而蒙受天祸,直到今天祸乱尚未止息。如今我们又要彰显祸乱,我怕的是祸及子孙,王室恐怕会更加卑弱吧? 那又该怎么办呢?

"自后稷以来宁乱①,及文、武、成、康而仅克安民。自后稷之始基靖民②,十五王而文始平之③,十八王而康克安之④,其难也如是。厉始革典⑤,十四王矣⑥,基德十五而始平⑦,基祸十五其不济乎⑧! 吾朝夕儆惧⑨,曰:'其何德之修,而少光王室⑩,以逆天休⑪?'王又章辅祸乱⑫,将何以堪之? 王无亦鉴于黎、苗之王⑬,下及夏、商之季⑭,上不象天,而下不仪地,中不和民,而方不顺时⑮,不共神祇⑯,而蔑弃五则⑰。是以人夷其宗庙⑱,而火焚其彝器⑲,子孙为隶,下夷于民⑳,而亦未观夫前哲令德之则。则此五者而受天之丰福㉑,飨民之勋力㉒,子孙丰厚,令闻不忘,是皆天子之所知也。

**【注释】**

①宁乱:安定祸乱。

②基：始。靖：安。

③十五王：指后稷、不窋、鞠陶、公刘、庆节、皇仆、差弗、毁隃、公非、高圉、亚圉、公祖、太王、王季、文王。

④十八王：十五王加上武王、成王、康王。

⑤厉：周厉王。革典：变更周法。

⑥十四王：从周厉王到周灵王，共有十四代周王：厉王、宣王、幽王、平王、桓王、庄王、僖王、惠王、襄王、顷王、匡王、定王、简王、灵王。

⑦基德：以德为基。十五：指从后稷到文王十五位周王。

⑧基祸：以祸为基。十五：指从周厉王开始的第十五位周王。灵王之子景王为第十五位周王。不济：不可救药。

⑨儆惧：戒备恐惧。

⑩少：稍。光：光大。

⑪逆：迎。休：庆。

⑫章：明。辅：助。

⑬无亦：亦。鉴：借鉴。黎：九黎。苗：三苗。

⑭夏、商之季：指汤伐桀、武王伐纣。

⑮方不顺时：四方不顺天时。方，四方。

⑯共：通"供"，供奉。

⑰蔑：灭。五则：象天、仪地、和民、顺时、供神。则，法。

⑱夷：灭。

⑲彝器：指宗庙彝、尊等祭器。

⑳下夷于民：下与平民相等。夷，等同，平列。

㉑丰福：洪福。

㉒飨：通"享"。

## 【译文】

"自从后稷以来安宁祸乱，到文王、武王、成王、康王才能安定民众。

自从后稷开始安定民众,经历十五位周王,到文王才开始平定天下,经历十八位周王,到康王才能天下安定,可见安定天下是如此艰难。从厉王开始改变旧法,至今已经历十四位周王了。以德为基,经历十五位周王而开始平定天下;以祸为基,经历十五位周王,大概要不可救药了!我朝夕戒备恐惧,说:'我们周王室要修什么样的德行,才能光大王室,迎接上天福庆?'君王又公然推动祸乱,周王室将如何承受? 君王应该借鉴九黎、三苗之乱,考察夏、商之季的王朝变更。他们上不效仿天,下不取法地,中不协和万民,四方不顺天时,不供奉神祇,灭弃象天、仪地、和民、顺时、供神五大法则。因此被人夷灭宗庙,用火焚烧彝器,子孙沦为役隶,下与平民相等,这就是因为他们没有观察前代哲王美德原则啊! 遵循象天、仪地、和民、顺时、供神五者,就会蒙受上天所赐洪福,就会享受民众的功力,子孙待遇丰厚,美名不为人所忘,这些都是天子您所知道的。

　　"天所崇之子孙①,或在畎亩②,由欲乱民也。畎亩之人,或在社稷,由欲靖民也③。无有异焉!《诗》云④:'殷鉴不远,在夏后之世⑤。'将焉用饰宫? 其以徼乱也⑥。度之天神,则非祥也。比之地物,则非义也。类之民则,则非仁也。方之时动,则非顺也。咨之前训⑦,则非正也。观之诗书,与民之宪言⑧,则皆亡王之为也。上下议之,无所比度,王其图之! 夫事大不从象⑨,小不从文⑩。上非天刑⑪,下非地德⑫,中非民则,方非时动而作之者,必不节矣。作又不节,害之道也。"

**【注释】**

①崇:高,保佑。

②畎（quǎn）亩：田间。

③靖：安。

④《诗》：此指《诗经·大雅·荡》。

⑤殷鉴不远，在夏后之世：殷鉴，殷朝的镜子。夏后之世，指夏桀之世。

⑥徼：通"邀"，招致。

⑦咨：议。

⑧宪言：警言。

⑨象：天象。

⑩文：指诗、书。

⑪天刑：天法。

⑫地德：地利。

【译文】

"上天所要保佑的君王子孙，有人沦落在田亩之间，这是由于君王的欲望扰乱了民众。田亩之间的人，有人却登上社稷庙堂，这是由于他们通过欲望来安定民众。这没有什么可奇怪的！《诗经·大雅·荡》说：'殷朝的镜子所在不远，就在夏桀之世。'何必要加固王宫呢？这种做法适足以招乱而已。从天神角度来看，这不是吉祥之事。比照大地万物生长规律，这种做法不适宜。根据民众生存准则，这种做法不仁德。按照顺时而动原则来衡量，这种做法不顺时。根据先王遗训而论，这种做法不合正道。参照诗书，与民众格言，这种做法是亡国君主之所为。无论从上还是从下来看，都没有可取之处，君王您还是认真考虑吧！处理政事，大不依从天象，小不依从诗书。上不合天之法则，下不合大地之利，中不合民众法则，不顺而动，试图妄作，一定不能有所节制。妄作而又不节制，这是取害之道啊！"

王卒壅之。及景王多宠人①，乱于是乎始生。景王崩，王室大乱<sup>②</sup>。及定王,王室遂卑<sup>③</sup>。

**【注释】**

①宠人:指王子朝、宾孟等人。

②景王崩,王室大乱:景王无嫡子,既立子猛,又许宾孟立子朝,未立而崩,单子、刘子立子猛而攻子朝,王室大乱。

③及定王,王室遂卑:定王,顷王之子,灵王祖父。而言"及定王,王室遂卑",非也。"定"当为"贞",贞王名介,敬王之子。是时诸大臣专政,诸侯无伯,故王室遂卑。

**【译文】**

周灵王最终还是堵塞了谷水。到周景王时期,王室多有宠臣,祸乱于是开始萌生。周景王驾崩,周王室大乱。到周定王时期,周王室更加卑弱。

# 晋羊舌肸聘周论单靖公敬俭让咨

晋羊舌肸聘于周<sup>①</sup>,发币于大夫及单靖公<sup>②</sup>。靖公享之<sup>③</sup>,俭而敬,宾礼赠饯<sup>④</sup>,视其上而从之<sup>⑤</sup>;燕无私<sup>⑥</sup>,送不过郊<sup>⑦</sup>;语说《昊天有成命》<sup>⑧</sup>。

**【注释】**

①羊舌肸(xī):晋国大夫,复姓羊舌,字叔向,是春秋时代著名的社会活动家。

②发币:赠送礼物。单靖公:周王室卿士,单襄公之孙,顷公之子。

③享之:宴请叔向。

④宾礼:以宾礼接待叔向。饯:饮食。

⑤上：位在单靖公之上。

⑥燕：宴饮。私：私下结交。

⑦郊：外城。

⑧《昊天有成命》：《诗经·周颂》中的一首诗，是歌颂成王的祭歌。

**【译文】**

　　晋国大夫羊舌肸到东周王室聘问，赠送礼物给周王室大夫和单靖公。单靖公宴享叔向，宴会俭仆而恭敬，对待宾客之礼如馈赠、饮饯，都按照比自己爵位高的规格执行；宴饮时不结私交，送客不过送到城郊；交谈时赋诗《昊天有成命》。

　　单之老送叔向①，叔向告之曰："异哉！吾闻之曰：'一姓不再兴。'今周其兴乎！其有单子也。昔史佚有言曰②：'动莫若敬，居莫若俭，德莫若让，事莫若咨③。'单子之贶我④，礼也，皆有焉。夫宫室不崇⑤，器无彤镂⑥，俭也；身耸除洁⑦，外内齐给⑧，敬也；宴好享赐⑨，不逾其上，让也；宾之礼事，放上而动⑩，咨也。如是，而加之以无私，重之以不滔⑪，能避怨矣。居俭动敬，德让事咨，而能避怨，以为卿佐，其有不兴乎！

**【注释】**

①单之老：单靖公家臣中之贵者。或曰家臣之长称老。

②史佚：西周初年著名史官，姓尹，名佚。史佚先后在文王、武王、成王朝为官，成王时他与周公、召公、太公合称"四辅"，地位极其显赫。

③咨：咨询。

④贶(kuàng)：赐赠，接待。

⑤宫室:古人住宅不论君臣都可称宫。崇:高。

⑥彤镂:朱红色雕刻。

⑦耸:敬。除:治。

⑧外:在朝廷。内:治家事。齐:整。给:具备。

⑨宴好:宴饮通情结好。享赐:酬宾赐下。

⑩放:依。

⑪淆:混杂。

**【译文】**

单靖公家臣送叔向,叔向对他说:"奇怪啊!我听说:'一姓之国,不会两度兴盛。'如今周王室大概要兴盛了!因为周王室有单子这样的卿士。从前史佚有名言说:'行动没有比恭敬更好的了,居家没有比俭朴更好的了,德行没有比礼让更好的了,处事没有比善于咨询更好的了。'单子接待我,凡礼要求的,他都做到了。他的宫室不高大,他家的器具没有朱红雕镂,这说明他居家俭朴;他持身恭敬修洁,在朝在家都做得完备,这说明他行动恭敬;他宴饮通好酬宾赐下,都不超过比自己爵位高的人,这说明他德行谦让;接待宾客的礼节,按照比自己等级高的规格去执行,这说明他处事善于咨询。做到了这几点,再加上他的无私,不随波逐流,这样就能避开怨恨了。居家俭朴,行动恭敬,德行礼让,处事咨询,而且能够避开怨恨,身为周王室卿佐,周王室哪有不兴盛的呢!

"且其语说《昊天有成命》,颂之盛德也。其诗曰:'昊天有成命①,二后受之②,成王不敢康③。夙夜基命宥密④,於缉熙⑤!亶厥心⑥,肆其靖之⑦。'是道成王之德也。成王能明文昭⑧,能定武烈者也⑨。夫道成命者,而称昊天,翼其上也⑩。二后受之,让于德也⑪。成王不敢康,敬百姓也⑫。夙夜,恭也;基,始也。命,信也。宥,宽也。密,宁也。缉,明也。熙，广也。亶，厚也。肆，固也。靖，和也。其始也⑬，翼上德让，而敬百姓。其中也，恭俭信宽，帅归于宁⑭。其终也，广厚其心，以固和之。始于德让，中于信宽，终于固和，故曰成。单子俭敬让咨，以应成德⑮。单若不兴，子孙必蕃⑯，后世不忘。

【注释】

①昊天：伟大的上天。成命：既定的天命。

②二后：周文王、周武王。后，君主。受之：接受天命为王。

③成王：周成王，周武王之子。康：安逸。

④夙夜：早晚。基：始。命：信。宥：宽。密：宁。

⑤於(wū)：发语词。缉：明。熙：光。

⑥亶(dǎn)：厚。厥：其。

⑦肆：固。靖：和。

⑧文昭：周文王的明德。

⑨武烈：周武王的功烈。

⑩翼：敬。

⑪让于德：礼让有德之人。

⑫百姓：百官。

⑬始：诗歌开始。下文"其中"、"其终"分别指诗歌中间和结尾。

⑭帅：循。

⑮应：当。

⑯蕃：兴旺。

【译文】

"况且单子赋诗《昊天有成命》，这是颂诗中歌颂盛德的诗篇。诗中说：'伟大的上天有既定的天命，文、武二君受命而王，周成王不敢安逸。

他早起晚睡,始行信命,以宽宥宁静为务,啊,多么光明! 他宅心仁厚,以固和天下。'这首诗是歌颂周成王美德。周成王能够继承周文王的明德,能巩固周武王的功烈。诗中称道既定天命,而称伟大的上天,这是礼敬上天。诗中说文、武二君受命而王,这是周成王将功德让于先王。诗中说周成王不敢安逸,这是礼敬百官。夙夜,是表明周成王恭敬。基,是始的意思。命,是信的意思。宥,是宽的意思。密,是宁的意思。缉,是明的意思。熙,是光的意思。亶,是厚的意思。肆,是固的意思。靖,是和的意思。诗的开始,是歌颂成王敬上德让,礼敬百官。诗的中间,是歌颂成王恭敬、俭朴、诚信、宽宥,循此归于安定百官。诗的结尾,是歌颂成王仁心宽广厚重,以此固和天下。诗篇以歌颂德让开头,中间歌颂诚信宽宥,最后歌颂固和,因此称为'成'。单子俭朴、恭敬、礼让、善问,可以担当'成'之美德。单子如果不能振兴周王室,他的子孙一定会兴旺发达,后世不会忘记他。

　　"《诗》曰①:'其类维何②? 室家之壸③。君子万年,永锡祚胤④。'类也者,不忝前哲之谓也⑤。壸也者,广裕民人之谓也。万年也者,令闻不忘之谓也。胤也者,子孙蕃育之谓也。单子朝夕不忘成王之德,可谓不忝前哲矣。膺保明德⑥,以佐王室,可谓广裕民人矣。若能类善物,以混厚民人者⑦,必有章誉蕃育之祚,则单子必当之矣。单若有阙⑧,必兹君之子孙实续之⑨,不出于他矣⑩。"

### 【注释】

①《诗》:此指《诗经·大雅·既醉》。

②类:族。

③壸(kǔn):本指宫中巷道,引申为推广。

④锡：赐。祚：福。胤：后代。

⑤忝：辱没。

⑥膺：禀受。

⑦混厚：浑厚，亦谓使浑厚。混，厚。

⑧阙：缺。

⑨兹：此。

⑩他：他族。

**【译文】**

"《诗经·大雅·既醉》说：'他的族类是什么？治家推广到治国。君子长寿一万年，上天赐你多福泽。'类，说的是不辱没前哲。壶，说的是推广福裕给人民。万年，说的是美好的名声让人不忘。胤，说的是子孙繁殖兴旺。单子朝夕不忘成王美德，可以说是不辱没前哲。他禀受明德，辅佐王室，可以说是推广福裕给人民。如果说有人能够不辱没前哲推广美好事物，使人民品质淳厚，他一定会享有美好的名声和子孙兴旺的福分，单子一定能够得到这些福分。如果本人得不到这些福分，那么他的子孙一定能够得到，福分不会出于其他家族。"

# 单穆公谏景王铸大钱

景王二十一年①，将铸大钱②。单穆公曰③："不可。古者，天灾降戾④，于是乎量资币⑤，权轻重⑥，以振救民⑦。民患轻⑧，则为作重币以行之，于是乎有母权子而行⑨，民皆得焉。若不堪重⑩，则多作轻而行之，亦不废重，于是乎有子权母而行，小大利之⑪。

**【注释】**

①景王二十一年：周景王二十一年为公元前 524 年。

②大钱：面值大的钱币。韦昭注引贾逵云：“大钱者，大于旧，其价重也。”

③单穆公：周王室卿士，单靖公的曾孙。

④戾：至。

⑤量：度量。资：资财。币：货币。

⑥权：权衡。轻重：轻币与重币。

⑦振救：拯救。

⑧轻：币轻而物贵。

⑨母权子而行：重币为母，轻币为子。以子贸物，物轻则子独行，物重则以母权而行之。子母相通，民皆得其欲。

⑩重：币重而物轻。

⑪小：轻币。大：重币。

**【译文】**

周景王二十一年，周王室准备铸造面值大的钱币。单穆公劝谏说：“不可以。古时候，天灾降临，于是计算物资与钱币的数量，权衡轻重，来拯救民众。如果民众担心币轻而物贵，那么就铸造重币投入流通，于是有重币配合轻币流通，民众都感到从中获利。如果民众不能忍受币重而物轻，那么就多铸轻币投入流通，与此同时不废除重币，于是有轻币配合重币流通，小钱与大钱都有利于民众。

“今王废轻而作重①，民失其资，能无匮乎？若匮，王用将有所乏②，乏则将厚取于民③。民不给④，将有远志⑤，是离民也⑥。且夫备有未至而设之⑦，有至而后救之，是不相入也⑧。可先而不备，谓之怠；可后而先之，谓之召灾。周固赢国也⑨，天未厌祸焉⑩，而又离民以佐灾，无乃不可乎？将民之与处而离之，将灾是备御而召之，则何以经国？国无经，何以出令？令之不从，上之患也，故圣人树德于民以除之⑪。

【注释】

①废轻而作重：废除旧的轻币，铸造新的重币，这样民众手中旧的轻币全部作废。

②若匮，王用将有所乏：如果民众财用匮乏，无以缴纳赋税，那么周王也会因此匮乏。

③厚取：重敛。

④给：供给。

⑤远志：指逃亡。

⑥离民：离散民心。

⑦备：国家储备。

⑧不相入：不相为用。

⑨赢国：赢病之国。

⑩天未厌祸：指上天不断降灾。

⑪树：立。除：除去民众不从命令之患。

【译文】

“如今君王废除轻币而铸造重币，民众失去资财，能不匮乏吗？如果民众财用匮乏，那么君王也会因此匮乏，而君王一旦匮乏，就会厚敛于民。民众无法供给，就会产生逃离之心，这是离散民心啊。况且国家储备有时是灾难未至而事先设防，有时是灾难降临而后补救，这两者不相为用。可以先作防备而不防备，叫做懈怠；可以事后补救而先为设防，叫做招灾。东周本来就是一个赢病之国，上天不断降祸，而王室又离散民心以助长灾害，这恐怕不可以吧？本应与民众共同生活却要离散民心，本来是要防御灾难却要招祸，怎么治理国家呢？治国没有常道,凭什么发出号令? 民众不听号令,是在上位者所担心的事,因此圣人立德于民,消除民众不从命令之患。

　　"《夏书》有之曰①:'关石和钧②,王府则有③。'《诗》亦有之曰④:"瞻彼旱麓⑤,榛楛济济⑥。恺悌君子,干禄恺悌⑦。'夫旱麓之榛楛殖⑧,故君子得以易乐干禄焉。若夫山林匮竭,林麓散亡,薮泽肆既⑨,民力凋尽,田畴荒芜⑩,资用乏匮,君子将险哀之不暇⑪,而何易乐之有焉?

【注释】

①《夏书》:《尚书·夏书·五子之歌》,已逸。今本《五子之歌》为伪书。

②关石:指赋税。和钧:平均。

③有:富有。

④《诗》:指《诗经·大雅·旱麓》。

⑤瞻:看。旱:山名。麓:山脚。

⑥榛、楛(hù):两种树木。济济:茂盛的样子。

⑦干禄:求俸禄。

⑧殖:生长。

⑨肆:极。既:尽。

⑩田畴:谷地为田,麻地为畴。

⑪险:危险。

【译文】

　　"《夏书》有这样的话:'赋税平均,王府就会富有。'《诗经·大雅·旱麓》也有这样的诗句:"你看那旱山的山脚,榛树和楛树多么茂盛。和乐平易的君子,求俸禄多么快乐。'旱山脚下的榛树楛树繁茂生长,因此君子才得以和易快乐地求俸禄。如果山林枯竭,林麓败亡,湖泊沼泽干涸,民力凋敝,田畴荒芜,资用匮乏,君子连感到危险、悲哀的时间都没有,哪里有什么和易、快乐呢?

　　"且绝民用以实王府,犹塞川原而为潢污也<sup>①</sup>,其竭也无日矣。若民离而财匮,灾至而备亡<sup>②</sup>,王其若之何? 吾周官之于灾备也<sup>③</sup>,其所怠弃者多矣,而又夺之资,以益其灾,是去其藏而翳其人也<sup>④</sup>。王其图之!"王弗听,卒铸大钱。

**【注释】**

①原:同"源"。潢(huáng)污:静止的死水。污,通"洿",小水坑。

②备亡:国家储备缺少。

③周官:周王室六官。《周礼》以天官冢宰、地官司徒、春官宗伯、夏官司马、秋官司寇、冬官司空分掌邦政,称为"六官"或"六卿"。灾备:预防灾害。

④藏:库藏。翳(yì):屏蔽。人:民众。

**【译文】**

　　"况且断绝民众财用来充实王府,如同堵塞河流源头而使它成为一潭死水,它的枯竭也就为期不远了。如果民众逃离而财用匮乏,灾难降临而防备全无,君王打算怎么办? 我们周王室官员对于灾难防备,怠慢忽略的地方太多了,如今又剥夺民众资财,助长灾难,这等于抛弃了国家的库藏而赶走民众。君王请考虑吧!"周景王不听劝谏,最终还是铸造了大钱。

## 单穆公谏景王铸大钟

　　二十三年<sup>①</sup>,王将铸无射<sup>②</sup>,而为之大林<sup>③</sup>。单穆公曰:

"不可。作重币以绝民资,又铸大钟以鲜其继④。若积聚既丧⑤,又鲜其继,生何以殖⑥?且夫钟不过以动声⑦,若无射有林,耳弗及也⑧。夫钟声以为耳也,耳所不及,非钟声也。犹目所不见,不可以为目也。夫目之察度也,不过步武尺寸之间⑨;其察色也,不过墨丈寻常之间⑩。耳之察和也,在清浊之间⑪;其察清浊也,不过一人之所胜⑫。是故先王之制钟也,大不出钧⑬,重不过石⑭。律度量衡于是乎生⑮,小大器用于是乎出,故圣人慎之。今王作钟也,听之弗及,比之不度⑯,钟声不可以知和,制度不可以出节⑰,无益于乐,而鲜民财,将焉用之!

**【注释】**

①二十三年:周景王二十三年为公元前 522 年。

②无射(yì):无射钟。律中无射,故名。古代律制,是用三分损益法将一个八度分为十二个不完全相等的半音的一种律制。各律制度从低依次为:黄钟、大吕、太簇、夹钟、姑洗、仲吕、蕤宾、林钟、夷则、南吕、无射、应钟。又,奇数各律又称为"律",为阳声,偶数各律称为"吕",为阴声,总称为"六律"、"六吕",无射是六律中最高的。

③大林:林钟。

④鲜其继:韦昭注曰:"用物过度,妨其财也。"鲜,少。

⑤积聚既丧:人民积蓄的财产丧失净尽,指废除轻币。

⑥生:财。殖:长。

⑦动声:调和音声,合乐以金奏,而八音从之。

⑧若无射有林,耳弗及也:如果无射钟用林钟覆盖,那么耳朵将听不到。无射是阳声中最为尖细的,林钟是阴声中较为洪大的,尖

细的无射被洪大的林钟覆盖,所以耳朵听不到。

⑨步武:六尺为步,半步为武。

⑩墨丈寻常:五尺为墨,十尺为丈,八尺为寻,十六尺为常。

⑪清浊:律吕之变,黄钟为宫则浊,大吕为角则清。

⑫胜:举。

⑬钧:钧音之法,即标音。

⑭石:一百二十斤。

⑮律:音律,指五声阴阳之法。度:丈尺。量:斗斛。衡:斤两。于
是乎生:律度量衡都是根据钟律而制定的。

⑯不度:不中钧石之数。

⑰节:法度量衡之节。

## 【译文】

周景王二十三年,景王准备铸造无射钟,为此还铸造了大林钟。单
穆公劝谏说:"不可以。您铸造重币断绝了民众资财,如今又铸造大钟
让民众生活难以为继。民众的积聚由于铸重币而丧失,又少有继续生
存之道,生生之资何以生长? 况且钟不过是用来调和音声,如果无射钟
用林钟覆盖,那么耳朵将听不到。钟声本来是诉之于耳,耳朵听不见,
这就不是钟声了。如同眼睛看不见,就不可以称为眼睛。眼睛所看到
的范围,不过在若干尺寸之间;眼睛观察颜色,不过是在若干丈尺之间。
耳朵所听到的和谐,是在清浊之间;耳朵所辨别的清浊,其乐器重量不
过是一人所能举起的限度。因此先王制钟,声音最大不超出钧音之法,
重量不超过一石。音律、长度、容量、重量的标准都是根据这个标准而
产生,小大器物的制作标准也是由此产生,所以圣人对制钟非常慎重。
如今君王制作大钟,耳朵听不到它的声音,形制不合钧石之数,从钟声
听不出和谐,制作法度不能作为法度量衡之节,对音乐无益,又耗费民
财,造它有什么用呢!

"夫乐不过以听耳,而美不过以观目。若听乐而震,观美而眩,患莫甚焉。夫耳目,心之枢机也①,故必听和而视正。听和则聪,视正则明。聪则言听,明则德昭。听言昭德,则能思虑纯固。以言德于民,民歆而德之②,则归心焉。上得民心,以殖义方③,是以作无不济,求无不获,然则能乐。夫耳内和声④,而口出美言,以为宪令,而布诸民,正之以度量,民以心力,从之不倦。成事不贰⑤,乐之至也。口内味而耳内声,声味生气。气在口为言,在目为明。言以信名⑥,明以时动。名以成政,动以殖生。政成生殖,乐之至也。若视听不和,而有震眩,则味入不精,不精则气佚⑦,气佚则不和。于是乎有狂悖之言,有眩惑之明,有转易之名,有过慝之度⑧。出令不信,刑政放纷⑨,动不顺时,民无据依,不知所力,各有离心。上失其民,作则不济,求则不获,其何以能乐?三年之中,而有离民之器二焉⑩,国其危哉!"

**【注释】**

①枢机:指事物的关键。

②歆:心悦诚服。

③殖:立。方:道。

④内:同"纳"。

⑤贰:变。

⑥信:审,审定。名:号令。

⑦佚:散佚。

⑧过慝(tè):过恶。

⑨放纷:放任纷乱。

⑩离民之器二：指铸大钱、铸大钟。

**【译文】**

"音乐不过是悦耳，美色不过是悦目。如果听音乐感到耳震，观赏美色感到目眩，祸患没有比这更大的了。耳目，是心灵的关键，因此一定要做到耳听和声，目视正色。耳听和声就会听觉清聪，目视正色就会视觉明亮。耳朵清聪就会便于听谏，视觉明亮就会德行昭彰。耳听谏言，德行昭彰，就能做到思虑纯正稳固。用道德教化民众，民众心悦诚服而感恩戴德，这样民众就会归心了。君主得到民心之后，为民众确立道义，所以施政无不成功，所求无不有获，这样才能真正快乐。耳听和声，口出美言，制定法令，发布于民，再以适当的标准加以调整，这样民众就会尽心竭力，听从命令不会疲倦。事业成功，民心不变，这是君主快乐的极点。口纳味，耳听声，声和味产生精气。人的精气在口为言，在目为明。言用来审定号令，明用来顺时而动。号令用来成就政事，行动用来增殖财富。政事成功，财富增殖，这是君主快乐的极点。如果视听不和谐，感到耳震目眩，那么即使五味入口也不会产生精气，不会产生精气就会导致精气散佚，精气散佚身体就会感到不和谐。于是口就会说出狂乱悖理之言，目就会产生眩惑感觉，就会发布朝秦暮楚的号令，就会制定产生过恶的法度。朝廷发出的命令失去信用，刑政放任纷乱，行动不能顺应民时，民众无所依靠，不知如何效力，各有离叛之心。君主失去民众，施政就不会成功，所求无有所获，如何能够快乐？君王在三年之中，就有铸大钱、铸大钟两大离散民心之政，国家将面临危险了！"

王弗听，问之伶州鸠①。对曰："臣之守官弗及也②。臣闻之，琴瑟尚宫③，钟尚羽④，石尚角⑤，匏竹利制⑥，大不逾宫，细不过羽。夫宫，音之主也⑦，第以及羽⑧。圣人保乐而爱财⑨，财以备器，乐以殖财⑩。故乐器重者从细⑪，轻者从大⑫。是以金尚羽⑬，石尚角，瓦丝尚宫⑭，匏竹尚议⑮，革木一声⑯。

**【注释】**

①伶：乐官。

②守官：职守。弗及：不涉及铸大钟。

③尚：主。宫：五音中的宫声，古代五声音阶的第一音级，相当于今之 C 调，此调韵味平稳中庸。

④羽：五音中的羽声，古代五声音阶的第五音级，相当于今之 A 调，此调韵味激昂慷慨。

⑤石：磬。角（jué）：五音中的角声，古代五声音阶的第三音级，相当于今之 E 调，此调韵味安静清新。

⑥匏（páo）竹：指笙、箫之类的管乐器。利制：以声音调利为制，不主细大。

⑦夫宫，音之主也：宫声大，故为五音之主。

⑧第：次第。

⑨保：安。

⑩乐以殖财：乐纪土风农事，因此乐能生财。殖，生长。

⑪重者：指重量大的金石乐器。从细：主细声，如钟尚羽，石尚角。

⑫轻者：指重量轻的瓦、丝乐器。从大：如瓦、丝尚宫声。

⑬金：指钟、镈。

⑭瓦：埙、缶。丝：琴、瑟。

⑮议：根据乐音调和需要而定。

⑯革：鼓。木：柷，木制，形如方斗，奏乐开始时击之。一声：无清浊之变。

**【译文】**

周景王不听，就问乐官州鸠，州鸠说："我的职守不涉及这些。我听说,琴瑟适宜演奏宫调,钟适宜演奏羽调,磬适宜演奏角调,笙竽箫管以声音调利为制,音大不超越宫声,音细不超过羽声。宫声,是音乐的主音,依次到羽声。圣人安于音乐而珍惜财物,财物用来制作器用,音乐用来增殖财用。所以重的金、石乐器演奏羽、角细声,轻的瓦、丝乐器演奏宫调大声。因此钟、镈等金属乐器适宜演奏羽调,石磬适宜演奏角调,埙、缶、琴、瑟等丝、瓦乐器适宜演奏宫调,笙、竽、箫、笛等匏竹乐器根据乐音调和需要而定,鼓、柷等革、木乐器声音无清浊之分。

　　"夫政象乐,乐从和①,和从平②。声以和乐③,律以平声④。金石以动之⑤,丝竹以行之⑥,诗以道之,歌以咏之,匏以宣之⑦,瓦以赞之⑧,革木以节之⑨,物得其常曰乐极⑩,极之所集曰声⑪,声应相保曰和⑫,细大不逾曰平⑬。如是,而铸之金⑭,磨之石⑮,系之丝木⑯,越之匏竹⑰,节之鼓而行之⑱,以遂八风⑲。于是乎气无滞阴⑳,亦无散阳㉑,阴阳序次,风雨时至,嘉生繁祉㉒,人民和利,物备而乐成,上下不罢㉓,故曰乐正。今细过其主妨于正㉔,用物过度妨于财㉕,正害财匮妨于乐,细抑大陵㉖,不容于耳,非和也。听声越远㉗,非平也。妨正匮财,声不和平,非宗官之所司也㉘。

**【注释】**

①和:八音和谐。

②平:细大不相逾越。

③声以和乐:用五声制成的八种乐器来调和乐曲。

④律以平声:用音律来钧平五声,如黄钟为宫,林钟为徵,太簇为商,南羽为羽,姑洗为角。

⑤动之:发动五声。

⑥行之:演奏五声。

⑦宣之:发扬五声。

⑧赞之:赞助五声。

⑨节之:用来调节五声。

⑩物:事。极:中和。

⑪极之所集曰声:中和之所会集叫做正声。集,会。

⑫保:安。

⑬细大不逾:低音和高音不相掩盖。

⑭铸之金:铸金以为钟。

⑮磨之石:磨石以为磬。

⑯系之丝木:系丝木以为琴瑟。

⑰越之匏竹:将匏竹钻孔制成笙管。越,钻孔。

⑱节之鼓:裁剪皮革制成鼓。节,裁剪。

⑲遂:顺。八风:八方之风。

⑳滞阴:夏天阴气滞积,如夏有霜雹。

㉑散阳:冬天阳气散佚,如出现暖冬。

㉒嘉生:嘉谷生长。繁祉:繁殖。

㉓罢(pí):疲惫。

㉔细:指无射,为阳律细声。过其主:超过标准。妨于正:妨害正声。

㉕用物过度:指用金过多。

㉖细:无射。抑:抑制。大:大林。陵:欺凌,淹没。

㉗越:迂远。

㉘宗官:宗伯。司:掌管。

**【译文】**

"施政像音乐一样,音乐追求八音和谐,音乐和谐又追求高低音钧平。用五声制成的八种乐器来调和乐曲,用音律来钧平五声。钟、磬用来发动五声,弦、管用来演奏五声,诗句用来道志,歌声用来咏怀,笙簧用来发扬五声,埙、缶用来赞助五声,鼓、柷用来调节五声,各种乐器发挥它们的性能叫做乐声中和,中和之所会集叫做正声,声律相安叫做和,低音和高音不相掩盖叫做平。按照这个标准,铸金以为钟,磨石以为磬,系丝木以为琴瑟,将匏竹钻孔制成笙管,裁剪皮革制成鼓而进行演奏,以此顺八方之风。于是夏天没有阴气滞积,冬天也没有散佚的阳气,阴阳按照次序运行,风雨按照时节而至,嘉谷生长繁殖,人民和睦得利,事物具备而音乐和成,君王与民众都不疲惫,因此叫做音乐的正声。如今无射细声超过标准,妨害了正声,用金过多妨害财用,妨害正声,财物匮乏,最终妨害音乐,无射细声被大林抑制淹没,耳朵不能辨别,这不是和谐之音。无射之声听之微细迂远,这也不是钧平之音。妨害正声,匮乏财用,乐声不能和谐钧平,这不是宗伯之所管的事啊。

    "夫有和平之声,则有蕃殖之财。于是乎道之以中德①,咏之以中音②。德音不愆③,以合神人④,神是以宁,民是以听。若夫匮财用,罢民力,以逞淫心⑤,听之不和,比之不度,无益于教,而离民怒神,非臣之所闻也。"

**【注释】**

①中德:中庸之德。

②中音:中和之音。

③愆:过失。

④合神人:指用于祭祀、宴享。

⑤逞:快。

**【译文】**

    "有和谐钧平之声,就有增殖的财富。于是讲论中庸之德,歌咏中和之音。道德与音乐没有差错，就可以用于祭祀和宴享，神由此安宁，民由此听命。如果匮乏财用，疲惫民力，以快天子一人淫逸之心，这样的音乐听起来不和谐，比照起来也不合先王法度，无益于教化，离散民心，导致神灵怨怒，这不是我所听到过的。”

王不听，卒铸大钟。二十四年，钟成，伶人告和。王谓伶州鸠曰：“钟果和矣。”对曰：“未可知也。”王曰：“何故？”对曰：“上作器，民备乐之<sup>①</sup>，则为和。今财亡民罢，莫不怨恨，臣不知其和也。且民所曹好<sup>②</sup>，鲜其不济也。其所曹恶，鲜其不废也。故谚曰：‘众心成城，众口铄金<sup>③</sup>。’三年之中，而害金再兴焉<sup>④</sup>，惧一之废也<sup>⑤</sup>。”王曰：“尔老耄矣<sup>⑥</sup>！何知？”二十五年，王崩，钟不和。

**【注释】**

①备乐：普遍欢乐。

②曹：群。

③铄（shuò）：销毁，融化。

④害金：害民之金。再兴：两次兴起，指铸大钱、铸大钟。

⑤惧一之废：害怕大钱、大钟都遭废坏。一，皆。

⑥耄（mào）：八十曰耄。

**【译文】**

周景王不听劝谏，最终铸造了大钟。景王二十四年，大钟铸成，乐人报告说乐声和谐。周景王对乐官州鸠说：“大钟确实乐声和谐。”州鸠说：“是否和谐未必可知。”周景王问：“这是什么缘故？”州鸠说：“君主制作乐器，民众普遍为之欢乐，才可以称为和谐。如今财用匮乏民众疲惫，没有人不怨恨，我不知道和谐在哪里。况且民众所共同喜好的东西,很少有不成功的。民众所共同厌恶的东西,很少有不被废弃的。因此有一则谚语说:'众心成城,众口铄金。'三年之中,就两次铸造害人之金,我害怕大钱、大钟都会被废弃。"周景王说:"你这个老糊涂!知道什么?"二十五年,周景王驾崩,大钟果然不和谐。

# 景王问钟律于伶州鸠

王将铸无射,问律于伶州鸠①。对曰:"律所以立均出度也②。古之神瞽考中声而量之以制③,度律均钟④,百官轨仪⑤,纪之以三⑥,平之以六⑦,成于十二⑧,天之道也。夫六,中之色也⑨,故名之曰黄钟,所以宣养六气、九德也⑩。由是第之⑪:二曰太蔟⑫,所以金奏赞阳出滞也⑬。三曰姑洗⑭,所以修洁百物,考神纳宾也⑮。四曰蕤宾⑯,所以安靖神人⑰,献酬交酢也⑱。五曰夷则⑲,所以咏歌九则⑳,平民无贰也㉑。六曰无射㉒,所以宣布哲人之令德,示民轨仪也。为之六间㉓,以扬沉伏㉔,而黜散越也㉕。元间大吕㉖,助宣物也㉗。二间夹钟㉘,出四隙之细也㉙。三间仲吕㉚,宣中气也㉛。四间林钟㉜,和展百事㉝,俾莫不任肃纯恪也㉞。五间南吕㉟,赞阳秀也㊱。六间应钟㊲,均利器用,俾应复也㊳。

## 【注释】

①律:钟律。

②律:指六律、六吕。阳为律,阴为吕。六律是黄钟、太蔟、姑洗、蕤宾、夷则、无射。六吕是林钟、仲吕、夹钟、大吕、应钟、南吕。立均:制作均钟木,长七尺,有弦系之。出度:制定度量衡的标准。

③神瞽:上古乐正,死后被尊为乐祖。考中声而量之以制:合中和之声加以考量,以制音乐。考,合。

④度律:度律吕之长短。均钟:以平其钟。

⑤百官:百事。

⑥纪之以三:纪声合乐,以舞天神、地祇、人鬼。三,指天、地、人。

⑦平之以六:以六律平其声。

⑧成于十二:形成六律六吕。

⑨中之色:黄色。

⑩宣:遍。六气:阴、阳、风、雨、晦、明。九德:九功之德。指水、火、金、木、土、谷、正德、利用、厚生。

⑪由是:从此。第:次第。

⑫太蔟:正月为太蔟,万物始大,凑地而出。

⑬金奏:太蔟正声为商,五行为金,故为金奏。赞:佐。

⑭姑洗:三月为姑洗,意为阳气养生,洗濯故秽,去故就新。姑,故。洗,洗濯。

⑮考:合。纳宾:接纳宾客。

⑯蕤(ruí)宾:五月为蕤宾,意为阴气蕤蕤在下,阳气旺盛在上,如同宾主。

⑰安靖:安静。

⑱酬:劝。酢:报。

⑲夷则:七月为夷则,意为万物已成,可为法则。夷,平。则,法。

⑳九则:九功之德。夷则为阳律的第五律。律吕相配居第九。

㉑无贰:无二心。

㉒无射:九月为无射。九月阳气上升,阴气收藏,故可遍布前哲美德,教民道法。射,终,指阳终阴起。

㉓六间:指六阴吕处于六阳律之间。

㉔沉:指滞积之气。

㉕黜:去。散越:散扬。

㉖元间:首间。大吕:十二月为大吕。

㉗宣物:指宣泄阳气。

㉘夹钟:二月为夹钟。

㉙四隙之细:四时之间的微细之气。

㉚仲吕:四月为仲吕。

㉛宣中气:宣导其中阴气。

㉜林钟:六月为林钟。林,众。钟,聚。

㉝展:审。

㉞俾:使。肃:速。纯:大。恪:敬。

㉟南吕:八月为南吕。

㊱赞阳秀:意为阴任阳事,助成万物。秀,谷物抽穗开花。

㊲应钟:十月为应钟,意为阴应阳用事,万物聚藏。均利器用:时务均利,百器具备。

㊳应复:应其礼,复其常。

【译文】

周景王将要铸造无射钟,向乐官州鸠询问钟律。州鸠说:“六律六吕是用来确立音声大小清浊和度量衡的标准。上古乐官神瞀合中和之声加以考量,以制音乐,考察律吕的长短,以平其钟,建立百事的法则,纪声合乐,以舞天神、地祇、人鬼,以六律平声,形成六律六吕,因而符合上天之道。六,是天地之中,其色为黄,因此叫做黄钟,用来遍养阴、阳、风、雨、晦、明六气和水、火、金、木、土、谷、正德、利用、厚生九德。从黄钟依次排序:第二律是太蔟,用来辅助阳气发散,宣导滞郁。第三律是姑洗,用来修洁百物,祭祀神灵,接纳宾客。第四律是蕤宾,用来安定神人,酬酢宾客。第五律是夷则,用来歌咏九功之德,使平民没有二心。第六律叫做无射,用来宣布哲人的美德,为民众树立规范。六律之间还插入六吕,用来发滞去积,除去散逸之气。首先间入的是大吕,用来帮助宣泄阳气。第二个间入的是夹钟,用来导出四时之间的微细之气。第三个间入的是仲吕,用来宣导其中阴气。第四个间入的是林钟,用来和审百事,使百官任其职事,恪敬其职。第五个间入的是南吕,用来助长阳气,促成谷物丰收。第六个间入的是应钟,用来促成时务均利,百器具备,使之合乎礼仪,恢复常道。

　　"律吕不易,无奸物也①。细钧有钟无镈②,昭其大也③。大钧有镈无钟④,甚大无镈⑤,鸣其细也。大昭小鸣,和之道也⑥。和平则久⑦,久固则纯⑧,纯明则终⑨,终复则乐⑩,所以成政也⑪,故先王贵之⑫。"

【注释】

①奸:神无奸行。物:物无害生。

②细:细声,指角、徵、羽。钧:平。钟:大钟。镈:小钟。

③昭:明。

④大:大声,指宫、商。

⑤甚大:都是大声。

⑥和:和平。

⑦久:可以久乐。

⑧固:安。纯:纯正。

⑨终:成。

⑩终复:终而复奏。

⑪成政:成就政绩,政象乐。

⑫贵:贵其和平。

**【译文】**

"如果六律六吕不变易其正，那么就会神无奸行，物无害生。调钧角、徵、羽这样的细声用大钟不用小镈，这是表明以大平细。调钧宫、商这样的大声用小镈不用大钟，同是大声不用镈，为的是突出丝竹革木的细声。大声彰显，小声和鸣，这是音乐和平之道。音乐和平就能长久欢乐，长久安乐就能纯正，纯正而成，就是音乐一终，终而复奏就能成乐，治国就可以成就政绩，因此先王非常重视音律。"

王曰："七律者何①？"对曰："昔武王伐殷，岁在鹑火②，月在天驷③，日在析木之津④，辰在斗柄⑤，星在天鼋⑥。星与日辰之位，皆在北维⑦。颛顼之所建也⑧，帝喾受之⑨。我姬氏出自天鼋⑩，及析木者，有建星及牵牛焉⑪，则我皇妣大姜之姪伯陵之后逄公之所凭神也⑫。岁之所在，则我有周之分野也⑬。月之所在，辰马农祥也⑭，我太祖后稷之所经纬也⑮。王欲合是五位三所而用之⑯。自鹑及驷七列也⑰，南北之揆七同也⑱，凡人神以数合之⑲，以声昭之⑳。数合声和，然后可同也㉑。故以七同其数㉒，而以律和其声㉓，于是乎有七律。

**【注释】**

①七律：七音之律，指用黄钟为宫，太蔟为商，姑洗为角，林钟为徵，南吕为羽，应钟为变宫，蕤宾为变徵。

②岁：岁星，即木星。鹑火：星次名。南方有井、鬼、柳、星、张、翼、轸七宿，称朱鸟七宿。中部柳、星、张称鹑火，为周国分野。

③天驷：房星。

④析木：星次名，十二星次之一。与二十八宿相配为尾、箕两宿。

津：天上银河。

⑤辰：日月之会。斗柄：北斗柄，指北斗的第五至第七星。

⑥星：辰星。天鼋(yuán)：星次名，又称玄枵，十二星次之一。与二十八宿相配为女、虚、危三宿。

⑦北维：北方水位。

⑧颛顼：上古帝王名，五帝之一，号高阳氏。建：立。

⑨帝喾：五帝之一，居亳，号高辛氏。卜辞中商人以帝喾为高祖。

⑩我姬氏出自天鼋：天鼋为齐分野。周人王季之母太姜为齐女，因此说姬氏出自天鼋。姬氏，周姓。

⑪建星：古星座名，亦省称"建"，凡六星，在黄道北，与南斗六星同属斗宿。牵牛：即河鼓，星座名。建星与牵牛都在析木星次。

⑫皇妣：称远祖的配偶。皇，君。妣，亡母曰妣。大姜：太王之妃，王季之母，姜氏之女。大，同"太"。伯陵：太姜之祖。逄公：伯陵之后，太姜之侄。凭：依。

⑬周之分野：岁星在鹑火，鹑火为周之分野。分野，与星次相对应的地域。古以十二星次的位置划分地面上州、国的位置与之相对应。就天文说，称作分星；就地面说，称作分野。如：以鹑首对应秦，鹑火对应周，寿星对应郑，析木对应燕，星纪对应吴越等。

⑭辰马：指房星、心星。房星又称天驷，驷即马，故称辰马。农祥：房星早晨位于天中，为农事开始之时，故称农祥。

⑮太祖后稷：后稷为周人始祖，播种百谷。经纬：治理。农祥为后稷所治理之事。

⑯王：周武王。五位：岁、月、日、星、辰。三所：逄公所凭神、周分野所在、后稷所经纬。

⑰自鹑及驷七列：从鹑火到天驷有张、翼、轸、角、亢、氐、房七个星宿。

⑱南北之揆七同：从鹑火到天鼋，从南到北有七个星次。揆，度。

⑲凡人神以数合之：凡合神人之乐，取其七之数。

⑳以声昭之：指以律调音。

㉑同：指神人相应。

㉒以七同其数：指七列、七同、七数。

㉓律和其声：律有阴阳正变之声。

【译文】

周景王问："七律是什么呢？"州鸠回答说："从前周武王伐殷，岁星位于鹑火星次，月亮位于房星星次，太阳在析木星次的天河附近，日月交会在北斗七星的斗柄，辰星在天鼋星次。辰星与日月交会的位置，都在北方水位。对应的分野就是当年颛顼建国之处，后来由帝喾承受帝业。我们姬氏出自天鼋分野，涉及析木星次，有建星及牵牛星，这是我们先祖母太姜的侄儿、伯陵后裔逄公凭依神主保佑的地方。岁星所在的位置，就是我们周国的分野。月亮所在的位置，是预示农事吉祥的房星，这是我周人太祖后稷所经营的农业。周武王想汇合岁、月、日、星、辰这五位与逄公所凭神、周分野所在、后稷所经纬三所而加以利用。从鹑火到天驷有张、翼、轸、角、亢、氐、房七个星宿，从鹑火到天鼋，从南到北有七个星次，凡合神人之乐，取其七数，以声律调音来昭示数字的配合。数字相合，乐声相和，然后可收神人相应之效。因此用七来协同数字，用律来调和音声，于是才有七律。

"王以二月癸亥夜陈①，未毕而雨②。以夷则之上宫毕③，当辰④。辰在戌上⑤，故长夷则之上宫⑥，名之曰'羽'⑦，所以藩屏民则也。王以黄钟之下宫，布戎于牧之野⑧，故谓之'厉'，所以厉六师也⑨。以太蔟之下宫，布令于商，昭显文德⑩，底纣之多罪⑪，故谓之'宣'，所以宣三王之德也⑫。反及嬴内⑬，以无射之上宫，布宪施舍于百姓⑭，故谓之嬴乱⑮，所以优柔容民也⑯。"

## 【注释】

①二月癸亥夜：周正二月四日夜晚。陈：同"阵"，布阵。

②未毕而雨：布阵未结束下起雨来。下雨是天地神人协同之应。

③以夷则之上宫毕：《周礼》："大师执同律以听军声，而诏吉凶。"上宫，宫音高，古乐调名。下文的"下宫"也是乐调名。

④辰：日月交会。

⑤辰在戌上：西北之间的方位为戌、亥。

⑥长：率先。

⑦羽：羽翼。

⑧布戎：陈兵。

⑨故谓之"厉"，所以厉六师也：前一"厉"为乐名，后一"厉"意为激励。

⑩文德：文王之德。

⑪底：致，声讨。

⑫三王：太王、王季、文王。

⑬反：同"返"。嬴内（guī ruì）：地名。

⑭宪：法。施：施惠。舍：舍罪。

⑮乱：音乐卒章。

⑯柔：安。

## 【译文】

"周武王于二月癸亥日夜晚布阵，布阵尚未结束，天下起雨来。周人用夷则律为上宫声，布阵完毕，当时日月交会。日月交会在戌位，因而率先演奏夷则律，用上宫声，因此将其音调取名为'羽'，意思是周武王能够保护民众，并使之遵守法则。周人又用黄钟律演奏下宫之声，陈兵于牧野，因此将其音调取名为'厉'，意思是用来激励六军将士。周人又用太蔟律演奏下宫之声,在商都发布命令,彰显文王之德,声讨殷纣王诸多罪行,因此将其音调取名为'宣',意思是宣传太王、王季、文王三王之德。周武王返回赢内,周人以无射律演奏上宫之声,发布法令,施惠、舍罪于百姓,因此将其音调取名为'赢乱',意思是优待、安定、宽容民众。"

# 宾孟见雄鸡自断其尾

景王既杀下门子①。宾孟适郊②,见雄鸡自断其尾,问之,侍者曰③:"惮其牺也④。"遽归告王⑤,曰:"吾见雄鸡自断其尾,而人曰'惮其牺也',吾以为信畜矣⑥。人牺实难,己牺何害⑦?抑其恶为人用也乎⑧,则可也。人异于是⑨。牺者,实用人也⑩。"

【注释】

①下门子:周大夫,王子猛的师傅。周景王没有嫡子,先立王子猛为嗣,后又想改立王子朝,故先杀王子猛之师。

②宾孟:周大夫宾起,王子朝的师傅。适郊:到王城郊区。

③侍者:宾孟的随从。

④惮:惧怕。牺:牺牲,祭品。用作牺牲的一般都是纯美的牲畜。

⑤遽:立即。

⑥吾以为信畜矣:我认为这确实是牲畜的想法。信,诚,实。

⑦人牺实难,己牺何害:宾孟有感于鸡自断其尾,以鸡为喻,讽劝景王,牺牲只是为人使用而已,既宠爱王子朝,就应早立之,有何妨害?人牺,做他人的牺牲,指鸡。实,是。难,祸患。己牺,做自己的牺牲,喻王子朝。

⑧抑：或者。恶为人用：雄鸡厌恶为人所用。

⑨人异于是：人类不同于雄鸡这种情形。宾孟此意是说人之美者可以为君。

⑩用人：治人。

**【译文】**

　　周景王杀死了下门子。宾孟到城郊，看到雄鸡自己折断尾羽，便问随从，随从说："它是怕做祭祀的牺牲品。"宾孟立即回来告诉周景王，说："我看到雄鸡自己折断尾羽，人们说这是雄鸡害怕成为宗庙的牺牲品，我觉得这是牲畜的真实想法。雄鸡做他人的牺牲对它来说是祸患，但人在宗庙做祭主又有什么害处？那只雄鸡只不过是厌恶为人所用，这是可以理解的。人不同于雄鸡这种情形。人做宗庙祭主，其实是要统治别人。"

　　王弗应，田于巩①，使公卿皆从，将杀单子②，未克而崩③。

**【注释】**

①田：打猎。巩：地名，在今河南巩县。

②单子：单穆公。周景王想改立王子朝，怕单穆公不赞成，所以欲杀单穆公。

③克：能。崩：帝王死曰崩。

**【译文】**

　　周景王没有回答，于是到巩地打猎，让公卿都去，准备杀单穆公，结果尚未杀人，自己就猝死了。

# 刘文公与苌弘欲城周

　　敬王十年①，刘文公与苌弘欲城周②，为之告晋。魏献子为政③,说苌弘而与之④。将合诸侯。

**【注释】**

①敬王十年:周敬王十年为公元前 510 年。

②刘文公与苌弘欲城周:王子朝之乱,其余党在王城的仍不少,周敬王为了安全,预防余党再作乱,由王城迁于成周,请晋国召集诸侯修筑成周城,使更坚固。王城在今河南洛阳王城公园一带,成周在今河南洛阳东郊外白马寺东。刘文公,周王室卿士,名卷。苌弘,周王室大夫,字叔。城周,修筑成周城墙。按,《左传·昭公二十三年》载:"秋八月,王使富辛与石张如晋,请城成周。"则刘文公与苌弘是谋主,而告晋者是富辛与石张。

③魏献子:晋国正卿魏舒。

④说:同"悦"。与:赞成。

**【译文】**

周敬王十年,王室卿士刘文公与大夫苌弘想修筑成周城墙,为此派员告诉晋国。晋国魏献子当政,他喜欢苌弘,赞成苌弘的筑城主张。准备为此会合诸侯。

卫彪傒适周①,闻之,见单穆公曰:"苌、刘其不殁乎②?周诗有之曰③:'天之所支④,不可坏也。其所坏,亦不可支也。'昔武王克殷,而作此诗也,以为饫歌⑤,名之曰'支',以遗后之人,使永监焉⑥。夫礼之立成者为饫⑦,昭明大节而已,少典与焉⑧。是以为之日惕,其欲教民戒也⑨。然则夫'支'之所道者,必尽知天地之为也。不然,不足以遗后之人。今苌、刘欲支天之所坏,不亦难乎? 自幽王而天夺之明,使迷乱弃德,而即慆淫⑩,以亡其百姓,其坏之也久矣。

而又将补之,殆不可矣! 水火之所犯,犹不可救,而况天乎?谚曰:'从善如登⑪,从恶如崩⑫。'昔孔甲乱夏,四世而陨⑬;玄王勤商,十有四世而兴⑭。帝甲乱之,七世而陨⑮。后稷勤周,十有五世而兴⑯。幽王乱之,十有四世矣⑰。守府之谓多⑱,胡可兴也? 夫周,高山、广川、大薮也,故能生是良材,而幽王荡以为魁陵、粪土、沟渎⑲,其有悛乎⑳?”

**【注释】**

①彪傒:卫国大夫。

②不殁:不得好死。

③周诗:逸诗。

④支:支柱,支持。

⑤饫(yù)歌:举行饫礼时所唱之歌。饫,议决军政大事的饫礼。

⑥监:作为鉴戒。

⑦立成:站立行礼。

⑧少典与焉:少有委曲举动。典,宋庠本作“曲”。与,俞樾认为是“举”字。

⑨戒:戒惧。

⑩即:接近。慆淫:怠惰放纵。

⑪从善如登:从善如登山一样,喻难。

⑫从恶如崩:从恶如崩塌一样,喻易。

⑬昔孔甲乱夏,四世而陨:从孔甲到夏桀共四世。孔甲,夏朝第十四代君主。《史记·夏本纪》:“帝孔甲立,好方鬼神,事淫乱。”

⑭玄王勤商,十有四世而兴:从契到汤,共十四世。玄王,商人始祖契。《诗经·商颂·长发》:“玄王桓拨,受小国是达。”毛传:“玄王,契也。”郑玄笺:“承黑帝而立子,故谓契为玄王。”一说契由玄

鸟降生，故名。勤商，勤于商国之事。

⑮帝甲乱之，七世而陨：从帝甲到殷纣王共七世。帝甲，商汤之后第二十五代君主。《史记·殷本纪》："帝甲淫乱，殷复衰。"

⑯后稷勤周，十有五世而兴：从后稷到周文王共十五世。后稷，周人始祖。

⑰幽王乱之，十有四世矣：从周幽王到周敬王共十四世。

⑱守府：守住府藏。多：幸运。

⑲荡：坏。魁陵：小山丘。

⑳悛：止。

## 【译文】

卫国大夫彪傒到成周，听说这件事，去见单穆公说："苌弘、刘文公大概不得好死吧？有一首周诗说：'上天所支持的，是不可被破坏的。上天所破坏的，也不可人为支持。'从前周武王灭殷，创作了这首诗歌，作为举行饫礼时所唱之歌，取名叫'支'，以此传给后人，让后人永远引以为鉴。饫礼是站立完成的礼仪，它只是突出大节而已，很少繁文缛节。这首饫歌是让人们日日为之警惕，其目的是教育人们戒惧。那么'支'歌所唱的，一定是尽知天地所为。不然的话，不足以留传后人。如今苌弘、刘文公想支持上天所要毁坏的东周，不是困难的吗？自从周幽王被上天夺去圣明，让他迷乱失德，近于怠惰放纵，以此失去百姓拥戴，政治败坏已经很久。他们又想弥补，恐怕不可能吧！水火所造成的灾难，尚且不可挽救，何况是上天呢？民谚说：'从善如同登山一样困难，从恶如同崩溃一样容易。'从前孔甲扰乱夏政，四世之后夏朝就灭亡了。玄王契勤于商国政事，十四代之后商朝兴盛。帝甲扰乱商政，七世之后商朝就灭亡了。后稷勤于周国政事，十五世之后周朝兴盛。周幽王扰乱周政，至今已有十四世了。守住现有周室府藏尚且是幸运，怎么可以再让周朝兴盛呢？周朝，拥有高山、广川、大泽，因此能生养良材，而周幽王将其毁为小山丘、粪土、沟渎，周朝的没落怎能靠人力阻止呢？"

单子曰:"其咎孰多?"曰:"苌叔必速及,将天以道补者也①。夫天道导可而省否②,苌叔反是,以诳刘子③,必有三殃:违天,一也;反道,二也;诳人,三也。周若无咎,苌叔必为戮。虽晋魏子亦将及焉。若得天福,其当身乎④?若刘氏,则必子孙实有祸。夫子而弃常法⑤,以从其私欲⑥,用巧变以崇天灾⑦,勤百姓以为己名⑧,其殃大矣。"

【注释】

①将天以道补:欲以天道补人事。

②导可:引导可以辅助的。省否:除去不可辅助的。

③诳:哄骗。

④当身:祸止其身。

⑤弃常法:不修周法。

⑥从其私欲:指筑城成周。

⑦巧变:投机取巧。崇:加重。

⑧勤:勤劳。名:功名。

【译文】

单穆公问:"刘文公与苌弘两人哪一个凶咎更大?"彪傒说:"苌叔一定会很快遭到凶咎,因为他想以天道补人事。天道是引导可以辅助的,除去不可辅助的,苌叔反其道而行之,以此哄骗刘文公,他一定有三大祸殃:违背天道,此其一;违反常道,此其二;哄骗刘文公,此其三。周王室如果没有凶咎,苌弘一定会被杀戮。即使是晋国魏子也会遭祸。如果得到上天福佑,那么他可能会祸止其身吧?至于刘氏,一定是子孙实有灾祸。他抛弃周朝常法,来满足个人的私欲,用投机取巧来加重天灾,勤苦百姓来成就自己功名,他的祸殃应该是够大的。"

是岁也,魏献子合诸侯之大夫于狄泉①,遂田于大陆,焚而死②。及范、中行之难③,苌弘与之④,晋人以为讨,二十八年⑤,杀苌弘。及定王⑥,刘氏亡。

**【注释】**

①魏献子合诸侯之大夫于狄泉:据《左传》记载,会与狄泉的有鲁、晋、齐、宋、卫、郑、曹、莒、薛、杞、小邾等国大夫。狄泉,地名,在今河南洛阳。

②遂田于大陆,焚而死:晋时为诸侯盟主,魏献子为晋正卿,亦即城周事务的总主持人,但据《左传》记载,他却把差事交给韩简子和原寿过,自己跑到大陆去打猎,放火赶逐猎物时被烧伤,不治而死。田,打猎。大陆,晋国沼泽。

③范、中行之难:指晋大夫范吉射、中行寅之乱。公元前497年,中行寅(中行文子)、范吉射(范昭子)率众攻赵鞅,而晋定公以三家作乱,独追赵鞅于晋阳而攻之。荀跞(智文子)、韩不信,魏侈与范、中行为仇,于是出兵帮赵鞅,结果范氏、中行氏败走。公元前491年,赵鞅赶走中行氏、范氏。

④苌弘与之:范氏与刘氏世为婚姻,苌弘是刘文公属官,支持范氏,故卷入范氏之乱。

⑤二十八年:周敬王二十八年为公元前492年。

⑥定王:周贞定王。

**【译文】**

这一年,魏献子在狄泉会合诸侯大夫,一起在晋国大陆打猎,结果被猎火烧死。等到晋国大夫范氏、中行氏发动叛乱,苌弘被卷入叛乱之中,晋人以此问责东周王室,周敬王二十八年,周王室杀苌弘。到周贞定王时期,刘氏家族灭亡。

# 鲁语上

【题解】

本篇收录了十六篇鲁国君臣的言论材料,取材上自公元前684年,下迄公元前573年。

鲁国是周公封国,享有周天子礼乐,因此维护周礼价值,成为鲁国卿士大夫言论的主导思想倾向,如"曹刿谏庄公如齐观社章"、"夏父展谏宗妇觌哀姜用币章"、"展禽论祭爰居非政之宜章"、"夏父弗忌改昭穆之常章"、"里革断宣公罟而弃之章"、"里革更书逐莒太子仆章"都是从不同角度批评非礼行为,"匠师庆谏庄公丹楹刻桷章"、"季文子论妾马章"倡导俭朴精神,反对奢侈行为。其他各章都呈现出不同思想亮点,如"曹刿问战章"肯定君主"中心图民","臧文仲如齐告籴章"主张"居官者当事不避难,在位者恤民之患","臧文仲说僖公请免卫成公章"提倡"诸侯之患,诸侯恤之","展禽使乙喜以膏沐犒师章"载行人辞令之美,"臧文仲请赏重馆人章"倡导虽贱必赏,"文公欲弛孟文子与郈敬子之宅章"载孟文子与郈敬子机智地拒绝拆迁,"子叔声伯辞邑章"肯定子叔声伯"图远以让邑","里革论君之过章"载里革大胆评论晋厉公被弑实为君过。

《鲁语》文风接近《周语》,以浑朴平实、多用遗训见长。

# 曹刿问战

长勺之役<sup>①</sup>，曹刿问所以战于庄公<sup>②</sup>。公曰："余不爱衣食于民<sup>③</sup>，不爱牲玉于神<sup>④</sup>。"对曰："夫惠本而后民归之志<sup>⑤</sup>，民和而后神降之福。若布德于民而平均其政事，君子务治而小人务力，动不违时，财不过用<sup>⑥</sup>，财用不匮，莫不能使共祀<sup>⑦</sup>。是以用民无不听<sup>⑧</sup>，求福无不丰。今将惠以小赐<sup>⑨</sup>，祀以独恭<sup>⑩</sup>。小赐不咸<sup>⑪</sup>，独恭不优<sup>⑫</sup>。不咸，民不归也；不优，神弗福也。将何以战？夫民求不匮于财，而神求优裕于享者也<sup>⑬</sup>，故不可以不本。"公曰："余听狱虽不能察<sup>⑭</sup>，必以情断之。"对曰："是则可矣。知夫苟中心图民<sup>⑮</sup>，智虽弗及，必将至焉<sup>⑯</sup>。"

**【注释】**

①长勺之役：公元前684年，齐桓公因鲁人支持与他争位的公子纠而伐鲁，两军在长勺交战。长勺，鲁国地名，在今山东曲阜。

②曹刿：鲁国人。问所以战：询问鲁国凭什么来战斗。庄公：鲁桓公之子，姬姓，名同。

③不爱衣食于民：对民众不吝惜衣食。爱，吝惜。

④不爱牲玉于神：对神不吝惜牺牲圭璧。

⑤本：俞樾认为，"本"为"大"字之误。民归之志：民众志归于上。

⑥财：公序本作"器"。不过用：使用不超过礼的规定。

⑦莫不能使共祀：没有不能提供祭祀的。

⑧用：役使。听：听从。

⑨小赐：小恩小惠。

⑩独恭：个人的恭敬。

⑪咸:遍。

⑫优:裕。

⑬优裕:优厚丰裕,指民和年丰。享:食。

⑭狱:诉讼。察:遍察。

⑮知:此字为衍字。苟:诚。

⑯至:至于道。

【译文】

长勺之战,曹刿问鲁庄公凭什么与齐国作战。庄公说:"我对民众不吝惜衣食,对神不吝惜牺牲圭璧。"曹刿说:"君主恩惠大而后民众志归于上,民众和谐而后神降下福泽。如果能够施德于民而平均地安排政事,让君子致力于治国,小人致力于劳力,举动不违农时,器用不超过礼制规定,那么财用就不会匮乏,就没有人不能提供祭祀物品。因此君主在使用民众时没有人不听从,在求神赐福时没有不得到丰厚的回报。如今您准备对民众施行小恩小惠,祀神也只是限于个人独自的恭敬。小恩小惠不能遍及民众,个人的恭敬不能优裕地祀神。不能遍及民众,民心就不能归上;不能优裕地祀神,神就不会赐福。您拿什么与齐国作战呢?民众所追求的是财用不匮乏,神追求的是歆享优裕的祭品,所以君主恩惠是不可以不大的。"庄公说:"我处理诉讼案件,虽然不能遍察,但一定要按照情理断案。"曹刿说:"这样就可以作战了。您心中真的能考虑到民众,即使智慧达不到,那么也一定接近正确的治国之道了。"

# 曹刿谏庄公如齐观社

庄公如齐观社①。曹刿谏曰:"不可。夫礼,所以正民也。是故先王制诸侯,使五年四王、一相朝②。终则讲于会③,以正班爵之义④,帅长幼之序⑤,训上下之则⑥,制财用之节⑦,其间无由荒怠⑧。夫齐弃太公之法而观民于社⑨,君为是举而往观之,非故业也⑩,何以训民? 土发而社⑪,助时也⑫。收捃而蒸⑬,纳要也⑭。今齐社而往观旅⑮,非先王之训也。天子祀上帝,诸侯会之受命焉⑯。诸侯祀先王、先公,卿大夫佐之受事焉⑰。臣不闻诸侯相会祀也⑱,祀又不法⑲。君举必书⑳,书而不法,后嗣何观?"公不听,遂如齐。

**【注释】**

①庄公如齐观社:鲁庄公赴齐观社在公元前671年。社,祭祀土地神的娱乐节日。《墨子·明鬼下》:"燕之有祖,当齐之社稷、宋之有桑林、楚之有云梦也,此男女之所属而观也。"则齐祭祀社神时男女相聚游观。

②王:诸侯派人朝见天子。相朝:诸侯亲自朝见天子。

③终:朝见天子礼毕。讲:讲习礼仪。

④班爵:排列爵位尊卑次序。

⑤帅:遵循。

⑥训:教训。则:礼规。

⑦制财用之节:确定诸侯对王室的贡赋法度。

⑧其间:朝会期间。

⑨太公:齐国始封君太公望。

⑩故业:故事,惯例。

⑪土发:土气发动,指春分时节。

⑫助时:有助于农时。

⑬收捃(jùn):收获庄稼。蒸:同"烝",冬祭。

⑭纳要:收藏五谷。

⑮旅:众。

⑯受命：诸侯助祭而接受天子命令。

⑰受事：接受诸侯职事。

⑱诸侯相会祀：诸侯互相聚会祭祀。

⑲不法：不合礼法，指聚民游观。

⑳书：记载。

**【译文】**

鲁庄公准备到齐国观看祭祀社神。曹刿劝谏说："不可以。礼，是用来规正民众行为的规范。因此先王规定，诸侯五年之间派人四次朝见天子，诸侯本人一次朝见天子。朝会礼毕便讲习礼仪，以此正确排列爵位尊卑次序，遵循长幼顺序，教之以贵贱上下的礼规，确定诸侯对王室的贡赋法度，朝会期间没有机会荒淫懈怠。齐国抛弃了太公望的法度而聚民游观祭社，君主您为齐国此举而前往观社，这不符合诸侯助祭的惯例，您拿什么来训导民众呢？春分时节土气发动而祭社神，这是为了助农时。收获季节举行冬祭，这是为了收藏五谷。如今齐国祭社，您前往观看民众游乐，这不符合先王的教训。天子祭祀上帝，诸侯聚会助祭而接受天子命令。诸侯祭祀先王、先公，卿大夫助祭而接受诸侯职事。我没有听说过诸侯相与聚会祭祀，况且这祭祀又不合礼法。君主的举动史官必定载之简帛，有记载而不合礼法，后代子孙会作何感想？"鲁庄公不听劝谏，于是到齐国观社。

# 匠师庆谏庄公丹楹刻桷

庄公丹桓宫之楹而刻其桷①。匠师庆言于公曰②："臣闻圣王公之先封者③，遗后之人法④，使无陷于恶。其为后世昭前之令闻也⑤，使长监于世⑥，故能摄固不解以久⑦。今先君俭而君侈，令德替矣⑧。"公曰："吾属欲美之⑨。"对曰："无益于君，而替前之令德，臣故曰庶可已矣⑩。"公弗听。

**【注释】**

①庄公丹桓宫之楹（yíng）而刻其桷（jué）：庄公丹楹刻桷，是因为他要迎娶齐国哀姜，届时要携哀姜拜桓公庙。丹，漆成红色。桓宫，供奉鲁庄公之父桓公的庙。楹，屋柱。刻，雕刻。桷，椽子。

②匠师：掌管工匠的大夫。庆：匠师之名。

③先封者：始封君。

④遗（wèi）：留下。

⑤令闻：美好名声。

⑥监：观。

⑦摄固：坚持巩固。解：通"懈"。

⑧替：废弃。

⑨属：臣属。

⑩已：止。

**【译文】**

鲁庄公将桓公宗庙的柱子漆成红色，又在椽子上雕刻图案。匠师庆对鲁庄公说："我听说圣王公的始封君，遗留给后人法度，使后人不要陷于邪恶。作为后世子孙，应该彰显先君的美好名声，长期观察世之成败，因此能够坚持不懈地维持政权长久。如今先君节俭而您奢侈，先君的美德被您抛弃了。"鲁庄公说："我的臣属想美化宗庙。"匠师庆说："这对您没有好处，而且废弃了先君的美德，我因此希望您停止美化。"鲁庄公不听。

# 夏父展谏宗妇觌哀姜用币

哀姜至①，公使大夫、宗妇觌用币②。宗人夏父展曰③：

"非故也<sup>④</sup>。"公曰："君作故<sup>⑤</sup>。"对曰："君作而顺则故之，逆则亦书其逆也。臣从有司<sup>⑥</sup>，惧逆之书于后也，故不敢不告。夫妇贽不过枣、栗<sup>⑦</sup>，以告虔也<sup>⑧</sup>。男则玉、帛、禽、鸟，以章物也<sup>⑨</sup>。今妇执币，是男女无别也。男女之别，国之大节也，不可无也。"公弗听。

**【注释】**

①哀姜：齐襄公之女，鲁庄公夫人。一说，哀姜为齐襄公之妹。

②宗妇：同姓大夫的夫人。觌(dí)：见面。用币：古代相见，以圭、璋、璧、琮、琥、璜六币互赠。

③宗人：宗伯。

④故：故事，惯例。

⑤君作故：国君所兴作可以成为故事。

⑥从有司：跟随在官员之后，这是夏父展自谦之词。

⑦贽(zhì)：见面礼。

⑧告虔：告知虔敬。

⑨章物：以不同礼物显示尊卑。

**【译文】**

　　齐国哀姜嫁到鲁国，鲁庄公命大夫、同姓大夫的夫人用币作为互赠的见面礼。宗人夏父展进谏说："这不符合礼仪故事。"鲁庄公说："国君所兴作可以成为故事。"夏父展说："国君所兴作如果顺于礼就可以成为故事，逆于礼就要被史官记载为非礼。我聊备官员之数，怕史官记载您的非礼而流传于后，因此不敢不告诉您。妇人见面礼不过是枣、栗，以表示虔敬。男性见面礼则用玉、帛、禽、鸟，以不同礼物显示尊卑。如今妇人见面礼也用币，这是男女无别。男女之别，是国家的大礼节，不可以没有。"鲁庄公不听。

# 臧文仲如齐告籴

　　鲁饥,臧文仲言于庄公曰①:"夫为四邻之援②,结诸侯之信③,重之以婚姻④,申之以盟誓⑤,固国之艰急是为⑥。铸名器⑦,藏宝财,固民之殄病是待⑧。今国病矣,君盍以名器请籴于齐⑨?"公曰:"谁使?"对曰:"国有饥馑,卿出告籴,古之制也。辰也备卿⑩,辰请如齐。"公使往。

**【注释】**

①臧文仲:鲁国执政卿士,姬姓,臧氏,名辰。

②为四邻之援:致力于四方邻国的互助。

③结诸侯之信:缔结与诸侯的信任关系。

④重:进一步。

⑤申:重复。

⑥固国之艰急是为:本来就是为了应付国家的艰难危急。固,本来。

⑦铸名器:铸造名贵的钟鼎器物。

⑧殄(tiǎn):消灭。病:此处指饥荒。

⑨盍:何不。籴(dí):买进粮食。

⑩备卿:身为卿士。备,充数。

**【译文】**

　　鲁国发生饥荒,臧文仲对鲁庄公说:"我们平时致力于四方邻国的互助,缔结与诸侯的信任关系,进一步以婚姻作为交结纽带,再加上会盟誓言,本来就是为了应付国家的艰难危急。铸造名贵的钟鼎器物,收藏宝物财富,本来就是为了救助民众的疾苦。如今鲁国发生饥荒,君主您何不拿名贵钟鼎宝器到齐国买粮?"庄公问:"派谁出使?"臧文仲回答说："国家发生饥荒，卿士外出求购粮食，这是自古以来的制度。臧辰现在是卿士，请求出使齐国。"鲁庄公派臧文仲出使。

从者曰："君不命吾子，吾子请之，其为选事乎<sup>①</sup>？"文仲曰："贤者急病而让夷<sup>②</sup>，居官者当事不避难，在位者恤民之患，是以国家无违<sup>③</sup>。今我不如齐，非急病也。在上不恤下，居官而惰，非事君也。"

**【注释】**

①选事：挑选差事，即自己找事。

②急病：以民病为急。让夷：在国家安定时候谦让。

③无违：没有背理的事。

**【译文】**

臧文仲的随从说："君主并没有命您出使，您自己请求出使，您大概是找事吧？"臧文仲说："贤明的人以民病为急，而在国家安定的时候谦让，当官的人遇事不要怕困难，在上位的人要体恤民生疾苦，因此国家才没有背理的现象。现在我如果不出使齐国，这就不是为民病着急。在上位的人不体恤下情，在官位而懒惰，这不是事奉君主应有的态度。"

文仲以鬯圭与玉磬如齐告籴<sup>①</sup>，曰："天灾流行，戾于敝邑<sup>②</sup>，饥馑荐降<sup>③</sup>，民羸几卒<sup>④</sup>，大惧乏周公、太公之命祀<sup>⑤</sup>，职贡业事之不共而获戾<sup>⑥</sup>。不腆先君之币器<sup>⑦</sup>，敢告滞积<sup>⑧</sup>，以纾执事<sup>⑨</sup>，以救敝邑，使能共职。岂唯寡君与二三臣实受君赐，其周公、太公及百辟神祇实永飨而赖之<sup>⑩</sup>！"齐人归其玉而予之籴。

**【注释】**

①鬯(chàng)圭：玉制礼器，祭祀时用以酌鬯酒。玉磬：石制乐器，
　用于宫廷演奏雅乐。

②戾：到。敝邑：臧文仲谦称鲁国。

③荐：又。降：下。

④民赢(léi)几卒：民众瘦弱到几乎死亡。赢，瘦弱。

⑤乏：缺乏。命祀：谓遵天子之命所进行的祭祀。

⑥职贡：古代称藩属或外国对于朝廷按时的贡纳。业事：事情，事
　业。共：通"供"。戾：罪。

⑦不腆(tiǎn)：不丰厚。币器：即鬯圭与玉磬。

⑧告：请求。滞积：齐国仓库中积余的粮食。

⑨纾(shū)：缓解。执事：办事人员，指齐国仓库管理人员。

⑩辟：君主。祇(qí)：用同"祇"，地神。飨：鬼神歆享祭品。赖：
　依赖。

**【译文】**

　　臧文仲用鬯圭与玉磬到齐国买粮，说："天灾流行，到达鲁国，饥荒
又降临，民众瘦弱到几乎死亡，我们非常害怕缺乏周公、太公的遵天子
之命所进行的祭祀，怕因为不能向朝廷提供主管的贡奉祭品而获罪。
我们愿以鲁国先君留下的不丰厚的币器，请求购买齐国仓库中积余的
粮食，来减轻齐国仓库管理人员的负担，以此拯救鲁国，使我们能够尽
供奉祭祀之职。如果齐国卖粮，不只是鲁君和群臣受到君王的赏赐，周
公、太公以及百君、天神地祇也会实实在在地长飨祭祀而有依赖！"齐人
将鬯圭与玉磬归还给鲁国，卖给鲁国粮食。

# 展禽使乙喜以膏沐犒师

齐孝公来伐鲁①，臧文仲欲以辞告②，病焉③，问于展

禽④。对曰："获闻之,处大教小,处小事大,所以御乱也⑤,不闻以辞。若为小而崇⑥,以怒大国,使加己乱⑦,乱在前矣,辞其何益?"文仲曰:"国急矣!百物唯其可者⑧,将无不趋也⑨。愿以子之辞行赂焉,其可赂乎?"

**【注释】**

①齐孝公来伐鲁:鲁国与卫国、莒国在洮与向两地先后两次结盟,齐孝公以诸侯霸主自居,不许鲁与他国会盟,故来伐。齐孝公,齐桓公之子,姜姓,名昭。

②欲以辞告:想以文辞方式向齐国告罪。

③病焉:担忧此事。俞樾认为,"臧文仲欲以辞告病焉"一句连读。

④展禽:鲁国大夫,展姓,名获,字子禽,死后谥惠,因食邑于柳下,后人称为柳下惠。

⑤御乱:阻止祸乱。

⑥崇:高。

⑦加:增加。

⑧唯其可者:只要是可以用来送礼的。

⑨趋:进用。

**【译文】**

　　齐孝公讨伐鲁国,臧文仲想以文辞的方式向齐国告罪,又担心此事能否成功,为此咨询展禽。展禽回答说:"我听说,处于大国地位便教训小国,处于小国地位要事奉大国,这是阻止祸乱的方法,没有听说过以文辞告罪。如果身为小国而自视甚高,来激怒大国,使之增加自己的祸乱,祸乱在此之前已经酿成,文辞又有什么益处呢?"臧文仲说:"鲁国已经很危急了!凡是鲁国各种物品,只要是可以用来送礼的,没有舍不得的。希望借助您的文辞去送礼,齐国会接受贿赂吗?"

　　展禽使乙喜以膏沐犒师①，曰："寡君不佞②，不能事疆埸之司③，使君盛怒，以暴露于敝邑之野。敢犒舆师④。"齐侯见使者曰："鲁国恐乎?"对曰："小人恐矣，君子则否。"公曰："室如悬罄⑤，野无青草⑥，何恃而不恐?"对曰："恃二先君之所职业⑦。昔者成王命我先君周公及齐先君太公曰:'女股肱周室⑧，以夹辅先王。赐女土地，质之以牺牲⑨，世世子孙无相害也。'君今来讨敝邑之罪，其亦使听从而释之⑩，必不泯其社稷⑪;岂其贪壤地，而弃先王之命? 其何以镇抚诸侯?恃此以不恐。"齐侯乃许为平而还⑫。

**【注释】**

①乙喜:展喜，鲁国大夫。膏沐:古代润发的油脂。

②不佞:不才。

③疆埸(yì)之司:主管边境的官员。疆埸，边境。

④舆师:指齐国军队。舆，众。

⑤室如悬罄:指鲁国库藏空虚。悬罄，悬挂起来的磬。

⑥野无青草:指鲁国遭遇大旱，寸草不生。

⑦二先君:鲁国始封君周公、齐国始封君姜太公。职业:主管的事。

⑧股肱(gōng):大腿和胳膊，比喻辅佐重臣。

⑨质之以牺牲:以牺牲歃血为质信。质，信。

⑩释之:放过鲁国。

⑪泯:毁灭。

⑫平:和解。

**【译文】**

　　展禽让展喜以润发油犒劳齐国军队，说:"我们鲁君不才，不能很好地事奉齐国边境有关官员，使得君王大怒，率军暴露在鲁国原野。请允许我们犒劳齐国军队。"齐侯接见鲁国使者,问道:"鲁国人害怕吗?"展喜回答说:"鲁国小人害怕,君子则不怕。"齐孝公说:"你们室内空空,如同悬磬,野地里青草都没有,你们依靠什么而不怕?"展喜回答说:"依靠周公、姜太公主管的事业。从前,周成王命令我们先君周公以及齐国先君太公说:'你们作为周王室的股肱之臣,辅佐武王。现赐给你们土地,你们以牺牲歃血为质信,世世子孙不要相害。'君王今天来讨伐鲁国的罪过,大概也是令鲁国听命而放过鲁国,一定不会毁灭鲁国的社稷;难道是贪得鲁国土地,而废弃先王命令吗?这样做拿什么来安抚诸侯?我们就是依靠这些才不害怕。"齐侯于是许诺与鲁国讲和而回国。

## 臧文仲说僖公请免卫成公

　　温之会①,晋人执卫成公归之于周②,使医鸩之③,不死④,医亦不诛。

**【注释】**

①温之会:公元前 632 年,晋文公在温地召集诸侯会盟。

②晋人执卫成公归之于周:郑国处于晋楚两个大国之间,往往在附楚与附晋之间摇摆。在晋楚争霸中,卫成公站在楚国一边,结果楚国在城濮之战中大败,晋国主盟诸侯。卫成公惧而奔楚,派其弟叔武和大夫元咺参与晋文公主持的践土之盟,元咺辅助叔武守国。后来晋人允许卫成公归国复位。卫成公担心其弟叔武篡位,射杀叔武,元咺奔晋。元咺与卫成公在晋文公面前互诉,晋人拘捕卫成公,将其交给周王。卫成公,卫国君主,姬姓,名郑。

③鸩(zhèn)之:以鸩鸟羽毛制作的毒酒给卫成公喝。

④不死:据《左传》记载,卫国大夫宁俞买通晋医,晋医制作的鸩酒

比较稀薄,因此卫成公能够饮鸩酒而不死。

**【译文】**

在温地盟会上,晋国人将卫成公抓起来,交给周王室,派医生用鸩酒毒杀卫成公,结果没有毒死,医生也没有受到追责。

　　臧文仲言于僖公曰①:"夫卫君殆无罪矣②。刑五而已③,无有隐者④,隐乃讳也⑤。大刑用甲兵⑥,其次用斧钺⑦,中刑用刀锯⑧,其次用钻笮⑨,薄刑用鞭扑⑩,以威民也。故大者陈之原野,小者致之市朝⑪,五刑三次⑫,是无隐也。今晋人鸩卫侯不死,亦不讨其使者⑬,讳而恶杀之也。有诸侯之请,必免之。臣闻之:班相恤也⑭,故能有亲。夫诸侯之患,诸侯恤之,所以训民也。君盍请卫君以示亲于诸侯⑮,且以动晋?夫晋新得诸侯,使亦曰:'鲁不弃其亲,其亦不可以恶。'"公说,行玉二十瑴⑯,乃免卫侯。

**【注释】**

①僖公:鲁国君主,名申。

②殆:恐怕。

③刑五而已:指下面所说甲兵、斧钺、刀锯、钻笮、鞭扑。

④隐:暗杀,指用鸩酒毒杀。

⑤讳:忌讳。

⑥甲兵:指军队征讨。

⑦斧钺(yuè):用来斩首的大斧。

⑧刀锯:劓刑用刀割鼻,刖刑用锯锯腿。

⑨钻笮(zuó):钻,膑刑,用钻挖掉膝盖。笮,黥刑,用凿在脸上刺字。

⑩鞭扑:鞭,古代官刑名之一,以鞭抽打。扑,教刑,用戒尺拍打。

⑪致之市朝：凡死刑，大夫以上陈尸于朝，士以下陈尸于市。市，街市。朝，朝廷。

⑫三次：三处，指原野、朝廷、街市。

⑬使者：指暗做手脚的晋医。

⑭班：地位相等。相恤：互相体恤。

⑮请卫君：为卫君求情。

⑯行玉二十瑴(jué)：据《左传》，鲁纳玉于周王与晋侯，各十瑴，共二十瑴。瑴，两玉相合为一瑴。

**【译文】**

　　鲁国大夫臧文仲对鲁僖公说："卫君大概不会被治罪了。刑罚只有五种而已，没有暗杀这一种，暗杀是人们所忌讳的。最大的刑罚是用甲兵征讨，其次是用斧钺斩首，中刑是用刀割鼻，用锯锯足，其次是用钻挖掉膝盖，用凿在脸上刺字，轻微的刑罚是官刑用皮鞭，教刑用戒尺，以此来威慑民众。因此重大刑罚陈尸原野，小一点的刑罚陈尸街市或朝廷，五种刑罚，三处陈尸，这是不用暗杀的形象说明。如今晋国人用鸩酒毒杀卫侯，没有毒死，他们也不再追责医生，这是出于忌讳，怕背上毒杀卫君的名声。这时候如果有诸侯出面说情，晋人一定会给卫君免罪。我听说：爵位相等的人相互体恤，这样才能有亲情。一位诸侯的祸患，另一位诸侯加以体恤，这是用来训导民众之道。君主您何不替卫君求情，以此显示鲁国亲于诸侯，而且以此感动晋国呢？晋国刚刚成为诸侯霸主，他们也会说：'鲁国不弃亲情，我们也不能与他们交恶。'"鲁僖公听了很高兴，行用二十瑴宝玉为卫国说情，晋人于是赦免了卫侯。

　　自是晋聘于鲁，加于诸侯一等，爵同，厚其好货。卫侯闻其臧文仲之为也，使纳赂焉①。辞曰："外臣之言不越境②，不敢及君。"

**【注释】**

①纳赂：送礼。

②外臣：古诸侯国的士大夫对别国君主的自称。

**【译文】**

从这以后，晋国大夫到鲁国聘问，礼仪规格高于其他诸侯一等，爵位相同的，礼物会更加丰厚。卫侯听说自己被赦免是出于臧文仲所为，派人送厚礼给臧文仲。臧文仲推辞说："我身为卫国外臣，所言不越国境，不敢接受卫君馈赠。"

# 臧文仲请赏重馆人

晋文公解曹地以分诸侯①。僖公使臧文仲往，宿于重馆②。重馆人告曰："晋始伯而欲固诸侯③，故解有罪之地以分诸侯。诸侯莫不望分而欲亲晋，皆将争先；晋不以固班④，亦必亲先者⑤，吾子不可以不速行。鲁之班长而又先，诸侯其谁望之？若少安⑥，恐无及也。"从之，获地于诸侯为多⑦。反，既复命，为之请曰："地之多也，重馆人之力也。臣闻之曰：'善有章⑧，虽贱赏也；恶有衅⑨，虽贵罚也。'今一言而辟境⑩，其章大矣，请赏之。"乃出而爵之⑪。

**【注释】**

①晋文公解曹地以分诸侯：晋文公重耳在流亡期间受到曹共公无礼待遇，曹国又与楚国结盟，因此晋文公即位后，于鲁僖公二十八年（公元前632年）伐曹。晋国称霸以后，将曹国土地分给各国诸侯，事在公元前629年。解，分削。

②重（zhòng）馆：重是鲁国地名，在今山东鱼台西，馆是客馆。

③伯：通"霸"。固：安。

④不以固班：不按照原来诸侯爵位班次分发土地。

⑤亲先者：亲近先到的诸侯。

⑥少安：稍微迟缓。

⑦获地于诸侯为多：据《左传》，鲁国此次获得了济西之田，从洮地
　以南，东近洮水。

⑧章：彰明。

⑨衅：征兆。

⑩辟：开拓。

⑪爵之：封赐爵位给重馆人。

**【译文】**

　　晋文公削解曹国土地来分赐诸侯。鲁僖公派臧文仲前往接受土地，住在重地馆舍。馆舍仆人告诉臧文仲说："晋国开始称霸而想安定诸侯，因此削解曹国土地以分赐诸侯。各国诸侯没有不希望分到土地，而想亲近晋国，都会争先恐后；晋国不按照原来诸侯爵位班次分发土地，也一定会亲近先到的诸侯，您不可以不快速行进。鲁国爵位班次本来很高，而又先到达，其他诸侯谁能望鲁国的项背？如果稍微迟缓，恐怕就来不及了。"臧文仲听从了他的忠告，在各国诸侯中获得土地最多。臧文仲回到鲁国，向鲁僖公复命之后，为重馆仆人请功说："这次获得这么多的土地，是出于重馆仆人之力。我听说：'善行彰明，虽贱必赏；恶行有兆，虽贵必罚。'如今重馆仆人一番话就开拓国境，他的善行可谓彰明了，请求君主赏赐他。"鲁僖公于是解除了重馆人的仆人身份，给他封赐了官爵。

# 展禽论祭爰居非政之宜

海鸟曰爰居①，止于鲁东门之外三日，臧文仲使国人祭

之。展禽曰:"越哉<sup>②</sup>,臧孙之为政也! 夫祀,国之大节也<sup>③</sup>;而节,政之所成也。故慎制祀以为国典。今无故而加典,非政之宜也。

**【注释】**

①爰居:海鸟名。

②越:迂阔。

③大节:重大制度。

**【译文】**

海鸟名叫爰居,栖止于鲁国东门之外,达三日之久,臧文仲让国人祭祀海鸟。展禽说:"真是迂阔啊,臧孙辰居然这样处理政事! 祭祀,是国家重大制度;而制度,是成功处理政务的保证。因此要慎重地制定祭祀制度作为国家大典。如今无缘无故增加祭祀海鸟典礼,这不是处理政务的适宜办法。

"夫圣王之制祀也,法施于民则祀之<sup>①</sup>,以死勤事则祀之<sup>②</sup>,以劳定国则祀之<sup>③</sup>,能御大灾则祀之,能扞大患则祀之<sup>④</sup>。非是族也<sup>⑤</sup>,不在祀典。昔烈山氏之有天下也<sup>⑥</sup>,其子曰柱,能殖百谷百蔬<sup>⑦</sup>;夏之兴也,周弃继之,故祀以为稷<sup>⑧</sup>。共工氏之伯九有也<sup>⑨</sup>,其子曰后土,能平九土<sup>⑩</sup>,故祀以为社<sup>⑪</sup>。黄帝能成命百物<sup>⑫</sup>,以明民共财<sup>⑬</sup>,颛顼能修之<sup>⑭</sup>。帝喾能序三辰以固民<sup>⑮</sup>,尧能单均刑法以仪民<sup>⑯</sup>,舜勤民事而野死<sup>⑰</sup>,鲧鄣洪水而殛死<sup>⑱</sup>,禹能以德修鲧之功<sup>⑲</sup>,契为司徒而民辑<sup>⑳</sup>,冥勤其官而水死<sup>㉑</sup>,汤以宽治民而除其邪<sup>㉒</sup>,稷勤百谷而山死<sup>㉓</sup>,文王以文昭<sup>㉔</sup>,武王去民之秽<sup>㉕</sup>。故有虞氏禘黄帝而祖颛顼,郊尧而宗舜㉖;夏后氏禘黄帝而祖颛顼,郊鲧而宗禹;商人禘舜而祖契㉗,郊冥而宗汤;周人禘喾而郊稷,祖文王而宗武王;幕㉘,能帅颛顼者也㉙,有虞氏报焉㉚;杼㉛,能帅禹者也,夏后氏报焉;上甲微㉜,能帅契者也,商人报焉;高圉、大王㉝,能帅稷者也,周人报焉㉗。凡禘、郊、祖、宗、报,此五者国之典祀也㉞。

**【注释】**

①法施于民:制定法则,施于民众。

②以死勤事:以身殉国,勤于民事。

③以劳定国:身心劳顿,安定国家。

④扞(hàn):抵御。

⑤族:类。

⑥烈山氏:即炎帝神农氏。

⑦殖:种植。

⑧周弃继之,故祀以为稷:周弃,周人始祖,善于种植谷物,尧舜时代为农官,称为后稷,死后被尊为谷神。

⑨共工氏:传说中的古代帝王。九有:九州。

⑩九土:九州土地。

⑪社:土地神。

⑫黄帝:华夏始祖,号轩辕氏。成命百物:给百物命名。

⑬明民:使民众明理。共财:与民众共享山川财富。

⑭颛顼:传说为黄帝之孙,昌意之子,号高阳氏。修之:继承黄帝事业。

⑮帝喾(kù):传说为黄帝曾孙,号高辛氏。序三辰:观察日月星辰的运行来制定历法。三辰,日、月、星。固:安。

⑯尧:传说为帝喾庶子,名放勋,号陶唐氏。单均刑法:尽力使刑法公平。单,尽。均,平。仪民:为民众制定准则。

⑰舜:颛顼之后,名重华,号有虞氏。勤:勤劳。野死:舜征有苗,死于苍梧之野。

⑱鲧:颛顼之后。鄣:同"障",堵塞。殛(jí):诛杀。

⑲禹:鲧之子,继承鲧的治水事业,终获成功。

⑳契(xiè):商人始祖,尧时任司徒,掌管教化。辑:和。

㉑冥:契的六世孙,夏朝时任水官,死于任上。

㉒汤:商朝开国君主。邪:指夏桀暴政。

㉓山死:传说后稷死于黑水之山。

㉔文王:姬昌。文:文德。昭:彰显。

㉕武王:周文王之子姬发。去民之秽:指武王伐纣,废除殷纣王暴政。

㉖故有虞氏禘黄帝而祖颛顼,郊尧而宗舜:有虞氏以黄帝为始祖所自出之帝,祖祭以颛顼为祭主,郊祭以尧配祀,宗祭以舜为祭主。有虞氏,黄帝、颛顼之后。禘,帝王祭祀始祖所出之帝的大典。《礼记·丧服小记》:"王者禘其祖之所自出,以其祖配之。"祖,帝王祭祀始祖的大典。郊,冬至日帝王在南郊举行的祭天大典,以祖宗配祀。宗,帝王祭祀开国之君大典。

㉗舜:应为"喾"。

㉘幕:舜的后人虞思,为夏朝诸侯。

㉙帅:遵循。

㉚报:报德之祭。

㉛杼(zhù):禹七世孙,少康之子。

㉜上甲微:契八世孙,商汤先祖。

㉝高圉(yǔ):后稷十世孙,周人先祖。大王:古公亶父,周文王祖父。

㉞国之典祀：国家的法定祭祀。

**【译文】**

"圣王制定祭祀典法，制定法则以施于民众者则祭祀他，以身殉国勤于民事者则祭祀他，身心劳顿安定国家者则祭祀他，能够抵御大灾大难者则祭祀他，能抗拒大祸大患者则祭祀他。不在以上几类的人，就不在祭祀典法之中。从前烈山氏拥有天下的时候，他的儿子名叫柱，能够种植百谷百蔬；夏朝兴盛之后，周人始祖弃继承他的事业，因此将稷作为谷神来祭祀。共工氏称霸九州的时候，他的儿子叫后土，能够平治九州水土，因此把他作为土地神来祭祀。黄帝能给百物命名，使民众明理，与民众共享山川财富，颛顼能继承黄帝事业。帝喾能观察日月星辰的运行来制定历法使民众安定，尧能尽力使刑法公平，为民众制定准则，舜勤于民事而死于苍梧之野，鲧堵塞洪水而被杀死，禹能够以美德完成鲧的治水事业，契为唐尧司徒而使民和，冥勤于官职而死于水官任上，汤以宽治民而除去夏桀暴政，稷勤播百谷而死于黑水之山，文王以文德彰显，武王伐纣去民之恶。因此有虞氏禘祭黄帝而祖祭颛顼，郊祭以尧配天而宗祭帝舜；夏后氏禘祭黄帝而祖祭颛顼，郊祭以鲧配天而宗祭大禹；商人禘祭帝喾而祖祭契，郊祭以冥配天而宗祭成汤；周人禘祭帝喾而郊祭以稷配天，祖祭周文王而宗祭武王；幕，能够遵循颛顼事业，因此受到有虞氏报祭；杼，能够遵循禹的事业，因此受到夏后氏报祭；上甲微，能够遵循契的事业，因此受到商人报祭；高圉、大王，能够遵循稷的事业，因此受到周人报祭。凡禘、郊、祖、宗、报，这五大祭祀属于国家法定的祭祀。

"加之以社稷山川之神，皆有功烈于民者也①。及前哲令德之人，所以为明质也②；及天之三辰③，民所以瞻仰也；及地之五行④，所以生殖也；及九州名山川泽，所以出财用也。非是不在祀典。

**【注释】**

①功烈：功绩。

②质：信。

③三辰：日、月、星。

④五行：金、木、水、火、土。

**【译文】**

"加上土地神、谷神和山川之神，都是有功于民的神灵。以及前代圣哲美德之人，祭祀他们是用来取信于民；还有天上的日、月、星辰，它们是民众所瞻仰的对象；以及地上的金、木、水、火、土五行，它们是民众用来繁衍生息的事物；再加上九州名山大川大泽，它们是民众用来获得财用的来源。除此之外，就不在国家祀典之中。

"今海鸟至，已不知而祀之，以为国典，难以为仁且智矣。夫仁者讲功①，而智者处物②。无功而祀之，非仁也；不知而不能问，非智也。今兹海其有灾乎？夫广川之鸟兽③，恒知避其灾也④。"

**【注释】**

①讲功：讲论功过。

②处物：明察事理。

③广川：大江大海。

④恒：常。

**【译文】**

"如今海鸟飞来，臧文仲自己不知缘故而祭祀它，以此为国家祀典，这很难说是仁且智了。仁者讲论功过，智者明察事物。海鸟无功于鲁国而祭祀它，这不能说是仁；不知海鸟为何飞来而不能问，这不能说是智。今年这片大海可能有风暴灾害吧？大江大海上的鸟兽，总是知道逃避灾难的。"

是岁也，海多大风，冬暖。文仲闻柳下季之言①，曰："信吾过也，季子之言不可不法也。"使书以为三策②。

**【注释】**

①柳下季：展禽。

②策：古代用以记事的竹、木片，编在一起的叫"策"。

**【译文】**

这一年，海上多刮大风，冬天暖和。臧文仲听到柳下季的话，说："这确实是我的过错，柳下季的话不可不为法则。"派人将柳下季的话抄写了三份简策。

## 文公欲弛孟文子与郈敬子之宅

文公欲弛孟文子之宅①，使谓之曰："吾欲利子于外之宽者。"对曰："夫位②，政之建也③；署④，位之表也⑤；车服⑥，表之章也⑦；宅，章之次也⑧；禄，次之食也。君议五者以建政⑨，为不易之故也。今有司来命易臣之署与其车服，而曰：'将易而次⑩，为宽利也。'夫署，所以朝夕虔君命也⑪。臣立先臣之署，服其车服，为利故而易其次，是辱君命也。不敢闻命。若罪也，则请纳禄与车服而违署⑫，唯里人所命次⑬。"公弗取。臧文仲闻之曰："孟孙善守矣，其可以盖穆伯而守其后于鲁乎⑭！"

## 【注释】

①文公欲弛孟文子之宅：鲁文公欲拆迁孟文子住宅，是为了自己扩建宫殿。文公，鲁僖公之子，名兴。弛，拆毁。孟文子，鲁国大夫，名谷。

②位：爵位。

③建：构建，建立。

④署：官署。

⑤表：表识，标志。

⑥车服：车马服饰。

⑦章：明显区分。

⑧次：次序，级别。

⑨五者：位、署、车服、宅、禄。

⑩而：尔，你。次：住所。

⑪虔：敬。

⑫违：离开，离别。

⑬里人：里宰，掌管居住的官员。

⑭盖穆伯：掩盖穆伯的过失。盖，掩盖。穆伯，孟文子之父公孙敖。公孙敖为襄仲聘莒女，见其美而自娶，后出奔莒，死于齐国。

## 【译文】

　　鲁文公想拆毁孟文子住宅，派人对孟文子说：“我想把您迁到外面宽敞便利的地方。”孟文子回答说：“爵位，是用来建立政事的；官署，是爵位的表识；车马服饰，是爵位表识的区分；住宅，是区分官职的次序；俸禄，是官职次序的酬劳。君主议定位、署、车服、宅、禄五者来建立政务，这是出于不可改易的缘故。如今有关官员来传达命令，要改变我的官署与车马服饰，说：‘将要改变您的居处，为的是宽敞对您有利。’官署，是我朝夕敬奉君命的地方。我住在先人的官署，继承先人的车马服饰，为了自己便利的缘故就改换居处，这是辱没君命的做法。我不敢听命。如果治我的违命之罪，那么我就请求归还俸禄与车马服饰，离开我的官署，听凭里人的命令而决定我的住宅。"鲁文公没有拆毁孟文子住宅。臧文仲听到后，说："孟孙善于守住他的住宅，他大概可以掩盖穆伯的罪恶，在鲁国为后嗣守住职位了！"

公欲弛郈敬子之宅①，亦如之。对曰："先臣惠伯以命于司里②，尝、禘、烝、享之所致君胙者有数矣③。出入受事之币以致君命者④，亦有数矣。今命臣更次于外，为有司之以班命事也⑤，无乃违乎⑥！请从司徒以班徙次⑦。"公亦不取。

**【注释】**

①郈（hòu）敬子：鲁国大夫，郈惠伯的玄孙，名同。

②惠伯：鲁孝公之子，姬姓，郈氏。以命于司里：已经受命于司里。以，通"已"。

③尝：秋祭。禘：夏祭。烝：冬祭。享：春祭。致君胙：国君祭祀之后，将祭肉分赐臣下。有数：有年数。

④出入：指出使聘问。受事：接受使命。币：礼物。致君命：传达鲁君命令。

⑤以班命事：按照官爵次序命令处理有关政事。

⑥违：远。

⑦司徒：掌里宰之政。以班徙次：按照官爵迁徙住处。

**【译文】**

鲁文公也想拆毁郈敬子的住宅，也派使者说了同样的话。郈敬子答复说："君主先臣惠伯已经接受司里命令住在这里，接受秋尝、夏禘、冬烝、春享四季祭祀君主所赐祭肉，已经有不少年数了。我在这里接受出使聘问使命、携带礼物传达鲁君命令，也已经有不少年数了。如今君主命令我迁到外面居住,如果有关官员按照官爵次序命令我处理有关政事,那么恐怕太远了吧!我请求遵从司徒安排,按照官爵迁徙住处。"鲁文公也没有拆毁邱敬子的住宅。

## 夏父弗忌改昭穆之常

夏父弗忌为宗①,蒸将跻僖公②。宗有司曰③:"非昭穆也④。"曰:"我为宗伯⑤,明者为昭⑥,其次为穆,何常之有!"有司曰:"夫宗庙之有昭穆也,以次世之长幼⑦,而等胄之亲疏也⑧。夫祀,昭孝也。各致齐敬于其皇祖⑨,昭孝之至也。故工史书世⑩,宗祝书昭穆⑪,犹恐其逾也⑫。今将先明而后祖⑬,自玄王以及主癸莫若汤⑭,自稷以及王季莫若文、武⑮,商、周之蒸也,未尝跻汤与文、武,为不逾也。鲁未若商、周而改其常,无乃不可乎?"弗听,遂跻之。

【注释】

①夏父弗忌:鲁国大夫。宗:宗人,掌宗庙祭祀。

②蒸:同"烝",冬祭。跻:升,指将鲁僖公升于鲁闵公之上。鲁僖公虽是鲁闵公之兄,但鲁闵公去世后,鲁僖公继位。按照祭礼,鲁闵公应该在鲁僖公之上。

③宗有司:宗人属官。

④非昭穆:这不符合昭穆的位次。鲁僖公曾为鲁闵公之臣,应该是闵公为昭,僖公为穆。

⑤宗伯:宗伯为天子属官,诸侯无宗伯,而称宗人,此处夏父弗忌自称宗伯,是一种僭礼自称。

⑥明者:鲁僖公有明德。

⑦长幼：先后。

⑧而：与，及。等：齐。胄：后裔。

⑨齐(zhāi)敬：虔诚恭敬。齐，同"斋"。皇祖：远祖。皇，太。

⑩工史书世：工与史书写次先后。工诵其德，史书其言。工，乐官。史，太史。

⑪宗：宗人。祝：太祝。书昭穆：书写昭穆庙号。

⑫逾：僭越礼制。

⑬先明而后祖：先祭有明德的鲁僖公，然后再祭鲁闵公。

⑭玄王：商之始祖契(xiè)。主癸：商汤之父。

⑮稷：周人始祖后稷。王季：周文王之父。

**【译文】**

　　夏父弗忌为鲁国宗人官，在举行冬祭时准备提升鲁僖公位次到鲁闵公之上。宗人属官说："这不符合昭穆的位次。"夏父弗忌说："我是鲁国宗伯，有明德的先君为昭，其次为穆，哪里有什么常法！"属官说："宗庙有昭有穆，是为了排列君主世系长幼，以及理清后裔的亲疏。祭祀，是彰显孝道。各自对太祖表达虔诚恭敬之心，这是彰显孝道的极致。因此乐官、太史记载君主世次先后，宗人、太祝记载昭穆庙号，这样做尚且怕僭越礼制。如今您准备先祭有明德的僖公，然后再祭闵公，自商之玄王契一直到主癸，没有人比汤更有明德，自周人始祖后稷一直到王季，没有人比周文王、周武王更有明德，商、周举行冬祭，并没有提升商汤与周文王、周武王，这就是为了不僭越礼制啊。鲁国不能与商、周相比，而改变祭祀常法，恐怕不可以吧？"夏父弗忌不听，于是提升了鲁僖公的祭祀位次。

　　展禽曰："夏父弗忌必有殃。夫宗有司之言顺矣[1]，僖又未有明焉。犯顺不祥，以逆训民亦不祥，易神之班亦不祥[2]，不明而跻之亦不祥，犯鬼道二[3]，犯人道二[4]，能无殃乎？"侍者曰："若有殃焉在？抑刑戮也，其夭札也⑤？"曰："未可知也。若血气强固，将寿宠得没⑥，虽寿而没，不为无殃。"既其葬也，焚⑦，烟彻于上⑧。

**【注释】**

①顺：顺于礼。

②易神之班：改变祖宗神的位次。

③犯鬼道二：指易神之班、不明而跻之。

④犯人道二：指犯顺、以逆训民。

⑤夭：不能终其天年。札：传染灾疫而死。

⑥寿宠：长寿而得宠。

⑦既其葬也，焚：夏父弗忌下葬时，其棺材被火焚烧。既，至，及。

⑧彻：达。

**【译文】**

展禽说："夏父弗忌必定有祸殃。宗人属官的话是顺于礼的，僖公又没有明德。违犯顺礼的人不吉祥，用违背礼仪的事训导民众也不吉祥，改变鬼神位次不吉祥，没有明德而将其神位提升也不吉祥，夏父弗忌违犯了两条鬼神之道，又违犯了两条人事之道，他能没有祸殃吗？"陪侍的人问："如果夏父弗忌有祸殃，那么他的祸殃在哪里？是遭到刑杀呢，还是中途夭折、染疫而死？"展禽说："现在还不知道。如果夏父弗忌血气强壮身体健康，他将会受宠并寿终正寝，但即使是寿终正寝，也不能说没有祸殃。"待到夏父弗忌死后下葬，棺材突然起火燃烧，浓烟直达天空。

# 里革更书逐莒太子仆

莒太子仆弑纪公①，以其宝来奔②。宣公使仆人以书命季文子曰③："夫莒太子不惮以吾故杀其君④，而以其宝来，其爱我甚矣。为我予之邑。今日必授，无逆命矣。"里革遇之而更其书曰⑤："夫莒太子杀其君而窃其宝来，不识穷固又求自迩⑥，为我流之于夷⑦。今日必通⑧，无逆命矣。"明日，有司复命，公诘之⑨。仆人以里革对。公执之，曰："违君命者，女亦闻之乎？"对曰："臣以死奋笔，奚啻其闻之也⑩！臣闻之曰：'毁则者为贼⑪，掩贼者为藏⑫，窃宝者为宄⑬，用宄之财者为奸。'使君为藏奸者，不可不去也。臣违君命者，亦不可不杀也。"公曰："寡人实贪，非子之罪。"乃舍之⑭。

**【注释】**

①莒太子仆弑纪公：莒国国君纪公立太子仆，后又改立幼子季它，太子仆因此弑纪公。莒，己姓诸侯国，子爵。按此事在公元前591年。

②以：携带。宝：玉璧。

③宣公：鲁国君主，名倭。仆人：官名。古代太仆等官的通称。季文子：鲁国正卿季孙行父。

④惮：怕。

⑤里革：鲁国太史，名克。又称史克。更：更改。

⑥不识：不知道。穷固：穷途末路。迩：近。

⑦流：流放。夷：东夷，即东方少数民族。

⑧通：下达命令。

⑨诘：责问。

⑩奚啻（chì）：岂止。

⑪毁则：摧毁法则。

⑫掩：隐匿。

⑬宄（guǐ）：内奸。

⑭乃舍之：《左传》记此事为季文子使司寇逐莒太子仆，使里革对宣公问，非里革自改公命而对公问。

**【译文】**

　　莒太子仆弑其父纪公，带着玉璧来投奔鲁国。鲁宣公派仆人拿着自己的亲笔手书，命令正卿季文子说："莒国太子仆不怕因为爱我的缘故杀死君父，带着玉璧来到鲁国，他爱我很深啊。你为我赐封邑给莒太子。今日一定要封赐，不要违反命令。"里革遇到仆人，将鲁宣公的手书更改了，说："莒太子仆杀死君父，偷窃玉璧来奔，他不知道自己穷途末路，又试图亲近鲁国，你替我将他流放到东夷。今日必须下达流放命令，不要违命。"明日，有关官员回复君命，鲁宣公责问。仆人将里革更改手书的事告诉宣公。宣公将里革抓起来，说："违抗君命的人，你也听说过了吧？"里革回答说："我是冒着死罪奋笔更改君主手书的，岂止是知道违抗君命的下场！我听说过：'摧毁法则的人叫做贼，隐匿贼的人叫做藏，偷窃珍宝的人叫做宄，使用宄财的人叫做奸。'莒太子使君主成为藏奸之人，不可不除去。我违抗君命，也不可不杀。"鲁宣公说："我真是贪财，这不是您的罪过。"于是让人将里革释放了。

# 里革断宣公罟而弃之

　　宣公夏滥于泗渊①，里革断其罟而弃之②，曰："古者大寒降③，土蛰发④，水虞于是乎讲罛罶⑤，取名鱼⑥，登川禽⑦，而尝之寝庙⑧，行诸国⑨，助宣气也⑩。鸟兽孕，水虫成，兽虞于是乎禁罝罗⑪，𦊆鱼鳖以为夏犒⑫，助生阜也⑬。鸟兽成，水虫孕，水虞于是禁罝罜䍡⑭，设阱鄂⑮，以实庙庖⑯，畜功用也⑰。且夫山不槎蘖⑱，泽不伐夭⑲，鱼禁鲲鲕⑳，兽长麑麌㉑，鸟翼鷇卵<sup>㉒</sup>，虫舍蚔蝝<sup>㉓</sup>，蕃庶物也<sup>㉔</sup>，古之训也。今鱼方别孕<sup>㉕</sup>，不教鱼长，又行网罟，贪无艺也<sup>㉖</sup>。"

**【注释】**

①滥：通"槛"。施柴于水中作槛以取鱼。泗：泗水。渊：深渊。

②罟（gǔ）：渔网。

③大寒：指春寒。降：减退。

④土蛰发：土中蛰伏的虫子苏醒萌动。

⑤水虞：官名，掌管川泽禁令。讲：讲习。罛（gū）：渔网。罶（liǔ）：竹笼。

⑥名鱼：大鱼。

⑦登川禽：到河中捕捉鱼虾鳖蜃等。川禽，指水生动物。

⑧尝：泛指祭祀。寝庙：古代宗庙的正殿称庙，后殿称寝，合称寝庙。放置先人牌位及遗物之处为寝，祭祀之处为庙。

⑨行诸国：指允许国人捕鱼。诸，之于。

⑩助宣气：帮助宣泄水土之中的阳气。

⑪兽虞：官名，掌管山林鸟兽禁令。罝（jū）：兽网。罗：鸟网。

⑫矠（zé）：刺。犒：肉干。

⑬生阜：生长。

⑭罜罳（zhǔ）麗（lù）：小渔网。

⑮阱：陷阱。鄂：陷阱中的竹签。

⑯实：充实。庙：宗庙。庖：庖厨。

⑰畜：积蓄，积储。功用：指用于宗庙庖厨。

⑱槎（chá）：砍。蘖（niè）：新生枝芽。

⑲伐夭：砍伐初生草木。

⑳鲲：鱼子。鲕（ér）：小鱼。

㉑麑（ní）：幼鹿。麌（yǎo）：幼麋。

㉒鷇（kòu）：幼鸟。卵：鸟蛋。

㉓蚳（chí）：蚁卵。蝝（yuán）：蝗的幼虫。

㉔蕃：繁殖。庶物：众物。

㉕别孕：雌鱼怀孕后离开雄鱼。

㉖艺：极。

**【译文】**

　　夏天，鲁宣公将柴做成槛放在泗水深处捕鱼，鲁国太史里革斩断宣公渔网，将其丢到一边，说："古时候大寒减退，土中蛰伏的虫子苏醒萌动，掌管川泽的水虞于是讲习如何使用渔网和竹笼，捕获大鱼，到河中捕捉鳖蜃等水族，作为祭品供奉在寝庙之中，然后允许国人捕鱼，这是为了帮助宣泄水土之中的阳气。鸟兽怀孕，水虫生长，掌管山林禽兽的兽虞于是禁止使用兽网和鸟网，只准用渔叉刺鱼鳖，制成夏天食用的肉干，这是为了帮鸟兽的生长。鸟兽长成以后，鱼鳖水虫开始怀孕，水虞于是禁止使用小渔网，只准设陷阱竹签捕获野兽，用来充实宗庙祭品和庖厨食物，这是为了积蓄祭品和食物。况且山林不能砍伐新生枝芽，泽畔不能砍伐初生草木，鱼类禁止捕获鱼子和小鱼，兽类要让小鹿、小麋成长，让鸟类哺育幼雏和孵卵，捕虫要舍弃蚁卵和幼蝗，以此让众物繁殖生长，这是古人留下的教训。如今鱼类刚刚怀孕，君主不让鱼生长，张网捕捞，真是贪心无极啊。"

　　公闻之曰："吾过而里革匡我①，不亦善乎！是良罟也②，为我得法。使有司藏之，使吾无忘谂③。"师存侍④，曰："藏罟不如置里革于侧之不忘也。"

**【注释】**

①匡：匡正。

②良罟：好渔网。

③谂(shěn)：恳切的劝告。

④师：乐师。存：乐师之名。

**【译文】**

　　鲁宣公听到里革的话，说："我有过错，里革匡正我，这不是好事吗？这渔网是张好渔网，它为我得到治国之法。让有关官员将这张渔网收藏起来，让我不要忘记里革的规劝。"乐师存在一旁侍坐，说："收藏渔网，还不如将里革留在您身边，这样就不会忘记他的劝谏了。"

# 子叔声伯辞邑

　　子叔声伯如晋谢季文子①，郤犨欲予之邑②，弗受也。归，鲍国谓之曰③："子何辞苦成叔之邑，欲信让耶④，抑知其不可乎⑤？"对曰："吾闻之，不厚其栋⑥，不能任重。重莫如国，栋莫如德。夫苦成叔家欲任两国而无大德⑦，其不存也，亡无日矣。譬之如疾，余恐易焉⑧。苦成氏有三亡：少德而多宠，位下而欲上政⑨，无大功而欲大禄，皆怨府也⑩。其君骄而多私⑪，胜敌而归⑫，必立新家⑬。立新家，不因民不能去旧⑭；因民，非多怨民无所始⑮。为怨三府⑯，可谓多矣。其身之不能定，焉能予人之邑！"鲍国曰："我信不若子，若鲍氏有衅⑰，吾不图矣⑱。今子图远以让邑，必常立矣。"

**【注释】**

①子叔声伯如晋谢季文子：鲁叔孙侨如与季文子争权，向晋国郤犨说季文子的坏话，晋人扣留了季文子。鲁成公派子叔声伯到晋国谢罪，请求释放季文子。事在公元前 574 年。子叔声伯，鲁国

　　大夫公孙婴齐。谢,谢罪求情。季文子,鲁国正卿季孙行父。

②郤犫(chōu)欲予之邑:郤犫之妻是子叔声伯同父异母的妹妹,因此郤犫想让晋君赐邑给子叔声伯。郤犫,晋国下卿,又称苦成叔。

③鲍国:鲍叔牙的玄孙,又称鲍文子,去齐适鲁,做鲁国大夫施孝叔的家臣。

④信让:真的谦让。

⑤抑:还是。

⑥厚:大。

⑦两国:指晋、鲁。

⑧易:延,传染。

⑨位下:位为下卿。鄢陵之战后,郤犫将新军,其上还有栾书、士燮、郤锜、荀偃、韩厥等人。上政:专国政。

⑩怨府:积怨之库府。

⑪其君:晋厉公。多私:多私人宠臣。据《左传》,晋厉公的宠臣有胥童、夷阳五、长鱼矫等。

⑫胜敌:指在晋楚鄢陵之战中获胜。

⑬新家:新的大夫之家。

⑭因民:顺从民意。去旧:除掉旧的卿大夫。

⑮非多怨民无所始:如果不是聚集太多怨恨的人,那么民众讨伐就不知从谁开始。

⑯为怨三府:指少德而多宠,位下而欲上政,无大功而欲大禄。

⑰衅:祸端。

⑱不图:不能预先图谋。

**【译文】**

　　子叔声伯到晋国为季文子谢罪求情,郤犫想给子叔声伯谋取封邑,子叔声伯不愿接受。回到鲁国后,鲍国对子叔声伯说:“您为什么要辞掉苦成叔为您谋取的封邑呢? 是真的谦让呢,还是您知道这是不可能的呢?"子叔声伯回答说:"我听说,如果栋梁不厚大,就不能承载房屋的重量。没有比国家更重的东西,没有比德行更适合做栋梁的物体。苦成叔想承载鲁、晋两国政事却没有大德,他自己都难以生存,灭亡指日可待了。譬如疾病,我怕受到传染啊。苦成氏有三大灭亡征兆:一是德行少而多受宠幸,二是位于下卿却想专晋国之政,三是无大功却想得到大禄,这三项都是聚集怨恨的库府啊。晋君骄傲而多私人宠臣,在鄢陵战胜强敌楚国归来,一定会新封卿大夫。如果封新的卿大夫,那么不顺因民意就不能去掉旧的卿大夫;晋君要顺因民意,如果不是聚集太多怨恨的人,那么民众讨伐就不知从谁开始。郤犫成为聚集了三大怨恨的库府,可以说是积怨太多。他自身难保,怎么能给别人城邑呢!"鲍国说:"我确实不如您,如果鲍氏有祸端,我是不能预先图谋的。如今您深思熟虑辞让城邑,一定会立于不败之地。"

# 里革论君之过

晋人杀厉公①,边人以告②,成公在朝③。公曰:"臣杀其君,谁之过也?"大夫莫对,里革曰:"君之过也。夫君人者,其威大矣。失威而至于杀,其过多矣。且夫君也者,将牧民而正其邪者也,若君纵私回而弃民事④,民旁有慝无由省之⑤,益邪多矣。若以邪临民,陷而不振⑥,用善不肯专,则不能使,至于殄灭而莫之恤也⑦,将安用之⑧?桀奔南巢⑨,纣踣于京⑩,厉流于彘,幽灭于戏⑪,皆是术也⑫。夫君也者,民之川泽也。行而从之,美恶皆君之由,民何能为焉。"

**【注释】**

①晋人杀厉公:公元前573年,晋卿栾书、中行偃杀死晋厉公。

②边人：鲁国边境官员。

③成公：鲁国君主，名黑肱。

④回：邪。

⑤旁：遍。慝(tè)：邪恶。省：察。

⑥陷：坠。振：救。

⑦殄(tiǎn)灭：灭绝。

⑧安：何。之：指君主。

⑨南巢：地名，在今安徽巢湖。

⑩踣(bó)：倒毙。京：殷朝京都。

⑪戏：戏水，在陕西临潼东面。

⑫术：道，即失威多过之道。

**【译文】**

　　晋人杀死厉公，鲁国边境官员将此事汇报朝廷，鲁成公正好在朝廷。成公问："臣杀君主，这是谁的过错？"鲁国大夫没有人应对，里革说："这是君主的过错。做君主的人，权威是很大的。失去了君主权威以至于被杀，他的过错就很多了。况且做君主的人，应该是统治民众而纠正邪恶的人，如果君主放纵私邪而废弃民事，民众之中普遍存在邪恶，君主没有办法省察，那么助长邪恶就很多了。如果以邪恶统治民众，陷入其中而不能自拔，任用善人不肯专一，不能使唤，以至于被消灭而不能体恤，那么要这个君主有什么用？夏桀逃奔南巢，殷纣王毙于京师，周厉王被流放到彘地，周幽王被灭于戏水，都是失威多过之道啊。君主，是民众的川泽。君主在前走，民众跟在后，美恶都是出于君主的引导，民众能做什么呢？"


# 季文子论妾马

　　季文子相宣、成①，无衣帛之妾②，无食粟之马。仲孙它谏曰③：“子为鲁上卿，相二君矣，妾不衣帛，马不食粟，人其以子为爱④，且不华国乎⑤！”文子曰：“吾亦愿之。然吾观国人，其父兄之食粗而衣恶者犹多矣，吾是以不敢。人之父兄食粗衣恶，而我美妾与马，无乃非相人者乎！且吾闻以德荣为国华⑥，不闻以妾与马。”

**【注释】**

①季文子相宣、成：季文子辅佐了鲁宣公、鲁成公两朝国君。相，辅助。

②衣（yì）：穿。帛：丝织品。

③仲孙它：鲁国大夫，孟献子之子，姬姓，孟孙氏，名它，字子服，又称子服它。

④爱：吝啬。

⑤不华国：不能荣华鲁国。

⑥德荣：以道德为荣华。国华：为国家光华。

**【译文】**

季文子为鲁宣公、鲁成公两朝国相，侍妾不穿丝绸，马不吃粮食。仲孙它劝谏说：“您身为鲁国上卿，辅助两朝君主，妾不穿丝绸，马不吃粮食，别人大概会认为您吝啬，况且您不想为鲁国增添荣光吗？”季文子说：“我也愿意奢华一些。但是我看到鲁国人，父兄吃粗粮、穿破衣的人还很多，因此我不敢奢华。别人的父兄吃粗粮、穿破衣，而我拥有很多美妾肥马，这恐怕不是做国相的人吧！而且我听说应该以道德荣华为国家荣华，没有听说以妾和马为国家荣华。”

文子以告孟献子，献子囚之七日①。自是，子服之妾衣不过七升之布②，马饩不过稂莠③。文子闻之，曰：“过而能改者，民之上也。"使为上大夫。

**【注释】**

①献子囚之七日：孟献子把儿子仲孙它囚禁了七天。之，指仲孙它。

②子服：仲孙它。七升之布：指极粗的布衣。升，八十缕为一升。

③马饩(xì)：马食。稂(láng)：狼尾草。莠(yǒu)：狗尾草。

**【译文】**

季文子将此事告诉孟献子，孟献子将儿子仲孙它囚禁了七天。从这以后，仲孙它的侍妾穿衣不超过七升之布，马料不过是狼尾草和狗尾草。季文子听到此事，说："有过错而能改的人，应该做民众之上的人。"于是让仲孙它做了上大夫。

# 鲁语下

## 【题解】

　　本篇收录春秋中后期鲁国君臣二十一条言论材料。

　　维护周礼价值，仍然是本篇重要主题之一。篇中收录公父文伯之母言论达八条之多，这八条材料围绕着一个共同主题，就是这位贵妇人如何维护礼义。"季桓子穿井获羊章"、"孔丘论大骨章"、"孔丘论楛矢章"反映孔子作为博物君子的风度。"孔丘非难季康子以田赋章"是孔子晚年返鲁之后，以国老的身份评价鲁国用田赋。春秋中后期晋、楚争霸，鲁国处于两个大国之间，生存环境十分困难。"叔孙穆子聘于晋章"、"子服惠伯从季平子如晋章"、"诸侯伐秦鲁人以莒人先济章"、"襄公如楚章"、"叔孙穆子知楚公子围有篡国之心"、"叔孙穆子不以货私免章"、"叔孙穆子谏季武子为三军章"记载弱小的鲁国与晋、楚两个大国交往的政治外交智慧。"季冶致禄章"体现季冶不欲欺君的诚实品格，"闵马父笑子服景伯"倡导恭敬反对自满。

## 叔孙穆子聘于晋

　　叔孙穆子聘于晋①，晋悼公飨之②，乐及《鹿鸣》之三③，而后拜乐三④。晋侯使行人问焉⑤，曰："子以君命镇抚敝邑⑥，不腆先君之礼⑦，以辱从者⑧，不腆之乐以节之⑨。吾子舍其大而加礼于其细⑩，敢问何礼也?"

**【注释】**

①叔孙穆子:鲁国大夫，姬姓，叔孙氏，名豹，谥穆。聘:诸侯之间派使者问候致意。

②晋悼公:晋国中兴之主，名周。飨:设宴款待。

③及:到。《鹿鸣》之三:指《鹿鸣》、《四牡》、《皇皇者华》三首诗乐。《鹿鸣》，《诗经·小雅》首篇。

④拜乐三:三次拜谢晋人演奏的诗乐。

⑤行人:官名，掌宾客之礼。据《左传》记载，这位行人名叫子员。

⑥君命:指鲁君之命。镇抚:安抚。敝邑:对本国的谦称。

⑦腆(tiǎn):丰厚。

⑧辱:屈辱。从者:指叔孙穆子。

⑨节:节制，指用诗乐节制飨礼。

⑩舍其大:据后文在演奏《鹿鸣》之三以前，晋人已经演奏了《肆夏》之三、《文王》之三，叔孙穆子都没有拜谢，故晋国行人说叔孙穆子舍弃大礼而不拜。加礼于其细:指叔孙穆子拜谢《鹿鸣》之三。细，小。

**【译文】**

叔孙穆子到晋国聘问，晋悼公设宴款待他，当诗乐演奏到《鹿鸣》等三首作品时，叔孙穆子才三次拜谢。晋悼公派行人去询问叔孙穆子，说:"您受鲁君之命来安抚晋国，晋国按照不丰厚的先君礼仪，来屈辱地接待您，用不盛大的诗乐来节制宴飨之礼。您舍弃《肆夏》之三、《文王》之三这样的大礼不拜谢，反而施礼拜谢《鹿鸣》之三这样的小礼，请问您遵循的是什么礼仪?"

　　对曰："寡君使豹来继先君之好,君以诸侯之故,贶使臣以大礼①。夫先乐金奏《肆夏》、《樊遏》、《渠》②,天子所以飨元侯也③;夫歌《文王》、《大明》、《緜》④,则两君相见之乐也。皆昭令德以合好也,皆非使臣之所敢闻也。臣以为肄业及之⑤,故不敢拜。今伶箫咏歌及《鹿鸣》之三⑥,君之所以贶使臣,臣敢不拜贶。夫《鹿鸣》,君之所以嘉先君之好也⑦,敢不拜嘉。《四牡》⑧,君之所以章使臣之勤也⑨,敢不拜章。《皇皇者华》⑩,君教使臣曰'每怀靡及'⑪,诹、谋、度、询⑫,必咨于周⑬。敢不拜教。臣闻之曰:'怀和为每怀,咨才为诹,咨事为谋,咨义为度,咨亲为询,忠信为周。'君贶使臣以大礼,重之以六德⑭,敢不重拜。"

**【注释】**

①贶(kuàng):赏赐。

②金奏:用编钟演奏。《肆夏》、《樊遏》、《渠》:三首乐曲,又称"三《夏》"。

③元侯:侯伯,即诸侯领袖。

④《文王》、《大明》、《緜》:《大雅》前三首诗。

⑤肄(yì)业:习修其业。

⑥伶:伶人,指乐官。箫咏歌:用箫伴奏演唱。

⑦嘉:善。

⑧《四牡》:君主慰劳使臣的诗乐。

⑨章:彰显。

⑩《皇皇者华》:君主派遣使臣的诗乐。

⑪每怀靡及:《皇皇者华》中的诗句,意为每有怀思,常若有所不及。

⑫诹:向贤才咨询。谋:就具体事件咨询。度:咨询礼义。询:向亲

戚咨询。

⑬必咨于周：一定要向忠信之人咨询。周，忠信。

⑭六德：每怀、诹、谋、度、询、周。

**【译文】**

　　叔孙穆子回答说："鲁君派我来承续两国先君结下的友好关系，晋君因为鲁君的缘故，才赏赐鲁国使臣大礼。晋国乐官先用编钟演奏的《肆夏》、《樊遏》、《渠》三首乐曲，这是天子用来宴飨侯伯的礼乐；乐工演唱的《文王》、《大明》、《緜》三首诗，是两国君主相见的礼乐。它们都是彰显君主美德，表明两国合作友好关系的，这些乐曲都不是使臣所敢听的。我以为是乐官在习修学业时演奏这些诗乐，因此不敢拜谢。如今乐官用箫伴奏演唱《鹿鸣》等三首诗乐，这是君主用来赐予使臣的诗乐，我怎么敢不拜谢君主的恩赐！《鹿鸣》，是君主用来赞美两国先君友好关系的诗乐，我怎敢不拜谢君主的赞美！《四牡》，是君主用来表彰使臣勤劳的诗乐，我怎敢不拜谢君主的表彰！《皇皇者华》，君主教诲使臣'每有怀思，常若有所不及'，诹、谋、度、询，一定要向忠信之人咨询。我怎敢不拜谢教诲！我听说：'怀思人和叫做每怀，向贤才咨询叫做诹，就具体事件咨询叫做谋，咨询礼义叫做度，向亲戚咨询叫做询，忠信叫做周。'君主以大礼赐予使臣，又加上每怀、诹、谋、度、询、周六德，我怎敢不重重地拜谢！"


# 叔孙穆子谏季武子为三军

　　季武子为三军①，叔孙穆子曰："不可。天子作师②，公帅之③，以征不德。元侯作师④，卿帅之⑤，以承天子⑥。诸侯有卿无军⑦，帅教卫以赞元侯⑧。自伯、子、男有大夫无卿⑨，帅赋以从诸侯⑩。是以上能征下，下无奸慝。今我小侯也，处大国之间[11]，缮贡赋以共从者[12]，犹惧有讨。若为元侯之所[13]，以怒大国，无乃不可乎？"弗从。遂作中军。自是齐、楚代讨于鲁[14]，襄、昭皆如楚[15]。

**【注释】**

①季武子：季文子之子，鲁国正卿，姬姓，季氏，名夙，谥武，史称季武子。为三军：鲁国旧有三军，但自文公以来只有上下二军，季武子欲夺公室，于公元前562年加置中军，始作三军，由季武子、叔孙穆子、孟献子统帅。

②天子作师：天子设六军。

③公：担任王室卿士的诸侯。

④元侯作师：大国作三军。元侯，大国之君。

⑤卿：大国有三卿。

⑥承天子：从王师征不义。

⑦诸侯：次国之君。有卿无军：有卿无师，即有命卿无三军。

⑧教卫：所教武卫之士。赞：辅佐，辅助。

⑨无卿：无天子所命之卿。

⑩赋：兵赋，指兵车、甲士。

⑪大国：指齐、楚。

⑫缮：修治。贡赋：兵赋。共：通"供"。从者：指大国。

⑬若：如果。为元侯之所：做大国所做的事情，指作三军。

⑭齐、楚代讨于鲁：据《左传》，公元前558、557、556、555、548年，齐师侵犯鲁国北境。慑于楚国的巨大威力，鲁襄公、鲁昭公曾先后到楚国朝贡。此处说齐、楚代讨于楚，是一种夸张的说法，并没有齐、楚交替征讨鲁国的史实。代，交替。

⑮襄、昭皆如楚：鲁襄公二十八年（公元前545年），鲁国君臣到楚国朝贡。鲁昭公七年（公元前535年），鲁国君臣又到楚国朝贡。

如,到,朝贡。

**【译文】**

　　季武子作三军,叔孙穆子劝谏说:"不可以。天子作六军,由公率领,用来征讨那些失德的诸侯。大国之君作三军,由卿率领,用来听从天子。次国诸侯有卿无师,率领国中所教卫士来辅佐大国之君。从伯到子、男有大夫无命卿,率兵车甲士以随从诸侯。因此上能够征讨下,下没有奸恶。如今我们鲁国是个弱小侯国,处于齐、楚大国之间,修治所贡兵赋来供奉大国,尚且怕被大国征讨。如果鲁国做大国的事,来激怒大国,这恐怕不可以吧?"季武子不听。于是鲁国在上、下二军之外,又作中军。从这以后,齐、楚交替征讨鲁国,鲁襄公、鲁昭公都到楚国朝贡。

# 诸侯伐秦鲁人以莒人先济

　　诸侯伐秦①,及泾莫济②。晋叔向见叔孙穆子曰③:"诸侯谓秦不恭而讨之,及泾而止,于秦何益④?"穆子曰:"豹之业⑤,及《匏有苦叶》矣⑥,不知其他。"叔向退,召舟虞与司马⑦,曰:"夫苦匏不材于人⑧,共济而已⑨。鲁叔孙赋《匏有苦叶》,必将涉矣。具舟除隧⑩,不共有法⑪。"是行也,鲁人以莒人先济⑫,诸侯从之。

**【注释】**

①诸侯伐秦:公元前559年,晋六卿率诸侯大夫伐秦。

②泾:泾水。

③叔向:晋国大夫,姬姓,羊舌氏,名肸,字叔向。

④于秦何益:对伐秦有何益处。

⑤业：事。

⑥《匏（páo）有苦叶》：《诗经·邶风》中的诗篇。诗中说："匏有苦叶，济有深涉。深则厉，浅则揭。"叔孙穆子赋《匏有苦叶》，是向叔向表示，不管有多少困难，都一定要渡过泾水。匏，葫芦的一种。

⑦舟虞：掌管船只的官员。司马：掌管兵马的官员。

⑧苦匏不材于人：指苦匏不能为人所食。

⑨共济而已：佩上苦匏可以渡水。

⑩具舟除隧：舟虞准备船只，司马修治道路。

⑪不共有法：舟虞不能准备船只，司马不能修治道路，将受刑罚处置。

⑫以：用，指挥。

**【译文】**

　　诸侯讨伐秦国，到泾水边上却没有人渡河。晋国大夫叔向去见鲁国大夫叔孙穆子，说："诸侯认为秦国不恭敬而加兵征讨，到泾水却止步不前，这对伐秦有什么益处？"叔孙穆子回答说："我叔孙豹所要做的事，就在《匏有苦叶》诗中，其他就不用说了。"叔向退回去，召来舟虞和司马，说："苦匏不能为人所食，但大家佩上苦匏还是可以共渡泾水的。鲁国叔孙氏已经吟诵《匏有苦叶》，鲁国军队一定要渡河了。舟虞准备船只，司马修治道路，不然将受到刑罚处置。"这次战役，鲁国指挥莒国军队先行渡河，诸侯跟在鲁国军队之后。

# 襄公如楚

　　襄公如楚①，及汉②，闻康王卒③，欲还。叔仲昭伯曰④："君之来也，非为一人也⑤，为其名与其众也⑥。今王死，其名未改，其众未败，何为还？"诸大夫皆欲还。子服惠伯曰⑦：
"不知所为，姑从君乎⑧！"叔仲曰："子之来也，非欲安身也，
为国家之利也，故不惮勤远而听于楚。非义楚也⑨，畏其名
与众也。夫义人者，固庆其喜而吊其忧，况畏而服焉？闻畏
而往⑩，闻丧而还，苟芈姓实嗣⑪，其谁代之任丧⑫？王太子
又长矣，执政未改⑬，予为先君来，死而去之，其谁曰不如先
君⑭？将为丧举⑮，闻丧而还，其谁曰非侮也⑯？事其君而任
其政，其谁由己贰⑰？求说其侮⑱，而亟于前之人⑲，其雠不
滋大乎？说侮不懦⑳，执政不贰，帅大雠以惮小国㉑，其谁云
待之㉒？若从君而走患，则不如违君以避难。且夫君子计成
而后行，二三子计乎？有御楚之术而有守国之备，则可也；
若未有，不如往也。"乃遂行。

**【注释】**

①襄公如楚：事在鲁襄公二十八年（公元前545年）。鲁襄公为践
　行去年在宋地弭兵之会上"晋楚之从交相见"的约定，去楚国朝
　见楚王。襄公，鲁成公之子，名午，谥"襄"。如楚，到楚国朝贡。

②汉：汉水。

③康王卒：康王，楚恭王之子，名昭，谥"康"。

④叔孙昭伯：鲁国大夫叔仲带。

⑤一人：指楚康王。

⑥其名：楚是大国，为诸侯盟主。其众：楚国甲兵众多。

⑦子服惠伯：鲁国大夫子服椒。

⑧姑：姑且。

⑨非义楚：并不是认为楚国有正义。

⑩闻畏而往："闻"为衍字。

⑪苟：如果。芈（mǐ）姓：楚王芈姓。实嗣：继位。

⑫其谁代之任丧：谁又能代替楚国嗣王作为丧主呢？任，当。

⑬执政未改：执政，指楚国当权的令尹、司马。未改，没有易人。当时楚国令尹为子木，司马为䓕掩。

⑭其谁曰不如先君：谁能说楚国嗣王以及执政的令尹、司马不如先君？

⑮将为丧举：本来应该为楚丧有所举动。

⑯其谁曰非侮也：谁能说鲁国不是轻侮楚国呢？

⑰其谁由己贰：俞樾说，"由"为"曰"字之误，"己"为"已"字之误。则此句为"其谁曰已贰"，意思是谁能说他们对新君已有二心。

⑱说：通"脱"，除。其侮：指那些轻侮自己的国家。

⑲亟：疾。

⑳懦：懦弱。

㉑惮：恐吓。

㉒待：抵御。

## 【译文】

　　鲁襄公到楚国朝贡，到达汉水，听说楚康王去世，便想返回鲁国。叔仲昭伯说："君主到楚国来，并不是为了楚康王一个人，而是因为楚有大国之名且甲兵众多。如今楚康王虽然去世，但是楚作为大国并没有改变，楚国甲兵也没有战败，我们为什么要返回呢？"鲁国诸位大夫都想返回，子服惠伯说："我们不知道怎么办，姑且听从君主吧！"叔仲昭伯说："您来楚国，并不是想找一个安身之处，而是为了鲁国的利益，因此才不怕劳苦路远而听命于楚。我们并不是认为楚国有正义，而是怕它的大国之名和甲兵众多。认为别人有正义，本来是应该庆贺他的喜事，吊唁他的忧患，何况我们是出于畏惧而服从楚国呢？由于畏楚而前往朝贡，听到楚王去世就返回，如果楚国仍然是芈姓继嗣王位，谁又能代替楚国嗣王作为丧主呢？楚王太子已经年长，而执政的令尹、司马又没有换人，我们为先君楚康王而来，康王去世后就返回，谁能说楚国嗣王以及执政的令尹、司马不如先君康王呢？鲁国本来应该为楚丧有所举动，如今闻丧之后却返回，谁能说鲁国这种行为不是轻侮呢？楚国大臣事奉新君而当政，谁能说他们对新君已有二心？楚国君臣追求除掉那些轻侮自己的国家，比他们的前人动作还要快，这样楚鲁之间的仇恨不是更大了吗？楚国君臣除掉那些轻侮自己的国家毫不手软，执政大臣对楚王没有二心，以楚国这样大的敌国来恐吓弱小的鲁国，谁又能抵御楚国呢？跟随君主走向祸患，还不如违背君主意志来规避灾难。况且君子先成计谋而后行动，你们的计谋形成了吗？如果有抵御楚国的战术，有守卫鲁国的防备设施，那么我们是可以不去楚国的；如果这些都还没有，那就不如到楚国朝贡。"于是鲁国君臣继续前往楚国。

反，及方城①，闻季武子袭卞②，公欲还，出楚师以伐鲁③。荣成伯曰④："不可。君之于臣，其威大矣。不能令于国，而恃诸侯，诸侯其谁暱之⑤？若得楚师以伐鲁，鲁既不违夙之取卞也⑥，必用命焉⑦，守必固矣。若楚之克鲁，诸姬不获窥焉⑧，而况君乎？彼无亦置其同类以服东夷⑨，而大攘诸夏⑩，将天下是王，而何德于君，其予君也⑪？若不克鲁，君以蛮夷伐之，而又求入焉，必不获矣。不如予之。夙之事君也，不敢不悛⑫。醉而怒，醒而喜，庸何伤⑬？君其入也！"乃归。

**【注释】**

①方城：楚国北山。

②季武子袭卞：卞，鲁君之邑，季武子将其占为己有。据《左传》载，襄公二十九年（公元前544年），季武子趁襄公在楚国之机，袭取

卞邑。

③伐鲁：讨伐季武子。

④荣成伯：鲁国大夫。

⑤暱：亲。

⑥鲁：指鲁人。夙：季武子之名。

⑦用命：听季武子之命。

⑧诸姬：指姬姓诸侯国，如晋、郑等国。窥：探测。

⑨无亦：亦。同类：同姓。

⑩攘：排除。诸夏：指华夏各诸侯国。

⑪其：岂。

⑫悛：改。

⑬庸：用。

**【译文】**

鲁襄公从楚国返回，走到方城时，听说季武子袭取卞邑以为己有，襄公想返回楚国都城，请楚国出兵讨伐鲁国正卿季武子。荣成伯说："不可以。君对于臣，权威应该是很大的。如今君主命令在鲁国国内行不通，而依赖其他诸侯国，天下诸侯还有谁来亲近鲁国呢？如果搬来楚军讨伐季武子，鲁国民众既然不违背季武子取卞意志，那么就一定会听从季武子命令，他们的防守一定是很坚固的。如果楚国战胜了季武子，姬姓诸侯国连窥测鲁国土地的机会都没有，何况是您呢？楚国也会安置他们的同姓来镇服东夷，排除华夏诸侯国，这样楚国就会称王天下，他们对您会有什么恩德，难道会把卞邑还给您吗？如果楚国不能战胜季武子，那么您率蛮夷讨伐鲁国，如今又要求进入鲁国，季武子一定不会答应的。不如把卞邑送给季武子。季武子事奉君主，不敢不改。喝醉后发怒，醒来后欢喜，这难道会有什么伤害？君主您还是归国吧！"于是鲁襄公一行回到国内。

# 季冶致禄

　　襄公在楚,季武子取卞,使季冶逆①,追而予之玺书②,以告曰:"卞人将畔,臣讨之,既得之矣③。"公未言,荣成子曰④:"子股肱鲁国⑤,社稷之事,子实制之⑥。唯子所利⑦,何必卞?卞有罪而子征之,子之隶也⑧,又何谒焉⑨?"子冶归⑩,致禄而不出⑪,曰:"使予欺君⑫,谓予能也⑬。能而欺其君,敢享其禄而立其朝乎?"

**【注释】**

①季冶:鲁国大夫,为季武子同族之子。《左传》作公冶,为季氏家臣。逆:迎。

②玺书:用大夫官印封箴的书信。玺,印章。按,秦朝以前尊卑印章都可称为玺。

③"卞人将畔"三句:按,此是玺书中的话,季冶事先不知,故其后才能有致禄不出及"使予欺君"之类的愤恨言行。

④荣成子:鲁国大夫,即前文之荣成伯。

⑤子:指季武子。股肱:辅佐。

⑥制:掌控。

⑦利:便利。

⑧隶:役。

⑨谒:禀告。

⑩子冶:季冶。

⑪致禄:归还采邑。《左传》作"致其邑于季氏",其后所说是不满于季武子,故《左传》所记更为明确。

⑫欺君:卞人并未反叛,而季武子让季冶对鲁襄公说卞人反叛,这

是欺君行为。

⑬能:贤能。

## 【译文】

鲁襄公在楚国期间,季武子夺取了卞邑,他派季冶代表自己迎接鲁襄公回国,追上季冶,交给季冶一份用官玺封箴的文书,玺书中对鲁襄公说:"卞人将要反叛,臣征讨卞邑,已经拿下卞邑了。"鲁襄公尚未开口说话,荣成子抢先说:"您身为鲁国辅佐大臣,社稷的事,您尽可以掌控。只要您认为便利的事都可以做,何必只说一个卞邑?卞邑有罪,您发兵征讨,这是您权限内的事,又何必禀告呢?"子冶回国以后,归还采邑,闭门不出,说:"教我欺君,说我贤能。有能力欺骗君主,谁还敢享受俸禄而立朝为官呢?"

# 叔孙穆子知楚公子围有篡国之心

虢之会①,楚公子围二人执戈先焉②。蔡公孙归生与郑罕虎见叔孙穆子③,穆子曰:"楚公子甚美④,不大夫矣,抑君也。"郑子皮曰:"有执戈之前,吾惑之。"蔡子家曰:"楚,大国也;公子围,其令尹也。有执戈之前,不亦可乎?"穆子曰:"不然。天子有虎贲⑤,习武训也⑥;诸侯有旅贲⑦,御灾害也;大夫有贰车⑧,备承事也⑨;士有陪乘⑩,告奔走也。今大夫而设诸侯之服,有其心矣⑪。若无其心,而敢设服以见诸侯之大夫乎?将不入矣⑫。夫服,心之文也。如龟焉,灼其中,必文于外。若楚公子不为君,必死,不合诸侯矣⑬。"公子围反,杀郏敖而代之⑭。

## 【注释】

①虢之会：公元前541年，诸侯在郑国虢地举行盟会。虢，郑国地名，此处指东虢，周文王弟虢叔所封，在今河南郑州。后为郑国所灭，周平王即以其地与郑国。

②公子围：楚恭王之庶子，楚康王之弟，初名围，称王后名虔，时任楚国令尹。后篡楚王位，史称楚灵王。二人执戈先：按礼，国君前行，有执戈卫士二人前导。这里指公子围已僭用国君的礼仪。先，在前引导。

③公孙归生：蔡国大夫子家。罕虎：郑国大夫子皮。

④美：指公子围服饰华美。

⑤虎贲：王宫卫士。

⑥习武训：习于武教。

⑦旅贲：诸侯卫士。

⑧贰车：副车。

⑨备承事：预备奉使。

⑩陪乘：同坐车中之人。

⑪有其心：有取代楚王为君之心。

⑫不入：不入楚国。

⑬不合诸侯：不再以大夫身份会见诸侯。

⑭郏敖：楚康王之子麇，楚人称未成君者为敖。麇有疾，公子围借探病之机将其缢死，葬于郏，并杀其二子。

## 【译文】

在虢地的盟会上，楚国令尹公子围让两个执戈的卫士在前引路。蔡国大夫公孙归生与郑国大夫罕虎见鲁大夫叔孙穆子，叔孙穆子说："楚国公子围服饰很美，不像大夫了，像君主呢。"郑国子皮说："他有执戈卫士在前引路，我对此困惑。"蔡国子家说："楚是一个大国，公子围是楚国的令尹。有执戈卫士在前引路，不是可以吗？"叔孙穆子说："不是这样。天子有虎贲，他们习于武教；诸侯有旅贲，他们可以抵御灾害；大夫有贰车，他们可以预备奉使；士有陪乘，他们可以告谕奔走。如今公子围以大夫身份而穿诸侯服饰，这表明他有篡国野心了。如果没有野心，他敢穿诸侯服饰来会见各诸侯国大夫吗？他将不会回到楚国担任大夫了。人的服饰，是心灵的文采，如同龟甲，在里面烧灼龟甲，外面一定会有裂纹。如果楚国公子围不做君主，就必定死亡，不会再以大夫身份会合诸侯。"公子围返回楚国，杀死郏敖而自己代立为楚王。

# 叔孙穆子不以货私免

虢之会，诸侯之大夫寻盟未退①。季武子伐莒取郓②，莒人告于会。楚人将以叔孙穆子为戮③。晋乐王鲋求货于穆子④，曰："吾为子请于楚。"穆子不予。梁其踁谓穆子曰⑤："有货，以卫身也。出货而可以免，子何爱焉⑥？"穆子曰："非女所知也。承君命以会大事⑦，而国有罪，我以货私免，是我会吾私也。苟如是，则又可以出货而成私欲乎？虽可以免，吾其若诸侯之事何？夫必将或循之⑧，曰：'诸侯之卿有然者故也。'则我求安身而为诸侯法矣。君子是以患作⑨。作而不衷⑩，将或道之⑪，是昭其不衷也。余非爱货，恶不衷也。且罪非我之由，为戮何害⑫？"楚人乃赦之⑬。

**【注释】**

①寻盟：追寻宋国之盟。未退：没有散会。

②莒：嬴姓诸侯国。郓（yùn）：莒邑，在今山东沂水北。

③楚人：楚国令尹公子围。

④乐王鲋：晋国大夫乐桓子。求货：索取贿赂。

⑤梁其踁：叔孙穆子的家臣。

⑥爱：吝惜。

⑦大事：指参加诸侯盟会。

⑧或：有人。循：因循，效法。

⑨患作：担心自己成为始作俑者。

⑩作而不衷：虽然是始作俑者，但并非出自本心。衷，中，指内心。

⑪将或道之：将会有人照我的方法去做。道，由。

⑫为戮何害：按，《左传》所记叔孙穆子所言与此不同："叔孙曰：'诸侯之会，卫社稷也。我以货免，鲁必受师。是祸之也，何卫之为？人之有墙，以蔽恶也。墙之隙坏，谁之咎也？卫而恶之，吾又甚焉。虽怨季孙，鲁国何罪？叔出季处，有自来矣，吾又谁怨？然鲋也贿，弗与，不已。'"

⑬楚人乃赦之：据《左传》，是晋国上卿赵孟极力为叔孙穆伯求情，楚人才赦免了叔孙穆子。

## 【译文】

在虢地盟会期间，来自各诸侯国的大夫们追寻宋国之盟，尚未散会。鲁国季武子征伐莒国郓邑，莒人告到大会。楚国令尹公子围拟将鲁国使者叔孙穆子杀死。晋国大夫乐王鲋向叔孙穆子索取贿赂，说："我替您向楚国求情。"叔孙穆子不给。家臣梁其踁对穆子说："家有财富，是用来保身的。付出财富可以免罪，您何必吝惜呢？"叔孙穆子说："这个道理不是你所知道的。我接受鲁君之命前来参加诸侯盟会，而鲁国有罪，我若用财富私下免罪，这样就变成了我为私事前来会盟。果真如此，那就可以用财富成就自己的私欲吗？即使我个人可以免罪，那对诸侯会盟大事又该怎么办呢？今后一定会有人效法我，说：'诸侯之卿有人就是这样做的呀！'这样，我虽求得一身之安，却为此后诸侯所效法。因此君子担心自己成为始作俑者。虽然我是始作俑者，但这并非出自本心，而此后将会有人照我的方法去做，这就是明白地教人行不由衷。我不是吝惜财富，我是厌恶行不由衷啊！何况鲁国之罪又不是出于我的缘故，即使被杀，又有何害？"楚人最终赦免了叔孙穆子。

　　穆子归，武子劳之，日中不出。其人曰①："可以出矣②。"穆子曰："吾不难为戮③，养吾栋也④。夫栋折而榱崩⑤，吾惧压焉。故曰虽死于外，而庇宗于内⑥，可也。今既免大耻，而不忍小忿，可以为能乎？"乃出见之⑦。

**【注释】**

①其人：据《左传》，此人是孙叔家臣曾夭。

②可以出矣：据《左传》，季孙家臣曾夭对曾阜说："旦及日中，吾知罪矣。鲁以相忍为国也。忍其外，不忍其内，焉用之？"曾阜对曰："数月于外，一旦于是，庸何伤？贾而欲赢，而恶嚣乎？"阜谓叔孙曰："可以出矣！"则叔孙、季孙氏家臣劝二人以国事为重。

③不难：不怕。

④养吾栋：季武子是鲁国执政正卿，为国之栋梁。栋，栋梁。

⑤榱（cuī）：椽子。

⑥庇（bì）：庇护。

⑦乃出见之：据《左传》，叔孙穆子听其家臣之言后，指楹曰："虽恶是，其可去乎？"乃出见之。虽有怨恨之意，但为国家利益仍保持内部团结。

**【译文】**

　　叔孙穆子回到鲁国，季武子前来慰劳，到了日中，叔孙穆子仍然不愿意出来接待季武子。家人劝告穆子说："您可以出来了。"叔孙穆子说："我不怕被杀死，我是要保护国家的栋梁。栋梁折断了，椽子自然要崩坏,我怕被压在里面。所以说即使是死于国外,但只要能够庇护国内的宗族,也是可以的。如今既然免于被杀的大耻,而不能容忍小的忿恨,这可以称之为有能力么?"于是穆子出来见季武子。

# 子服惠伯从季平子如晋

平丘之会,晋昭公使叔向辞昭公,弗与盟①。子服惠伯曰②:"晋信蛮夷而弃兄弟③,其执政贰也④。贰心必失诸侯,岂唯鲁然? 夫失其政者,必毒于人⑤,鲁惧及焉,不可以不恭。必使上卿从之。"季平子曰⑥:"然则意如乎! 若我往,晋必患我⑦,谁为之贰⑧?"子服惠伯曰:"椒既言之矣,敢逃难乎? 椒请从。"

**【注释】**

①"平丘之会"三句:公元前532年,季平子伐莒取郠,莒人向晋国控诉。公元前529年,晋昭公在平丘会盟诸侯,准备征讨鲁国,派叔向通知鲁昭公,不许鲁国参加会盟。平丘,卫地名,在今河南长垣。晋昭公,姬姓,名夷。昭公,鲁昭公,姬姓,名裯,鲁襄公之子。

②子服惠伯:鲁国大夫,名椒,孟献子之孙。

③蛮夷:指莒国。兄弟:指鲁国,晋国与鲁国都是姬姓诸侯国。

④其执政贰也:晋国执政大臣对莒国偏心。

⑤毒:毒害。

⑥季平子:名意如,鲁国上卿,季武子之孙。

⑦患:加害。

⑧贰:副手。

**【译文】**

平丘之会前夕，晋昭公派叔向拒绝鲁昭公，不让鲁国参加会盟。鲁大夫子服惠伯说："晋国信任蛮夷莒国而抛弃兄弟鲁国，这是晋国执政大臣对莒国偏心。偏心必然失去诸侯拥护，岂止是鲁国这样？执政失去公平的人，必定会毒害他人，鲁国害怕被毒害，对晋国态度不可以不恭敬。一定要派一位上卿到晋国谢罪。"季平子说："既然这样我就去吧！如果我去晋国，晋国一定会加害于我，谁做我的副手？"子服惠伯说："我既然已经说了，岂敢逃避危难？我请求随从您去。"

晋人执平子。子服惠伯见韩宣子曰①："夫盟，信之要也②。晋为盟主，是主信也。若盟而弃鲁侯，信抑阙矣。昔栾氏之乱③，齐人间晋之祸④，伐取朝歌⑤。我先君襄公不敢宁处⑥，使叔孙豹悉帅敝赋⑦，踦跂毕行⑧，无有处人⑨，以从军吏，次于雍渝⑩，与邯郸胜击齐之左⑪，掎止晏莱焉⑫，齐师退而后敢还。非以求远也⑬，以鲁之密迩于齐⑭，而又小国也；齐朝驾则夕极于鲁国⑮，不敢惮其患，而与晋共其忧，亦曰：'庶几有益于鲁国乎！'今信蛮夷而弃之，夫诸侯之勉于君者⑯，将安劝矣⑰？若弃鲁而苟固诸侯，群臣敢惮戮乎？诸侯之事晋者，鲁为勉矣。若以蛮夷之故弃之，其无乃得蛮夷而失诸侯之信乎？子计其利者，小国共命⑱。"宣子说，乃归平子。

**【注释】**

①韩宣子：晋国正卿韩起。

②要：要结，关键。

③栾氏之乱：公元前550年，栾盈被诬谋反，由晋奔齐，后潜回曲沃

发动叛乱，失败被杀。

④齐人间晋之祸：齐趁晋国栾氏之乱伐晋。间，钻空子。

⑤朝歌：在今河南淇县。原是卫地，晋取之。

⑥宁处：安居。

⑦叔孙豹：叔孙穆子。赋：兵车与士兵。

⑧踦跂(qī qí)：行走困难的样子。踦，脚跛。跂，多出的脚趾。毕行：全部行动。

⑨处人：留在鲁国的人。

⑩次：驻扎。雍渝：晋国地名。

⑪邯郸胜：晋国大夫。左：左军。

⑫掎(jǐ)：牵制。止：俘虏。晏莱：齐国大夫。

⑬求远：追求远功，指入晋作战。

⑭密迩：靠近。

⑮极：到达。

⑯勉：努力，尽力。

⑰劝：鼓励。

⑱共：通"恭"。

**【译文】**

晋人将季平子拘捕起来。子服惠伯去见韩宣子说："诸侯会盟，诚信是一个关键。晋国作为诸侯盟主，应该主持诚信。如果诸侯盟誓而抛弃鲁侯，诚信就缺失了。从前晋国发生栾盈之乱，齐人趁晋国发生祸乱，占领了晋国的朝歌。我们先君鲁襄公不敢安居，派叔孙豹率领鲁国全部军队，连行动困难的士卒都出动了，国内将士没有留在家中的，士卒们随从将军，驻扎在雍渝，与晋国大夫邯郸胜攻击齐国左军，牵制并俘虏了齐国大夫晏莱，齐军退兵之后鲁军才敢返回。鲁国军队并不想追求远功，而且鲁国靠近齐国，又是一个小国；齐军早晨驾车晚上就到达鲁国，但鲁国不敢担忧得罪齐国的祸患，而与晋国共忧患，我们说：

'恐怕晋国会有益于鲁国吧!'如今晋国相信蛮夷而抛弃鲁国,这对那些努力跟随晋国的诸侯,将如何鼓励他们呢? 如果晋国抛弃鲁国而能够巩固与诸侯的关系,那么鲁国群臣怎么敢害怕诛戮? 在事奉晋国的诸侯当中,鲁国是最为努力的了。如果晋国因为蛮夷的缘故而抛弃鲁国,大概会得到蛮夷的支持而失掉诸侯的信任吧? 您考虑一下其中的利害,我们小国恭敬地听命。"韩宣子听了很高兴,就将季平子放回去了。

## 季桓子穿井获羊

季桓子穿井①,获如土缶②,其中有羊焉③。使问之仲尼曰:"吾穿井而获狗,何也?"对曰:"以丘之所闻,羊也。丘闻之:木石之怪曰夔、魍魉④,水之怪曰龙、罔象⑤,土之怪曰羵羊⑥。"

【注释】

①季桓子:鲁国执政正卿,姬姓,季氏,名斯,谥桓,季平子之子。穿井:打井。

②获如土缶:获得一个状如瓦缶的器具。

③羊:形状如羊的土块。

④夔(kuí):山怪,传说人见夔主大旱。魍魉(wǎng liǎng):传说中的山木怪物。

⑤龙:传说中的神兽。罔象:水中精灵。

⑥羵(fén)羊:土中精灵。公序本"羵"作"坟"。

【译文】

季桓子打井,获得一个状如瓦缶的东西,其中有形状如羊的土块。季桓子派人询问孔子,说:"我打井却获得一只土狗,这是什么原因呢?"

孔子回答说："根据孔丘所闻，这应该是一只土羊。我听说，木石之怪叫做夔、魍魉，水中之怪叫做龙、罔象，土中之怪叫做羵羊。"

# 公父文伯之母对季康子问

季康子问于公父文伯之母曰①："主亦有以语肥也②。"对曰："吾能老而已，何以语子？"康子曰："虽然，肥愿有闻于主。"对曰："吾闻之先姑曰③：'君子能劳④，后世有继。'"子夏闻之⑤，曰："善哉！商闻之曰：'古之嫁者，不及舅姑⑥，谓之不幸。'夫妇，学于舅姑者也。"

【注释】

①季康子：姬姓，季氏，名肥，谥康，鲁国执政正卿，季桓子之子。公父文伯之母：公父穆伯之妻敬姜，是季康子的叔祖母。公父文伯，名歜(chù)，公父穆伯之子，鲁国大夫，季桓子堂兄弟。

②主：对大夫以及大夫之妻都可以称"主"。语：教诲。

③先姑：死去的婆婆。

④能劳：能够勤劳。

⑤子夏：孔子弟子卜商，字子夏。

⑥不及舅姑：指公婆已经去世。不及，没赶上。舅姑，公婆。

【译文】

季康子对公父文伯母亲说："您应该有教诲我的话吧。"公父文伯母亲说："我只能养老而已，拿什么教诲你？"季康子说："虽然这样，我还是希望能听到您的教诲。"公父文伯母亲说："我听过世的婆婆说过：'君子能够勤劳，才会后继有人。'"子夏听到这件事，说："好啊！我听人说过：'古代出嫁的女子，如果没有听到公婆的教诲，这叫做不幸。'妇人，就是向公婆学习的人。"

# 公父文伯饮南宫敬叔酒

公父文伯饮南宫敬叔酒①，以露睹父为客②。羞鳖焉③，小。睹父怒，相延食鳖④，辞曰："将使鳖长而后食之。"遂出。文伯之母闻之，怒曰："吾闻之先子曰⑤：'祭养尸⑥，飨养上宾⑦。'鳖于何有⑧？而使夫人怒也⑨！"遂逐之⑩。五日，鲁大夫辞而复之⑪。

**【注释】**

①南宫敬叔：姬姓，南宫氏，名说，孟僖子之子，为鲁国大夫。饮（yìn）：使别人饮酒。

②露睹父：鲁国大夫。客：上客。按照饮酒礼，需尊一人为上客。

③羞：进献。

④延：请。

⑤先子：死去的公公，指季悼子。

⑥祭养尸：祭祀时尊养尸。尸，祭祀时代表死者受祭的人。

⑦飨养上宾：宴飨之礼尊养上宾。

⑧鳖于何有：鳖有什么了不起的。意谓公父文伯不应该在鳖这样的小事上得罪贵宾。

⑨夫人：那人，指露睹父。

⑩逐之：逐公父文伯。

⑪辞：请求。

**【译文】**

公父文伯请南宫敬叔饮酒，以露睹父为上客。席间进了一道鳖，鳖很小。露睹父为此发怒,来宾互相延请食鳖,露睹父推辞说:"我要等到鳖长大之后再来吃。"于是离席出门。文伯母亲听到这件事,生气地说:"我听过世的公公说过:'祭祀时尊养尸主,宴飨之礼尊养上宾。'一只鳖有什么大不了的?竟然让那个主宾发怒!"于是将文伯赶出家门。五天之后,鲁国大夫替文伯说情,文伯母亲这才让文伯回家。

# 公父文伯之母论内朝与外朝

公父文伯之母如季氏,康子在其朝[①],与之言[②],弗应[③],从之及寝门[④],弗应而入[⑤]。康子辞于朝而入见,曰:"肥也不得闻命,无乃罪乎?"曰:"子弗闻乎?天子及诸侯合民事于外朝[⑥],合神事于内朝[⑦];自卿以下,合官职于外朝[⑧],合家事于内朝[⑨];寝门之内,妇人治其业焉。上下同之。夫外朝,子将业君之官职焉[⑩];内朝,子将庀季氏之政焉[⑪],皆非吾所敢言也。"

【注释】

①朝:指季康子家的朝堂,大夫之家也可以称朝。

②之:指敬姜。

③弗应:"弗应"的主语是敬姜。

④之:指敬姜。寝门:古礼天子五门,诸侯三门,大夫二门,最里层的正门曰寝门,即路门。

⑤入:敬姜进入季康子寝门。

⑥合:考合,处理。外朝:天子、诸侯处理朝政之所,在路门外。

⑦神事:祭神之事。内朝:古代天子、诸侯处理政事和休息的场所。

对外朝而言。内朝有二：一在路门外，为天子、诸侯处理政事之处，亦谓之"治朝"；一在路门内之路寝，为天子、诸侯处理政事后休息之所，亦谓之"燕朝"。

⑧官职：官吏的职责。外朝：指大夫家中的外朝。

⑨内朝：指大夫家中的内朝。

⑩业：事奉。

⑪庀(pǐ)：治理。

**【译文】**

公父文伯的母亲敬姜去季氏家，季康子正在朝堂，与她说话，敬姜不答应，季康子一直跟到寝门外，她还是不说话就进去了。季康子从朝堂上告辞，进入正室去见敬姜，说："我没听到您的命令，该不是得罪了您吧？"敬姜回答说："你没有听说过吗？天子与诸侯在外朝处理民众的事务，在内朝处理祭祀神灵的事务；卿以下的官员，在自家外朝处理官职事务，在自家内朝处理家事；寝门以内，由妇女操持事务。君臣上下都是同一个规矩。外朝，是你事奉国君履行官职的；内朝，你要在那儿处理季氏的家事，这都不是我敢说话的地方啊。"

# 公父文伯之母论劳逸

公父文伯退朝，朝其母，其母方绩①。文伯曰："以歜之家而主犹绩②，惧忓季孙之怒也③。其以歜为不能事主乎！"

**【注释】**

①绩：织布。

②主：敬姜为鲁大夫公父穆伯之妻，大夫之妻可称主。

③忓(gān)：触怒。季孙：指鲁国正卿季康子。

**【译文】**

公父文伯退朝回家，朝见母亲敬姜，他的母亲正在织布。公父文伯说："我们这样的家庭，您尚且亲自织布，我怕触怒季孙氏。他会认为我不能很好地事奉母亲呢！"

其母叹曰："鲁其亡乎！使僮子备官而未之闻耶①？居②，吾语女。昔圣王之处民也，择瘠土而处之，劳其民而用之，故长王天下。夫民劳则思③，思则善心生；逸则淫，淫则忘善，忘善则恶心生。沃土之民不材，逸也；瘠土之民莫不向义，劳也。是故天子大采朝日④，与三公、九卿祖识地德⑤；日中考政⑥，与百官之政事，师尹维旅、牧、相宣序民事⑦；少采夕月⑧，与大史、司载纠虔天刑⑨；日入监九御⑩，使洁奉禘、郊之粢盛⑪，而后即安⑫。诸侯朝修天子之业命⑬，昼考其国职⑭，夕省其典刑⑮，夜儆百工⑯，使无慆淫⑰，而后即安。卿大夫朝考其职，昼讲其庶政⑱，夕序其业，夜庀其家事，而后即安。士朝受业，昼而讲贯⑲，夕而习复⑳，夜而计过无憾，而后即安。自庶人以下，明而动，晦而休，无日以怠。

**【注释】**

①僮子：未成年的男子，指公父文伯。闻：闻道明理。

②居：坐。

③思：思节俭。

④大采朝日：春分时节穿着五彩礼服朝拜日神。大采，古代天子祭日所穿的礼服。《周礼》："王搢大圭，执镇圭，藻五采五就以

朝日。"

⑤祖识地德:习知大地功德。

⑥日中考政:中午考察朝政。

⑦师尹:大夫。维:发语词。旅:众士。牧:州牧。相:国相。宣:普遍。序:次序。

⑧少采夕月:秋分时节穿着三彩礼服祭祀月神。少采,大采用五彩,少采用三彩。

⑨大史:太史。司载:俞樾认为是"司灾",掌管天文灾异。纠:恭。虔:敬。天刑:天象所显示的吉凶。

⑩九御:九嫔女官,掌管粢盛、祭服等。

⑪禘:帝王祭祖大典。郊:帝王祭天大典。粢盛:盛在祭器中的谷物。

⑫即安:就寝。

⑬业命:王事命令。

⑭国职:诸侯国政务。

⑮省:考察。典刑:常法。

⑯儆:警戒。百工:百官。

⑰慆(tāo)淫:怠慢,放纵。

⑱讲:讲论,谋划。庶政:各种政务。

⑲讲贯:讲习,处理。

⑳习复:复习。

**【译文】**

　　公父文伯之母叹息说:"鲁国恐怕要灭亡了吧! 让你这样的小孩当官,怎么没有让你懂得为官的道理呢? 坐下来,我告诉你。从前圣王安排民众居处,选择贫瘠的土地给民众居住,让民众勤劳,加以役使,因此能够长期统治天下。民众勤劳就会想到节俭,想到节俭就会有善心产生;民众安逸就会放纵,放纵就会忘记善心,忘记善心就会生出恶心。

肥沃土地上的民众不会成材,就是因为他们安逸;贫瘠土地上的民众没有不向往道义,就是因为他们勤劳。因此天子在春分时节穿着五彩衣服朝拜日神,与三公、九卿习知大地功德;中午考察朝政,参与处理百官的政事,师尹和众士、州牧、国相全面地处理民众事务;每年秋分时期,天子穿着三彩衣服祭祀月神,与太史、司灾官员恭敬地观察天象吉凶;太阳下山以后天子回到内宫监察九嫔女官,让她们洁净地准备好天子祭祖宗天地的祭品,而后才就寝。诸侯早晨处理天子的王事命令,白天处理诸侯国政务,晚上省察国家的常法,夜里警戒百官,让他们不要怠慢放纵,而后才就寝。卿大夫早晨考察自身职责,白天讲论、谋划各种政务,晚上依次检查白天所处理的事务,夜里处理家事,而后才就寝。士早晨接受政务,白天讲习、处理,晚上复习检查,夜里反省过错而无憾,而后才就寝。自庶人以下,天亮就劳动,天黑就休息,没有一天可以懈怠。

　　"王后亲织玄纮①,公侯之夫人加之以纮、綖②,卿之内子为大带③,命妇成祭服④,列士之妻加之以朝服⑤,自庶士以下,皆衣其夫。社而赋事⑥,蒸而献功⑦,男女效绩⑧,愆则有辟⑨,古之制也。君子劳心,小人劳力,先王之训也。自上以下,谁敢淫心舍力⑩?今我,寡也,尔又在下位⑪,朝夕处事,犹恐忘先人之业,况有怠惰,其何以避辟!吾冀而朝夕修我曰⑫:'必无废先人。'尔今曰:'胡不自安。'以是承君之官,余惧穆伯之绝嗣也。"

【注释】

①玄纮(dǎn):黑色的带子。纮,古代冠冕上用以系垂在冠冕两侧用以塞耳的玉坠的丝绳。

②纮(hóng)：古代冠冕上的带子，由颔下向上系于笄，垂余者为缨。

　　綖(yán)：古代覆在冠冕上的装饰。

③卿之内子：卿的正妻。大带：古代贵族礼服用带，有革带、大带之分。革带以系佩韨，大带加于革带之上，用素或练制成。

④命妇：大夫之妻。祭服：玄衣纁裳。

⑤列士：元士。

⑥社：春分祭社。赋事：安排农桑之事。

⑦烝：同"蒸"，冬祭。献功：献上五谷布帛。

⑧效绩：献功。

⑨愆：过失。辟：罪责。

⑩淫心：放纵之心。

⑪下位：下大夫。

⑫冀：希望。而：尔，你。修：警戒。

**【译文】**

"王后亲自编织玄纮，公侯夫人还要编织纮、綖，卿的正妻编织大带，大夫之妻命妇织祭祀礼服，上士之妻除此之外还要给丈夫织朝服，自下士以下的妻子，都要给丈夫织衣。春分祭社而安排农桑之事，冬祭献上五谷布帛，男女各献其功，有了过失便要治罪，这是自古以来的制度。君子劳心，小人劳力，是先王教训。自上以下，谁敢放纵其心不肯用力？如今的我，是一个寡妇，你又在下大夫之位，朝夕处理事务，尚且怕忘记先人之业，何况你有怠惰之心，又怎么能逃避罪责呢！我希望你早晚警戒我说：'一定不要荒废先人事业。'可是你现在却说：'为什么不自求安逸？'以这种想法担任国君之官，我怕穆伯要绝后了。"

仲尼闻之曰："弟子志之①，季氏之妇不淫矣②。"

**【注释】**

①志：识记。

②淫：骄奢淫逸。

**【译文】**

仲尼听到这件事，说："弟子们记住，季氏之妇不是骄奢淫逸之人。"

# 公父文伯之母别于男女之礼

公父文伯之母，季康子之从祖叔母也①。康子往焉，闳门与之言②，皆不逾阈③。祭悼子④，康子与焉⑤，酢不受⑥，彻俎不宴⑦，宗不具不绎⑧，绎不尽饫则退⑨。仲尼闻之，以为别于男女之礼矣。

**【注释】**

①季康子之从祖叔母：敬姜是季平子之弟公父穆伯之妻，季康子是季平子之孙，按照辈分，敬姜是季康子的从祖叔母。

②闳：开。门：寝门。

③逾：超过。阈（yù）：门槛。

④悼子：季悼子，公父穆伯与季平子之父，敬姜的公公。

⑤与：参与祭祀。

⑥酢（zuò）不受：敬姜不亲自接受宾客的敬酒。酢，祭祀时宾客用酒回敬主人。

⑦彻俎（zǔ）：祭祀完毕，撤除祭品。彻，撤除，撤去。俎，祭祀时用来盛祭品的礼器。不宴：不与季康子宴饮。

⑧宗不具不绎：宗臣不在场，敬姜不参与绎祭。宗，宗臣。掌管祭祀之礼。具，具在。绎，祭之明日又祭。

⑨绎不尽饫（yù）则退：参与绎祭之后，不等到饫礼结束就退席，以
　　防醉饱失态。饫，家庭私宴。

**【译文】**

　　公父文伯的母亲敬姜是季康子的堂祖叔母。季康子前往敬姜府上
拜访，敬姜开门与季康子交谈，两人都不越过门槛。祭祀季悼子时，季
康子参与祭祀，敬姜不亲自接受季康子的敬酒，撤除祭品后不与季康子
宴饮，宗臣不在场，敬姜不参与绎祭，参与绎祭之后，不等到饫礼结束就
退席。仲尼听说这件事，认为敬姜符合男女有别的礼仪。


# 公父文伯之母欲室文伯

　　公父文伯之母欲室文伯①，飨其宗老②，而为赋《绿衣》之
三章③。老请守龟卜室之族④。师亥闻之曰⑤："善哉！男女
之飨，不及宗臣⑥；宗室之谋，不过宗人⑦。谋而不犯⑧，微而
昭矣⑨。诗所以合意⑩，歌所以咏诗也⑪。今诗以合室，歌以
咏之，度于法矣⑫。"


**【注释】**

①欲室文伯：想给文伯娶妻。室，娶妻。

②飨：设宴招待。宗老：家臣。

③赋：吟诵。《绿衣》之三章：《诗经·邶风·绿衣》的第三章，原文
　　是："绿兮丝兮，女所治兮。我思古人，俾无讹兮！"该诗本为悼念
　　亡妻之作，敬姜赋此诗，意在请宗老替她物色一个没有过失的称
　　心儿媳。

④守龟：世守之龟。卜室之族：占卜文伯妻室的族姓，看什么姓氏
　　吉利。族，族姓。

⑤师亥：鲁国乐师。

⑥男女之飨，不及宗臣：男女有别，按照礼节，敬姜不应该宴飨宗臣。

⑦宗室之谋，不过宗人：文伯娶亲是传宗接代大事，此类宗室之事只宜与宗臣商议。

⑧谋而不犯：敬姜与宗臣谋议文伯亲事，并不违犯男女礼节。

⑨微而昭：隐微而昭明。敬姜要宗老为自己物色儿媳，是通过赋《绿衣》之三章来表达的，这是微；她所赋之诗准确地表达了找儿媳的意向以及找儿媳的标准，这是昭。

⑩合：成，表达。

⑪咏：咏唱。

⑫度于法：合乎礼法标准。

**【译文】**

公父文伯母亲想给儿子文伯物色妻室，于是她设宴招待家中宗臣，吟诵《诗经·邶风·绿衣》第三章。宗臣请求通过龟卜来确定女方姓氏。师亥听到这件事，说："做得好啊！按照男女之礼，敬姜不应该宴飨宗臣；但文伯娶亲是宗室之事，只能与宗臣商量。敬姜与宗臣谋划文伯亲事，并不违反男女礼节，她赋诗言志，既隐微又明显。诗是用来表达志意的，歌是用来咏唱诗句的。如今敬姜赋诗为儿子物色妻室，歌咏诗句，这是合乎礼法标准的。"

# 公父文伯卒其母戒其妾

公父文伯卒，其母戒其妾曰："吾闻之：好内，女死之；好外，士死之。今吾子夭死，吾恶其以好内闻也。二三妇之辱共先者祀①，请无瘠色②，无洵涕③，无搯膺④，无忧容，有降服⑤，无加服⑥。从礼而静，是昭吾子也。"仲尼闻之曰："女知莫若妇⑦，男知莫若夫⑧。公父氏之妇智也夫！欲明其子之令德。"

**【注释】**

①二三妇：众位婢妾。辱共先者祀：屈辱地供奉先人之祀。先者，先死的人，指公父文伯。

②瘠色：因悲哀过度而现毁瘠之色。

③洵涕：无声流泪。洵，通"泫"，流泪。

④掐膺：捶胸。

⑤降服：降格的丧服。降，轻于礼为降。

⑥加服：加等的丧服。加，重于礼为加。

⑦女：处女。知：同"智"。妇：已婚妇女。

⑧男：童男。夫：已婚男子。

**【译文】**

公父文伯去世，他的母亲告诫文伯婢妾说："我听说：喜欢内室妻妾的人，妻妾愿意为他而死；喜欢外面贤士的人，贤士愿意为他而死。如今我的儿子夭折而死，我讨厌他以喜欢内室妻妾而闻名于世。诸位妾妇屈辱地供奉先人之祀，请你们不要露出毁瘠之色，不要无声流泪，不要捶胸，不要有忧伤容色，可以穿降格的丧服，不要穿加等的丧服。遵从礼节，保持安静，这是彰显我儿子美德的方法。"仲尼听到这件事，说："处女的智慧不如已婚妇女，童男的智慧不如已婚男子。公父氏的妇人真是有智慧呀！她想以此彰明儿子的美德。"

# 孔丘谓公父文伯之母知礼

公父文伯之母朝哭穆伯，而暮哭文伯①。仲尼闻之曰：

"季氏之妇可谓知礼矣。爱而无私，上下有章。"

**【注释】**

①朝哭穆伯，而暮哭文伯：根据礼规，寡妇不得夜哭，以示远离情欲。公父文伯之母早上哭丈夫，晚上哭儿子，既表示远离情欲，同时也体现上下有等。

**【译文】**

公父文伯的母亲早上哭丈夫穆伯，晚上哭儿子文伯。仲尼听到这件事，说："季氏的妇人可以说懂得礼。她爱亲人而没有私意，处理上下关系有章法。"

# 孔丘论大骨

吴伐越①，堕会稽②，获骨焉，节专车③。吴子使来好聘④，且问之仲尼，曰："无以吾命。"宾发币于大夫⑤，及仲尼，仲尼爵之⑥。既彻俎而宴⑦，客执骨而问曰⑧："敢问骨何为大？"仲尼曰："丘闻之：昔禹致群神于会稽之山⑨，防风氏后至⑩，禹杀而戮之，其骨节专车。此为大矣。"客曰："敢问谁守为神⑪？"仲尼曰："山川之灵，足以纪纲天下者⑫，其守为神；社稷之守者，为公侯。皆属于王者。"客曰："防风何守也？"仲尼曰："汪芒氏之君也，守封、嵎之山者也⑬，为漆姓。在虞、夏、商为汪芒氏，于周为长狄⑭，今为大人⑮。"客曰："人长之极几何？"仲尼曰："僬侥氏长三尺⑯，短之至也。长者不过十之，数之极也⑰。"

**【注释】**

①吴伐越：公元前494年，吴王夫差征讨越王句践，句践退守会稽。

②堕(huī)：毁坏。会稽：地名，越国国都，在今浙江绍兴。

③节专车：一节骨头装满一车。

④吴子：吴王夫差。来：来鲁国。好聘：友好聘问。

⑤发币：赠送礼品。

⑥爵之：举杯酬谢宾客。

⑦彻俎：献酢之礼结束后撤除礼器。彻，撤除，撤去。

⑧骨：指宴席上的骨头。

⑨致：召集。群神：指各地的诸侯。韦昭注："主山川之君。为群神之主，故谓之神。"

⑩防风氏：传说中的古代部族名，此指其部族首领。韦昭注："防风，汪芒氏君之名。"

⑪谁守为神：即守护什么的可以谓之"神"。此处承上文孔子之"禹致群神于会稽之山"而发问。

⑫纪纲：治理。

⑬封、嵎：山名，在今浙江德清，两山相距二里。

⑭长狄：汪芒氏在周时北迁，称为长狄。

⑮大人：春秋时期长狄改称大人。

⑯僬侥(jiāo yáo)氏：西南少数民族，传说中的矮人国。三尺：略当于今之七十公分。

⑰长者不过十之，数之极也：谓其最高不能超过僬侥氏的十倍，这也就到了数字的顶点了。长狄身高"三丈"，约当现在的七米。

**【译文】**

吴国讨伐越国，毁坏了会稽城，获得一批大骨，一节骨头就能装满一车。吴王夫差派遣使者到鲁国进行友好聘问，并且让使者询问仲尼，说："你不要说这是我的命令。"吴国来宾赠送礼品给鲁国大夫，轮到仲尼时，仲尼举杯酬谢。献酢之礼结束后撤除礼器，鲁国宴请吴国使者，吴国宾客拿着一节肉骨头问仲尼说："请问谁的骨头最大？"仲尼回答说："我听说：从前夏禹在会稽山召集诸侯，防风氏最后到达，夏禹杀了防风氏，防风氏的骨节可以装满一车。这是最大的骨头。"吴国宾客问："请问守护什么可以称之为神？"仲尼回答说："山川的精灵，足以可以治理天下的，其守护者可以称之为神；守护江山社稷的人，称之为公侯。神和公侯都受天子统属。"吴国宾客问："防风氏的职守是什么？"仲尼说："防风氏是汪芒氏之君，是守护封山、嵎山的人，为漆姓。在虞、夏、商三朝为汪芒氏，在周朝改为长狄，如今又改为大人。"吴国宾客问："人的身长极点是多少？"仲尼说："僬侥氏身长仅有三尺，这是最短的人。最长的人不过是这个数字的十倍，这是身长之数的极点。"

## 孔丘论楛矢

　　仲尼在陈，有隼集于陈侯之庭而死[①]，楛矢贯之[②]，石砮其长尺有咫[③]。陈惠公使人以隼如仲尼之馆问之[④]。仲尼曰："隼之来也远矣！ 此肃慎氏之矢也[⑤]。昔武王克商，通道于九夷、百蛮[⑥]，使各以其方贿来贡[⑦]，使无忘职业。于是肃慎氏贡楛矢，石砮其长尺有咫。先王欲昭其令德之致远也，以示后人，使永监焉[⑧]，故铭其栝曰'肃慎氏之贡矢'[⑨]，以分大姬[⑩]，配虞胡公而封诸陈[⑪]。古者，分同姓以珍玉，展亲也[⑫]；分异姓以远方之职贡[⑬]，使无忘服也[⑭]。故分陈以肃慎氏之贡。君若使有司求诸故府[⑮]，其可得也。"使求，得之金椟[⑯]，如之[⑰]。

## 【注释】

①隼(sǔn)：一种类似鹰的猛禽。集：栖止，此处意为坠落。

②楛(hù)矢：用楛木做箭杆的箭。贯：贯穿。

③石砮(nǔ)：石制的箭头。尺有咫：一尺八寸。咫，八寸。按，古代的一尺八寸约相当于现在的 41 厘米多。

④陈惠公：应为陈闵公，名越，春秋末期的陈国国君，公元前 501—公元前 479 在位，后被楚国所灭。

⑤肃慎氏：北方古代部落名，约在今吉林、黑龙江一带，为女真族祖先。

⑥九夷：东方少数民族，有犬夷、於夷、方夷、黄夷、白夷、赤夷、元夷、风夷、阳夷。百蛮：南方少数民族。

⑦方贿：各地方特产。

⑧监：视，看到。

⑨铭：镌刻。栝(guā)：箭末扣弦处。

⑩大姬：周武王长女。

⑪虞胡公：名满，陈国始封君，传说为舜帝后裔。

⑫展亲：加深亲情。

⑬远方之职贡：远方部落进来的贡物。

⑭服：服事天子的职责。

⑮故府：旧仓库。

⑯金椟：铜饰的木盒。

⑰如之：如孔子所言。

## 【译文】

仲尼在陈国之时，有一只隼坠落在陈侯庭院而死，一枝楛矢贯穿这只隼，石制箭镞，长一尺八寸。陈惠公(应为陈闵公)派人带着这只隼到仲尼客馆询问。仲尼说："这只隼身上的箭矢由来很远啊！这是肃慎氏之矢。从前周武王克商，修筑通衢大道直通九夷、百蛮，使他们各自带着当地特产到周王室进贡，让九夷、百蛮不要忘记各自的职责。于是肃慎氏进贡楛矢，石砮，长一尺八寸。先王想彰显美德，招致远方异族来朝，用来明示后人，使后人永远都能看到，因此在箭的末端刻下'肃慎氏之贡矢'几个字，以此班赐给周武王长女太姬，后来太姬嫁给虞胡公，虞胡公被封在陈国。古时候，天子班赐珍宝玉器给同姓诸侯，以此重申亲情；班赐远方贡物给异姓诸侯，使他们不要忘记服事天子的职责。因此周王室将肃慎氏之矢班赐给陈国。君主如果派有关官员到旧仓库中寻找，就可以找到肃慎氏之矢。"陈侯派人寻找，在铜饰的木盒中找到肃慎氏之矢，如同仲尼之所言。

# 闵马父笑子服景伯

　　齐间丘来盟①，子服景伯戒宰人曰②："陷而入于恭③。"闵马父笑④，景伯问之，对曰："笑吾子之大也。昔正考父校商之名颂十二篇于周太师⑤，以《那》为首，其辑之乱曰⑥：'自古在昔⑦，先民有作⑧。温恭朝夕⑨，执事有恪⑩。'先圣王之传恭⑪，犹不敢专⑫，称曰'自古'，古曰'在昔'，昔曰'先民'。今吾子之戒吏人曰'陷而入于恭'，其满之甚也⑬。周恭王能庇昭、穆之阙而为'恭'⑭，楚恭王能知其过而为'恭'⑮。今吾子之教官僚曰'陷而后恭'，道将何为⑯？"

**【注释】**

①齐间丘来盟：齐鲁会盟在公元前487年。公元前490年，齐公子阳生奔鲁，季康子将其妹季姬许配给阳生。阳生后归国即位，是为悼公。公元前487年，齐悼公迎娶季姬，但季姬与叔父季鲂侯私通，季康子不敢嫁妹。齐悼公怒而伐鲁，鲁人与齐讲和，齐国也派

大夫闾丘明与鲁会盟,并迎娶季姬。齐闾丘,齐国大夫闾丘明。

②子服景伯:鲁国大夫,名何。宰人:属下官员。

③陷而入于恭:有过失,态度就要恭敬一些。陷,过失。

④闵马父:鲁国大夫。

⑤正考父:宋国大夫,孔子先人。校:校正乐曲歌词。商之名颂:商代著名颂诗。十二篇:今本《商颂》仅存五篇,亡七篇。太师:乐官之长。

⑥辑:成。乱:乐曲最后一章。

⑦自古在昔:很久以前。

⑧先民有作:先人有所兴作。

⑨温恭:温良恭敬。

⑩执事:执事之人。恪:态度恭敬。

⑪传恭:恭敬相传。

⑫专:专有。

⑬满:自满。

⑭周恭王:周昭王之孙,周穆王之子,名緊扈。庇昭、穆之阙:补救周昭王南征、周穆王征犬戎之缺失。

⑮楚恭王:芈姓,熊氏,名审。能知其过:楚恭王因在晋楚鄢陵战役中战败,临死前要求臣下将自己的谥号定为"灵"或者"厉"。

⑯道将何为:失道之后恭敬,那么得道又将何为。

【译文】

齐国大夫闾丘明来鲁国会盟,鲁大夫子服景伯告诫僚属说:"有过失,态度就要恭敬一些。"闵马父在一旁笑了,子服景伯问他为什么笑,闵马父说:"我笑您骄傲自大。从前宋国大夫正考父到周太师处校正商朝著名颂诗十二篇,以《那》为首篇,编成后的《那》诗末章说:'很久很久以前,先人有所兴作。早晚温良谦恭,执事之人恭敬。'前代圣王以恭敬世代相传,尚且不敢视恭敬为专有,称之为'自古',古代又称为

'在昔'，在昔又称'先民'。如今您告诫僚属说'有过失，态度就要恭敬一些'，您的骄傲自满太厉害了。周恭王能够纠正周昭王、周穆王缺失而称之为'恭'，楚恭王能够自知其过而称之为'恭'。如今您教僚属说'有过失，态度就要恭敬一些'，那么如果无过失，又将是什么态度呢？"

# 孔丘非难季康子以田赋

　　季康子欲以田赋①，使冉有访诸仲尼②。仲尼不对③，私于冉有曰④："求来！女不闻乎？先王制土⑤，籍田以力⑥，而砥其远迩⑦；赋里以入⑧，而量其有无⑨；任力以夫⑩，而议其老幼⑪。于是乎有鳏、寡、孤、疾⑫，有军旅之出则征之，无则已⑬。其岁，收田一井⑭，出稯禾、秉刍、缶米⑮，不是过也。先王以为足。若子季孙欲其法也，则有周公之籍矣⑯；若欲犯法，则苟而赋⑰，又何访焉！"

**【注释】**

①田赋：按照田亩数量征收田亩税及征召军役、军备。

②冉有：孔子弟子，名求，字子有，为季康子家臣。

③不对：不正式回答。

④私：私下。

⑤制土：根据土地肥瘠确定等级。

⑥籍田：征收田地赋税。以力：根据年龄气力确定耕田数量，二十岁受田五十亩，三十岁受田百亩，六十岁退还田地。

⑦砥其远迩：根据距离远近来平定税赋，如近郊征税十分之一，远郊二十税三等。砥，平。

⑧赋里以入:根据收入确定市廛的税赋。里,市廛,公家所建供商家存货的栈房。

⑨量其有无:衡量财业有无来制定税赋等差。

⑩任力以夫:根据男丁来确定承担多少力役。任,承担。力,力役。夫,丈夫,男丁。

⑪议其老幼:议定老幼以决定免除力役。

⑫鳏:老而无妻曰鳏。寡:老而无夫曰寡。孤:少而无父曰孤。疾:残疾。

⑬有军旅之出则征之,无则已:国家有军旅之事就征收鳏、寡、孤、疾之人的税赋,没有军旅之事就不征。

⑭井:井田。《周礼·考工记·匠人》:"九夫为井,井间广四尺。"郑玄注:"此畿内采地之制。九夫为井,井者,方一里,九夫所治之田也。"《孟子·滕文公上》:"方里而井,井九百亩,其中为公田。"赵岐注:"方一里者,九百亩之地也,为一井。"

⑮稯(zōng)禾:六百四十斛小米。秉刍:一百六十斗饲料。缶米:十六斗大米。

⑯周公之籍:周公制定的籍田之法。

⑰苟:随便。

**【译文】**

季康子想按照田亩数量征收税赋及征召军役、军备,派家臣冉有咨询仲尼。仲尼不作正式回答,私下对冉有说:"冉求你过来! 你没有听说过吗? 先王根据土地肥瘠确定等级,根据年龄气力确定耕田数量和赋税等级,根据距离远近来平定税赋;根据收入确定市廛的税赋,衡量财业有无来制定税赋等差;根据男丁来确定承担多少力役,议定老幼以决定免除力役。于是有鳏夫、寡妇、孤儿、残疾,国家有军旅之事就征收他们的税赋,没有军旅之事就不征。在征收这些人税赋的这一年,一井之田,要出六百四十斛小米、一百六十斗饲料、十六斗大米,不能超过这个数。先王认为这样征税就足够了。如果季康子想按照法度征税,那么周公已经有籍田之法;如果季康子想要违背法度,那就随意征税好了,又何必咨询我呢!"

# 齐语

**【题解】**

本篇收录春秋时期齐桓公、管仲八条言论材料，记载管仲辅佐齐桓公称霸的谋略。

管仲是春秋时期最杰出的政治改革家，他在齐桓公支持之下，对齐国政治、经济、军事厉行改革，使齐国一跃成为春秋前期最为强盛的诸侯国，齐人高举"尊王攘夷"的旗帜，成为华夏诸侯国的实际政治领袖，由此开创了春秋两百多年霸主政治的格局。八章材料蝉联而下："管仲对桓公以霸术章"载管仲论强国之道在于"参其国而伍其鄙，定民之居，成民之事，陵为之终，而慎用其六柄焉"；"管仲佐桓公为政章"载管仲教齐桓公选拔人才整饬内政；"桓公为政既成章"载齐桓公奖善罚恶整顿吏治；"管仲教桓公亲邻国章"载管仲施行睦邻政策；"管仲教桓公足甲兵章"载管仲论"轻过而移诸甲兵"；"桓公帅诸侯而朝天子章"载齐桓公率领诸侯征讨四夷；"葵丘之会天子致胙于桓公章"载齐桓公霸主地位得到周天子的承认；"桓公霸诸侯章"综述齐桓公称霸业绩。本篇八章分开可以各自独立成章，合起来则完整地展现了齐国在管仲精心设计之下一步步走向霸业顶峰的过程。

# 管仲对桓公以霸术

桓公自莒反于齐①，使鲍叔为宰②，辞曰："臣，君之庸臣也。君加惠于臣，使不冻馁，则是君之赐也。若必治国家者，则非臣之所能也。若必治国家者，则其管夷吾乎③。臣之所不若夷吾者五：宽惠柔民④，弗若也；治国家不失其柄⑤，弗若也；忠信可结于百姓，弗若也；制礼义可法于四方，弗若也；执枹鼓立于军门⑥，使百姓皆加勇焉，弗若也。"桓公曰："夫管夷吾射寡人中钩⑦，是以滨于死⑧。"鲍叔对曰："夫为其君动也⑨。君若宥而反之⑩，夫犹是也⑪。"桓公曰："若何？"鲍子对曰："请诸鲁。"桓公曰："施伯⑫，鲁君之谋臣也，夫知吾将用之，必不予我矣。若之何？"鲍子对曰："使人请诸鲁，曰：'寡君有不令之臣在君之国⑬，欲以戮之于群臣，故请之。'则予我矣。"桓公使请诸鲁，如鲍叔之言。

## 【注释】

①桓公自莒反于齐：齐襄公无道，鲍叔牙奉小白奔莒，管仲奉公子纠奔鲁。公元前686年，齐襄公被公孙无知所杀，次年小白由莒返齐即位。桓公，齐国君主，姜姓，名小白，齐僖公之子，齐襄公之弟。

②鲍叔：齐国大夫鲍叔牙。齐桓公未继位前，鲍叔为其傅。宰：国相。

③管夷吾：管仲，名夷吾，字仲。

④柔民：安抚民众。

⑤柄：权柄。

⑥枹(fú)：鼓槌。军门：军营之门。

⑦管夷吾射寡人中钩：公元前 685 年，公子小白由莒返齐，鲁庄公
　　也派人送公子纠回国，并派管仲率兵截击小白，管仲射中小白衣
　　带钩，小白装死，暗自回国即位。

⑧滨：濒临。

⑨君：指公子纠。动：疑为"勤"字。

⑩宥(yòu)：赦免。

⑪犹是：管仲也像忠于公子纠那样忠于桓公。

⑫施伯：鲁国大夫。

⑬不令之臣：不听从命令之臣。

**【译文】**

　　桓公从莒国返回齐国即位，任命鲍叔牙为卿相，鲍叔牙推辞说："我是君主的一个平庸之臣。君主施惠于我，让我不冻不饿，这就是君主的恩赐了。如果一定要治理国家，那就不是我的能力所及了。如果您一定要治理国家，那么一定要用管夷吾。我在五个方面比不上管夷吾：宽大惠爱，安抚民众，我比不上他；治理国家不失权柄，我比不上他；忠信之心可以将百姓凝聚起来，我比不上他；制定礼义可以让四方效法，我比不上他；手执槌鼓立于军营之门，使百姓勇气倍增，我比不上他。"桓公说："管夷吾射中我的衣带钩，我因此差一点死掉。"鲍叔牙说："这是各为其君。君主您若赦免并重用他，管仲也会像忠于公子纠那样忠于您。"桓公问："怎么能让他回国呢？"鲍叔牙说："把他从鲁国请回来。"桓公说："施伯是鲁君的谋臣，他知道我将重用管仲，必定不肯将管仲给我。怎么办？"鲍叔牙说："您派人请求鲁国，说：'齐君有不服从命令之臣在鲁国，想在群臣面前杀死他，因此特来请求。'这样鲁国就会将管仲交给我国了。"桓公派人请求鲁国，如同鲍叔牙所说的一样。

　　庄公以问施伯①，施伯对曰："此非欲戮之也，欲用其政也。夫管子，天下之才也，所在之国，则必得志于天下。令

彼在齐，则必长为鲁国忧矣。"庄公曰："若何？"施伯对曰：
"杀而以其尸授之。"庄公将杀管仲，齐使者请曰："寡君欲亲
以为戮，若不生得以戮于群臣，犹未得请也。请生之。"于是
庄公使束缚以予齐使，齐使受之而退②。

**【注释】**

①庄公：鲁国君主，姬姓，名同。

②退：返回齐国。

**【译文】**

鲁庄公以此事咨询施伯，施伯说："齐国此举并不是想杀管仲，而是
想任用管仲为政。管子是天下之才，所在之国，一定会得志于天下。让
管仲在齐国执政，一定会成为鲁国长久的忧患。"鲁庄公问："那应该怎
么办？"施伯说："杀死管仲，将尸体交给齐国。"庄公准备杀管仲，齐国使
者请求说："我们国君想亲自杀死他，如果不能得到活的管仲，在群臣面
前杀死他，那么就如同我们没有提出请求。请让管仲活着。"于是鲁庄
公让人将管仲捆绑起来，交给齐国使者，齐国使者接受管仲而归国。

　　比至①，三衅、三浴之②。桓公亲逆之于郊③，而与之坐
而问焉，曰："昔吾先君襄公，筑台以为高位④，田、狩、罼、
弋⑤，不听国政，卑圣侮士，而唯女是崇。九妃、六嫔，陈妾数
百，食必粱肉，衣必文绣。戎士冻馁⑥，戎车待游车之裔⑦，戎
士待陈妾之余。优笑在前⑧，贤材在后。是以国家不日引⑨，
不月长⑩。恐宗庙之不扫除⑪，社稷之不血食⑫，敢问为此若
何？"管子对曰："昔吾先王昭王、穆王，世法文、武远绩以成
名⑬，合群叟⑭，比校民之有道者⑮，设象以为民纪⑯，式权以

相应⑰，比缀以度⑱，夸本肇末⑲，劝之以赏赐⑳，纠之以刑罚，班序颠毛㉑，以为民纪统㉒。”桓公曰："为之若何?"管子对曰："昔者，圣王之治天下也，参其国而伍其鄙㉓，定民之居，成民之事，陵为之终㉔，而慎用其六柄焉㉕。"

**【注释】**

①比：及。

②衅：同"薰"，指用香薰身。

③逆：迎。郊：近郊。

④高位：崇高地位。

⑤田：打猎。狩：冬猎。罼（bì）：捕捉雉兔的罗网。弋：用带丝绳的箭射猎。

⑥戎士：战士。

⑦戎车：兵车。游车：游戏之车。襄：残。

⑧优笑：俳优，演员。

⑨日引：每日进步。引，申。

⑩月长：每月增益。长，益。

⑪扫除：祭扫。

⑫血食：谓受享祭品。祭祀时要杀牲取血。

⑬绩：功绩。

⑭合：会集。叟：老人。

⑮比校：比较考核。

⑯设象：将法令悬挂在象魏之上。象，象魏，宫廷外的阙门。民纪：民众纪纲。

⑰式：用。权：平均。相应：适度，适当。

⑱比缀以度：比较人口多少，按法度将民众组织起来。比，比较多少。缀，连。度，法。

⑲ 纯(zhuǎn)本肇末：先均根本，以端正其末。纯，均等。肇，端正。

⑳ 劝：鼓励。

㉑ 班序颠毛：根据头顶毛发黑白程度确定长幼秩序。班序，次序。颠毛，头顶毛发。

㉒ 纪统：纲纪。

㉓ 参：三。国：国都。伍：五。鄙：郊区。

㉔ 陵：陵墓。终：送终之处。

㉕ 六柄：生、杀、贫、富、贵、贱六大权柄。

## 【译文】

等到管仲进入齐国，齐人安排他三次以香熏身，三次沐浴。齐桓公亲自到郊区迎接他，陪同管仲坐下来，向他咨询治国方略，说："以前我们先君齐襄公修筑台榭来抬高自己地位，沉溺于各种田猎之中，不去治理国政，看不起圣贤，侮辱士人，只崇尚女色。九妃六嫔，陈列侍妾数百人，吃的一定是梁肉美食，穿的一定是纹彩锦绣。战士冻饿，游乐车用坏了才改为战车，侍妾吃剩下的才给战士吃。俳优活跃在君主之前，贤才退避在演员之后。因此国家不能日新月异地进步。我怕齐国宗庙没有人祭扫，江山社稷不能享受祭祀，请问对此怎么办？"管子回答说："从前我们先王周昭王和周穆王，世代效法周文王和周武王，通过远征功绩而成名，他们聚合一群老年人，比较考校民众之中有道术的人，设立象魏悬挂法令作为民众纲纪，用民考虑到平均适度，比较人口多少，按法度将民众组织起来，先平均治国根本，以端正其末，用赏赐鼓励民众向善，用刑罚纠正民众邪恶，根据头顶毛发黑白程度确定长幼秩序，以此作为民众的纲纪。"齐桓公问："具体应该怎么做？"管子回答说："从前，圣王治理天下，将国都分为三个部分，将郊区分为五个部分，规定民众居住区域，使民众各成其事，陵墓作为送终之处，谨慎地运用生、杀、贫、富、贵、贱六大权柄。"

　　桓公曰:"成民之事若何?"管子对曰:"四民者①,勿使杂处,杂处则其言哤②,其事易③。"公曰:"处士、农、工、商若何?"管子对曰:"昔圣王之处士也,使就闲燕④;处工,就官府;处商,就市井;处农,就田野。

**【注释】**

①四民:士、农、工、商。

②哤(máng):纷乱。

③易:改变。

④闲燕:清静闲适。

**【译文】**

　　桓公曰:"怎样才能使民众各成其事呢?"管子回答说:"士、农、工、商四类民众,不要让他们混杂地住在一起,混杂地住在一起就会言论纷乱,四类民众就会改易他们的事业。"齐桓公问:"如何安排士、农、工、商的居住区域呢?"管子回答说:"从前圣王安排士的居处,让他们住在清静闲适的地方;安排工匠的住处,让他们住在靠近官府的地方;安排商人的住处,让他们住在接近市井的地方;安排农夫的住处,让他们住在接近田野的地方。

　　"令夫士,群萃而州处①,闲燕则父与父言义,子与子言孝,其事君者言敬,其幼者言弟②。少而习焉,其心安焉,不见异物而迁焉③。是故其父兄之教不肃而成④,其子弟之学不劳而能。夫是,故士之子恒为士。

**【注释】**

①萃:聚集。州处:聚居。

②弟:通"悌",敬重兄长。

③异物:士之外的事物。

④肃:严厉。

【译文】

"命令士,聚居在一处,清静休闲之时,做父亲的人与做父亲的人谈论义,做子女的人与做子女的人讨论孝,在朝廷事奉君主的人探讨敬,年幼的人讨论悌。从小就习染士的生活,心灵安于士的职责,不会见异思迁。因此父兄对子弟的教导不用严厉而获得成功,子弟向父兄学习不疲劳而学成。这样,士的儿子永远是士。

"令夫工,群萃而州处,审其四时,辨其功苦①,权节其用②,论比协材③,旦暮从事,施于四方,以饬其子弟④,相语以事⑤,相示以巧,相陈以功⑥。少而习焉,其心安焉,不见异物而迁焉。是故其父兄之教不肃而成,其子弟之学不劳而能。夫是,故工之子恒为工。

【注释】

①辨:辨别。功:质量坚美。苦:质量滥恶。

②权节:权衡。用:用处。

③论比:讲论比较。协材:指材料协调配合。

④饬:教导。

⑤事:工匠之事。

⑥陈:示。功:功用。

【译文】

"命令工匠,聚居在一处,审察一年四季不同特点,辨别材质好坏,权衡材料用处,讲论比较协调用材,早晚努力工作,让产品满足四方需要，年长者教导子弟，工匠之间谈论的都是工匠的事，互相展示的是各自技巧，互相陈述的是产品功用。工匠的儿子从小就习染工匠的生活，心灵安于工匠的职责，不会见异思迁。因此父兄对子弟的教导不用严厉而获得成功，子弟向父兄学习不疲劳而学成。这样，工匠的儿子永远是工匠。

  "令夫商，群萃而州处，察其四时，而监其乡之资①，以知其市之贾②，负、任、担、荷③，服牛、辂马④，以周四方⑤，以其所有，易其所无，市贱鬻贵⑥，旦暮从事于此，以饬其子弟，相语以利，相示以赖⑦，相陈以知贾⑧。少而习焉，其心安焉，不见异物而迁焉。是故其父兄之教不肃而成，其子弟之学不劳而能。夫是，故商之子恒为商。

**【注释】**

①监：视。资：商业资源。

②贾（jià）：同"价"。

③负：背负。任：抱。担：肩挑。荷：肩扛。

④服牛：驾着牛车。辂（yáo）马：赶着马车。

⑤周：周游。

⑥市：买。鬻：卖。

⑦赖：赢利。

⑧知贾：了解价格。

**【译文】**

  "命令商人，聚居在一处，观察一年四季的气候变化，审视当地的商业资源，以此了解市价行情，或背负、或怀抱、或肩挑、或肩扛，驾着牛车或马车，将商品运到四面八方，以其所有，易其所无，买贱卖贵，早晚从事商业,以此教导子弟,商人之间互相谈论利润,互相展示各自的赢利,互相陈述各自所了解的物价行情。商人的儿子从小就习染商人的生活,心灵安于商人的职责,不会见异思迁。因此父兄对子弟的教导不用严厉而获得成功,子弟向父兄学习不疲劳而学成。这样,商人的儿子永远是商人。

　　"令夫农,群萃而州处,察其四时,权节其用,耒、耜、枷、芟①,及寒,击菒除田②,以待时耕;及耕,深耕而疾耰之③,以待时雨;时雨既至,挟其枪、刈、耨、镈④,以旦暮从事于田野。脱衣就功⑤,首戴茅蒲⑥,身衣袯襫⑦,沾体涂足⑧,暴其发肤⑨,尽其四支之敏⑩,以从事于田野。少而习焉,其心安焉,不见异物而迁焉。是故其父兄之教不肃而成,其子弟之学不劳而能。夫是,故农之子恒为农,野处而不暱⑪。其秀民之能为士者⑫,必足赖也⑬。有司见而不以告,其罪五⑭。有司已于事而竣⑮。"

**【注释】**

①耒(lěi):一种形状似叉的翻土农具。耜(sì):一种形状似铲的翻土农具。枷(jiā):脱谷农具。芟(shān):镰刀。

②击菒(gǎo):除去枯草。

③耰(yōu):打碎土块的农具。

④枪:掘土除草的农具。刈(yì):镰刀。耨(nòu):小手锄。镈(bó):除草农具。

⑤就功:干农活。

⑥茅蒲:斗笠。

⑦袯襫(bó shì):蓑衣。

⑧沾:浸湿。涂足:泥巴糊满双足。

⑨暴:暴露。

⑩支:同"肢"。敏:敏捷。

⑪暱:通"慝",奸恶。

⑫秀民:优秀之民。

⑬赖:依靠。

⑭其罪五:指墨、劓、刖、宫、大辟五种刑罚。

⑮已:做完。事:举荐人才。竣:完成。

**【译文】**

"命令农夫,聚居在一处,观察四时节令,检查农具情况,准备好耒、耜、枷、芟等农具,在大寒时节,就要除去枯草,清理平整田地,等待春耕;春耕一旦来到,就要深耕细作,尽快将土块打碎,等待春天的及时雨;一场春雨之后,农夫就要带着枪、刈、耨、镈等农具,早晚在田野耕作。农夫们脱掉上衣干活,他们头戴斗笠,身穿蓑衣,身上汗湿了,泥巴糊满双腿,身体发肤暴露在炎炎烈日之下,发挥四肢最大的作用,在田野中辛勤劳动。农夫的儿子从小就习染农夫的生活,心灵安于农夫的职责,不会见异思迁。因此父兄对子弟的教导不用严厉而获得成功,子弟向父兄学习不疲劳而学成。这样,农夫的儿子永远是农夫,他们生活在野外而不会作奸犯科。农夫中的优秀之民能够成为士的人,一定是值得信赖的。有关官员如果见到优秀农夫而不上报,就要按照墨、劓、刖、宫、大辟五种刑罚定罪。有关官员在举荐人才之后才算完成职责。"

桓公曰:"定民之居若何?"管子对曰:"制国以为二十一乡①。"桓公曰:"善。"管子于是制国以为二十一乡:工商之乡六②;士乡十五③。公帅五乡焉④,国子帅五乡焉,高子帅五乡焉⑤。参国起案⑥,以为三官⑦,臣立三宰⑧,工立三族⑨,市立三乡⑩,泽立三虞⑪,山立三衡⑫。

**【注释】**

①国:国都。乡:二千家为一乡。

②工商之乡六:工、商各设三乡。

③士乡十五:士乡有兵戎义务,十五乡组成三军。

④公帅五乡:齐桓公帅五乡之士,为中军。公,齐桓公。五乡,五乡
之士。

⑤国子帅五乡焉,高子帅五乡焉:国子和高子各帅五乡之士,为左、
右军。国子、高子,齐国上卿。

⑥参国:将国事分为三个部分。起案:划定界限。

⑦三官:设立士、工、商三官。

⑧臣立三宰:群臣设立三位卿士。

⑨工立三族:工匠设立三族之官。

⑩市立三乡:商人设立三乡之官。

⑪虞:掌管川泽之官。

⑫衡:掌管山林之官。

**【译文】**

　　齐桓公问:"怎样划定百姓的居处呢?"管子回答说:"将齐国国都划
分为二十一乡。"齐桓公说:"好。"管仲于是将齐国国都划分为二十一
乡:其中六个工、商之乡;十五个士乡,齐桓公亲帅五乡之士,上卿国子
帅五乡,上卿高子帅五乡。管仲将国事划分为三个部分,各自设立界
限,设立士、工、商三官,设三卿主管群臣,设三族主管工匠,设三乡主管
商人,设三虞主管川泽,设三衡主管山林。


　　桓公曰:"吾欲从事于诸侯①,其可乎?"管子对曰:"未
可,国未安。"桓公曰:"安国若何?"管子对曰:"修旧法,择其

善者而业用之<sup>②</sup>；遂滋民<sup>③</sup>，与无财<sup>④</sup>，而敬百姓，则国安矣。"桓公曰："诺。"遂修旧法，择其善者而业用之；遂滋民，与无财，而敬百姓。国既安矣，桓公曰："国安矣，其可乎？"管子对曰："未可。君若正卒伍<sup>⑤</sup>，修甲兵，则大国亦将正卒伍，修甲兵，则难以速得志矣。君有攻伐之器，小国诸侯有守御之备，则难以速得志矣。君若欲速得志于天下诸侯，则事可以隐令<sup>⑥</sup>，可以寄政<sup>⑦</sup>。"桓公曰："为之若何？"管子对曰："作内政而寄军令焉。"桓公曰："善。"

**【注释】**

①从事于诸侯：指采取行动称霸诸侯。

②业：俞樾释为"绪"，叙。

③滋：通"慈"，慈爱。

④与无财：帮助穷人。

⑤卒伍：西周以五人为伍，百人为卒。管仲改为五人为伍，二百人为卒。

⑥事：军事。隐令：隐藏军令。

⑦寄政：在国政中寄寓军令。

**【译文】**

齐桓公问："我想采取行动称霸诸侯，可以吗？"管子回答说："不可以，国家尚未安定。"齐桓公问："怎样才能安定国家？"管子回答说："修订旧法令，选择其中好的法令而加以叙用；慈爱民众，帮助穷人，敬重百姓，那么国家就安定了。"齐桓公说："好。"于是齐桓公修订旧法令，选择其中好的法令而加以叙用；慈爱民众，帮助穷人，敬重百姓。齐国由此得到安定。齐桓公问："国家安定了，可以行动了吗？"管子回答说："不可以。君主您如果整顿卒伍，修缮甲兵，那么其他大国也将整顿卒伍，修缮甲兵,这样您就难以迅速称霸了。君主您有攻伐武器,那么小国诸侯有守卫防御装备,这样您就难以迅速称霸了。君主您如果想迅速称霸于天下诸侯,那么在军事上可以采取隐藏命令的方法,可以采用在国政中寄寓军令的做法。"齐桓公问:"怎样去做呢?"管子回答说:"在处理内政时寄寓军令。"齐桓公说:"好。"

　　管子于是制国①:"五家为轨,轨为之长②;十轨为里,里有司③;四里为连,连为之长;十连为乡,乡有良人焉④。以为军令⑤:五家为轨,故五人为伍,轨长帅之;十轨为里,故五十人为小戎⑥,里有司帅之;四里为连,故二百人为卒,连长帅之;十连为乡,故二千人为旅,乡良人帅之;五乡一帅,故万人为一军,五乡之帅帅之⑦。三军,故有中军之鼓,有国子之鼓,有高子之鼓。春以蒐振旅⑧,秋以狝治兵⑨。是故卒伍整于里,军旅整于郊。内教既成,令勿使迁徙。伍之人祭祀同福⑩,死丧同恤,祸灾共之。人与人相畴⑪,家与家相畴,世同居,少同游。故夜战声相闻,足以不乖⑫;昼战目相见,足以相识。其欢欣足以相死⑬。居同乐,行同和,死同哀。是故守则同固,战则同强。君有此士也三万人,以方行于天下⑭,以诛无道,以屏周室⑮,天下大国之君莫之能御。"

**【注释】**

①制国:制定国家管理制度。

②轨为之长:在一轨之中,挑选一人为轨长。

③里有司:在一里之中,挑选一人为有司。

④良人:乡大夫。

⑤以为军令：将居民体制变为军事体制，对居民下达军令。

⑥小戎：兵车，为里有司所乘。

⑦五乡之帅：一军之长，即卿。

⑧蒐：春天打猎。振旅：训练军队。

⑨狝(xiǎn)：秋天打猎。

⑩同福：共同祈福。

⑪畴：匹，处。

⑫乖：误会。

⑬相死：以死相救。

⑭方行：横行。

⑮屏：屏障，保卫。

【译文】

管仲于是制定国家管理制度："五家为一轨，一轨之中，挑选一人为轨长；十轨为一里，一里之中，挑选一人为有司；四里为一连，一连之中，挑选一人为连长；十连为一乡，一乡之中，设立一位良人。同时对居民下达军令：五家为一轨，因此五人为一伍，由轨长统率；十轨为一里，因此五十人编为一小戎，由里有司统率；四里为一连，因此二百人为一卒，由连长统率；十连为一乡，因此二千人为一旅，由乡良人统率；五乡为一帅，因此万人为一军，由五乡之帅统率。全国组成三军，因此有中军之鼓，有国子之鼓，有高子之鼓。春天通过春猎来训练军队，秋天通过秋猎练兵。因此卒、伍一级的军队在里中就已经整编而成，军、旅一级的军队在城郊就已经整编而成。在内政中寄寓军令的教令形成以后，下令不让居民更改迁徙。同一伍之人在祭祀时共同祈福，有死丧之事则共同体恤，祸灾与共。人与人相处，家与家相处，世世代代聚居在一起，小时候在一起同游同乐。因此在夜战之时能够辨识彼此说话的声音，足可以不发生误杀；白天战斗时眼睛能够看见，足可以互相辨认。彼此欢欣之情足可以让他们互相以死相救。居则同乐，行则同和，死则同哀。因此防守则共同坚固，战斗则共同坚强。君主有这样三万人军队，就能横行于天下，诛讨无道之国，保卫周王室，天下大国之君没有人能够抵御。"

# 管仲佐桓公为政

正月之朝①，乡长复事②。君亲问焉，曰："于子之乡，有居处好学、慈孝于父母、聪慧质仁、发闻于乡里者③，有则以告。有而不以告，谓之蔽明④，其罪五。"有司已于事而竣。桓公又问焉，曰："于子之乡，有拳勇股肱之力秀出于众者⑤，有则以告。有而不以告，谓之蔽贤，其罪五。"有司已于事而竣。桓公又问焉，曰："于子之乡，有不慈孝于父母、不长悌于乡里、骄躁淫暴、不用上令者⑥，有则以告。有而不以告，谓之下比⑦，其罪五。"有司已于事而竣。是故乡长退而修德进贤，桓公亲见之，遂使役官⑧。

【注释】

①正月之朝：正月的朝会。

②复事：述职奏事。

③质：质朴。发闻：传播美好名声。

④蔽明：隐蔽贤明。

⑤拳勇：武勇。股肱：大腿和胳膊的上部。

⑥用：服从。

⑦下比：与属下朋比为奸。

⑧役：为。

【译文】

正月举行朝会，乡长向齐桓公述职奏事。齐桓公亲自询问，说："在您的乡里，有没有居家好学、慈孝父母、聪慧朴仁、美名传于乡里的人，有就告诉我。如果有而不告诉我，就叫做隐蔽贤明，就要根据墨、劓、刖、宫、大辟五种刑罚定罪。"乡长回答完毕而后告退。桓公又问道："在您的乡里，有没有英武勇猛、孔武有力、优秀出众的人，有就告诉我。如果有而不告诉我，就叫做隐蔽贤明，就要根据墨、劓、刖、宫、大辟五种刑罚定罪。"有关官员回答完毕而告退。桓公又问道："在您的乡里，有没有不孝父母、不敬兄长于乡里、骄躁淫暴、不服从命令的人，有就告诉我。如果有而不告诉，就叫做与下属朋比为奸，就要根据墨、劓、刖、宫、大辟五种刑罚定罪。"有关官员回答完毕而告退。因此乡长退下之后，修养品德，推荐贤才，桓公亲自接见这些贤才，委任他们官职。

桓公令官长期而书伐①，以告且选，选其官之贤者而复用之②，曰："有人居我官，有功休德③，惟慎端悫以待时④，使民以劝，绥谤言⑤，足以补官之不善政。"桓公召而与之语，訾相其质⑥，足以比成事⑦，诚可立而授之。设之以国家之患而不疚⑧，退问之其乡，以观其所能而无大厉⑨，升以为上卿之赞⑩，谓之三选⑪。国子、高子退而修乡⑫，乡退而修连，连退而修里，里退而修轨，轨退而修伍，伍退而修家。是故匹夫有善，可得而举也；匹夫有不善，可得而诛也。政既成，乡不越长⑬，朝不越爵⑭，罢士无伍⑮，罢女无家⑯。夫是，故民皆勉为善。与其为善于乡也，不如为善于里；与其为善于里也，不如为善于家。是故士莫敢言一朝之便，皆有终岁之计；莫敢以终岁之议，皆有终身之功。

**【注释】**

①官长：长官。期：一年。书：书写。伐：功。

②复:白,陈述。用:王引之认为是衍文。

③休德:美德。

④惟:发语词。慎:谨慎。端:端正。悫(què):朴实。待时:动不违时。

⑤绥:止。

⑥訾:考量。相:观察。质:品质。

⑦比:辅。

⑧设:假设。患:难。不疾:指不感到有困难。疾,病。

⑨厉:违背。

⑩赞:佐。

⑪三选:乡长举荐、官长选拔、君主面试。

⑫修乡:治理乡政。

⑬乡不越长:乡里长幼有序,不相逾越。

⑭朝不越爵:朝廷之上,贤者居上,不肖者居下,爵位不相逾越。

⑮罢(pí)士:指无行之士。罢,无行。无伍:无人为伍。

⑯罢女无家:无行女子找不到婆家。家,夫家。

**【译文】**

　　齐桓公命令长官每年书写有功人员,禀告上级以备挑选,长官挑选贤能官员,向朝廷汇报并请求任用,说:"我属下某位官员,有功劳和美德,品行谨慎、端方、朴实、动不违时,劝勉民众,消除诽谤之言,足可以弥补官府不善之政。"齐桓公召来这些被举荐的人,与他们交谈,考察他们的品质,如果足以辅佐上级官员成事,真的可以任用,就授予官职。齐桓公假设一些国家患难问题进行考问,如果对答如流,就会退而询问该人才在乡里的表现,观察该人才的能力,如果该人才在朝廷和乡里表现没有大的相左情形,就擢升为上卿之佐。乡长举荐、官长选拔、君主面试,称之为三选。上卿国子、高子退朝后而治理乡政,乡长回去后治理连政,连长回去后治理里政,里长回去后治理轨政,轨长回去后治理伍政,伍长回去后治理家政。因此平民有了善行,可以得到举荐;平民有不善之行,也可以得到诛责。政令落实之后,乡里长幼有序而不相逾,朝廷上贤者居上,不肖者居下,不会越位,无行之士无人为伍,无行之女找不到婆家。正因为这样,民众都互勉为善。与其为善于乡,不如为善于里;与其为善于里,不如为善于家。因此士不敢言一朝之便,都有整年的打算;进而不敢谈一年的打算,而去考虑终身的功业。

　　桓公曰:"伍鄙若何?"管子对曰:"相地而衰征①,则民不移;政不旅旧②,则民不偷③;山泽各致其时④,则民不苟⑤;陆、阜、陵、墐、井、田、畴均⑥,则民不憾⑦;无夺民时,则百姓富;牺牲不略⑧,则牛羊遂⑨。"

**【注释】**

①相:视。衰(cuī):差。

②旅:拒绝。旧:君主故旧。

③偷:苟且偷安。

④山泽各致其时:即以时入山林川泽樵采渔猎。

⑤不苟:不苟得。

⑥陆:高平地。阜:土山。陵:大土山。墐(jìn):沟上之道。井:九夫为井。田:谷地。畴:麻地。

⑦憾:恨。

⑧略:夺。

⑨遂:生长。

**【译文】**

　　齐桓公问:"怎样治理国都之外的伍鄙呢?"管子回答说:"观察土地肥瘠而征收不同等级的赋税,民众就不会迁移;施政不遗忘旧臣,民众就不会苟且偷安；以时入山林川泽樵采渔猎，民众就不会贪图苟得；陆、阜、陵、墐、井、田、畴平均分配，民众就不会抱恨；不要抢夺民时，百姓就会富有；不要过多地征收祭祀牺牲，牛羊就会繁殖兴旺。"

桓公曰："定民之居若何①?"管子对曰："制鄙②。三十家为邑，邑有司；十邑为卒，卒有卒帅；十卒为乡，乡有乡帅；三乡为县，县有县帅；十县为属，属有大夫。五属，故立五大夫，各使治一属焉；立五正，各使听一属焉。是故正之政听属③，牧政听县④，下政听乡⑤。"桓公曰："各保治尔所，无或淫怠而不听治者⑥!"

**【注释】**

①定民之居：指制定伍鄙居民的居住政策。

②制鄙：制定伍鄙政策。

③正：五正。

④牧政听县：牧指五属大夫，听县帅之治。

⑤下政听乡：下政指县帅，听乡帅之治。

⑥无或：不要。

**【译文】**

齐桓公问："如何制定伍鄙居民的管理政策呢?"管子回答说："制定伍鄙居民的行政区划。三十家为一邑，一邑之中，有一位有司；十邑为一卒，一卒之中，有一位卒帅；十卒为一乡，一乡之中，有一位乡帅；三乡为一县，一县之中，有一位县帅；十县为一属，一属之中，有一位大夫。全国一共有五属，因此设立五位大夫，派他们各自治理一属；设立五位正长，各自督察一属行政。因此五正督察五属，五属督察县帅，县帅督察乡帅。"齐桓公下令说："各自保证治理好你们的区域，不要有荒淫懈怠而不问政事的人！"

# 桓公为政既成

　　正月之朝，五属大夫复事。桓公择是寡功者而谪之①，曰："制地、分民如一，何故独寡功？ 教不善则政不治，一再则宥②，三则不赦。"桓公又亲问焉，曰："于子之属，有居处为义好学、慈孝于父母、聪慧质仁、发闻于乡里者，有则以告。有而不以告，谓之蔽明，其罪五。"有司已于事而竣。桓公又问焉，曰："于子之属，有拳勇股肱之力秀出于众者，有则以告。有而不以告，谓之蔽贤，其罪五。"有司已于事而竣。桓公又问焉，曰："于子之属，有不慈孝于父母、不长悌于乡里、骄躁淫暴、不用上令者，有则以告。有而不以告，谓之下比，其罪五。"有司已于事而竣。五属大夫于是退而修属，属退而修县，县退而修乡，乡退而修卒，卒退而修邑，邑退而修家。是故匹夫有善，可得而举也；匹夫有不善，可得而诛也。政既成矣，以守则固，以征则强。

**【注释】**

　　①是：王引之认为是"其"字之误。寡功：少功。谪：责备。

　　②一再：第一次、第二次。宥：宽容。

**【译文】**

　　正月举行朝会，五属大夫向齐桓公述职奏事。齐桓公选择那些缺少功绩的官员而给予批评，说："制定区域、划分民众都是同样的，为什么只有你缺少功绩？ 教化不善就会难以治理，一次两次缺少功绩可以宽容，第三次就不再赦免了。"桓公又亲自询问道："在您的属里，有没有居家崇义好学、慈孝父母、聪慧朴仁、美名传于乡里的人，有就告诉我。如果有而不告诉我，就叫做隐蔽贤明，就要根据墨、劓、刖、宫、大辟五种刑罚定罪。"五属大夫回答完毕而告退。桓公又问道："在您的属里，有没有英武勇猛、孔武有力、优秀出众的人，有就告诉我。如果有而不告诉我，就叫做隐蔽贤明，就要根据墨、劓、刖、宫、大辟五种刑罚定罪。"有关官员回答完毕而告退。桓公又问道："在您的属里，有没有不孝父母、不敬兄长于乡里、骄躁淫暴、不服从命令的人，有就告诉我。如果有而不告诉，就叫做与下属朋比为奸，就要根据墨、劓、刖、宫、大辟五种刑罚定罪。"有关官员回答完毕而告退。五属大夫于是在退朝之后治理属政，属大夫回来后治理县政，县帅回来后治理乡政，乡帅回来后治理卒政，卒帅回来后治理邑政，邑司回来后治理家政。因此平民有了善行，可以得到举荐；平民有不善之行，可以得到诛责。政令施行之后，率民防守就会牢固，率民征讨就会强大。

## 管仲教桓公亲邻国

　　桓公曰："吾欲从事于诸侯，其可乎？"管子对曰："未可。邻国未吾亲也。君欲从事于天下诸侯，则亲邻国。"桓公曰："若何？"管子对曰："审吾疆場①，而反其侵地②；正其封疆③，无受其资④；而重为之皮币⑤，以骤聘眺于诸侯⑥，以安四邻，则四邻之国亲我矣。为游士八十人，奉之以车马、衣裘，多其资币，使周游于四方，以号召天下之贤士。皮币玩好，使民鬻之四方⑦，以监其上下之所好⑧，择其淫乱者而先征之。"

**【注释】**

①审：审查。疆埸(yì)：国家疆界。

②反：同"返"。侵地：指齐国侵夺邻国之地。

③正其封疆：指帮助邻国划定边境线。

④无受其资：不接受邻国资财。

⑤皮币：毛皮和缯帛，这是古代用作聘享的贵重礼物。

⑥骤：频繁。觌：同"觊"，指多名大夫一起出国聘问。

⑦鬻：卖。

⑧监：视。上下：君臣。

**【译文】**

　　齐桓公问："我想采取行动称霸诸侯，可以吗？"管子回答说："不可以。邻国尚未亲近我国。君主若想采取行动称霸天下诸侯，那就要亲近邻国。"齐桓公问："怎样才能亲近邻国呢？"管子回答说："审查我国边境线，返还所侵夺的邻国土地；帮助邻国划定边境线，不接受邻国资财；准备丰厚的礼物，频繁地多派人聘问各国诸侯，以此安定四周邻国，这样四邻就亲近我国了。选派游说之士八十人，给他们配备车马和衣裳，多带财币，让他们周游四方，以此号召天下之贤士。选择裘皮币帛和各种赏玩物品，派商人到四方贩卖，从中观察各国君臣奢俭情形，再选择淫乱的国家作为首先征讨的对象。"

# 管仲教桓公足甲兵

　　桓公问曰："夫军令则寄诸内政矣，齐国寡甲兵①，为之若何？"管子对曰："轻过而移诸甲兵②。"桓公曰："为之若何？"管子对曰："制重罪赎以犀甲一戟③，轻罪赎以鞼盾一戟④，小罪谪以金分⑤，宥间罪⑥。索讼者三禁而不可上下⑦，坐成以束矢⑧。美金以铸剑戟⑨,试诸狗马;恶金以铸钼、夷、斤、劚⑩,试诸壤土。"甲兵大足。

**【注释】**

①寡:缺少。甲:铠甲。兵:兵器。

②轻过:减轻对罪过的惩罚。移诸甲兵:改为用铠甲兵器赎罪。

③重罪:死刑。犀甲:用犀牛皮制作的铠甲。戟:战车上使用的车戟。柄长一丈六尺。

④轻罪:指劓刑、刖刑之罪。鞼(guì)盾:缀有纹饰皮革的盾牌。

⑤小罪:指五刑之外的罪过。谪:谴责。金分:数量不等的罚金。

⑥宥:赦免。间罪:犯罪嫌疑。

⑦索讼者:提请诉讼的人。三禁:囚禁三天。不可上下:讼词不可更改。

⑧坐成:同意受理诉讼案件。束矢:十二枝箭为一束。

⑨美金:指青铜。

⑩恶金:铁。钼(chú):锄头。夷:割草工具。斤:斧头。劚(zhú):大锄。

**【译文】**

　　齐桓公问道:"军令已经成功地寄寓于内政之中了,可是齐国缺少铠甲兵器,怎么办?"管子回答说:"减轻对罪过的惩罚,改为用铠甲兵器来赎罪。"齐桓公问:"具体应该怎么做?"管子回答说:"制定政策:死刑重罪用一副犀皮铠甲和一杆车戟来赎罪,劓刑、刖刑等轻罪用一副鞼盾和一杆车戟来赎罪,五刑之外的小罪交纳数量不等的罚金,宽宥未经查明的犯罪嫌疑人。若有提请诉讼的人,先关他三天禁闭,确认讼词不可更改,对于同意受理诉讼的案件,让他交纳十二枝箭。青铜用来铸造剑戟,在狗马身上试验是否锋利;铁用来铸造钼、夷、斤、劚,在土地上试验它是否适用。"齐国因此铠甲兵器非常充足。

# 桓公帅诸侯而朝天子

桓公曰:"吾欲南伐,何主①?"管子对曰:"以鲁为主。反其侵地棠、潜②,使海于有蔽③,渠弭于有渚④,环山于有牢⑤。"桓公曰:"吾欲西伐,何主?"管子对曰:"以卫为主。反其侵地台、原、姑与漆里⑥,使海于有蔽,渠弭于有渚,环山于有牢。"桓公曰:"吾欲北伐,何主?"管子对曰:"以燕为主。反其侵地柴夫、吠狗⑦,使海于有蔽,渠弭于有渚,环山于有牢。"四邻大亲。既反侵地,正封疆,地南至于𬱟阴⑧,西至于济⑨,北至于河⑩,东至于纪酅⑪,有革车八百乘。择天下之甚淫乱者而先征之。

**【注释】**

①主:东道主,指为齐师供应军需物资的诸侯国。

②棠、潜:鲁国二邑。棠,在今山东鱼台。潜,在今山东济宁西南。

③海:海滨。蔽:军事屏蔽。

④渠弭:浅海,海湾。渚:水中小洲。

⑤环山:环绕山峦。有牢:牢固。

⑥台、原、姑与漆里:卫国四邑。

⑦柴夫、吠狗:燕国二邑。

⑧𬱟阴:泰山之北。

⑨济:济水。

⑩河:黄河。

⑪纪酅(xī):纪国酅邑,在今山东淄博东。

## 【译文】

　　齐桓公问："如果我想向南方征伐，那么谁可以作为供应军需的东道主？"管子回答说："鲁国可以作为东道主。我们返还所侵占的鲁国棠、潜二邑，这样我们在海滨就有了屏蔽之地，在海湾就有了可以驻扎军队的洲渚，环绕山峦会更加牢固。"齐桓公问："如果我想向西方征伐，那么谁可以作为供应军需的东道主？"管子回答说："卫国可以作为东道主。我们返还所侵占的卫国台、原、姑与漆里四邑，这样我们在海滨就有了屏蔽之地，在海湾就有了可以驻扎军队的洲渚，环绕山峦会更加牢固。"桓公曰："如果我想向北方征伐，那么谁可以作为供应军需的东道主？"管子回答说："燕国可以作为东道主。我们返还所侵占的燕国柴夫、吠狗二邑，这样我们在海滨就有了屏蔽之地，在海湾就有了可以驻扎军队的洲渚，环绕山峦会更加牢固。"四周邻国因此非常亲睦。齐国返还了所侵占的四周邻邦土地，划定边境封疆，齐国疆域南到泰山北面，西到济水，北至黄河，东至纪国酅邑，拥有兵车八百乘。选择天下特别淫乱者作为首先征伐的对象。

　　即位数年，东南多有淫乱者，莱、莒、徐夷、吴、越，一战帅服三十一国①。遂南征伐楚，济汝②，逾方城③，望汶山④，使贡丝于周而反⑤。荆州诸侯莫敢不来服⑥。遂北伐山戎⑦，刜令支、斩孤竹而南归⑧。海滨诸侯莫敢不来服。与诸侯饰牲为载⑨，以约誓于上下庶神⑩，与诸侯戮力同心⑪。西征攘白狄之地⑫，至于西河⑬，方舟设泭⑭，乘桴济河⑮，至于石枕⑯。悬车束马⑰，逾太行与辟耳之谿拘夏⑱，西服流沙、西吴⑲。南城于周⑳，反胙于绛㉑，岳滨诸侯莫敢不来服㉒。而大朝诸侯于阳谷㉓，兵车之属六㉔，乘车之会三㉕，诸侯甲不解累㉖，兵不解翳㉗，弢无弓㉘，服无矢㉙。隐武事，行文道㉚,帅诸侯而朝天子。

**【注释】**

①一战帅服三十一国:帅服,顺服。《管子·小匡》载:"于是乎桓公东救徐州,分吴半,存鲁蔡陵,割越地,南据宋郑。"此处说齐桓公一战征服三十一国,或为夸张之辞。

②济汝:渡过汝水。

③逾方城:越过方城山。方城,今河南叶县南有方城山,时为楚国北境。

④汶山:韦昭注:"楚山也。"一本作"岷山"。

⑤使贡丝于周而反:此即公元前657年的召陵之盟。齐桓公与蔡姬在湖中坐船游玩,调皮的蔡姬摇晃小船,使齐桓公受惊,齐桓公怒遣蔡姬回国,但未正式弃绝。蔡人将蔡姬改嫁,齐桓公怒而征蔡。管仲感到齐桓公为泄私愤而征讨,实在不妥。因此以楚国不进贡周室为名,挥师伐楚。楚人承诺进贡周室,派屈完与齐师盟于召陵。贡丝于周,《左传》记管仲数楚之罪曰:"尔贡包茅不入,王祭不共,无以缩酒,寡人是征;昭王南征而不复,寡人是问。"

⑥荆州诸侯:指南方楚国及其附属小国。

⑦北伐山戎:山戎,北方少数民族,经常南下侵扰燕、郑、齐等国。公元前663年冬天,山戎侵略燕国,燕庄公告急于齐,第二年齐桓公在管仲、隰朋辅佐下救燕伐山戎。

⑧刜(fú):击。令支:山戎的盟国。孤竹:山戎的盟国。

⑨饰牲为载:陈列牺牲,将盟书放在牺牲之上而已,不歃血。

⑩约誓:订约盟誓。

⑪戮力:合力。

⑫西征攘白狄之地:攘,却。白狄,赤狄的别种,主要分布地在今陕

北高原,少部分在山西西部。

⑬西河:白狄之西。

⑭方舟:将船并连在一起。泭(fū):木筏。

⑮桴(fú):小木筏。

⑯石枕:晋国地名。

⑰悬车束马:抬着战车,束紧马肚带。

⑱太行:太行山。辟耳:山名。拘夏:辟耳山的一个险要溪谷。

⑲流沙、西吴:地名,在今甘肃省。

⑳南城于周:公元前647年,周王室发生王子带之乱,齐桓公派大
夫仲孙湫戍周筑城。

㉑反胙于绛:公元前651年,晋献公病逝,立骊姬之子奚齐为君,晋
人皆怨骊姬谗杀太子申生,大夫里克杀奚齐,又杀继立者卓子,
齐桓公率诸侯迎公子夷吾为君,是为晋惠公。胙,君位。绛,晋
国国都。

㉒岳滨:吴岳。一说,指北岳恒山。

㉓大朝诸侯于阳谷:公元前657年,齐桓公主持阳谷诸侯盟会。阳
谷,齐国地名,在今山东阳谷北。

㉔兵车之属六:齐桓公在征伐过程中举行六次军事盟会。韦昭注
曰:"兵车之会谓鲁庄十三年会于北杏、十四年会于鄄、十五年复
会于鄄、鲁僖元年会于柽、十三年会于咸、十六年会于淮也。"

㉕乘车之会三:齐桓公主持三次不带兵车的和平会盟。韦昭注曰:
"乘车之会在僖三年会于阳谷、五年会于首止、九年会于葵丘。"
乘车,安车。按,《史记·齐太公世家》作"兵车之会三,乘车之会
六"。兵车之会,《正义》引《左传》曰:"鲁庄十三年,会北杏以平
宋乱;僖四年,侵蔡,遂伐楚;六年,伐郑,围新城也。"乘车之会,
《正义》引《左传》曰:"鲁庄十四年,会于鄄;十五年,又会鄄;十六
年,同盟于幽;僖五年,会首止;八年,盟于洮;九年,会葵丘是

也。"《榖梁传》庄公二十七年又有"衣裳之会十一,兵车之会四"的说法。此外还有其他说法,此不赘录。

㉖甲不解累(léi):不需解开铠甲披挂在身。累,系甲的绳索。

㉗兵不解翳(yì):不需要打开兵器袋。翳,兵器袋。

㉘弢(tāo)无弓:弓袋中没有弓。弢,弓袋。

㉙服无矢:箭袋中没有箭。服,通"箙",盛箭之器。

㉚隐武事,行文道:平息武力攻伐,推行文治教化。

## 【译文】

　　齐桓公即位数年,东南多有淫乱之国,如莱、莒、徐夷、吴、越等国,齐桓公一战就征服了三十一国。齐桓公于是南征伐楚,渡过汝水,越过方城山,直指汶山,迫使楚国向周王室进贡丝绸而后返回。荆州一带诸侯没有人敢于不来臣服。齐桓公于是北伐山戎,进击令支国,打败孤竹国而后南归。海滨一带诸侯没有人敢于不来臣服。齐桓公与诸侯陈列牺牲,将盟书放在牺牲之上,订立盟约,向上下诸神起誓,要与诸侯合力同心。齐桓公于是西征,在白狄之地击退狄人,到达西河,将船并连在一起,编制木筏,乘筏渡河,直达晋国的石枕。齐军抬着战车,束紧马肚带,翻越太行山和辟耳的拘夏谿,向西征服流沙和西吴。然后向南为周王室筑城,帮助晋惠公在绛城即位,吴岳一带诸侯没有人敢于不来臣服。齐桓公在阳谷大会诸侯,在征伐过程中举行六次诸侯军事盟会,又主持三次不带兵车的诸侯和平会盟。诸侯不需解开铠甲披挂在身,不需要打开兵器袋,弓袋中没有弓,箭袋中没有箭。齐桓公平息武力攻伐,推行文治教化,率领诸侯朝拜天子。

# 葵丘之会天子致胙于桓公

　　葵丘之会①,天子使宰孔致胙于桓公②,曰:"余一人之命有事于文、武③,使孔致胙。"且有后命曰:"以尔自卑劳④,实谓尔伯舅⑤，无下拜⑥。"桓公召管子而谋，管子对曰："为君不君，为臣不臣，乱之本也。"桓公惧，出见客曰："天威不违颜咫尺⑦，小白余敢承天子之命曰'尔无下拜'⑧，恐陨越于下⑨，以为天子羞⑩。"遂下、拜、升、受命⑪。赏服大辂⑫，龙旗九旒⑬，渠门赤旂⑭，诸侯称顺焉。

【注释】

①葵丘之会：公元前651年夏，齐桓公在宋国葵丘会盟诸侯。葵丘，宋国地名，在今河南兰考，或曰在今河南临泽西。

②天子：周襄王。宰孔：周王室太宰，名孔，周公姬旦之后，因食邑于周地，又称宰周公。致胙：赐给祭祀周文王、武王的祭肉。周天子以赐胙表示对诸侯的荣宠。

③余一人：天子自称。有事于文、武：祭祀周文王、周武王。王引之说，"之命"二字为衍文。

④卑：屈尊。

⑤伯舅：天子对异姓诸侯的称呼。

⑥下拜：下堂拜谢。

⑦违：远。颜：颜面。咫：八寸曰咫。

⑧承：承受。

⑨陨越：坠落。

⑩羞：蒙羞。

⑪下、拜、升、受命：下堂拜谢，升堂受命。

⑫大辂(lù)：天子之车。

⑬龙旗九旒(liú)：垂有九条流苏的龙纹旗帜。九旒，《礼记·乐记》："龙旗九旒，天子之旌也。"旒，旌旗悬垂的饰物。

⑭渠门：旗帜名。赤旂(qí)：赤色大旗，上画交龙图案，竿头系铃。

**【译文】**

在宋国葵丘盟会上，天子周襄王派太宰孔赐祭肉给齐桓公，说："我祭祀周文王、周武王，派太宰孔前来赐祭肉。"并且随后传达王命说："由于您屈尊劳苦，实际上我应该称您伯舅，请您在接受赐肉时不必下堂拜谢。"齐桓公召来管子商量，管子对齐桓公说："做君主的不像君主，做臣子的不像臣子，这是祸乱的根本啊。"桓公害怕了，出来见宰孔说："天子之威就在眼前，小白我怎么敢承受天子命令说'你不必下堂拜谢'呢？我怕从高处摔下，让天子蒙羞。"于是齐桓公下堂拜谢，升堂接受赐命。周天子赏赐齐桓公乘坐大辂之车，垂有九条流苏的龙纹旗帜，还有渠门赤色大旗，诸侯们都称赞齐桓公言行顺于周礼。

# 桓公霸诸侯

　　桓公忧天下诸侯。鲁有夫人、庆父之乱①，二君弑死②，国绝无嗣。桓公闻之，使高子存之③。

**【注释】**

　　①鲁有夫人、庆父之乱：鲁庄公夫人叫哀姜，庆父是鲁庄公之弟共仲。庆父与哀姜私通，哀姜想立庆父为鲁君。公元前661年，鲁庄公去世，庆父杀太子般。公元前660年，庆父又杀死鲁闵公。

　　②二君：公子般、鲁闵公。

　　③使高子存之：齐桓公派高子立鲁僖公。高子，齐卿高傒敬仲。

**【译文】**

　　桓公为天下诸侯担忧。鲁国有夫人哀姜、庆父之乱，太子般和鲁闵公被庆父杀死，鲁国没有嗣君。桓公听到这件事，派高子立鲁僖公。

　　狄人攻邢①，桓公筑夷仪以封之②，男女不淫，牛马选具③。狄人攻卫④，卫人出庐于曹⑤，桓公城楚丘以封之⑥。其畜散而无育⑦，桓公与之系马三百⑧。天下诸侯称仁焉。于是天下诸侯知桓公之非为己动也，是故诸侯归之。

**【注释】**

①狄人攻邢：事在公元前661年。邢，姬姓诸侯国。

②桓公筑夷仪以封之：《管子·大匡篇》云："狄人伐邢，邢君出，致于齐，桓公筑夷仪以封之，予车百乘，卒千人。"筑，筑城。夷仪，邢地名，在今山东聊城西。封之，建立封国。

③选具：齐备。

④狄人攻卫：公元前660年，狄人攻入卫都，杀卫懿公。

⑤出庐：出奔寄居。曹：《诗经》作"漕"，卫地名，在今河南滑县西南之白马故城。

⑥桓公城楚丘以封之：《史记·齐太公世家》："齐桓公以卫数乱，乃率诸侯伐翟，为卫筑楚丘，立戴公弟燬为卫君，是为文公。"楚丘，卫地名，在今河南滑县东。

⑦散：散亡。育：养。

⑧桓公与之系马三百：系马，马厩中所养的驯良的马。《左传·闵公二年》载，狄入卫，卫庐于曹时，齐桓公曾派公子无亏帅车三百乘、甲士三千人以戍曹。赠公乘马，祭服五称，牛羊豕鸡狗皆三百，与门材。赠夫人鱼轩，重锦三十两。

**【译文】**

　　狄人攻入邢国，齐桓公筑夷仪城，让邢国迁都到那里，邢国男女百姓不再受狄人淫掠，牛马都得以保全。狄人攻入卫国，卫人出奔寄居在曹邑，齐桓公筑楚丘城，让卫国迁都到那里。卫国牲畜散亡，无法放养，齐桓公送给卫国三百匹驯马。天下诸侯都称赞齐桓公仁义。于是天下诸侯知道齐桓公并不是为了自己而行动，因此诸侯都归服齐桓公。

　　桓公知诸侯之归己也，故使轻其币而重其礼①。故天下诸侯罢马以为币②，缕綦以为奉③，鹿皮四个④；诸侯之使垂橐而入⑤，稛载而归⑥。故拘之以利⑦，结之以信，示之以武，故天下小国诸侯既许桓公，莫之敢背，就其利而信其仁、畏其武。桓公知天下诸侯多与己也⑧，故又大施忠焉⑨。可为动者为之动⑩，可为谋者为之谋，军谭、遂而不有也⑪，诸侯称宽焉。通齐国之鱼盐于东莱⑫，使关市几而不征⑬，以为诸侯利，诸侯称广焉⑭。筑葵兹、晏、负夏、领釜丘⑮，以御戎、狄之地，所以禁暴于诸侯也⑯；筑五鹿、中牟、盖与、牡丘⑰，以卫诸夏之地，所以示权于中国也。教大成⑱，定三革⑲，隐五刃⑳，朝服以济河而无怵惕焉㉑，文事胜矣。是故大国惭愧，小国附协。唯能用管夷吾、宁戚、隰朋、宾胥无、鲍叔牙之属而伯功立㉒。

【注释】

①轻其币：减轻诸侯前来聘问的礼物。重其礼：增加对前来聘问诸侯的馈赠。

②罢马以为币：以劣马作为聘礼。

③缕綦(qí)以为奉：用麻线编织布帛，用来作为垫玉器的垫板。缕，麻线。綦，有花纹的布帛。奉，藉，垫玉器的垫板。

④个：枚。

⑤垂橐(gāo)而入：空着口袋进入齐国。

⑥稇（kǔn）载而归：满载而归。

⑦拘之以利：用利益笼络诸侯。

⑧与：服从。

⑨施忠：施行忠信。

⑩动：徐元诰说，疑为"勤"字。勤，助。

⑪军谭、遂：率军消灭谭、遂二国。军，以军灭之。不有：不私自占有，指将谭、遂二国土地分给诸侯。

⑫东莱：齐国地名。在今山东北胶河以东。

⑬几而不征：只稽查而不征税。几，识别，稽查。征，征税。

⑭广：施惠广泛。

⑮葵兹、晏、负夏、领釜丘：地名，与戎狄接壤，均为要塞。

⑯禁暴：禁止戎狄暴虐。

⑰五鹿、中牟、盖与、牡丘：地名，为华夏四周要塞。五鹿，一为卫地，在今河南濮阳东北莎鹿城。一为晋邑，在今河北大名东。中牟，古地名，在今河南汤阴西。牡丘，在今山东聊城东北。

⑱教大成：教化大获成功。

⑲定三革：放置甲、胄、盾三种皮革防御装备。

⑳隐五刃：放下刀、剑、矛、戈、矢五种兵器。隐，偃，放下。

㉑朝服以济河：韦昭注："西行渡河以平晋也。"怵惕：惊骇。

㉒宁戚：卫人。相传齐桓公夜出，正值宁戚饭牛而歌，桓公知其贤，遂用以为辅。《管子·中匡》管仲称："垦草入邑，辟土聚粟，多众尽地之利，臣不如宁戚。请立为大司田。"隰朋：《管子·中匡》管仲称："升降揖让，进退闲习，辨辞之刚柔，臣不如隰朋。请立为大行。"宾胥无：《管子·中匡》管仲称："决狱折中，不杀不辜，不诬无罪，臣不如宾胥无，请立为大司理。"

## 【译文】

齐桓公知道天下诸侯愿意归服自己，因此减轻诸侯前来聘问的礼物,增加对前来聘问诸侯的馈赠。所以天下诸侯以劣马作为送给齐国的见面礼,用麻线编织布帛,用来作为垫玉器的垫板,也可以只送四张鹿皮;诸侯使者空着口袋进入齐国,满载而归。因此齐桓公用利益笼络诸侯,用诚信结盟诸侯,用武力威慑诸侯,天下小国诸侯都许诺臣服齐桓公,没有人敢于背叛,接受齐桓公给予的利益,相信齐桓公的仁义,畏惧齐桓公的武威。齐桓公知道天下诸侯都听从自己,因此又大力施行忠信。可以帮助的就给予帮助,可以为之谋划的就为之谋划,他率军消灭谭、遂二国而不是私自拥有,诸侯都称赞齐桓公宽厚。将齐国的鱼盐流通到东莱,命令关市只稽查而不征税,以此为诸侯谋利,诸侯都称赞他广施恩惠。在葵兹、晏、负夏、领釜丘修筑要塞,用以防御戎、狄的侵扰,禁止戎狄暴掠各国诸侯;又在五鹿、中牟、盖与、牡丘修筑要塞,用以防卫诸夏土地,显示中国的权威。齐桓公的教化大获成功,他命令放置甲、胄、盾三种皮革装备,放下刀、剑、矛、戈、矢五种兵器,穿着朝服渡过黄河安定晋国,民众丝毫未受惊骇,这就是文治的胜利。因此大国感到惭愧,小国依附协从。齐桓公唯其能任用管夷吾、宁戚、隰朋、宾胥无、鲍叔牙几位贤臣,而确立自己的霸主功业。

# 晋语一

## 【题解】

本篇收录春秋时期晋国君臣九条言论材料，取材上自公元前709年晋武公伐翼，下迄公元前660年太子申生征伐东山。

骊姬之乱是晋国历史上的重大事件，它导致晋国五世政局动荡不安。本篇除了"武公伐翼止栾共子无死章"和"献公伐翟柤章"分别记载晋武公伐翼和晋献公消灭翟柤之外，其余七章都是记载晋献公因宠爱骊姬而欲废太子申生之事。"史苏论献公伐骊戎胜而不吉章"、"史苏论骊姬必乱晋章"载史苏预测晋献公征伐骊戎宠爱骊姬是乱国之本。余下五章记载晋献公在骊姬蛊惑之下逐步实施废黜太子阴谋。

与《周语》《鲁语》记载嘉言善语不同，本篇不仅记载栾共子、史苏、士劳、狐突、里克等人的正面言论，而且详细记载骊姬、优施陷害太子申生的谗言恶语。本篇叙事成分增多，编者按照时间顺序来组织材料，使人清楚地看到事态的进展，一个巨大的阴谋正在实施，危险正在向太子申生一步步逼近。从人物言行中可以见出他们各自的个性，如献公的雄鸷好色，骊姬的自私阴险，史苏的目光深远，申生的仁厚迂腐，优施的诡诈毒辣，都能给人留下深刻的印象。

# 武公伐翼止栾共子无死

　　武公伐翼，杀哀侯①，止栾共子曰②："苟无死，吾以子见天子，令子为上卿，制晋国之政。"辞曰："成闻之：'民生于三③，事之如一④。'父生之，师教之，君食之⑤。非父不生，非食不长，非教不知生之族也⑥，故壹事之⑦。唯其所在⑧，则致死焉。报生以死，报赐以力，人之道也。臣敢以私利废人之道，君何以训矣⑨？且君知成之从也⑩，未知其待于曲沃也，从君而贰⑪，君焉用之？"遂斗而死。

**【注释】**

①武公伐翼，杀哀侯：事在公元前709年。《左传·桓公三年》记载："三年春，曲沃武公伐翼，次于陉庭。韩万御戎，梁弘为右，逐翼侯于汾隰，骖而止。夜获之，及栾共叔。"武公，曲沃武公，姬姓，名称，曲沃桓叔之孙、庄伯之子。公元前745年，晋昭侯将叔父成师封于曲沃，号曰桓叔。曲沃的地盘比晋国都邑翼要大，桓叔又深得民心，经过桓叔以及其子庄伯、其孙武公凡六十七年的努力，终于取代翼城的大宗而成为晋侯。翼，晋国都城。哀侯，晋鄂侯之子，姬姓，名光。

②栾共子：晋哀侯大夫共叔成。栾共子父亲栾宾曾为曲沃桓叔的师傅，所以武公阻止栾共子为哀侯而战死。

③三：指君、父、师。

④事之如一：服事至死。

⑤食（sì）之：赐给食禄。

⑥族：类。

⑦壹事之：事之如一。

⑧所在：指所在的君、父、师地位。

⑨训：教。

⑩从：遵从臣道。

⑪贰：二心。

**【译文】**

　　曲沃武公征伐翼城，杀死晋哀侯，制止栾共子战死，说："如果您不死，我带您去见天子，让天子委任您为晋国上卿，执掌晋国之政。"栾共子推辞说："我听说，'人生于父、师、君三种伦理关系，事父、事师、事君始终如一。'父亲给人以生命，师傅教人成才，君主赐人食禄。没有父亲就不能出生，没有食禄就不能长成，没有师傅教育就不知自己生命的族类，因此事奉父、师、君始终如一。只要他们处于父、师、君的地位，就应该为他们献出自己的生命。用死来报答生育之恩，用力役报答君主的恩赐，这是做人之道。我怎么敢以一己私利来废除做人之道，君主您又用什么来教化民众呢？况且君主您知道我遵从臣道，不知道我如果在曲沃事奉您，就说明我事君有二心，您怎么能任用我这样有二心的人呢？"于是栾共子战斗而死。

## 史苏论献公伐骊戎胜而不吉

　　献公卜伐骊戎①，史苏占之②，曰："胜而不吉。"公曰："何谓也？"对曰："遇兆③，挟以衔骨④，齿牙为猾⑤，戎、夏交捽⑥。交捽，是交胜也，臣故云。且惧有口⑦，携民⑧，国移心焉。"公曰："何口之有！口在寡人，寡人弗受，谁敢兴之？"对曰："苟可以携，其入也必甘受⑨，逞而不知⑩，胡可雍也⑪？"公弗听，遂伐骊戎，克之。获骊姬以归⑫，有宠，立以为夫人。公饮大夫酒，令司正实爵与史苏⑬，曰："饮而无肴⑭。夫骊戎之役，女曰'胜而不吉',故赏女以爵,罚女以无肴。克国得妃<sup>⑮</sup>,其有吉孰大焉!"史苏卒爵<sup>⑯</sup>,再拜稽首曰:"兆有之,臣不敢蔽<sup>⑰</sup>。蔽兆之纪<sup>⑱</sup>,失臣之官<sup>⑲</sup>,有二罪焉,何以事君?大罚将及<sup>⑳</sup>,不唯无肴。抑君亦乐其吉而备其凶,凶之无有,备之何害?若其有凶,备之为瘳<sup>㉑</sup>。臣之不信<sup>㉒</sup>,国之福也,何敢惮罚。"

**【注释】**

①献公:姬姓,名诡诸,曲沃武公之子。献公在位二十六年,对内翦灭桓叔、庄伯子孙,对外开疆拓土。由于宠信骊姬,杀害太子申生,导致晋国长期政局动荡。骊戎:西戎的一支,在骊山一带游牧。

②史苏:晋国主管占卜的史官。

③兆:卦兆。

④挟:会。衔骨:卦兆中有一条纵线,如同人口中衔了一根骨头。

⑤齿牙为猾:齿牙,卦兆上下出现坼裂的细纹,如同人的牙齿。猾,弄,象征将有谗言。

⑥戎、夏交捽(zuó):龟兆有二画,外画象征戎,内画象征华夏。戎,骊戎。夏,指晋国。交捽,交替冲突。

⑦有口:由于衔骨、齿牙都在口中,所以卦兆主有口舌。

⑧携民:离间百姓。

⑨入:指谗言被献公听进去。甘受:心甘情愿地接受。

⑩逞:快意。

⑪胡:何。雍:堵塞。

⑫骊姬:骊戎国君的女儿。

⑬司正:主管宴会宾主礼仪的官员。实:满。爵:酒杯。

⑭饮而无肴：只喝酒，不准吃菜肴。

⑮妃：配偶。

⑯卒爵：干杯。

⑰蔽：隐蔽。

⑱纪：准则，法则。

⑲失臣之官：失去我的占卜官守。

⑳及：至。

㉑瘳(chōu)：本指疾病痊愈，此处指祸患消失。

㉒不信：指占卜不准。

**【译文】**

　　晋献公占卜征伐骊戎的吉凶，史苏占了一卦，说："能获胜但不吉利。"献公问："这是什么意思呢？"史苏回答说："遇到的龟兆是，交会之处衔一根骨头，在齿牙之间搅弄，戎夏交相冲突。交相冲突，这意味着交叉取胜，我因此才说胜而不吉。况且怕有口舌，离间亲人关系，国人因此离心离德。"献公说："哪里会有什么口舌！有没有口舌取决于寡人，寡人不听口舌，谁敢兴起口舌？"史苏说："如果真要离间，那么您必定会心甘情愿听进去，乐意听而不知受蒙蔽，您又怎么能够防止口舌呢？"献公不听，于是起兵征伐骊戎，打败了骊戎。俘获骊姬归来，对骊姬宠爱有加，立骊姬为夫人。献公请大夫们饮酒，命令司正斟满一杯酒，给史苏喝，说："只喝酒，不准吃菜。在征伐骊戎战役之前，你说'胜而不吉'，所以要赏你一杯酒，罚你不吃菜。战胜骊戎国，得到配偶，哪里有比这更大的吉利！"史苏干杯之后，再拜稽首，说："龟兆是这样显示的，我不敢隐瞒。隐瞒龟兆的准则，失去我的占卜官守，有这两条罪，我拿什么事奉君主？更大的惩罚将要到来，不止是没有菜吃。然而君主您可以从吉利中得到欢乐同时防备凶咎，如果没有凶咎，防备一下有什么害处呢？如果真有凶咎，加以防备是可以消失的。我的占卜不准，这是国家的福分，我怎敢怕被罚酒。"

　　饮酒出,史苏告大夫曰:"有男戎必有女戎①。若晋以男戎胜戎,而戎亦必以女戎胜晋,其若之何!"里克曰②:"何如?"史苏曰:"昔夏桀伐有施③,有施人以妹喜女焉④,妹喜有宠,于是乎与伊尹比而亡夏⑤。殷辛伐有苏⑥,有苏氏以妲己女焉⑦,妲己有宠,于是乎与胶鬲比而亡殷⑧。周幽王伐有褒⑨,褒人以褒姒女焉,褒姒有宠,生伯服,于是乎与虢石甫比⑩,逐太子宜臼而立伯服⑪。太子出奔申⑫,申人、鄫人召西戎以伐周⑬,周于是乎亡。今晋寡德而安俘女⑭,又增其宠,虽当三季之王⑮,不亦可乎?且其兆云:'挟以衔骨,齿牙为猾,'我卜伐骊,龟往离散以应我⑯。夫若是,贼之兆也⑰,非吾宅也⑱,离则有之⑲。不跨其国⑳,可谓挟乎?不得其君㉑,能衔骨乎?若跨其国而得其君,虽逢齿牙㉒,以猾其中,谁云不从?诸夏从戎,非败而何?从政者不可以不戒,亡无日矣!"

**【注释】**

①男戎:男兵。女戎:女兵。

②里克:晋国大夫。

③夏桀:夏朝末代君主,名癸,谥桀。有施:喜姓诸侯国。"有"为词头,无义。

④妹喜:有施国君之女。女:动词,将女子进献给人称为"女"。

⑤伊尹:商汤贤相伊挚。比:比功。伊尹和妹喜从正反两方面推动灭夏。

⑥殷辛:即殷纣王。有苏:己姓诸侯国。

⑦妲己:有苏国君之女。

⑧胶鬲:原为殷臣,自殷适周,辅佐周武王灭殷。

⑨周幽王:周宣王之子,名宫涅。有褒:姒姓诸侯国。

⑩虢石甫:周幽王卿士,有名的奸臣。

⑪宜臼:周幽王太子,申后所生,幽王被杀之后,东迁为周平王。

⑫申:姜姓诸侯国,为太子宜臼母亲娘家。

⑬鄫:姒姓诸侯国。

⑭寡德:少德。安:心安。

⑮三季之王:夏桀、殷纣王、周幽王。季,末世。

⑯龟往离散以应我:龟兆给我的答复是离散。应,答。

⑰贼之兆:贼害国家的征兆。

⑱非吾宅:不是我们安居之地。

⑲离则有之:国家分离的情形是会有的。

⑳跨:据有。

㉑得其君:指骊姬得志于晋君。

㉒逢:遇到。

## 【译文】

饮酒出来以后,史苏告诉大夫们说:"有男兵必有女兵。如果晋国以男兵战胜骊戎,骊戎必定以女兵战胜晋国,这该怎么办!"里克问:"女兵怎样战胜晋国?"史苏说:"从前夏桀征伐有施国,有施人向夏桀进献妹喜,妹喜受到夏桀宠爱,于是妹喜与伊尹比功而灭亡夏朝。殷纣王征伐有苏国,有苏氏向纣王进献妲己,妲己受到殷纣王宠爱,于是妲己与胶鬲比功而灭亡殷朝。周幽王征伐有褒国,褒国人向幽王进献褒姒,褒姒受到周幽王宠爱,生下伯服,于是褒姒与虢石甫比功,驱逐太子宜臼而改立伯服。太子宜臼出奔申国,申国人、鄫人召来西戎讨伐西周。西周于是灭亡。如今晋国少德而安于俘虏的骊戎美女,又增加对她的宠爱,即使说晋君相当于夏桀、殷纣王、周幽王三个末代帝王,不是可以吗？况且龟兆显示说：‘交会之处衔一根骨头，在齿牙之间搅弄。’我占卜的是征伐骊戎，龟兆给我的答复却是离散。如果这样，这是贼害国家的征兆啊，晋国不是我们的安居之地，国家分离的情形是会有的。骊姬如果不据有晋国，能称之为内挟吗？她如果不能得志于晋君，能称之为衔骨吗？如果骊姬据有晋国而得到君主宠爱，即使遇到齿牙，以搅弄其中，谁敢说不服从？作为诸夏的晋国服从骊戎，这不是战败又是什么？从政的大夫不可不警戒，晋国灭亡没有多少时日了。”

　　郭偃曰①：“夫三季王之亡也宜。民之主也，纵惑不疚②，肆侈不违③，流志而行④，无所不疚⑤，是以及亡而不获追鉴⑥。今晋国之方⑦，偏侯也⑧。其土又小，大国在侧⑨，虽欲纵惑，未获专也⑩。大家、邻国将师保之⑪，多而骤立⑫，不其集亡⑬。虽骤立，不过五矣。且夫口，三五之门也⑭。是以谗口之乱，不过三五。且夫挟，小鲠也⑮。可以小牧⑯，而不能丧国，当之者牧焉，于晋何害？虽谓之挟，而猾以齿牙，口弗堪也⑰，其与几何？晋国惧则甚矣，亡犹未也。商之衰也，其铭有之曰⑱：“嗛嗛之德⑲，不足就也⑳，不可以矜㉑，而只取忧也。嗛嗛之食，不足狃也㉒，不能为膏㉓，而只罹咎也㉔。’虽骊之乱，其罹咎而已，其何能服㉕？吾闻以乱得聚者㉖，非谋不卒时㉗，非人不免难㉘，非礼不终年㉙，非义不尽齿㉚，非德不及世㉛，非天不离数㉜。今不据其安㉝，不可谓能谋；行之以齿牙㉞，不可谓得人；废国而向己，不可谓礼；不度而迁求㉟，不可谓义；以宠贾怨㊱，不可谓德；少族而多敌㊲，不可谓天。德义不行，礼义不则㊳，弃人失谋，天亦不赞。吾观君夫人也，若为乱，其犹隶农也㊴。虽获沃田而勤易之㊵，将不克飨<sup>㊶</sup>，为人而已。"士蒍曰<sup>㊷</sup>："诚莫如豫<sup>㊸</sup>，豫而后给<sup>㊹</sup>。夫子诚之<sup>㊺</sup>，抑二大夫之言其皆有焉<sup>㊻</sup>。"既，骊姬不克，晋正于秦，五立而后平<sup>㊼</sup>。

**【注释】**

①郭偃：晋大夫卜偃，主管占卜。

②纵惑：放纵淫惑。疢：病。

③肆侈：放肆奢侈。违：避。

④流：放。

⑤无所不疢：无一处不以为病。

⑥追鉴：追寻历史借鉴。

⑦方：国境。

⑧偏侯：偏方小侯。

⑨大国在侧：指齐、秦等国。

⑩未获专：尚未达到专擅的地步。

⑪大家：上卿。师保：师傅、保傅，此处用作动词。

⑫骤：数。

⑬集：至。

⑭且夫口，三五之门也：龟兆上的口，是三辰、五行的门户。三，日、月、星。五，金、木、水、火、土。

⑮鲠(gěng)：鱼骨卡在喉咙里。

⑯戕：伤害在内为戕。

⑰口弗堪：口不能胜。堪，胜。

⑱铭：镌刻在钟鼎碑石上的文字。

⑲嗛嗛(qiǎn)之德：小小的德行。

⑳不足就：不足以归就。

㉑矜：夸大。

㉒狃(niǔ)：贪。

㉓膏：肥。

㉔罹咎：遭到凶咎。

㉕服：服人。

㉖聚：聚财，聚众。

㉗卒：尽。时：三个月为一时。

㉘非人：非得人众。

㉙终年：终其十年。

㉚尽齿：尽其年寿。

㉛及世：及于世嗣。

㉜离数：历世长久。离，历。

㉝不据其安：不居于平安之地。

㉞行之以齿牙：施行齿牙之策，搅弄是非。

㉟不度而迁求：不测度利害而追求邪曲。度，测度。迁，邪。

㊱以宠贾(gǔ)怨：依仗受宠而构怨于国。

㊲少族而多敌：族类少而怨敌多。

㊳则：法。

㊴隶农：农民。

㊵易：治。

㊶飨：食用。

㊷士蒍：晋国大夫，祁姓，士氏，名蒍，字子舆，是辅助晋献公消灭桓叔、庄伯之族，对外开疆拓土的重要谋臣。

㊸诫：告诫。豫：预备。

㊹给：及，应对。

㊺夫子：郭偃。一说是指里克。

㊻二大夫：史苏、郭偃。

㊼五立而后平：晋献公死后，晋国先后立奚齐、卓子、惠公、怀公、文

公，至文公时方才安定下来。平，平定。

**【译文】**

郭偃说："夏桀、殷纣王、周幽王三代末世帝王灭亡是适宜的。他们作为万民之主，放纵淫惑而不以为病，放肆奢侈而无所规避，任意而行，无一处不是毛病，因此直到灭亡之日还不知借鉴前人。如今晋国四境，只是偏方小侯。国土狭小，齐、秦大国在旁边，即使想放纵迷惑，也还没有达到专擅的地步。卿士大家和邻国，将会作为晋国的师傅和保傅，大家师保与邻国既多，即使晋国屡次立新君，也不至于亡国。纵然屡次立新君，最多也不会超过五位。况且龟兆上的口，是三辰、五行的门户。因此谗言口舌之乱，所涉及的不会超过三五位君主。况且龟兆交会之处，只是一根小鲠骨。这可以造成小的内伤，而不会丧失国家，仅当事者会受到伤害，对晋国又有什么害处呢？即使是兆纹交会，且用齿牙搅弄，但龟兆上的口是不能取胜的，纵有口舌对他们又能有多少帮助呢？晋国将会为此大为恐惧，但亡国倒未必。殷商衰落的时候，有一条铭文说：'小小的德行，不足以依归，不可以夸大，否则适足以取忧而已。微薄的食禄，不足以贪得，不能用以自肥，否则适足以遭到凶咎而已。'即使有骊姬之乱，晋国也只是遭到凶咎而已，她如何能够服人？我听说通过挑起祸乱而聚财获众的人，如果不是有善谋就不能尽一时，如果不是得到人众就不能自免于难，如果不是有礼法就不能维持十年，如果不是有正义就不能尽其年寿，如果不是有德行就不能传位世嗣，如果不是得到天命就不能历世长久。如今骊姬不是居于平安之地，不可称之为善于谋划；以齿牙搬弄是非，不可称之为得到人心；废黜国家嗣君而为自己，不可称之为有礼；不测度利害而追求邪曲，不可称之为正义；依仗受宠而构怨于国，不可称之为有德；同盟少而怨敌多，不可称之为得到天助。德义不能施行，礼义不合法则，失掉人心，谋划失算，上天是不会帮助她的。我看这位君夫人，如果挑起祸乱，那就如同农民一样。即使是获得良田而辛勤耕作，自己也吃不到，为人耕作而已。"士蔿说："告诫不如预备,有预备才能应对。大夫警戒啊,史苏、郭偃两位大夫的话都是有道理的。"不久,骊姬未能胜算,晋国受到秦国的辅正,立了五位国君而后才平定。

# 史苏论骊姬必乱晋

　　献公伐骊戎,克之,灭骊子①,获骊姬以归,立以为夫人,生奚齐,其娣生卓子②。骊姬请使申生主曲沃以速悬③,重耳处蒲城④,夷吾处屈⑤,奚齐处绛⑥,以儆无辱之故⑦。公许之。

【注释】

①骊子:骊戎国君。

②娣:妹妹。

③申生:晋献公太子,晋献公烝于晋武公之妾齐姜所生,后受骊姬谗害而自杀。主:公序本作"处"。曲沃:晋邑,在今山西闻喜。速:促。悬:远。

④重耳:晋献公庶子,晋献公娶戎女大戎狐姬所生。流浪十九年后归国执政,建立晋国霸业,史称晋文公。蒲:晋邑,在今山西隰县西北。

⑤夷吾:晋献公庶子,晋献公娶戎女小戎子所生。献公死后归国执政,史称晋惠公。屈:晋邑,晋国有南屈、北屈。二屈毗邻,北屈在今山西吉县东北,与狄交界。

⑥绛:晋国都城,在今山西翼城西南。

⑦儆:警备。无辱:不要受戎狄入侵之辱。

【译文】

　　晋献公征伐骊戎,一战而胜,杀死骊戎君主,俘虏了骊姬归来,他将骊姬立为夫人，骊姬生下奚齐，骊姬的妹妹生下卓子。骊姬请献公派太子申生驻扎曲沃，促使太子远离，派重耳驻蒲城，派夷吾驻屈，让奚齐居绛城，以警备戎狄，免受入侵的耻辱。献公同意了。

史苏朝，告大夫曰："二三大夫其戒之乎，乱本生矣！日[1]，君以骊姬为夫人，民之疾心固皆至矣[2]。昔者之伐也，兴百姓以为百姓也[3]，是以民能欣之[4]，故莫不尽忠极劳以致死也。今君起百姓以自封也[5]，民外不得其利，而内恶其贪，则上下既有判矣[6]；然而又生男，其天道也？天强其毒[7]，民疾其态，其乱生哉！吾闻君之好好而恶恶[8]，乐乐而安安[9]，是以能有常。伐木不自其本，必复生；塞水不自其源，必复流；灭祸不自其基[10]，必复乱。今君灭其父而畜其子[11]，祸之基也。畜其子，又从其欲，子思报父之耻而信其欲[12]，虽好色，必恶心，不可谓好。好其色，必授之情。彼得其情以厚其欲，从其恶心，必败国且深乱。乱必自女戎，三代皆然。"骊姬果作难[13]，杀太子而逐二公子[14]。君子曰："知难本矣。"

【注释】

①日：昔日。

②疾心：痛恨献公之心。至：深。

③兴百姓：征发百姓。公序本"兴"作"起"。为百姓：为百姓除害。

④欣：欣然拥戴。

⑤封：富厚，指扩大地盘。

⑥判：分离。

⑦天强其毒：上天增强骊姬之毒。强，增强。

⑧好好（hào hǎo）：爱好好的。恶恶（wù è）：厌恶丑恶。

⑨乐乐:乐见欢乐的事。安安:安居于平安之地。

⑩基:始。

⑪灭其父:杀死骊姬的父亲骊子。畜其子:养育骊姬儿子奚齐。

⑫信:申。

⑬作难:发难。

⑭杀太子:谗杀申生。逐二公子:驱逐重耳、夷吾。

**【译文】**

　　史苏上朝,告诫大夫们说:"诸位大夫要戒备啊,祸乱的根本已经产生了。昔日,国君以骊姬为夫人,民众的痛恨之心本来已经很深了。从前的征伐,征发百姓的目的是为百姓除害,所以民众能够欣然拥戴,因此没有人不竭尽忠心,付出最大劳苦来拼死作战。如今君主征发百姓是为了扩大自己地盘,民众从外面得不到征伐的利益,对内厌恶君主的贪心,这样君臣上下就有了分离;而骊姬又生下男孩,这难道是天道吗?上天增强了骊姬之毒,民众痛恨这种状态,祸乱就要滋生了!我听说君主应该爱好美好,厌恶丑恶,乐见欢乐,安于平安,因此才能保持常道。砍树不砍树根,树木必定复生;塞水不从源头着手,水必定还会流出;灭祸不除祸根,必定还会产生祸乱。如今君主杀了骊姬的父亲骊子,而养育骊姬的儿子奚齐,这就是祸根啊!养育骊姬的儿子奚齐,又放纵骊姬的欲望,骊姬想着要报父亲的耻辱,又想伸张自己的欲望,她虽然长得漂亮,但一定是黑心肠,这不能说是真正的漂亮。君主喜欢她的美色,一定会付出自己的真情。骊姬得到君主的真情,就会加大自己的欲望,放纵自己的黑心肠,必定会败坏国家,造成大乱。祸乱必定来自女兵,夏商周三代都是这样。"骊姬果然发难,杀死太子申生,驱逐重耳、夷吾二位公子。君子说:"史苏知道灾难的根本。"


# 献公将黜太子申生而立奚齐

骊姬生奚齐,其娣生卓子。公将黜太子申生而立奚齐①。里克、丕郑、荀息相见②，里克曰："夫史苏之言将及矣！其若之何?"荀息曰："吾闻事君者，竭力以役事③，不闻违命。君立臣从，何贰之有④?"丕郑曰："吾闻事君者，从其义，不阿其惑⑤。惑则误民，民误失德，是弃民也。民之有君，以治义也。义以生利，利以丰民⑥，若之何其民之与处而弃之也?必立太子。"里克曰："我不佞⑦，虽不识义，亦不阿惑，吾其静也⑧。"三大夫乃别。

【注释】

①黜（chù）：废黜。

②里克：晋国大夫，里氏，名克。又称里季。丕郑：晋国大夫。荀息：晋国大夫，荀姓，名黯，字息。

③竭力：尽力。役事：做事。

④贰：二心。

⑤阿：附和。

⑥丰：厚。

⑦不佞：不才。

⑧静：沉默。

【译文】

骊姬生奚齐，骊姬妹妹生卓子。晋献公准备废黜太子申生而立奚齐。里克、丕郑、荀息三位大夫相见，里克说："史苏的话将要应验了！怎么办?"荀息说："我听说事奉君主的人，尽力去做事，没有听说违背君命的。君主立嗣臣下听从，哪能有什么二心?"丕郑说："我听说事奉君主的人，听从正义，不附和君主的迷惑。君主迷惑就会误民，误民就会失德，这是抛弃民众。民众有君主，是要君主确立正义的举措。正义可以产生利益，利益可以丰厚民众生活，怎么能与民相处而抛弃他们呢?

一定要拥立申生太子。"里克说:"我不才,虽然不识正义,但也不会附和君主的迷惑,我还是保持沉默吧!"三位大夫于是告别。

　　蒸于武公①,公称疾不与,使奚齐莅事②。猛足乃言于太子曰③:"伯氏不出④,奚齐在庙,子盍图乎!"太子曰:"吾闻之羊舌大夫曰⑤:'事君以敬,事父以孝。'受命不迁为敬,敬顺所安为孝。弃命不敬,作令不孝⑥,又何图焉?且夫间父之爱而嘉其贶⑦,有不忠焉;废人以自成,有不贞焉。孝、敬、忠、贞,君父之所安也。弃安而图,远于孝矣,吾其止也。"

**【注释】**

①蒸:冬祭。武公:一本作"武宫"。

②使奚齐莅事:只有太子才能代替君主主持祭祀。献公让奚齐主持祭祀是暗示群臣,自己欲立奚齐为太子。莅事,出席并主持祭祀。莅,临。

③猛足:申生之臣。

④伯氏:长子,指申生。一说,伯氏是指狐突。

⑤羊舌大夫:晋国大夫羊舌突,晋武公的后代,封邑在羊舌,即今山西洪洞,因以为姓。

⑥作令:擅自发令。

⑦间:离间。嘉:善。贶(kuàng):赐。

**【译文】**

　　晋国在武公庙举行冬祭,献公称有病不能参与,派奚齐出席并主持祭祀。猛足对太子申生说:"长子不出席,奚齐在祖庙,您何不早做打算呢?"太子说:"我听羊舌大夫说过:'以恭敬事奉君主,以孝道事奉父亲。'接受君命始终不变叫做敬,恭敬地顺从父亲所安叫做孝。抛弃君命就是不敬，擅自发令叫做不孝，我又能打算什么呢？况且离间父亲所爱而又以得到父亲赏赐为嘉，这就有不忠之处了；废弃他人以成就自我，这就有不贞之处了。孝、敬、忠、贞，这是让君父心安的品质。抛弃了让君父心安的品质而为自己打算，这就远离孝道了，我还是不作什么打算吧。"

# 献公伐翟柤

献公田①，见翟柤之氛②，归寝不寐。郤叔虎朝③，公语之。对曰："床笫之不安邪④？抑骊姬之不存侧邪？"公辞焉。出遇士蒍，曰："今夕君寝不寐，必为翟柤也。夫翟柤之君，好专利而不忌，其臣竞谄以求媚，其进者壅塞，其退者拒违。其上贪以忍，其下偷以幸，有纵君而无谏臣，有冒上而无忠下⑤。君臣上下各餍其私⑥，以纵其回⑦，民各有心而无所据依。以是处国，不亦难乎！君若伐之，可克也。吾不言，子必言之。"士蒍以告，公悦，乃伐翟柤。郤叔虎将乘城⑧，其徒曰："弃政而役⑨，非其任也。"郤叔虎曰："既无老谋，而又无壮事⑩，何以事君？"被羽先升⑪，遂克之。

【注释】

①田：打猎。

②翟柤(zhā)：国名。氛：凶气。

③郤叔虎：晋国大夫，名豹。

④床笫(zǐ)：床席。

⑤冒：贪。

⑥餍：满足。

⑦回：邪。

⑧乘城：登城。此指抢登翟柤城。

⑨政：政务。役：战争。

⑩壮事：力役。

⑪羽：指旌旗。

**【译文】**

　　晋献公打猎，看到翟柤国上空的凶气，归来以后睡不着。郤叔虎朝见，献公告诉他夜不能寐。郤叔虎说："是床席不安呢？还是骊姬不在身边呢？"献公说不是。郤叔虎出宫见到士苏，说："今晚君主睡不着觉，必定是为了翟柤的事。翟柤的国君，喜欢独擅利益而不知忌讳，他的臣子竞相进谄以求媚主，想进身于君的人被壅塞阻隔，想退隐的人又遭到拒绝。在上位的人贪婪而残忍，下民苟且偷安追求侥幸，只有放纵的君主而没有劝谏之臣，只有贪君而没有忠臣。君臣上下各自满足私欲，放纵邪恶，民众各有异心而没有依靠。用这样的方法来治国，不是困难吗！君主如果征伐，可以战胜。这些话我不对君主说，你一定要对君主说。"士苏把郤叔虎这些话告诉献公，献公很高兴，于是征伐翟柤国。郤叔虎准备登城，他的随从说："放弃自己的政务而去打仗，这不是您的责任。"郤叔虎说："我既不能老谋深算，又没有力役之功，拿什么事奉君主？"他披上羽旌率先登城，于是战胜了翟柤。

# 优施教骊姬远太子

　　公之优曰施①，通于骊姬②。骊姬问焉，曰："吾欲作大事③，而难三公子之徒④，如何？"对曰："早处之⑤，使知其极⑥。夫人知极，鲜有慢心⑦；虽其慢⑧，乃易残也⑨。"骊姬曰:"吾欲为难⑩,安始而可?"优施曰:"必于申生。其为人也,小心精洁⑪,而大志重⑫,又不忍人⑬。精洁易辱,重偾可疾⑭,不忍人,必自忍也。辱之近行⑮。"骊姬曰:"重,无乃难迁乎⑯?"优施曰:"知辱可辱,可辱迁重⑰;若不知辱,亦必不知固秉常矣⑱。今子内固而外宠⑲,且善否莫不信⑳。若外殚善而内辱之㉑,无不迁矣。且吾闻之:甚精必愚。精为易辱,愚不知避难。虽欲无迁,其得之乎?"是故先施谗于申生。

**【注释】**

①优:俳优,演员。施:人名。

②通:私通。

③大事:指废太子申生立奚齐。

④难:患,担心。三公子:申生、重耳、夷吾。

⑤处:处置。

⑥极:极至,顶点。

⑦鲜:少。俞樾说,"鲜"读为"斯"。慢心:怠慢之心。

⑧虽:俞樾说,"虽"读为"唯"。

⑨易残:易于残毁。

⑩为难(nàn):发难。

⑪精洁:精粹高洁。

⑫大:年长。志重:志意厚重。

⑬不忍人:不忍施恶于人。

⑭偾(fèn):僵仆,倒下。疾:速。

⑮近行:近日行动。

⑯难迁:其心难以改变。

⑰迁重：让其改变厚重品格。

⑱固：顽固。秉常：执常道。

⑲内固：内得君主之心。外宠：外见宠爱。

⑳善否莫不信：无论是说好话还是说坏话，君主没有不相信的。

㉑殚：尽。

**【译文】**

　　晋献公有一个搞笑的俳优，名叫施，与骊姬私通。骊姬问优施，说："我想做大事，而担心申生、重耳、夷吾这一帮人，怎么办？"优施回答说："早一点处置三公子，让他们知道自己地位已到顶点了。人们知道自己到了顶点，就会有怠慢之心；只有等他们怠慢了，才容易残害他们。"骊姬问："我想发难，可以从哪一个开始下手？"优施说："一定要先从申生下手。申生的为人，小心谨慎，精粹高洁，年长厚重，又不忍施恶于人。精粹高洁的人易于受辱，厚重的人可以让他很快栽跟头，不忍心施恶于人，一定会忍心对待自己。以不义侮辱他，近日就行动。"骊姬说："申生性格厚重，恐怕难以改变吧？"优施说："知道侮辱的人就可以侮辱他，可以侮辱的人就能让他改变厚重品性；如果他受了侮辱自己还不知道，那么他也就不懂得固执常道了。如今你内得君心，外见宠爱，而且无论是你说好话还是说坏话，君主没有不相信的。如果你表面上尽量对申生友善而内里侮辱他，申生就没有不改变的道理。况且我听说，非常精粹的人必定愚昧。精粹的人易于受辱，愚昧的人不知道避难。即使他想不改变，还能办得到吗？"骊姬因此先对申生施加谗言。

　　骊姬赂二五①，使言于公曰："夫曲沃，君之宗也②；蒲与二屈，君之疆也③，不可以无主。宗邑无主，则民不威；疆场无主，则启戎心④。戎之生心，民慢其政，国之患也。若使太子主曲沃，而二公子主蒲与屈，乃可以威民而惧戎，且旌君伐⑤。"使俱曰："狄之广莫⑥，于晋为都⑦。晋之启土⑧，不亦宜乎？"公说，乃城曲沃，太子处焉；又城蒲，公子重耳处焉；又城二屈，公子夷吾处焉。骊姬既远太子，乃生之言⑨，太子由是得罪。

**【注释】**

①二五：晋献公宠臣梁五和东关五。

②宗：本宗，曲沃为晋献公始祖桓叔的封地，宗庙所在地。

③疆：边境。

④启：开。戎心：戎狄入侵之心。晋国南部有陆浑，与蒲城接壤；北部有山戎，与二屈接壤。

⑤旌：彰显。伐：功劳。

⑥广莫：广大。

⑦都：邑。

⑧启土：开拓疆土。

⑨生之言：生谗言。

**【译文】**

骊姬贿赂晋献公宠臣梁五和东关五，让他们对献公说："曲沃，是君主的宗庙之邑；蒲城与二屈，是君主的国家边境要地。宗邑没有主人，民众就不会畏惧；边境没有主人，就会开启戎狄入侵之心。戎狄产生入侵之心，民众怠慢上政，这是国家的大患。如果让太子主管曲沃，让重耳、夷吾二位公子主管蒲城和二屈，就可以威镇民众而使戎狄恐惧，而且可以彰显君主的功勋。"骊姬让梁五、东关五一起说："戎狄广阔的土地，可以作为晋国的下邑。晋国开拓疆土，不是适宜的吗？"晋献公很高兴，于是在曲沃筑城，让太子申生驻守；又在蒲城筑城，让公子重耳驻守；又在南屈、北屈筑城，让公子夷吾驻守。骊姬在太子远离之后，就开始进谗言，太子因此得罪献公。

# 献公作二军以伐霍

十六年①，公作二军，公将上军，太子申生将下军，以伐霍②。师未出，士蒍言于诸大夫曰："夫太子，君之贰也③，恭以俟嗣④，何官之有？今君分之土而官之⑤，是左之也⑥。吾将谏以观之。"乃言于公曰："夫太子，君之贰也，而帅下军，无乃不可乎？"公曰："下军，上军之贰也。寡人在上，申生在下，不亦可乎？"士蒍对曰："下不可以贰上⑦。"公曰："何故？"对曰："贰若体焉⑧，上下左右，以相心目⑨，用而不倦，身之利也。上贰代举⑩，下贰代履⑪，周旋变动，以役心目⑫，故能治事，以制百物。若下摄上⑬，与上摄下，周旋不动，以违心目，其反为物用也，何事能治？故古之为军也，军有左右，阙从补之⑭，成而不知，是以寡败。若以下贰上，阙而不变，败弗能补也。变非声章⑮，弗能移也。声章过数则有衅⑯，有衅则敌入，敌入而凶⑰，救败不暇，谁能退敌？敌之如志，国之忧也，可以陵小，难以征国⑱。君其图之！"公曰："寡人有子而制焉，非子之忧也。"对曰："太子，国之栋也，栋成乃制之，不亦危乎！"公曰："轻其所任，虽危何害？"

**【注释】**

①十六年：晋献公十六年为公元前661年。

②霍：姬姓诸侯国，故址在今山西霍县西。

③君之贰：君主的副手。

④恭以俟嗣：恭敬地等待继位。

⑤分之土:指献公让申生镇守曲沃。官之:献公让申生统帅下军,
　实际上是把申生当做晋国之卿。

⑥左:外。

⑦下不可以贰上:下军统帅不能做上军统帅的副手。

⑧体:身体四肢。

⑨相:助。

⑩上贰代举:上面两只手更替活动。

⑪下贰代履:下面两条腿更替行走。

⑫以役心目:两手两腿为心目所役使。

⑬摄:代理。

⑭阙:缺。

⑮声:金鼓。章:旌旗。

⑯衅:间隙。

⑰凶:恐惧。

⑱国:公序本作"大"。

**【译文】**

　　晋献公十六年,晋国建立二军,献公统帅上军,太子申生统帅下军,
征伐霍国。晋军尚未出发,士𫇭对大夫们说:"太子,是国君的副手,应该
恭敬地等待着继位,还要有什么官职呢? 如今君主让太子镇守曲沃而
让他统帅下军,这是对太子有外心啊。我要去劝谏君主,并观察事态发
展。"于是士𫇭对献公说:"太子,是君主的副手,让他统帅下军,恐怕不可
以吧?"献公说:"下军,是上军的副手。寡人统帅上军,申生统帅下军,
这样做不可以吗?"士𫇭回答说:"下军不可以做上军的副手。"献公问:
"这是什么缘故?"士𫇭回答说:"副手与正职的关系就像身体四肢一样,
四肢分上下左右,用来辅助心和目,人们使用四肢而不感到疲倦,这对
身体会有好处。上面两只手更替活动,下面两条腿更替行走,可以左右
周旋上下变动,为心和目所役使,因而能够处理各种事情,制作各种器

物。如果下肢代理上肢，或者上肢代理下肢，那就不能自如地周旋活动，就会有悖于心目对四肢的控制，结果反而被外物所制约，这样还能处理什么事情呢？因此古代组建军队，分为左右二军，缺的可以补上，补上了敌人还不知道，所以很少失败。如果以下军作为上军的副职，虽有缺失而不能变动，失败了也不能补救。没有旗鼓指挥，军队是不能移动的。旗鼓运用不当就会有破绽，有破绽敌人就会乘虚而入，敌人进入就会引发我方恐惧，那时救败尚且没有时间，又有谁能退敌呢？敌人一旦得志，就是国家的忧患。以下军作为上军副职的做法可以欺凌小国，难以征服大国。君主好好考虑吧！"献公说："我有儿子我安排，这不是你应该担忧的事。"士蒍回答说："太子，是国家的栋梁。栋梁已经形成，现在又另作安排，这不是危险吗？"献公说："减轻他的重任，即使危险，又有什么害处？"

士蒍出，语人曰："太子不得立矣。改其制而不患其难，轻其任而不忧其危，君有异心，又焉得立？行之克也①，将以害之；若其不克，其因以罪之。虽克与否，无以避罪。与其勤而不入②，不如逃之，君得其欲，太子远死，且有令名，为吴太伯③，不亦可乎？"太子闻之，曰："子舆之为我谋，忠矣。然吾闻之：为人子者，患不从，不患无名；为人臣者，患不勤，不患无禄。今我不才而得勤与从，又何求焉？焉能及吴太伯乎？"太子遂行，克霍而反，谗言弥兴④。

**【注释】**

①行：指征伐霍国。克：战胜。

②勤：劳苦。不入：不合父意。

③吴太伯：太伯为周太王古公亶父的长子，太王认为季历之子姬昌

有圣瑞，意欲传位给姬昌，于是太伯让位于其弟季历，自己逃到吴国。

④弥：更加。

**【译文】**

士蒍从献公处出来，对别人说："太子不得立为国君了。君主改变了原来安排而又不担心灾难，减轻太子重任而不担忧危险，君主有了他心，太子又怎能立为国君？此次伐霍之行如果战胜，太子将会受到嫉妒而被害；如果不能战胜，太子就会因此被加以罪名。无论战胜与否，太子都没有办法逃避罪过。与其劳苦而不合父意，还不如逃走，这样君主可以因此满足自己的欲望，太子也可以远离死亡，况且还能留下美名，成为另一个吴太伯，不是可以吗？"太子申生听到士蒍的话，说："子舆替我谋划，真是尽心了。但我听说，身为父亲的儿子，怕的是不听从父亲，不怕没有美名；身为君主的臣子，怕的是不能劳苦，不怕没有俸禄。如今我虽然不才，但我做到了劳苦与听从，我还要追求什么呢？我哪里能赶得上吴太伯？"太子申生于是出征，战胜霍国而还，有关他的谗言更多了。

# 优施教骊姬谮申生

优施教骊姬夜半而泣谓公曰："吾闻申生甚好仁而强①，甚宽惠而慈于民，皆有所行之②。今谓君惑于我，必乱国，无乃以国故而行强于君③。君未终命而不殁④，君其若之何？盍杀我⑤，无以一妾乱百姓。"公曰："夫岂惠其民而不惠于其父乎⑥？"骊姬曰："妾亦惧矣。吾闻之外人之言曰：为仁与为国不同。为仁者，爱亲之谓仁；为国者，利国之谓仁。故长民者无亲⑦，众以为亲。苟利众而百姓和，岂能惮君⑧？以众故不敢爱亲,众况厚之⑨,彼将恶始而美终,以晚盖者也⑩。凡民利是生⑪,杀君而厚利众,众孰沮之⑫?杀亲无恶于人,人孰去之?苟交利而得宠⑬,志行而众悦,欲其甚矣⑭,孰不惑焉⑮?虽欲爱君,惑不释也⑯。今夫以君为纣,若纣有良子,而先丧纣,无章其恶而厚其败⑰。纣之死也⑱,无必假手于武王⑲,而其世不废,祀至于今,吾岂知纣之善否哉?君欲勿恤⑳,其可乎?若大难至而恤之,其何及矣!”公惧曰:“若何而可?”骊姬曰:“君盍老而授之政㉑。彼得政而行其欲,得其所索,乃其释君。且君其图之,自桓叔以来,孰能爱亲㉒?唯无亲,故能兼翼。”公曰:“不可与政。我以武与威,是以临诸侯。未殁而亡政,不可谓武;有子而弗胜,不可谓威。我授之政,诸侯必绝;能绝于我,必能害我。失政而害国,不可忍也。尔勿忧,吾将图之。”

**【注释】**

①强:强悍。

②皆有所行之:意谓申生所行皆有目的。

③以国故而行强于君:因国家的缘故而以强劫君。

④君未终命而不殁:骊姬谓献公尚未尽享天年,而自己亦未死。

⑤盍:何不。

⑥惠:爱。

⑦长民者无亲:为民之长者无私亲。

⑧岂能惮君:岂怕弑君。

⑨况:益,更加。

⑩晚盖:以后善掩盖前恶。

⑪民利是生:为民生利。

⑫沮：败。

⑬交：俱。宠：天宠。

⑭欲其甚矣：更加希望太子为君。

⑮孰不惑焉：国人谁不被太子所迷惑呢？

⑯释：解。

⑰章：彰。厚其败：指周武王灭商，用剑杀死殷纣王，又用黄钺斩纣
之头。

⑱钧：同样。

⑲假：借。

⑳恤：忧。

㉑老：称老告退。

㉒自桓叔以来，孰能爱亲：桓叔伐晋，杀其兄子昭侯。桓叔生庄伯，
庄伯伐翼，杀昭侯之子孝侯。庄伯生武公，武公杀孝侯之孙哀
侯，哀侯子小子侯及其弟缗，灭翼，终为诸侯。武公生献公，献公
尽灭桓、庄之族。桓叔，献公曾祖父，名成师，封于曲沃。

**【译文】**

优施教骊姬半夜哭着对晋献公说："我听说申生非常爱好仁义而性
格强悍，非常宽厚仁爱而爱民众，所作所为皆有目的。如今他说君主被
我迷惑，必定扰乱晋国，恐怕会因为国家的缘故而对君主施行强制手
段。君主您尚未尽享天年，而我也没有死，您打算怎么办？何不将我杀
死，不要因为妾身一人而扰乱百姓。"献公说："难道他对民众惠爱而对
父亲不惠爱？"骊姬说："我也是害怕呀。我听到外面人说，施行仁义与
治国不同，对施行仁义的人来说，爱护父亲就叫做仁了；而对治国的人
来说，有利于国家才叫仁。因此为民之长者无私亲，他是以众人为亲。
假如有利于民众而百姓和谐，他难道怕杀死君主吗？由于为民众的缘
故而不敢偏爱父亲，民众会因此更加爱戴他，他将会以施恶开始，以美
政结束，以后善来掩盖前恶。凡是为民生利，杀死君主而对民众有大利

的人,民众谁能沮毁他呢? 只杀父亲而不对百姓施恶,谁又能将他推翻呢? 只要是大家都得利而获得天宠,自己得志而民众欢悦,民众就更加希望太子为君了,国人谁不被太子所迷惑呢? 即使是有人想爱君主您,却解不了这种迷惑啊。现在把您比作殷纣王,如果殷纣王有个好儿子,儿子先把纣王杀了,这样就不会让纣王罪恶昭彰而败得那样惨了。纣王同样是死,那就不必借周武王的手来杀了,这样的话殷商的世道就不会废黜,殷人的祭祀也会一直延续到今天,我们又怎么知道纣王是好是坏呢? 君主您即使想对此不担忧,可以吗? 如果大难临头才忧患,那怎么来得及呢?"献公害怕了,说:"怎么做才行呢?"骊姬说:"君主何不告老退位,把政权交给太子呢? 他得到政权而施行欲望,得到他所追求的东西,才会放开您。而且君主您想一想,自从桓叔以来,谁能爱自己的亲人? 唯其不爱亲人,才能吞并翼城啊。"献公说:"我不能把政权交给他。我凭借武力与威力,才得以凌驾诸侯之上。我还没有死,就丢掉了政权,这不能叫有武力;有儿子却胜不了他,这不能叫有威力。我把政权交给他,诸侯一定会与晋国断绝关系;他们既然能够与晋国断绝关系,就一定能够加害于我。失去政权,祸害国家,这是不能容忍的。你别担心,我会想办法的。"

骊姬曰:"以皋落狄之朝夕苟我边鄙①,使无日以牧田野②,君之仓廪固不实,又恐削封疆。君盍使之伐狄,以观其果于众也③,与众之信辑睦焉④。若不胜狄,虽济其罪⑤,可也;若胜狄,则善用众矣,求必益广,乃可厚图也。且夫胜狄,诸侯惊惧,吾边鄙不儆⑥,仓廪盈,四邻服,封疆信⑦,君得其赖,又知可否,其利多矣。君其图之!"公说。是故使申生伐东山,衣之偏裻之衣⑧,佩之以金玦⑨。仆人赞闻之,曰:"太子殆哉⑩! 君赐之奇,奇生怪,怪生无常⑪,无常不立⑫。

使之出征,先以观之,故告之以离心⑬,而示之以坚忍之权⑭,则必恶其心而害其身矣。恶其心,必内险之;害其身,必外危之。危自中起,难哉!且是衣也,狂夫阻之衣也⑮。其言曰:'尽敌而反。'虽尽敌,其若内谗何⑯!"申生胜狄而反,谗言作于中。君子曰:"知微。"

**【注释】**

①皋落狄:东山狄。苛:侵扰。边鄙:边境。

②无日:没有太平日子。

③果:果决。众:晋军。

④信:诚。辑睦:和睦。

⑤济:成。

⑥儆:警备。

⑦信:明确。

⑧衣:穿。偏裻(dú)之衣:背缝在中、左右异色的衣服。

⑨金玦(jué):有缺口的金环。

⑩殆:危险。

⑪无常:反常。

⑫不立:不能立为国君。

⑬离心:指偏衣中分。

⑭坚忍:指金玦。权:变。

⑮狂夫:狂人。阻:疑。

⑯其若内谗何:在《左传》中仆人赞这番话的各层意思分别由狐突、罕夷、先丹木等大夫说出,而无仆人赞其人。

**【译文】**

骊姬说:"皋落狄早早晚晚都在侵扰我国边境,使得边民没有太平日子去耕牧田野,君主的国库本来就不够充实,又担心削弱边疆。君主何不让太子去征伐皋落狄,以此观察太子带兵的果决能力,以及他与民众是否真的和睦。如果太子不能战胜狄人,那么即使加罪于他,也是可以的;如果太子战胜了狄人,那么就说明他善用兵众,他的索求就会更广,那么我们就得好好地考虑如何收拾他。况且战胜狄人,各国诸侯为之惊恐,我国边境因此可以不必警备,国库因此充实,四边邻国因此服从,封疆边界因此变得更加明确,君主您从中得到这些利益,又知道太子可否成事,其中的利益很多啊。君主您好好考虑吧!"献公听后很高兴,因此派申生征伐东山,他让申生穿背缝在中、左右异色的衣服,佩戴有缺口的金环。申生一个名叫赞的仆人听到此事,说:"太子危险了!君主赏赐的东西很奇特,奇特会产生怪异,怪异会产生反常,反常就不能立为国君。君主派太子出征,以此先观察太子是否能带兵,因此用背缝在中、左右异色的衣服来象征离心,用坚忍的金块预示分离之变,这就说明君主有厌恶太子之心而加害太子之身了。有厌恶太子的心理,必定会在内心想法置太子于险境;加害太子之身,必定让太子在外面面临危险。危险起于内部,真是困难啊!况且这种衣服,连狂人也会怀疑的。君主说:'杀尽敌人再回来。'即使是外面的敌人杀尽了,内部的谗言又该怎么办!"申生战胜狄人而归来,谗言从内部兴起。君子说:"仆人赞能预知隐微。"

# 申生伐东山

十七年冬①,公使太子伐东山。里克谏曰:"臣闻皋落氏将战,君其释申生也②!"公曰:"行也!"里克对曰:"非故也③。君行,太子居,以监国也;君行,太子从,以抚军也。今君居,太子行,未有此也。"公曰:"非子之所知也。寡人闻之,立太子之道三：身钧以年④，年同以爱⑤，爱疑决之以卜筮⑥。子无谋吾父子之间，吾以此观之⑦。"公不说。里克退，见太子。太子曰："君赐我以偏衣、金玦，何也？"里克曰："孺子惧乎⑧？衣躬之偏⑨，而握金玦，令不偷矣⑩。孺子何惧！夫为人子者，惧不孝，不惧不得⑪。且吾闻之曰：'敬贤于请⑫。'孺子勉之乎！"君子曰："善处父子之间矣⑬。"

**【注释】**

①十七年：晋献公十七年为公元前660年。

②释：放过。

③故：故事，先例。

④身钧：身份均等，例如同为嫡子。以年：按照年龄立太子，即立长。

⑤年同以爱：年龄相同者，立所爱之人。

⑥爱疑决之以卜筮：所爱相同，由此生疑，则通过卜筮决定。

⑦以此：以征伐东山。观之：观察太子能力。

⑧孺子：太子，后指小孩。

⑨衣：穿。躬：身。偏：半。

⑩偷：薄。

⑪不得：不得立为国君。

⑫敬贤于请：恭敬胜于请求。

⑬善处父子之间：韦昭注："入谏其父，出勉其子。"

**【译文】**

　　晋献公十七年冬，献公派太子征伐东山。里克进谏说："我听说皋落氏准备迎战，君主您还是放过申生吧！"献公说："让他出征吧！"里克回答说："这不符合先例。君主出征，太子居守，以便监察国家；君主出征,太子随行,以便安抚军队。如今君主居守,太子出征,从来没有这种做法。"献公说:"这个道理不是你所知道的。寡人听说,立太子的方法有三个:身份均等的立长子;年龄相同的立所爱之子;所爱相同,由此生疑,则通过卜筮决定。您不要操心我们父子之间的事情,我将通过征伐东山来观察太子能力。"献公不高兴。里克退朝,见到太子。太子说:"君父赐我一件背缝在中、左右异色的衣服和一只金玦,这是什么原因呢?"里克说:"太子害怕吗? 您穿着君主亲身所著衣服的一半,手握象征兵权的金玦,这个命令已经不薄了。太子怕什么! 作为人子,怕的是不孝,不怕不得立为国君。而且我听说过:'恭敬胜于请求。'太子您好好努力吧!"君子评论说:"里克善于处理父子之间的关系。"

太子遂行,狐突御戎①,先友为右②,衣偏衣而佩金玦。出而告先友曰:"君与我此,何也?"先友曰:"中分而金玦之权,在此行也。孺子勉之乎!"狐突叹曰:"以厖衣纯③,而玦之以金铣者④,寒之甚矣,胡可恃也? 虽勉之,狄可尽乎?"先友曰:"衣躬之偏,握兵之要,在此行也,勉之而已矣。偏躬无慝⑤,兵要远灾,亲以无灾,又何患焉?"至于稷桑⑥,狄人出逆⑦,申生欲战。狐突谏曰:"不可。突闻之:国君好艾⑧,大夫殆;好内⑨,嫡子殆,社稷危。若惠于父而远于死,惠于众而利社稷,其可以图之乎? 况其危身于狄以起谗于内也?"申生曰:"不可。君之使我,非欢也⑩,抑欲测吾心也。是故赐我奇服,而告我权。又有甘言焉⑪。言之大甘⑫,其中必苦。谮在中矣⑬,君故生心。虽蝎谮,焉避之? 不若战也。不战而反,我罪滋厚;我战死,犹有令名焉。"果败狄于稷桑而反。谗言益起,狐突杜门不出。君子曰:"善深谋也。"

**【注释】**

①狐突:晋国大夫。字伯行,狐偃的父亲,晋文公重耳的外祖父。
　御戎:驾驭兵车。

②先友:晋国大夫。为右:为车右武士。

③庬(mǎng):杂色。衣:穿。纯:纯正,指太子品德。

④玦之以金铣(xiǎn):以金铣作玦。玦如环而有缺口,象征分离,铣性刚硬寒冷,寓含献公对申生的冷漠无情。铣,光泽度极好的金属。

⑤慝(tè):邪恶。

⑥稷桑:皋落狄之地。

⑦逆:迎战。

⑧好艾:好宠臣。艾,当为“外”。

⑨好内:好妃妾。

⑩欢:欢爱。

⑪甘言:美言。

⑫大:太。

⑬谮(zèn):谗毁,诬陷。

**【译文】**

　　太子于是出征,狐突为太子驾驭战车,先友为车右武士,太子身穿左右异色的衣服,佩戴金玦。太子在出征途中告诉先友说:“君父赐我这两件东西,是什么用意呢?”先友说:“衣服中分而授予金玦的权力,就看您此次征伐的战果了,太子努力吧!”狐突叹息说:“以杂色衣披在纯正的太子身上,而佩戴金铣制作的金玦,真是寒心透了,怎么能够依赖呢? 即使努力杀敌,可以把狄人杀尽吗?”先友说:“穿着偏衣,手上掌握兵权,就看此次征伐的战果了,只能努力作战而已。国君赐予偏衣并无恶意,掌握兵权可以远灾,既有君父之亲又能远灾,还怕什么呢?”晋军抵达皋落狄的稷桑,狄人出来迎战,申生准备应战。狐突进谏说:“不可以。我听说，国君喜欢宠臣，大夫们就危险了；国君喜欢妃妾，嫡子就危险，国家也就危殆了。如果太子惠爱父亲而远离死地，惠爱兵众而利于国家，这个办法可以考虑吗？何况您对外是在危境中讨狄，对内又在宫内引起谗言呢？”申生说：“不可以。君父派我征伐，并不是出于他对我的欢爱之心，而是想借此测度我的内心。因此他才赐给我奇特的服装，而给我金玦之权。他还对我说了一些好话。话说得太甜蜜，其中必有苦味。宫内有人进谗言，君父因此萌生他心。即使是像蝎子那样进谗，你又能到哪里逃避呢？不如同狄人作战。不战就回去，我的罪更大；如果我战死了，还会留有美名。”申生果然在稷桑打败狄人而班师回朝。宫中有关申生的谗言更多了，狐突闭门不出。君子评论说：“狐突善于深谋远虑啊。”

# 晋语二

## 【题解】

本篇收录九条晋献公时期的言论材料，取材上自公元前656年骊姬谮杀太子申生，下迄公元前650年秦穆公立夷吾为晋君。

晋国此时正处于由骊姬进谗引发的政治动乱之中，晋国内外各派势力围绕着晋侯继承人问题展开生死大角逐，上演了一幕幕惊心动魄的骨肉相残的惨剧。"骊姬谮杀太子申生章"记载骊姬设计逼迫太子申生自杀；"公子重耳夷吾出奔章"载重耳、夷吾采取出奔谋略；"里克杀奚齐而秦立惠公章"载晋献公去世之后晋国内外各派人物的策略；"冀芮答秦穆公问章"记载冀芮称颂夷吾美德以博得秦穆公好感。本篇还记载了晋献公吞并虞、虢事件："虢将亡舟之侨以其族适晋章"记载虢国大夫舟之侨预感虢国将亡而逃到晋国；"宫之奇知虞将亡章"载虞国大夫宫之奇预言虞国将亡；"献公问卜偃攻虢何月章"记载郭偃根据童谣而提出伐虢日期。"宰周公论齐侯好示章"记载宰周孔对晋献公论齐桓公喜好炫示。"宰周公论晋侯将死章"记载宰周孔论晋献公因"失心"而将死。

# 骊姬谮杀太子申生

反自稷桑①,处五年②,骊姬谓公曰:"吾闻申生之谋愈深③。日,吾固告君曰得众,众不利④,焉能胜狄?今矜狄之善⑤,其志益广。孤突不顺⑥,故不出。吾闻之,申生甚好信而强⑦,又失言于众矣⑧,虽欲有退⑨,众将责焉。言不可食,众不可弭⑩,是以深谋。君若不图,难将至矣!"公曰:"吾不忘也,抑未有以致罪焉。"

**【注释】**

①反自稷桑:从征伐东山皋落狄的稷桑之战回来。伐东山皋落狄事在晋献公十七年,公元前 660 年。

②处五年:公元前 656 年。

③谋:指所谓申生弑父的阴谋。

④利:得利。

⑤矜:矜夸。善:善于用众。

⑥不顺:不顺从太子之意。

⑦好信:好讲信用。强:强悍。

⑧失言于众:没有对民众兑现夺取晋国的话。

⑨退:退却,改悔。

⑩弭:止。

**【译文】**

申生从稷桑返回晋国以后,过了五年,骊姬对献公说:"我听说申生弑父的阴谋更深了。往日,我本来就告诉您说申生获得民众拥护,众人如果不认为跟随太子有利,怎么能战胜狄人?如今申生矜夸他伐狄善于用兵,他的志向会更广的。孤突不顺从太子的意志,因此闭门不出。

我听说,申生好讲信用,性格好强,他没有对民众兑现夺取晋国的话,即使他想退却,民众也将会责备他。申生说出去的话不可食言,而民众盼他夺权的愿望不可制止,因此申生只能进一步谋划。君主若不考虑如何对付,大难就要临头了。"献公说:"我没有忘记这件事,只是还没有找到惩治申生的罪名。"

骊姬告优施曰:"君既许我杀太子而立奚齐矣,吾难里克①,奈何!"优施曰:"吾来里克②,一日而已。子为我具特羊之飨③,吾以从之饮酒。我优也,言无邮④。"骊姬许诺,乃具,使优施饮里克酒。中饮,优施起舞,谓里克妻曰:"主孟啖我⑤,我教兹暇豫事君⑥。"乃歌曰:"暇豫之吾吾⑦,不如鸟乌。人皆集于苑⑧,己独集于枯。"里克笑曰:"何谓苑?何谓枯?"优施曰:"其母为夫人,其子为君⑨,可不谓苑乎?其母既死,其子又有谤⑩,可不谓枯乎?枯且有伤。"

【注释】

①难:害怕,担忧。

②来里克:使里克来到骊姬一方。

③特羊:一只羊。

④邮:通"尤",过失,罪过。

⑤主:大夫之妻称"主"。孟:里克妻之字。啖(dàn)我:给我吃。

⑥兹:此,指里克。暇豫:轻闲快乐。

⑦吾吾(yú yú):孤独的样子。

⑧集:栖止。苑:茂盛的树木。

⑨其母为夫人,其子为君:指骊姬与奚齐。

⑩其母既死,其子又有谤:指齐姜与太子申生。

**【译文】**

骊姬告诉优施说:"国君已经答应我杀太子而立奚齐了,我担心里克,怎么办?"优施说:"我让里克来到我们这一边,只需一天而已。您为我准备一只羊办宴席,我陪他喝酒。我是个俳优,言者无罪。"骊姬答应了,于是准备了一席酒宴,让优施请里克饮酒。饮到中间,优施起舞,对里克的妻子说:"夫人您请我吃饭,我教里克大夫如何轻闲快乐地事奉国君。"于是优施唱了一支歌,歌词说:"轻闲快乐而孤独,不如一只乌鸦儿。众鸟停在茂林上,自己却停在枯树枝。"里克笑问道:"什么叫茂林?什么叫枯枝?"优施说:"母亲为夫人,儿子为国君,这不是茂林么? 母亲已去世,儿子被诽谤,这不是枯枝么? 不但是枯枝,而且是一根受了伤的枯枝呢。"

　　优施出,里克辟奠<sup>①</sup>,不飧而寝<sup>②</sup>。夜半,召优施,曰:"曩而言戏乎<sup>③</sup>? 抑有所闻之乎?"曰:"然。君既许骊姬杀太子而立奚齐,谋既成矣。"里克曰:"吾秉君以杀太子<sup>④</sup>,吾不忍。通复故交<sup>⑤</sup>,吾不敢。中立其免乎?"优施曰:"免。"

**【注释】**

①辟奠:撤去。辟,除去。奠,放置。

②飧(sūn):晚餐。

③曩(nǎng):刚才。而:你。

④秉:秉执。

⑤故交:与太子的旧交。

**【译文】**

优施出来以后,里克撤去宴席,没有吃晚饭就睡了。睡到半夜,他召来优施,问道:"刚才你是说笑话呢? 还是有所耳闻呢?"优施说:"是有所耳闻。国君已经许诺骊姬杀太子而立奚齐，谋划已经成熟了。"里克说："让我秉执君意来杀太子，我不忍心。让我给太子通风报信，保持与太子旧交，我不敢。我保持中立，可以免祸吗？"优施说："可以免祸。"

　　且而里克见丕郑，曰："夫史苏之言将及矣！优施告我，君谋成矣，将立奚齐。"丕郑曰："子谓何？"曰："吾对以中立。"丕郑曰："惜也！不如曰不信以疏之①，亦固太子以携之②，多为之故③，以变其志，志少疏④，乃可间也⑤。今子曰中立，况固其谋也⑥，彼有成矣，难以得间。"里克曰："往言不可及也⑦，且人中心唯无忌之⑧，何可败也！子将何如？"丕郑曰："我无心⑨。是故事君者，君为我心，制不在我⑩。"里克曰："弑君以为廉⑪，长廉以骄心⑫，因骄以制人家，吾不敢。抑挠志以从君⑬，为废人以自利也⑭，利方以求成人⑮，吾不能。将伏也⑯！"明日，称疾不朝。三旬，难乃成。

【注释】

①不如曰不信以疏之：不如对优施说，不相信他的话，以减缓骊姬之谋。疏，迟缓。

②固太子以携之：稳固太子地位，离间骊姬之党。

③故：计谋。

④志少疏：骊姬谋害太子之志稍有迟缓。

⑤间：离间。

⑥况：益。

⑦往言不可及：过去说过的话追不回来了。及，追。

⑧人：指骊姬。无忌：肆无忌惮。

⑨无心：无成心。

⑩制：裁制。

⑪弑君以为廉：弑，徐元诰认为疑当作"铩"，铩，减也。铩君即减少献公杀太子而立奚齐的意愿。廉，直。

⑫长廉以骄心：助长廉直而有骄人之心。

⑬挠志：委屈己志。

⑭废人：废黜太子。

⑮利方以求成人：利用某种途径而成全奚齐当太子。方，道，引申为途径。

⑯伏：隐。

## 【译文】

第二天早晨，里克去见丕郑，说："史苏的话将要应验了！优施告诉我，国君的计谋已经形成，将立奚齐为君。"丕郑问："您对优施说了什么？"里克说："我对他说保持中立。"丕郑说："可惜呀！您不如对优施说，不相信他的话，这样可以减缓骊姬的阴谋，也可以稳固太子而离间骊姬之党，多用计谋，来改变骊姬谋害太子之志，她的志意稍有减缓，就可以对他们实施离间。如今您说保持中立，更加固了他们的阴谋，他们的阴谋已经形成，就难以离间了。"里克说："说错的话改不了了，况且骊姬心中肆无忌惮，怎么能够摧败他们呢？您打算怎么办？"丕郑说："我无成心。因此事奉君主的人，以君心作为我心，决定权不在我。"里克说："减少献公杀太子而立奚齐的意愿以为廉直，进而助长廉直而有骄人之心，由于骄傲而裁制人家父子，我不敢这样做。或者委屈己志听从君主，废黜太子为自己谋利，利用某种途径而成全奚齐当太子，我不能这样做。我准备退隐。"第二天，里克称病不上朝。三十天后，祸难终于形成。

骊姬以君命命申生曰："今夕君梦齐姜①，必速祠而归福②。"申生许诺，乃祭于曲沃，归福于绛③。公田，骊姬受福，乃寘鸩于酒④，寘堇于肉⑤。公至，召申生献，公祭之地，地坟⑥。申生恐而出。骊姬与犬肉，犬毙；饮小臣酒⑦，亦毙。公命杀杜原款⑧。申生奔新城⑨。

**【注释】**

①齐姜：申生母亲，此时已死。

②祠：祭祀。归：通"馈"。福：祭祀的酒肉。

③绛：晋国都城。

④寘：放置。鸩（zhèn）：一种羽毛有毒的鸟，以鸟羽泡酒，可以毒杀人。

⑤堇（jìn）：乌头草，一种毒草。

⑥坟：地面凸起。

⑦小臣：官名，阉臣。

⑧杜原款：晋国大夫，申生的师傅。

⑨申生奔新城：新城，即曲沃，新筑为太子城。按，《史记·晋世家》此下还记有："骊姬泣曰：'太子何忍也！其父而欲弑代之，况他人乎？且君老矣，旦暮之人，曾不能待而欲弑之！'谓献公曰：'太子所以然者，不过以妾及奚齐之故。妾愿子母辟之他国，若早自杀，毋徒使母子为太子所鱼肉也。始君欲废之，妾犹恨之；至于今，妾殊自失于此。'"骊姬表演更为充分。

**【译文】**

　　骊姬以国君的名义命令申生说："今晚国君梦见齐姜，你一定要快一点祭祀她，将祭祀的酒肉送来。"申生答应了，于是他在曲沃祭祀齐姜，将祭祀酒肉送到首都绛城。献公打猎去了，骊姬收下酒肉，她将鸩羽放进酒中，将乌头草放进祭肉中。献公回来了，召申生进献酒肉，献公以酒祭地，地面上凸起一个小土包。申生惊恐退出。骊姬拿祭肉给狗吃，狗立即死去；拿酒给小臣喝，小臣也倒毙在地。献公下令杀死申生师傅杜原款。申生逃奔回曲沃新城。

　　杜原款将死,使小臣圉告于申生[1],曰:"款也不才,寡智不敏,不能教导,以至于死。不能深知君之心度[2],弃宠求广土而窜伏焉[3];小心狷介[4],不敢行也。是以言至而无所讼之也[5],故陷于大难,乃逮于谗[6]。然款也不敢爱死,唯与谗人钧是恶也[7]。吾闻君子不去情[8],不反谗[9],谗行身死可也,犹有令名焉。死不迁情[10],强也[11]。守情说父[12],孝也。杀身以成志,仁也。死不忘君,敬也。孺子勉之! 死必遗爱,死民之思[13],不亦可乎?"申生许诺。

**【注释】**

①圉(yǔ):申生的小臣。

②心度:心意。

③弃宠:让申生放弃太子地位。求广土:奔他国。窜伏:逃匿,隐藏。

④狷介:拘谨不敢为。

⑤言至:谗言到来。无所讼之:无法辩解。

⑥逮:及。

⑦谗人:指骊姬。钧:同。恶:罪恶。

⑧不去情:不去忠爱之情。

⑨不反谗:不对谗言进行申辩。

⑩迁:改变。

⑪强:坚强。

⑫说:同"悦"。

⑬死民之思:死后为民所思。

【译文】

　　杜原款在临死之前，派小臣圉告诉申生说："我杜原款没有才能，缺少智慧，不够敏锐，不能教导您，以至于被杀死。我不能深知国君心意，没有让你放弃太子位，逃亡隐居他国；只是小心翼翼，拘谨不为，不敢行动。因此谗言临头而无法辩解，让你陷入大难，遭到谗害。但是我杜原款不敢爱惜一死，只是不甘心与进谗之人共同分担了陷害太子的罪恶。我听说君子不去忠爱之情，不对谗言进行申辩，遭谗身死是可以的，还会留下美名。至死不改变忠爱之情，这是坚强；坚守忠爱之情而取悦于父亲，这是孝道。杀身成就孝志，这是仁德。至死不忘君主，这是恭敬。太子你好自为之吧！你死后必定留下仁爱之名，死后为民众所思念，不是可以吗？"申生答应了。

　　人谓申生曰："非子之罪，何不去乎？"申生曰："不可。去而罪释①，必归于君②，是怨君也。章父之恶③，取笑诸侯④，吾谁乡而入⑤？内困于父母，外困于诸侯，是重困也⑥。弃君去罪，是逃死也。吾闻之：'仁不怨君，智不重困，勇不逃死。'若罪不释，去而必重。去而罪重，不智。逃死而怨君，不仁。有罪不死，无勇。去而厚怨⑦，恶不可重，死不可避，吾将伏以俟命⑧。"

【注释】

①释：解。

②归于君：怨归于君。

③章：彰显。

④取笑诸侯：为诸侯所笑。

⑤谁乡而入：逃入哪一国。乡，向。

⑥重困:双重困境。

⑦厚怨:加重怨气。

⑧伏:居,处。

**【译文】**

　　有人对申生说:"这不是您的罪过,为什么不逃离晋国呢?"申生说:"不可以。逃离虽然可以解罪,但怨归于君主,这是怨君啊!彰显父亲的罪恶,被诸侯取笑,我能逃入哪一国呢?在国内受困于父母,在国外受困于诸侯,这是双重困境啊!抛弃君主,逃避罪责,这是逃死。我听说:'仁者不怨君主,智者不陷入双重困境,勇者不逃避死亡。'如果罪名不能免除,那么逃离晋国必定加重罪恶。逃离晋国而加重罪恶,这是不智。逃避死亡而怨恨君主,这是不仁。有罪而不赴死,这是不勇。逃离晋国增加民众的怨君情绪,我的罪恶不可以再加重了,死亡是不可逃避的,我将留在这里等候君主的命令。"

　　骊姬见申生而哭之。曰:"有父忍之①,况国人乎?忍父而求好人②,人孰好之?杀父以求利人③,人孰利之?皆民之所恶也,难以长生!"骊姬退,申生乃雉经于新城之庙④。将死,乃使猛足言于狐突曰⑤:"申生有罪,不听伯氏⑥,以至于死。申生不敢爱其死,虽然,吾君老矣,国家多难,伯氏不出,奈吾君何?伯氏苟出而图吾君,申生受赐以至于死,虽死何悔!"是以谥为共君⑦。

**【注释】**

①忍之:忍心杀他。

②好人:取得国人的好感。

③利人:施利于国人。

④缢经：自缢。

⑤猛足：申生的臣子。

⑥伯氏：狐突。

⑦是以谥为共君：共，通"恭"，恭顺事上曰恭。《左传·僖公四年》记有申生临死前说的一段话："或谓大子：'子辞，君必辩焉。'大子曰：'君非姬氏，居不安，食不饱。我辞，姬必有罪。君老矣，吾又不乐。'曰：'子其行乎！'大子曰：'君实不察其罪，被此名也以出，人谁纳我？'"《左传》突出了申生的孝义，《国语》突出了申生死而不忘君国。

**【译文】**

　　骊姬到曲沃去见申生，哭着说："自己的父亲尚且忍心杀死他，何况对国人呢？忍心杀父却想博得国人的好感，国人谁能对你有好感呢？谋杀父亲却追求有利于国人，国人谁会接受你的利益呢？你的作为都是民众所厌恶的，你这样的人很难活得长久！"骊姬从曲沃退回，申生在新城之庙自缢而死。临死之前，他派猛足对狐突说："申生有罪，不听您的劝告，以至于遭谗而死。申生不敢爱惜一死，虽然这样，我们国君已经年老了，国家多灾多难，您闭门不出，那我们国君怎么办？您如果能够出来考虑我们国君的事，申生接受君主恩赐而死，即使是死了又有什么后悔！"因此申生被人们谥为"共君"。

　　骊姬既杀太子申生，又谮二公子曰①："重耳、夷吾与知共君之事。"公令阉楚刺重耳②，重耳逃于狄③；令贾华制夷吾④，夷吾逃于梁⑤。尽逐群公子⑥，乃立奚齐焉。始为令，国无公族焉⑦。

**【注释】**

①谮(zèn)：诬陷。

②阉楚：阉臣披，字伯楚。

③狄：北狄，隗姓。

④贾华：晋国大夫。制：制裁，约束，控制。一作"刺"。

⑤梁：嬴姓诸侯国。

⑥群公子：指献公其他庶子和先君庶子。

⑦公族：诸侯后代。

**【译文】**

　　骊姬已经谮杀了太子申生，又诬陷二公子说："重耳、夷吾参与了申生谋害君父之事。"晋献公命令阉臣伯楚刺杀重耳，重耳逃奔到狄国；献公命令大夫贾华擒服夷吾，夷吾逃奔到梁国。献公驱逐了所有支庶之子，于是立奚齐为太子。从此时开始晋国颁布法令，国家不留公族。

# 公子重耳夷吾出奔

　　二十二年①，公子重耳出亡，及柏谷②，卜适齐、楚。狐偃曰③："无卜焉。夫齐、楚道远而望大④，不可以困往⑤。道远难通⑥，望大难走⑦，困往多悔。困且多悔，不可以走望⑧。若以偃之虑，其狄乎！夫狄近晋而不通⑨，愚陋而多怨，走之易达。不通可以窜恶⑩，多怨可与共忧。今若休忧于狄，以观晋国，且以监诸侯之为⑪，其无不成。"乃遂之狄。

**【注释】**

①二十二年：晋献公二十二年为公元前655年。

②柏谷：晋国地名，在今河南灵宝西南。

③狐偃：狐突之子，重耳舅舅，字子犯。

④望大：欲望很大。

⑤不可以困往：不可在窘困的时候前往。

⑥通：至。

⑦难走：难于归往。

⑧走：衍文。望：指望。

⑨通：交往。

⑩窜恶：窜伏避恶。

⑪监：观察。

【译文】

晋献公二十二年，公子重耳出奔逃亡，到达柏谷，打算占卜询问去齐国还是楚国。狐偃说："不要占卜了。齐、楚两国路远而且欲望很大，我们不可在窘困的时候前往投奔。路远难以通行，欲望大难于投奔，在困窘之际投奔齐、楚会多有后悔。既然窘困而且多悔，那就不能对齐、楚有指望。如果按我的考虑，我们应该投奔的是狄国吧！狄国接近晋国而两国又少有交往，狄人愚昧固陋而又多怨晋国，投奔狄国易于到达。狄晋不交往正可以帮助我们窜伏避恶，狄多怨晋可以让我们与之共担忧患。今天如果我们到狄国休整避忧，观看晋国动态，观察诸侯所为，没有什么事情做不成。"于是就去了狄国。

处一年①，公子夷吾亦出奔，曰："盍从吾兄窜于狄乎？"冀芮曰②："不可。后出同走，不免于罪③。且夫偕出偕入难④，聚居异情恶⑤，不若走梁。梁近于秦，秦亲吾君⑥。吾君老矣，子往，骊姬惧，必援于秦⑦。以吾存也，且必告悔，是吾免也⑧。"乃遂之梁。居二年⑨，骊姬使奄楚以环释言⑩。四年，复为君⑪。

**【注释】**

①处一年：在狄国住了一年，即晋献公二十三年，公元前654年。

②冀芮：晋国大夫。

③后出同走，不免于罪：夷吾在重耳之后出走，却投奔同一个国家，这不免有共谋之罪。

④偕：一起。

⑤聚居：住在一起。异情恶：各怀归国之情，导致生恶。

⑥秦亲吾君：秦穆公夫人是晋献公之女。

⑦援于秦：向秦国求援。

⑧免：免罪。

⑨居二年：过了两年，即公元前652年。

⑩奄楚：即阉楚。环：玉环。释言：解释前隙。

⑪四年，复为君：公元前650年，秦送夷吾回晋国，立为晋惠公。

**【译文】**

过了一年，公子夷吾也从晋国出奔，他说："何不跟随我哥哥重耳逃窜到狄国呢？"冀芮说："不可以。我们在重耳之后出奔，都到同一个国家，这不免于共谋之罪。况且兄弟俩一起出奔又一起归国即位是很难的，住在一起各怀心意导致生恶，不如投奔梁国。梁国邻近秦国，秦国亲近我们国君。我们国君老了，您到梁国，骊姬会感到恐惧，必定会求援于秦。因为我们在梁国存身，骊姬必定将自己的悔意告诉秦国，这样我们就免罪了。"于是夷吾一行人投奔到梁国。过了两年，骊姬派阉楚向秦国进献玉环来解释前隙。四年之后，夷吾成为晋君。

# 虢将亡舟之侨以其族适晋

虢公梦在庙①，有神人面白毛虎爪，执钺立于西阿②。公惧而走。神曰："无走！帝命曰：'使晋袭于尔门③。'"公拜稽首。觉，召史嚚占之<sup>④</sup>，对曰："如君之言，则蓐收也<sup>⑤</sup>，天之刑神也，天事官成<sup>⑥</sup>。"公使囚之，且使国人贺梦<sup>⑦</sup>。舟之侨告诸其族曰<sup>⑧</sup>："众谓虢亡不久，吾乃今知之。君不度而贺大国之袭<sup>⑨</sup>，于己也何瘳<sup>⑩</sup>？吾闻之曰：'大国道<sup>⑪</sup>，小国袭焉曰服<sup>⑫</sup>。小国傲，大国袭焉曰诛。'民疾君之侈也<sup>⑬</sup>，是以遂于逆命<sup>⑭</sup>。今嘉其梦<sup>⑮</sup>，侈必展<sup>⑯</sup>，是天夺之鉴而益其疾也<sup>⑰</sup>。民疾其态，天又诳之<sup>⑱</sup>；大国来诛，出令而逆<sup>⑲</sup>；宗国既卑<sup>⑳</sup>，诸侯远己。内外无亲，其谁云救之？吾不忍俟也！"将行，以其族适晋。六年<sup>㉑</sup>，虢乃亡。

**【注释】**

①虢公：虢国君主，为虢仲之后，姬姓，名丑。庙：宗庙。

②钺（yuè）：大斧。西阿（ē）：西屋的飞檐。

③袭：入。

④史嚚（yín）：虢国太史。

⑤蓐收：传说为少皞氏之子，西方白虎金正之官，掌刑杀之神。

⑥天事官成：上天降下祸福之事，由各方天官执行。

⑦使国人贺梦：为了让事态转为吉利而让国人贺梦。

⑧舟之侨：虢国大夫。

⑨度：揣度。大国：指晋国。

⑩瘳（chōu）：减损。

⑪大国道：大国有道。

⑫服：臣服。

⑬侈：放纵。

⑭逆命：违抗命令。

⑮嘉：贺。

⑯侈必展：放纵之心必定扩展。

⑰鉴：镜。

⑱诖：迷惑。

⑲逆：违背事理，指令国人贺梦。

⑳宗国：俞樾曰："古者公族之人谓其国为宗国。"

㉑六年：在舟之侨奔晋之后六年。舟之侨适晋在公元前660年，公元前655年虢国被晋所灭。

**【译文】**

虢公梦见在宗庙，看到有神人，脸上长有白毛，四肢长有虎爪，手执大斧，站在西屋的飞檐之上。虢公惊恐逃走。神说："你不要逃走！天帝命令说：'让晋国进入虢国之门。'"虢公下拜磕头。醒来以后，召来史嚚占梦，史嚚说："根据您所说的来看，此神是西方白虎金正之官蓐收，这是上天主管刑杀之神，上天降下祸福之事，由各方天官执行。"虢公命令将史嚚囚禁起来，而且让国人贺梦。舟之侨告诉族人说："众人都说虢国不久要灭亡了，我今天才知道。国君不揣度恶梦之意而贺大国进入，这对他自己减祸有什么帮助？我听说：'大国有道，小国进入叫做臣服。小国骄傲，大国进入叫做诛罚。'民众痛恨国君的放纵，因此违抗君命。如今国君让国人贺梦，放纵之心必定会扩展，这是上天夺他的镜鉴而加重他的疾病。民众痛恨国君的情态，上天又迷惑他；大国来诛讨，国君下令违背常理；宗国已经卑弱，诸侯又疏远他。内外无亲，谁来拯救他呢？我不忍心再等下去了！"舟之侨准备出走，率领族人到晋国。六年之后，虢国灭亡。

# 宫之奇知虞将亡

伐虢之役，师出于虞①。宫之奇谏而不听②，出，谓其子曰："虞将亡矣！唯忠信者能留外寇而不害③。除暗以应外谓之忠④,定身以行事谓之信⑤。今君施其所恶于人⑥,暗不除矣;以贿灭亲⑦,身不定矣。夫国非忠不立,非信不固。既不忠信,而留外寇,寇知其衅而归图焉⑧。已自拔其本矣⑨,何以能久?吾不去,惧及焉。"以其孥适西山⑩,三月,虞乃亡。

**【注释】**

①伐虢之役,师出于虞:晋献公伐虢,向虞国借道。虞,姬姓诸侯国,虞仲之后,处于晋、虢之间。

②宫之奇谏而不听:宫之奇以唇亡齿寒的道理劝谏虞君不要借道给晋国,虞君不听。宫之奇,虞国大夫。

③留外寇:容留晋国军队。

④除暗以应外:除去心中暗昧来应对外事。

⑤定身以行事:安定心身之后处理事务。

⑥施其所恶于人:指虞君借道给晋国伐虢。

⑦贿:财物,晋国以屈产之乘、垂棘之璧来贿赂虞君以求借道。亲:虞国与虢国有宗法血亲关系,虞国为太王之后,虢国为王季之后。

⑧衅:间隙。图:谋。

⑨自拔其本:指虞君自动放弃忠信这一立国根本。

⑩孥(nú):妻子儿女。西山:虞国西界。

**【译文】**

晋国征伐虢国的战役,晋军从虞国经过。宫之奇劝谏虞君不要借道给晋国,虞君不听,宫之奇出来以后,对儿子说:"虞国将要灭亡了!只有忠信之人才能容留外寇而不遭其害。除去心中暗昧来应对外事叫做忠,安定心身之后处理事务叫做信。如今国君将自己所厌恶的施之于他人,这说明他没有除去心中暗昧;因为贪财而全然不顾宗亲,这说明他的心身没有安定。国家没有忠就不能立足,没有信就不能稳固。既不能做到忠信,又容留外寇,外寇知道有机可乘,就会在返回途中图谋虞国。国君已经自己拔掉立国的根本了,国家怎么能够长久? 我要是不离开,怕祸及自身。"他率领妻子儿女到达西山,三个月之后,虞国被晋人灭亡。

# 献公问卜偃攻虢何月

献公问于卜偃曰①:"攻虢何月也?"对曰:"童谣有之曰:'丙之晨②,龙尾伏辰③,均服振振④,取虢之旂⑤。鹑之贲贲⑥,天策焞焞⑦,火中成军⑧,虢公其奔!'火中而旦⑨,其九月十月之交乎?"

**【注释】**

①卜偃:即郭偃。

②丙之晨:丙子的早晨。

③龙尾:星宿名。即箕宿,二十八宿之一。居东方苍龙七宿之末,故称。伏:隐伏。辰:日月交会。

④均:同。服:戎服。振振:威武。

⑤旂(qí):画有双龙交叉的旗帜。

⑥鹑(chún):鹑火星。贲贲(bēn):形容鹑火星像一只飞翔鹑鸟的形状。

⑦天策:星宿名。焞焞(tūn):暗淡无光的样子。

⑧火中:鹑火星出现在南方的天空。火,鹑火星。中,晨中。成军:军有成功。

⑨旦:早晨。

**【译文】**

献公问郭偃说:"攻打虢国应在哪个月?"郭偃回答说:"有一首童谣唱道:'那是一个丙子的早晨,龙尾在日月交会之处伏隐,君臣同穿威武的戎服,一举夺取虢国的旗帜。鹑火星像一只飞翔的鹑鸟,天策星暗淡不明,在鹑火悬于中天之际军队获胜,虢公只有亡命出奔。'鹑火星出现在南方的天空,恐怕在九月末、十月初吧!"

# 宰周公论齐侯好示

葵丘之会①,献公将如会,遇宰周公②,曰:"君可无会也。夫齐侯好示③,务施与力而不务德④,故轻致诸侯而重遣之⑤,使至者劝而叛者慕⑥。怀之以典言⑦,薄其要结而厚德之⑧,以示之信。三属诸侯⑨,存亡国三⑩,以示之施。是以北伐山戎⑪,南伐楚⑫,西为此会也。譬之如室,既镇其薨矣⑬,又何加焉?吾闻之,惠难遍也,施难报也。不遍不报,卒于怨雠。夫齐侯将施惠如出责⑭,是之不果奉⑮,而暇晋是皇⑯,虽后之会,将在东矣⑰。君无惧矣,其有勤也⑱!"公乃还。

**【注释】**

①葵丘之会:公元前651年,齐桓公在宋国葵丘会盟诸侯,史称葵丘之会。

②宰周公:东周王室卿士宰孔,食采邑于周。宰孔从葵丘先归,途中遇到晋献公。

③好示:喜好自我炫示。

④施:恩惠。力:武力。

⑤轻致诸侯:减轻对诸侯朝贡的要求。重遣之:重重地回赠诸侯。

⑥至者劝:与会者受到鼓励。叛者慕:反叛者思慕。

⑦怀:安抚。典言:载于典册之言。

⑧薄其要结:减少盟誓时的祭神礼仪。韦昭注:"谓束牲为盟,皮马为币。"

⑨三属诸侯:三次会盟诸侯。韦昭注:"乘车之会三。"

⑩存亡国三:指帮助鲁、卫、邢三国复国。公元前660年,鲁有庆父之乱,齐桓公派高子立鲁僖公。公元前661年,狄人攻邢,齐桓公筑夷仪以封之。公元前660年,狄人攻入卫都,齐桓公城楚丘以封之。

⑪北伐山戎:公元前663年冬天,山戎侵略燕国,燕庄公求救于齐,第二年齐桓公救燕伐山戎。

⑫南伐楚:公元前657年,齐桓公以蔡姬故伐蔡,管仲感到齐桓公师出无名,遂以楚国不进贡周室为名,挥师伐楚。楚人承诺进贡周室,派屈完与齐师盟于召陵。

⑬甍(méng):屋脊。

⑭责:同"债"。

⑮不果奉:不能行。

⑯暇:闲暇。皇:匡。

⑰在东:指前644年诸侯在淮会盟。

⑱其有勤也:不必勤于远行。

## 【译文】

齐桓公在葵丘举行诸侯会盟,晋献公将要赴会,途中遇到宰周公,宰周公说:"您可以不必赴会了。齐侯爱好炫示,致力于施恩和武力,而不是致力于德行,所以他减轻对诸侯朝贡的要求,给予诸侯丰厚的反馈,使赴会者受到鼓励,反叛者为之羡慕。他用法典之言怀柔诸侯,减少盟誓时的祭神礼仪,厚施恩惠,以显示他的诚信。齐侯三次主盟诸侯，帮助鲁、卫、邢三国复国，以显示他的施恩。因此他北伐山戎，南伐楚国，在西部举行此次盟会。就如同建房子一样，连屋脊都建好了，还需要什么呢？我听说，恩惠是难以周遍的，施恩是难以回报的。恩惠难遍，施恩难报，最终会以怨仇作结。齐侯把施惠当成借贷，所以不可能都得到回报，他哪里有闲暇匡正晋国？即使以后有会盟，也将会在东方举行。您不要怕，不必勤于远行了。"献公于是返回晋国。

# 宰周公论晋侯将死

宰孔谓其御曰①："晋侯将死矣！景霍以为城②，而汾、河、涑、浍以为渠③，戎、狄之民实环之④。汪是土也⑤，苟违其违⑥，谁能惧之！今晋侯不量齐德之丰否⑦，不度诸侯之势，释其闭修⑧，而轻于行道⑨，失其心矣⑩。君子失心，鲜不夭昏⑪。"是岁也，献公卒。八年⑫，为淮之会⑬。桓公在殡，宋人伐之⑭。

**【注释】**

①御：驾车人。

②景霍：大霍，晋国山名。景，大。

③汾、河、涑（sù）、浍（huì）：晋国四条大河。渠：护城河。

④戎、狄之民实环之：晋国南有陆浑，北有山戎。环，环绕。

⑤汪：大的样子。

⑥苟违其违：如果能除去违道之事。

⑦量：衡量。齐德：齐国功德。丰：丰厚。

⑧释其闭修：舍弃闭门修德。

⑨轻于行道：轻易地出行赴会。

⑩失其心：失其心守。

⑪鲜：少。夭昏：夭亡狂乱。

⑫八年：葵丘之会后八年，即公元前644年。

⑬为淮之会：此年齐、鲁、宋、陈、卫、郑、许、邢、曹等国诸侯会于淮，商量讨伐淮夷救鄫国。淮，地名，在今江苏盱眙。

⑭桓公在殡，宋人伐之：公元前643年，齐桓公去世，五公子争立，太子奔宋，次年宋襄公伐齐，立太子为孝公。殡，停放灵柩。

**【译文】**

宰孔对驾车人说："晋侯将要死了！晋国以大霍山作为城墙，以汾水、黄河、涑水、浍水作为护城河，戎狄之民环卫晋国。如此广大的国土，如果能除去违道之事，晋国还能怕谁呢！如今晋侯不衡量齐国德行是否丰厚，不揣度诸侯强弱之势，舍弃闭门修德，轻易地出行赴会，这是他失去了心守。君子失去心守，很少有人不夭亡昏乱的。"这一年，晋献公去世。葵丘之会后八年，齐桓公在淮举行会盟。齐桓公死后，尚未下葬，宋国人就来讨伐。

# 里克杀奚齐而秦立惠公

二十六年①，献公卒。里克将杀奚齐，先告荀息曰②："三公子之徒将杀孺子③，子将如何？"荀息曰："死吾君而杀其孤④，吾有死而已，吾蔑从之矣⑤！"里克曰："子死，孺子立，不亦可乎？子死，孺子废，焉用死？"荀息曰："昔君问臣事君于我，我对以忠贞。君曰：'何谓也？'我对曰：'可以利公室，力有所能，无不为，忠也。葬死者，养生者，死人复生不悔，生人不愧⑥，贞也。'吾言既往矣，岂能欲行吾言而又爱吾身乎？虽死，焉避之？"

**【注释】**

①二十六年：晋献公二十六年为公元前651年。

②荀息：晋国大夫，奚齐的师傅。

③三公子之徒：申生、重耳、夷吾三位公子的徒党。孺子：指奚齐。

④吾君：晋献公。孤：奚齐。

⑤蔑从：无所从，意谓只有一死。

⑥媿(kuì)：惭愧。

**【译文】**

　　二十六年，晋献公去世。里克将要杀奚齐，先告诉荀息说："申生、重耳、夷吾三公子的徒党将要杀死奚齐这小子，您打算怎么办？"荀息说："我们的君主刚去世，你们就要杀他的遗孤，我只有一死而已，再也没有其他路可走了。"里克说："如果您死了，奚齐立为晋君，不是可以吗？而今您死了，奚齐被废黜，哪里值得去死？"荀息说："从前献公问我，臣下应该如何事奉君主？我用忠贞二字回答他。献公问：'这是什么意思？'我回答说：'只要是对公室有利的事，只要是力所能及的，都要去做，这就是忠。礼葬死去的人，奉养活着的人，即使是死者复生，也不会后悔当初任用了我，不愧对活着的人，这就是贞。'我的话已经说出口了，怎么能既要实践诺言而又爱惜生命呢？即使是死，又怎能逃避呢？"

　　里克告丕郑曰："三公子之徒将杀孺子，子将何如？"丕郑曰："荀息谓何？"对曰："荀息曰'死之。'"丕郑曰："子勉之。夫二国士之所图①，无不遂也②。我为子行之③。子帅七舆大夫以待我④。我使狄以动之，援秦以摇之⑤。立其薄者可以得重赂，厚者可使无入⑥。国，谁之国也！"里克曰："不可。克闻之，夫义者，利之足也⑦；贪者，怨之本也。废义则利不立，厚贪则怨生。夫孺子岂获罪于民？将以骊姬之

惑蛊君而诬国人<sup>⑧</sup>,谗群公子而夺之利,使君迷乱,信而亡
之<sup>⑨</sup>,杀无罪以为诸侯笑<sup>⑩</sup>,使百姓莫不有藏恶于其心中,恐
其如壅大川,溃而不可救御也<sup>⑪</sup>。是故将杀奚齐而立公子之
在外者,以定民弭忧<sup>⑫</sup>,于诸侯且为援,庶几曰诸侯义而抚
之,百姓欣而奉之,国可以固<sup>⑬</sup>。今杀君而赖其富,贪且反
义。贪则民怨,反义则富不为赖<sup>⑭</sup>。赖富而民怨,乱国而身
殆,惧为诸侯载<sup>⑮</sup>,不可常也。"丕郑许诺。于是杀奚齐、卓子
及骊姬,而请君于秦。

**【注释】**

①二国士:里克、丕郑。图:谋划。

②遂:成功。

③行之:助里克行其事。

④七舆大夫:指申生所帅下军的七位大夫:共华、贾华、叔坚、骓颥、
累虎、特宫、山祁。

⑤使狄以动之,援秦以摇之:出使重耳所在的狄国,求援于秦国,以
动摇奚齐的地位。

⑥立其薄者可以得重赂,厚者可使无入:拥立与晋献公关系疏远的
人可以得到丰厚的回报,不让与晋献公关系亲近的重耳、夷吾回
到晋国。薄、厚,指与晋献公血缘关系的远近。

⑦足:立足点。

⑧惑蛊(gǔ):蛊惑。诬:欺骗。

⑨信而亡之:献公听信骊姬谗言而令群公子流亡。

⑩无罪:指申生。

⑪御:止。

⑫弭忧:消除忧患。弭,止息。

⑬固：安。

⑭赖：利。

⑮载：指为史书所记载。

**【译文】**

　　里克告诉丕郑说："申生、重耳、夷吾三公子徒党要杀奚齐，您准备怎么办？"丕郑问："荀息说了什么？"里克说："荀息说他要为奚齐而死。"丕郑说："您好自为之吧。您和我两位国士所谋划的事，没有不成功的。我帮助您成其事。您率领七舆大夫等待我的消息。我们派人出使重耳所在的狄国，求援于秦国，以动摇奚齐的地位。拥立血亲关系疏远的公子，我们可以得到丰厚的回报，可以不让血亲关系亲近的公子重耳和夷吾进入晋国。这样，晋国还能是谁的晋国呢！"里克说："不可以。我听说，义是利的立足点，贪是招怨的祸根。废除了义，利就不能立足，贪心太重，就会生怨。难道是奚齐得罪了民众吗？只不过是骊姬蛊惑国君而欺骗国人，谗害群公子而夺去他们的利益，使君主迷乱，听信骊姬谗言而令群公子流亡，杀死无罪的申生，为诸侯所耻笑，使百姓人人心中隐藏着悖逆的恶念，恐怕就像堵塞了的大河一样，一旦溃决就不可救了。因此我们要杀掉奚齐，拥立在国外流亡的公子，来安定民众消除忧患，权且向各国诸侯求援，诸侯差不多会肯定我们的义举而给予安抚，百姓也会欣然尊奉新君，这样国家就可以安全了。如果杀君来求富利，那就是贪心而且违反道义。贪心就会招致民怨，违反道义就会富而不利。以富为利，百姓怨恨，就会扰乱国家，自身也会危险，怕为诸侯国史书所记载，您的话不可作为常法。"丕郑答应了。于是里克、丕郑杀死奚齐、卓子和骊姬，请求秦国帮助择立新君。


　　既杀奚齐，荀息将死之。人曰："不如立其弟而辅之。"荀息立卓子。里克又杀卓子，荀息死之。君子曰："不食其言矣。"

**【译文】**

奚齐已经被杀，荀息准备为之殉死。有人劝他说："不如立奚齐弟弟为君而辅佐他。"荀息立卓子为国君。里克又杀死卓子，荀息为之殉死。君子说："荀息没有食言。"

　　既杀奚齐、卓子，里克及丕郑使屠岸夷告公子重耳于狄①，曰："国乱民扰，得国在乱，治民在扰，子盍入乎？吾请为子钺②。"重耳告舅犯曰："里克欲纳我。"舅犯曰："不可。夫坚树在始③，始不固本，终必槁落。夫长国者，唯知哀乐喜怒之节，是以导民。不哀丧而求国，难；因乱以入，殆。以丧得国，则必乐丧，乐丧必哀生④。因乱以入，则必喜乱，喜乱必怠德。是哀乐喜怒之节易也⑤，何以导民？民不我导，谁长？"重耳曰："非丧谁代？非乱谁纳我？"舅犯曰："偃也闻之，丧乱有小大。大丧大乱之剡也⑥，不可犯也。父母死为大丧，谗在兄弟为大乱。今适当之⑦，是故难。"公子重耳出见使者，曰："子惠顾亡人重耳，父生不得供备洒扫之臣，死又不敢莅丧以重其罪⑧，且辱大夫，敢辞。夫固国者⑨，在亲众而善邻，在因民而顺之。苟众所利，邻国所立，大夫其从之。重耳不敢违。"

**【注释】**

①屠岸夷：晋国大夫。

②钺（xù）：引导。

③坚树：坚固的树木。始：根本。

④乐丧：以丧为乐。

⑤易：反。

⑥刬（yǎn）：锐锋。

⑦适：正好。

⑧莅：临。

⑨固国：安定国家。

**【译文】**

　　杀了奚齐、卓子以后，里克和丕郑派屠岸夷到狄国告诉公子重耳，说："国家混乱，民众纷扰，得到国家在于趁乱，治民在于抓住纷纷攘攘的时机，您何不进入晋国呢？我请求为您引导。"重耳告诉舅舅子犯说："里克想让我回国。"舅犯说："不可以。坚固的树木在于树根，树根不坚固，最终树叶会枯槁凋落。做国君的人，只有知道哀乐喜怒的节度，才可以训导民众。不以丧父为哀而求回国，难以立足；趁乱以求入晋，非常危险。由于父丧而得到国家，就必定以丧父为乐，以丧父为乐必定导致哀事发生。趁着混乱入晋，就必定会喜欢混乱，喜欢混乱就必定会懈怠德行。这样，哀乐喜怒的节度就弄反了，拿什么去训导民众？民众不服从训导，你当谁的国君？"重耳说："如果不是丧父，我代替谁为君？如果不是混乱，谁肯接纳我回国？"舅犯说："我听说，丧事和混乱有小有大。大丧大乱的锐锋，是不可以冒犯的。父母死为大丧，兄弟间有谗言为大乱。如今你正好都遇上了，因此难获成功。"公子重耳出来会见使者，说："您肯惠顾流亡人重耳，父亲生时我不能当一名洒扫之臣，父亲死后我又不敢亲临丧所而加重了我的罪孽，而且屈辱大夫出使，我只有冒昧地辞谢。安定国家的关键，在于亲善民众和睦邻邦，在于顺应民心。只要是众人认为有利的人选，是邻国拥立的人选，大夫都可以听从。重耳不敢违背众意。"

　　吕甥及郤称亦使蒲城午告公子夷吾于梁①，曰："子厚赂秦人以求入，吾主子②。"夷吾告冀芮曰③："吕甥欲纳我。"冀芮曰："子勉之。国乱民扰，大夫无常<sup>④</sup>，不可失也。非乱何入？非危何安？幸苟君之子，唯其索之也<sup>⑤</sup>。方乱以扰，孰适御我<sup>⑥</sup>？大夫无常，苟众所置，孰能勿从？子盍尽国以赂外内<sup>⑦</sup>，无爱虚以求入<sup>⑧</sup>，既入而后图聚<sup>⑨</sup>。"公子夷吾出见使者，再拜稽首许诺。

**【注释】**

①吕甥、郤称：晋国大夫，夷吾的支持者。蒲城午：晋国大夫。

②主子：做您的内主，即在国内策应。

③冀芮：晋国大夫郤芮，随从夷吾流亡。

④无常：无常心，易变化。

⑤索：求。

⑥御：抵御，拒绝。

⑦尽国：尽国家之所有。外内：外指诸侯，内指晋国大夫。

⑧爱：吝惜。虚：指国库空虚。

⑨聚：指蓄积财富。

**【译文】**

　　吕甥和郤称也派蒲城午到梁国告诉公子夷吾，说："您重重地贿赂秦国人以求归国，我们在国内策应。"夷吾告诉冀芮说："吕甥想接纳我回国。"冀芮说："您好好努力吧。国家混乱，民众纷扰，大夫们变化无常，机不可失啊。如果不是混乱如何回国？如果不是危险何来安全转机？幸而只要是国君的公子，他们求到谁就是谁。目前国内正在混乱扰攘，谁能在此时抵挡我们？大夫们并无定见，只要是众人所拥立，谁能不服从？您何不倾晋国之所有，以贿赂国外诸侯和国内大夫，不惜国库空虚也要求得回国，回国后再想办法聚敛财富。"公子夷吾出来会见使者，再拜磕头许诺回国。

吕甥出告大夫曰:"君死,自立则不敢①,久则恐诸侯之谋②,径召君于外也,则民各有心③,恐厚乱④,盍请君于秦乎⑤?"大夫许诺。乃使梁由靡告于秦穆公曰⑥:"天降祸于晋国,谗言繁兴,延及寡君之绍续昆裔⑦,隐悼播越⑧,托在草莽⑨,未有所依。又重之以寡君之不禄⑩,丧乱并臻⑪。以君之灵,鬼神降衷⑫,罪人克伏其辜⑬,群臣莫敢宁处,将待君命。君若惠顾社稷,不忘先君之好,辱收其逋迁裔胄而建立之⑭,以主其祭祀,且镇抚其国家及其民人,虽四邻诸侯之闻之也,其谁不儆惧于君之威⑮,而欣喜于君之德?终君之重爱⑯,受君之重贶,而群臣受其大德,晋国其谁非君之群隶臣也⑰?"

**【注释】**

①自立则不敢:不敢径自立一位国君。

②久则恐诸侯之谋:拖久了就怕诸侯图谋晋国。

③民各有心:人们所爱不同。

④厚乱:增添新乱。

⑤请君于秦:意谓请秦国为晋国择立新君。

⑥梁由靡:晋国大夫。秦穆公:秦国君主,嬴姓,名任好,谥"穆"。其夫人为晋献公之女。

⑦绍续昆裔:继嗣后裔。昆,后裔。

⑧隐悼:沉痛悼念。隐,忧。悼,惧。播越:逃亡,流离失所。播,散。越,远。

⑨托在草莽:寄身山野。

⑩重:加上。寡君之不禄:士死叫做不禄,君死赴告他国也称寡君不禄。

⑪臻：至。

⑫衷：善。

⑬罪人：指骊姬。克伏其辜：能够服罪。

⑭逋（bū）：流亡。迁：迁徙。裔胄：后裔，指在国外流亡的晋国群公子。

⑮儆惧：敬畏。

⑯终君：晋献公，一说是指秦穆公。

⑰隶：役。

**【译文】**

　　吕甥出来告诉大夫们说："国君去世，大夫不敢径自立一新君，拖久了就怕诸侯图谋晋国，如果直接从国外召回一位公子为君，那么由于人们所爱不同，恐怕又添新乱，何不请秦国为晋国择立新君呢？"大夫们答应了。于是晋国派梁由靡赴告秦穆公说："上天给晋国降下大祸，谗言四起，影响到君主的公子们，忧患流亡国外，寄身山野之中，无依无靠。再加上寡君去世，丧乱一齐到来。托您的福，鬼神降下善心，有罪之人得以服罪，晋国群臣不敢安居，正在等待您的命令。您若能够惠顾晋国，不忘记我们先君与您的友好关系，屈辱地收留晋国流亡公子，择立新君，让他来主持晋国祭祀，镇抚晋国和民众，即使是四邻诸侯听到此事，那么谁能不敬畏您的声威，而欣喜于您的美德？去世的献公蒙受您的厚爱，晋国受到的重赐，群臣也蒙受您的大德，晋国还有哪一个人不是您的役隶臣民呢？"

　　秦穆公许诺，反使者，乃召大夫子明及公孙枝①，曰："夫晋国之乱，吾谁使先②，若夫二公子而立之③？以为朝夕之急。"大夫子明曰："君使縶也④。縶敏且知礼，敬以知微。敏能窜谋⑤，知礼可使；敬不坠命⑥，微知可否。君其使之。"

**【注释】**

①子明:秦国大夫百里孟明视。公孙枝:秦国大夫公孙子桑。

②吾谁使先:我应当先立谁为晋君。

③二公子:重耳、夷吾。

④絷:秦国大夫公子子显。

⑤窜谋:暗中谋划。窜,精微。

⑥坠命:有辱使命。

**【译文】**

　　秦穆公答应了晋国的请求,他让使者梁由靡先回晋国复命,然后召来大夫子明和公孙枝,说:"晋国之乱,我应当先立谁为晋君——如果在重耳、夷吾二公子之间择立君主的话? 以解救晋国的早晚危急。"大夫子明说:"君主可以派公子絷出使。公子絷敏捷而且知礼,恭敬而能识别精微。敏捷就能密谋,知礼就可出使;恭敬就不辱使命,识别精微就知道二公子谁可胜任。君主可以派他出使。"

　　乃使公子絷吊公子重耳于狄①,曰:"寡君使絷吊公子之忧②,又重之以丧③。寡人闻之,得国常于丧,失国常于丧。时不可失,丧不可久,公子其图之!"重耳告舅犯。舅犯曰:"不可。亡人无亲,信仁以为亲,是故置之者不殆④。父死在堂而求利,人孰仁我? 人实有之⑤,我以徼幸⑥,人孰信我? 不仁不信,将何以长利?"公子重耳出见使者,曰:"君惠吊亡臣,又重有命⑦。重耳身亡,父死不得与于哭泣之位,又何敢有他志以辱君义⑧?"再拜不稽首,起而哭,退而不私⑨。

**【注释】**

①吊:吊唁。

②公子之忧：指重耳流亡。

③重之以丧：加上重耳父丧。

④置之者不殆：立为国君者才没有危险。

⑤人实有之：每个晋国流亡公子都有做国君的资格。

⑥徼幸：侥幸。徼，通"侥"。

⑦又重有命：又加上命我回国为君。

⑧他志：指回国为君。

⑨私：私访。

## 【译文】

秦穆公于是派公子絷到狄国吊唁重耳，说："君主派我来吊唁公子出亡之忧，再加上吊唁您君父之丧。我听说，得到国家常常是由于丧事，失掉国家也常常是由于丧事。时不可失，国丧时间也不会拖得太久，公子您好好考虑吧！"重耳将此事告诉舅犯。舅犯说："不可以。流亡者无人可以亲近，只有亲近诚信和仁爱，因此立此为国君才不会有危险。父亲灵枢尚在厅堂而自己就从中求利，这样谁会认为我们有仁德？每个晋国流亡公子都有做国君的资格，我们以侥幸求得君位，谁会认为我们有诚信？不仁不信，拿什么来维持长久的利益？"公子重耳出来会见秦国使者公子絷，说："秦君恩惠吊唁流亡之臣，又加上命我回国为君。重耳其身在外流亡，父亲死后不能站在儿子的位置上哭泣，又怎么敢有其他意图来侮辱秦君的义举呢？"再拜而不磕头，起身后哭泣，退回后不再私访。

公子絷退，吊公子夷吾于梁，如吊公子重耳之命。夷吾告冀芮曰："秦人勤我矣①！"冀芮曰："公子勉之。亡人无狷洁②，狷洁不行③，重赂配德④，公子尽之⑤，无爱财！人实有之，我以徼幸，不亦可乎？"公子夷吾出见使者，再拜稽首，起而不哭,退而私于公子絷曰:"中大夫里克与我矣⑥,吾命之以汾阳之田百万⑦。丕郑与我矣,吾命之以负蔡之田七十万⑧。君苟辅我,蔑天命矣⑨!亡人苟入扫宗庙,定社稷,亡人何国之与有⑩?君实有郡县⑪,且入河外列城五⑫。岂谓君无有,亦为君之东游津梁之上⑬,无有难急也。亡人之所怀挟缨纕⑭,以望君之尘垢者。黄金四十镒⑮,白玉之珩六双⑯,不敢当公子,请纳之左右。"

**【注释】**

①勤:帮助。

②狷洁:洁身自好。

③不行:不能成事。

④重赂配德:用重礼回馈恩德。

⑤尽之:尽力为之。

⑥与:帮助。

⑦汾阳:晋国地名,在汾水之北。百万:百万亩。

⑧负蔡:晋国地名。七十万:七十万亩。

⑨蔑天命:无须天命。蔑,无。

⑩亡人何国之与有:意谓自己可以不要国土。

⑪君实有郡县:意谓晋国如同秦君的郡县。

⑫入:奉送。河外列城五:黄河以西以南的五座城。据《左传》烛之武所说,其地东边直到虢国边界,南到华山,还包括河内解梁城。河外,指河西与河南。黄河自龙门至华阴,自北而南,晋都于绛,故以河西与河南为外。

⑬津:渡口。梁:桥梁。

⑭挟:持有。缨:马缨。纕(xiāng):马腹带。

⑮镒(yì)：二十两。

⑯珩(héng)：玉佩顶端的横玉。

**【译文】**

公子縶从狄国退回，又到梁国去吊唁公子夷吾，如同吊唁重耳一样转达了秦君之命。夷吾告诉冀芮说："秦国人帮助我了！"冀芮说："公子努力吧。流亡者不要洁身自好，洁身自好办不成事，要用重礼回馈恩德，公子尽力为之，不要吝惜财物。每个晋国流亡公子都有做国君的资格，我们以侥幸求得君位，不是可以吗？"公子夷吾出来会见使者，再拜磕头，起身后不哭，退回之后又私访公子縶，说："中大夫里克答应帮助我了，我答应赐他百万汾阳之田。丕郑也答应帮助我了，我答应赐给他七十万负蔡之田。秦君只要辅佐我，我就无须天命了！我这个流亡公子如果真能入主宗庙，安定社稷，我还要国土做什么？秦君等于增加了一些郡县，况且我还要奉送黄河以西以南五座城邑给秦国。难道说秦君没有土地吗？只不过是为了在秦君东游时有渡口桥梁，不用为难着急。我这个流亡者愿执鞭牵马，以追随秦君车尘。四十镒黄金，六双白玉之珩，不敢奉送公子，请献给您的左右之人。"

公子縶反，致命穆公。穆公曰："吾与公子重耳①，重耳仁。再拜不稽首，不没为后也②。起而哭，爱其父也。退而不私，不没于利也。"公子縶曰："君之言过矣。君若求置晋君而载之③，置仁不亦可乎？君若求置晋君以成名于天下，则不如置不仁以猾其中④，且可以进退⑤。臣闻之曰：'仁有置，武有置。仁置德，武置服。'"是故先置公子夷吾，实为惠公。

**【注释】**

①与：赞成。

②没：贪。后：嗣君。

③载：成。

④猾：弄，扰乱。

⑤进退：指改易晋君。

**【译文】**

公子絷返回秦国，向秦穆公复命。秦穆公说："我赞成公子重耳，重耳有仁德。再拜不磕头，表明他不贪得后嗣地位。起身后哭泣，这是爱他的父亲。退回之后不私访，这是不贪私利。"公子絷说："君主的话错了。君主如果追求安置晋君而成就晋国，那么置立一个仁爱的君主不是可以吗？君主如果追求通过置立晋君来成名天下，那么就不如置立一个不仁的晋君以扰乱晋国，这样我们就可进可退改立他人。我听说：'有为仁爱而帮助他国置立国君，有为武威而帮助他国置立国君。为了仁爱就要置立有德者，为了武威就要置立臣服者。'"因此秦穆公先立公子夷吾为晋君，这就是晋惠公。

# 冀芮答秦穆公问

穆公问冀芮曰："公子谁恃于晋<sup>①</sup>？"对曰："臣闻之，亡人无党<sup>②</sup>，有党必有雠。夷吾之少也，不好弄戏<sup>③</sup>，不过所复<sup>④</sup>，怒不及色，及其长也弗改。故出亡无怨于国，而众安之。不然，夷吾不佞<sup>⑤</sup>，其谁能恃乎<sup>⑥</sup>？"君子曰："善以微劝也<sup>⑦</sup>。"

**【注释】**

①公子：指夷吾。谁恃于晋：在晋国依靠谁。

②亡人无党：流亡者没有朋党。

③弄戏：游戏。

④不过所复：不过分报复。

⑤不佞：不才。

⑥其谁能恃乎：暗示将依靠秦国。韦昭注："言无恃则恃秦也。"

⑦善以微劝：善于以小事劝谏。

**【译文】**

秦穆公问冀芮说："公子夷吾在晋国依靠谁？"冀芮回答说："我听说，流亡者没有朋党，有朋党者必定有仇敌。夷吾小时候，不爱好游戏，报复人也不过分，发怒不形于色，长大了也没有改变。所以他出外流亡，国内没有人怨恨他，民众对他很放心。如果不是这样，夷吾不才，他能依靠谁呢？"君子说："冀芮善于用小事打动秦穆公。"

# 晋语三

【题解】

　　本篇收录晋惠公时期八条言论材料,始于公元前650年晋惠公归国即位,迄于公元前636年晋怀公子圉被杀。

　　晋惠公夷吾是晋国政局动荡过程中的过渡人物,他通过内外贿赂而归国即位,得志后又恩将仇报,由此激化了内外矛盾,导致秦晋韩原之战的爆发,他本人做了秦人的俘虏。本篇八条言论材料围绕一个共同主题:晋惠公内外失政。"惠公入而背外内之赂章"通过民谣和郭偃评论说明惠公既失"内谋"又无"外度";"惠公改葬共世子章"记载民谣和郭偃的评论,预言晋国未来政局的演变;"惠公悔杀里克章"载郭偃论冀芮"不谋而谏"与惠公"不图而杀";"惠公杀丕郑章"载丕郑欲谋晋而被惠公所杀;"秦荐晋饥晋不予秦籴章"载秦穆公遵行补乏荐饥的天道而归籴于晋,而惠公却怕"厚于寇"而不予秦籴;"秦侵晋止惠公于秦章"记载秦晋君臣在韩原之战中的言论,揭示了惠公失败的原因;"吕甥逆惠公于秦章"载吕甥以不卑不亢、软硬兼施的外交辞令而获得秦人尊重;"惠公斩庆郑章"载庆郑"将待刑以快君志"。

　　编者按照时间顺序组织材料,不仅记载了惠公一朝的政治谋略,而且交代了历史事件的发展,展现了不同历史人物的各种情态。

# 惠公入而背外内之赂

惠公入而背外内之赂①。舆人诵之曰②："佞之见佞③，果丧其田④。诈之见诈⑤，果丧其赂⑥。得国而狃⑦，终逢其咎⑧。丧田不惩⑨，祸乱其兴⑩。"既里、丕死⑪，祸，公陨于韩⑫。郭偃曰："善哉！夫众口祸福之门。是以君子省众而动⑬，监戒而谋⑭，谋度而行⑮，故无不济。内谋外度，考省不倦，日考而习⑯，戒备毕矣⑰。"

【注释】

①背：背弃。外：指秦国。内：指里克、丕郑。

②舆人：众人。诵：不歌曰诵。

③佞：伪善，指里克、丕郑同意接受惠公贿赂而接纳其回国。见佞：指惠公回国之后背弃承诺。

④果丧其田：终究失去惠公所许诺的良田。果，竟，终究。

⑤诈：欺诈，指秦国以诈立惠公。

⑥果丧其赂：指秦国终究没有得到贿赂。

⑦狃：贪。

⑧终逢其咎：最终一定会遭到灾祸。指秦晋韩原之战，惠公战败被俘。

⑨惩：惩艾，警惕。

⑩祸乱其兴：指丕郑欲与秦纳重耳，被惠公所杀。

⑪里、丕死：晋惠公回国后先后杀死了里克、丕郑。

⑫公陨于韩：公元前645年，晋惠公败于秦晋韩原之战。陨，坠落。韩，韩原，在今山西河津、万泉之间。

⑬省众而动：省察民意后行动。

⑭监戒而谋：监察鉴戒之后谋划。

⑮谋度而行：谋事揣度道义而行。

⑯日考而习：每日考省而温习。

⑰毕：完毕。

**【译文】**

　　惠公入晋后背弃先前承诺的对国内外的贿赂。众人讽诵说："伪善者反被伪善者欺骗，最终丧失良田。欺诈者反被欺诈，最终丧失贿赂。当上国君就贪心，最终要遭受凶咎。失去良田还不知惩艾，祸乱由此兴起。"不久里克、丕郑被惠公杀死，由于失信之祸，惠公在韩原栽了大跟头。大夫郭偃说："好啊！众人之口，是祸福的门户。因此君子省察民意而后行动，监察鉴戒而后谋划，谋事揣度道义而后施行，因此事情没有不成功的。内作谋划，外度民心，不倦地考察反省，每日考省温习，戒备之道全在于此。"

# 惠公改葬共世子

　　惠公即位，出共世子而改葬之①，臭达于外②。国人诵之曰："贞之无报也③。孰是人斯④，而有是臭也？贞为不听⑤，信为不诚⑥。国斯无刑⑦，偷居幸生⑧。不更厥贞⑨，大命其倾⑩。威兮怀兮⑪，各聚尔有⑫，以待所归兮⑬。猗兮违兮⑭，心之哀兮。岁之二七⑮，其靡有征兮⑯。若狄公子⑰，吾是之依兮。镇抚国家，为王妃兮⑱。"郭偃曰："甚哉，善之难也⑲！君改葬共君以为荣也，而恶滋章。夫人美于中，必播于外⑳，而越于民㉑，民实戴之㉒。恶亦如之。故行不可不慎也。必或知之，十四年，君之家嗣其替乎㉓？其数告于民矣㉔。公子重耳其入乎？其魄兆于民矣㉕。若入，必伯诸侯以见天子㉖，其光耿于民矣㉗。数，言之纪也㉘；魄，意之术也㉙；光，明之曜也㉚。纪言以叙之㉛，述意以导之㉜，明曜以昭之。不至何待？欲先导者行乎㉝，将至矣！"

**【注释】**

①出共世子而改葬之：献公时，申生死，葬不以礼，惠公回国后以世子礼改葬申生。共世子，指太子申生。

②臭达于外：韦昭注："惠公烝于献公夫人贾君，故申生臭达于外，不欲为无礼者所葬也。"一说贾君为申生之妃。

③贞：正，指惠公用正礼葬申生。无报：没有得到吉报。

④孰：谁。是人：申生。

⑤听：接受。

⑥不诚：不被视为真诚。

⑦刑：法。

⑧偷居幸生：偷居君位，侥幸而生。

⑨更：报偿。厥：其。

⑩大命：国运。倾：倾覆。

⑪威：畏，指畏惠公。怀：思，指思念重耳。

⑫聚：聚集。

⑬以待所归：等待应该归国的那个人，指重耳。

⑭猗兮违兮：依违，犹豫不决。

⑮岁之二七：十四年之后。

⑯靡：无。征：征候。一本作"微"。微，通"尾"，子息。无微即没有后嗣，指惠公死，子怀公圉被杀，惠公无嗣。

⑰狄公子：指重耳。

⑱王妃：妃，配偶。此处王妃为引申义，指周王辅佐。

⑲难：难为。

⑳播：发布。

㉑越：播扬。

㉒戴：欣戴。

㉓十四年，君之冢嗣其替乎：十四年后，即公元前636年，惠公之子怀公被杀。冢嗣，太子。替，废灭。

㉔其数：二七之数。

㉕魄：形，征兆。兆：见。

㉖伯：通"霸"，引申为率领。

㉗耿：光明，照耀。

㉘数，言之纪也：二七之数，是预言的记录。

㉙意：民意。术：通"述"。

㉚曜：明亮，光辉。

㉛叙：叙述。

㉜导：开导。

㉝行：行动。

**【译文】**

　　惠公即位之后，挖出申生骸骨而按太子正礼改葬，臭气从棺内发散到外面。国人讽诵说："用正礼葬申生却得不到回报。申生是什么人呀，尸体为何这么臭？以正礼下葬申生而不被接受，以诚信之心葬申生而不见纳。国家没有法度，夷吾偷居君位，侥幸而生。申生之灵不报偿正礼，国家大命即将倾覆。害怕啊，思念啊，各自聚集你的所有，来等待应该归国的那个人。犹豫不决啊，心里悲哀啊！二七一十四年之后，夷吾就没有为君的征兆啦。在狄国的那位公子，他才是我们的依归啊。他镇抚晋国，堪称周王的辅佐啊。"郭偃说："真是很难啊，善行难为啊！夷吾以改葬共君作为荣耀，结果恶名更加昭彰。人有美德在其中，必定发布于外，而播扬到民众之中，民众就会欣然拥戴。恶也是如此。所以人们的行为是不能不慎重的。难道是有人预知，十四年以后，夷吾的继嗣就必定会灭绝吗？这个定数已经告诉民众了。公子重耳恐怕要归国为君吧？此事征兆已经显露给民众了。如果重耳归国，必定要率领诸侯朝见天子，他的光芒已经投射到民众了。二七之数，是预言的记录；形魄征兆，是民意的表述；重耳的光芒，是他光明品质的光辉。记录的民谣叙述了预言，预言表述的民意充当了变化的先导，光明的照耀使重耳回国趋势更加昭彰。重耳不归国还等什么？准备做先导的人可以行动了，重耳将要回来了。"

# 惠公悔杀里克

惠公既杀里克而悔之①，曰："芮也，使寡人过杀我社稷之镇②。"郭偃闻之，曰："不谋而谏者，冀芮也。不图而杀者，君也。不谋而谏，不忠。不图而杀，不祥。不忠，受君之罚。不祥，罹天之祸。受君之罚，死戮③。罹天之祸，无后。志道者勿忘，将及矣！"及文公入，秦人杀冀芮而施之④。

**【注释】**

①惠公既杀里克：《史记·晋世家》："惠公以重耳在外，畏里克为变，赐里克死。谓曰：'微里子寡人不得立。虽然，子亦杀二君一大夫，为子君者不亦难乎？'里克对曰：'不有所废，君何以兴？欲诛之，其无辞乎？乃言为此！臣闻命矣。'遂伏剑而死。"

②芮也，使寡人过杀我社稷之镇：芮，冀芮。镇，重臣，指里克。从惠公此语来看，惠公杀里克似乎是受冀芮唆使。里克本想迎立重耳，冀芮一直跟随惠公，并力促其回国即位，里克不是惠公阵营中人，故冀芮能使惠公杀里克。

③戮：辱。

④及文公入，秦人杀冀芮而施之：秦送公子重耳回国立为晋君，冀
　　芮等欲杀重耳，被寺人披告发，重耳避于王城会秦穆公，秦穆公
　　诱冀芮等而杀之。事在公元前636年。文公，重耳回国后继位
　　为晋文公。施，陈尸。

**【译文】**

晋惠公在杀死里克以后后悔了，说："冀芮呀，他让我错杀了一个国家重臣。"郭偃听说后，说："不经过谋划就劝谏的人，是冀芮。不经过考虑就杀里克的人，是君主。不经过谋划就劝谏，是不忠。不经过考虑就杀里克，是不吉祥。不忠，应该受到君主的惩罚。不吉祥，要遭到上天降下的祸灾。受到君主的惩罚，是死刑之辱。遭到上天降下的祸灾，会断子绝孙。有志于明道的人不要忘记，大祸快要临头了！"等到晋文公重耳归国，秦人杀死冀芮，将其陈尸示众。

# 惠公杀丕郑

惠公既即位，乃背秦赂。使丕郑聘于秦，且谢之①。而杀里克，曰："子杀二君与一大夫②，为子君者，不亦难乎？"

**【注释】**

①谢：为晋国没有兑现贿赂而谢罪。《史记·晋世家》记其辞曰：
　　"始夷吾以河西地许君，今幸得入立。大臣曰：'地者先君之地，
　　君亡在外，何以得擅许秦者？'寡人争之弗能得，故谢秦。"
②二君：奚齐、卓子。一大夫：荀息。

**【译文】**

晋惠公即位以后，就背弃了原来承诺给秦国的贿赂。他派丕郑到秦国聘问，并为晋国没有兑现贿赂而谢罪。惠公杀死里克，说："您杀死

两位君主和一位大夫，做您的君主，不是很困难吗？"

　　丕郑如秦谢缓赂，乃谓穆公曰："君厚问以召吕甥、郤称、冀芮而止之①，以师奉公子重耳，臣之属内作②，晋君必出③。"穆公使泠至报问④，且召三大夫。郑也与客将行事⑤，冀芮曰："郑之使薄而报厚⑥，其言我于秦也，必使诱我。弗杀，必作难⑦。"是故杀丕郑及七舆大夫⑧：共华、贾华、叔坚、骓歂、累虎、特宫、山祁，皆里、丕之党也。丕豹出奔秦⑨。

**【注释】**

①厚问：赠送厚礼表示问候。止：留。

②属：部属。内作：在内策应。

③晋君必出：丕郑与里克同党，皆欲立重耳。惠公回国前曾许二人重赂，许诺里克汾阳之田百万，许诺丕郑负蔡之田七十万，但回国后即食言，故二人怨之，欲出惠公。

④穆公使泠至报问：泠至，秦国大夫。报问，回报秦国的聘问。丕郑先回国，秦穆公的使者于是年冬即至。

⑤客：丕郑门客。

⑥郑之使薄而报厚：丕郑出使秦国所带的聘礼很少，但秦国回报却丰厚。

⑦必作难：《左传》记冀芮之言仅曰"币重而言甘，诱我也"，可与《国语》相参。

⑧七舆大夫：申生下军之众大夫。此时意欲为申生报怨，故与里克、丕郑联合。

⑨丕豹：丕郑之子。

## 【译文】

丕郑到秦国为延缓兑现贿赂而谢罪,他对秦穆公说:"君主可以派使者以重礼回报聘问,将吕甥、郤称、冀芮三位大夫召到秦国,将他们扣留,然后派军队奉送公子重耳归国,我的部属在晋国内部策应,这样晋君夷吾一定会出逃他国。"秦穆公派泠至回报晋国的聘问,并召唤吕甥、郤称、冀芮三位大夫。丕郑与门客准备按计划行事,冀芮说:"丕郑出使秦国带的礼物很薄,而秦国的回报却很丰厚,他大概在秦国说了我们的坏话,一定是秦国派人诱捕我们,不杀他们,他们一定会发难。"因此惠公下令杀丕郑和七舆大夫:共华、贾华、叔坚、骓歂、累虎、特宫、山祁,他们都是里克、丕郑的党羽。丕豹出奔秦国。

丕郑之自秦反也,闻里克死,见共华曰:"可以入乎?"共华曰:"二三子皆在而不及①,子使于秦,可哉!"丕郑入,君杀之。共赐谓共华曰②:"子行乎③? 其及也④!"共华曰:"夫子之入⑤,吾谋也,将待也⑥。"赐曰:"孰知之?"共华曰:"不可。知而背之不信,谋而困人不智⑦,困而不死无勇。任大恶三⑧,行将安入? 子其行矣,我姑待死。"

## 【注释】

①二三子:指七舆大夫。不及:不及罪。

②共赐:晋国大夫,共华宗族。

③行:逃离。

④其及:其祸将及。

⑤夫子:指丕郑。

⑥待:等待大祸。

⑦谋而困人:指替丕郑谋事而使之受困。

⑧任：承担。

**【译文】**

当初丕郑从秦国返回时，途中听说里克被惠公杀死，就问共华说："我可以进入晋国吗？"共华说："七舆大夫都在，没有受到里克的牵连，您出使秦国，是可以进入晋国的。"丕郑回国后，被惠公杀死。共赐对共华说："您想逃离吗？事情将要牵连到您了！"共华说："丕郑的回国，是出于我的谋划，我将在此等死。"共赐说："谁知道您为丕郑谋划的事呢？"共华说："不可以。自己知道此事而违背良心逃离，这是不诚信；替别人谋事而使人受困，这是缺智慧；受困而不能赴死，这是没有勇气。我担当着不信、不智、无勇三大罪恶，准备逃到哪里？您快逃走吧，我姑且在这儿等死。"

丕郑之子曰豹，出奔秦，谓穆公曰："晋君大失其众，背君赂，杀里克，而忌处者①，众固不说。今又杀臣之父及七舆大夫，此其党半国矣②。君若伐之，其君必出。"穆公曰："失众安能杀人？且夫祸唯无毙③，足者不处④，处者不足⑤，胜败若化⑥。以祸为违⑦，孰能出君？尔俟我！"

**【注释】**

①忌处者：猜忌留在国内的大夫。

②其党半国：意谓里克、丕郑、七舆大夫的党羽势力可达半个晋国。

③祸唯无毙：祸莫大于死。

④足者不处：罪足以死则不处国。

⑤处者不足：处于国者罪不足死。

⑥胜败若化：胜败之间转化无常，指丕郑意欲杀惠公，结果反被惠公所杀。

⑦以祸为违：因祸乱而离开晋国。违，去，离开。

**【译文】**

　　丕郑的儿子叫丕豹，出奔秦国，对秦穆公说："晋君大失民心，背弃给您的贿赂，杀死里克，猜忌留在国内的大夫，众人对他本来就不喜欢。如今他又杀死我父亲和七舆大夫，他们的党羽势力可是达半个晋国啊。君主您若讨伐晋国，晋君一定会出逃。"秦穆公说："他失去民心怎么还能杀人？况且祸莫大于死，罪足以死则不会留在晋国，留在晋国就表明他罪不足死，胜败之间转化无常。晋君反对者都因为祸乱而离开了，谁能让晋君出逃呢？您等着我！"

# 秦荐晋饥晋不予秦籴

　　晋饥，乞籴于秦①。丕豹曰："晋君无礼于君②，众莫不知。往年有难③，今又荐饥④。已失人，又失天，其有殃也多矣。君其伐之，勿予籴！"公曰："寡人其君是恶，其民何罪？天殃流行，国家代有⑤。补乏荐饥⑥，道也，不可以废道于天下。"谓公孙枝曰："予之乎？"公孙枝曰："君有施于晋君，晋君无施于其众。今旱而听于君，其天道也。君若弗予，而天予之。苟众不说，其君之不报也则有辞矣。不若予之，以说其众。众说，必咎于其君。其君不听，然后诛焉。虽欲御我，谁与？"是故泛舟于河⑦，归籴于晋。

**【注释】**

①籴（dí）：买粮。
②晋君无礼于君：指惠公背弃对秦国的贿赂。
③往年有难：指惠公杀里克、丕郑。

④荐饥:连续饥荒。

⑤代:更替。

⑥荐:进。

⑦泛舟于河:《左传》曰:"自雍及绛相继,命之曰泛舟之役。"从秦国都城雍,即今陕西凤翔南,至晋国都城翼,即今山西翼城东南,大约是沿渭河而东,至华阴转黄河,又东入汾河转浍河。泛,浮。

**【译文】**

晋国饥荒,请求向秦国买粮。丕豹说:"晋君对秦君无礼,众人没有不知道的。晋国往年有里克、丕郑之难,如今又再次饥荒。晋君既失去人心,又失去天意,他将会遭到很多祸殃。君主讨伐晋国吧,不要卖粮给晋国!"秦穆公说:"我厌恶的是晋君,晋国民众有什么罪?上天祸殃流行,每个国家都会交替遇到灾荒。补充困乏,救助饥荒,这是人间正道,不能向天下展示秦国失道。"说罢问公孙枝:"秦国卖粮给晋国吗?"公孙枝说:"君主对晋君有恩惠,而晋君对民众无恩惠。如今由于天旱而使晋君听命于您,这大概是天道吧。君主如果不卖粮给晋国,那么上天也要您卖粮。如果晋国民众不满于秦不卖粮,那么晋君不报答秦国恩惠就有话可说了。不如卖粮给晋国,以取悦于晋国民众。晋国民众对秦国感到高兴,那么必然会批评国君。如果晋君不听秦国命令,那么秦国就可以诛讨。即使晋君想抵抗秦国,那么谁来帮助他呢?"所以秦国通过黄河水运,将粮食卖给晋国。

秦饥,公令河上输之粟①。虢射曰②:"弗予赂地而予之粜,无损于怨而厚于寇,不若勿予。"公曰:"然。"庆郑曰③:"不可。已赖其地,而又爱其实④,忘善而背德,虽我必击之。弗予,必击我。"公曰:"非郑之所知也。"遂不予。

**【注释】**

①河上：通过黄河水运。

②虢射：晋国大夫。

③庆郑：晋国大夫。

④实：谷。

**【译文】**

秦国发生饥荒，晋惠公命令从黄河将粮食运到秦国。虢射说："您不将承诺的五城交给秦国而给他们粮食，这无损于仇怨而使敌人强大，不如不给。"惠公说："确实如此。"庆郑说："不可以。我们已经赖掉了土地，而又吝惜粮食，忘记别人好处，背弃恩德，即使是我们处在秦国的地位也一定会出击。不给粮食，秦国一定会攻击晋国。"惠公说："这个道理不是庆郑所知道的。"于是决定不卖给秦国粮食。

# 秦侵晋止惠公于秦

六年①，秦岁定②，帅师侵晋，至于韩③。公谓庆郑曰："秦寇深矣，奈何？"庆郑曰："君深其怨，能浅其寇乎？非郑之所知也，君其讯射也④。"公曰："舅所病也⑤？"卜右⑥，庆郑吉。公曰："郑也不逊。"以家仆徒为右⑦，步扬御戎⑧；梁由靡御韩简⑨，虢射为右，以承公⑩。

**【注释】**

①六年：晋惠公六年为公元前645年。

②岁定：年成安定。

③韩：韩原，晋国地名，在今山西河津、万泉之间。

④讯：讯问。射：虢射。

⑤舅：诸侯称异姓大夫为舅。病：诟病。

⑥右：车右武士。

⑦家仆徒：晋国大夫。家，姓。仆徒，名。

⑧步扬：晋国大夫。御戎：驾驭兵车。

⑨梁由靡：晋国大夫。韩简：晋国正卿。

⑩承：接应。

**【译文】**

晋惠公六年，秦国年成安定，秦穆公帅军侵犯晋国，到达晋国韩原。惠公对庆郑说："秦国敌寇深入我国了，怎么办？"庆郑说："君主加深两国仇怨，您还能让秦寇浅入我国吗？这不是我庆郑所知道的，君主还是问虢射吧。"惠公说："舅氏对我有所诟病吗？"占卜车右武士，卦象表明庆郑吉利。惠公说："庆郑出言不逊。"他让家仆徒为车右，让步扬驾驭兵车。梁由靡驾驭韩简的兵车，虢射为车右武士，此车接应晋惠公。

公御秦师，令韩简视师①，曰："师少于我，斗士众②。"公曰："何故？"简曰："以君之出也处己③，入也烦己④，饥食其粜，三施而无报，故来。今又击之，秦莫不愠⑤，晋莫不怠，斗士是故众。"公曰："然今我不击，归必狃⑥。一夫不可狃，而况国乎！"公令韩简挑战，曰："昔君之惠也，寡人未之敢忘。寡人有众，能合之弗能离也。君若还，寡人之愿也。君若不还，寡人将无所避。"穆公衡雕戈出见使者⑦，曰："昔君之未入，寡人之忧也。君入而列未成⑧，寡人未敢忘。今君既定而列成，君其整列，寡人将亲见。"

**【注释】**

①视师：探视秦军情况。

②斗士：欲斗者。

③出也处己：在出亡时依靠秦国。己，指秦国。

④入也烦己：进入晋国时麻烦秦国。

⑤愠（yùn）：怒。

⑥狃（niǔ）：轻侮。

⑦衡：横。雕：镂。戈：戟。

⑧列：位。

【译文】

　　惠公抵御秦军，派韩简去探视秦军情况，韩简回来报告说："秦军人数比我们少，但欲斗者众多。"惠公问："这是什么缘故？"韩简说："这是因为您在出亡时期依靠秦国，进入晋国时又麻烦秦国，饥荒时吃秦国粮食，秦国有三大恩惠而没有报答，所以他们才来入侵。如今您又率兵出击，秦国没有人不愤怒，晋国没有人不懈怠，所以秦国欲斗者众多。"惠公说："但是如今我不出击，回去以后必定受到轻侮。一介匹夫尚且不可轻侮，何况一个国家呢？"惠公派韩简挑战，说："从前秦君的恩惠，我不敢忘记。我有兵众，能够把他们集合起来却无法让他们解散。秦君如果自动退回，这是我的愿望。秦君如果不退回，我将会无所逃避。"秦穆公横执一支镂刻的长戈出见晋国使者，说："从前晋君没有归国，这是我所担忧的事。晋君归国而未即君位，我也不敢忘记。如今晋君已经安定，君位已稳，请晋君整理军列，我将要亲自见他。"

　　客还①，公孙枝进谏曰："昔君之不纳公子重耳而纳晋君，是君之不置德而置服也。置而不遂②，击而不胜，其若为诸侯笑何？君盍待之乎？"穆公曰："然。昔吾之不纳公子重耳而纳晋君，是吾不置德而置服也。然公子重耳实不肯，吾又奚言哉？杀其内主③，背其外赂，彼塞我施，若无天乎④？

若有天,吾必胜之。"君揖大夫就车⑤,君鼓而进之。晋师溃,戎马泞而止⑥。公号庆郑曰⑦:"载我!"庆郑曰:"忘善而背德,又废吉卜,何我之载? 郑之车不足以辱君避也!"梁由靡御韩简,辂秦公⑧,将止之,庆郑曰:"释来救君!"亦不克救,遂止于秦⑨。

【注释】

①客:指晋军使者韩简。

②遂:成。

③内主:指里克、丕郑等。

④天:天理。

⑤揖:拱手作揖。

⑥戎马:驾战车的马。据《左传》,晋惠公的戎马名叫小驷,是郑国进贡来的。庆郑曾劝谏说别国的马不习水土,遇到紧急情况容易出问题,惠公不听,果因马陷遇险。泞:陷入泥泞。

⑦号:呼叫。

⑧辂(yà):迎战。

⑨止:留,指被俘虏。

【译文】

韩简回去后,公孙枝进谏说:"从前君主不送公子重耳归国而送夷吾,这是君主不立有德者而立臣服者。立晋君而不成功,攻击而不能取胜,将如何面对诸侯的取笑? 君主何不等待晋国内乱呢?"秦穆公说:"是的。以前我不送公子重耳归国而送夷吾,这是我不立有德者而立臣服者。但公子重耳实在不肯归国,我又说什么好呢? 晋君杀死内部策应者里克和丕郑,背弃对秦承诺的贿赂,他把内外之路堵死了,而我施惠于他,难道就没有天理吗? 如果有天理,我一定会取胜。"秦穆公作揖请大夫们上战车，他击鼓指挥进攻。晋军溃败，晋侯驾车的马陷入泥泞而不能行进。惠公呼叫庆郑说：“用你的车载我。”庆郑说：“忘记友善，背弃恩德，又废弃吉利的占卜，哪有什么‘我’可载的？庆郑的车不足以辱没君主避难！”梁由靡为韩简驾车，迎战秦穆公，将要擒获秦穆公，庆郑说：“放开他来救君主！”韩简也未能救惠公，于是惠公被秦军俘虏。

　　穆公归，至于王城①，合大夫而谋曰：“杀晋君与逐出之，与以归之，与复之，孰利？”公子絷曰：“杀之利。逐之恐构诸侯②，以归则国家多慝③，复之则君臣合作，恐为君忧，不若杀之。”公孙枝曰：“不可。耻大国之士于中原④，又杀其君以重之，子思报父之仇，臣思报君之雠，虽微秦国⑤，天下孰弗患？”公子絷曰：“吾岂将徒杀之⑥？吾将以公子重耳代之。晋君之无道莫不闻，公子重耳之仁莫不知。战胜大国，武也。杀无道而立有道，仁也。胜无后害，智也。”公孙枝曰：“耻一国之士，又曰余纳有道以临女，无乃不可乎？若不可，必为诸侯笑。战而取笑诸侯，不可谓武。杀其弟而立其兄，兄德我而忘其亲，不可谓仁。若弗忘，是再施不遂也，不可谓智。”君曰：“然则若何？”公孙枝曰：“不若以归，以要晋国之成⑦，复其君而质其嫡子⑧，使子父代处秦⑨，国可以无害。”是故归惠公而质子圉⑩，秦始知河东之政⑪。

**【注释】**

　①王城：秦国地名。

　②构：构怨。

　③慝(tè)：邪恶。

④中原:指战场。

⑤虽:惟,发语词。微:非。

⑥徒:空。

⑦要:缔结。成:和约。

⑧质:做人质。

⑨代:交替。

⑩子圉:惠公之子,后归国即位,为怀公。

⑪秦始知河东之政:知,管理。河东,指夷吾许诺送给秦国的五座城邑。按,晋惠公被俘后,《左传》尚记有惠公的姐姐秦穆夫人携太子、儿子弘和女儿简璧登上堆着柴草的高台,做出准备自焚的姿态要胁秦穆公,不让他杀晋惠公。

### 【译文】

秦穆公班师回国,到达王城,召集大夫谋划,说:"杀死晋君,与将晋君驱逐出晋国,与把他带回秦国,与放他回国,哪一个处理方法对秦国更有利?"公子絷说:"杀死他对秦国有利。驱逐他恐怕与诸侯构怨,把他带回秦国则怕国家多有邪恶,放他回国就怕晋国君臣合作,恐成君主的忧患。不如杀死他。"公孙枝说:"不可以。我们已经让大国的卿士大夫在战场战败蒙耻,又杀死他们的君主来加重怨仇,这样晋君的儿子就会想着要为父亲复仇,晋国的臣民就会想着要为君主复仇,这样岂非秦国感到忧患,天下哪一个诸侯国不以此为患?"公子絷说:"我们难道是白白地杀死他?我们将以公子重耳来代替他。晋君夷吾的无道,无人不知,公子重耳的仁爱,无人不晓。战胜大国,这是武。杀无道之君立有道之君,这是仁。战胜之后没有后遗症,这是智。"公孙枝说:"羞辱一国的卿士大夫,又说我给你们送一个有道之君来统治你们,恐怕不可以吧?如果行不通,必定被诸侯取笑。战胜而被诸侯取笑,不能称武。杀死弟弟立哥哥,让哥哥感激我们而忘记兄弟之情,不能称仁。如果大家没有忘记的话,这是秦国第二次施恩惠而没有成功,这不能称智。"秦穆公问："如此该怎么办?"公孙枝说："不如放他回去,我们与他们缔结和约,放君主回去,让他的嫡子来秦国做人质,使儿子与父亲交替住在秦国,这样秦国就可以不受害了。"因此秦国放回惠公,惠公儿子子圉到秦国做人质,秦国开始管理河东五城的政务。

# 吕甥逆惠公于秦

公在秦三月①,闻秦将成②,乃使郤乞告吕甥③。吕甥教之言,令国人于朝曰:"君使乞告二三子曰:'秦将归寡人,寡人不足以辱社稷,二三子其改置以代圉也④。'"且赏以悦众,众皆哭,焉作辕田⑤。

**【注释】**

①公在秦三月:晋惠公九月被俘,十一月被秦释放,首尾三个月。

②成:缔结和约。

③郤乞:晋国大夫。

④改置以代圉:改立晋国其他公子,代替子圉。惠公表示父子退位,以此向国人谢罪。

⑤焉:连词。表示承接。相当于"则"、"于是"。辕田:韦昭注引贾逵曰:"辕,易也。为易田之法,赏众以田。易者,易疆界也。或云:辕田,以田出车赋。"《左传》作"爰田"。谓变更旧日田土所有制,以公田赏赐众人。杨伯峻曰:"盖晋惠既以大量田土分赏众人,自必变更旧日田土所有制,一也;所赏者众,所得必分别疆界,又不能不开阡陌以益之,二也。商鞅'制辕田,开阡陌',然后秦孝公得以'东雄诸侯',则晋此之作爰田,其作用亦可知矣。"

【译文】

晋惠公在秦国被羁押三个月,听说秦国即将与晋国签署和约,于是派郤乞告诉吕甥。吕甥教郤乞一番话,让他以惠公名义在朝廷上命令国人说:"国君派郤乞告诉诸位大夫说:'秦国即将让我回国,我不足以辱没社稷,诸位大夫可以改立其他公子来代替子圉。'"并且通过赏赐来取悦民众,国人都感动哭了,于是晋国推行辕田制。

吕甥致众而告之曰:"吾君惭焉其亡之不恤①,而群臣是忧,不亦惠乎？君犹在外,若何?"众曰:"何为而可?"吕甥曰:"以韩之病②,兵甲尽矣。若征缮以辅孺子③,以为君援,虽四邻之闻之也,丧君有君,群臣辑睦,兵甲益多,好我者劝,恶我者惧,庶有益乎?"众皆说,焉作州兵④。

【注释】

①其亡之不恤:不担忧自己的被俘。恤,体恤,担忧。

②病:败。

③征:征收赋税。缮:修治武备。孺子:指太子子圉。

④州兵:各州自行组成的地方军队。二千五百家为州,州长负责修治甲兵。

【译文】

吕甥召集群臣对他们说:"我们君主惭愧了,他不担忧自己的被俘,反而担忧我们群臣,这不是仁惠吗？君主还在国外,我们怎么办?"众大夫说:"如何做才可以?"吕甥说:"由于我们在韩原战败,兵甲都丧失了。如果我们征收赋税,修缮武备,来辅佐太子,作为对君主的声援,四方邻国听到后,知道晋国失去旧君又有新君,群臣和睦,兵甲更多,这样对我国友好的诸侯会受到鼓励,厌恶我国的诸侯会感到恐惧,这样做差不多会有一些益处吧?"众大夫都很高兴,于是施行州兵制度。

　　吕甥逆君于秦①，穆公讯之曰②："晋国和乎？"对曰："不和。"公曰："何故？"对曰："其小人不念其君之罪，而悼其父兄子弟之死丧者③，不惮征缮以立孺子④，曰：'必报雠，吾宁事齐、楚，齐、楚又交辅之⑤。'其君子思其君，且知其罪，曰：'必事秦，有死无他。'故不和。比其和之而来⑥，故久。"公曰："而无来，吾固将归君。国谓君何？"对曰："小人曰不免，君子则否。"公曰："何故？"对曰："小人忌而不思⑦，愿从其君而与报秦⑧，是故云。其君子则否，曰：'吾君之入也，君之惠也。能纳之，能执之，则能释之。德莫厚焉，惠莫大焉。纳而不遂⑨，废而不起⑩，以德为怨，君其不然？'"秦君曰："然。"乃改馆晋君⑪，馈七牢焉⑫。

**【注释】**

①逆：迎。

②讯：问。

③悼其父兄子弟之死丧者：痛悼在韩原之战捐躯的父兄子弟。

④惮：怕。

⑤交辅：交替辅助。

⑥比：等到。

⑦忌而不思：忌恨秦国而不思旧恩。

⑧君：指嗣君子圉。

⑨遂：成。

⑩起：起用。

⑪改馆：更换宾馆。

⑫七牢：牛、羊、猪各一头为一牢，馈赠七牢，是适用侯伯之礼。

【译文】

吕甥到秦国迎接惠公，秦穆公问他说："晋国和睦吗？"吕甥回答说："不和睦。"秦穆公问："是什么缘故？"吕甥说："国中的小人不考虑国君的罪孽，而痛悼他们的父兄子弟战死在韩原，不怕征收赋税、修缮武备来拥立太子，说：'一定要报仇，我们宁愿事奉齐、楚，齐、楚会交相辅助晋国。'国中的君子思念君主，而且知道自己的罪过，说：'一定要事奉秦国，就算是死也不能有他心。'因此国人不和睦。我们等到和睦了才来秦国，因此来晚了。"秦穆公说："你们不来，我本来也打算让你们国君回去。晋国人说国君会怎样？"吕甥回答说："小人说国君不免于祸，君子却不这样认为。"秦穆公问："这是什么缘故？"吕甥说："小人忌恨秦国而不思旧恩，愿意跟随嗣君一起报复秦国，所以这么想。君子不这样认为，他们说：'我们国君回国即位，是秦君的恩惠。既然秦君能让晋君归国即位，能够俘获晋君，就一定能够释放他。没有比这更厚重的恩德了，没有比这更大的恩惠了。让晋君归国即位却不能让他善始善终，废弃他而不再起用，将原来的恩德变成怨仇，秦君大概不会这样做吧？'"秦穆公说："是的。"于是秦人给晋惠公更换了宾馆，用馈赠七太牢的侯伯大礼来款待惠公。

# 惠公斩庆郑

惠公未至，蛾析谓庆郑曰①："君之止②，子之罪也。今君将来，子何俟？"庆郑曰："郑也闻之曰：'军败，死之；将止③，死之。'二者不行④，又重之以误人⑤，而丧其君，有大罪三，将安适⑥？君若来，将待刑以快君志；君若不来，将独伐秦。不得君，必死之。此所以待也。臣得其志⑦，而使君蒂⑧，是犯也⑨。君行犯，犹失其国，而况臣乎？"

## 【注释】

①蛾析：晋国大夫。

②止：被俘。

③将止：主将被俘。

④二者不行：军败、主将被俘，庆郑都没有为之死节。

⑤重：加上。误人：耽误梁由靡抓捕秦穆公。

⑥安适：到哪里。

⑦得其志：指出奔。

⑧瞢（méng）：惭愧。

⑨犯：犯逆。

## 【译文】

晋惠公尚未归国，蛾析对庆郑说："国君被俘，是您的罪过。如今国君即将归来，您还等什么？"庆郑说："我听说：'军队战败，可以为之死节；主将被俘，可以为之死节。'这两条我都没有做到，又加上误导梁由靡，丧失了俘获秦君的机会，我一共有三条大罪，还能逃到哪里？国君如果回来，我将等待刑罚让君主快意；国君如果不回来，我将独自讨伐秦国。如果不能救国君回来，就一定战死。这就是我等待的原因。臣子得志出奔，而让君主惭愧，这是犯逆。君主犯逆，尚且失去国家，何况是臣子呢？"

公至于绛郊，闻庆郑止①，使家仆徒召之，曰："郑也有罪，犹在乎？"庆郑曰："臣怨君始入而报德，不降②；降而听谏③，不战；战而用良④，不败。既败而诛，又失有罪⑤，不可以封国⑥。臣是以待即刑⑦，以成君政。"君曰："刑之！"庆郑曰："下有直言，臣之行也⑧；上有直刑，君之明也。臣行君明，国之利也。君虽弗刑，必自杀也。"蛾析曰："臣闻奔刑之臣⑨，不若赦之以报雠。君盍赦之，以报于秦？"梁由靡曰：
"不可。我能行之，秦岂不能？且战不胜，而报之以贼⑩，不
武；出战不克⑪，入处不安⑫，不智；成而反之⑬，不信；失刑乱
政，不威。出不能用⑭，入不能治，败国且杀孺子⑮，不若刑
之。"君曰："斩郑，无使自杀！"家仆徒曰："有君不忌⑯，有臣
死刑⑰，其闻贤于刑之⑱。"梁由靡曰："夫君政刑，是以治民。
不闻命而擅进退，犯政也；快意而丧君，犯刑也。郑也贼而
乱国，不可失也！且战而自退，退而自杀，臣得其志，君失其
刑，后不可用也⑲。"君令司马说刑之⑳。司马说进三军之士
而数庆郑曰㉑："夫韩之誓曰：失次犯令㉒，死；将止不面夷㉓，
死；伪言误众，死。今郑失次犯令，而罪一也；郑擅进退，而
罪二也；女误梁由靡，使失秦公，而罪三也；君亲止，女不面
夷，而罪四也；郑也就刑！"庆郑曰："说！三军之士皆在，有
人能坐待刑，而不能面夷？趣行事乎㉔！"丁丑㉕，斩庆郑，乃
入绛。

**【注释】**

①止：留而不逃。

②降(hòng)：通"哄"，构怨。

③听谏：指庆郑劝谏惠公卖粮给秦国。

④良：良将。指依吉卜用庆郑为车右。

⑤有罪：有罪之人，此处是庆郑自称。

⑥封国：立国。

⑦即：就。

⑧行：德行。

⑨奔:趋,就。

⑩贼:指运用偷袭、暗杀等贼害手段。

⑪出战不克:指韩原战败。

⑫入处不安:被放回之后不安分,指庆郑意欲袭秦。

⑬成而反之:刚立和约就反悔。

⑭出不能用:指庆郑在韩原之战中作战不力。

⑮杀孺子:太子圉在秦国做人质,如果庆郑袭秦,那么秦国就会杀死太子圉。

⑯有君不忌:有君主不忌恨恩怨。

⑰有臣死刑:有臣子主动求死刑。

⑱闻:令闻。

⑲后不可用:日后政刑失效。

⑳司马说:“司马”为军中执法之官,“说”为人名。

㉑数:一条条列举罪行。

㉒次:军队行列。

㉓将止不面夷:主将被俘,将士脸上没有自动割伤。

㉔趣(cù):促。

㉕丁丑:晋惠公六年九月二十九日。

**【译文】**

惠公来到绛城郊外,听说庆郑留在国内,便派家仆徒召庆郑,说:“庆郑有罪,你还在晋国吗?”庆郑回答说:“我怨君主:您如果在归国时就报答秦国恩德,就不会与秦国构怨;构怨之后如果听我劝谏,卖粮给秦国,两国就不会交战;作战时如果任用良将,就不会战败。战败之后施行诛罚,又失去有罪之臣,这样不可以立国。我因此留在晋国等待刑罚,以成就君主的政令。”惠公说:“杀了他!”庆郑说:“臣下直言劝谏,这是臣下的德行;君主公正用刑,这是君主的圣明。臣下有德行,君主能圣明,这是国家之利。国君即使不杀我,我也一定会自杀。”蛾析说:“我听说,国家有主动求刑之臣,不如赦免他,让他为国复仇。君主何不赦免庆郑,让他去报复秦国?"梁由靡说:"不可以。我们如果这么做,难道秦国不能这样做吗?况且战败之后,用贼害的办法来报复,这不能算威武;出战不能胜敌,被放回之后不安分,这不能算智慧;与秦签订和约而反悔,这不能算诚信;失去用刑之道,搅乱政令,这不能算威严。庆郑出战不能用力,入国不能治民,使国家失败,而且威胁到太子的生命安全,不如杀了他。"惠公说:"斩了庆郑,不要让他自杀!"家仆徒说:"如果有君主不忌恨臣民过失,有臣民主动请求死刑,这样的好名声传出去,比杀了庆郑要好。"梁由靡说:"君主有政令刑杀大权,因此才能治民。没有听到军令就擅自进退,这是违犯政令;只图个人快意而丧失君主,这违犯了刑法。庆郑贼害、扰乱国家,不能放过他!况且作战时擅自撤退,撤退之后自杀,这样使臣下得行其志,却让君主失去刑罚,日后政令、刑罚就不可运用了。"惠公命令司马说执行死刑。司马说召集三军将士,历数庆郑罪状,说:"韩原之战誓词说:失去行列,违犯军令,处死;主将被停而将士不割伤脸面,处死;散布不实之言而误导军心,处死。如今庆郑失去行列,违犯军令,这是第一项罪;庆郑擅自进退,这是第二项罪;你误导梁由靡,使秦君逃脱,这是第三项罪;君主被停,你没有割伤面孔,这是第四项罪。庆郑来接受刑罚!"庆郑说:"司马说!三军将士都在这里,世上有能够坐等刑罚而不能自割面孔的人吗?快动手吧!"丁丑这一天,惠公斩杀庆郑,然后才进入绛都。

十五年①,惠公卒,怀公立②,秦乃召重耳于楚而纳之。晋人杀怀公于高梁③,而授重耳,实为文公④。

**【注释】**

①十五年:应为"十四年",晋惠公十四年为公元前 637 年。

②怀公:惠公之子子圉。子圉在秦国做人质,公元前 638 年从秦国

逃回,次年即位,公元前 636 年被杀。

③高梁:晋国地名,在今山西临汾东北。

④实:是。

**【译文】**

十五年(应为十四年),惠公去世,怀公立为晋君,秦人于是从楚国召重耳而送他归国。晋人在高梁杀死怀公,将政权交给重耳,这就是晋文公。

# 晋语四

## 【题解】

  本篇收录晋文公重耳从流亡到称霸期间的二十五条言论材料。重耳是继齐桓公之后第二位春秋霸主，他在出国流亡十九年、经历种种险阻艰难之后归国即位，最终击败楚国而称霸诸侯，一生充满传奇色彩。

  全篇二十五条材料分为四个部分：前十一章记载重耳在流亡期间的谋略以及各国君臣围绕如何对待重耳发表的言论，中间八章记载重耳从归国即位到称霸期间的言论，后面四章记载晋文公称霸之后君臣之间言论，最后的"文公称霸章"是对晋文公称霸谋略的小结。

  齐桓、晋文霸业相同而争霸手段各异，《论语·宪问》载孔子曰："齐桓公正而不谲，晋文公谲而不正。"本篇可以作为孔子这一论断的注脚。篇中通过不同历史人物的个性化语言，成功地刻画了重耳、子犯、楚成王、秦穆公等一批历史人物形象。

## 重耳自狄适齐

  文公在狄十二年①，狐偃曰："日②，吾来此也，非以狄为荣③，可以成事也④。吾曰：'奔而易达⑤，困而有资⑥，休以择利⑦，可以戾也⑧。'今戾久矣，戾久将底⑨。底著滞淫⑩，谁能兴之⑪？盍速行乎！吾不适齐、楚，避其远也。蓄力一纪⑫，可以远矣。齐侯长矣⑬，而欲亲晋。管仲殁矣⑭，多谗在侧⑮。谋而无正⑯，衷而思始⑰。夫必追择前言，求善以终，胥迩逐远⑱，远人入服⑲，不为邮矣⑳。会其季年可也㉑，兹可以亲㉒。"皆以为然。

**【注释】**

①文公在狄十二年：公元前655年重耳奔狄，据后文，此年岁在寿星，则此年是公元前644年，首尾十二年。

②日：当日，指十二年前奔狄之日。

③荣：荣乐。

④成事：成大事。

⑤奔而易达：狄离晋国较近，出奔易于到达。

⑥困而有资：在困窘之中可以得到狄人资助。

⑦休以择利：在狄暂作休整，再选择有利时机。

⑧戾：定居。

⑨底：中止。

⑩著：附带。滞淫：怠惰。

⑪兴：起，振作。

⑫蓄力：积蓄力量。一纪：十二年。

⑬齐侯长矣：是年为齐桓公四十二年，下一年齐桓公即去世。齐侯，齐桓公。长，年老。

⑭殁：死亡。

⑮多谗在侧：管仲死后，齐桓公被竖刁、易牙等谗臣包围。

⑯谋而无正：虽欲谋划，苦无就正之人。

⑰衷而思始：齐桓公苦无谋臣，心中便会想起当初管仲辅政情景。衷，内心。

⑱餍迩逐远：齐桓公近邻已经安定，便会追求与远邻交往。餍，安。迩，近。逐，求。

⑲远人：指重耳等人。入服：归服。

⑳邮：通“尤”，过错。

㉑会：值。其：指齐桓公。季年：暮年。

㉒兹：此，指齐桓公。亲：亲近。

**【译文】**

晋文公重耳在狄国住了十二年，狐偃说：“当初，我们来到这里，并不是以狄国为荣乐之所，不是因为狄国能成就大事。我说过：‘出奔易于到达，在困窘之中可以得到狄人资助，在狄暂作休整，再选择有利时机，可以定居下来。’如今安居已久，住久了志向将会中止。志向中止再加上怠惰，谁能帮你振作起来呢？何不赶快走呢！当初我们不到齐、楚大国，是为了避免路途遥远。如今我们积蓄力量十二年，可以远行了。齐桓公年老了，他想亲近晋国。管仲已经去世了，许多谗佞之臣聚集在齐桓公身边。齐桓公虽想谋划却苦无就正之人，心中便会想起当初管仲辅政情景。他一定会追思、选择管仲以前对他说过的话，以求得善终，齐国近邻已经安定，他便会追求与远邻交往。我们这些远道之人归附齐桓公，这是不会错的。赶上齐桓公暮年是可以的，这个人可以亲近。”大家都觉得狐偃说得对。

乃行，过五鹿①，乞食于野人②。野人举块以与之③，公子怒，将鞭之。子犯曰：“天赐也。民以土服④，又何求焉！天事必象⑤，十有二年，必获此土⑥。二三子志之⑦。岁在寿星及鹑尾，其有此土乎⑧！天以命矣，复于寿星⑨，必获诸侯⑩。天之道也,由是始之⑪。有此,其以戊申乎⑫！所以申土也⑬。"再拜稽首,受而载之。遂适齐。

**【注释】**

①五鹿:卫地,在今河南濮阳东北莎鹿城。

②野人:农夫。

③块:土块。

④民以土服:民众奉土以服事重耳。

⑤天事:天下之事。必象:必先有瑞象。

⑥十有二年,必获此土:此为公元前632年晋文公伐卫取五鹿张本。有,通"又"。

⑦志:记住。

⑧岁在寿星及鹑尾,其有此土乎:此年岁在寿星,公元前633年岁在鹑尾,公元前632年岁复在寿星,晋文公伐卫,正月六日戊申取五鹿,正在寿星、鹑尾之际。岁,岁星。寿星,十二星次之一。在十二支为辰,在二十八宿则起于轸宿十二度,跨角、亢二宿而至氐宿四度。鹑尾,星次名。韦昭注:"自张十七度至轸十一度为鹑尾之次。"

⑨复于寿星:当岁星再次运行到寿星星次。指公元前632年。

⑩必获诸侯:指称霸诸侯。公元前632年四月,文公败楚师于城濮,合诸侯于践土,五月献楚俘于周襄王,周襄王策命晋文公为侯伯,故曰获诸侯。

⑪由是始之:从这里开始。

⑫戊申:戊申之日。

⑬申土:扩张土地。

**【译文】**

于是重耳启程,路过五鹿,向村野农夫讨饭吃。农夫拿起一个土块递给重耳,公子大怒,想鞭打农夫。子犯说:"这是天赐啊!民众奉土来服事公子,公子还想求什么呢?天下之事必先有瑞象,十二年以后,我们一定会获得这片土地。各位记住这个日子。岁星在寿星、鹑尾之际,大概就是我们获得这片土地的时候吧!天命注定了,当岁星再次运行到寿星星次之时,我们一定能称霸诸侯。上天之道,就是从今天这里开始。我们拥有这片土地,大概在戊申之日吧!戊申寓意是扩张土地。"重耳对农夫再拜稽首,接受土块而载于车上。于是重耳一行到了齐国。

# 齐姜劝重耳勿怀安

　　齐侯妻之①,甚善焉。有马二十乘②,将死于齐而已矣。曰:"民生安乐③,谁知其他?"

**【注释】**

①齐侯妻(qì)之:齐桓公将女儿嫁给重耳。
②有马二十乘:一乘四匹马,重耳共有八十匹马。
③民生:人生。

**【译文】**

　　齐桓公将女儿嫁给重耳,待重耳很好。重耳在齐国有二十乘车马,准备死在齐国算了。他说:"人生就图个安乐,谁知道其他的事?"

　　桓公卒,孝公即位①。诸侯叛齐②。子犯知齐之不可以动③,而知文公之安齐而有终焉之志也④,欲行,而患之⑤,与从者谋于桑下⑥。蚕妾在焉⑦,莫知其在也⑧。妾告姜氏⑨,姜氏杀之⑩,而言于公子曰:"从者将以子行,其闻之者吾以除之矣⑪。子必从之,不可以贰⑫,贰无成命⑬。《诗》云⑭:

'上帝临女,无贰尔心⑮。'先王其知之矣⑯,贰将可乎? 子去晋难而极于此⑰,自子之行,晋无宁岁⑱,民无成君⑲。天未丧晋,无异公子⑳,有晋国者,非子而谁? 子其勉之! 上帝临子,贰必有咎㉑。"

**【注释】**

①孝公:齐桓公之子,名昭。

②诸侯叛齐:齐桓公死后,他的五个儿子互相争位。易牙、竖刁立公子无诡为君,太子昭奔宋。宋襄公以武力护送太子昭回国即位,是为孝公。由于齐国陷入内乱,因此齐桓公的霸业人亡政息。

③动:打动。

④有终焉之志:指重耳有在齐国养老的意愿。

⑤患之:怕重耳不肯走。

⑥从者:随从重耳流亡的人,指赵衰、颠颉、魏武子、司空季子等。

⑦蚕妾:重耳之妻姜氏的养蚕女奴。在:在桑树之上。

⑧莫知其在也:主语是子犯等人,"其"指蚕妾。

⑨姜氏:齐桓公之女,重耳之妻。

⑩杀之:姜氏杀蚕妾以灭口。当时诸侯叛齐,重耳等人又想走,姜氏怕孝公听到消息之后动怒。

⑪以:通"已"。

⑫贰:二心。

⑬贰无成命:三心二意就没有圆满的成果。

⑭《诗》:此指《诗经·大雅·大明》。

⑮上帝临女,无贰尔心:上帝正在眷顾你,你不要三心二意。临,自上视下。女,指周武王。

⑯先王:周武王。知:知天命。

⑰去晋难:逃离晋国骊姬之难。极于此:来到齐国。极,至。

⑱宁岁:安宁的岁月。重耳出亡后,晋国数易国君,又经历了里克、
　丕郑之乱和韩原之战,可称国无宁日。

⑲成君:稳定的君主。指奚齐、卓子先后被杀,晋惠公又不得人心。

⑳无异公子:没有其他公子。晋献公有九子,只有重耳一人在世。

㉑咎:过失,罪过。

**【译文】**

　　齐桓公死后,齐孝公即位,诸侯纷纷反叛齐国。子犯知道齐国不可
打动,也知道重耳认为齐国安适而有在齐国养老的意愿,他想再寻出
路,又怕重耳不肯走,便同重耳其他随从在桑树下谋划。姜氏养蚕的女
仆在树上采桑,子犯等人不知树上有人。蚕妾把她在树上听到的都告
诉姜氏,姜氏杀了蚕妾,对重耳说:"你的随从准备和你离开齐国,听到
这个计划的人,我已经除掉了。你一定要听从他们,不可有二心,三心
二意就没有圆满的成果。《诗经·大雅·大明》说:'上帝正在眷顾你,
你不要三心二意。'先王大概知道上帝的旨意,三心二意怎么可以呢?
你逃离晋国骊姬之难而来到齐国,自从你出逃之后,晋国就没有安宁的
岁月,民众没有稳定的君主。上天不想让晋国灭亡,而晋国又没有其他
公子,拥有晋国的人,不是你又能是谁? 你好自为之吧! 上天正在眷顾
你,如果你三心二意,就一定会有过失。"

　　公子曰:"吾不动矣,必死于此。"姜曰:"不然。《周诗》
曰①:'莘莘征夫②,每怀靡及③。'夙夜征行④,不遑启处⑤,犹
惧无及⑥。况其顺身纵欲怀安⑦,将何及矣! 人不求及,其能
及乎? 日月不处⑧,人谁获安⑨? 西方之书有之曰⑩:'怀与
安,实疚大事⑪。'《郑诗》云⑫:'仲可怀也⑬,人之多言⑭。亦
可畏也。'昔管敬仲有言⑮,小妾闻之,曰:'畏威如疾⑯,民之

上也。从怀如流<sup>⑰</sup>，民之下也。见怀思威<sup>⑱</sup>，民之中也。畏威如疾，乃能威民<sup>⑲</sup>。威在民上<sup>⑳</sup>，弗畏有刑。从怀如流，去威远矣<sup>㉑</sup>，故谓之下。其在辟也<sup>㉒</sup>，吾从中也<sup>㉓</sup>。《郑诗》之言，吾其从之。'此大夫管仲之所以纪纲齐国<sup>㉔</sup>，裨辅先君而成霸者也<sup>㉕</sup>。子而弃之<sup>㉖</sup>，不亦难乎？齐国之政败矣，晋之无道久矣，从者之谋忠矣，时日及矣<sup>㉗</sup>，公子几矣<sup>㉘</sup>。君国可以济百姓<sup>㉙</sup>，而释之者<sup>㉚</sup>，非人也。败不可处<sup>㉛</sup>，时不可失，忠不可弃，怀不可从，子必速行。吾闻晋之始封也<sup>㉜</sup>，岁在大火<sup>㉝</sup>，阏伯之星也<sup>㉞</sup>，实纪商人<sup>㉟</sup>。商之飨国三十一王<sup>㊱</sup>。《瞽史之纪》曰<sup>㊲</sup>：'唐叔之世，将如商数<sup>㊳</sup>。'今未半也。乱不长世<sup>㊴</sup>，公子唯子，子必有晋。若何怀安？"公子弗听。

**【注释】**

①《周诗》：此指《诗经·小雅·皇皇者华》。

②莘莘：众多的样子。

③每：每次。怀：怀念。靡及：赶不上。

④夙夜：朝夕，日夜。征行：奔走。

⑤不遑：没有时间。启：跪。处：坐。

⑥犹惧无及：尚且怕赶不上。

⑦怀安：谓留恋妻室，贪图安逸。

⑧不处：不停留。

⑨谁获安：谁能获得安逸。

⑩西方之书：指周朝的书。

⑪疚：病，妨害。

⑫《郑诗》：此指《诗经·郑风·将仲子》。

⑬仲：仲子，诗中女主人公的热恋对象。怀：怀念，思念。

⑭人之多言：指别人的议论。

⑮管敬仲："敬仲"是管仲的谥号。

⑯畏威如疾：像畏惧疾病一样敬畏天威。

⑰从怀如流：从心所欲如同流水。

⑱见怀思威：在私欲出现时想到天威。

⑲威民：树威治民。

⑳威在民上：威民者在上位。

㉑去：距离。

㉒辟：通"譬"，指借用上、中、下三等人作譬喻。

㉓中：即"见怀思威"。

㉔纪纲：治理。

㉕裨辅：辅佐。先君：指齐桓公。

㉖而：若。弃之：抛弃了管仲之言。

㉗时日及矣：时日已经迫近了。

㉘几：庶几，差不多近于得国。

㉙君国：为晋国之君。济：救。

㉚释之：放弃了做晋国国君的目标。

㉛败不可处：政治败坏的齐国不可久留。

㉜晋之始封：公元前1106年，周成王封其弟唐叔为晋国之君。

㉝岁：岁星。大火：心宿。

㉞阏(è)伯之星：阏伯在尧时为火正之官，主管祭祀大火星。

㉟实纪商人：商汤伐桀这一年，正是大火星值年，所以大火星是代表商人命运的星宿。纪，代表。

㊱飨国：享有天下。飨，通"享"。

㊲《瞽史之纪》：记载史事的书籍。

㊳唐叔之世，将如商数：唐叔后裔如同商朝一样，共有三十一世。

㊴乱不长世：晋国乱世不会长久。

**【译文】**

公子说:"我不愿挪动了,一定要死在这儿。"齐姜说:"话不能这样说。《诗经·小雅·皇皇者华》说:'众多的征夫啊,每次怀念你们却赶不上。'征夫们日夜奔走,没有时间休息,尚且害怕赶不上,何况放纵自身留恋妻室,贪图安逸呢,那将如何能赶上! 如果一个人连自己都不求赶上,那又岂能赶上呢? 日月不会停留,谁又能获得安逸呢? 西方的书上说:'留恋与安逸,实在是妨害大事。'《诗经·郑风·将仲子》说:'仲子哥你是值得爱恋的,可是人们的闲言碎语,也是可怕的呀。'从前管敬仲有段名言,小妾听到过,这段名言说:'像畏惧疾病一样敬畏天威,这种人是人类中的上等人。如果从心所欲如同流水,这种人是人类中的下等人。如果在私欲出现时想到天威,这种人是人类中的中等人。像畏惧疾病一样敬畏天威,这样才能树威治民。威民者在上位,人民如有不畏天威者将受到刑罚。从心所欲如同流水,距离权威就很远了,所以称之为下等人。借用上、中、下三等人作譬喻,那么我愿意选择中等人。《诗经·郑风·将仲子》的诗句,我们应该遵从。'这就是大夫管仲成功治理齐国,辅佐先君而成就霸业的原因。您如果抛弃了管仲之言,不是很困难吗? 齐国政治已经败坏了,晋国无道已经很久了,您随从的谋划是够忠诚的了,奋斗的时日已经迫近了,公子您差不多快要成功了。做国君可以普济百姓,放弃做国君机会的人,不算一个真正的人。腐败的齐国不可久处,时机不可失去,忠诚不可抛弃,留恋不可放纵,您必须马上走。我听说晋国始封的时候,岁星正好在心宿,这是阏伯之星啊,它实在是代表商人命运的星宿。商朝享有天下共三十一世君王。史官的书上说:'唐叔后裔如同商朝一样,共享国三十一世。'如今还没有到三十一世的一半。晋国乱世不会长久,所有公子只剩下您一个人了,您一定拥有晋国。怎么能留恋妻室,贪图安逸呢?"公子不听。

# 齐姜与子犯谋遣重耳

姜与子犯谋，醉而载之以行。醒，以戈逐子犯，曰："若无所济<sup>①</sup>，吾食舅氏之肉<sup>②</sup>，其知餍乎<sup>③</sup>！"舅犯走，且对曰："若无所济，余未知死所<sup>④</sup>，谁能与豺狼争食<sup>⑤</sup>？若克有成<sup>⑥</sup>，公子无亦晋之柔嘉<sup>⑦</sup>，是以甘食<sup>⑧</sup>。偃之肉腥臊，将焉用之？"遂行。

【注释】

①济：事业成功。

②舅氏：子犯为重耳舅舅。

③餍：满足。

④未知死所：不知死于何处。

⑤谁能与豺狼争食：子犯意谓如果失败，自己可能死于旷野，为豺狼所食。

⑥克：能。

⑦无亦：亦。柔嘉：柔脆味美食品。

⑧甘食：乐于食用。

【译文】

姜氏与子犯谋划，将重耳灌醉，把他抬到车上，然后赶车上路。重耳醒来以后，手持长戈追逐子犯，说："如果成不了大事，我即使吃舅舅的肉，又怎么能知足解恨呢？"舅犯一边逃跑躲避，一边说："如果成不了大事，我不知道自己会死在哪里，谁能够与豺狼争夺食物呢？如果能够事业有成，公子在晋国有柔脆味美食物，会乐于食用它们。我狐偃的肉腥臊，怎么能吃呢？"于是重耳一行踏上征途。

# 卫文公不礼重耳

过卫,卫文公有邢、狄之虞①,不能礼焉。宁庄子言于公曰②:"夫礼,国之纪也③;亲,民之结也④;善,德之建也⑤。国无纪不可以终⑥,民无结不可以固,德无建不可以立。此三者,君之所慎也。今君弃之,无乃不可乎! 晋公子善人也,而卫亲也⑦,君不礼焉,弃三德矣⑧。臣故云,君其图之。康叔,文之昭也;唐叔,武之穆也⑨。周之大功在武⑩,天祚将在武族⑪。苟姬未绝周室,而俾守天聚者⑫,必武族也。武族唯晋实昌,晋胤公子实德⑬。晋仍无道⑭,天祚有德,晋之守祀,必公子也。若复而修其德,镇抚其民,必获诸侯,以讨无礼。君弗蚤图⑮,卫而在讨。小人是惧,敢不尽心。"公弗听⑯。

**【注释】**

①卫文公:卫国君主,姬姓,名燬。邢、狄之虞:邢、狄侵犯卫国之忧。虞,忧。

②宁庄子:卫国正卿宁速。

③纪:纪纲。

④结:联结。

⑤建:建树。

⑥终:久远。

⑦卫亲:晋国始封君唐叔是武王之子,卫国始封君是康叔是文王之子,所以晋、卫两国有宗亲关系。

⑧三德:礼宾,亲亲,崇善。

⑨康叔,文之昭也;唐叔,武之穆也:昭、穆,上古宗庙制度。自始祖之下,一昭一穆,父昭子穆。因此卫康叔为文王之昭,晋唐叔为

武王之穆。

⑩武：武王。

⑪天祚(zuò)：上天所赐之福。武族：武王后裔。

⑫俾(bì)：使。天聚：天赐的财富和民众。

⑬胤(yìn)：后代。

⑭仍：屡次。

⑮蚤：通"早"。

⑯公弗听：按，此事发生在野人与重耳土块及到齐国之前。

## 【译文】

重耳流亡途中经过卫国，卫文公因为有邢、狄入侵之忧，不能礼遇重耳。宁庄子对卫文公说："礼，是国家的纲纪；亲，是人们联结的纽带；善，是道德的建树。国家没有纲纪就不可以长久，民众没有血亲关系就不可以稳固，道德没有建树就不可以立足。礼宾、亲亲、崇德三者，是君主应该审慎的。如今君主将这三者都丢弃了，这恐怕不可以吧！晋公子重耳是一个善人，与卫国有宗亲关系，君主您不予礼遇，这就丢弃了三德了。所以我说，君主应该好好考虑。卫国始封君康叔是文王之昭，晋国始封君唐叔是武王之穆。周朝大功在武王时代，天所赐福应该在武王后裔。如果姬姓周王室命不该绝，使他们世守天赐的财富和民众，那么承担此命的必定是武王后裔。在武王后裔中，只有晋国昌盛，而在晋国后代当中，只有公子重耳实有德行。晋国一直处于无道之中，上天若赐福于有德者，那么主持晋国祭祀的，必定是公子重耳。如果重耳归国而修其德行，镇抚晋国民众，必定获得诸侯的拥护，然后讨伐无礼之国。君主您若不早作打算，卫国也会在他讨伐的国家之中。小人对此感到畏惧，不敢不尽心劝谏。"卫文公不听。

# 曹共公不礼重耳而观其骈胁

自卫过曹，曹共公亦不礼焉①，闻其骈胁②，欲观其状，止其舍,谍其将浴③,设微薄而观之④。僖负羁之妻言于负羁曰⑤:"吾观晋公子贤人也,其从者皆国相也⑥,以相一人⑦,必得晋国。得晋国而讨无礼,曹其首诛也。子盍蚤自贰焉⑧?"僖负羁馈飧⑨,置璧焉。公子受飧反璧。

## 【注释】

①曹共公:曹国君主,姬姓,名襄。

②骿(pián)胁:肋骨并成一片。

③谍:用做动词,探知。

④微薄:同"帷簿",门帘。

⑤僖负羁:曹国大夫。

⑥国相:为一国辅相。

⑦一人:指重耳。

⑧贰:不一样。

⑨飧(sūn):熟食。

## 【译文】

　　重耳从卫国经过曹国,曹共公也不予礼遇,他听说重耳肋骨连成一片,想看一看究竟是什么样子,便留重耳住进馆舍,探听到重耳洗澡的时间,便设下帷簿,在帘后偷窥。僖负羁的妻子对丈夫说:"我看晋公子是一个贤人,他的随从都是国相之材,众多贤才辅助重耳一人,重耳必定得到晋国政权。得到晋国之后,他就会征讨无礼之国,曹国首当其冲。您何不早一点表示自己与国君不一样呢?"僖负羁馈赠熟食给重耳一行,将玉璧放在食物之下。公子收下熟食,而将玉璧奉还。

　　负羁言于曹伯曰:"夫晋公子在此,君之匹也①,不亦礼焉?"曹伯曰:"诸侯之亡公子其多矣,谁不过此! 亡者皆无礼者也，余焉能尽礼焉！”对曰：“臣闻之：爱亲明贤<sup>②</sup>，政之干也<sup>③</sup>。礼宾矜穷<sup>④</sup>，礼之宗也<sup>⑤</sup>。礼以纪政<sup>⑥</sup>，国之常也<sup>⑦</sup>。失常不立，君所知也。国君无亲，以国为亲。先君叔振<sup>⑧</sup>，出自文王，晋祖唐叔，出自武王，文、武之功，实建诸姬。故二王之嗣，世不废亲。今君弃之，不爱亲也。晋公子生十七年而亡，卿材三人从之<sup>⑨</sup>，可谓贤矣，而君蔑之，是不明贤也。谓晋公子之亡，不可不怜也。比之宾客，不可不礼也。失此二者，是不礼宾，不怜穷也。守天之聚<sup>⑩</sup>，将施于宜。宜而不施，聚必有阙<sup>⑪</sup>。玉帛酒食，犹粪土也，爱粪土以毁三常<sup>⑫</sup>，失位而阙聚，是之不难，无乃不可乎？君其图之。”公弗听。

**【注释】**

①匹：匹配，对等。

②明：尊。

③干：主干。

④礼宾：礼遇宾客。矜穷：怜悯窘困者。

⑤宗：宗主，根本。

⑥纪：治理。

⑦常：常道。

⑧叔振：曹国始封君叔振铎，为文王之子，武王之弟，与晋国同姓。

⑨卿材三人：指狐偃、赵衰、贾佗。

⑩天之聚：指财富和民众。

⑪阙：缺失。

⑫三常：政之干、礼之宗、国之常。

**【译文】**

僖负羁对曹伯说：“晋公子重耳正在曹国，他的地位与您对等，您不

给他以礼遇吗?"曹伯说:"诸侯的流亡公子多着呢,谁不路过这里! 流
亡者都是无礼之人,我哪能一一对他们尽礼?"僖负羁说:"我听说,敬爱
宗亲尊重贤人,是政治的主干。礼遇宾客怜悯窘困,是礼的根本。用礼
作为政治的纲纪,这是治国的常道。失去常道就不能立国,这是君主您
所知道的。国君无所私亲,他只是以国家为亲人。先君叔振铎,出自文
王,而晋国始祖唐叔,出自武王,文、武的功业,奠定了诸姬分封天下的
基础。因此文王、武王的后代,世世代代不废亲情。如今君主抛弃了亲
情,这是不爱宗亲。晋公子重耳十七岁就流亡,有三位卿相之材随从,
可以说是贤人了,而君主蔑视他们,这是不尊重贤人。按理说晋公子流
亡,不可不怜悯。即使将他们视为普通宾客,也不可不予以礼遇。失掉
了这两点,就是不礼遇宾客,不怜悯窘困。君主看守上天所赐的财富与
民众,应该施予适宜的对象。遇到适宜的对象而不施予,这样所聚的财
富和民众必定有所缺失。玉帛酒食这些东西,如同粪土一般,吝惜粪土
一般的东西而毁灭政之干、礼之宗、国之常,既失君位又失财富民众,而
您却肯定这些做法,不把它看成是灾难,这恐怕不可以吧? 君主您考虑
吧。"曹伯不听。

## 宋襄公赠重耳以马二十乘

　　公子过宋,与司马公孙固相善①,公孙固言于襄公曰②:
"晋公子亡,长幼矣③,而好善不厌,父事狐偃④,师事赵衰⑤,
而长事贾佗⑥。狐偃其舅也,而惠以有谋。赵衰其先君之戎
御赵夙之弟也⑦,而文以忠贞。贾佗公族也,而多识以恭敬。
此三人者,实左右之。公子居则下之,动则咨焉,成幼而不
倦,殆有礼矣。树于有礼,必有艾⑧。《商颂》曰⑨:'汤降不
迟⑩,圣敬日跻⑪。'降,有礼之谓也。君其图之,"襄公从之,

赠以马二十乘。

**【注释】**

①公孙固：宋庄公之孙，宋国大司马。相善：相友好。

②襄公：宋国君主，子姓，名兹父，谥"襄"。

③长幼：从幼年到长大成人。

④父事狐偃：以事奉父亲之礼对待狐偃。

⑤师事赵衰：以事奉师傅之礼对待赵衰。

⑥长事贾佗：以事奉兄长之礼对待贾佗。

⑦先君：指晋献公。戎御：驾御兵车的人。

⑧艾：回报，收获。

⑨《商颂》：此指《商颂·长发》。

⑩汤：商汤。降：下，谓礼贤下士。不迟：迅速。

⑪跻(jī)：升。

**【译文】**

公子重耳路过宋国，与大司马公孙固关系友好，公孙固对宋襄公说："晋公子重耳流亡在外，从小到大，爱好善道不知满足，他把狐偃当父亲对待，把赵衰当师傅对待，把贾佗当兄长对待。狐偃是他的舅舅，为人惠爱而有谋略。赵衰是晋献公驾车人赵夙的弟弟，富有文采而忠贞不二。贾佗出身公族，见多识广且态度恭敬。这三个人，对重耳决策起到关键作用。公子重耳自甘居于三人之下，每有行动必定要咨询他们，从小到大都不厌倦，这可以说是有礼了。与有礼的人结交，一定会得到回报。《商颂·长发》说：'商汤礼贤下士非常迅速，他的圣敬之道日益升闻于天。'礼贤下士，指的就是有礼啊！君主您考虑吧！"宋襄公听从了公孙固的建议，赠送给重耳二十乘车马。

# 郑文公不礼重耳

公子过郑，郑文公亦不礼焉①。叔詹谏曰②："臣闻之：亲有天③，用前训④，礼兄弟，资穷困，天所福也。今晋公子有三祚焉⑤，天将启之⑥。同姓不婚，恶不殖也。狐氏出自唐叔。狐姬，伯行之子也⑦，实生重耳。成而隽才⑧，离违而得所⑨，久约而无衅⑩，一也。同出九人，唯重耳在，离外之患，而晋国不靖⑪，二也。晋侯日载其怨⑫，外内弃之，重耳日载其德，狐、赵谋之，三也。在《周颂》曰⑬：'天作高山⑭，大王荒之⑮。'荒，大之也。大天所作，可谓亲有天矣。晋、郑兄弟也，吾先君武公与晋文侯戮力一心⑯，股肱周室⑰，夹辅平王⑱，平王劳而德之，而赐之盟质⑲，曰：'世相起也⑳。'若亲有天，获三祚者，可谓大天㉑。若用前训，文侯之功，武公之业，可谓前训。若礼兄弟，晋、郑之亲，王之遗命，可谓兄弟。若资穷困，亡在长幼㉒，还轸诸侯㉓，可谓穷困。弃此四者，以徼天祸㉔，无乃不可乎？君其图之。"弗听。

**【注释】**

①郑文公：郑国君主，姬姓，名捷。

②叔詹：郑国大夫。郑国三良之一。

③亲有天：亲近有上天保佑的人。

④用前训：采用先王教训。

⑤祚：福。

⑥启：开启，辅助。

⑦伯行：狐突的字。子：女儿。

⑧隽:通"俊"。

⑨离:同"罹",遭。违:去。得所:举止得当。

⑩约:困窘。衅:瑕疵,过失。

⑪靖:安定。

⑫载:成。

⑬《周颂》:此指《诗经·周颂·天作》。

⑭作:生成。高山:岐山。

⑮大(tài)王:古公亶父,他由幽迁岐,开创了周朝基业。荒:扩大。

⑯武公:郑武公,名滑突,郑桓公之子。晋文侯:名仇。戮力:合力。

⑰股肱:本义是指大腿和胳膊的上部,引申为辅佐。

⑱夹辅平王:公元前771年,犬戎灭西周,郑武公、晋文侯护送太子宜臼东迁洛邑即王位,是为周平王。

⑲盟质:盟约。

⑳世相起也:世世代代互相扶持。

㉑大天:扩大上天旨意。

㉒亡在长幼:从幼年刚长成就流亡。

㉓还(xuán)轸(zhěn):驾车周游列国。还,循回。轸,本指车后横木,此处指车驾。

㉔徼:求。

**【译文】**

公子重耳路过郑国,郑文公也不给予礼遇。叔詹劝谏说:"我听说,亲近上天所保佑的人,采用先王教训,礼遇兄弟,资助窘困之人,这是上天所赐福的善行。如今晋公子重耳有三福,上天将开启他。同姓不能结婚,这是厌恶不能繁殖。狐氏是唐叔之后。狐姬是狐突的女儿,生下重耳。长大后成为俊才,遭祸去国而能做到举止得当,长久困窘而没有过失。这是一福。晋献公有子九人,只有重耳一人在世,身遭在外流亡的祸患,而晋国一直不能安定下来,这是二福。晋君一天天造成积怨,国内国外都抛弃了他，而重耳一天天成就美德，狐偃、赵衰替他谋划，这是三福。《诗经·周颂·天作》说：'上天生成岐山，是太王扩大了它的影响。'荒，是扩大的意思。扩大上天所欲成就的人，可以说是亲近上天了。晋、郑是兄弟之国，我国先君武公与晋文侯合力同心，辅佐周王室，两人共同辅助周平王，平王慰劳而感激武公和晋文侯，赐予盟约，说：'郑、晋世世代代要互相扶持。'如果要亲近上天所保佑的人，那么获得三福的重耳，可以说是得到上天旨意的了。如果要采用先王教训，那么晋文侯的功业、郑武公的功劳，可以说是先王教训的了。如果要礼遇兄弟，那么晋、郑的亲情，平王的遗命，可以说是兄弟的了。如果要资助窘困，那么重耳长大之后就流亡，周游列国诸侯，可以说是窘困的了。君主您抛弃了这四条，以求上天所祸，恐怕不可以吧？君主您考虑吧。"郑文公不听。

叔詹曰："若不礼焉，则请杀之。谚曰：'黍稷无成<sup>①</sup>，不能为荣<sup>②</sup>。黍不为黍，不能蕃庑<sup>③</sup>。稷不为稷，不能蕃殖。所生不疑<sup>④</sup>，唯德之基<sup>⑤</sup>。'"公弗听。

**【注释】**

①黍：高粱。稷：小米。无成：不能成长。

②荣：开花。

③蕃庑(wú)：繁殖茂盛。

④所生不疑：意谓祸福如同种植黍稷，种黍得黍，种稷得稷。

⑤唯德之基：只看德行根基。

**【译文】**

叔詹说："如果您不能礼遇重耳，那么我就请求杀掉他。谚语说：'黍稷长不成，就不能开花。黍不像黍，就不能繁茂。稷不像稷，就不能繁殖。种什么生什么，这无可置疑，只有德行才是立国之基。'"郑文公还是不听。

# 楚成王以周礼享重耳

遂如楚,楚成王以周礼享之①,九献②,庭实旅百③。公子欲辞,子犯曰:"天命也,君其飨之。亡人而国荐之④,非敌而君设之⑤,非天,谁启之心!"既飨,楚子问于公子曰:"子若克复晋国,何以报我?"公子再拜稽首对曰:"子女玉帛⑥,则君有之。羽旄齿革⑦,则君地生焉。其波及晋国者,君之余也,又何以报?"王曰:"虽然,不穀愿闻之⑧。"对曰:"若以君之灵⑨,得复晋国,晋、楚治兵,会于中原,其避君三舍⑩,若不获命⑪,其左执鞭弭⑫,右属櫜鞬⑬,以与君周旋⑭。"

【注释】

①楚成王:楚国君主,芈姓,熊氏,名頵(sūn)。周礼:俞樾认为是"君礼",即楚子以款待国君的礼仪接待重耳。享:设宴款待。

②九献:接待上公之礼。主人敬酒为献,客还敬为酢,主再敬为酬,三者称一献之礼。重复九次为九献之礼。

③庭实:诸侯聘问,将礼物陈列于宫庭,称为庭实。旅百:陈列上百件礼物。旅,陈列。

④国荐:以国君之礼进献。

⑤非敌:不是匹敌。君设之:设之以君礼。

⑥子女:美女。

⑦羽旄齿革:翡翠、孔雀之类鸟羽、旄牛尾、象牙、牛皮。

⑧不穀:不善。古代王侯自称的谦词。

⑨以君之灵:托您的福。

⑩三舍：九十里。舍，三十里为一舍。

⑪命：楚国退兵的命令。

⑫鞭：马鞭。弭：末端无缴束，仅饰以角、骨的弓。

⑬属：用手摸。櫜(gāo)：盛箭之器。鞬(jiān)：盛弓之器。

⑭周旋：较量。

**【译文】**

重耳一行于是到了楚国，楚成王用周礼款待重耳，宴会上献礼九次，庭上陈列的礼物上百件。公子准备推辞，子犯说："这是天命啊，您还是享受此礼吧。流亡者却享受国君的礼节，地位不对等而设之以君礼，如果不是上天旨意，谁能开启楚王之心呢！"飨礼之后，楚成王问公子重耳说："您若能够回晋国为君，拿什么来报答我？"公子再拜磕头回答说："美女玉帛，您已拥有。鸟羽、旄牛尾、象牙、牛皮，出产于楚国。其余波及晋国的东西，已经是楚王剩下来的了，我又拿什么来报答呢？"楚成王说："虽然这样，我还是想听听您怎样报答我。"重耳说："如果托您的福，我得以返回晋国，那么晋、楚两国交兵，在中原相遇，我愿意退避九十里，如果还得不到楚国退兵的命令，那么我就会左手执马鞭弓箭，右手抚箭囊弓套，来与您较量。"

令尹子玉曰①："请杀晋公子。弗杀，而反晋国，必惧楚师。"王曰："不可。楚师之惧，我不修也②。我之不德，杀之何为！天之祚楚③，谁能惧之？楚不可祚，冀州之土④，其无令君乎？且晋公子敏而有文⑤，约而不谄⑥，三材侍之⑦，天祚之矣。天之所兴，谁能废之？"子玉曰："然则请止狐偃⑧。"王曰："不可。《曹诗》曰⑨：'彼己之子⑩，不遂其媾⑪。'邮之也⑫。夫邮而效之，邮又甚焉。效邮，非礼也。"于是怀公自秦逃归⑬。秦伯召公子于楚⑭，楚子厚币以送公子于秦⑮。

**【注释】**

①令尹：楚国官名，相当于国相。子玉：成得臣，楚若敖的曾孙。

②不修：不修德。

③祚（zuò）：赐福，佑助。

④冀州：九州之一，在今河北、山西一带，晋国属于古冀州。

⑤敏而有文：敏捷有礼文。

⑥约而不谄：困窘而不谄媚。

⑦三材：三位杰出人才，指狐偃、赵衰、贾佗。

⑧止狐偃：扣留狐偃作为人质。

⑨《曹诗》：此指《诗经·曹风·候人》。

⑩己：今本作"其"。

⑪遂：称意。媾（gòu）：厚爱。

⑫邮：通"尤"，过错。

⑬怀公：惠公之子圉。公元前643年圉到秦国做人质，听说惠公病
　　重，公元前638年从秦国逃回。

⑭秦伯：秦穆公。

⑮楚子：楚成王。

**【译文】**

　　令尹子玉说："我请求杀死晋公子重耳。如果不杀，让他返回晋国，必定会成为楚军的劲敌。"楚成王说："不可以。楚军恐惧的事，是我们不修德。我们没有美德，为什么要杀晋公子！上天如果赐福楚国，谁能让楚国为之恐惧？如果上天不赐福于楚，那么冀州土地上，难道就没有明君？况且晋公子重耳敏捷有礼文，困窘而不谄媚，三位杰出人才事奉他，这是上天赐福于他啊。上天要让他兴旺发达，谁能废弃他呢？"子玉说："那么我请求把狐偃扣留下来作人质。"楚成王说："不可以。《诗

经·曹风·候人》说:'那个人啊,不能让人称心厚爱。'这是指出他人的过错啊。知错而又效法,那么过错就更大了。效法过错,这是非礼的。"此时晋怀公圉从秦国逃回晋国。秦穆公派人到楚国召公子重耳,楚成王用厚礼将公子重耳送到秦国。

# 重耳婚媾怀嬴

秦伯归女五人①,怀嬴与焉②。公子使奉匜沃盥③,既而挥之④。嬴怒曰:"秦、晋匹也⑤,何以卑我⑥?"公子惧,降服囚命⑦。秦伯见公子曰:"寡人之適⑧,此为才⑨。子圉之辱⑩,备嫔嫱焉⑪。欲以成婚,而惧离其恶名⑫。非此,则无故。不敢以礼致之⑬,欢之故也。公子有辱,寡人之罪也。唯命是听。"

## 【注释】

①归:嫁。

②怀嬴:秦穆公之女,曾嫁子圉。子圉逃归前与她商量,她放走了子圉,自己留在了秦国。与:在五女之中。

③奉匜(yí)沃盥(guàn):怀嬴执洗手的盘子注水其中,重耳洗手。奉,捧着。匜,盛水的盘子。沃,注水。盥,洗。

④既而:洗手之后。挥之:挥手甩干水。此为不礼貌的行为。怀嬴本为重耳侄媳,现在又嫁重耳,重耳心中不快,故有此下意识的动作。

⑤匹:对等国家。

⑥卑:看不起。

⑦降服:脱下上衣。囚命:自囚请罪,听从怀嬴所命。

⑧适:同"嫡",指正妻所生的女儿。

⑨此为才:怀嬴最有才德。

⑩子圉之辱:指子圉在秦国做人质。

⑪嫔嫱:宫中女官。

⑫离:同"罹",遭。恶名:怀嬴本嫁子圉,现在改嫁重耳,怕名声不好听。

⑬以礼致之:用正式婚礼嫁给重耳。

【译文】

秦穆公将五个女子嫁给重耳,其中有女儿怀嬴。公子重耳让怀嬴捧着水盆,浇水给自己洗手,洗完之后,挥手甩干。怀嬴发怒说:"秦、晋是对等的国家,你凭什么看不起我?"公子害怕了,他脱下上衣,自囚请罪,听从怀嬴命令。秦穆公会见公子,说:"我的正妻所生的女儿当中,这个女儿最有才德。子圉在秦国做人质期间,怀嬴曾经是他的嫔妃。如今我想让她与您成婚,但又怕您遭到恶名。除了这一点,没有其他的缘故。我不敢以正式婚礼嫁给您,是由于喜欢她的缘故。公子蒙受侮辱,这是我的罪过啊。现在听凭公子的命令。"

公子欲辞①,司空季子曰②:"同姓为兄弟③。黄帝之子二十五人,其同姓者二人而已,唯青阳与夷鼓皆为己姓④。青阳,方雷氏之甥也⑤。夷鼓,彤鱼氏之甥也⑥。其同生而异姓者,四母之子别为十二姓⑦。凡黄帝之子,二十五宗,其得姓者十四人⑧,为十二姓⑨,姬、酉、祁、己、滕、箴、任、荀、僖、姞、儇、依是也⑩。唯青阳与苍林氏同于黄帝,故皆为姬姓⑪。同德之难也如是。昔少典娶于有蟜氏⑫,生黄帝、炎帝。黄帝以姬水成⑬,炎帝以姜水成。成而异德,故黄帝为姬,炎帝为姜,二帝用师以相济也⑭,异德之故也。异姓则异德,异德则异类。异类虽近，男女相及<sup>⑮</sup>，以生民也。同姓则同德，同德则同心，同心则同志。同志虽远，男女不相及，畏黩敬也<sup>⑯</sup>。黩则生怨，怨乱毓灾<sup>⑰</sup>，灾毓灭姓。是故娶妻避其同姓，畏乱灾也。故异德合姓<sup>⑱</sup>，同德合义<sup>⑲</sup>。义以导利，利以阜姓<sup>⑳</sup>。姓利相更<sup>㉑</sup>，成而不迁<sup>㉒</sup>，乃能摄固<sup>㉓</sup>，保其土房<sup>㉔</sup>。今子于子圉，道路之人也，取其所弃，以济大事，不亦可乎？"

**【注释】**

①辞：辞退不娶。秦穆公夫人是重耳之姊，论辈分怀嬴是重耳的外甥女，且曾为侄儿子圉之妻，因此重耳不想娶怀嬴。

②司空季子：一名胥臣。食邑于臼，又称臼季，后为晋国司空。

③同姓为兄弟：同父所生，德性相同，乃为兄弟。意谓重耳、夷吾虽同父所生，但德性不同，不能算兄弟，因此重耳完全可以娶子圉弃妻。

④青阳：少暤氏，一说为少暤氏之父。夷鼓：《路史》写为"夷彭"。

⑤方雷氏：黄帝次妃。甥：同"生"。

⑥彤鱼：国名。

⑦四母：黄帝的四位夫人：嫘祖西陵氏、方雷氏、彤鱼氏、嫫母。

⑧得姓：以德居官而获得赐姓。

⑨十二姓：在得姓十四人之中，有二人姓己，二人姓姬，故只有十二姓。

⑩苟：《路史》作"苟"。依：当作"衣"。

⑪唯青阳与苍林氏同于黄帝，故皆为姬姓：青阳，为玄嚣之误。玄嚣乃黄帝元妃嫘祖之子。苍林，黄帝四妃嫫母所生。

⑫少典：国名。有蟜(jiǎo)：国名。

⑬以姬水成：在姬水河畔成长。

⑭用师以相济:用兵互为排挤。济,当作"挤"。

⑮异类虽近,男女相及:指血缘关系虽近,但仍能嫁娶。重耳是怀嬴的舅舅,故司空季子以此劝慰他。相及,嫁娶。

⑯黩:亵渎。敬:王念孙认为当作"故"。

⑰毓(yù):产生。

⑱合姓:合二姓为婚姻。

⑲合义:以德义相亲。

⑳阜:厚。

㉑更:续。

㉒迁:离散。

㉓摄固:保持稳固。

㉔房:俞樾说,同"方"。

**【译文】**

公子重耳想辞去怀嬴,司空季子说:"同父所生,德性相同,乃为兄弟。黄帝的儿子有二十五人,其中同姓者只有两人而已,只有青阳与夷鼓都是己姓。青阳是方雷氏所生。夷鼓是彤鱼氏所生。同父所生而异姓的,如黄帝四位夫人西陵氏、方雷氏、彤鱼氏、嫫母所生的儿子,分别为十二个姓。黄帝儿子共有二十五人,其中获得姓的有十四人,除两人同姓外,为十二姓,即姬、酉、祁、己、滕、箴、任、荀、僖、姞、儇、衣。只有玄嚣与苍林氏与黄帝德性相同,所以皆为姬姓。可见德性相同是如此困难。从前少典从有娇国娶妻,生下黄帝和炎帝。黄帝在姬水河畔长大,炎帝在姜水河畔长大。长大以后德性不同,所以黄帝姬姓,炎帝姜姓,二帝用兵互相残杀,这是德性不同的缘故。异姓就会导致异德,异德就会产生异类。异类即使有亲近的血缘,也可以男女结婚,生育后代。同姓就会同德,同德就会同心,同心就会同志。同志之间即使血缘关系遥远,男女也不能结婚,这是畏惧亵渎的缘故。亵渎就会生怨,怨乱就会生灾,生灾就会灭姓。因此娶妻避免娶同姓,这是畏惧灾乱啊。

所以不同德的两姓可以合为婚姻,同德的两姓则以德义相亲。德义可以产生利益,利益可以加厚族姓关系。姓与利相互延续,两者相成而不离散,这样才能稳固族姓,保有自己的一方土地。如今您与子圉的关系,形同道路之人,娶子圉抛弃的妻子,来成就大事,不是可以吗?"

公子谓子犯曰:"何如?"对曰:"将夺其国①,何有于妻②?唯秦所命从也。"谓子馀曰③:"何如?"对曰:"《礼志》有之曰④:'将有请于人⑤,必先有入焉⑥。欲人之爱己也,必先爱人。欲人之从己也,必先从人。无德于人,而求用于人,罪也。'今将婚媾以从秦⑦,受好以爱之,听从以德之,惧其未可也,又何疑焉?"乃归女而纳币⑧,且逆之⑨。

【注释】

①其国:子圉之国。

②何有于妻:即"于妻何有"。子犯意谓着眼大局,不考虑子圉弃妻之类的小事。

③子馀:赵衰的字。

④《礼志》:礼书,已佚。

⑤请:请求。

⑥必先有入:一定先要答应别人的要求。

⑦婚媾(gòu):结婚。

⑧归女:让怀嬴先回去。纳币:送聘礼到女方之家。

⑨逆:迎娶。

【译文】

公子重耳问子犯说:"怎么办?"子犯回答说:"准备夺取子圉的国家,还考虑什么他的弃妻? 只听秦国的命令就行了。"重耳又问子馀:

"你看怎么办?"子馀回答说:"《礼志》上说:'准备有求于人,一定先要答应别人的要求。想别人爱自己,必定要自己先爱别人。想别人听从自己,必定要先听从别人。对别人没有恩德,而求别人为自己所用,这是罪过。'如今应该听从秦国,与秦女怀嬴结婚,接受别人的好意而加以珍爱,听从别人的安排而表示感激之情,这样做尚且怕不够,您又怀疑什么呢?"于是重耳将怀嬴送回,然后下聘礼,再把怀嬴迎娶过来。

# 秦伯享重耳以国君之礼

他日,秦伯将享公子,公子使子犯从。子犯曰:"吾不如衰之文也①,请使衰从。"乃使子馀从。秦伯享公子如享国君之礼,子馀相如宾②。卒事,秦伯谓其大夫曰:"为礼而不终,耻也。中不胜貌③,耻也。华而不实,耻也。不度而施④,耻也。施而不济⑤,耻也。耻门不闭⑥,不可以封⑦。非此,用师则无所矣⑧。二三子敬乎!"

## 【注释】

①文:文采。

②子馀相如宾:子馀以宾礼相重耳,是对秦穆公国君之礼的接受。相,傧相。如宾,按照宾礼。

③中:内心感情。胜:相称。貌:外在礼文。

④不度而施:不揣度自己力量而施德。

⑤济:成事。

⑥耻门:指以上为礼不终、中不胜貌、华而不实、不度而施、施而不济五耻。闭:闭塞。

⑦封:立国。

⑧用师则无所：无用兵之地。

【译文】

　　他日，秦穆公将宴请公子重耳，公子让子犯随从。子犯说："我不如赵衰有文采，请让赵衰随从您吧。"于是公子让赵衰随从。秦穆公用国君的享礼来对待公子重耳，赵衰做傧相，用宾礼应对。享礼结束后，秦穆公对大夫说："为礼不能善终，是耻辱。华而不实，是耻辱。内心感情不能与礼文相称，是耻辱。不度量自己力量而施德，是耻辱。施德而不能成事，是耻辱。五项耻辱之门不关闭，不可以立国。不这样做，就没有用兵之地。诸位大夫要严肃恭敬地对待这五耻啊！"

　　明日宴①，秦伯赋《采菽》②，子馀使公子降拜③。秦伯降辞④。子馀曰："君以天子之命服命重耳⑤，重耳敢有安志⑥，敢不降拜？"成拜卒登，子馀使公子赋《黍苗》⑦。子馀曰："重耳之仰君也，若黍苗之仰阴雨也。若君实庇荫膏泽之⑧，使能成嘉谷，荐在宗庙⑨，君之力也。君若昭先君之荣⑩，东行济河，整师以复强周室，重耳之望也。重耳若获集德而归载⑪，使主晋民，成封国，其何实不从⑫。君若恣志以用重耳，四方诸侯，其谁不惕惕以从命！"秦伯叹曰："是子将有焉⑬，岂专在寡人乎！"秦伯赋《鸠飞》⑭，公子赋《河水》⑮。秦伯赋《六月》⑯，子馀使公子降拜。秦伯降辞。子馀曰："君称所以佐天子匡王国者以命重耳，重耳敢有惰心，敢不从德。"

【注释】

　　①明日宴：古人享宴，先用享礼，享后再宴。如果享礼隆重，如九献、七献，则宾客向主人还敬次数相应增多，作乐与酬币亦繁重，为时长，宴礼将隔日举行。秦伯享重耳如享国君，相当隆重，故

宴礼在次日举行。

②赋：诵读，或让乐工演唱。《采菽》：《诗经·小雅·采菽》。诗中说："君子来朝，何锡予之？虽无予之，路车乘马。"言虽无所赐，但有车马赠送。

③降拜：下堂拜谢。

④降辞：下堂辞谢。

⑤天子之命服：《采菽》是天子赐诸侯命服时演奏的乐章。命服，天子赐给诸侯的服饰。

⑥安志：安逸之志。

⑦《黍苗》：《诗经·小雅·黍苗》。诗中说："芃芃黍苗，阴雨膏之。"赵衰让重耳赋此诗，表示重耳像黍苗之盼时雨一样，渴望得到秦穆公的帮助。

⑧庇荫：保护。膏泽：滋润。

⑨荐：进献。

⑩昭：彰显。先君之荣：西周末年，秦襄公与郑武公、晋文侯一起护送平王东迁，被平王赐爵为伯。

⑪集：成。载：奉晋祀。

⑫何实不从：实从。

⑬是子将有：这是您即将拥有的。

⑭《鸠飞》：指《诗经·小雅·小宛》首章："宛彼鸣鸠，翰飞戾天。我心忧伤，念昔先人。明发不寐，有怀二人。"秦穆公赋此诗，是表达对重耳的同情。

⑮《河水》：应为《诗经·小雅·沔水》，诗中说："沔彼河水，朝宗于海。"重耳赋此诗，是以百川归海比喻自己对秦国的归附。

⑯《六月》：《诗经·小雅·六月》，此诗歌颂尹吉甫辅佐周宣王征伐。秦穆公赋此诗，是将重耳比作辅佐宣王中兴的尹吉甫。

## 【译文】

在第二天宴会上,秦穆公赋《诗经·小雅·采菽》,赵衰让公子重耳下堂拜谢。秦穆公也下堂答拜。赵衰说:"君主您以天子赐诸侯命服的诗乐命重耳,重耳怎么敢有安逸之志,怎么敢不下堂拜谢?"拜谢完毕后再升堂,赵衰让公子重耳赋《诗经·小雅·黍苗》。赵衰说:"重耳仰望君主,就如同黍苗仰望阴雨一样。如果君主您能够赐予庇护和润泽,使重耳这棵黍苗能长成好谷子,进献在宗庙,那么这就是君主您的力量了。君主您若能彰显先君襄公的荣耀,向东渡过黄河,整顿军队使周室恢复强大,这正是重耳的渴望啊。重耳如果能够获得君主所成之德,而归国主持祭祀,成为晋国民众之主,成就封爵立国事业,他是会实实在在地听从您。君主您如果任意指挥重耳,那么四方诸侯,谁敢不恭恭敬敬地听从您的命令呢!"秦穆公叹息说:"这是公子您将有的福分,难道取决于我一人的努力吗!"秦穆公赋《诗经·小雅·小宛》,公子重耳赋《诗经·小雅·沔水》。秦穆公赋《诗经·小雅·六月》,赵衰让重耳下堂拜谢。秦穆公下堂答谢。赵衰说:"君主您用辅佐天子匡正王国的诗篇来命令重耳,重耳岂敢有怠惰之心,岂敢不听从有德者的教诲。"

# 重耳亲筮得晋国

公子亲筮之①,曰:"尚有晋国②。"得贞《屯》、悔《豫》,皆八也③。筮史占之④,皆曰:"不吉。闭而不通,爻无为也⑤。"司空季子曰:"吉。是在《周易》,皆利建侯⑥。不有晋国,以辅王室,安能建侯? 我命筮曰'尚有晋国',筮告我曰'利建侯',得国之务也⑦,吉孰大焉! 震,车也;坎,水也;坤,土也;屯,厚也;豫,乐。车班外内⑧,顺以训之⑨,泉原以资之⑩,土厚而乐其实⑪。不有晋国,何以当之⑫? 震,雷也,车也;

坎，劳也，水也，众也。主雷与车，而尚水与众⑬。车有震，武也⑭。众而顺，文也⑮。文武具，厚之至也，故曰《屯》。其繇曰⑯：‘元亨利贞，勿用有攸往，利建侯。’主震雷，长也，故曰元⑰。众而顺，嘉也，故曰亨⑱。内有震雷，故曰利贞⑲。车上水下，必伯⑳。小事不济，壅也，故曰勿用有攸往，一夫之行也㉑。众顺而有武威，故曰‘利建侯’。坤，母也；震，长男也。母老子强，故曰《豫》㉒。其繇曰：‘利建侯行师。’居乐、出威之谓也㉓。是二者，得国之卦也。”

**【注释】**

①筮：用蓍草占卜曰筮。

②尚：庶几，表示希望之词。

③得贞《屯》、悔《豫》，皆八也：韦昭注曰："内曰贞，外曰悔。震下坎上，《屯》（䷂）；坤下震上，《豫》（䷏）。得此两卦，震在《屯》为贞，在《豫》为悔。八，谓震两阴爻在贞在悔皆不动。故曰，皆八，谓爻无为也。"八，不变之爻。

④筮史：占卜官员。

⑤闭而不通，爻无为也：《屯》卦震下坎上，震为动，坎为险阻，动而遇阻，故曰壅闭不通。不通则无所作为。

⑥是在《周易》，皆利建侯：商周时期有《连山》、《归藏》、《周易》三易，筮史可能是用《连山》、《归藏》占卜，司空季子则用《周易》解卦。皆利建侯，《屯》卦初九爻曰："利建侯。"《豫》卦象辞曰："利建侯行师。"

⑦务：趋势。

⑧车班外内：震为车，而《屯》卦内卦为震，《豫》卦外卦为震。班，遍。

⑨顺以训之：坤为地，其德为顺，《豫》卦内卦为坤，《屯》卦六二至六
　四爻也构成坤。训，训释。

⑩泉原：《屯》卦从六三到九五为艮，《豫》卦从六二到九四亦为艮
　象，艮为山。《豫》卦从六三到六五为坎象，坎为水。水在山上，
　为泉源。资：资财。

⑪土厚：《豫》卦内卦为坤，《屯》卦从六二到六四也有坤象。坤为土
　地，土地厚重。乐其实：人们乐得土地厚重之实。

⑫当：应。

⑬主雷与车，而尚水与众：这两句是解释《屯》卦。主，内卦为主，
　《屯》卦内卦为震，震为雷为车，故曰主雷与车。尚，上。《屯》卦
　坎上，坎为水为众，故曰尚水与众。

⑭车有震，武也：震为车，车有威震，象征威武。

⑮众而顺，文也：坤为众，为顺，为文，象征文德。

⑯繇（zhòu）：通"籀"。卜辞。

⑰主震雷，长也，故曰元：卦以内卦为主，《屯》卦内卦为震，震为长
　男，为雷，为诸侯，所以称元。元为善之长。

⑱众而顺，嘉也，故曰亨：《豫》卦内卦为坤，坤为众，为顺，众顺服
　善，所以称亨。亨者嘉之会。

⑲内有震雷，故曰利贞：《屯》卦内卦为震，震以动之，所以称利贞。
　贞，正。

⑳车上水下，必伯：《屯》卦卦象是震下坎上，震为车，坎为水，车动
　向上而有威，水动向下而能顺，威而能顺，所以说必定称霸。伯，
　通"霸"。

㉑"小事不济"四句：《屯》卦震下坎上，震为动，坎为险阻。震动而
　遇坎阻，所以说勿用有所往。震一索而得男，震为足，所以说一
　夫之行。小事，小人之事。济，成。壅，塞。攸，所。一夫，一人。

㉒"坤，母也"六句：《豫》卦坤下震上，坤为母，震为长男，母老子强，

所以称豫。豫,乐。

㉓"其繇曰"三句:《豫》卦内卦为坤,坤为母,母在内,所以说居而乐。《豫》卦外卦为震,震在外,所以说出而威。

## 【译文】

公子重耳亲自拈蓍草占筮,他祈祷说:"盼能得到晋国。"结果内卦是《屯》卦,外卦是《豫》卦,震两阴爻在贞在悔皆不动。占筮官和史官占卜之后,都说:"不吉利。闭塞不通,无所作为。"司空季子说:"吉利。此两卦在《周易》之中,都利于建侯。如果不是拥有晋国,辅佐王室,怎么能建侯?我们公子的命筮是'盼能得到晋国',占筮的结果是'利于建侯',这是得到晋国的征兆,哪有比这更大的吉利!震为车,坎为水,坤为土,屯为厚,豫为乐。车遍于内卦和外卦,坤的训释为顺,水在山上意味着资财,坤土象征乐得土地厚重之实。如果不能得到晋国,那么此种卦象如何应验?震为雷,为车;坎为劳,为水,为众。《屯》卦内卦为雷,为车,外卦为水,为众。震为车,车有威震,象征威武。坤为众,为顺,为文,象征文德。文武具备,这是厚重之至,所以称为《屯》。《屯》卦卦辞说:'元亨利贞,勿用有攸往,利建侯。'内卦为震,为雷,为长,所以称元。外卦为坤,坤为众,为顺,众顺服善,所以称亨。《屯》卦内卦为震,震以动之,所以称利正。《屯》卦震下坎上,震为车,坎为水,车动向上而有威,水动向下而能顺,威而能顺,所以说必定称霸。《屯》卦震动而遇坎阻,所以说勿用有所往。震一索而得男,震又为足,所以说一夫之行。坤为众,为顺,有武威,所以说'利建侯'。坤为母,震为长男。母老子强,所以称《豫》。《豫》卦卦辞说:'利建侯行师。'说的是居而乐、出而威的意思。《屯》、《豫》两卦,都是得国之卦。"

# 秦伯纳重耳于晋

十月①,惠公卒。十二月,秦伯纳公子。及河,子犯授公子载璧②,曰:"臣从君还轸③,巡于天下,怨其多矣。臣犹知之,而况君乎? 不忍其死,请由此亡④。"公子曰:"所不与舅氏同心者,有如河水⑤。"沉璧以质⑥。

**【注释】**

①十月:公元前637年十月。

②载璧:祭祀所用的玉璧。

③还(xuán)轸:周游列国。

④亡:流亡。

⑤所不与舅氏同心者,有如河水:这是重耳面对河神的誓词,"所……者"是假设出现的情况,后一句是请河神为证的意思。

⑥质:凭信。

**【译文】**

十月,晋惠公去世。十二月,秦穆公派兵护送公子重耳回国。到达黄河边上,子犯将玉璧交给公子重耳,说:"我跟随您周游列国,巡行天下,结怨甚多。我自己都知道,何况是您呢? 如果您不忍心看到我被处死,那么就请让我从这里流亡吧。"公子重耳说:"如果我不与舅舅同心的话,请河神为证。"将玉璧投入黄河作为凭信。

董因迎公于河①,公问焉,曰:"吾其济乎②?"对曰:"岁在大梁③,将集天行④。元年始受⑤,实沈之星也⑥。实沈之墟⑦,晋人是居,所以兴也。今君当之,无不济矣。君之行也,岁在大火⑧。大火,阏伯之星也⑨,是谓大辰⑩。辰以成善⑪,后稷是相⑫,唐叔以封⑬。《瞽史记》曰⑭:'嗣续其祖⑮,如谷之滋⑯,必有晋国。'臣筮之,得《泰》之八⑰。曰:是谓天地配亨,小往大来⑱。今及之矣,何不济之有?且以辰出而以参入⑲,皆晋祥也,而天之大纪也⑳。济且秉成㉑,必霸诸侯。子孙赖之,君无惧矣。"

**【注释】**

①董因:晋国史官,周太史辛有之后。

②济:成功。

③大梁:星次名。在十二支中为酉,在二十八宿为胃、昴、毕三星。

④将集天行:将成天道。

⑤元年:重耳即位的第一年。始受:开始接受天命。

⑥实沈:星次名。大致相当于二十八宿的觜、参和毕、井的一部分,在十二辰为申。古时为晋之分野。

⑦实沈之墟:实沈在地上的分野。

⑧君之行也,岁在大火:重耳于公元前655年出奔,这一年岁星位于大火星次。

⑨阏(è)伯:尧时火正,主持祭祀大火星。

⑩大辰:即大火。

⑪辰以成善:辰表示农事吉祥,成就善道。

⑫后稷是相:后稷视农祥以成农事。相,视。

⑬唐叔以封:唐叔在大火之年得以封晋。唐叔,晋国始封君。

⑭《瞽史记》:即前文《瞽史之纪》,史书名。

⑮嗣续其祖:继承先祖。

⑯如谷之滋:如同五谷滋生。

⑰得《泰》之八:"八"是指卦象中的不动爻。《泰》卦(䷊)之八,是指《泰》卦中的阴爻为不动爻。

⑱是谓天地配亨,小往大来:《泰》卦乾下坤上,乾为天,坤为地,天地交配亨通。坤在外为小往,喻子圉;乾在内为大来,喻重耳。

⑲辰出：重耳于岁在大辰之年出奔。参入：重耳归国时参星在实沈
　星次。

⑳天之大纪：上天大的命数。

㉑秉：执。

【译文】

　　董因到黄河边上迎接重耳，重耳问："我能成功吗？"董因回答说："岁星在大梁星次，将成天道。您即位第一年接受天命，这一年岁星运行到实沈星次。实沈的分野，正对着晋国，所以您能够兴旺发达。如今您正好应验了吉星，做事没有不成功的。当年您出奔的时候，岁星在大火星次。大火是阏伯之星，被称为大辰。辰表示成就善道，后稷就是视农祥以成农事的，唐叔也是在大火之年得以封晋。《瞽史记》上说：'继承先祖，如同五谷滋生，必定会得到晋国。'我占筮过，所得到的是《泰》卦中八这个不动爻。卦象表明，天地交配亨通，小人失势，大人成功。如今正赶上好时辰，哪里有不成功的道理？况且您是在大辰之年出奔，在参星之年回国，这都是晋国的吉祥星次，正好是上天大的命数。渡过黄河，便可稳操胜券，必定能够称霸诸侯。子孙都依托您的洪福，您不必害怕。"

　　公子济河，召令狐、臼衰、桑泉①，皆降。晋人惧，怀公奔高梁②。吕甥、冀芮帅师，甲午③，军于庐柳④。秦伯使公子絷如师⑤，师退，次于郇⑥。辛丑⑦，狐偃及秦、晋大夫盟于郇。壬寅⑧，公入于晋师⑨。甲辰⑩，秦伯还。丙午⑪，入于曲沃。丁未⑫，入绛，即位于武宫⑬。戊申⑭，刺怀公于高梁。

【注释】

①召令狐、臼衰（cuī）、桑泉：召集三邑长官。令狐、臼衰、桑泉，晋国

城邑。令狐在今山西临猗西,桑泉在临猗东北,白衰在今山西解县西北。

②高梁:地名,在今山西临猗。

③甲午:公元前636年2月6日。

④庐柳:晋国地名,在今山西临猗。

⑤如师:到吕甥、冀芮所率领的晋师,与之谈判。

⑥郇(xún):晋国地名。在今临猗西南。

⑦辛丑:公元前636年2月13日。

⑧壬寅:公元前636年2月14日。

⑨公入于晋师:晋军转向重耳,所以重耳能进入晋军中。

⑩甲辰:公元前636年2月16日。

⑪丙午:公元前636年2月18日。

⑫丁未:公元前636年2月19日。

⑬武宫:晋武公宗庙。晋侯每即位,必朝之。

⑭戊申:公元前636年2月20日。

**【译文】**

公子重耳渡过黄河,宣召令狐、白衰、桑泉三邑邑宰,他们都向重耳投降。晋人害怕了,怀公逃奔到高梁。吕甥、冀芮帅晋国军队试图抵抗,甲午日,晋军驻扎在庐柳。秦穆公派公子絷到晋军谈判,晋军退却,驻扎在郇地。辛丑日,狐偃与秦、晋大夫在郇地会盟。壬寅日,公子重耳入主晋军。甲辰日,秦穆公回国。丙午日,重耳进入曲沃。丁未日,重耳进入绛都,在武公宗庙即君位。戊申日,派人到高梁刺杀了晋怀公。


# 寺人勃鞮求见文公

初,献公使寺人勃鞮伐公于蒲城①,文公逾垣②,勃鞮斩其袪③。及入，勃鞮求见，公辞焉，曰："骊姬之谗，尔射余于屏内④，困余于蒲城，斩余衣袪。又为惠公从余于渭滨⑤，命曰三日，若宿而至⑥。若干二命⑦，以求杀余。余于伯楚屡困⑧，何旧怨也？退而思之，异日见我。"对曰："吾以君为已知之矣，故入；犹未知之也，又将出矣⑨。事君不贰是谓臣，好恶不易是谓君⑩。君君臣臣，是谓明训⑪。明训能终，民之主也。二君之世⑫，蒲人、狄人⑬，余何有焉⑭？除君之恶，唯力所及，何贰之有？今君即位，其无蒲、狄乎⑮？伊尹放太甲而卒以为明王⑯，管仲贼桓公而卒以为侯伯⑰。乾时之役⑱，申孙之矢集于桓钩⑲，钩近于袪，而无怨言，佐相以终，克成令名⑳。今君之德宇㉑，何不宽裕也？恶其所好㉒，其能久矣？君实不能明训，而弃民主㉓。余，罪戾之人也㉔，又何患焉？且不见我，君其无悔乎！"

**【注释】**

①寺人：阉臣。勃鞮（dī）：即《晋语二》中的阉楚，字伯楚。《左传》称寺人披。

②逾垣：跳墙。

③袪（qū）：衣袖。

④屏内：屏风之后。

⑤从：跟踪。

⑥若：你。宿：一夜。

⑦干：与。二命：献公、惠公之命。

⑧余于伯楚屡困：我屡次被你伯楚所困。伯楚，勃鞮的字。

⑨出：出奔。

⑩易：反。

⑪训：教训。

⑫二君之世：在献公、惠公时期。

⑬蒲人、狄人：重耳在寺人勃鞮眼中不过一个蒲人或狄人。狄人，
　　勃鞮从重耳于渭滨时，重耳已奔狄，与狄君在渭滨打猎。

⑭何有：有什么关系。

⑮今君即位，其无蒲、狄乎：此语暗示重耳即位之后，有人蓄意
　　暗害。

⑯伊尹放太甲而卒以为明王：商王太甲无道，其相伊尹将其放逐桐
　　宫，三年后改过，伊尹复其君位，终为明君。伊尹，商朝贤相。太
　　甲，商汤之孙。

⑰管仲贼桓公：管仲曾为公子纠射中桓公的带钩。

⑱乾时之役：公元前 685 年，齐桓公抢先公子纠回国继位，鲁国为
　　公子纠伐齐，战于乾时。鲁师败绩。乾时，齐国地名，在今山东
　　临淄。

⑲申孙：箭名。桓钩：齐桓公衣带钩。

⑳令名：美名。

㉑德宇：道德之宇，指心胸、气度。

㉒恶其所好：厌恶本该喜爱的人。

㉓弃民主：抛弃为民之主的道理。

㉔罪戾之人：因犯罪而被阉割惩处的人。

**【译文】**

　　当初，献公派阉臣勃鞮到蒲城讨伐重耳，重耳跳墙逃走，勃鞮斩断
重耳衣袖。等到重耳归国，勃鞮求见重耳，重耳拒绝不见，说："骊姬谗
害我时，你躲在屏风背后射我，后来又将我围困在蒲城，斩断我的衣袖。
你又替惠公到渭水之滨跟踪我，命令你三日到达，你一夜就到了。你奉
献公、惠公二君之命，想杀死我。我屡次被你困窘，我们之间有什么旧
怨吗？你回去想一想，改日再来见我。"勃鞮回答说："我以为您已经明

白君臣的道理了，这才回国的；如果还没有明白，您还会出奔的。事奉君主没有二心，叫做臣，好恶观念不颠倒，叫做君。君要像君，臣要像臣，这是明白的古训。自始至终遵循明训，才能为民之主。在献公、惠公二君时代，您只是一个蒲人或狄人，与我有什么关系？除去君主所恶之人，只要力所能及都会去做，哪里会有什么二心？如今您即位，难道就没有在蒲、在狄的情形了么？伊尹放逐太甲，使太甲终成明君；管仲贼害桓公，最终使桓公成为诸侯霸主。乾时战役中，管仲以申孙之箭，射中齐桓公衣带钩，衣带钩比衣袖更近于身体，可是齐桓公没有怨言，管仲辅佐桓公善始善终，使桓公成就美名。现在您的心胸，为什么这样不宽大呢？厌恶本该喜爱的人，您能够统治长久吗？您实在是不明白古训，放弃了为民之主的准则。我只是一个犯罪刑余之人，还怕什么呢？况且您不见我，不会感到后悔吗？"

　　于是吕甥、冀芮畏逼①，悔纳文公，谋作乱，将以己丑焚公宫②，公出救火而遂杀之。伯楚知之，故求见公。公遽出见之③，曰："岂不如女言，然是吾恶心也④，吾请去之⑤。"伯楚以吕、郤之谋告公。公惧，乘驲自下⑥，脱会秦伯于王城⑦，告之乱故。及己丑，公宫火，二子求公不获，遂如河上，秦伯诱而杀之。

**【注释】**

①畏逼：害怕受到重耳的迫害。

②己丑：公元前 636 年 3 月 19 日。

③遽：立即。

④恶心：心怀怨恨。

⑤请去之：请求去掉恶心。

⑥乘驲(rì)自下：乘驿站的快马从小路走。自下，从小道。

⑦脱会：潜逃相会。王城：秦邑，在黄河边。

**【译文】**

此时吕甥、冀芮害怕受到重耳的迫害，后悔接纳文公，于是密谋作乱，准备在己丑日焚烧文公宫殿，等文公出来救火时将其杀死。勃鞮知道这一阴谋，因此求见文公。文公立即出来接见勃鞮，说："我难道不知道您所说的道理吗？只是我心存怨恨而不能这样做，现在我请求去掉怨恨之心。"勃鞮将吕甥、冀芮的阴谋告诉文公。文公听后感到害怕，他乘驿站快马从小路潜逃，到王城与秦穆公会见，将即将发生叛乱的事告诉秦穆公。到了己丑那天，文公宫殿果然发生火灾，吕、冀二人没有找到文公，于是赶到黄河边上，秦穆公便将二人诱杀。

# 文公遽见竖头须

文公之出也，竖头须①，守藏者也②，不从。公入，乃求见，公辞焉以沐③。谓谒者曰④："沐则心覆⑤，心覆则图反⑥，宜吾不得见也。从者为羁绁之仆⑦，居者为社稷之守⑧，何必罪居者！国君而仇匹夫⑨，惧者众矣。"谒者以告，公遽见之⑩。

**【注释】**

①竖：宫中役使小臣。头须：小臣之名。

②守藏：看守库藏。按，《左传》言其窃府库财物逃走，全部用于寻求使重耳回国为君。

③辞：推辞。沐：洗头。

④谒者：负责接待宾客的人。

⑤沐则心覆:洗头时低下头,心的位置就翻覆过来了。

⑥心覆则图反:心的位置既然翻覆,想法也就倒过来了。

⑦从者:指随从重耳流亡的人。羁绁(xiè)之仆:奔走服役的人。羁绁,牵引牲畜的绳索,马曰羁,狗曰绁。

⑧居者:留在国内的人。

⑨仇:仇敌,此处用做动词。匹夫:普通人。

⑩遽:立即。

**【译文】**

　　晋文公重耳出国流亡期间,宫中小臣头须负责看守库藏,没有随从重耳流亡。晋文公归国即位,头须前来求见,文公以洗头为由,推辞不见。头须对谒者说:"洗头时心的位置翻覆,心的位置既然翻覆,想法也就倒过来了,我见不到君主是适宜的。随从流亡的人为君主奔走服役,留在国内的人为君主看守社稷,何必罪责留在国内的人! 国君如果把普通人当做仇敌,那么害怕的人可就多了。"谒者把头须的话告诉文公,文公立即出来接见头须。


# 文公修内政纳襄王

　　元年春①,公及夫人嬴氏至自王城②。秦伯纳卫三千人③,实纪纲之仆④。公属百官⑤,赋职任功⑥,弃责薄敛⑦,施舍分寡⑧。救乏振滞⑨,匡困资无⑩。轻关易道⑪,通商宽农⑫。懋穑劝分⑬,省用足财,利器明德⑭,以厚民性⑮。举善援能⑯,官方定物⑰,正名育类⑱。昭旧族⑲,爱亲戚⑳,明贤良㉑,尊贵宠㉒,赏功劳,事耇老㉓,礼宾旅㉔,友故旧。胥、籍、狐、箕、栾、郤、柏、先、羊舌、董、韩㉕,实掌近官㉖。诸姬之良,掌其中官㉗。异姓之能,掌其远官㉘。公食贡㉙,大夫食邑,士食田，庶人食力，工商食官㉚，皂隶食职㉛，官宰食加㉜。政平民阜㉝，财用不匮。

**【注释】**

①元年：晋文公元年为公元前 636 年。

②嬴氏：秦穆公之女怀嬴，后称文嬴。

③卫：卫士。

④纪纲之仆：统领仆隶之人。《左传·僖公二十四年》："秦伯送卫于晋三千人，实纪纲之仆。"杜预注："诸门户仆隶之事，皆秦卒共之，为之纪纲。"

⑤属：召集。

⑥赋职：授职。任功：任用功臣。

⑦弃责：抛弃旧债。责，同"债"。薄敛：减轻赋税。

⑧施舍：免除徭役。分寡：救济贫困。

⑨乏：乏绝之人。振滞：任用失志之士。

⑩匡：匡扶。困：困窘之士。无：无财之人。

⑪轻关：减轻关税。易：整治。

⑫通商：促进商贸流通。宽农：放宽农业政策。

⑬懋（mào）穑：勉励稼穑。劝分：鼓励分财于人。

⑭利器：改进器具。明德：修明德行。

⑮厚：加厚。民性：民生。

⑯援能：援用有才能之人。

⑰官方定物：设立常官，以定百事。方，常。物，事。

⑱正名育类：正尊卑上下名分，培养善行。

⑲旧族：旧臣中有功之臣。

⑳亲戚：宗亲。

㉑明贤良：尊显贤良之臣。

㉒贵宠:显贵宠信之臣。

㉓耇(gǒu)老:高寿老人。

㉔宾旅:外来宾客。

㉕胥、籍、狐、箕、栾、郤、柏、先、羊舌、董、韩:这十一族为晋国旧姓。

㉖实掌近官:在朝廷中担任官职。

㉗诸姬之良,掌其中官:与公室同姓的姬姓贤良,在内宫中担任官职。

㉘异姓之能,掌其远官:与公室异姓的贤能,在县鄙担任官职。

㉙贡:贡赋。

㉚工:百工。商:官商。食官:领取官俸。

㉛皂隶:士以下的两个等级。食职:各以其职大小食禄。

㉜官宰:家臣。食加:食加田。加田在赏田之外。

㉝阜:安。

## 【译文】

晋文公元年春,文公与夫人嬴氏从王城回到绛都。秦穆公送了三千名卫士给文公,这些人都是统领仆隶的臣仆。文公召集百官,授予官职,任用功臣,抛弃旧债,减轻赋税,免除徭役,救济孤寡。救助乏绝,任用失意,匡扶困窘,资助贫苦。减轻关税,整治道路,促进商贸流通,放宽农业政策。勉励稼穑,鼓励分财,节省开支,补足财政,改进器具,修明德行,用来增进民生。举善授能,设立常官,以定百事,辨正名分,培养善行。彰显旧臣中有功之臣,亲爱宗亲,尊显贤良之臣,尊重显贵宠信之臣,赏赐有功之人,事奉高寿老人,礼遇外来宾客,友爱故交旧友。胥、籍、狐、箕、栾、郤、柏、先、羊舌、董、韩,这十一族晋国旧姓,在朝廷中担任官职。与公室同姓的姬姓贤良,在内宫中担任官职。与公室异姓的贤能,在县鄙担任官职。公食用贡赋,大夫食采邑,士食禄田,庶人食力,百工官贾食用官禄,皂隶各以其职大小食禄,家臣食加田。政治公平,民生安定,财用不匮乏。

　　冬，襄王避昭叔之难①，居于郑地氾。使来告难，亦使告于秦。子犯曰："民亲而未知义也②，君盍纳王以教之义③。若不纳，秦将纳之，则失周矣，何以求诸侯？不能修身而又不能宗人④，人将焉依？继文之业⑤，定武之功⑥，启土安疆，于此乎在矣！君其务之。"公说，乃行赂于草中之戎与丽土之狄⑦，以启东道。

**【注释】**

①襄王避昭叔之难：王子带与襄王之后狄隗私通，周襄王废狄后，狄人奉王子带伐周，周襄王逃奔到郑国。襄王，周襄王，名郑。昭叔，襄王之弟王子带，封为甘昭公，故称昭叔。

②民亲：民众亲近君主。

③教之义：教民尊上之义。

④宗人：尊周天子。

⑤文：晋文侯，曾护送周平王东迁。

⑥武：晋武公。晋武公本为晋侯小宗居曲沃，后屡伐晋侯，灭之，尽以宝器赂周僖王，周僖王命之为晋侯。

⑦草中之戎与丽土之狄：晋国东部两个戎狄国家。

**【译文】**

　　晋文公元年冬，周襄王为逃避昭叔王子带之难，出居于郑国氾地。襄王派使者到晋国告知祸难，也派使者到秦国告知祸难。子犯说："现在晋国民众知道亲近君主，但不知君臣大义，君主您何不护送周王回国，以此教育民众懂得尊上之义。如果您不护送，那么秦国会出兵护送，这样就失去周天子的支持，我们拿什么求得诸侯的拥护呢？自己不能修身，又不能尊周天子，别人如何依附我们？继承晋文侯的事业，确立晋武公的功勋,开启国土,安定疆界,在此一举! 君主您努力做好这件事吧。"晋文公很高兴,他用财物买通草中之戎与丽土之狄,开辟了东进的道路。

# 文公出阳人

二年春①,公以二军下②,次于阳樊③。右师取昭叔于温④,杀之于隰城⑤。左师迎王于郑。王入于成周⑥,遂定之于郏⑦。王飨醴⑧,命公胙侑⑨。公请隧⑩,弗许。曰:"王章也⑪,不可以二王,无若政何⑫。"赐公南阳阳樊、温、原、州、陉、𫄧、组、攒茅之田⑬。阳人不服⑭,公围之,将残其民⑮,仓葛呼曰⑯:"君补王阙,以顺礼也⑰。阳人未狎君德⑱,而未敢承命⑲。君将残之,无乃非礼乎! 阳人有夏、商之嗣典⑳,有周室之师旅㉑,樊仲之官守焉㉒,其非官守㉓,则皆王之父兄甥舅也。君定王室而残其姻族㉔,民将焉放㉕? 敢私布于吏㉖,唯君图之!"公曰:"是君子之言也。"乃出阳人㉗。

## 【注释】

①二年:晋文公二年为公元前635年。

②以:率领。二军:左军、右军。下:东征。

③次:驻扎。阳樊:周邑,又称阳、樊,在今河南济源。

④昭叔:王子带。温:周邑。在今河南温县。

⑤隰城:周邑。在今河南武涉。

⑥成周:东周的东都。

⑦郏:东周王城。

⑧飨醴：用甜酒款待晋文公。

⑨命：加命服。胙：赐祭肉。侑：赠送束帛。

⑩隧：天子葬礼。

⑪章：标志性礼仪。

⑫无若政何：无法对下施政。按，以上可参《周语中》"富辰谏襄王以狄伐郑及以狄女为后"及"襄王拒晋文公请隧"等章。

⑬阳樊、温、原、州、陉、绨、组、攒茅之田：此八邑在东周南阳。原，在今河南济源西北。

⑭阳人：即阳樊人。

⑮残：残杀。

⑯仓葛：阳樊长官。

⑰君补王阙，以顺礼也：晋君补周王失位之阙，以顺为臣之礼。

⑱狃：习。

⑲承命：遵命。

⑳有夏、商之嗣典：韦昭注："言有夏商之后嗣及其遗法。"

㉑师旅：官守。

㉒樊仲：周宣王大臣仲山甫，食采邑于阳樊。

㉓官守：臣下，官吏。

㉔姻族：有姻亲关系的各家族或其成员。

㉕放：依。

㉖私布于吏：私下向军吏陈述。

㉗出：让不服者迁出阳樊城。按，以上可参《周语中》"阳人不服晋侯章"。

## 【译文】

晋文公二年春，文公率左、右二军东征，驻扎在阳樊。右军在温地活捉了昭叔，将其杀死在隰城。左军从郑国迎接周襄王。襄王进入成周，在郏城恢复了天子职位。襄王用甜酒宴请晋文公，加文公命服，赐予祭肉,赠送束帛。文公请求襄王赐给天子葬礼——隧礼,襄王不允许。说:"隧礼是天子标志性礼仪,天下不可以有二王,否则就无法施政了。"襄王将南阳一带的阳樊、温、原、州、陉、絺、组、攒茅之田赏赐给文公。阳樊人不服从文公,文公率兵包围了阳樊城,准备杀掉阳樊居民,阳樊人仓葛大叫道:"晋君补周王失位之阙,以顺为臣之礼。阳樊人尚未习惯晋君之德,因而未敢遵命。晋君要杀阳樊人,这恐怕不合礼吧!阳樊人有夏、商的后嗣遗法,有周王室的官守,仲山甫的后人镇守阳樊,除了官员之外,其余的人都是周王室的父兄甥舅。晋君安定周王室却残杀周王的姻族,民众将依于何处?我大胆地向军吏私下陈情,请晋君仔细考虑吧!"文公说:"这是位君子。"于是下令让不服从者迁出阳樊城。

# 文公伐原

文公伐原①,令以三日之粮②。三日而原不降,公令疏军而去之③。谍出曰④:"原不过一二日矣!"军吏以告,公曰:"得原而失信,何以使人?夫信,民之所庇也⑤,不可失。"乃去之,及孟门⑥,而原请降。

【注释】

①文公伐原:晋文公护送周襄王复位,襄王将温、原等地赏赐给晋文公,原人不服,因而文公伐原。原,古邑名,在今河南济源。

②以:携带。

③疏军:撤军。去:离开。

④谍:间谍。

⑤庇:庇荫,依赖。

⑥孟门：地名，在今河南济源。

**【译文】**

晋文公讨伐原邑，命令军士携带三日粮食。三日过去了，原邑仍不投降，晋文公下令撤军离开原邑。混在原邑的间谍出来说："原邑不过一两天就要投降了。"军官将这一情报汇报晋文公，晋文公说："得到原邑而失去信用，拿什么去指挥众人？信用，是民众所依靠的，不可失去。"于是晋文公率军撤离原邑，走到孟门，原邑就请求投降。

# 文公救宋败楚于城濮

文公立四年①，楚成王伐宋②，公率齐、秦伐曹、卫以救宋③。宋人使门尹班告急于晋④，公告大夫曰："宋人告急，舍之则宋绝⑤。告楚则不许我⑥。我欲击楚，齐、秦不欲，其若之何？"先轸曰⑦："不若使齐、秦主楚怨⑧。"公曰："可乎？"先轸曰："使宋舍我而赂齐、秦，藉之告楚⑨。我分曹、卫之地以赐宋人。楚爱曹、卫，必不许齐、秦。齐、秦不得其请，必属怨焉⑩，然后用之⑪，蔑不欲矣⑫。"公说，是故以曹田、卫田赐宋人。

**【注释】**

①文公立四年：公元前633年。

②楚成王伐宋：《左传·僖公二十六年》载："宋以其善于晋侯也，叛楚即晋。冬，楚令尹子玉、司马子西帅师伐宋，围缗。"

③公率齐、秦伐曹、卫以救宋：曹、卫是楚国同盟国，晋文公伐曹、卫以救宋，是采用迂回战术，避免与楚国正面交锋。

④门尹班：宋国大夫。《左传》作"门尹般"。门尹，相当于楚之大
　阍，为宋重臣。

⑤舍之：放弃宋国不救。

⑥告楚：请楚国退兵。

⑦先轸：晋国中军帅，上卿。食邑于原，又称原轸。

⑧主楚怨：成为怨楚的主要国家。

⑨使宋舍我而赂齐、秦，藉之告楚：让宋国不向晋国求救，而去用财
　物贿赂齐、秦两国，让齐、秦两国求楚退兵。

⑩属：结。

⑪用：用齐、秦。

⑫蔑不欲：无不从心所欲。

**【译文】**

　　晋文公即位四年，楚成王讨伐宋国，晋文公率领齐、秦之兵讨伐曹、
卫两国，以此解救宋围。宋人派门尹班向晋国告急，文公对大夫们说：
"宋人向我告急，如果放弃不救，那么宋国就会与我国断交。如果请楚
国退兵，那么楚国又不会同意。我想攻击楚国，但齐、秦两国又不会同
意，怎么办？"先轸说："不如让齐、秦成为怨楚的主要国家。"文公问："可
以吗？"先轸说："让宋国不向晋国求救，而去用财物贿赂齐、秦两国，让
齐、秦两国求楚退兵。我们将曹、卫土地赐给宋人。楚国爱曹、卫，必定
不会同意齐、秦两国退兵的请求。齐、秦达不到要求，必定会与楚国结
怨，然后我们再用齐、秦之兵讨伐楚国，这样就会如愿以偿了。"晋文公
听了很高兴，因此将曹、卫土地赐给宋人。


　　令尹子玉使宛春来告曰①："请复卫侯而封曹，臣亦释宋
之围。"舅犯愠曰②："子玉无礼哉！君取一③，臣取二④，必击
之。"先轸曰："子与之⑤。我不许曹、卫之请，是不许释宋也。
宋众无乃强乎⑥！是楚一言而有三施⑦，子一言而有三怨。

怨已多矣，难以击人。不若私许复曹、卫以携之⑧，执宛春以怒楚，既战而后图之⑨。"公说，是故拘宛春于卫。

**【注释】**

①宛春：楚国大夫。

②舅犯：狐偃。愠：怒。

③君取一：晋文公只向楚国提出一项退兵要求。

④臣取二：子玉身为人臣，却向晋文公提出"复卫侯"和"封曹"两项要求。

⑤与：允许，答应。

⑥强：王念孙说，"强"读为"僵"。僵，毙。

⑦三：指曹、卫、宋。

⑧携：离间。

⑨既战而后图之：等到分出战斗胜负之后，再考虑对曹、卫等国的政策。

**【译文】**

楚国令尹子玉派大夫宛春到晋国，告诉晋文公说："请您恢复卫侯的君位和曹国的封疆，我也会撤去宋国之围。"子犯愤怒地说："子玉无礼呀！晋君只提一个要求，楚臣却提两个要求，一定要攻击他们。"先轸说："您还是答应楚国要求吧。如果我们不答应曹、卫的要求，就等于不让楚国撤去对宋国的包围。宋国民众恐怕要被围死吧！这样，楚国一句话就对曹、卫、宋三国有恩惠，您一句话就与三国结下怨仇。晋国怨仇多了，就难以攻击别人。不如私下允许曹、卫要求来离间他们与楚国的关系，再拘留宛春以激怒楚国，战后再考虑对曹、卫等国的政策。"晋文公听后很高兴，因此将楚国使者拘留在卫国。

子玉释宋围，从晋师①。楚既陈，晋师退舍②，军吏请曰：

"以君避臣③,辱也。且楚师老矣④,必败。何故退?"子犯曰:"二三子忘在楚乎⑤? 偃也闻之:战斗,直为壮,曲为老。未报楚惠而抗宋⑥,我曲楚直,其众莫不生气,不可谓老。若我以君避臣,而不去,彼亦曲矣。"退三舍避楚。楚众欲止,子玉不肯,至于城濮⑦,果战,楚众大败。君子曰:"善以德劝。"

【注释】

①从:追逐。

②退舍:退避三十里,以兑现当初重耳承诺。

③以君避臣:指晋文公躲避楚臣子玉。

④老:疲惫。

⑤二三子忘在楚乎:当年公子重耳得到楚成王款待,重耳承诺以退避三舍报答楚成王。

⑥抗:救。

⑦城濮:卫国地名,在今山东鄄城临濮集。

【译文】

子玉撤去对宋国的包围,转而追逐晋军。楚军已经列好阵势,晋军退避三十里,晋军军官请求说:"君主逃避人臣,这是耻辱。况且楚军疲惫,一定会战败。为什么要退兵呢?"子犯说:"诸位难道忘记君主在楚国的承诺吗? 我听说,两军作战,理直为壮,理曲为疲。我们尚未报答楚国恩惠就出兵救宋,这是我们理曲而楚国理直,楚国将士无不为此气愤,不能说楚军已经疲惫。如果我们以君躲避人臣,他们还不肯撤退,那么他们就理曲了。"晋军退避九十里以躲避楚军。楚国将士想停止进攻,但子玉不肯,到达城濮,两军终于展开大战,楚军大败。君子说:"子犯、先轸善于用道德进行规劝。"

# 郑叔詹据鼎耳而疾号

文公诛观状以伐郑①，反其啤②。郑人以名宝行成③，公弗许，曰："予我詹而师还④。"詹请往，郑伯弗许⑤，詹固请曰："一臣可以赦百姓而定社稷，君何爱于臣也？"郑人以詹予晋，晋人将烹之⑥。詹曰："臣愿获尽辞而死⑦，固所愿也。"公听其辞。詹曰："天降郑祸，使淫观状⑧，弃礼违亲。臣曰：'不可。夫晋公子贤明，其左右皆卿才，若复其国，而得志于诸侯，祸无赦矣。'今祸及矣。尊明胜患⑨，智也。杀身赎国，忠也。"乃就烹，据鼎耳而疾号曰："自今以往，知忠以事君者，与詹同。"乃命弗杀，厚为之礼而归之。郑人以詹伯为将军⑩。

## 【注释】

①诛观状以伐郑：重耳流亡期间，曹共公曾偷窥重耳胼肋。晋文公诛曹观状之罪，还师伐郑。

②反：摧毁。啤（pí）：城上女垣。

③名宝：重宝。行成：求和。

④詹：郑国大夫叔詹，三良之一。重耳过郑时，叔詹请郑文公以礼相待，郑文公不听，叔詹又劝郑文公杀死重耳。

⑤郑伯：郑文公。

⑥烹：煮。

⑦尽辞：把话说完。

⑧淫观状：仿效曹国无礼。淫，韦昭注："淫，放也。"放，仿效。

⑨尊明：尊重贤明。胜患：遏止祸患。

⑩詹伯："伯"字为衍文。

## 【译文】

晋文公征讨曾在流亡期间偷窥自己身体的曹国，然后挥师伐郑，摧毁了郑国城墙上的女墙。郑国人用重宝求和，晋文公不许，说："将叔詹交给我，晋国就撤兵。"叔詹请求前往晋军，郑文公不同意，叔詹坚决地请求说："交出我一人，就可以赦免百姓，安定国家，您对我还有什么可吝惜的呢？"郑国人将叔詹交给晋国，晋人准备将叔詹施以烹煮酷刑。叔詹说："我希望让我把话说完而死，这是我的愿望。"晋文公听了他的话。叔詹说："上天降祸于郑国，让郑君仿效曹国无礼，丢弃了礼仪，违背了同姓亲情。我当时说：'不可以。晋公子贤能明哲，他的左右都是卿相之才，如果得以归国，称霸于诸侯，那么郑国的大祸就是不可赦免的了。'如今大祸临头。尊重贤明，制止祸患，叫做智。以杀身来赦免国家，叫做忠。"说完便走近刑鼎，抓住鼎耳大叫道："从今以后，人们知道以忠诚事君的人，下场与叔詹相同。"晋文公于是下令不杀叔詹，以重礼相待，然后送他回国。郑君任命叔詹为将军。

# 箕郑对文公问

晋饥，公问于箕郑曰①："救饥何以？"对曰："信。"公曰："安信？"对曰："信于君心，信于名，信于令，信于事。"公曰："然则若何？"对曰："信于君心，则美恶不逾②；信于名③，则上下不干④；信于令，则时无废功⑤；信于事，则民从事有业⑥。于是乎民知君心，贫而不惧，藏出如入⑦，何匮之有？"公使为箕⑧。及清原之蒐⑨，使佐新上军。

## 【注释】

①箕郑：晋国大夫。

②逾：超越。

③名：百官尊卑之号。

④干：犯。

⑤时无废功：民事各得其时。功，事。

⑥业：次序。

⑦藏出如入：出其所藏，以相振救，如入于家。

⑧为：治理。箕：晋邑，在今山西蒲县东北。

⑨清原之蒐（sōu）：事在公元前629年，晋为御狄在清原举行大阅兵，将三年前所作"三行"步兵改为上、下新军车兵。清原，晋国地名，在今山西稷山东南。蒐，阅兵。

【译文】

　　晋国发生饥荒，文公问大夫箕郑说："拿什么来救饥荒？"箕郑回答说："诚信。"文公问："如何讲诚信？"箕郑说："诚信体现在国君心中，体现在上下名分之上，体现在政令之中，体现在事功之上。"文公又问："这样做会怎么样？"箕郑回答说："诚信体现在国君心中，君主的美恶奖惩就不会逾越；诚信体现在名分之上，上下之间就不会侵犯；诚信体现在政令之中，民事就会各得其时；诚信体现在事功之上，民众从事生产就会井然有序。这样，民众就会知道国君有诚信之心，即使是贫困也不会害怕，他们就会拿出家中所收藏的粮食互相赈济，如同收粮入家一样。如此还有什么匮乏的呢？"文公派箕郑治理箕邑。后来文公在清原举行阅兵典礼，又派箕郑担任新上军的副帅。

# 文公任贤与赵衰举贤

　　文公问元帅于赵衰①，对曰："郤縠可②，行年五十矣，守学弥惇③。夫先王之法志④，德义之府也⑤。夫德义，生民之本也。能惇笃者，不忘百姓也。请使郤縠。"公从之。公使赵衰为卿，辞曰："栾枝贞慎[6]，先轸有谋，胥臣多闻[7]，皆可以为辅佐，臣弗若也。"乃使栾枝将下军，先轸佐之。取五鹿，先轸之谋也[8]。郤縠卒，使先轸代之[9]，胥臣佐下军。公使原季为卿[10]，辞曰："夫三德者[11]，偃之出也。以德纪民，其章大矣，不可废也。"使狐偃为卿，辞曰："毛之智[12]，贤于臣，其齿又长。毛也不在位，不敢闻命。"乃使狐毛将上军，狐偃佐之。狐毛卒，使赵衰代之，辞曰："城濮之役，先且居之佐军也善[13]，军伐有赏[14]，善君有赏[15]，能其官有赏[16]。且居有三赏，不可废也。且臣之伦[17]，箕郑、胥婴、先都在[18]。"乃使先且居将上军。公曰："赵衰三让。其所让，皆社稷之卫也。废让，是废德也。"以赵衰之故，蒐于清原，作五军[19]。使赵衰将新上军，箕郑佐之；胥婴将新下军，先都佐之。子犯卒，蒲城伯请佐[20]，公曰："夫赵衰三让不失义。让，推贤也。义，广德也。德广贤至，又何患矣。请令衰也从子。"乃使赵衰佐新上军[21]。

**【注释】**

①文公问元帅于赵衰：此事在城濮之战前，公元前630年，楚围宋，晋为救宋而蒐于被庐时。元帅，中军元帅，晋国上卿。

②郤縠(hú)：晋国大夫。

③弥惇：更加厚重。

④法志：法典。

⑤府：库藏。

⑥栾枝：晋国大夫，又称栾贞子。贞：正。慎：审慎。

⑦胥臣：晋国大夫，即司空季子、白季。

⑧取五鹿，先轸之谋也：事在公元前 632 年，鲁僖公二十八年。《左传·僖公二十八年》："二十八年春，晋侯将伐曹，假道于卫，卫人弗许。还，自南河济。侵曹伐卫。正月戊申，取五鹿。"

⑨郤縠卒，使先轸代之：正月取五鹿，二月郤縠卒。

⑩原季：即赵衰。

⑪三德：勤王示义，伐原示信，大蒐示礼。

⑫毛：狐毛，狐偃之兄。

⑬先且居：先轸之子蒲城伯。

⑭伐：功劳。

⑮善君：善事君者。

⑯能其官：能胜任其官。

⑰伦：同辈。

⑱箕郑、胥婴、先都：三人都是晋国大夫。

⑲作五军：晋国原有上、中、下三军，后增新上军、新下军，共五军。

⑳蒲城伯：先且居。

㉑新：为衍文。赵衰原为新上军之将，此次升为上军之佐。

## 【译文】

晋文公询问赵衰，谁当中军元帅合适，赵衰回答说："郤縠可以当中军元帅，他将近五十岁了，但学习的志向更加笃厚。先王的法典，是道德义理的宝库。道德义理，是教育民众的根本。能够做到道德敦厚，他是不会忘记百姓的。请您委任郤縠。"文公听从了他的建议。文公想委任赵衰为卿，赵衰推辞说："栾枝公正审慎，先轸足智多谋，胥臣博学多闻，他们都可以作为辅佐大臣，我不如他们。"文公于是委任栾枝为下军之将，先轸为下军副将。夺取卫国五鹿，就是出于先轸的智谋。郤縠去世后，文公让先轸代替他为中军统帅，让胥臣为下军副将。文公又想任命赵衰为卿，赵衰推辞说："勤王示义、伐原示信、大蒐示礼这三项德行，是狐偃出的主张。以道德来作为民众的纪纲,这是大的章法,不可废弃。"于是文公委任狐偃为卿,狐偃推辞说:"狐毛的智慧,比我要大,他的年纪也比我大。狐毛不在卿位,我不敢听命。"文公于是让狐毛为上军之将,让狐偃为上军副将。狐毛去世后,文公派赵衰代替狐毛将上军,赵衰推辞说:"城濮之战,先且居身为副将表现出色。在军立功有赏,善于事君有赏,能胜任其官有赏。先且居应该有三赏,这是不可废弃的。况且我的同辈,如箕郑、胥婴、先都尚未提升。"文公于是派先且居为上军之将。文公说:"赵衰三次让贤。他所让的,都是国家的捍卫之才。如果废弃了礼让,那就是废弃了道德。"因为赵衰的缘故,文公刻意在清原举行阅兵大典,设立五军。委任赵衰为新上军之将,箕郑为新上军副将;胥婴为新下军之将,先都为新下军副将。子犯去世后,蒲城伯先且居请求文公任命副将,文公说:"赵衰三次让贤,不失大义。让贤,是为了推举贤才。大义,是为了增广德行。道德增广,贤才毕至,还怕什么呢?请让赵衰做您的辅佐。"于是委任赵衰为上军副将。

# 文公学读书于臼季

文公学读书于臼季①,三日,曰:"吾不能行也咫②,闻则多矣。"对曰:"然而多闻以待能者③,不犹愈也④?"

【注释】

①臼季:胥臣。

②咫:咫尺之间。

③以待能者:以等待贤能者行之。

④愈:胜过。

【译文】

晋文公跟白季学习读书,读了三日,文公说:"我不能立即施行所学的知识,但见闻倒是增多了。"白季回答说:"您多有见闻,以等待贤能之士施行,这不是胜过没有见闻吗?"

# 郭偃论治国之难易

文公问于郭偃曰①:"始也,吾以治国为易,今也难。"对曰:"君以为易,其难也将至矣。君以为难,其易也将至焉。"

【注释】

①郭偃:卜偃。

【译文】

文公问郭偃说:"开始,我认为治国容易,如今感到困难。"郭偃回答说:"君主您认为治国容易,那么困难将会到了。君主您认为治国困难,那么容易将会到了。"

# 胥臣论教诲之力

文公问于胥臣曰:"吾欲使阳处父傅谨也而教诲之①,其能善之乎?"对曰:"是在谨也。蘧蒢不可使俯②,戚施不可使仰③,僬侥不可使举④,侏儒不可使援⑤,矇瞍不可使视⑥,嚚瘖不可使言⑦,聋聩不可使听⑧,童昏不可使谋⑨。质将善而贤良赞之⑩,则济可竢。若有违质⑪,教将不入,其何善之为!臣闻昔者大任娠文王不变⑫,少溲于豕牢⑬,而得文王不加疾焉⑭。文王在母不忧⑮,在傅弗勤⑯,处师弗烦⑰,事王不怒⑱,孝友二虢⑲,而惠慈二蔡⑳,刑于大姒㉑,比于诸弟㉒。《诗》云㉓:'刑于寡妻㉔,至于兄弟,以御于家邦㉕。'于是乎用四方之贤良。及其即位也,询于八虞㉖,而谘于二虢,度于闳夭而谋于南宫㉗,诹于蔡、原而访于辛、尹㉘,重之以周、邵、毕、荣㉙,亿宁百神㉚,而柔和万民㉛。故《诗》云㉜:'惠于宗公㉝,神罔时恫㉞。'若是,则文王非专教诲之力也。"公曰:"然则教无益乎?"对曰:"胡为文㉟,益其质㊱。故人生而学,非学不入。"公曰:"奈夫八疾何!"对曰:"官师之所材也㊲,戚施直镈㊳,蘧篨蒙璆㊴,侏儒扶卢㊵,矇瞍修声㊶,聋聩司火㊷。童昏、嚚瘖、僬侥,官师之所不材也,以实裔土㊸。夫教者,因体能质而利之者也㊹。若川然有原㊺,以卬浦而后大㊻。"

**【注释】**

①阳处父:晋国大夫。傅:教育。谨:晋文公之子,后继位为晋君,谥"襄"。

②蘧蒢(qú chú):身有残疾不能俯身向下。

③戚施:驼背。

④僬侥(jiāo yáo):身长三尺的矮人。举:举重。

⑤侏儒:矮人。援:攀援。

⑥矇瞍:盲人,有眼珠而看不见的盲人叫做矇,无眼珠的盲人叫做瞍。

⑦嚚瘖(yín yīn):失音不能说话的人。

⑧聋聩(kuì):耳聋的人。

⑨童昏:愚昧无知的人。

⑩质:资质,禀赋。赞:辅助。

⑪违质:邪恶资质。

⑫大任:太任,周文王之母。娠(shēn):怀孕。不变:举止端庄安静。

⑬少溲(sōu):小便。豕牢:厕所。

⑭疾:病痛。

⑮在母不忧:在母腹时不让母亲担忧。

⑯勤:劳心。

⑰处师弗烦:受师长训导时不让师长烦神。

⑱事王不怒:事奉父王时不让父王发怒。

⑲孝友:友,对兄弟友善。此处"孝友"为偏义词,重点在"友"。二
　虢:虢仲、虢叔,为文王之弟。

⑳惠慈:仁惠慈爱。二蔡:管叔、蔡叔,为文王之子。

㉑刑于大姒(sì):文王给自己的妃子太姒做出榜样。刑,通"型",指
　做出楷模。大姒,太姒,文王之妃。

㉒比:亲近。诸弟:同宗之弟。

㉓《诗》:此指《诗经·大雅·思齐》。

㉔寡妻:国君正妻。

㉕御:治理。

㉖八虞:周朝八位贤士:伯达、伯括、仲突、仲忽、叔夜、叔夏、季随、
　季骗。

㉗度:咨询。闳夭、南宫:周文王谋臣。南宫,南宫适(kuò)。

㉘诹(zōu):询问。蔡:蔡公。原:原公。辛:辛甲。尹:尹佚。辛甲、
　尹佚皆为周太史。

㉙周:周公。邵:邵康公。毕:毕公。荣:荣公。

㉚亿宁:安宁。

㉛柔和:安抚使之和谐。

㉜《诗》:此指《诗经·大雅·思齐》。

㉝惠:孝顺。宗公:先公。

㉞ 闷:无。恫:怨痛。

㉟ 胡为文:为何致力于文采。

㊱ 益其质:增益其禀赋资质。

㊲ 官师:古代学在王官,教师皆为官员。材:通"裁"。安排,使用。

㊳ 直:同"值",担任。镈(bó):钟。

㊴ 蒙:戴。璆(qiú):玉磬。

㊵ 扶卢:古代一种杂技,攀爬矛戟之杆。

㊶ 修声:辨识乐音。

㊷ 司火:掌管烧火。

㊸ 以实裔土:将他们迁到边疆。

㊹ 因体能质:顺应身体才能和资质。

㊺ 川然有原:河川本有源头。

㊻ 以印浦而后大:"印"为"御"字之误。御,迎。浦,江河与支流的交会处。

**【译文】**

晋文公问胥臣说:"我想让阳处父做谨的师傅,教诲谨,阳处父能够做好吗?"胥臣回答说:"这关键在谨。蘧蒢不可让他俯身,戚施不可让他仰头,僬侥不可让他举重,侏儒不可让他攀援,盲人不可让他视物,哑巴不可让他说话,耳聋者不可让他听声,傻瓜不可让他谋划。如果天生资质优秀,再让贤良之士辅助,那么成功可以期待。如果是天生恶质,那么教诲他也听不进去,又能有什么好结果呢!我听说从前太任怀文王时举止端庄安静,在厕所小便,生下文王,没有感到痛苦。文王在母腹时不让母亲担忧,受师傅教育时不让师傅劳心,接受师长训导时不让师长烦神,事奉父王时不让父王发怒,他对兄弟虢仲、虢叔友善,对管叔、蔡叔两个儿子仁惠慈爱,亲自为王妃太姒做出典范,亲近同宗兄弟。《诗经·大雅·思齐》说:'文王先给正妻做出榜样,然后推及兄弟,以此来治理国家。'于是任用四方贤良。等到文王即位,遇事向八虞咨询,向二虢求教，与闳夭和南宫适商量，听取蔡公、原公、辛甲、尹佚的意见，再加上与周公、邵公、毕公、荣公商议，从而使百神安宁，使万民得到安抚与和谐。因此《诗经·大雅·思齐》说：'文王孝顺先公，祖先神没有怨痛。'如此看来，文王的成功并非出于单一的教诲之力。"文公问："既然如此，那么教诲没有益处吗？"胥臣说："教育为何要致力于文采呢？增益他的资质就行了。因此人生来需要学习，没有学习就不能进入正道。"文公问："对上面八种残疾人怎么办呢？"胥臣说："这就要看官府师傅如何安排了，戚施可以敲钟，蘧篨可以击磬，侏儒可以表演杂技，矇瞍可以辨识乐音，聋子可以烧火。至于傻瓜、哑巴、矮人，是不值得官府教师教育的，将他们迁到荒远边疆。教育，是要顺应弟子自身才能和资质而加以栽培。如同河流一样，必先有源头，再接纳支流，才能汇成大河。"

# 文公称霸

文公即位二年<sup>①</sup>，欲用其民<sup>②</sup>，子犯曰："民未知义<sup>③</sup>，盍纳天子以示之义？"乃纳襄王于周。公曰："可矣乎？"对曰："民未知信，盍伐原以示之信<sup>④</sup>？"乃伐原。曰："可矣乎？"对曰："民未知礼，盍大蒐，备师尚礼以示之<sup>⑤</sup>。"乃大蒐于被庐<sup>⑥</sup>，作三军<sup>⑦</sup>。使郤縠将中军，以为大政<sup>⑧</sup>，郤溱佐之<sup>⑨</sup>。子犯曰："可矣。"遂伐曹、卫，出谷戍<sup>⑩</sup>，释宋围，败楚师于城濮，于是乎遂伯。

**【注释】**

①文公即位二年：公元前635年。

②用其民：指用兵征伐。

③义：君臣大义。

④伐原以示之信：文公伐原，令带三日粮，粮尽而原人未降，文公命
　令撤兵，以示信用。

⑤备师尚礼：整顿军队，崇尚礼仪。

⑥被庐：晋国地名。

⑦作三军：公元前661年晋献公作二军，文公乘此机会建立三军，
　即中军、上军、下军。

⑧大政：指正卿。

⑨郤溱：晋国大夫。

⑩出谷戍：公元前634年，楚伐齐，侵占谷地，狐偃估计晋伐曹、卫，
　即可使齐、宋免于楚国的侵略，又可用以激楚。谷，齐国地名，在
　今山东东阿。

【译文】

　　晋文公在即位的第二年，就想用兵征伐。子犯说："民众还不知道君臣大义，何不护送襄王回国复位以彰示君臣大义？"于是文公率兵护送襄王回王城。文公问："现在可以用兵了吧？"子犯说："民众还不知道讲信用，何不讨伐原邑来彰示信用？"于是文公率兵伐原。文公又问："现在可以用兵了吧？"子犯说："民众现在还不知道礼仪，何不举行大阅兵，整顿军队崇尚礼仪予以彰示？"于是文公在被庐举行大阅兵，组建三军。委任郤縠为中军元帅，作为正卿，郤溱为中军之佐。子犯说："可以用兵了。"于是文公用兵讨伐曹、卫，迫使楚国从谷地撤兵，解除楚军对宋国的包围，在城濮打败楚军，于是称霸诸侯。

# 晋语五

## 【题解】

本篇收录从晋文公晚年到晋成公期间十四条言论材料。

晋文公开创霸业之后，晋襄公、晋灵公、晋成公都缺乏晋文公那种雄才大略，其中晋灵公还以暴虐著称，因此晋国名臣言论便成为本篇论载的重点。"臼季举冀缺章"载臼季看到冀缺夫妇相敬如宾而向晋文公举荐，"甯嬴氏论貌与言章"载甯嬴氏论阳处父言貌不符而断定阳子必及于难。晋灵公时期的三条材料都与赵盾有关："赵宣子论比与党章"载赵盾论举荐韩厥为"比而不党"，"赵宣子请师伐宋章"载赵盾论声讨弑君之罪应该"伐备钟鼓"，"灵公使钼麑杀赵宣子章"载武士钼麑痛感自己处于不忠不信两难境地而自杀。晋成公时期言论材料多围绕靡笄战役而展开。"范武子退朝告老章"载范武子决定让位以便郤克复仇，"范武子杖文子章"载范武子杖诫范文子要谦虚谨慎，"郤献子分谤章"载郤克与韩厥分谤，"张侯御郤献子章"载张侯在靡笄战役中勉励郤克不可言伤病，"师胜而范文子后入章"载范文子在班师之际不抢主帅风头，"郤献子等各推功于上章"载郤克、范文子、栾书各将战功归于上，"苗棼皇谓郤献子为不知礼章"载苗贲皇讥刺郤克以俘虏之礼接待齐顷公，"车者论梁山崩章"载赶车人论如何处理梁山崩坍事件，"伯宗妻谓民不戴其上难必及章"载伯宗之妻预见伯宗必及于难。

# 臼季举冀缺

臼季使<sup>①</sup>，舍于冀野<sup>②</sup>。冀缺薅<sup>③</sup>，其妻馌之<sup>④</sup>，敬，相待如宾。从而问之，冀芮之子也，与之归。既复命，而进之曰："臣得贤人，敢以告。"文公曰："其父有罪<sup>⑤</sup>，可乎?"对曰："国之良也，灭其前恶<sup>⑥</sup>，是故舜之刑也殛鲧<sup>⑦</sup>，其举也兴禹。今君之所闻也。齐桓公亲举管敬子<sup>⑧</sup>，其贼也。"公曰："子何以知其贤也?"对曰："臣见其不忘敬也。夫敬，德之恪也<sup>⑨</sup>。恪于德以临事，其何不济!"公见之，使为下军大夫。

**【注释】**

①臼季:胥臣。

②舍:止。冀:晋国邑名。野:郊外曰野。

③冀缺:冀芮之子。薅(hāo):锄草。

④馌(yè):给田间送饭。

⑤其父有罪:冀芮是晋惠公的主要谋臣，晋文公回国之初曾想杀文公，被秦人诱杀。

⑥灭:除。

⑦殛(jí):诛杀。

⑧管敬子:"敬"是管仲的谥号。

⑨恪:恭敬，谨慎。

**【译文】**

臼季出使期间，在冀邑郊野止宿。冀缺锄草，他的妻子给他送饭，彼此态度恭敬，相待如宾。于是臼季上前询问，原来他是冀芮之子，臼季让冀缺与自己一起回到绛都。在回复君命之后，臼季便上前说："我得到一个贤才，大胆地向您汇报。"文公问："他的父亲有罪，可以用他

# 臼季举冀缺

臼季使[1]，舍于冀野[2]。冀缺薅[3]，其妻馌之[4]，敬，相待如宾。从而问之，冀芮之子也，与之归。既复命，而进之曰："臣得贤人，敢以告。"文公曰："其父有罪[5]，可乎?"对曰："国之良也，灭其前恶[6]，是故舜之刑也殛鲧[7]，其举也兴禹。今君之所闻也。齐桓公亲举管敬子[8]，其贼也。"公曰："子何以知其贤也?"对曰："臣见其不忘敬也。夫敬，德之恪也[9]。恪于德以临事，其何不济!"公见之，使为下军大夫。

**【注释】**

[1]臼季:胥臣。

[2]舍:止。冀:晋国邑名。野:郊外曰野。

[3]冀缺:冀芮之子。薅(hāo):锄草。

[4]馌(yè):给田间送饭。

[5]其父有罪:冀芮是晋惠公的主要谋臣，晋文公回国之初曾想杀文公，被秦人诱杀。

[6]灭:除。

[7]殛(jí):诛杀。

[8]管敬子:"敬"是管仲的谥号。

[9]恪:恭敬，谨慎。

**【译文】**

臼季出使期间，在冀邑郊野止宿。冀缺锄草，他的妻子给他送饭，彼此态度恭敬，相待如宾。于是臼季上前询问，原来他是冀芮之子，臼季让冀缺与自己一起回到绛都。在回复君命之后，臼季便上前说："我得到一个贤才，大胆地向您汇报。"文公问："他的父亲有罪，可以用他

吗?"臼季说:"对于国家的优秀人才,应该不计前嫌。从前帝舜施行刑罚时诛杀了鲧,但在举荐人才又起用了禹,这是您听说过的。齐桓公亲自举用管仲,而管仲曾是他的仇敌。"文公问:"您怎么知道他是贤才呢?"臼季回答说:"我看见他不忘恭敬。恭敬,是德行谨慎的体现。用谨慎的德行处理事务,什么事做不成呢?"文公于是接见冀缺,委任他担任下军的大夫。

# 甯嬴氏论貌与言

阳处父如卫,反,过甯①,舍于逆旅甯嬴氏②。嬴谓其妻曰:"吾求君子久矣,今乃得之。"举而从之③,阳子道与之语,及山而还④。其妻曰:"子得所求而不从之,何其怀也⑤!"曰:"吾见其貌而欲之,闻其言而恶之。夫貌,情之华也⑥;言,貌之机也⑦。身为情,成于中⑧。言,身之文也。言文而发之,合而后行⑨,离则有衅⑩。今阳子之貌济⑪,其言匮,非其实也。若中不济,而外强之⑫,其卒将复⑬,中以外易矣⑭。若内外类⑮,而言反之,渎其信也⑯。夫言以昭信⑰,奉之如机⑱,历时而发之⑲,胡可渎也!今阳子之情谓矣⑳,以济盖也㉑,且刚而主能㉒,不本而犯㉓,怨之所聚也。吾惧未获其利而及其难,是故去之。"期年㉔,乃有贾季之难㉕,阳子死之。

【注释】

①甯:晋国邑名。在今河南获嘉西北。

②逆旅:客舍。

③举:起。

④山：温山。

⑤怀：思，恋家。

⑥华：华采。

⑦机：枢机。

⑧身为情，成于中：情生于身体之中。

⑨合而后行：情、言、貌三者合而后行之。

⑩衅：瑕疵。

⑪济：成。俞樾释"济"为"齐"，意为端庄恭敬。

⑫中不济，而外强之：内情不足，外貌强而为之。

⑬其卒将复：最终与内情相反。复，反。

⑭中：内。以：与。易：异。

⑮类：善。

⑯渎其信：亵渎了诚信。渎，轻。

⑰昭信：昭示诚信。

⑱奉之如机：如枢机之相应。

⑲历时：相时。

⑳谲(huì)：辩察。

㉑以济盖：成其容貌，以盖其短。

㉒刚而主能：性格刚直，过高估计自己才能。

㉓不本而犯：行为不以仁义为本，爱好冒犯别人。

㉔期年：一年。

㉕贾季之难：公元前621年，晋蒐于夷，贾季将中军，赵盾佐之。阳
　处父党赵氏，且认为赵衰之子赵盾贤能，让赵盾代贾季将中军。
　贾季怨，使人刺杀阳处父。贾季，狐偃之子狐射姑，食邑于贾，字
　季佗。

【译文】

阳处父到卫国聘问，返回途中，路过宁邑，在宁嬴氏客舍住宿。宁

嬴对妻子说："我寻求君子已经很久了,如今才看到一个君子。"于是他起身随阳处父而去,阳子在路上与他边走边说,到达温山后,宵嬴便返回家。他的妻子说："你遇到了所追求的人而不跟他走,这是多么恋家啊!"宵嬴说："我看到他的容貌而想跟他走,但听他说话后又厌恶他。容貌是情感的华采,语言是容貌的枢机。情感产生于身体之中。语言是身体的文采。语言作为文采而发表出来,情感、语言、容貌三者合而后行之,三者分离就会有瑕疵。如今阳子虽然容貌庄敬,但语言匮乏,这说明他的容貌与内情并不相符。如果他内情不足,外貌强而为之,最终外貌与内情相反,这样内与外就相异了。如果内情与外貌都是好的,但语言与之相悖,这就是亵渎诚信了。语言是用来昭示诚信的,如枢机之相应,看到时机成熟才发表言谈,怎么能够亵渎呢!如今阳子之情似乎善于辨察,这是他以容貌掩盖短处,而且他的性格刚直,过高地估计自己才能,行为不以仁义为本,爱好冒犯别人,这会导致聚集怨仇。我怕跟随他没有得到好处,反而赶上灾难,因此离开了他。"一年之后,发生贾季之难,阳子死于此难。

## 赵宣子论比与党

赵宣子言韩献子于灵公①,以为司马②。河曲之役③,赵孟使人以其乘车干行④,献子执而戮之。众咸曰:"韩厥必不没矣⑤。其主朝升之⑥,而暮戮其车⑦,其谁安之!"宣子召而礼之,曰:"吾闻事君者比而不党⑧。夫周以举义⑨,比也;举以其私,党也。夫军事无犯,犯而不隐,义也。吾言女于君,惧女不能也。举而不能,党孰大焉!事君而党,吾何以从政?吾故以是观女。女勉之。苟从是行也⑩,临长晋国者⑪,非女其谁?"皆告诸大夫曰:"二三子可以贺我矣!吾举厥也而中,吾乃今知免于罪矣。"

**【注释】**

①赵宣子:赵衰之子赵盾,为晋国正卿,又称赵孟,谥"宣",又称赵宣子。韩献子:晋国大夫,姬姓,韩氏,名厥。谥"献",又称韩献子。灵公:名夷皋,晋襄公之子。

②司马:掌军大夫。

③河曲之役:公元前615年,秦因公元前620年晋军在令狐袭击了秦国护送晋公子雍回国的人而伐晋,战于河曲。河曲,晋国地名,在今山西永济南。黄河自此折向东,所以叫河曲。

④干行:侵犯部队行列。

⑤没:终。

⑥主:主人。韩厥为赵盾所荐,故赵盾为韩厥之主。

⑦车:车仆。

⑧比:因道义而亲近。党:阿私。

⑨周:忠信。

⑩是行:今之所行,指斩犯军列者。

⑪临长:领导,统帅。临,监。长,帅。

**【译文】**

赵宣子向晋灵公举荐韩献子,让他担任掌管军纪的司马。河曲之战中,赵宣子派人乘自己的战车侵犯队列,韩献子将这个违纪的人抓起来杀了。众人都说:"韩厥一定不得善终。他的主人早晨提拔他,晚上他就把主人车仆给杀了,谁能对他安心呢?"赵宣子召来韩献子,以礼相待,说:"我听说,事奉君主的人亲近道义而不朋党为私。以忠信之心揭示大义,这就是亲近道义;举动出于私心,这就是结党营私。军队之事不能犯纪,犯纪之后不能隐瞒,这就是大义。我把你推荐给君主,怕的是你缺乏才能。举贤却推荐了缺才能的人,没有比这更大的结党了。

事奉君主却结党营私，我凭什么从政？我是故意以此来观察你。你好好努力吧。只要你一直坚持这样做下去，将来统领晋国的长官，不是你又是谁呢？"赵宣子告诉诸位大夫说："你们可以祝贺我！我举荐韩厥是对的，从今以后我知道可以免罪了。"

# 赵宣子请师伐宋

宋人弑昭公①，赵宣子请师于灵公以伐宋，公曰："非晋国之急也。"对曰："大者天地，其次君臣，所以为明训也。今宋人弑其君，是反天地而逆民则也②，天必诛焉。晋为盟主，而不修天罚，将惧及焉。"公许之。乃发令于太庙，召军吏而戒乐正③，令三军之钟鼓必备。赵同曰④："国有大役⑤，不镇抚民而备钟鼓，何也？"宣子曰："大罪伐之，小罪惮之⑥。袭侵之事⑦，陵也⑧。是故伐备钟鼓，声其罪也⑨；战以锌于、丁宁⑩，儆其民也⑪。袭侵密声，为蒁事也⑫。今宋人弑其君，罪莫大焉！明声之，犹恐其不闻也。吾备钟鼓，为君故也⑬。"乃使旁告于诸侯，治兵振旅⑭，鸣钟鼓，以至于宋。

【注释】

①宋人弑昭公：事在公元前611年。宋昭公无道，公子鲍收买人心，在宋襄公夫人的支持下弑昭公。宋人，公子鲍。昭公，公子鲍之兄杵臼。

②则：法则。

③乐正：负责钟鼓的官员。

④赵同：晋国大夫，赵盾之弟。

⑤役：事。

⑥惮：惧，威慑。

⑦袭：轻兵偷袭曰袭。侵：无钟鼓曰侵。

⑧陵：以大欺小曰陵。

⑨声：声张。

⑩戕：惮警。镎(chún)于：乐器，形如碓头，与鼓相和。丁宁：钲。

⑪儆：戒。

⑫蹔(zàn)事：猝然发生的事。蹔，同"暂"。

⑬为君故：为欲尊明君道。

⑭振：奋。

**【译文】**

　　宋人公子鲍杀了宋昭公，赵宣子请求晋灵公派兵伐宋，晋灵公说："这不是晋国的急事。"赵宣子说："天地最大，其次是君臣，这是前人明确的训示。如今宋人弑君，这是违反了天地秩序和为人的法则，上天必定会诛罚。晋国作为诸侯盟主，如果不实施上天之罚，我害怕会波及晋国。"灵公答应了赵宣子的要求。于是灵公在太庙发布出兵命令，召集军官，告诫乐官，命令必须准备好三军钟鼓。赵同问："国家有征伐大事，不去镇抚民众而去准备钟鼓，这是为什么？"赵宣子说："对大罪的国家进行讨伐，对小罪的国家进行威慑。袭、侵之类的事，是以大陵小。因此讨伐要准备钟鼓，声张它的罪行；作战时要用镎于、丁宁乐器，警戒它的民众。袭、侵之时不发出声音，这是为了攻其不备。如今宋人弑君，没有比这更大的罪了！明确的声张，尚且怕他们听不到。我准备钟鼓，是为了尊明君道啊。"于是赵宣子派人通告诸侯，整治兵卒，振奋军队，一路上鸣钟击鼓，到达宋国。

# 灵公使钼麑杀赵宣子

　　灵公虐，赵宣子骤谏①，公患之，使钼麑贼之②。晨往，则寝门辟矣③，盛服将朝，早而假寐④。麑退，叹而言曰："赵孟敬哉⑤！夫不忘恭敬，社稷之镇也⑥。贼国之镇不忠，受命而废之不信，享一名于此⑦，不如死。"触庭之槐而死⑧。灵公将杀赵盾，不克⑨。赵穿攻公于桃园⑩，逆公子黑臀而立之⑪，实为成公。

**【注释】**

①骤谏：屡次进谏。

②钽麑（chú ní）：晋国力士。贼：杀。

③寝门：古礼天子五门，诸侯三门，大夫二门。最内之门曰寝门，即路门。后泛指内室之门。辟：开。

④假寐：不脱衣冠而睡。

⑤敬：恭敬严肃。

⑥镇：重臣。

⑦享：背负。

⑧庭：外朝之庭。

⑨不克：灵公想借宴请赵宣子之机将其袭杀，结果被赵宣子发觉逃走。

⑩赵穿：晋国大夫，赵宣子族弟。

⑪逆：迎。公子黑臀：晋文公之子，晋襄公之弟。

**【译文】**

晋灵公暴虐，赵宣子屡次进谏，晋灵公对此深以为患，于是派力士钽麑刺杀赵宣子。钽麑清晨赶到赵宣子宅第，看到内室门已经打开，赵宣子穿了朝服准备上朝，因为时间尚早，赵宣子在和衣打盹。钽麑退出来，慨叹说："赵孟真是恭敬啊！不忘记恭敬，堪称国家的重臣。杀了国家重臣，不忠；接受国君之命却半途而废，不信；背负不忠、不信两者之中一个名声,都生不如死。"于是他一头撞在外朝庭院槐树上而死去。
灵公准备杀赵宣子,未能得逞。赵穿在桃园攻杀灵公,迎接公子黑臀,
立为国君,这就是晋成公。

# 范武子退朝告老

郤献子聘于齐①,齐顷公使妇人观而笑之②。郤献子怒,
归,请伐齐。范武子退自朝③,曰:"燮乎④,吾闻之,干人之
怒⑤,必获毒焉⑥。夫郤子之怒甚矣,不逞于齐⑦,必发诸晋
国。不得政,何以逞怒?余将致政焉⑧,以成其怒,无以内易
外也⑨。尔勉从二三子,以承君命⑩,唯敬。"乃老。

【注释】

①郤献子聘于齐:事在公元前592年。晋为断道之会,请诸侯共同
　讨伐背晋而与楚结盟的国家,派郤克请齐侯参加盟会。郤献子,
　晋国之卿郤克。

②齐顷公使妇人观而笑之:郤献子腿跛,齐顷公让妇人在帷帐后观
　看,郤献子升堂,妇人笑于房中。齐顷公,齐国君主,姜姓,名无
　野。妇人,指齐顷公母亲萧同叔子。

③范武子:晋国正卿士会。

④燮:范武子之子士燮,又称范文子。

⑤干:触犯。

⑥毒:荼毒。

⑦逞:快意。

⑧致政:归政。

⑨以内易外:以"发诸晋国"替代"逞于齐"。

⑩承：奉。

【译文】

　　郤献子到齐国聘问，齐顷公让妇人在帷帐后观看，嘲笑郤献子跛足。郤献子发怒，归国之后，请求伐齐。范武子退朝回家，对儿子说："燮呀，我听说，触犯他人的愤怒，必定会遭到荼毒。如今郤献子怒火太大，如果不能在齐国快意复仇，他一定会在晋国发作出来。如果不掌握权柄，他拿什么发泄怒火？我打算归政于他，以成全他发泄怒火，不要让他把在国外发泄变成在国内发泄。你努力跟从诸位晋卿，来承奉君命，唯有恭敬而已。"于是范武子告老退休。

# 范武子杖文子

　　范文子暮退于朝①。武子曰："何暮也？"对曰："有秦客廋辞于朝②，大夫莫之能对也，吾知三焉。"武子怒曰："大夫非不能也，让父兄也。尔童子，而三掩人于朝。吾不在晋国③，亡无日矣。"击之以杖，折委笄④。

【注释】

　　①范文子：范武子之子士燮。

　　②廋（sōu）辞：隐语。

　　③不在晋国：指死亡。

　　④委：委貌冠。笄（jī）：发簪。

【译文】

　　范文子晚上退朝回家。范武子问："为什么这么晚才回来？"范文子回答说："有一个秦国宾客在朝廷上猜谜语，晋国大夫没有人能猜对。我猜对其中三个谜语。"范武子发怒说："大夫们并不是不能猜对，他们是让父兄先猜。你一个小孩，三次在朝廷上盖过他人。一旦我不在晋国，我们家灭亡就指日可待了。"说罢用手杖击打范文子，将委貌冠上的发簪都打断了。

# 郤献子分谤

靡笄之役①，韩献子将斩人②。郤献子驾③，将救之，至，则既斩之矣。郤献子请以徇④，其仆曰："子不将救之乎?"献子曰："敢不分谤乎⑤!"

**【注释】**

①靡笄之役:即鞍之战。公元前589年,晋齐在鞍邑(今山东济南)靡笄山下交战。

②韩献子:晋军司马韩厥,谥"献"。

③郤献子:晋国正卿郤克。

④徇:示众。

⑤分谤:分担诽谤。

**【译文】**

靡笄战役中，晋军司马韩献子要斩犯人。郤献子驾车赶来，准备营救，到达刑场之后，发现已经开刀问斩了。郤献子要求将斩杀的人示众，他的仆御问："您不是来营救犯人的吗?"郤献子说："我怎敢不分担诽谤呢?"

# 张侯御郤献子

靡笄之役，郤献子伤①，曰："余病喙②。"张侯御③，曰:

"三军之心，在此车也。其耳目在于旗鼓④。车无退表⑤，鼓无退声，军事集焉⑥。吾子忍之，不可以言病⑦。受命于庙⑧，受脤于社⑨，甲胄而效死⑩，戎之政也⑪。病未若死，祗以解志⑫。"乃左并辔，右援枹而鼓之⑬，马逸不能止⑭，三军从之。齐师大败，逐之，三周华不注之山⑮。

**【注释】**

①郤献子伤：《左传》载："郤克伤于矢，流血及屦，未绝鼓音。"

②病喙(huì)：因伤病而喘息困难。喙，气短的样子。

③张侯：晋国大夫解张。御：为郤克驾车。

④其耳目在于旗鼓：三军之目看主帅指挥旗，三军之耳听主帅鼓音。《孙子·军争篇》引《军政》曰："言不相闻，故为金鼓；视不相见，故为旌旗。夫金鼓、旌旗者，所以一人之耳目也。人既专一，则勇者不得独进，怯者不得独退，此用众之法也。"

⑤表：旌旗。

⑥集：成功。

⑦不可以言病：《荀子·议兵篇》："将死鼓，御死辔。"故解张如此说。

⑧受命于庙：古代大军出征，告于祖庙，接受戒命。

⑨受脤(shèn)于社：在土地神庙内接受祭肉。脤，古代祭祀社稷之神所用的生肉。

⑩甲胄：披甲戴胄。效死：效力至死。

⑪戎：兵戎。政：大政。

⑫祗以解志：祗，同"祇"，适，恰。解，通"懈"。按，《左传》中还记有解张自述自己受伤一段话："自始合，而矢贯余手及肘，余折以御，左轮朱殷，岂敢言病。吾子忍之！"

⑬枹(fú)：鼓槌。

⑭逸：失去控制。

⑮华(huà)不(fù)注：山名，在山东历城东北。

**【译文】**

在鞍笄战役中，郤献子中箭受伤，说："我伤重连气都喘不过来了。"张侯为他驾驭兵车，说："三军将士之心，都集中在我们这辆主帅车上。大家的耳目都在关注我们的指挥旗和战鼓。我们车上没有退兵的旗号，没有退兵的鼓声，军队大事就成功了。您忍着吧，不能说自己伤重。我们从祖庙接受命令，从神社接受祭肉，披甲戴胄，效力至死，这是兵戎的大政。如果没有伤重而死，那么说伤重只能懈怠斗志。"于是张侯将所有缰绳并到左手，右手拿起鼓槌擂起来，战马失控而奔逸不止，晋国三军紧随主帅战车，齐军大败，晋军追赶齐军，绕着华不注山追了三圈。

# 师胜而范文子后入

鞍笄之役，郤献子师胜而返，范文子后入①。武子曰："燮乎，女亦知吾望尔也乎②？"对曰："夫师，郤子之师也，其事臧③。若先，则恐国人之属耳目于我也④，故不敢。"武子曰："吾知免矣⑤。"

**【注释】**

①范文子后入：范文子当时任上军副帅。

②望：盼望。

③臧：善，指战胜齐师。

④属：关注。

⑤免：免于祸患。

**【译文】**

靡笄之役,郤献子率师获胜返回,范文子在后入城。范武子说:"燮啊,你知道我在盼望你归来吗?"范文子回答说:"军队,是郤子的军队,这一仗打胜了。如果我抢先归来,怕国人耳目关注我,因此我不敢先回来。"范武子说:"我知道士氏可以免除祸患了。"

# 郤献子等各推功于上

靡笄之役,郤献子见,公曰:"子之力也夫①!"对曰:"克也以君命命三军之士,三军之士用命,克也何力之有焉?"范文子见,公曰:"子之力也夫!"对曰:"燮也受命于中军,以命上军之士②,上军之士用命,燮也何力之有焉?"栾武子见③,公曰:"子之力也夫!"对曰:"书也受命于上军,以命下军之士,下军之士用命,书也何力之有焉?"

**【注释】**

①力:功。

②以命上军之士:靡笄之役中,晋国上军主帅荀庚未出,副帅范文子代行主帅之职。

③栾武子:姬姓,栾氏,名书,谥"武"。此役栾书为下军主将。

**【译文】**

靡笄战役之后,郤献子见晋成公,成公说:"这是您的功劳啊!"郤献子回答说:"郤克根据君主命令指挥三军将士,三军将士听从将令,我郤克何功之有?"范文子见晋成公,成公说:"这是您的功劳啊!"范文子回答说:"士燮接受中军主帅命令,来指挥上军将士,上军将士听从将令,我士燮何功之有?"栾武子见晋成公,成公说:"这是您的功劳啊!"栾武子回答说:"栾书接受上军主帅命令,来指挥下军将士,下军将士听从将令,我栾书何功之有?"

## 苗棼皇谓郤献子为不知礼

靡笄之役也,郤献子伐齐。齐侯来①,献之以得殒命之礼②,曰③:"寡君使克也,不腆弊邑之礼④,为君之辱,敢归诸下执政⑤,以整御人⑥。"苗棼皇曰⑦:"郤子勇而不知礼,矜其伐而耻国君⑧,其与几何⑨!"

**【注释】**

①齐侯来:齐顷公战败之后来晋朝贡。事在公元前588年。

②献:进献酒食。以得殒命之礼:按照被俘国君的礼节。

③曰:主语是郤克。

④不腆:不丰厚。弊邑:对外国谦称本国的说法。

⑤归:通"馈"。赠送。执政:执事。

⑥整:整顿。御人:妇人。

⑦苗棼皇:晋国大夫,楚斗椒之子。

⑧矜:夸耀。伐:功劳。

⑨与:帮助。

**【译文】**

靡笄之役,郤献子讨伐齐国。齐顷公战败之后来晋国请罪,郤献子用对待被俘国君的礼节接待齐顷公,说:"晋国国君委派郤克,送上晋国不甚丰厚的礼物,因为齐君屈辱来晋,所以请把这些礼物转送给齐国诸位执政大夫,用来整顿那些嘲笑我的妇人。"苗棼皇说:"郤献子虽然勇敢但不懂礼节,夸耀功劳,羞辱国君,这对他自己有多少帮助呢?"

# 车者论梁山崩

梁山崩①,以传召伯宗②,遇大车当道而覆③,立而辟之④,曰:"避传⑤。"对曰:"传为速也,若俟吾避,则加迟矣,不如捷而行⑥。"伯宗喜,问其居,曰:"绛人也。"伯宗曰:"何闻?"曰:"梁山崩而以传召伯宗。"伯宗问曰:"乃将若何?"对曰:"山有朽壤而崩,将若何? 夫国主山川,故川涸山崩,君为之降服、出次,乘缦、不举⑦,策于上帝⑧,国三日哭,以礼焉⑨。虽伯宗亦如是而已,其若之何?"问其名,不告;请以见⑩,不许。伯宗及绛,以告,而从之⑪。

**【注释】**

①梁山:晋国山名,在绛都附近。

②传(zhuàn):驿站快车。伯宗:晋大夫孙伯纠之子。

③大车:牛车。《左传》作"重车",即人力拉行的载重货车。覆:翻车。

④辟:躲避。

⑤避传:避开传车。

⑥捷:旁出为捷。

⑦降服:不着华丽衣服,穿白衣、戴白绢帽。出次:离开寝宫到郊外居住。乘缦(màn):乘坐没有文饰的车驾。不举:饮食不杀牲,菜肴简单,不奏乐。

⑧策于上帝:以简策之文告诉上帝。

⑨以礼焉:以礼于神。按,《左传》所记与此略有不同,无国三日哭,

有祝币。

⑩以见:带车者见国君。

⑪从之:听从车者的话。

**【译文】**

晋国梁山崩坍,朝廷以驿站传车征召伯宗,途中遇到一辆当道翻倒的牛车,伯宗立即要求牛车让路,说:"避开传车。"赶牛车的人说:"传车是快车,如果等到我避开,那么传车就迟了,不如让传车从旁边走。"伯宗听了很高兴,问他家住哪里,赶牛车人说:"我是绛都人。"伯宗问:"你听到了什么?"那个人说:"梁山崩坍,朝廷用传车征召伯宗。"伯宗又问:"那该怎么办?"那人回答说:"山峦有时因土质朽坏而崩坍,还能怎么办呢?国家为山川之主,因此河流干涸,山峦崩坍,国君为之穿白衣、戴白绢帽,离开寝宫到郊外居住,乘坐没有文饰的车驾,不举乐,以简策之文告诉上帝,国人哭三日,致礼于神。即使是伯宗也只能这样做而已,还能怎么办?"伯宗问他的姓名,他不愿意告诉;请求带他去见国君,他也不同意。伯宗到绛都以后,将赶牛车人的话告诉国君,国君依从着去做了。

# 伯宗妻谓民不戴其上难必及

伯宗朝,以喜归①,其妻曰:"子貌有喜,何也?"曰:"吾言于朝,诸大夫皆谓我智似阳子②。"对曰:"阳子华而不实,主言而无谋③,是以难及其身。子何喜焉?"伯宗曰:"吾饮诸大夫酒,而与之语,尔试听之。"曰:"诺。"既饮,其妻曰:"诸大夫莫子若也。然而民不能戴其上久矣④,难必及子乎!盍亟索士整庇州犁焉⑤。"得毕阳⑥。及栾弗忌之难⑦,诸大夫害伯宗,将谋而杀之。毕阳实送州犁于荆⑧。

## 【注释】

①以喜归：面带喜色而归。

②阳子：阳处父。

③主言：善于言谈。

④戴：奉。上：贤才。

⑤亟：疾。索士：找人。整：整肃。庇：保护。州犁：伯宗之子伯
州犁。

⑥毕阳：晋国之士。

⑦栾弗忌之难：栾弗忌为晋国大夫，为伯宗之党，后为三郤所谗害，
与伯宗一起遇难。《左传·成公十五年》载："晋三郤害伯宗，谮
而杀之，及栾弗忌。"《左传》说伯宗连累栾弗忌，与《国语》所载
不同。

⑧荆：楚。伯州犁奔楚为太宰。

## 【译文】

伯宗上朝，面带喜色而归，妻子问他："你面带喜色，是什么缘故？"
伯宗说："我在朝上发言，诸大夫都说我的智慧像阳处父。"妻子说："阳
处父华而不实，善于言谈而无谋略，因此灾难及身。你有什么值得高兴
呢？"伯宗说："我要请诸位大夫饮酒，与他们交谈，你试着听一下我的言
辞吧。"妻子说："好的。"宴会结束后，他的妻子说："诸位大夫确实比不
上你。然而人们已经很久不能奉戴贤才了，灾难一定会降临到你身上
啊！为什么不赶快找一位贤士，让他帮助教育、保护我们的儿子州犁。"
他们找到了贤士毕阳。等到栾弗忌之难爆发，诸位大夫谗害伯宗，阴谋
将他杀害了。是毕阳将州犁送到楚国。

# 晋语六

**【题解】**

　　本篇收录晋厉公时期十二条言论材料,鄢陵之战是本篇的取材重点。

　　晋卿范文子是晋国头脑清醒、目光深远的政治家,本篇收录了他的六篇言论材料,他的主要观点是:晋国只有保持内部亲睦,才能对外用兵。在晋君骄泰、大臣不睦的情况下,不如让楚、郑作为外患,以此警戒晋国君臣注意内忧。如果晋国战胜楚国,那么晋君一定会夸耀智慧和武力,急教重敛,通过剥夺旧臣财产来赏赐其新宠,而这无疑会激化晋国内部矛盾而爆发"私难"。在晋国获得鄢陵之战的胜利之后,范文子告诫晋厉公,"德"是"福"的基础。后来晋厉公诛三郤,厉公本人也被栾书、中行偃所杀,这些事实证明,范文子当初的论断是多么精准! 其他几章也与鄢陵之战有关,"晋败楚师于鄢陵章"记载栾书与郤至关于等待和速战的争论,这为此后栾书设计除三郤埋下伏笔。"郤至勇而知礼章"赞美郤至在战场上不仅表现勇敢而且对敌国之君不失人臣之礼。"栾书发郤至之罪章"、"长鱼矫胁栾中行章"、"韩献子不从栾中行召章"分别记载栾书设计陷害三郤、长鱼矫建议晋厉公除掉栾氏与中行氏、韩厥拒绝参与弑君的言论。开头的"赵文子冠章"虽与鄢陵之战无关,但通过晋国九位卿大夫就赵文子成人发表的言论,预示了他们日后各自不同的命运。

# 赵文子冠

赵文子冠①,见栾武子②,武子曰:"美哉③! 昔吾逮事庄主④,华则荣矣,实之不知⑤,请务实乎。"

**【注释】**

①赵文子:赵武,赵盾之孙,赵朔之子。冠:古代男子二十岁举行冠礼,标志成年。

②栾武子:栾书。

③美哉:栾书赞美赵文子成人。

④吾逮事庄主:赵朔曾任下军主帅,栾书为下军副帅。逮,及,赶上。事,事奉。庄主,赵朔,谥"庄"。

⑤华则荣矣,实之不知:华而不实。荣,颜色艳丽。

**【译文】**

赵文子举行冠礼后,去见栾武子,武子说:"成人美好啊! 从前我赶上事奉你父亲赵庄子,花开得茂盛,但有没有结果就不知道了,请你好好务实吧!"

见中行宣子①,宣子曰:"美哉! 惜也,吾老矣②!"

**【注释】**

①中行宣子:晋国大夫荀庚。鞍之战中,荀庚为上军主将。

②惜也,吾老矣:荀庚感叹自己年老,看不到赵文子的成功。

**【译文】**

赵文子去见中行宣子,中行宣子说:"成人美好啊,可惜呀,我老了!"

　　见范文子,文子曰:"而今可以戒矣①,夫贤者宠至而益戒,不足者为宠骄。故兴王赏谏臣②,逸王罚之③。吾闻古之王者,政德既成,又听于民,于是乎使工诵谏于朝④,在列者献诗使勿兜⑤,风听胪言于市⑥,辨袄祥于谣⑦,考百事于朝⑧,问谤誉于路,有邪而正之,尽戒之术也⑨。先王疾是骄也。"

【注释】

①戒:警戒。

②兴王:兴盛之王。

③逸王:淫逸之王。

④工:乐工。诵:诵读前世箴谏之语。

⑤在列者:在位者。兜:蒙蔽。

⑥风:采集。胪(lú)言:传言。

⑦袄(yāo):古人称反常怪异的事物。祥:善。谣:民谣。

⑧百事:百官职事。

⑨术:道术。

【译文】

　　赵文子去见范文子,范文子说:"从今以后你可以警戒了,贤者受到宠爱会更加警戒,智慧不足的人就会为受宠而骄傲。所以兴盛的帝王会赏赐劝谏之臣,而淫逸的帝王则会惩罚劝谏者。我听说古代帝王,在政治德行形成以后,又去听取民众意见,于是让乐工在朝廷诵读箴谏之语,在位大臣奉献谏诗而不让君王受蒙蔽,还要到集市上采听商旅传言,从民谣中考察政治善恶,在朝廷考正百官职事,到道路上询问诽谤与赞誉,有邪恶就及时纠正,这些都是警戒的办法。先王是痛恨骄傲的。"

　　见郤驹伯<sup>①</sup>，驹伯曰："美哉！然而壮不若老者多矣<sup>②</sup>。"

**【注释】**

①郤驹伯：晋卿郤锜，郤克之子。

②壮不若老者多矣：郤驹伯恃老自矜。

**【译文】**

　　赵文子去见郤驹伯，驹伯说："成年美好啊！然而少壮很多比不上老年人。"

　　见韩献子<sup>①</sup>，献子曰："戒之，此谓成人。成人在始与善<sup>②</sup>，始与善，善进善，不善蔑由至矣<sup>③</sup>；始与不善，不善进不善，善亦蔑由至矣。如草木之产也，各以其物<sup>④</sup>。人之有冠，犹宫室之有墙屋也，粪除而已<sup>⑤</sup>，又何加焉。"

**【注释】**

①韩献子：晋卿韩厥。

②与善：按，二字为衍文。

③蔑：无。

④物：类。

⑤粪除：扫除，比喻自我修洁。

**【译文】**

　　赵文子去见韩献子，献子说："警戒啊，这就叫成人了。成人在于起点，起点是善的，从善到善，不善就没有机会影响你了。起点不善，那么从不善到不善，善也就是没有机会影响你了。譬如草木生长，都是物以类聚。人有成人之冠,就如同宫室有墙屋一样,唯有注意扫除保持清洁而已,还有什么比这更重要呢?"

见智武子①,武子曰:"吾子勉之,成、宣之后而老为大夫②,非耻乎! 成子之文,宣子之忠,其可忘乎! 夫成子导前志以佐先君③,导法而卒以政④,可不谓文乎! 夫宣子尽谏于襄、灵,以谏取恶,不惮死进,可不谓忠乎! 吾子勉之,有宣子之忠,而纳之以成子之文,事君必济。"

**【注释】**

①智武子:晋卿智䓨(yīng)。

②成:赵成子,即赵衰,赵文子曾祖。宣:赵宣子,即赵盾,为赵文子祖父。老:年老。

③导前志:通达前人典籍。先君:指晋文公。

④导法:通达法典。以政:得政。

**【译文】**

赵文子去见智武子,武子说:"你要努力啊,身为成子、宣子的后人,而终老在大夫的职位上,这不是耻辱吗? 成子的文,宣子的忠,岂能忘记? 成子通达前代古籍,辅佐先君,通达法典而最终成就德政,可以不称为文吗! 宣子在襄、灵两朝尽力劝谏,因劝谏而受到灵公厌恶,不怕以死进谏,可以不称为忠吗! 你努力吧,有宣子的忠,加上成子的文德,事奉君主必定成功。"

见苦成叔子①,叔子曰:"抑年少而执官者众,吾安容子②。"

**【注释】**

①苦成叔子:晋卿郤犨。

②容子:安排你。

**【译文】**

赵文子去见苦成叔子,叔子说:"现在年少而做官的人很多,我把你安排在哪里呢?"

见温季子①,季子曰:"谁之不如,可以求之②。"

**【注释】**

①温季子:晋卿郤至。

②求之:求得其次。

**【译文】**

赵文子去见温季子,季子说:"你不如谁,就可以退而求其次。"

见张老而语之①,张老曰:"善矣,从栾伯之言,可以滋②;范叔之教,可以大③;韩子之戒,可以成④。物备矣⑤,志在子⑥。若夫三郤⑦,亡人之言也,何称述焉! 智子之道善矣,是先主覆露子也⑧。"

**【注释】**

①张老:晋国大夫张孟。

②滋:增益。

③大:扩大人生境界。

④成:成就功业。

⑤物:指前辈的训诫。备:完备。

⑥志在子：立志在于你本人。

⑦三郤：郤犨、郤至、郤锜。

⑧先主：赵衰、赵盾。覆露：庇护。

## 【译文】

赵文子见到张老，将前辈们的话告诉他，张老说："好啊，听从栾伯的话，可以增益；听从范叔的教诲，可以扩大人生境界；听从韩献子的警戒，可以成就功业。前辈们的训诫已经完备了，能否立志，就看你自己了。至于三郤的话，那是葬送人的言论，有什么值得称道！智子的训导很好，这是赵氏先主在庇护你啊。"

# 范文子不欲伐郑

厉公将伐郑①，范文子不欲，曰："若以吾意，诸侯皆叛，则晋可为也②。唯有诸侯，故扰扰焉③。凡诸侯，难之本也④。得郑忧滋长⑤，焉用郑！"郤至曰："然则王者多忧乎？"文子曰："我王者也乎哉？夫王者成其德，而远人以其方贿归之⑥，故无忧。今我寡德而求王者之功⑦，故多忧。子见无土而欲富者，乐乎哉？"

## 【注释】

①厉公将伐郑：当时郑国偏向楚国。《左传·成公十六年》载："十六年春，楚子自武城使公子成以汝阴之田求成于郑，郑叛晋，子驷从楚子盟于武城。"由于郑国叛晋，因此引起晋厉公伐郑。厉公，晋景公之子，名州蒲。

②为：治。

③扰扰：纷扰混乱的样子。

④难之本：祸根。

⑤忧滋长：忧患更多。

⑥方：所在之方。贿：财物。

⑦我：指晋国。

【译文】

晋厉公打算讨伐郑国，范文子不想出兵，说："如果按照我的想法，诸侯都叛变晋国，那么晋国就可以治理了。只是因为现在还有诸侯服从晋国，所以晋国才乱象纷扰。凡诸侯不从者都要讨伐，那么这就是祸根了。得到郑国，却招来更多忧患，为什么要这个郑国？"郤至问："那么王者有很多忧患吗？"范文子说："我们晋国是王者吗？王者成就德行，远方之人携带当地财物归附王者，所以王者无忧。如今我们晋国缺少德行，却追求王者功业，所以才有很多忧患。您看那些没有土地却追求富有的人，他们快乐吗？"

# 晋败楚师于鄢陵

厉公六年①，伐郑，且使苦成叔及栾黡兴齐、鲁之师②。楚恭王帅东夷救郑③。楚半阵④，公使击之。栾书曰："君使黡也兴齐、鲁之师，请俟之⑤。"郤至曰："不可。楚师将退，我击之，必以胜归。夫阵不违忌⑥，一间也⑦；夫南夷与楚来而不与阵⑧，二间也；夫楚与郑阵而不与整⑨，三间也；且其士卒在阵而哗，四间也；夫众闻哗必惧，五间也。郑将顾楚，楚将顾夷，莫有斗心，不可失也⑩。"公说。于是败楚师于鄢陵⑪，栾书是以怨郤至。

**【注释】**

①厉公六年:晋厉公六年为公元前575年。

②苦成叔:郤犨。栾黡(yǎn):栾书之子,栾桓子。兴:起。

③楚恭王:楚庄王之子,名箴,一说名审。东夷:楚国东方蛮夷邦国。

④半阵:阵营排列刚完成一半。《左传》曰:"甲午晦,楚晨压晋军而陈。"非半阵。

⑤俟:等候。

⑥违:避。忌:忌讳。据《春秋》记载,晋楚鄢陵之战时发生月食。此时应该息兵,不宜进军。

⑦间:间隙。

⑧不与阵:不参与战斗。

⑨整:整齐。

⑩不可失也:按,《左传》记郤至言楚有六间:二卿相恶,一间;王卒以旧,二间;郑陈而不整,三间;蛮军而不陈,四间;陈不违晦,五间;在陈而嚣,合而加嚣,各顾其后,莫有斗心,六间。《国语》未提到二卿相恶一间。

⑪鄢陵:地名,在今河南鄢陵西南。

**【译文】**

　　晋厉公六年,兴师讨伐郑国,且派苦成叔和栾黡到齐、鲁两国请求援兵。楚恭王率领东夷邦国援救郑国。楚国阵营排列刚完成一半,晋厉公命令发动攻击。栾书说:"君主派栾黡乞求齐、鲁起兵,请等候他们搬来援兵再说。"郤至说:"不可。楚国军队将要撤退,我们发动攻击,一定会获胜而归。楚国兵阵不避月食忌讳,这是第一个可利用的间隙;南夷邦国与楚军同来却不参与军阵,这是第二个间隙;楚国与郑国虽摆开阵势却不整齐,这是第三个间隙;况且楚军士兵在阵营喧哗,这是第四个间隙;楚国兵众听到喧哗一定会恐惧,这是第五个间隙。郑国要顾及楚国,楚国要顾及蛮夷,没有人有战斗之心,这个机会不可失去。"晋厉公听了很高兴。于是晋军在鄢陵打败楚军,栾书也因此怨恨郤至。

# 郤至勇而知礼

鄢之战,郤至以韎韦之跗注①,三逐楚恭王卒,见王必下奔退战②。王使工尹襄问之以弓③,曰:"方事之殷也④,有韎韦之跗注,君子也,属见不穀而下⑤,无乃伤乎?"郤至甲胄而见客,免胄而听命,曰:"君之外臣至⑥,以寡君之灵⑦,间蒙甲胄⑧,不敢当拜君命之辱⑨,为使者故,敢三肃之⑩。"君子曰:勇以知礼。

## 【注释】

①以:穿。韎(mò)韦:赤色熟皮。跗(fū)注:类似裹腿,衣裤相连,裤脚系在踝跗之上。

②下奔:下车奔走。

③工尹:官名。襄:工尹之名。问:馈赠。

④方:刚才。事:战事。殷:紧张。

⑤属见:适才看见。不穀:楚王谦称。

⑥外臣:外邦之臣。郤至是晋国之臣,故对楚王自称外臣。

⑦以寡君之灵:托晋君的福。

⑧间:近来。蒙:披上。

⑨当拜:接受馈赠而拜谢。

⑩肃:肃拜,合双手下垂,类似作揖。

## 【译文】

鄢陵之战中,郤至穿着用红色熟皮制成的跗注兵服,多次追逐楚恭王士兵,在遇到楚恭王时一定要下车奔走退出战斗。楚恭王派工尹襄馈赠郤至一张弓,说:"方才战事正紧张的时候,有一个穿着用红色熟皮制成邮注兵服的人,是个君子,遇到我就下车,他该不会受伤吧?"郤至披甲戴胄接见来客,脱下头盔而听命,说:"君王外邦之臣郤至,托晋君的福,近来披上甲胄,不敢接受并拜谢君王屈辱的馈赠,出于尊敬使者的缘故,敢以三次肃拜表示感谢。"君子说:郤至勇敢而知礼。

# 范文子论内睦而后图外

鄢之役,晋人欲争郑①,范文子不欲,曰:"吾闻之,为人臣者,能内睦而后图外②,不睦内而图外,必有内争,盍姑谋睦乎③! 考讯其阜以出④,则怨靖⑤。"

**【注释】**

①争郑:争取郑国做附属国。当时晋楚争霸,郑国成为两国争夺势力范围的对象。

②睦:亲睦。

③姑:姑且。

④考讯:考问。阜:民众。出:出兵。

⑤靖:安。

**【译文】**

晋楚鄢陵之战,晋人想与楚国争夺郑国作为附属国,范文子不同意,他说:"我听说,做人臣的人,能够对内亲睦而后才能图谋向外发展,不能对内亲睦而图谋对外发展,必定会有内部争斗,何不姑且谋划内部亲睦呢! 考问民意而后外出争锋,那么民怨也就安定了。"

# 范文子论外患与内忧

鄢之役,晋伐郑,荆救之①。大夫欲战,范文子不欲,曰:"吾闻之,君人者刑其民②,成③,而后振武于外,是以内和而外威。今吾司寇之刀锯日弊④,而斧钺不行⑤。内犹有不刑,而况外乎? 夫战,刑也⑥,刑之过也⑦。过由大⑧,而怨由细⑨,故以惠诛怨⑩,以忍去过⑪。细无怨而大不过,而后可以武,刑外之不服者。今吾刑外乎大人⑫,而忍于小民⑬,将谁行武⑭? 武不行而胜,幸也⑮。幸以为政,必有内忧。且唯圣人能无外患,又无内忧,讵非圣人⑯,必偏而后可⑰。偏而在外,犹可救也,疾自中起,是难⑱。盍姑释荆与郑以为外患乎⑲?"

**【注释】**

①荆:楚国。

②君人者:君主。刑其民:俞樾说,应为"刑其内",即用刑罚肃正国内。

③成:成功。

④司寇:掌管狱讼的官员。刀锯:用于平民的刑具。日弊:由于对平民用刑过多,所以刀锯日见其坏。弊,坏。

⑤斧钺:指大刑。钺,大斧。不行:不行于大臣。

⑥夫战,刑也:战争用兵如同用刑。

⑦刑之过也:俞樾说,"之"犹"其"。刑其过,刑杀有过错的人。

⑧过由大:过错来自于大臣。

⑨怨由细:怨望来自于小民。细,小。

⑩诛:除。

⑪忍：狠心。

⑫刑外乎大人：俞樾说，"外"当为"惠"。刑惠乎大人，施惠于大臣。

⑬忍于小民：狠心对待小民。

⑭行武：施行威武。

⑮幸：侥幸。

⑯讵(jù)：如果。

⑰偏：偏向用刑，或偏向施惠。

⑱是难：实难。

⑲释：置，放下。

**【译文】**

　　晋楚鄢陵战役之前，晋国讨伐郑国，楚国前来救郑。晋国大夫们想与楚国开战，范文子不同意，他说："我听说，君主用刑罚肃正国内，成功以后，才对外用武，因此国内和谐而国外畏惧。如今晋国司寇刑杀小民的刀锯一天天用坏了，而斧钺大刑却不行于大臣。对国内尚且不能正确地运用刑杀，何况是对国外呢？用兵如同用刑，旨在刑杀有过错的人。过错来自于大臣，怨望来自于小民，用恩惠除去小民怨望，以狠心除去大臣过错。小民没有怨望，大臣没有过错，而后可以用兵动武，刑杀国外不服从的人。如今我们施惠于大臣，却狠心对待小民，这样谁能施行威武呢？威武不能施行而能获胜，这是出于侥幸。抱着侥幸的心理施政，一定会有内忧。况且只有圣人才能做到既无外患，又无内忧，如果不是圣人，一定要偏于刑或偏于惠才可以。用偏的方法对外，尚有可救，国内出了毛病，那就实在太难办了。何不放过楚国和郑国，让他们作为晋国的外患呢？"

# 范文子论胜楚必有内忧

　　鄢之役，晋伐郑，荆救之。栾武子将上军①，范文子将下军。栾武子欲战，范文子不欲，曰："吾闻之，唯厚德者能受多福，无德而服者众，必自伤也。称晋之德②，诸侯皆叛，国可以少安③。唯有诸侯，故扰扰焉④，凡诸侯，难之本也。且唯圣人能无外患又无内忧，讵非圣人，不有外患，必有内忧，盍姑释荆与郑以为外患乎！诸臣之内相与⑤，必将辑睦⑥。今我战又胜荆与郑，吾君将伐智而多力⑦，怠教而重敛，大其私昵而益妇人田⑧，不夺诸大夫田，则焉取以益此？诸臣之委室而徒退者⑨，将与几人⑩？战若不胜，则晋国之福也；战若胜，乱地之秩者也⑪，其产将害大⑫，盍姑无战乎！"

**【注释】**

①栾武子：栾书。

②称晋之德：与晋国之德相符。

③少：稍。

④扰扰：纷扰混乱的样子。

⑤相与：互相亲附。

⑥辑睦：和睦。

⑦伐智：自我夸耀智慧。多力：自我赞美武力。

⑧大：增加俸禄。私昵：私人亲信，宠臣。益：增加。妇人：爱妾。

⑨委：交付。室：妻妾家产。徒：空。

⑩将与几人：将有几人。与，语气词。

⑪乱地：扰乱故地。秩：常。

⑫其产将害大：祸乱产生，将会妨害大事。产，生。大，大事。

**【译文】**

晋楚鄢陵战役，晋国讨伐郑国，楚国前来救郑。栾武子统率上军，范文子统率下军。栾武子想与楚国交战，范文子不想与楚国交战，他说:"我听说,只有厚德的人才能享受多福,无德而服从者众多,一定会伤害自己。与晋国之德相符的是,诸侯都叛离晋国,这样晋国可以稍微安定一些。只因为现在有诸侯服从晋国,所以晋国才这样纷扰混乱,凡是这些从属的诸侯,都是致乱的祸根。况且只有圣人才能做到既无外患,又无内忧,如果不是圣人,没有外患,必有内忧,何不放过楚国和郑国,让他们作为晋国的外患呢? 各位大臣之间互相亲附,彼此一定会和睦。如今晋国战胜了楚国和郑国,我们君主将会自我夸耀智慧和武力,怠于教化民众而加重赋敛,增加宠臣俸禄而多赐妇人田地,如果不剥夺大夫们的田地,他到哪里取得田地加封给宠臣呢? 大臣们主动地交付妻妾家产而空手退出的,将会有几个人? 这次战役如果晋国不胜,那将是晋国的福分,战役如果胜利了,那将会扰乱故有的正常秩序,产生的祸乱将会妨害大事。何不姑且不作战呢!"

　　栾武子曰:"昔韩之役,惠公不复舍①;邲之役,三军不振旅②;箕之役,先轸不复命③:晋国固有大耻三。今我任晋国之政④,不毁晋耻⑤,又以违蛮夷重之⑥,虽有后患,非吾所知也。"

**【注释】**

①昔韩之役,惠公不复舍:公元前645年,秦晋韩之战,晋惠公被秦人俘虏。惠公不复舍,惠公不能回到自己的宫舍。

②邲之役,三军不振旅:公元前597年,晋楚邲之战,晋军战败。振旅,整军而归。

③箕之役,先轸不复命:公元前627年,晋狄箕之战,晋虽败狄,但主将先轸战死。

④任:当。

⑤毁：洗雪。

⑥违：躲避。蛮夷：指楚国。重之：加重耻辱。

**【译文】**

　　栾武子说："从前秦晋韩原之战，晋惠公不能返回宫舍；晋楚邲之战，晋国三军不能整军而归；晋狄箕之战，先轸不能活着向君主复命：晋国本来就有这三大耻辱。如今我们这些人在晋国当政，不但不能洗雪晋国昔日耻辱，反而躲避楚国蛮夷来加重耻辱，即使与楚交战会有后患，我也不想知道它。"

　　范文子曰："择福莫若重，择祸莫若轻，福无所用轻，祸无所用重，晋国故有大耻，与其君臣不相听以为诸侯笑也①，盍姑以违蛮夷为耻乎？"

**【注释】**

　　①君臣不相听：君臣之间互相听不进对方意见。

**【译文】**

　　范文子说："选择幸福不如选择最重的，选择灾祸不如选择最轻的，幸福不要选择轻的，灾祸不要选择重的，晋国从前确实有过大的耻辱，与其君臣之间互相听不进对方意见而让各国诸侯耻笑，何不姑且以躲避蛮夷为耻呢？"

　　栾武子不听，遂与荆人战于鄢陵，大胜之。于是乎君伐智而多力，怠教而重敛，大其私昵，杀三郤而尸诸朝①，纳其室以分妇人②，于是乎国人不蠲，遂弑诸翼③，葬于翼东门之外，以车一乘④。厉公之所以死者，唯无德而功烈多⑤，服者众也⑥。

**【注释】**

①杀三郤而尸诸朝:公元前574年,晋厉公杀三郤。三郤,郤至、郤
　犨、郤锜。尸诸朝,陈尸于朝廷。

②纳:取。室:指妻妾财产。

③于是乎国人不蠲(juān),遂弑诸翼:公元前573年,栾书、中行偃
　弑厉公。蠲,洁。

④以车一乘:诸侯下葬应有七乘,晋人仅以一乘葬厉公。

⑤功烈:功业。

⑥服者众:公元前579年,晋军在交刚打败狄人。公元前578年,晋
　厉公派吕相绝秦,并率诸侯伐秦,秦军大败。公元前575年,晋
　厉公率兵在鄢陵大败楚军。

**【译文】**

　　栾武子不听范文子的劝告,于是与楚人战于鄢陵,大胜楚国。从这
以后,晋厉公便自我夸耀智慧和武力,怠于教化而加重赋敛,给宠臣增
加俸禄,杀死郤至、郤犨、郤锜,将他们陈尸于朝廷,夺取他们的财产以
分赐给姬妾,于是晋国民众认为君主昏庸,将厉公杀死在翼城,葬于翼
城东门之外,只用一乘车下葬。晋厉公之所以被杀死,就是因为没有德
行而多有功业,服从的诸侯国众多。


# 范文子论德为福之基

　　鄢之役,荆压晋军①,军吏患之,将谋。范匄自公族趋过
之②,曰:"夷灶堙井,非退而何③?"范文子执戈逐之,曰:"国
之存亡,天命也,童子何知焉? 且不及而言④,奸也⑤,必为
戮⑥。"苗贲皇曰⑦:"善逃难哉⑧!"既退荆师于鄢,将谷⑨,范
文子立于戎马之前,曰:"君幼弱,诸臣不佞⑩,吾何福以及

此！吾闻之，'天道无亲，唯德是授⑪。'吾庸知天之不授晋且以劝楚乎⑫，君与二三臣其戒之⑬！夫德，福之基也，无德而福隆⑭，犹无基而厚墉也⑮，其坏也无日矣。"

**【注释】**

①厎：逼近。

②范匄(gài)：范文子之子，又称范宣子。自公族：以公族大夫的身份。

③夷灶堙井，非退而何：《左传》作："塞井夷灶，陈于军中，而疏行首。晋、楚唯天所授，何患焉？"夷，平。堙，填塞。楚军逼近，晋军平灶塞井，本为腾出作战空地，但此举会使晋军误以为退兵。

④不及而言：轮不到你说话。

⑤奸：乱。

⑥戮：杀。

⑦苗贲皇：楚国令尹斗椒之子，因楚庄王灭若敖氏而由楚奔晋，为晋国谋臣。

⑧善逃难：范文子训子，不掩盖大臣的风头，故苗贲皇称赞范文子善于逃难。

⑨谷：吃饭。

⑩佞：才。

⑪唯德是授：上天只把天命赐给有德之人。

⑫庸：怎么。劝：鼓励。

⑬戒：戒备。

⑭隆：盛。

⑮墉：墙。

**【译文】**

在鄢陵战役中，楚军逼近晋军，晋军将士很担忧，准备商讨应对之策。范匄以公族大夫身份快步走过来，说："平灶塞井，这不是要退兵吗？"范文子手持长戈追赶儿子，说："国家的存亡，这是出于天命，你小孩子知道什么？况且这里轮不到你说话，否则就把秩序搞乱了，你要被人杀死的。"苗贲皇说："这是善于逃避灾难啊！"不久晋军在鄢陵击退楚军，将要吃饭的时候，范文子站在晋君车马之前，说："君主年轻弱小，诸位大臣不才，我们有什么福分取得如此胜利！我听说：'上天之道不会亲近任何人，它只把天命赐给有德之人。'我怎么知道上天不是先授晋以福、以此鼓励楚国呢？君主与诸位大臣要保持戒备啊！德，是福的基础，无德而福大，就如同没有基础而筑厚墙一样，崩坏的日子已经不远了。"

## 范文子论私难必作

反自鄢，范文子谓其宗、祝曰①："君骄泰而有烈②，夫以德胜者犹惧失之，而况骄泰乎？君多私③，今以胜归，私必昭④。昭私，难必作，吾恐及焉。凡吾宗、祝，为我祈死⑤，先难为免⑥。"七年夏⑦，范文子卒。冬，难作，始于三郤，卒于公。

**【注释】**

①宗：宗人。祝：祝史。

②泰：放纵傲慢。烈：功业。

③私：指宠爱臣妾。

④昭：彰显。

⑤祈：求。

⑥为：以。免：免于祸乱。

⑦七年：晋厉公七年为公元前574年。

**【译文】**

从鄢陵返回以后，范文子对家族宗人、祝史说："君主骄傲放纵而有功业，以德行获胜的人尚且害怕有失误，何况是骄傲放纵的人呢？君主多有私宠，如今获胜而归，私心必然彰显出来。彰显私心，祸难必然发作，我怕赶上灾难。凡属我的宗人、祝史，都要为我向神求死，死在灾难之先，以免于祸乱。"晋厉公七年夏季，范文子去世。这年冬季，祸难就发作了，先从厉公杀三郤开始，最后以厉公被杀作结。

# 栾书发郤至之罪

既战<sup>①</sup>，获王子发钩<sup>②</sup>。栾书谓王子发钩曰<sup>③</sup>："子告君曰<sup>③</sup>：'郤至使人劝王战<sup>④</sup>，及齐、鲁之未至也。且夫战也，微郤至王必不免<sup>⑤</sup>。'吾归子。"发钩告君，君告栾书，栾书曰："臣固闻之，郤至欲为难，使苦成叔缓齐、鲁之师，已劝君战，战败，将纳孙周<sup>⑥</sup>，事不成，故免楚王。然战而擅舍国君<sup>⑦</sup>，而受其问<sup>⑧</sup>，不亦大罪乎？且今君若使之于周，必见孙周。"君曰："诺。"栾书使人谓孙周曰："郤至将往，必见之！"郤至聘于周，公使觇之<sup>⑨</sup>，见孙周。是故使胥之昧与夷羊五刺郤至、苦成叔及郤锜<sup>⑩</sup>，郤锜谓郤至曰："君不道于我，我欲以吾宗与吾党夹而攻之，虽死必败，君必危，其可乎？"郤至曰："不可。至闻之，武人不乱<sup>⑪</sup>，智人不诈，仁人不党。夫利君之富<sup>⑫</sup>，富以聚党，利党以危君，君之杀我也后矣<sup>⑬</sup>。且众何罪，钧之死也<sup>⑭</sup>，不若听君之命。"是故皆自杀<sup>⑮</sup>。既刺三郤，栾书弑厉公，乃纳孙周而立之，实为悼公。

**【注释】**

①既战：鄢陵之战后。

②王子发钩：楚公子茷。

③君：晋君。

④王：楚王。

⑤微：无。王必不免：楚王必定不免被俘。

⑥孙周：晋襄公曾孙，当时在东周王室事奉单襄子，后归国即位，为晋悼公。

⑦战而擅舍国君：指鄢陵之战中，郤至"三逐楚恭王卒，见王必下奔退战"。

⑧问：慰问，指楚王以弓慰问郤至。

⑨觇(chān)：窥视。

⑩使胥之昧与夷羊五刺郤至、苦成叔及郤锜：据《左传》，公元前574年十二月二十六日，胥童与夷羊五本想发兵攻打郤氏，厉公的宠臣长鱼矫献计，自己和清沸魋各自抽戈在手，将衣襟系起来，装出吵架争斗的样子。三郤准备在榭里和他们二人商谈。到商谈时，长鱼矫用戈将郤锜、郤犨杀死在座位上。郤至逃到自己的车前被长鱼矫所杀。胥之昧，胥童，胥克之子，与夷羊五皆为晋厉公亲信宠臣。苦成叔，郤犨。

⑪武人不乱：武人勇而知义，不为叛乱。

⑫利君之富：从君主俸禄获利致富。

⑬后：晚。

⑭钧之死也：同样是死。钧，等。

⑮是故皆自杀：据《左传》，三郤皆为长鱼矫等所杀。

**【译文】**

　　鄢陵之战结束，晋军俘虏楚国王子发钩。栾书对王子发钩说："你去告诉晋君说：'郤至派人到楚国，劝楚王与晋国作战，要趁着齐、鲁军队尚未到达的时候开战。况且在战斗中,如果没有郤至,楚王必定不免被俘。'我会放你回去。"王子发钩按照栾书的话告诉晋君,晋厉公又告诉栾书,栾书说:"我本来就听说,郤至想发难,派苦成叔让齐、鲁推迟发兵,自己力劝君战,如果晋国战败,那么他就会召回孙周,结果事情未成,因此他放走楚王。但在战斗中擅自放走楚王,接受楚王的慰问,不是大罪吗?现在君主您派他出使东周,他一定会去见孙周。"晋厉公说:"好的。"栾书派人对孙周说:"郤至将出使周室,你一定要见他!"郤至到周王室聘问,晋厉公派人跟踪,郤至果然见了孙周。因此晋厉公派亲信胥之昧与夷羊五刺杀郤至、苦成叔及郤锜,郤锜对郤至说:"君主对我们无道,我想率领宗族和党羽夹攻晋君,虽然必定会失败战死,但晋君必定有危险,可以吗?"郤至说:"不可以。我听说,武人不会作乱,智人不会欺诈,仁人不会结党营私。我们从君主俸禄获利致富,致富后便聚集党羽,为了有利于朋党而危害君主,如此看来,君主杀我们已经够晚了。况且众人有什么罪,同样是死,不如听从君命而死。"因此三郤都自杀了。厉公杀了三郤之后,栾书又杀死晋厉公,于是接纳孙周而立为晋君,这就是晋悼公。

# 长鱼矫胁栾中行

　　长鱼矫既杀三郤①,及胁栾、中行而言于公曰②:"不杀此二子者,忧必及君。"公曰:"一旦而尸三卿③,不可益也④。"对曰:"臣闻之,乱在内为宄⑤,在外为奸,御宄以德⑥,御奸以刑。今治政而内乱,不可谓德。除鲠而避强⑦,不可谓刑。德刑不立,奸宄并至,臣脆弱,不能忍俟也。"乃奔狄。三月,厉公弑。

**【注释】**

①长鱼矫：晋厉公亲信。

②胁：劫持。栾：栾书。中行：中行偃。据《左传》，胥童以甲兵劫持
　了栾书和中行偃。

③一旦而尸三卿：指一天之内杀死三郤陈尸于朝。

④益：加，指再杀人。

⑤宄（guǐ）：内奸。

⑥御：止。

⑦鲠：祸害。

**【译文】**

　　长鱼矫杀死三郤之后，劫持了栾书、中行偃，对晋厉公说："不杀这两个人，忧患一定会累及君主。"晋厉公说："一个早上就杀了三位卿，不能再杀了。"长鱼矫说："我听说，乱在内部叫做宄，乱在外叫做奸，用德止宄，用刑止奸。如今治理国政而发生内乱，不可称之为德。除害而避强，不可称之为刑。德和刑不能确立，奸宄一齐到来，我是很脆弱的，不忍耐等待了。"于是长鱼矫出奔狄国。过了三个月，晋厉公被杀死。

# 韩献子不从栾中行召

　　栾武子、中行献子围公于匠丽氏①，乃召韩献子，献子辞曰："弑君以求威，非吾所能为也。威行为不仁，事废为不智，享一利亦得一恶，非所务也。昔者吾畜于赵氏②，赵孟姬之谗③，吾能违兵④。人有言曰：'杀老牛莫之敢尸⑤。'而况君乎？二三子不能事君，安用厥也！"中行偃欲伐之，栾书曰："不可。其身果而辞顺⑥。顺无不行，果无不彻⑦，犯顺不祥，伐果不克，夫以果戾顺行⑧，民不犯也，吾虽欲攻之，其能

乎！"乃止。

## 【注释】

①栾武子、中行献子围公于匠丽氏：晋厉公杀三郤之后到匠丽氏处
　游玩，栾书、中行偃将其包围逮捕。匠丽氏，晋厉公嬖臣。中行
　献子，中行偃。

②畜：养。赵氏：赵盾。

③赵孟姬之谗：孟姬是赵朔之妻、晋景公之姊，她与赵盾之弟楼婴
　私通，楼婴之兄赵同、赵括将楼婴放逐到齐国，孟姬在晋景公前
　说赵同、赵括的坏话，晋景公杀赵同、赵括。当时栾氏、郤氏也乘
　机诬陷赵氏。

④吾能违兵：在孟姬之谗时，韩厥极力为赵氏说话，使晋君终于立
　赵武（赵盾之孙）为赵氏继承人。违兵，不肯用兵。韩厥言外之
　意是，我对赵氏尚不肯用兵，何况对国君。

⑤杀老牛莫之敢尸：古人认为牛有功于人，因而当牛衰老无用之
　时，也没人敢主张将其宰杀掉。尸，主。

⑥果：果敢。顺：顺于礼。

⑦彻：达。

⑧戾：止。

## 【译文】

　　栾武子、中行献子将晋厉公包围在匠丽氏家，他们召唤韩献子，韩
献子推辞说："以杀君主来求得威风，这不是我所能做的。施展威风叫
做不仁，事情废坏叫做不智，享受一种利益而得到一种恶名，这不是我
应该做的。从前我在赵氏门下供职，赵孟姬进谗，我拒绝发兵。古人有
话说：'杀死一头老牛，没有人敢出来牵头。'何况是君主呢？诸位大夫
不能善事君主，哪里用得着我韩厥呢！"中行偃想讨伐韩厥，栾书说："不
可。韩厥其身果敢，其辞顺礼。顺礼则无事不行，果敢则无事不达，

违犯顺礼不吉祥,讨伐果敢不会胜,他果敢拒绝我们的召唤,顺礼而行,民众不会侵犯他,我们即使想攻他,能行吗?"于是中行偃放弃了进攻韩厥的想法。

# 晋语七

## 【题解】

本篇收录晋悼公时期九条言论材料,重点是记载晋悼公复霸的雄才大略。

晋悼公是晋国继晋文公之后又一位杰出政治家。早在少年时代,他就以其卓异的品质才能而受到政治界关注,《周语下》载单襄公预言他将得晋国。他14岁归国即位,随即大刀阔斧地修治晋国内政,重用一批政治贤才,对外实施和戎的策略,遏制了楚国的争霸势头,使晋文公创立的霸业得到重振。本篇从不同角度展现了晋悼公作为一代青年英主的风采。"栾武子立悼公章"载悼公即位之前通过与卿大夫盟誓而遏制栾书等晋国权臣,即位伊始就着手修治内政。"悼公即位章"载悼公知人善任,擢升一批治国贤才。"悼公始合诸侯章"载悼公通过会盟诸侯而复兴晋国霸业,在扬干事件上显示出恢宏的政治气度。"祁奚荐子午以自代章"展现了祁奚内举不避亲的名臣风度。"魏绛谏悼公伐诸戎章"载魏绛力谏悼公和戎,这是悼公新政中的一大亮点。"悼公使韩穆子掌公族大夫章"和"悼公使魏绛佐新军章"分别记载公族穆子、张老的让位言行。"悼公赐魏绛女乐歌钟章"记载悼公赏赐魏绛女乐歌钟,以表彰他倡导和戎的功绩。"司马侯荐叔向章"载司马侯以德义谏悼公并举荐叔向。

记言与综合性叙述并用,是本篇文章一大艺术特色。

# 栾武子立悼公

既弑厉公，栾武子使智武子、彘恭子如周迎悼公①。庚午②，大夫逆于清原③。公言于诸大夫曰："孤始愿不及此，孤之及此，天也④。抑人之有元君⑤，将禀命焉⑥。若禀而弃之，是焚谷也⑦；其禀而不材⑧，是谷不成也⑨。谷之不成，孤之咎也；成而焚之，二三子之虐也⑩。孤欲长处其愿，出令将不敢不成，二三子为令之不从，故求元君而访焉。孤之不元，废也，其谁怨？元而以虐奉之，二三子之制也⑪。若欲奉元以济大义，将在今日；若欲暴虐以离百姓，反易民常⑫，亦在今日。图之进退，愿由今日⑬。"大夫对曰："君镇抚群臣而大庇荫之，无乃不堪君训而陷于大戮，以烦刑、史⑭，辱君之允令⑮，敢不承业⑯。"乃盟而入。

**【注释】**

①智武子：智罃。彘恭子：士鲂，士会之子，食邑于彘，又称彘季。悼公：襄公之孙周，即位时年仅14岁。

②庚午：正月十五。

③清原：晋国地名，在今山西稷山东南。

④孤之及此，天也：按，悼公将他归国即位归之于天，暗示并非群臣推戴之力。

⑤元：善。

⑥禀命：禀受天命。

⑦焚谷：焚烧谷子。

⑧不材：不成材。

⑨不成：不成熟。

⑩虐：暴虐。

⑪制：专制。

⑫反易民常：违反民众之常道，指下不事上。

⑬图之进退，愿由今日：《左传》记悼公之言曰："孤始愿不及此。虽及此，岂非天乎！抑人之求君，使出命也，立而不从，将安用君？二三子用我今日，否亦今日，共而从君，神之所福也。"意思相同而语气更为强硬。

⑭刑：指司寇等执法官员。史：秉笔直书的史官。

⑮允：信。

⑯承业：奉事。

## 【译文】

杀了晋厉公以后，栾武子派智武子、彘恭子到周室迎接悼公。正月十五，晋国大夫到清原迎接悼公。悼公对诸位大夫说："我当初的愿望没有想到要做国君，我今天走到这一步，这是出于天意。人们希望有善君，这是禀受天命。如果禀受天命而加以抛弃，这如同焚烧谷子一般；禀受天命而不成材，这如同谷子不成熟。谷子不成熟，这是我的过错；但如果成熟了却去焚烧它，这就是诸位大夫的暴虐了。我想长久地保持美好愿望，不敢发布不合适的政令，诸位大夫正是因为政令没有得到遵从，才去求索、造访善君。如果我不善，那么就废黜我，我能埋怨谁呢？但是如果我做到了善而你们以暴虐待我，这就是你们的专制了。如果你们想事奉善君以成就君臣大义，那么就在今日决定；如果你们想施行暴虐以离散百姓，违反民众常道，也在今日决定。你们考虑是进是退，希望今日决定下来。"大夫们回答说："君主您镇抚群臣，大力庇护我们，只怕我们不能承受君主训诫而陷于杀头死罪，以致烦劳刑官、史官，辱没君主的命令，我们怎敢不承奉君主事业？"于是悼公与群臣盟誓之后才进入绛都。

辛巳①,朝于武宫。定百事,立百官,育门子②,选贤良,兴旧族③,出滞赏④,毕故刑⑤,赦囚系⑥,宥闲罪⑦,荐积德⑧,逮鳏寡⑨,振废淹⑩,养老幼,恤孤疾,年过七十,公亲见之,称曰"王父",敢不承⑪。

**【注释】**

①辛巳:当为"辛未",正月十六。

②门子:大夫嫡子。

③旧族:旧臣子孙。

④滞赏:有功于先君而未获赏者。

⑤故刑:正在执行的刑罚。

⑥囚系:被囚禁的人。

⑦闲罪:犯罪嫌疑人。

⑧荐:举荐。

⑨逮:及,引申为优待。

⑩废淹:长期废弃不用的贤才。

⑪敢:岂敢。

**【译文】**

辛巳日,晋悼公在晋武公宗庙朝见群臣。议定百事,设立百官,教育大夫嫡子,选拔贤良人才,起用旧臣子孙,兑现有功于先君而未获赏者,停止正在执行的刑罚,赦免被囚系的犯人,宽宥犯罪嫌疑人,举荐积德之人,优待鳏夫寡妇,提拔长期废弃不用的贤才,抚养老人和幼儿,抚恤孤儿和残疾人,凡是年过七十的老人,悼公都要亲自接见,称之为"王父",表示自己不敢不接受他们的教训。

# 悼公即位

二月乙酉①，公即位。使吕宣子将下军②，曰："邲之役③，吕锜佐智庄子于上军④，获楚公子榖臣与连尹襄老，以免子羽⑤。鄢之役，亲射楚王而败楚师⑥，以定晋国而无后⑦，其子孙不可不崇也⑧。"使彘恭子将新军⑨，曰："武子之季、文子之母弟也⑩。武子宣法以定晋国⑪，至于今是用。文子勤身以定诸侯，至于今是赖。夫二子之德，其可忘乎！"故以彘季屏其宗⑫。使令狐文子佐之⑬，曰："昔克潞之役，秦来图败晋功，魏颗以其身却退秦师于辅氏，亲止杜回⑭，其勋铭于景钟⑮。至于今不育⑯，其子不可不兴也。"

**【注释】**

①乙酉：初一。

②使吕宣子将下军：吕宣子，吕锜之子吕相。按，据王引之考证，吕宣子将新军，非下军。

③邲之役：公元前597年晋楚在邲地大战。

④吕锜佐智庄子于上军：吕锜，又称厨武子、魏锜。智庄子，荀首。《左传》记邲之战，士会将上军，郤克佐之，荀首为下军大夫，吕锜御之，与此不同。又，此战吕锜被派出使楚军，竟违命挑战。

⑤获楚公子榖臣与连尹襄老，以免子羽：在邲之战中，智䓨被楚军俘虏，荀首与吕锜率下军回救，射死连尹襄老，载回其尸，射伤公子榖臣，将其囚禁。后晋人用公子榖臣与连尹襄老的尸体换回智䓨。公子榖臣，楚庄王之子。连尹，楚国官名。襄老，人名。子羽，智䓨，字子羽，荀首之子。

⑥鄢之役，亲射楚王而败楚师：在公元前575年晋楚鄢陵战役中，

吕锜射中楚恭王的眼睛。此战楚师大败。

⑦无后：指吕锜后人没有尊显者。按，吕锜在鄢陵之战中射中楚王眼睛，自己被养由基射死。

⑧崇：尊崇。

⑨使彘恭子将新军：彘恭子，士鲂。新军，齐晋鞌之战后，公元前588年，晋增设新中、上、下三军，扩大为六军。将新军，即为新中军将。据王引之考证，此年士鲂为下军佐。

⑩武子之季：范武子士会的少子。文子之母弟：范文子士燮的同母弟。

⑪宣法：明法。范武子作《执秩之法》。

⑫屏：屏藩，保障。

⑬令狐文子：魏颉，魏颗之子。

⑭"昔克潞之役"四句：公元前594年六月，晋荀林父将灭赤狄潞氏。七月秦桓公伐晋，魏颗在辅氏打败秦军，俘虏力士杜回。潞，赤狄潞氏。魏颗，晋文公名臣魏犨之子。辅氏，晋地名，在今陕西大荔。杜回，秦国的大力士。

⑮景钟：晋景公之钟。

⑯育：遂，得志。

**【译文】**

二月初一，晋悼公即位。他委任吕宣子为下军之将，说："晋楚邲之战，吕锜辅佐智庄子统帅上军，俘虏楚公子谷臣，射杀连尹襄老，最终使被楚人俘虏的智䓨得以生还。在晋楚鄢陵之战中，吕锜亲手射中楚恭王眼睛，打败楚军，安定了晋国，可是他的后人却没有尊显，他的子孙不可不尊崇。"晋悼公委任彘恭子统帅新军，说："你是范武子的小儿子、范文子的同母兄弟。范武子明定法规而安定晋国，至今仍在使用他制定的法规。范文子勤谨终身来安定诸侯，至今晋国仍然依赖他的影响。范武子、范文子的美德，岂能忘记！"因此晋悼公以彘恭子屏障范氏宗族。

晋悼公委任令狐文子为新军副将,说:"从前战胜潞人之役,秦国派兵试图摧败晋人军功,魏颗亲身在辅氏打退秦军,亲手活捉了力士杜回,他的功勋铭刻在景公钟上。他的后人至今不得志,他的儿子不可不起用。"

　　君知士贞子之帅志博闻而宣惠于教也①,使为太傅②。知右行辛之能以数宣物定功也③,使为元司空④。知栾纠之能御以和于政也⑤,使为戎御⑥。知荀宾之有力而不暴也⑦,使为戎右⑧。

**【注释】**

①士贞子:士渥浊,又称士贞伯、士伯。帅:循。志:典籍。宣:遍。惠:仁爱。

②太傅:官名,太子师傅。

③右行辛:晋国大夫贾辛。或曰,贾辛为晋文公时贾华之后。数:计。宣:明。物:事。

④元:大。司空:官名,掌管建都邑、起宫室、整沟洫等事务。

⑤栾纠:晋国大夫弁纠。御:驾御兵车。政:军政。

⑥戎御:驾驭晋君兵车。

⑦荀宾:晋国大夫。暴:暴躁。

⑧戎右:晋君车右武士。

**【译文】**

　　晋悼公知道士贞子能够遵循书志,博见多闻,广泛地以仁爱之心从事教化,便让他担任太傅。知道右行辛能够用计数方法明事定功,便让他担任大司空。知道栾纠能够驾驭兵车来协和军政,便让他驾驭国君的兵车。知道荀宾孔武有力而不暴躁,便让他担任国君兵车的车右武士。

栾伯请公族大夫①，公曰："荀家惇惠②，荀会文敏③，黡也果敢④，无忌镇静⑤，使兹四人者为之。夫膏粱之性难正也⑥，故使惇惠者教之⑦，使文敏者导之⑧，使果敢者谂之⑨，使镇静者修之⑩。惇惠者教之，则遍而不倦⑪；文敏者导之，则婉而入⑫；果敢者谂之，则过不隐⑬；镇静者修之，则壹⑭。"使兹四人者为公族大夫。

**【注释】**

①栾伯：栾书。公族大夫：掌管公族与卿的子弟。

②荀家：晋国大夫。惇惠：敦厚仁惠。

③荀会：荀家同族。文敏：明礼敏捷。

④黡：栾黡，栾书之子，又称栾桓子。

⑤无忌：韩厥之子，又称公族穆子。

⑥膏粱之性：富贵人的习性。膏，肉之肥者。粱，食之精者。

⑦教：教之道义。

⑧导：引导志向。

⑨谂（shěn）：告诫。

⑩修：修治习性。

⑪遍而不倦：全面而不知倦。

⑫婉而入：委婉而易于接受。

⑬过不隐：直接批评而不隐藏。

⑭壹：始终如一。

**【译文】**

晋国正卿栾书请晋悼公设立公族大夫，悼公说："荀家敦厚仁惠，荀会知礼敏捷，栾黡果决敢为，韩无忌镇静沉稳，让这四个人担任公族大夫。富贵膏粱子弟的习性难以矫正，因此让敦厚仁惠者教之以道义，让知礼敏捷的人引导志向,让果决敢为的人经常告诫,让镇静沉稳的人培养习性。敦厚仁惠的人教之道义,就会全面而不知倦;知礼敏捷的人引导志向,就会委婉而易于接受;果决敢为的人从事告诫,就会直接批评而不隐藏;镇静沉稳的人培养习性,就会始终如一。"晋悼公委任这四人为公族大夫。

　　公知祁奚之果而不淫也①,使为元尉②。知羊舌职之聪敏肃给也③,使佐之。知魏绛之勇而不乱也④,使为元司马⑤。知张老之智而不诈也⑥,使为元候⑦。知铎遏寇之恭敬而信强也⑧,使为舆尉⑨。知籍偃之惇帅旧职而恭给也⑩,使为舆司马⑪。知程郑端而不淫⑫,且好谏而不隐也,使为赞仆⑬。

**【注释】**

①祁奚:晋国大夫。果:果断。淫:放纵。

②元尉:中军尉。

③羊舌职:晋国大夫,叔向之父。聪敏:通达。肃给:敏捷。

④魏绛:魏庄子,是魏犫的后代。

⑤元司马:中军司马。

⑥张老:晋国大夫张孟。

⑦元候:中军候奄,负责侦察。

⑧铎遏寇:晋国大夫,复姓铎遏,寇为其名。信强:诚信刚强。

⑨舆尉:上军尉。

⑩籍偃:晋国大夫籍游。惇帅旧职:恪守旧职。恭给:恭敬敏捷。

⑪舆司马:上军司马。

⑫程郑:晋国大夫。端:端正。淫:淫邪。

⑬赞仆：乘马御，掌管车马。

**【译文】**

晋悼公知道祁奚果断而不放纵，让他担任元尉。知道羊舌职通达敏捷，让他担任祁奚的副手。知道魏绛勇敢而不作乱，让他担任元司马。知道张老智慧而不狡诈，让他担任元候。知道铎遏寇恭敬而守信刚强，让他担任舆尉。知道籍偃恪守旧职而恭敬敏捷，让他担任舆司马。知道程郑端正而不淫邪，而且爱好进谏而不隐藏，让他担任赞仆。

# 悼公始合诸侯

始合诸侯于虚杅以救宋①，使张老延君誉于四方②，且观道逆者③。吕宣子卒④，公以赵文子为文也⑤，而能恤大事，使佐新军⑥。三年，公始合诸侯⑦。四年，诸侯会于鸡丘⑧，于是乎布命、结援、修好、申盟而还⑨。令狐文子卒⑩，公以魏绛为不犯⑪，使佐新军。使张老为司马，使范献子为候奄⑫。公誉达于戎。五年，诸戎来请服⑬，使魏庄子盟之⑭，于是乎始复霸⑮。

**【注释】**

①始合诸侯于虚杅(chēng)以救宋：公元前 573 年，宋鱼石叛宋逃楚，楚伐宋，取彭城以封鱼石，晋悼公率领诸侯救宋。虚杅，宋国地名，在今河南延津东。

②延君誉：宣扬晋君美誉。

③道逆：顺逆。

④吕宣子：吕相。

⑤赵文子：赵武。为文：有文德。

⑥佐新军：新军，新中军。按，吕相为新军将，赵武代其将新军，非佐也。

⑦三年，公始合诸侯：公元前571年，晋会诸侯于戚，在虎牢筑城威胁服从楚国的郑国。

⑧四年，诸侯会于鸡丘：公元前570年，郑服，诸侯在鸡丘结盟。鸡丘，晋国地名。《左传》作鸡泽，在今河北邯郸东北。

⑨布命：发布朝聘命令。结援：缔结互援约定。修好：修复友好关系。申盟：重申盟誓。

⑩令狐文子：魏颉。

⑪魏绛为不犯：鸡丘之会，晋悼公的弟弟扬干扰乱军队行列，魏绛杀其车夫。不犯，不可犯以非法。

⑫范献子：范文子族弟士富。

⑬五年，诸戎来请服：公元前569年，晋国声威大振，无终子嘉父使孟乐如晋，因魏绛纳虎豹之皮，请和诸戎。

⑭使魏庄子盟之：魏绛劝悼公和诸戎，故使盟之。魏庄子，魏绛。

⑮复霸：晋文公首次称霸，晋悼公再次称霸。

**【译文】**

　　晋悼公开始在虚杅会合诸侯商量救宋，派张老四处宣传晋君美誉，并且观察各国诸侯的顺逆态度。吕宣子去世后，悼公认为赵文子有文德，能够顾全大局，让他担任新中军的副将（应为新中军将）。晋悼公三年，悼公开始召集诸侯。晋悼公四年，诸侯在鸡丘会盟，于是晋悼公发布朝聘命令，要求各国缔结互援约定，彼此修复友好关系，重申盟誓，然后返回。令狐文子去世，悼公认为魏绛不可犯以非法，便让他担任新军的副将。委任张老为司马，命范献子为候奄。悼公美誉远达于戎。晋悼公五年，诸戎前来晋国请求服从，悼公派魏庄子与诸戎盟誓，于是晋悼公继文公之后重新称霸诸侯。

　　四年<sup>①</sup>,会诸侯于鸡丘,魏绛为中军司马,公子扬干乱行于曲梁<sup>②</sup>,魏绛斩其仆<sup>③</sup>。公谓羊舌赤曰<sup>④</sup>:"寡人属诸侯<sup>⑤</sup>,魏绛戮寡人之弟<sup>⑥</sup>,为我勿失<sup>⑦</sup>。"赤对曰:"臣闻绛之志,有事不避难,有罪不避刑,其将来辞<sup>⑧</sup>。"言终,魏绛至,授仆人书而伏剑<sup>⑨</sup>。士鲂、张老交止之<sup>⑩</sup>。仆人授公,公读书曰:"臣诛于扬干<sup>⑪</sup>,不忘其死。日君乏使<sup>⑫</sup>,使臣狃中军之司马<sup>⑬</sup>。臣闻师众以顺为武<sup>⑭</sup>,军事有死无犯为敬,君合诸侯,臣敢不敬,君不说,请死之。"公跣而出<sup>⑮</sup>,曰:"寡人之言,兄弟之礼也。子之诛,军旅之事也,请无重寡人之过。"反役<sup>⑯</sup>,与之礼食<sup>⑰</sup>,令之佐新军。

**【注释】**

①四年:晋悼公四年为公元前570年。

②公子扬干:晋悼公之弟。乱行:扰乱部队行列。曲梁:晋国地名,在今山西潞城北,鸡丘附近。

③仆:车夫。

④羊舌赤:羊舌职之子铜鞮伯华。

⑤属:会。

⑥戮:辱。

⑦为我勿失:替我将他抓起来,不要有失误。

⑧辞:前来陈辞。

⑨仆人:官名,掌管传命。书:魏绛陈辞书信。伏剑:想自杀。

⑩交:夹。

⑪诛:责。

⑫日君乏使:日前君主缺乏使唤之臣。

⑬狃(niǔ):通"粗",充任。

⑭顺：顺令，服从军令。

⑮跣（xiǎn）：赤足。古人入室脱履，出室要穿上。悼公恐魏绛自杀，来不及穿履，故赤脚而出。

⑯反役：从鸡丘返回。

⑰与之礼食：悼公用公食大夫之礼宴请魏绛。

**【译文】**

晋悼公四年，悼公在鸡丘会合诸侯，魏绛担任中军司马，悼公之弟公子扬干在曲梁扰乱军队行列，魏绛将扬干的车夫斩首。悼公对羊舌赤说："我会合诸侯，魏绛侮辱我的弟弟，你替我将他抓住，不要有失。"羊舌赤回答说："我听说魏绛的志向是，有事不避灾难，有罪不避刑罚，他会亲自来向您陈辞。"话音刚落，魏绛就到了，他将陈情书信交给仆人，然后就要伏剑自杀。士鲂、张老从两旁制止了他。仆人将魏绛陈情书交给悼公，悼公看了书信，信上说："我诛责扬干，没有忘记这样做是死罪。日前君主缺乏使唤之臣，让我充任中军司马。我听说军队以服从军令为威武，军队大事有死无犯为恭敬，君主会合诸侯，我岂敢不敬，如今君主不悦，我请求以死明志。"悼公赤足跑出来，说："我的话，讲的是兄弟之礼。您的诛责，是军旅大事，请您不要加重我的过失。"从鸡丘返回后，悼公以公食大夫之礼宴请魏绛，命令魏绛为新军副将。

# 祁奚荐子午以自代

祁奚辞于军尉①，公问焉，曰："孰可？"对曰："臣之子午可。人有言曰：'择臣莫若君，择子莫若父。'午之少也，婉以从令②，游有乡，处有所，好学而不戏③。其壮也④，强志而用命⑤，守业而不淫⑥。其冠也⑦，和安而好敬，柔惠小物⑧，而镇定大事⑨，有直质而无流心⑩，非义不变，非上不举⑪。若临大事，其可以贤于臣。臣请荐所能择而君比义焉<sup>⑫</sup>。"公使祁午为军尉，殁平公<sup>⑬</sup>，军无秕政<sup>⑭</sup>。

**【注释】**

①辞于军尉：因年老而辞去军尉职务。

②婉：顺。

③戏：戏弄。

④壮：指未满二十岁之时。

⑤志：记。用命：听从父命。

⑥守业：坚守学业。淫：放荡。

⑦冠：二十岁。

⑧柔惠：仁爱。小物：小事。

⑨镇定：安定。

⑩流心：游移放纵的心性。

⑪非上不举：非礼勿动。上，俞樾认为是"止"字之误。止，礼。

⑫比义：比较揣度。

⑬殁平公：终晋平公之世。晋平公，晋悼公之子，公元前557—公元前532年在位。

⑭秕（bǐ）：本指干瘪的谷子，引申为坏、不好。

**【译文】**

　　祁奚因年老而辞去中军尉的职务，悼公询问他，说："谁可以担任中军尉？"祁奚回答说："我的儿子祁午可以担任。人们有句话说：'选择臣子没有人比君主更合适，选择儿子没有人比父亲更合适。'祁午年少的时候，婉顺听话，出游必有固定的方向，居住必有固定的处所，爱好学习而不好戏弄。稍大的时候，博闻强记而听从父命，坚守学业而不越本分。二十岁的时候，性格温和安宁而爱好恭敬，在小事上有仁爱之心，在大事上能够安定沉稳，有正直的品质而没有放荡之心，不合正义的事不会改变,不合礼义的事不会行动。如果遇到大事,他的表现大概可以比我优秀。我请求举荐所能选择的人才,君主您比较揣度而行。"晋悼公委任祁午为中军尉,终平公之世,晋军没有败坏之政。

# 魏绛谏悼公伐诸戎

五年①,无终子嘉父使孟乐因魏庄子纳虎豹之皮以和诸戎②。公曰:"戎、狄无亲而好得③,不若伐之。"魏绛曰:"劳师于戎,而失诸华④,虽有功,犹得兽而失人也,安用之?且夫戎、狄荐处⑤,贵货而易土⑥。予之货而获其土,其利一也;边鄙耕农不儆⑦,其利二也;戎、狄事晋,四邻莫不震动,其利三也。君其图之!"公说,故使魏绛抚诸戎,于是乎遂伯。

**【注释】**

①五年:晋悼公五年为公元前569年。

②无终:山戎之国。子:无终国君主为子爵。嘉父:无终子之名。

　孟乐:嘉父之臣。因:通过。魏庄子:魏绛。和诸戎:诸戎想求和。

③无亲:不讲亲情。好得:贪财货。

④华:华夏诸侯,指中原诸侯国。

⑤荐处:逐水草而居。

⑥贵货:重财货。易土:轻土地。

⑦儆:警戒。

**【译文】**

晋悼公五年,山戎无终国君嘉父派孟乐通过魏绛向晋君进献虎豹之皮,以此表示诸戎求和之意。晋悼公说:"戎、狄不讲亲情,贪得财货,不如讨伐他们。"魏绛说:"对诸戎劳累师旅,而失掉华夏诸侯,虽然有功,但犹如猎得野兽而失去人,有什么用呢? 况且戎、狄逐水草而居,重财货,轻土地。给他们财货而获其土地,这是第一个利益;边境耕种的农夫不再需要对戎、狄警戒,这是第二个利益;戎、狄事奉晋国,四邻诸侯莫不震动,这是第三个利益。君主您好好考虑吧!"悼公听后很高兴,因此派魏绛抚慰诸戎,晋国于是称霸诸侯。

# 悼公使韩穆子掌公族大夫

韩献子老①,使公族穆子受事于朝②。辞曰:"厉公之乱,无忌备公族③,不能死。臣闻之曰:'无功庸者④,不敢居高位。'今无忌,智不能匡君,使至于难,仁不能救,勇不能死,敢辱君朝以忝韩宗⑤,请退也。"固辞不立。悼公闻之,曰:"难虽不能死君而能让,不可不赏也。"使掌公族大夫⑥。

【注释】

①韩献子:晋国正卿韩厥。

②公族穆子:韩厥长子无忌。受事于朝:晋悼公想让无忌为卿。

③备公族:无忌与公室同姓。悼公即位后无忌任公族大夫。

④功庸:功劳。国功曰功,民功曰庸。

⑤忝韩宗:辱没韩氏宗族。

⑥掌:主管。无忌在此之前已为公族大夫,晋悼公将其擢升为公族大夫首领。

【译文】

韩献子年老,晋悼公让韩厥长子公族穆子到朝廷担任要职。穆子推辞说:"厉公被弑的时候,无忌虽然是同姓公族,但却不能为他而死。

我听说：'无功劳的人，不敢居于高位。'如今无忌，论智慧不能匡正君主，使厉公遭到灾难，论仁义不能拯救厉公，论勇敢不能战死，岂敢辱没君主圣朝以辱没韩氏宗族，我请求退职。"他坚决推辞不敢接受要职。悼公听后，说："遇到灾难虽然不能为君而死，但是能够礼让，不可不赏赐。"悼公让穆子掌管公族大夫。

# 悼公使魏绛佐新军

悼公使张老为卿①，辞曰："臣不如魏绛。夫绛之智能治大官②，其仁可以利公室不忘③，其勇不疚于刑④，其学不废其先人之职，若在卿位，外内必平。且鸡丘之会，其官不犯而辞顺⑤，不可不赏也。"公五命之，固辞，乃使为司马。使魏绛佐新军。

**【注释】**

①使张老为卿：指让张老为新军之佐。张老原为中军候奄，为大夫。

②大官：指卿。

③利公室不忘：不忘利公室。

④不疚于刑：不怕受刑。

⑤不犯：指戮扬干。

**【译文】**

晋悼公委任张老为卿，张老推辞说："我不如魏绛。魏绛的智慧能胜任卿职，他的仁义可以不忘利于公室，他的勇敢不怕受刑，他的学识不废弃先人之职，如果他在卿位，外交内政必定能够妥善处理。况且在鸡丘之会上，他履行官职不犯军法而又能做到言辞顺从，不可不予以赏赐。"悼公五次任命张老，他都坚决地辞退了，于是悼公让他担任晋军司马。派魏绛为新军副将。

# 悼公赐魏绛女乐歌钟

十二年①，公伐郑，军于萧鱼②。郑伯嘉来纳女、工、妾三十人③，女乐二八④，歌钟二肆⑤，及宝镈⑥，辂车十五乘⑦。公锡魏绛女乐一八、歌钟一肆⑧，曰："子教寡人和诸戎、狄而正诸华，于今八年，七合诸侯，寡人无不得志，请与子共乐之。"魏绛辞曰："夫和戎、狄，君之幸也。八年之中，七合诸侯⑨，君之灵也⑩，二三子之劳也，臣焉得之？"公曰："微子⑪，寡人无以待戎，无以济河，二三子何劳焉！子其受之。"君子曰："能志善也⑫。"

**【注释】**

①十二年：晋悼公十二年为公元前562年。

②军：驻扎。萧鱼：郑国地名，即今河南许昌。

③郑伯嘉：郑简公，名嘉。女：美女。工：乐师。妾：婢女。

④女乐：歌妓。二八：十六人，古代歌舞八人为一佾。

⑤肆：列，可以完整演奏歌曲的一列歌钟为一肆。

⑥宝镈（bó）：大钟。

⑦辂车十五乘：辂车，天子的乘车。《左传》作"广车、軘车淳十五乘，甲兵备，凡兵车百乘"，即成对的广车、軘车各十五乘，并配备了衣甲、兵器，共计送了兵车一百乘。

⑧锡：赐。

⑨八年之中，七合诸侯：《左传》作"八年之中，九合诸侯"。即公元

前568年会于戚,又会于城棣救陈,公元前566年会于邺,公元前565年会于邢丘,公元前564年盟于戏,公元前563年会于柤,又戍郑虎牢,公元前562年同盟于亳城北,又会于萧鱼。八年,从公元前569年和戎至此年,头尾八年。

⑩ 灵:福。

⑪ 微:无。

⑫ 志:记。

**【译文】**

晋悼公十二年,悼公讨伐郑国,驻扎在萧鱼。郑国国君嘉前来进贡美女、乐师、婢妾三十人,歌舞伎女十六人,歌钟二列,以及宝镈,辂车十五乘。悼公赐魏绛歌舞伎女八人、歌钟一列,说:"您教我与诸戎、狄讲和,肃正华夏诸侯,至今已经八年,晋国七合诸侯,我感到无不得志,请让我与您共同享用这些歌乐。"魏绛推辞说:"与戎、狄讲和,这是君主您的幸运。八年之中,七合诸侯,这是君主您的福气,也是晋国诸位卿大夫的功劳,我怎么敢得到这些赏赐呢?"悼公说:"没有您,我没有正确的对待戎狄的政策,也不能南渡黄河,其他人有什么功劳呢!您还是接受吧。"君子对此评论:"悼公能够记住别人的功劳。"


# 司马侯荐叔向

悼公与司马侯升台而望曰①:"乐夫!"对曰:"临下之乐则乐矣,德义之乐则未也。"公曰:"何谓德义?"对曰:"诸侯之为②,日在君侧,以其善行,以其恶戒,可谓德义矣。"公曰:"孰能?"对曰:"羊舌肸习于春秋③。"乃召叔向使傅太子彪④。

**【注释】**

①司马侯：晋国大夫女叔齐。

②为：行为。

③羊舌肸（xī）：叔向。春秋：泛指史书。

④太子彪：即后来的晋平公。

**【译文】**

晋悼公与司马侯登台而望，说："快乐啊！"司马侯回答说："登高临下的快乐确实让人欢乐，可是德义的快乐还没有得到。"悼公问："什么叫德义？"司马侯回答说："针对诸侯的行为，臣下每日都在君主身边，看到君主的善行就鼓励他继续做，看到君主的恶行就给予告诫，这就叫德义。"悼公问："谁能做到这样？"司马侯说："羊舌肸熟悉史书。"悼公于是召来叔向，让他做太子彪的师傅。

# 晋语八

**【题解】**

本篇收录晋平公时期二十条君臣言论材料。

平公时期虽然大体上能够维持霸业,但已没有悼公一朝的中兴大气,公室显示出衰微迹象。"师旷论乐章"、"叔向谏杀竖襄章"、"医和视平公疾章"、"郑子产来聘章"记载晋平公弃雅乐而好新声、失鹌鹑而欲杀无辜、因沉溺女色而身染沉疴,从中可以见出这位晋君生活状况及其内心境界。"范宣子与和大夫争田章"、"叔孙穆子论死而不朽章"、"赵文子为室张老谓应从礼章"、"叔向均秦楚二公子之禄章"、"秦后子谓赵孟将死章"、"叔向论忧德不忧贫章"分别记载三任晋国正卿士匄、赵武、韩起的言行,虽然他们尚能做到闻过则改,但其见识显然与他们所承担的历史重任不能完全相称。"訾祏死范宣子勉范献子章"、"赵文子请免叔孙穆子章"、"赵文子称贤随武子章"所载士匄、赵武的言论,颇能见出他们思想中的亮点。"叔向与子朱不心竞而力争章"从一个侧面揭示出晋国士大夫的心态。叔向是当时晋国政治舞台上一个优秀人物,"叔向论比而不别章"、"叔向论忠信而本固章"、"叔向论务德无争先章"都体现出叔向的远见卓识。"阳毕教平公灭栾氏章"记载阳毕力谏平公铲除栾氏这一祸根,"辛俞从栾氏出奔章"记载栾氏家臣辛俞临危不改忠心,"叔向母谓羊舌氏必灭章"载叔向母根据婴儿骨相及声音而预言羊舌氏必将覆灭。

# 阳毕教平公灭栾氏

平公六年<sup>①</sup>，箕遗及黄渊、嘉父作乱<sup>②</sup>，不克而死。公遂逐群贼<sup>③</sup>，谓阳毕曰<sup>④</sup>："自穆侯以至于今<sup>⑤</sup>，乱兵不辍<sup>⑥</sup>，民志不厌<sup>⑦</sup>，祸败无已<sup>⑧</sup>。离民且速寇<sup>⑨</sup>，恐及吾身，若之何？"阳毕对曰："本根犹树<sup>⑩</sup>，枝叶益长，本根益茂，是以难已也。今若大其柯<sup>⑪</sup>，去其枝叶，绝其本根，可以少间<sup>⑫</sup>。"

**【注释】**

①平公六年：晋平公六年为公元前552年。平公，晋悼公之子，名彪。

②箕遗及黄渊、嘉父作乱：栾盈之父栾黡娶范宣子之女叔祁为妻，生栾盈。栾黡死后，叔祁与家臣州宾私通，栾盈恶之。叔祁向范宣子诬告栾盈作乱。又，栾黡曾因其弟之死而怨范宣子，两家结怨已久。故范宣子听信谗言准备驱逐栾盈，栾盈党羽箕遗、黄渊、嘉父获知后举兵作乱。箕遗、黄渊、嘉父，三人皆为晋国大夫。按，《左传》仅言逐栾盈及杀箕遗、黄渊、嘉父、司空靖、邴豫、董叔、邴师、申书、羊舌虎、叔罴等十人，未言箕遗等作乱。

③群贼：栾盈的党羽。

④阳毕：晋国大夫。

⑤穆侯：唐叔八世孙，曲沃桓叔之父。

⑥辍：止。

⑦民志：民心。厌：满足。

⑧无已：不止。

⑨离民：使民心离散。速寇：召寇。

⑩本根犹树：祸乱的根本尚在，比喻栾氏根基仍然牢固。

⑪柯：斧柄。

⑫少间：稍微停息。

【译文】

平公六年，箕遗及黄渊、嘉父举兵作乱，不胜而死。晋平公于是驱逐栾盈的党羽，对阳毕说："晋国从穆侯到如今，乱兵不止，民心不满，祸败不息。这导致民众离散，而且招致敌寇，我怕祸乱危及自身，怎么办？"阳毕回答说："祸乱的根本尚在，枝叶越是生长，根本也就越茂盛，因此祸乱难以止息。现在如果加长斧柄，削除枝叶，断绝本根，祸乱就可以稍微止息。"

公曰："子实图之。"对曰："图在明训①，明训在威权，威权在君。君抡贤人之后有常位于国者而立之②，亦抡逞志亏君以乱国者之后而去之③，是遂威而远权④。民畏其威，而怀其德，莫能勿从⑤。若从，则民心皆可畜⑥。畜其心而知其欲恶⑦，人孰偷生？若不偷生，则莫思乱矣。且夫栾氏之诬晋国久也⑧，栾书实覆宗⑨，弑厉公以厚其家⑩，若灭栾氏，则民威矣。今吾若起瑕、原、韩、魏之后而赏立之⑪，则民怀矣。威与怀各当其所，则国安矣，君治而国安，欲作乱者谁与？"

【注释】

①明训：明确的训诫。

②抡：选择。常位：世袭。

③逞志：快意。

④遂威：申威。远权：权力传给君主后嗣。

⑤莫:没有人。从:从君。

⑥畜:畜养,培养。

⑦欲恶:好恶。

⑧诬:以恶取善曰诬。

⑨栾书实覆宗:栾书执政期间,先后翦灭晋国赵同、赵括、郤锜、郤
　犫、郤至、胥童六卿,杀死晋厉公。覆宗,败坏大宗。

⑩厚其家:使栾氏家族获得厚利。

⑪瑕:瑕嘉。原:原轸。韩:韩万。魏:毕万。

## 【译文】

平公说:"您替我谋划一下。"阳毕说:"谋划在于制定明确的训诫,制定明确的训诫在于有威权,有威权在于君主。君主可以选择贤人后代在国家有世袭权利的人当政,也可以选择那些快意亏损君主扰乱国家者的后代而加以消除,这样就能够申明君威,使权力传给后嗣。民众畏惧君主威权,感怀君主恩德,就没有人不服从君主。如果民众服从,那么民心就都可以培养了。培养民众的心性而知道他们的好恶,那么民众谁会苟且偷生? 如果民众不会苟且偷生,那么就没有人想犯上作乱了。况且栾氏欺骗晋国已经很久了,栾书实实在在地败坏了晋国宗族,他杀死厉公,为栾氏家族谋得厚利,如果灭了栾氏,那么君主在民众中的威权就确立了。现在如果我们起用瑕嘉、原轸、韩万、毕万的后人,而加以封赏,那么民众就会感怀君主恩德了。威权与怀柔各当其所,那么国家就安稳了,明君治国,国家安稳,即使是有想作乱的人,谁肯帮助他们呢?"

　　君曰:"栾书立吾先君①,栾盈不获罪②,如何?"阳毕曰:"夫正国者,不可以昵于权③,行权不可以隐于私④。昵于权,则民不导⑤;行权隐于私,则政不行。政不行,何以导民? 民之不导,亦无君也,则其为昵与隐也,复害矣⑥,且勤身⑦。君

其图之！若爱栾盈，则明逐群贼，而以国伦数而遣之<sup>⑧</sup>，厚箴戒图以待之<sup>⑨</sup>。彼若求逞志而报于君，罪孰大焉，灭之犹少<sup>⑩</sup>。彼若不敢而远逃，乃厚其外交而勉之<sup>⑪</sup>，以报其德，不亦可乎？"

**【注释】**

①栾书立吾先君：指栾书立悼公。先君，晋悼公。

②不获罪：没有犯罪。

③昵：近。权：权宜。

④行权：行使权力。隐于私：被私恩所隐蔽。

⑤导：训导。

⑥复害：反过来害己。

⑦勤身：勤劳自身。

⑧以国伦数而遣之：以国家伦理的名义历数他们罪行并加以驱遣。

⑨箴：规劝。待：防备。

⑩犹少：尚且嫌少。

⑪厚其外交而勉之：厚赠栾盈所逃之国，劝勉栾盈。

**【译文】**

平公说："栾书拥立先君悼公，栾盈并未犯罪，怎么办？"阳毕说："治理国家的人，不可以只想权宜之计，行使权力不可以被私恩所隐蔽。只考虑权宜之计，那么民众就无法训导；行使权力被私恩所隐蔽，那么就会政令不行。政令不行，拿什么训导民众？民众得不到训导，也就等于无君，那么运用权宜之计，或者行使权力时被私恩所隐蔽，就会反过来又害了国君，而且让国君自身劳苦。君主您好好考虑吧！如果您爱栾盈，那么就明确地驱逐群贼，而以国家伦理的名义历数他们罪行并加以驱遣，好好地对栾盈进行规劝、警诫并考虑如何防备。他如果想追求快意，报复国君，那么就没有比这更大的罪恶了，将其消灭尚嫌不够。他如果不敢报复而远逃他国,我们就可以厚赂他所逃之国,对他加以劝勉,以此报答栾氏之德,不是可以吗?"

公许诺,尽逐群贼而使祁午及阳毕适曲沃逐栾盈①,栾盈出奔楚。遂令于国人曰:"自文公以来,有力于先君而子孙不立者,将授立之②,得之者赏。"居三年,栾盈昼入,为贼于绛③。范宣子以公入于襄公之宫④,栾盈不克,出奔曲沃,遂刺栾盈,灭栾氏。是以没平公之身无内乱也。

**【注释】**

①祁午:中军尉。曲沃:此曲沃为栾盈封邑,可能是桃林塞,在今河南陕县西南,并非山西闻喜之曲沃。

②授立之:授以爵位而立之。

③居三年,栾盈昼入,为贼于绛:事在公元前550年。栾盈奔楚一年之后,又奔齐国,后在齐庄公支持下,返回曲沃,并进入绛都作乱。

④入于襄公之宫:襄公宗庙建筑牢固,因此平公入襄公宗庙避难。

**【译文】**

平公答应了,于是下令驱逐群贼,派中军尉祁午和大夫阳毕到曲沃驱逐栾盈,栾盈出奔楚国。平公于是对国人下令说:"自文公以来,凡是对先君有功而子孙没有官爵的人,将授予爵位官职,访得功臣后代的人将受奖赏。"三年之后,栾盈白天率众攻入都城,贼害绛都。晋国正卿范宣子引领平公进入晋襄公宗庙,栾盈未能获胜,出奔到曲沃,晋军于是刺死栾盈,灭了栾氏家族。因此终平公一朝,晋国没有内乱。

# 辛俞从栾氏出奔

　　栾怀子之出①，执政使栾氏之臣勿从②，从栾氏者为大戮施③。栾氏之臣辛俞行④，吏执之，献诸公。公曰："国有大令，何故犯之？"对曰："臣顺之也，岂敢犯之？执政曰'无从栾氏而从君'，是明令必从君也。臣闻之曰：'三世事家⑤，君之⑥；再世以下，主之⑦。'事君以死，事主以勤，君之明令也。自臣之祖，以无大援于晋国，世隶于栾氏，于今三世矣，臣故不敢不君。今执政曰'不从君者为大戮'，臣敢忘其死而叛其君⑧，以烦司寇。"公说，固止之，不可。厚赂之，辞曰："臣尝陈辞矣，心以守志，辞以行之，所以事君也。若受君赐，是堕其前言⑨。君问而陈辞，未退而逆之⑩，何以事君？"君知其不可得也，乃遣之。

**【注释】**

　　①栾怀子：栾盈。出：出奔楚国。

　　②执政：晋国正卿范宣子。

　　③大戮：处以死刑。施：陈尸示众。

　　④行：随从栾盈出行。

　　⑤三世事家：三代为大夫家臣。

　　⑥君之：把大夫当做国君看待。

　　⑦主之：称大夫为主。

　　⑧敢：不敢。

　　⑨堕：坏。

　　⑩逆：反，违背。

## 【译文】

栾怀子被驱逐出晋国，执政正卿范宣子命令栾氏家臣不要跟随栾盈，凡是随从栾氏的人都要被处以死刑，并陈尸示众。栾氏家臣辛俞随行，被执法官吏抓住，献给晋平公。平公说："国家有重大法令，你为什么要违犯？"辛俞说："我是服从法令的人，岂敢违犯法令？执政正卿说'不要随从栾氏而要随从君主'，这是明令我们必须随从君主。我听说：'三代为大夫家臣，事之如同国君；两代为大夫家臣，称大夫为主。'以死事奉君，以勤事奉主，这是君主的明令。从我的祖父开始，因为在晋国没有大的靠山，所以世世隶属于栾氏，至今已经三代了，我因此不敢不以事奉君主的方式来事奉栾氏。如今执政说'不随从君的人要处以死刑'，我怎敢忘其死而叛其君，来麻烦司寇对我用刑。"平公听后很高兴，执意挽留他，但辛俞不答应。平公又送了他一份厚礼，辛俞推辞说："我已经陈述自己想法了，心是用来守护志向的，言辞是用来表达志向的，这是事奉君主之道。如果我接受国君恩赐，那么就颠覆了我在前面所说的话。国君询问，我陈述己志，尚未告退就违背自己的话，拿什么来事奉君主？"平公知道辛俞不能为己所用，于是将他放了。

# 叔向母谓羊舌氏必灭

叔鱼生①，其母视之，曰："是虎目而豕喙②，鸢肩而牛腹③，谿壑可盈④，是不可餍也⑤，必以贿死⑥。"遂不视⑦。杨食我生⑧，叔向之母闻之，往，及堂，闻其号也，乃还，曰："其声，豺狼之声，终灭羊舌氏之宗者，必是子也⑨。"

## 【注释】

①叔鱼：晋国大夫羊舌鲋，为叔向同母弟。

②虎目:老虎眼。豕(shǐ)喙:猪嘴。

③鸢(yuān)肩:老鹰的肩,指两肩向上耸。牛腹:牛肚。

④豁:深峭的山谷。壑:山谷。盈:满。

⑤餍:满足。

⑥必以贿死:按,公元前528年,晋邢侯与雍子争鄐田,韩起命令叔
　鱼审理,罪在雍子。雍子把女儿嫁给叔鱼,叔鱼便枉断邢侯有
　罪。邢侯大怒,在朝廷上杀死了叔鱼和雍子。

⑦不视:不肯养视。

⑧杨食我:杨是叔向的食邑,食我是叔向之子伯石。

⑨终灭羊舌氏之宗者,必是子也:按,公元前514年,晋国祁胜和邬
　臧互相和对方妻子通奸,祁盈把他们抓起来,祁胜买通荀跞,荀
　跞为他在晋顷公跟前说好话。晋顷公抓了祁盈。祁盈家臣杀祁
　胜和邬臧,晋国杀祁盈,杨食我为祁盈同党,也同时被杀。晋遂
　灭祁氏、羊舌氏。

**【译文】**

　　叔鱼出生时,他的母亲仔细审察他,说:“这孩子老虎眼,猪嘴,老鹰肩,牛肚,深沟山谷可以填满,而这孩子欲望不会满足,将来一定会因受贿而死。”于是他母亲便不想养视他。杨食我出生时,叔向母亲听说,前往探望,到达庭堂,听到孩子号哭,于是折回来,说:“这孩子的声音是豺狼的声音,最终灭掉羊舌氏宗族的,一定是这孩子。”

# 叔孙穆子论死而不朽

　　鲁襄公使叔孙穆子来聘①,范宣子问焉②,曰:“人有言曰‘死而不朽’,何谓也?”穆子未对。宣子曰:“昔匄之祖,自虞以上为陶唐氏③,在夏为御龙氏④,在商为豕韦氏⑤,在周为

唐、杜氏⑥。周卑,晋继之,为范氏⑦,其此之谓也?"对曰:"以豹所闻,此之谓世禄⑧,非不朽也。鲁先大夫臧文仲⑨,其身殁矣⑩,其言立于后世,此之谓死而不朽⑪。"

【注释】

①鲁襄公:鲁国君主,名午。叔孙穆子:鲁卿叔孙豹,又称穆叔。

②范宣子:晋国正卿士匄。

③自虞以上:唐尧虞舜时代。

④在夏为御龙氏:夏后孔甲之世,陶唐氏后代刘累学御龙于豢龙氏,赐氏曰御龙。

⑤在商为豕韦氏:商灭豕韦,改封刘累之后,仍称豕韦氏。

⑥在周为唐、杜氏:豕韦氏在商末改封于唐,周成王灭唐而封其弟叔虞,后迁唐于杜,称杜伯。

⑦周卑,晋继之,为范氏:杜伯为周宣王大夫,宣王杀杜伯,其子隰叔去周适晋,生子舆,为晋理官,其孙士会为晋正卿,食采邑于范,为范氏。

⑧世禄:世食官邑。

⑨臧文仲:鲁庄公正卿臧孙辰。

⑩殁(mò):死亡。

⑪此之谓死而不朽:按,《左传》此段文字后还有"豹闻之:'大上有立德,其次有立功,其次有立言。'虽久不废,此之谓不朽。若夫保姓受氏,以守宗祊,世不绝祀,无国无之。禄之大者,不可谓不朽"一段,即古人所谓立德、立功、立言"三不朽"。

【译文】

鲁襄公派叔孙穆子到晋国聘问,范宣子问道:"古人有句话说'死而不朽',这是什么意思呢?"叔孙穆子没有回答。范宣子说:"从前我的远祖,自虞舜以上为陶唐氏,在夏朝为御龙氏,在商朝为豕韦氏,在周朝为唐、杜氏。周室衰微以后,我的先祖到晋国继承前人事业,为范氏,'死而不朽'是不是说的就是我们范氏这种情形呢?"叔孙穆子回答说:"以叔孙豹所闻,这叫做世食官邑,而不是不朽。鲁国先大夫臧文仲,人已经死了,他的言论立于后世,这叫做'死而不朽'。"

# 范宣子与和大夫争田

范宣子与和大夫争田①,久而无成②。宣子欲攻之,问于伯华③。伯华曰:"外有军,内有事。赤也,外事也④,不敢侵官⑤。且吾子之心有出焉⑥,可征讯也⑦。"问于孙林甫⑧,孙林甫曰:"旅人⑨,所以事子也,唯事是待⑩。"问于张老⑪,张老曰:"老也以军事承子,非戎⑫,则非吾所知也。"问于祁奚⑬,祁奚曰:"公族之不恭,公室之有回⑭,内事之邪⑮,大夫之贪,是吾罪也。若以君官从子之私,惧子之应且憎也。"问于籍偃⑯,籍偃曰:"偃也以斧钺从于张孟,日听命焉,若夫子之命也⑰,何二之有?释夫子而举⑱,是反吾子也⑲。"问于叔鱼⑳,叔鱼曰:"待吾为子杀之。"

**【注释】**

①和大夫:和邑大夫。

②无成:没有结果。

③伯华:羊舌赤,为中军尉。

④外事:军事。

⑤侵官:越权言事。

⑥有出:有出兵之心。

⑦征：召。讯：问。

⑧孙林甫：卫大夫孙文子，因卫乱而奔晋。《左传》作孙林父。

⑨旅人：羁旅之人。

⑩待：待命。

⑪张老：张孟，为上军将。

⑫戎：兵戎。

⑬祁奚：公族大夫。晋悼公四年，祁奚告老，平公元年复为公族大夫。

⑭回：邪。

⑮内事：朝内之事。

⑯籍偃：上军司马籍游。

⑰夫子：张孟。

⑱释：舍。举：举动。

⑲吾子：指范宣子。

⑳叔鱼：叔向之弟。

**【译文】**

　　范宣子与和邑大夫争田土疆界，很久没有结果。范宣子想出兵攻击和邑大夫，就此事询问中军尉伯华。伯华说："外有军事，内有政事。我羊舌赤只问军事，不敢越职侵犯他官之事。况且您有出兵之心，可以广泛征召大夫讯问。"范宣子问孙林甫，孙林甫说："我是羁旅之臣，愿意事奉您，唯命是从。"范宣子问上军将张老，张老说："我张老是以军事承奉于您，除了兵戎之事，其他的事就不是我所知道的了。"范宣子问公族大夫祁奚，祁奚说："公族之人言行不恭，公室有邪恶，朝内之事邪僻，大夫贪污，这是我的失职之罪。如果我以晋君官员身份处理您的私事，我怕您表面上答应但内心憎恶我。"范宣子问上军司马籍偃，籍偃说："我籍偃执斧钺随从张孟，每日听命，如果是张孟的命令，我岂敢有二心？不听张孟的话而有所举动，这是违反您的政令。"范宣子问叔鱼，叔鱼说:"等我替您把和邑大夫杀了。"

　　叔向闻之,见宣子曰:"闻子与和未宁<sup>①</sup>,遍问于大夫,又无决<sup>②</sup>,盍访之訾祏<sup>③</sup>。訾祏实直而博,直能端辨之<sup>④</sup>,博能上下比之<sup>⑤</sup>,且吾子之家老也<sup>⑥</sup>。吾闻国家有大事,必顺于典刑<sup>⑦</sup>,而访谘于耇老<sup>⑧</sup>,而后行之。"司马侯见<sup>⑨</sup>,曰:"闻吾子有和之怒,吾以为不信。诸侯皆有二心<sup>⑩</sup>,是之不忧,而怒和大夫,非子之任也。"祁午见<sup>⑪</sup>,曰:"晋为诸侯盟主,子为正卿,若能靖端诸侯<sup>⑫</sup>,使服听命于晋,晋国其谁不为子从,何必和? 盍密和<sup>⑬</sup>,和大以平小乎<sup>⑭</sup>!"

**【注释】**

①宁:宁息。

②决:决断。

③盍:何不。訾祏(shí):范宣子家臣。

④端辨:端正明辨。

⑤比:比照。

⑥家老:上古大夫家臣中的长者。

⑦典刑:常法。

⑧访谘:访问,咨询。耇(gǒu)老:老年人。

⑨司马侯:晋国大夫女叔齐。

⑩二心:叛晋之心。

⑪祁午:中军尉,祁奚之子。

⑫靖端:安抚端正。

⑬密:亲密。

⑭和大以平小:以大德平小怨。

**【译文】**

叔向听说这件事,去见范宣子说:"听说您与和邑大夫的争执没有宁息,广泛询问大夫,又没有决断,您何不咨询訾祏呢? 訾祏实在是正直而博学,正直就能端正明辨是非,博学就能上下比照,况且他是您家臣中的长者。我听说国家有大事,必定要顺从常法,而咨询老年人,然后施行。"大夫司马侯来见范宣子,说:"听说您有和邑之怒,我认为是不真实的。现在诸侯都有叛晋之心,您不担忧这样的大事,反而对和邑大夫生气,这不是您的职分。"中军尉祁午来见范宣子,说:"晋国为诸侯盟主,您是晋国的正卿,如果能够安抚、端正诸侯,使诸侯服从、听命于晋国,晋国谁敢不听从您,岂止是和邑大夫一人而已? 您何不与和邑大夫讲和,以大德平小怨呢!"

宣子问于訾祏,訾祏对曰:"昔隰叔子违周难于晋国①,生子舆为理②,以正于朝,朝无奸官;为司空,以正于国,国无败绩③。世及武子④,佐文、襄为诸侯,诸侯无二心。及为卿,以辅成、景,军无败政。及为成师,居太傅⑤,端刑法,缉训典⑥,国无奸民,后之人可则⑦,是以受随、范⑧。及文子成晋、荆之盟⑨,丰兄弟之国⑩,使无有间隙⑪,是以受郇、栎⑫。今吾子嗣位,于朝无奸行,于国无邪民,于是无四方之患,而无外内之忧,赖三子之功而飨其禄位⑬。今既无事矣,而非和⑭,于是加宠⑮,将何治为?"宣子说,乃益和田而与之和。

**【注释】**

①隰叔子违周难于晋国:周宣王杀杜伯,其子隰叔逃到晋国避难。　隰叔,杜伯之子。违,避。

②子舆:士蒍的字。理:治狱法官。

③绩:功。

④世及武子:士芫生成伯缺,成伯缺生武子士会。世,父子为世。及,至。武子,士会。

⑤为成师,居太傅:晋景公七年,士会灭狄有功,被任命为中军帅并兼太傅。"成"字为"景"字之误。

⑥端刑法,缉训典:端正刑法,整理先王遗训经典。太傅是晋主礼刑之官。

⑦则:法则。

⑧受随、范:接受随、范二邑封赐。

⑨文子:范文子士燮。成晋、荆之盟:公元前579年,范文子与楚盟于宋国西门之外。

⑩丰:厚。兄弟之国:指郑、卫等姬姓诸侯国。

⑪间隙:裂缝,矛盾。

⑫郇、栎:晋国二邑。

⑬三子:子舆、武子、文子。

⑭非:恨。

⑮加宠:指晋君加封。

**【译文】**

宣子询问訾祏,訾祏回答说:"从前隰叔子避周难逃到晋国,生下子舆,子舆为晋国法官,在朝廷执法,朝廷没有奸邪不法的官吏;后来担任司空,主持国家的工程建设,晋国没有失败的工程。世代相传到武子,辅佐文公、襄公称霸诸侯,诸侯对晋国没有二心。后来担任晋卿,辅佐成公、景公,军队没有败政。等到他成为景公之师,居太傅之位,端正刑法,整理先王训典,国家没有奸民,后来之人可以法则,因此接受晋君所赐随、范二邑。到了文子,促成晋、荆会盟,丰厚兄弟之国,使诸侯之间没有矛盾,因此接受晋君所赐郇、栎二邑。如今您继位为晋国正卿,朝廷没有奸行,国家没有邪民,于是没有四方之患,没有外内之忧,这全是仰仗子舆、武子、文子三位先人之功而享受禄位。现在既然国家安定无事,您却与和大夫争田,如果晋君此时增加对您的恩宠,您将如何治理晋国呢?"宣子很高兴,于是多给和邑大夫田地,与之讲和。

## 訾祏死范宣子勉范献子

訾祏死,范宣子谓献子曰①:"鞅乎!昔者吾有訾祏也,吾朝夕顾焉②,以相晋国③,且为吾家。今吾观女也,专则不能④,谋则无与也⑤,将若之何?"对曰:"鞅也,居处恭,不敢安易⑥,敬学而好仁,和于政而好其道,谋于众不以贾好⑦,私志虽衷⑧,不敢谓是也,必长者之由⑨。"宣子曰:"可以免身。"

【注释】

①献子:范宣子之子范鞅。

②顾:顾问。

③相:辅佐。

④专:独擅其事。

⑤无与:没有参与者。

⑥安:自安。易:简。

⑦贾:求。

⑧衷:善。

⑨由:从。

【译文】

訾祏死后,范宣子对儿子范献子说:"鞅啊!以前我有贤士訾祏,我朝夕顾问,来辅佐晋国,而且也为我范氏之家。如今我观察你,独擅其事则不能,想谋划则无人参与,你将来怎么办?"范献子回答说:"儿子居处恭敬,不敢偷安简易,敬重学问,爱好仁义,为政贵和,爱好其道,与众人谋划,并不是为了讨好,私下虽然觉得自己想法很好,但不敢自以为是,一定要听从长者意见。"范宣子说:"这样就可以免除自身的祸患了。"

# 师旷论乐

平公说新声①,师旷曰②:"公室其将卑乎! 君之明兆于衰矣③。夫乐以开山川之风也④,以耀德于广远也⑤。风德以广之⑥,风山川以远之⑦,风物以听之⑧,修诗以咏之⑨,修礼以节之。夫德广远而有时节⑩,是以远服而迩不迁⑪。"

**【注释】**

①说:同"悦"。新声:当时流行音乐,与雅乐相对。

②师旷:晋国主乐太师子野。

③明:通"萌",预示。兆:征兆。

④开:通。

⑤耀:明。

⑥风德:讽诵其德。广:拓广。

⑦风山川:风宣各地山川音乐。远:远播。

⑧风物:风化万物。

⑨修诗:作诗。

⑩时节:作之有时,动之有节。

⑪迩:近。迁:迁徙。

**【译文】**

晋平公喜欢流行音乐,师旷说:"晋国公室恐怕要卑弱了! 君主的萌兆已经开始衰微了。音乐是用来通山川之风的,可以将道德教化传播到广远的地方。讽诵道德而加以拓广,风宣各地山川音乐而加以远播,风化万物而加以倾听,然后作诗加以歌咏,制礼加以调节。风宣德化广阔遥远,而能作之有时,动之有节,因此远人臣服而近人不迁。"

## 叔向谏杀竖襄

平公射鹦①,不死,使竖襄搏之②,失。公怒,拘将杀之。叔向闻之,夕③,君告之。叔向曰:"君必杀之。昔吾先君唐叔射兕于徒林④,殪⑤,以为大甲⑥,以封于晋⑦。今君嗣吾先君唐叔,射鹦不死,搏之不得,是扬吾君之耻者也。君其必速杀之,勿令远闻。"君忸怩⑧,乃趣赦之⑨。

【注释】

①鹦:鹌鹑。

②竖襄:宫内阉臣,名襄。

③夕:指傍晚晋见君王。

④兕(sì):犀牛一类的野兽。徒林:树林之名。

⑤殪(yì):一发而死曰殪。

⑥以为大甲:将兕牛皮制作成一副大的铠甲。

⑦以封于晋:唐叔以其才艺而被封为晋君。

⑧忸怩(niǔ ní):惭愧的样子。

⑨趣(cù):催促。

【译文】

晋平公射鹌鹑,没有射死,让竖襄去捕捉,结果让鹌鹑飞走了。平公非常生气,将竖襄拘捕起来,准备将他杀死。叔向听说这件事,晚上去见平公,平公告诉他这件事。叔向说:"君主一定要杀死他。从前我们先君唐叔在徒林射兕,一箭命中,将兕牛皮制作成一副大的铠甲,以其才艺而被封为晋君。如今君主继承我们先君唐叔,射鹌鹑不死,用手捉不到,这是宣扬国君的耻辱。君主一定要尽快杀死他,不要让这件事传播太远。"平公露出忸怩的神态,于是赶快赦免了竖襄。

# 叔向论比而不别

叔向见司马侯之子,抚而泣之,曰:"自此其父之死,吾蔑与比而事君矣①!昔者此其父始之,我终之,我始之,夫子终之,无不可。"籍偃在侧②,曰:"君子有比乎?"叔向曰:"君子比而不别。比德以赞事③,比也;引党以封己④,利己而忘君,别也。"

【注释】

①蔑:无。比:此处指合作共事者。

②籍偃:晋国大夫籍游。

③赞:助。

④引:牵引。封:厚。

【译文】

叔向见到司马侯的儿子,便抚摸他流下眼泪,说:"自从他的父亲死后,我就没有合作者一起事奉君主了。从前他的父亲开始进谏,我就随后接着进谏,我开始进谏,他的父亲随后接着进谏,没有哪一次进谏不为君主采纳的。"籍偃在一边,说:"君子有比吗?"叔向说:"君子比而不别。与有德的人合作以成其事,这叫做比;牵引党羽来使自己获得厚利,利己忘君,这叫做别。"

# 叔向与子朱不心竞而力争

秦景公使其弟铖来求成①,叔向命召行人子员②,行人子朱曰:"朱也在此。"叔向曰:"召子员。"子朱曰:"朱也当御③。"叔向曰:"肸也欲子员之对客也。"子朱怒曰:"皆君之臣也,班爵同④,何以黜朱也⑤?"抚剑就之。叔向曰:"秦、晋不和久矣,今日之事幸而集⑥,子孙飨之⑦。不集,三军之士暴骨⑧。夫子员导宾主之言无私⑨,子常易之⑩。奸以事君者,吾所能御也⑪。"拂衣从之⑫,人救之⑬。平公闻之曰:"晋其庶乎⑭!吾臣之所争者大。"师旷侍,曰:"公室惧卑,其臣不心竞而力争。"

【注释】

①秦景公:秦国君主,嬴姓,名石。铖:秦景公同母弟,字伯车。

②行人:官名,掌宾客,为当时外交官。

③当御:值班。

④班爵:级别。

⑤黜:退。

⑥集:成。

⑦飨:享。一本作"赖"。

⑧三军之士暴骨:指发生战争。暴骨,暴露尸骨。

⑨导:传居,传达。

⑩易:变。

⑪御:抵制。

⑫拂衣:振衣,撩衣。从之:与子朱搏斗。

⑬救：劝解。

⑭庶：庶几，有希望。

## 【译文】

秦景公派他的同母弟铖来晋国求和，叔向命令传召行人子员，行人子朱说："我子朱就在这里。"叔向仍然说："召子员。"子朱说："今天轮到我子朱值班。"叔向说："我想让子员来应对秦国宾客。"子朱愤怒地说："我与子员都是晋君大臣，两人级别相同，你凭什么要贬退我？"说罢以手抚剑逼近叔向。叔向说："秦晋不和已经很久了，今日晋秦议和之事若有幸成功，那么我们的子孙都会受益。议和不成，三军之士暴骨荒野。子员在传达宾主之言时没有私心，而你却常常改变宾主之言。以奸邪事奉君主的人，我是可以抵制的。"说完撩起衣裳与子朱搏斗，其他的人将他们拉开。晋平公听到此事，说："晋国差不多有希望吧！我的大臣们争论的都是大事。"师旷在一旁侍坐，说："晋国公室怕是要卑弱了，大臣们不是在斗心，而是在斗力。"

# 叔向论忠信而本固

诸侯之大夫盟于宋①，楚令尹子木欲袭晋军②，曰："若尽晋师而杀赵武③，则晋可弱也。"文子闻之，谓叔向曰："若之何？"叔向曰："子何患焉。忠不可暴④，信不可犯⑤，忠自中⑥，而信自身⑦，其为德也深矣，其为本也固矣，故不可拋也⑧。今我以忠谋诸侯⑨，而以信覆之⑩，荆之逆诸侯也亦云⑪，是以在此。若袭我，是自背其信而塞其忠也⑫。信反必毙⑬，忠塞无用⑭，安能害我？且夫合诸侯以为不信，诸侯何望焉。为此行也，荆败我，诸侯必叛之。子何爱于死，死而可以固晋国之盟主，何惧焉？"是行也，以藩为军⑮，攀辇即利而舍<sup>⑯</sup>,候遮扞卫不行<sup>⑰</sup>,楚人不敢谋,畏晋之信也。自是没平公无楚患。

**【注释】**

①诸侯之大夫盟于宋:公元前 546 年,诸侯在宋国举行弭兵大会,会盟议和。

②子木:屈建。

③尽:灭尽。赵武:晋国正卿赵文子。

④暴:侵暴。

⑤犯:侵犯。

⑥自中:来自内心。

⑦信自身:信要身体力行。

⑧抈(yuè):通"扤",动摇。

⑨谋诸侯:为诸侯谋安定。

⑩覆:覆验。

⑪逆:迎。

⑫塞:绝。

⑬毙:失败。

⑭无用:无法号令诸侯。

⑮藩:只设藩篱,不设壁垒。

⑯攀:引。辇:辇车。即:就。利:水草便利之处。

⑰候遮:白天侦察的士卒。扞(hàn)卫:岗哨。

**【译文】**

各国诸侯大夫在宋国会盟,楚国令尹子木想偷袭晋军,说:"如果杀尽晋军杀死赵武,那么晋国就可以削弱了。"赵文子听到这个消息,问叔向道:"怎么办?"叔向说:"您怕什么呢? 忠是不可侵暴的,信是不可侵犯的,忠来自内心,而信要靠身体力行,忠信作为美德已经深入人心,忠信作为立国之本已经非常稳固，因此忠信是不可动摇的。如今我国以忠来为诸侯谋安定，而以信作为应验保证，楚国在迎接各国诸侯时也是这样说的，因此我们才在这里盟会。如果楚国偷袭我们，这是他们自背其信而塞绝忠路。违反了信必定失败，断绝了忠路无法号令诸侯，楚国怎么能害得了我们？况且以不讲信用的方式会合诸侯，诸侯又能看到什么希望呢？如果实施偷袭之行，即使楚国打败我们，诸侯必定会叛离楚国。您不要吝惜一死，死而可以巩固晋国盟主地位，这又有什么可怕呢？"这一次宋国之行，晋军以藩篱作为军营，士卒引车就水草便利之处宿营，不设侦察兵和岗哨，楚国人不敢谋袭，他们怕的是晋国的信用。自这以后，平公一朝没有楚国兵患。

# 叔向论务德无争先

宋之盟①，楚人固请先歃②。叔向谓赵文子曰："夫霸王之势，在德不在先歃，子若能以忠信赞君③，而裨诸侯之阙④，歃虽在后，诸侯将载之，何争于先？若违于德而以贿成事，今虽先歃，诸侯将弃之，何欲于先？昔成王盟诸侯于岐阳⑤，楚为荆蛮，置茅蕝⑥，设望表⑦，与鲜卑守燎⑧，故不与盟。今将与狎主诸侯之盟⑨，唯有德也，子务德无争先，务德，所以服楚也。"乃先楚人。

## 【注释】

①宋之盟：指公元前 546 年晋楚弭兵大会。

②歃(shà)：盟誓时饮牲血以表诚信。

③赞：辅佐。

④裨：弥补。阙：缺失。

⑤岐阳:岐山之阳。

⑥置:立。茅蕝(jué):古摈相者习朝会之仪,束茅而列,以表位次。蕝,古代演习朝会礼仪时束茅立于地以标位次。

⑦望:望祭山川。表:立木作为神位。

⑧燎:庭燎。

⑨狎:更。

【译文】

　　在宋国盟会上,楚人坚决要求在盟誓时首先歃血。叔向对赵文子说:"霸主的权势,在于有没有德,而不在于谁先歃血,您如果能够以忠信辅佐君主,弥补诸侯的缺失,即使是在楚国之后歃血,诸侯也会拥戴晋国,何必要争先歃血呢? 如果违反道德,靠贿赂成事,即使是今天先歃血,诸侯也会抛弃晋国,何必想先歃血呢? 从前周成王在岐山之阳会盟诸侯,楚国是荆蛮,立茅蕝,设望表,与鲜卑看守庭燎,因此不参与诸侯会盟。如今楚国将与晋国轮流主持诸侯之盟,真正与楚国决定胜负的只有德,您致力务德,不要与楚国争先,务德,是征服楚国的方法。"于是晋国让楚人先歃血。

# 赵文子请免叔孙穆子

　　虢之会①,鲁人食言②,楚令尹围将以鲁叔孙穆子为戮③,乐王鲋求货焉不予④。赵文子谓叔孙曰:"夫楚令尹有欲于楚⑤,少懦于诸侯⑥。诸侯之故⑦,求治之⑧,不求致也⑨。其为人也,刚而尚宠⑩,若及,必不避也⑪。子盍逃之? 不幸,必及于子。"对曰:"豹也受命于君,以从诸侯之盟,为社稷也。若鲁有罪,而受盟者逃,鲁必不免⑫,是吾出而危之也。若为诸侯戮者,鲁诛尽矣⑬,必不加师,请为戮也。夫戮出于身实难⑭，自他及之何害⑮？苟可以安君利国，美恶一心也⑯。"

**【注释】**

①虢之会：公元前541年，诸侯在虢国会盟，寻宋弭战之盟。

②鲁人食言：鲁国季武子在诸侯会盟期间伐莒取郓，莒人诉之于会。

③令尹围：楚国令尹公子围。叔孙穆子：鲁卿叔孙豹，代表鲁国参加会盟。

④乐王鲋：晋国大夫乐桓子。

⑤楚令尹有欲于楚：指公子围意欲篡夺楚王之位。

⑥少懦于诸侯：对诸侯之事稍有放松。

⑦故：事。

⑧求治之：求得治理。

⑨不求致：不会去深求。致，至，极。

⑩尚宠：自我尊宠。

⑪若及，必不避也：如果落到他的手上，肯定难以逃避惩罚。

⑫不免：不免于被征讨。

⑬鲁诛尽矣：对鲁国的诛讨达到顶点。

⑭戮出于身：被杀的原因是出于自身。难：难办。

⑮自他及之：受他人牵连，指受季武子牵连。

⑯美恶一心：生死都是同一态度。美，生。恶，死。

**【译文】**

在虢国会盟期间，鲁国人食言征伐，楚国令尹公子围要杀死鲁国叔孙穆子，晋大夫乐王鲋以替叔孙穆子求情名义向其索贿，叔孙穆子不给。赵文子对叔孙穆子说："楚国令尹公子围对楚国有很大的欲望，他对诸侯的事稍有放松。关于诸侯的事，他只求治理而已，不会去深求。

公子围的为人,性格刚强,自我尊宠,如果落到他的手上,肯定难以逃避惩罚。您何不逃走呢？如果发生不幸,必定会牵连到您。"叔孙穆子回答说:"我叔孙豹受鲁君之命,参加诸侯会盟,这是为了鲁国社稷。假若鲁国有罪,而参与会盟的人却逃走,鲁国必定免不了被诸侯征伐,这样我自己虽然逃出去了,但鲁国却危险了。我如果被诸侯所杀,那么诸侯对鲁国的诛讨也就达到顶点了,必定不会再加兵于鲁,我请求杀死我。只怕被杀的原因是出于自身,但如果是受他人牵连,那么被杀对我的名声又有什么危害呢？只要可以安定君主利于国家,那么生和死对我都是一样。"

文子将请之于楚,乐王鲋曰:"诸侯有盟未退,而鲁背之,安用齐盟①？纵不能讨,又免其受盟者,晋何以为盟主矣,必杀叔孙豹。"文子曰:"有人不难以死安利其国,可无爱乎！若皆恤国如是,则大不丧威,而小不见陵矣。若是道也果②,可以教训,何败国之有！吾闻之曰:'善人在患,弗救不祥；恶人在位,不去亦不祥。'必免叔孙。"固请于楚而免之。

【注释】

①齐盟:犹同盟。

②果:必行。

【译文】

赵文子准备为叔孙穆子向楚国求情,晋国大夫乐王鲋说:"诸侯会盟尚未散会,而鲁国就背叛了盟誓,这还要各国一起盟誓做什么？纵然不能讨伐鲁国,又免除受盟者叔孙穆子的死罪,晋国拿什么做诸侯盟主？一定要杀死叔孙豹。"赵文子说:"有人不怕以死换来国家的安全利益,这样的人能不加以爱护吗! 如果每一个卿大夫都能这样体恤国家,那么大国就不会丧失威权,小国就不会受到欺陵。如果忠于国家之道得以施行,那么可以立为国家的教训,怎么会败坏国家! 我听说:'善人在患难之中,不救不吉祥;恶人在高位,不去也不吉祥。'我一定要免去叔孙穆子的死罪。"他坚决请求楚国免了叔孙穆子的死罪。

# 赵文子为室张老谓应从礼

赵文子为室①,斫其椽而砻之②,张老夕焉而见之③,不谒而归④。文子闻之,驾而往,曰:"吾不善,子亦告我,何其速也⑤?"对曰:"天子之室,斫其椽而砻之,加密石焉⑥;诸侯砻之;大夫斫之;士首之⑦。备其物⑧,义也;从其等⑨,礼也。今子贵而忘义,富而忘礼,吾惧不免,何敢以告。"文子归,令之勿砻也。匠人请皆斫之,文子曰:"止。为后世之见之也,其斫者,仁者之为也,其砻者,不仁者之为也。"

**【注释】**

①为:建造。室:宫室。

②斫:砍削。砻(lóng):打磨。

③夕焉而见之:晚上到赵文子处朝见,见到工匠打磨椽子。

④谒:告谒求见。

⑤速:快速离开。

⑥加密石:先用粗石打磨光滑,再用文理细密的磨石去打磨。

⑦首:砍削椽子首尾。

⑧备其物:指制作宫室。

⑨从其等:遵从尊卑等级。

### 【译文】

　　赵文子建造宫室,工匠在砍削椽子之后再用粗石打磨,张老晚上到赵文子处,见到工匠正在打磨椽子,他没有去见赵文子就回去了。赵文子听到此事,驾车前往张老府第,说:"我有不对的地方,您可以告诉我,为什么这么快就回去呢?"张老回答说:"天子的宫室,先砍削椽子,然后用粗石打磨,再用细石打磨;诸侯是用粗石打磨;大夫是用砍削的方法;士只是砍削椽子的首尾。建造宫室,这是适宜的;遵从尊卑等级,这是礼的要求。如今您贵而忘义,富而忘礼,我怕您不免于非礼,怎么敢告诉您?"赵文子回去以后,下令不再打磨。匠人请求将已经打磨过的椽子都砍削一遍,赵文子说:"不必。这可以让后世看一看,砍削的椽子,是仁者之所为,打磨过的椽子,是不仁者之所为。"

# 赵文子称贤随武子

　　赵文子与叔向游于九原①,曰:"死者若可作也②,吾谁与归③?"叔向曰:"其阳子乎④!"文子曰:"夫阳子行廉直于晋国,不免其身⑤,其知不足称也⑥。"叔向曰:"其舅犯乎!"文子曰:"夫舅犯见利而不顾其君⑦,其仁不足称也。其随武子乎⑧!纳谏不忘其师,言身不失其友,事君不援而进⑨,不阿而退⑩。"

### 【注释】

　　①九原:晋国墓地。

　　②作:起,死而复生。

　　③谁与归:以谁作为楷模。

　　④阳子:阳处父。

⑤夫阳子行廉直于晋国,不免其身:《春秋穀梁传·文公六年》载:"晋将与狄战,使狐夜姑为将军,赵盾佐之。阳处父曰:'不可! 古者君之使臣也,使仁者佐贤者,不使贤者佐仁者。今赵盾贤,夜姑仁,其不可乎!'襄公曰:'诺!'谓夜姑曰:'吾始使盾佐女,今女佐盾矣。'夜姑曰:'敬诺。'襄公死,处父主竟上事,夜姑使人杀之。"

⑥称:称道。

⑦见利而不顾其君:指舅犯在归国途中,以逃走要挟重耳对黄河起誓。

⑧随武子:范会。

⑨不援而进:不援引同党而推荐贤才。

⑩不阿:不阿谀奉承。退:黜退不肖。

**【译文】**

赵文子与叔向到晋国卿大夫墓地九原游览,说:"死者如果能够复生,那么我该以谁作为楷模?"叔向说:"大概是阳处父吧!"赵文子说:"阳处父在晋国行为廉直,结果不免被杀,他的智慧不足称道。"叔向说:"那就是舅犯吧!"赵文子说:"舅犯只看见自身利益而不顾其君,他的仁义不足称道。我的楷模应该是随武子吧! 他在劝谏君主的时候不忘称引其师,他在说到自身的时候不忘朋友的帮助,在事奉君主时不援引同党而推荐贤才,不阿谀奉承而黜退不肖之士。"

# 秦后子谓赵孟将死

秦后子来奔①,赵文子见之,问曰:"秦君道乎②?"对曰:"不识。"文子曰:"公子辱于敝邑,必避不道也。"对曰:"有焉。"文子曰:"犹可以久乎?"对曰:"铖闻之,国无道而年谷和熟,鲜不五稔③。"文子视日曰:"朝夕不相及④,谁能俟五!"文子出,后子谓其徒曰⑤:"赵孟将死矣! 夫君子宽惠以恤后,犹恐不济。今赵孟相晋国,以主诸侯之盟,思长世之德,历远年之数,犹惧不终其身;今忨日而潋岁⑥,怠偷甚矣⑦,非死逮之⑧,必有大咎⑨。"冬,赵文子卒。

**【注释】**

①秦后子来奔:秦后子得到其父秦桓公的宠爱,在秦景公时就如同二君并列,因怕被秦景公所害,于公元前541年奔晋。秦后子,秦景公之弟,名铖。

②道:是否有道。

③鲜不五稔:很少不能维持五年。鲜,少。稔,年。

④朝夕不相及:朝不保夕。

⑤徒:随从。

⑥忨(wán):苟安。潋(kě):旷废。

⑦怠:懈怠。

⑧逮:及。

⑨大咎:大的灾祸。

**【译文】**

　　秦后子逃难到晋国,赵文子接见他,问道:"秦君有道吗?"秦后子回答说:"不知道。"赵文子说:"公子屈辱地来到晋国,必定是为了逃避不道之君。"秦后子回答说:"是的。"赵文子又问道:"秦君还可以在位很久吗?"秦后子回答说:"我听说,国君虽然无道,但年谷和熟丰收,很少不能维持五年。"赵文子看着太阳说:"朝不保夕,谁还能等五年!"赵文子出去以后,秦后子对他的随从说:"赵孟将要死了! 君子宽大惠爱,以此体恤后人,尚且怕不能成功。如今赵孟为晋国正卿,主持诸侯会盟,思考如何建立长期传世的美德,如何经历高寿之数,尚且怕不能善始善终;如今他苟且偷生,旷废岁月,太过于懈怠偷生了,如果不是死到临头,则必有大灾。"冬天,赵文子去世。

# 医和视平公疾

平公有疾,秦景公使医和视之①,出曰:"不可为也②。是谓远男而近女③,惑以生蛊④;非鬼非食,惑以丧志。良臣不生⑤,天命不祐。若君不死,必失诸侯。"赵文子闻之曰:"武从二三子以佐君为诸侯盟主,于今八年矣⑥,内无苛慝⑦,诸侯不二,子胡曰'良臣不生,天命不祐'?"对曰:"自今之谓⑧。和闻之曰:'直不辅曲⑨,明不规暗⑩,拱木不生危⑪,松柏不生埤⑫。'吾子不能谏惑,使至于生疾,又不自退而宠其政⑬,八年之谓多矣,何以能久!"文子曰:"医及国家乎?"对曰:"上医医国,其次疾人⑭,固医官也⑮。"文子曰:"子称蛊,何实生之?"对曰:"蛊之慝,谷之飞实生之⑯。物莫伏于蛊,莫嘉于谷⑰,谷兴蛊伏而章明者也⑱。故食谷者,昼选男德以象谷明⑲,宵静女德以伏蛊慝⑳。今君一之㉑,是不飨谷而食蛊也,是不昭谷明而皿蛊也㉒。夫文㉓,'虫''皿'为'蛊',吾是以云。"文子曰:"君其几何?"对曰:"若诸侯服,不过三年㉔,不服,不过十年,过是,晋之殃也。"是岁也,赵文子卒,诸侯叛晋,十年,平公薨㉕。

**【注释】**

①和:秦医之名。

②为:治。

③远男而近女:远师傅,近女色。

④蛊:淫惑。

⑤良臣:指赵武。不生:将死。

⑥于今八年:是年为公元前541年,前548年赵文子代范宣子为政,首尾八年。

⑦苛慝:苛政和邪恶。

⑧自今之谓:说的是从今以后的事情。

⑨直不辅曲:正直者不辅助邪曲。

⑩明不规暗:光明者不规正暗昧。

⑪拱木不生危:拱围大树不生于危险之地。

⑫埤(bì):低湿之地。

⑬宠其政:贪恋执政高位。

⑭疾人:病人。

⑮固医官:本为医生的职责。

⑯谷之飞:谷中的飞虫。

⑰嘉:善。

⑱谷兴蛊伏:谷气兴旺则蛊隐伏。

⑲男德:男性有德者。以象谷明:以象人之食谷而有聪明。

⑳宵静女德以伏蛊慝:晚上安于女性有德者,让蛊的邪恶隐伏。

㉑一之:不分昼夜,单一接近女色。

㉒皿蛊:身体藏蛊,如同盛蛊之器皿。

㉓文:字。

㉔若诸侯服,不过三年:如果诸侯归服,天下太平,那么晋平公就会专近女色,因此只能存活三年。

㉕十年,平公薨:晋平公死于公元前532年,距此十年。

**【译文】**

晋平公有病,秦景公派一位名叫和的医生到晋国给平公看病,医和看完病后出来说:"晋君的病是不可治的。这种病叫做远师傅而近女色,因迷惑而生蛊;这种蛊既不是鬼神作祟也不是饮食问题,而是迷惑女色而丧失意志。股肱良臣将要死去,天命也不会保佑。如果晋君不死,也必定会失去诸侯拥护。"赵文子听后,说:"我赵武率领群臣辅佐君主成为诸侯盟主,至今已经八年,内无苛政和邪恶,外无叛离诸侯,您为什么说'股肱良臣将要死去,天命也不会保佑'?"医和回答说:"我说的是从今以后的事情。我听说:'正直者不辅助邪曲,光明者不规正暗昧,拱围大树不会生于危险高坡,松柏不生于低湿之地。'您对君主迷惑女色不能劝谏,使君主生病,又不自我引退,贪恋执政高位,八年已经够多了,凭什么还能长久呢!"赵文子问:"医生之业涉及国家吗?"医和说:"上等的医生医治国家,其次才是医治病人,治国本是医生的职责。"赵文子问:"您所称说的蛊,究竟是从什么地方生出来的呢?"医和回答说:"蛊的邪恶,是谷中的飞虫生出来的。万物没有不隐藏蛊的,没有比谷子更好的,谷气兴旺则蛊隐伏,这是明显的道理。因此食谷的人,白天挑选男性有德者,以此象征人食谷而有聪明,晚上安于女性有德者,让蛊的邪恶隐伏。如今晋君不分昼夜,单一接近女色,这是不享受谷气而以蛊为食,这是不彰显谷气之明而充当蛊的器皿。从文字上说,'虫''皿'为'蛊',因此我才这样说。"赵文子说:"晋君大概还有多少寿数?"医和说:"如果诸侯归服晋国,那么晋君寿命不过三年,如果诸侯不服晋国,那么晋君寿命不过十年,超过这个寿数,那将是晋国的祸殃。"这一年,赵文子去世,诸侯叛离晋国,十年之后,晋平公去世。

# 叔向均秦楚二公子之禄

秦后子来仕,其车千乘。楚公子干来仕[①],其车五乘。

叔向为太傅,实赋禄②,韩宣子问二公子之禄焉③,对曰:"大国之卿,一旅之田④,上大夫,一卒之田⑤。夫二公子者,上大夫也,皆一卒可也。"宣子曰:"秦公子富,若之何其钧之⑥?"对曰:"夫爵以建事⑦,禄以食爵⑧,德以赋之⑨,功庸以称之⑩,若之何以富赋禄也! 夫绛之富商,韦藩木楗以过于朝⑪,唯其功庸少也,而能金玉其车,文错其服⑫,能行诸侯之赂⑬,而无寻尺之禄⑭,无大绩于民故也⑮。且秦、楚匹也,若之何其回于富也⑯。"乃均其禄。

**【注释】**

①楚公子干来仕:公元前541年,楚恭王庶子公子干因避公子围篡弑之难而奔晋。

②实赋禄:掌管官员俸禄。

③韩宣子:晋国正卿韩起。

④一旅之田:五百顷田。

⑤一卒之田:一百顷田。

⑥钧:均等。

⑦建事:建立不同的职事岗位。

⑧食爵:酬劳不同的官爵。

⑨德以赋之:官爵与德行相符。

⑩功庸以称之:俸禄与功劳相称。

⑪韦藩:用熟牛皮制作的大车遮蔽物。木楗:木制的车担。

⑫文错其服:衣服上纹饰交错。

⑬能行诸侯之赂:其财富足以与诸侯交往。

⑭寻:八尺。

⑮绩:功绩。

⑯回：曲意回护。

## 【译文】

　　秦后子因避难而仕于晋国，随行的车有一千乘。楚国公子干也因避难而仕于晋国，他的随行车只有五乘。叔向担任晋国太傅，掌管官员俸禄，韩宣子询问秦、楚二公子的俸禄如何支付，叔向回答说："大国的卿，受田五百顷，上大夫，受田一百顷。秦、楚二位公子，为上大夫的官阶，各自授他们一百顷就行了。"韩宣子说："秦国公子富有，怎么能给他与楚公子同等的俸禄呢？"叔向回答说："设置官爵是为了建立不同的职事岗位，不同的俸禄是为了酬劳不同的官爵，官爵应该与德行相符，俸禄应该与功劳相称，怎么能以富有决定俸禄呢！绛都的富商们，只能乘坐以熟牛皮为遮蔽、以木板为担的车子经过朝廷，只是因为他们功劳少，因此纵然他们的财富足以乘坐金玉之车，穿文采交错的华丽衣服，足以与诸侯交往，但朝廷却不给他们寻尺的俸禄，这是因为他们对民众没有大功的缘故。况且秦、楚是地位对等的国家，怎么能够曲意回护富有的秦公子呢？"晋国于是给秦、楚公子同等的俸禄。

# 郑子产来聘

　　郑简公使公孙成子来聘①，平公有疾，韩宣子赞授客馆②。客问君疾，对曰："寡君之疾久矣，上下神祇无不遍谕③，而无除④。今梦黄熊入于寝门，不知人杀乎⑤，抑厉鬼邪⑥？"子产曰："以君之明，子为大政⑦，其何厉之有？侨闻之，昔者鲧违帝命，殛之于羽山⑧，化为黄熊，以入于羽渊⑨，实为夏郊⑩，三代举之⑪。夫鬼神之所及，非其族类，则绍其同位⑫，是故天子祀上帝，公侯祀百辟⑬，自卿以下不过其族。今周室少卑⑭，晋实继之⑮，其或者未举夏郊邪⑯？"宣子以告,祀夏郊,董伯为尸⑰,五日,公见子产,赐之莒鼎⑱。

**【注释】**

①郑简公:郑国君主,名嘉。公孙成子:名侨,字子产,为郑国名相。
"成子"是子产的谥号。

②赞:导引。

③谕:祭祀祷告。

④除:病除。

⑤人杀:主杀人。

⑥抑:还是。

⑦大政:美大之政。

⑧殛:流放而杀之。羽山:神话中的山名。

⑨羽渊:羽山之渊。

⑩夏郊:夏朝祭天大典,以鲧配祀。

⑪三代:夏、商、周。举之:举行祭天大典。

⑫绍:继承。同位:同一地位之人。

⑬辟:神。

⑭卑:衰微。

⑮晋实继之:晋国继周室而为霸主。

⑯举夏郊:举行夏代以来的祭天大典。晋为诸侯国,本无祭天权
利,由于它是当时实际上的天下政治领袖,所以代替周室举行祭
天大典。

⑰董伯:晋国大夫,姒姓。尸:代表鬼神受祭的活人。

⑱莒鼎:莒地出产的方鼎。

**【译文】**

郑简公派子产到晋国聘问,晋平公有病,韩宣子引导子产住进客
馆。子产询问晋君病情,韩宣子说:"我们君主的疾病已经很久了,上下

神祇无不祭祀祷告，但都未能除掉疾病。今天君主梦见黄熊进入宫廷寝门，不知是预示要杀人，还是恶鬼作祟？"子产说："凭借晋君的英明，您主持霸主之政，哪里会有什么恶鬼？我听说，从前鲧违反了舜帝的命令，被杀死在羽山，鲧死后化为黄熊，进入羽山之渊，后来夏禹举行祭天大典，以鲧配祀，夏、商、周三代都沿袭了这一典礼。鬼神祸福所涉及的对象，如果不是他的同一族类，就是继承同等地位的人，因此天子祭祀上帝，公侯祭祀百神，自卿以下不过是祭祀同族祖宗神。如今周室有些衰微，晋国继承了周室的权威，大概是晋国没有举行夏朝以来的郊祭吧？"韩宣子将子产的话告诉晋平公，于是晋国举行夏朝以来的祭天大典，董伯作为受祭的神主，五日之后，晋平公接见子产，赐子产莒国方鼎。

# 叔向论忧德不忧贫

　　叔向见韩宣子①，宣子忧贫，叔向贺之。宣子曰："吾有卿之名，而无其实，无以从二三子②，吾是以忧，子贺我何故？"对曰："昔栾武子无一卒之田③，其宫不备其宗器④，宣其德行⑤，顺其宪则⑥，使越于诸侯⑦，诸侯亲之，戎、狄怀之，以正晋国，行刑不疚⑧，以免于难。及桓子骄泰奢侈⑨，贪欲无艺⑩，略则行志⑪，假贷居贿⑫，宜及于难，而赖武之德，以没其身⑬。及怀子改桓之行⑭，而修武之德，可以免于难，而离桓之罪⑮，以亡于楚。夫郤昭子⑯，其富半公室⑰，其家半三军⑱，恃其富宠，以泰于国⑲，其身尸于朝⑳，其宗灭于绛㉑。不然，夫八郤，五大夫三卿㉒，其宠大矣，一朝而灭，莫之哀也㉓，唯无德也。今吾子有栾武子之贫，吾以为能其德矣，是以贺。若不忧德之不建,而患货之不足,将吊不暇㉔,何贺之有?"宣子拜稽首焉,曰:"起也将亡,赖子存之,非起也敢专承之㉕,其自桓叔以下嘉吾子之赐㉖。"

## 【注释】

①韩宣子:晋国正卿韩起,谥"宣"。

②从:交往。二三子:指晋国卿士大夫。

③栾武子:栾书,晋国上卿。一卒之田:一百顷田。卒,一百人为卒。

④宫:室。宗器:祭祀器皿。

⑤宣:显示。

⑥宪则:国家法律。

⑦越:传播。

⑧疚:内心痛苦。

⑨桓子:栾书之子栾黡。

⑩艺:极。

⑪略则行志:忽略法则,任意行事。

⑫假贷居贿:通过贷出财货牟利。贿,财物。

⑬没其身:直到老死。

⑭怀子:栾黡之子栾盈。

⑮离:同"罹",遭到。

⑯郤昭子:郤至,晋国卿士。

⑰半公室:为公室的一半。

⑱其家半三军:郤家所出军赋占三军的一半。

⑲泰:奢侈。

⑳其身尸于朝:尸体摆在朝廷示众。郤至被晋厉公所杀。

㉑其宗灭于绛:他的宗族在绛被消灭。

㉒夫八郤,五大夫三卿:郤氏八人,郤锜、郤至、郤犨三人为卿,复有五人为大夫。

㉓莫之哀也:没有人为他们悲哀。

㉔吊:忧虑。不暇:没有时间。

㉕专承:独自承受。

㉖桓叔:晋穆侯之子,名成师,号桓叔。桓叔之子万封于韩,因此韩宣子尊桓叔为韩氏之祖。

【译文】

　　叔向见韩宣子,韩宣子担忧家贫,叔向对他表示祝贺。韩宣子说:"我虽然有卿的名分,但却没有卿的财富,没有什么东西用来和卿士大夫交往,我因此担忧,您祝贺我是什么缘故?"叔向回答说:"从前栾武子家中田地不足一百人耕种,宫室中祭祀器皿都不完备,他显示自己的德行,顺从国家法律,使之传播到各诸侯国,诸侯们都亲近他,戎、狄都感念他,他以正气治晋国,即使是施行刑罚也不会内心痛苦,因此免于弑君之难。到了栾桓子,骄傲奢侈,贪欲无止境,忽略法则,任意行事,通过贷出财货牟利,本来是应该灾难及身,可是他依赖其父栾武子的德行而终身平安。到了栾怀子,改变其父桓子恶行,重修乃祖栾武子之德,本来是可以免除灾难的,可是他却遭到桓子罪孽报应,逃亡到楚国。郤昭子,家中财富抵得上半个公室,家中所出军赋占三军的一半。依仗富有尊贵,在国内骄奢淫逸,结果他的尸体摆在朝廷示众,他的宗族在绛都被消灭。如果不是骄奢的话,郤氏八人,五人为大夫,三人为卿,如此尊宠是够大的了,一朝灭亡,没有人为他们悲哀,这只是因为他们缺德啊。如今您有栾武子的贫寒,我认为您是能够有德的,因此才祝贺。如果不是担忧在德行上没有建树,而是担忧财货不足,我为您担忧还来不及呢,有什么可祝贺的?"韩宣子对叔向下拜磕头,说:"我韩起将要灭亡,靠您一席话让我存活,不仅我韩起一个人蒙您恩惠,而且从桓叔以下韩氏家族都要感谢您的恩赐。"

# 晋语九

## 【题解】

本篇收录晋国昭公、顷公、定公、出公时期二十一条言论材料，取材上自晋昭公初年，下迄公元前453年晋阳之围。

晋国公室自平公以后日趋暗弱，政权逐步落到六卿手中。本篇记载内容全部围绕六卿，没有一条晋君言论材料。在二十一条材料中，赵氏独占十三条，从这些论载可以看出，赵简子、赵襄子正是依赖一批贤士辅佐才得以生存。与智氏有关的三条材料揭示了智氏灭亡的原因："智果论智瑶必灭宗章"载智宣子错选继承人，"士茁谓土木胜惧其不安人章"载士茁讽谏智伯大兴土木，"智伯国谏智襄子章"载智伯国讽劝智伯备难。与范氏有关的材料有两条："范献子戒人不可以不学章"载范献子勉人学礼，"董叔欲为系援章"讥讽董叔攀援范氏自取其辱。韩氏、魏氏、中行氏各有一条材料："叔向论三奸同罪章"载叔向帮韩宣子定三奸之罪，"中行穆子帅师伐狄围鼓章"载中行穆子论事君之道，表彰鼓臣夙沙釐的忠君言行，"阎没叔宽谏魏献子无受贿章"载阎没、叔宽微讽魏献子拒贿。

# 叔向论三奸同罪

　　士景伯如楚①，叔鱼为赞理②。邢侯与雍子争田③，雍子纳其女于叔鱼以求直④。及断狱之日，叔鱼抑邢侯⑤，邢侯杀叔鱼与雍子于朝。韩宣子患之，叔向曰："三奸同罪，请杀其生者而戮其死者⑥。"宣子曰："若何？"对曰："鲋也鬻狱⑦，雍子贾之以其子⑧，邢侯非其官也而干之⑨。夫以回鬻国之中⑩，与绝亲以买直⑪，与非司寇而擅杀⑫，其罪一也。"邢侯闻之，逃。遂施邢侯氏⑬，而尸叔鱼与雍子于市。

**【注释】**

①士景伯：晋国掌管讼狱的理官。如楚：到楚国聘问。

②叔鱼：叔向之弟羊舌鲋。赞理：士景伯出使楚国，羊舌鲋代行理官职责。赞，佐。

③邢侯：楚国申公巫臣之子，巫臣奔晋，晋封为邢邑大夫。雍子：原为楚国大夫，后由楚奔晋，晋封为鄐大夫。争田：争鄐田之疆界。

④求直：求叔鱼判自己理直。据《左传》记载，实情是雍子理曲。

⑤抑：压制。

⑥戮：陈尸。

⑦鬻狱：受贿而枉断官司。指接受雍子的贿赂。

⑧贾：出卖，做交易。子：女儿。

⑨非其官：不是理官。干：犯。

⑩回：邪曲。鬻：卖。中：中正。

⑪绝亲以买直：断绝父女亲情以求胜诉。

⑫非司寇而擅杀：不是司寇却擅自杀人。

⑬施：判罪，劾捕。

**【译文】**

晋国理官士景伯到楚国聘问，叔鱼代行理官职责。邢侯与雍子争鄐田疆界，雍子将自己的女儿献给叔鱼以求胜诉。到断案之日，叔鱼有意压制邢侯，邢侯在朝廷上杀死叔鱼与雍子。韩宣子对此深感焦虑，叔向说："邢侯、雍子、叔鱼三个罪人罪恶相同，请将生者杀死，将死者陈尸示众。"韩宣子问："为什么这样做？"叔向说："羊舌鲋断案徇情枉法，雍子用亲生女儿做交易，邢侯不是理官而干犯理官之职。羊舌鲋以邪曲买卖国家公正，与雍子断绝父女亲情以求胜诉，与邢侯不是司寇却擅自杀人，三人的罪行是同等的。"邢侯听到消息，便逃出绛都。韩宣于是劾捕邢侯氏，将叔鱼与雍子陈尸闹市。

# 中行穆子帅师伐狄围鼓

中行穆子帅师伐狄，围鼓①。鼓人或请以城叛，穆子不受，军吏曰："可无劳师而得城，子何不为？"穆子曰："非事君之礼也。夫以城来者，必将求利于我②。夫守而二心，奸之大者也；赏善罚奸，国之宪法也。许而弗予，失吾信也；若其予之，赏大奸也。奸而盈禄③，善将若何？且夫狄之憾者以城来盈愿④，晋岂其无⑤？是我以鼓教吾边鄙贰也⑥。夫事君者，量力而进，不能则退，不以安贾贰⑦。"令军吏呼城，儆将攻之，未傅而鼓降⑧。中行伯既克鼓，以鼓子苑支来⑨。令鼓人各复其所，非僚勿从。

**【注释】**

①中行穆子帅师伐狄，围鼓：事在公元前527年。中行穆子，晋卿荀吴，又称中行伯。狄，鲜虞。鼓，白狄邑名。

②利：指爵赏。

③盈禄：指赏钱多。盈，满。

④憾：恨。盈愿：满足愿望。

⑤晋岂其无：晋国岂无恨者。

⑥贰：二心。

⑦以安贾贰：以不战换取二心。安，指不战而胜。

⑧傅：靠近。

⑨鼓子：鼓国君主，为子爵。苑支：鼓君之名。

**【译文】**

　　中行穆子率师征伐狄人，包围了白狄鼓国。鼓国有人请求献城投降，中行穆子不接受，晋军军官说："可以不费兵力而获得鼓城，您为什么不接受投降呢？"中行穆子说："这不是事奉君主之礼。献城投降的人，必定会向我们要求爵禄封赏。身为守城之人而怀二心，这是大奸大恶；赏善罚奸，是国家的大法。如果我们许诺爵禄之后而不给，那会失去我们的信用；如果我们给予爵禄，那就是赏赐大奸大恶。奸恶之人得到高官厚禄，那对善良的人怎么办？况且狄国有怨恨的人通过献城来满足愿望，难道晋国就没有怨恨之人吗？这样做就是我们以鼓国为榜样来教会我国边疆存有二心。事奉君主的人，量力而进，不能则退，不以不战换取二心。"中行穆子命令军官向鼓城喊话，警告他们晋国即将攻城，晋军尚未接近，鼓城就投降了。中行穆子在战胜鼓国之后，将鼓国君主苑支带回晋国。命令鼓国人各自复归其所，如果不是鼓君的僚属，就不要随从鼓君到晋国。


　　鼓子之臣曰夙沙釐，以其帑行①，军吏执之，辞曰："我君是事，非事土也。名曰君臣，岂曰土臣？今君实迁，臣何赖于鼓？"穆子召之，曰："鼓有君矣②，尔心事君，吾定而禄爵③。"对曰："臣委质于狄之鼓④，未委质于晋之鼓也。臣闻之:委质为臣,无有二心。委质而策死⑤,古之法也。君有烈名⑥,臣无叛质⑦。敢即私利以烦司寇而乱旧法⑧? 其若不虞何⑨!"穆子叹而谓其左右曰:"吾何德之务而有是臣也?"乃使行。既献⑩,言于公⑪,与鼓子田于河阴⑫,使凤沙鳌相之。

**【注释】**

①孥(nú):妻子儿女。

②鼓有君:鼓国有新君。

③而:你。

④委质:向君主献礼,表示献身。

⑤委质而策死:古人在委贽求见时,将自己的姓名写在简策上,表示效忠至死。

⑥烈名:英烈之名。

⑦叛质:背叛委质时的誓言。

⑧即:就。

⑨不虞:预料之外。

⑩献:献功。

⑪公:晋顷公,名弃疾。

⑫河阴:黄河之南。

**【译文】**

　　鼓君有一臣,名叫凤沙鳌,带上妻子儿女随从鼓君,晋军军官将他抓起来,凤沙鳌陈辞说:"我事奉的是鼓国君主,而不是事奉鼓国土地。名叫君臣,怎能称为土臣? 如今鼓君迁徙,我还留在鼓国贪图什么?"中行穆子召见凤沙鳌,说:"鼓国已经立有新君了,你如果有心事奉新君,我会定下你的爵禄。"凤沙鳌回答说:"我委质于狄人立的鼓君,没有委质于晋国立的鼓国新君。我听说：委质为人臣，不能有二心。委质之后便效忠至死，这是自古以来的事君方法。君主有英烈之名，人臣无叛离之心。我怎么敢为一己私利来麻烦司寇而扰乱旧法呢？否则，晋国今后如何应对意料之外的叛离事件！"中行穆子为之感叹，对左右的人说："我应该怎样修德，才能有这样的臣子呢？"于是让凤沙鳌随鼓君同行。向朝廷献功之后，中行穆子将凤沙鳌事迹禀告晋顷公，晋顷公赐鼓君黄河以南之田，派凤沙鳌辅佐鼓君。

# 范献子戒人不可以不学

　　范献子聘于鲁①，问具山、敖山②，鲁人以其乡对。献子曰："不为具、敖乎？"对曰："先君献、武之讳也③。"献子归，遍戒其所知曰："人不可以不学。吾适鲁而名其二讳④，为笑焉，唯不学也。人之有学也，犹木之有枝叶也。木有枝叶，犹庇荫人，而况君子之学乎？"

## 【注释】

①范献子：晋卿范鞅。

②具山：即今山东新泰的石山子。敖山：即今山东新泰的青云山。
　　具山与敖山相连，具山位于敖山的东北方向。

③先君献、武之讳也：因鲁先君献公、武公名讳相同，故鲁人不直呼二山之名。献，鲁献公，名具。武，鲁武公，名敖。讳，名讳。

④名其二讳：称呼鲁献公、鲁武公的名讳。《礼记·曲礼上》："入竟而问禁，入国而问俗，入门而问讳。"

## 【译文】

　　范献子到鲁国聘问，问到具山、敖山，鲁国人以具山、敖山所在的乡邑应对。范献子问:"不是叫做具山、敖山吗?"鲁人回答说:"这是鲁国先君献公、武公的名讳。"范献子回到晋国,告诫所有他认识的人,说:"人不可以不学习。我到鲁国居然称呼二位先君的名讳,让人见笑了,这只是因为我不学习呀。人有学问,如同树木有枝叶。树木有枝叶,尚且能够给人遮荫,何况君子有学问呢?"

# 董叔欲为系援

董叔将娶于范氏①,叔向曰:"范氏富,盍已乎②?"曰:"欲为系援焉③。"他日,董祁愬于范献子曰④:"不吾敬也。"献子执而纺于庭之槐⑤,叔向过之,曰:"子盍为我请乎!"叔向曰:"求系,既系矣;求援,既援矣。欲而得之,又何请焉?"

【注释】

①董叔:晋国大夫。范氏:范宣子之女,范献子之妹。

②盍:何不。已:止。

③系:牵系。援:援引。

④董祁:董叔之妻,范献子之妹。范氏为祁姓。愬:诉。

⑤纺:捆吊。

【译文】

董叔准备娶范宣子之女,叔向说:"范氏富有,何不停止这门亲事呢?"董叔说:"我想求得范氏的牵系援引。"过了一些时候,董祁向哥哥范献子告状说:"董叔不尊敬我。"范献子将妹夫董叔抓起来,吊在庭院的槐树上,叔向正好路过,董叔喊道:"您何不替我求个情呢?"叔向说:"你追求牵系,现在已经被牵系了;你追求援引,现在已经被援引了。想得到的都得到了,又请求什么呢?"

# 赵简子欲有斗臣

赵简子曰①:"鲁孟献子有斗臣五人②,我无一,何也?"叔向曰:"子不欲也。若欲之,胗也待交捽可也③。"

**【注释】**

①赵简子:赵氏,名鞅,晋卿。

②孟献子:鲁大夫仲孙蔑。斗臣:勇猛善斗之臣。

③捽(zuó):揪,抓。

**【译文】**

赵简子说:"鲁国孟献子有五名勇猛善斗之臣,我一个没有,这是什么缘故呢?"叔向说:"您是不想有。如果您想有,我羊舌胗也可以做个能捽能抓的勇士。"

# 阎没叔宽谏魏献子无受贿

梗阳人有狱①,将不胜,请纳赂于魏献子②,献子将许之。阎没谓叔宽曰③:"与子谏乎!吾主以不贿闻于诸侯④,今以梗阳之贿殄之⑤,不可。"二人朝,而不退。献子将食,问谁在庭,曰:"阎明、叔褒在。"召之,使佐食⑥。比已食,三叹。既饱,献子问焉,曰:"人有言曰:唯食可以忘忧。吾子一食之间而三叹,何也?"同辞对曰:"吾小人也,贪。馈之始至,惧其不足,故叹。中食而自咎也⑦,曰:岂主之食而有不足?是以再叹。主之既已食，愿以小人之腹，为君子之心，属餍而已⑧，是以三叹。"献子曰："善。"乃辞梗阳人。

**【注释】**

①梗阳：魏氏之邑，在今山西清徐。狱：诉讼。

②魏献子：晋国正卿魏舒。

③阎没：即阎明。叔宽：叔褒。二人皆晋国大夫。

④主：魏献子。不贿：不贪财。

⑤殃：遭殃，玷污。

⑥佐食：陪同进餐。

⑦中食：吃到一半。自咎：自我责备。

⑧属：适。餍：饱。而已：而止。

**【译文】**

梗阳人有诉讼，将要败诉，请求向魏献子行贿，魏献子想接受。阎没对叔宽说："我与您一起进谏吧！我们魏主以不受贿闻名于诸侯，如今因为梗阳人行贿而遭到玷污，此事不可。"二人上朝之后，留下不退朝。魏献子准备吃饭，询问是谁在庭院，二人回答说："阎明、叔褒在此。"魏献子将他们召进来，让他们陪同自己吃饭。吃饭时，二人三次叹息。吃饱以后，魏献子问二人，说："人们常说：只有吃饭可以忘忧。你们在吃一顿饭之间三次叹息，这是什么缘故呢？"二人同声回答说："我们俩是小人，贪心。饭菜刚上来，怕饭菜不足，故而叹息。吃到中间而自我责备，说：哪有魏主的饭食不足的道理？因此再次叹息。魏主吃饱了，我们希望小人之腹，能够像君子之心一样，吃饱而止，因此第三次叹息。"魏献子说："说得好。"于是辞去梗阳人的贿赂。

# 董安于辞赵简子赏

　　下邑之役①，董安于多②。赵简子赏之，辞，固赏之，对曰："方臣之少也，进秉笔③，赞为名命④，称于前世⑤，立义于诸侯⑥，而主弗志⑦。及臣之壮也，耆其股肱以从司马⑧，苛慝不产⑨。及臣之长也，端委韠带以随宰人⑩，民无二心。今臣一旦为狂疾⑪，而曰'必赏女'，与余以狂疾赏也，不如亡！"趋而出，乃释之。

**【注释】**

①下邑之役：公元前497年，赵简子杀邯郸赵午。赵午之子赵稷联同荀寅、范吉射攻赵简子之官，赵简子奔晋阳死守。下邑，晋国之邑，指晋阳。

②董安于：赵简子家臣。多：多功。

③进秉笔：进身于赵简，执笔撰写文书。

④赞：助。名命：文诰命令。

⑤称于前世：被当世人称誉。

⑥立义于诸侯：在诸侯心中树立了信义。

⑦主：赵简子。志：记。

⑧耆：致力。股肱：得力助手。司马：军中执法官。

⑨苛慝：苛暴邪恶。不产：未发生。

⑩端：穿玄端礼服。委：礼帽。韠（bì）：皮制的蔽膝。带：大带。宰人：宰官。

⑪狂疾：战斗中的狂态。

**【译文】**

下邑战役中，董安于功多。赵简子要奖赏他，董安于推辞，赵简子坚决要赏赐他,董安于回答说:"我在年少的时候,进身执笔小吏,协助处理文诰命令,被当世人所称誉,在诸侯心中树立了信义,可是您没有记下我。等到我长大以后,努力做您的助手,随从司马掌管军纪,苛暴邪恶不曾发生。等到我年长,穿玄端,戴礼帽,围蔽膝,系大带,随从宰官治民,民众没有二心。如今我一旦疯狂作战,您就说'必定要奖赏你',与其我以疯狂作战受赏,还不如逃亡!"说完便快步走出朝廷,赵简子于是放弃了对他的奖赏。

# 赵简子以晋阳为保鄣

赵简子使尹铎为晋阳①。请曰:"以为茧丝乎②?抑为保障乎③?"简子曰:"保鄣哉!"尹铎损其户数④。简子诫襄子曰⑤:"晋国有难,而无以尹铎为少,无以晋阳为远,必以为归。"

【注释】

①尹铎:赵简子家臣。为:治理。晋阳:赵氏之邑。

②茧丝:赋税。

③保障:保卫屏障。

④损其户数:减少户数,这样民众素质提高,而赋税减少。损,减少。

⑤襄子:赵简子之子赵襄子,名毋恤。

【译文】

赵简子派尹铎治理晋阳。尹铎请示说:"您是把晋阳作为收缴茧丝赋税的来源呢?还是把晋阳作为一个战略防卫的屏障呢?"赵简子:"我把它作为战略防卫的屏障。"尹铎减少晋阳的户口数目。赵简子告诫儿子襄子说:"晋国如果有难,不要认为尹铎年少,不要认为晋阳路远,一定要以晋阳为归宿。"

## 邮无正谏赵简子无杀尹铎

赵简子使尹铎为晋阳,曰:"必堕其垒培①。吾将往焉,若见垒培,是见寅与吉射也。"尹铎往而增之。简子如晋阳,见垒,怒曰:"必杀铎也而后入。"大夫辞之②,不可,曰:"是昭余雠也③。"邮无正进④,曰:"昔先主文子少粹于难⑤,从姬氏于公宫⑥,有孝德以出在公族⑦,有恭德以升在位⑧,有武德以羞为正卿⑨,有温德以成其名誉。失赵氏之典刑⑩,而去其师保⑪,基于其身⑫,以克复其所⑬。及景子长于公宫⑭,未及教训而嗣立矣⑮,亦能纂修其身以受先业⑯,无谤于国。顺德以学子⑰,择言以教子,择师保以相子⑱。今吾子嗣位,有文之典刑,有景之教训,重之以师保,加之以父兄,子皆疏之,以及此难⑲。夫尹铎曰:'思乐而喜,思难而惧,人之道也。委土可以为师保⑳,吾何为不增?'是以修之,庶曰可以鉴而鸠赵宗乎㉑!若罚之,是罚善也。罚善必赏恶。臣何望矣!"简子说,曰:"微子,吾几不为人矣!"以免难之赏赏尹铎㉒。初,伯乐与尹铎有怨,以其赏如伯乐氏,曰:"子免吾死,敢不归禄。"辞曰:"吾为主图,非为子也。怨若怨焉。"

## 【注释】

①堕:毁坏。垒培:军事壁垒。荀寅、范吉射围攻晋阳时,晋阳人筑了很多防守壁垒。

②辞之:为尹铎求情。

③昭:彰显。

④邮无正:晋国大夫,《左传》作"邮无恤",即王良,古代最著名的御手。

⑤文子:赵简子之祖赵武。少衅于难:指晋景公听庄姬谗言杀赵同、赵括。衅,遭遇。

⑥从姬氏于公宫:赵文子随同母亲庄姬生活在晋景公宫廷。姬氏,庄姬,晋景公之女。

⑦公族:公族大夫。

⑧在位:在卿位。

⑨羞:进。

⑩典刑:常法。

⑪去其师保:失去师氏、保氏的教育。

⑫基:始。

⑬克复其所:能够恢复赵氏先人职位。

⑭景子:赵简子之父赵成。长于公宫:随祖母在公宫成长。下宫之难后,赵文子、赵景子两代都在公宫中成长。

⑮嗣立:继承父位。

⑯篡:继。

⑰学子:教育儿子。

⑱相:辅助。

⑲此难:指荀寅、范吉射围攻之难。

⑳委土:堆土以增高壁垒。

㉑鉴:借鉴。鸠:安定。

㉒免难之赏:古代军赏,赏赐因事先警戒而免遭灾难的功臣。

**【译文】**

赵简子派尹铎守晋阳,说:"一定要拆毁那些壁垒。我将到晋阳去,如果我见到壁垒,就等于看见荀寅与范吉射。"尹铎到晋阳后反而增高壁垒。赵简子到晋阳,看到壁垒,愤怒地说:"一定要先杀死尹铎而后进晋阳。"大夫们为尹铎求情,赵简子不答应,说:"这是彰显我的仇敌。"大夫邮无正走上前,说:"以前先主赵文子从小就遭遇灾难,他随从母亲庄姬生活在景公之宫,长大后由于有孝敬美德而出任公族大夫,由于有恭敬美德而升任晋卿,由于有威武美德而晋升为正卿,由于有温良美德而成就其名誉。他从小就失去赵氏家族的常法训导,没有师氏、保氏的教育,他是基于自身的美德,才能够恢复先人的职位。令尊赵景子也是成长于公宫,没有受到师氏、保氏的教训就继位了,他也能够做到继续修身,以继承先人事业,国中没有人说他坏话。他用恭顺美德教育您,选择嘉言来教导您,选择师氏、保氏来辅助您。如今您继承先人职位,有先人赵文子的常法,有赵景子的教训,加上师氏、保氏的辅助,还有同宗父兄的支持,可是这些您都疏远了,这才有晋阳之难。尹铎说:'想到快乐的事情而欢喜,想到灾难而恐惧,这是常人之道。堆土为壁垒,同样可以成为师保,我为何不增高壁垒呢?'因此他才修筑壁垒,这差不多可以作为借鉴,可以安定赵氏宗族了。您如果惩罚他,就是罚善。罚善必定赏恶。我们这些人臣还有什么希望呢!"赵简子高兴了,说:"没有您,我几乎不能做人了!"赵简子以免难之军赏来赏赐尹铎。当初,邮无正与尹铎有宿怨,尹铎带着赏金到邮无正处,说:"您免了我的死罪,我怎么敢不把赏金送给您。"邮无正推辞说:"我是为赵简主考虑的,不是为您考虑的。我们之间的怨恨还是与以前一样的。"

## 铁之战赵简子等三人夸功

铁之战①,赵简子曰:"郑人击我。吾伏弢呕血②,鼓音不衰。今日之事,莫我若也。"卫庄公为右③,曰:"吾九上九下,击人尽殪。今日之事,莫我加也④。"邮无正御⑤,曰:"吾两鞁将绝⑥,吾能止之⑦。今日之事,我上之次也⑧。"驾而乘材⑨,两靷皆绝。

**【注释】**

①铁之战:公元前 493 年,荀寅、范吉射据朝歌叛变,得到齐、郑两国的支持,齐国给范氏送粮,郑国罕达、驷弘护送,范吉射迎接,赵简子闻讯截击,在铁地大战。铁,卫国地名,在今河南濮阳西北。

②伏弢(tāo)呕(kè)血:铁之战,赵鞅被郑人击中肩膀,倒在车中,口吐鲜血。弢,弓袋。呕血,吐血。

③卫庄公:卫灵公太子蒯聩。蒯聩因得罪卫灵公夫人南子而出奔宋国,又由宋至晋投奔赵简子。铁之战中,他担任赵简子车右武士。后在赵简子支持下归国即位,史称卫庄公。

④"吾九上九下"四句:《左传》记蒯聩之语曰:"吾救主于车,退敌于下,我,右之上也。"殪(yì),死。

⑤邮无正:《左传》作"邮无恤",即王良,古代最著名的御手。

⑥靷(bèi):马肚带。

⑦止:控制。

⑧我上之次也:上之次,仅次于上等功。《左传》作:"我御之上也。"

⑨乘材:越过细横木。

**【译文】**

在铁地战役之后,赵简子说:"郑国人射中了我。我伏在弓袋上吐血,但鼓音没有衰减。今日的战事,没有人比得上我。"卫庄公蒯聩为赵简子车右,说:"我九上九下,射敌人全部射死了。今日的战事,没有人比我的功劳更大。"邮无正为赵简子驾战车,说:"我的战马两根肚带要断,我仍然能够控制战马。今日的战事,我的功劳仅次于上等功。"说罢驾车越过一根细横木,两根马肚带真的全断了。

# 卫庄公祷

卫庄公祷,曰:"曾孙蒯聩以谆赵鞅之故①,敢昭告于皇祖文王、烈祖康叔、文祖襄公、昭考灵公②,夷请无筋无骨③,无面伤,无败用④,无陨惧⑤,死不敢请⑥。"简子曰:"志父寄也⑦。"

**【注释】**

①谆:辅佐。

②昭:明。皇祖文王:卫康叔之父周文王。烈祖康叔:卫国始封君。烈,显。文祖襄公:卫襄公,为蒯聩祖父。文,有文德。昭:圣明。考:亡父曰考。灵公:卫灵公。

③夷:伤。无筋:不要断筋。无骨:不要折骨。

④无败用:不要打败仗。

⑤无陨惧:不要从战车摔下受惊。

⑥死不敢请:不敢请求免死。

⑦志父:赵简子后来的名字。寄:寄请,意谓自己的愿望也寄寓在蒯聩的祷告之中。

**【译文】**

卫庄公蒯聩在铁之战前祷告,说:"曾孙蒯聩以辅佐赵鞅的缘故,大胆地明告我皇祖周文王、烈祖康叔、文祖襄公、昭考灵公,如果在战斗中受伤,请求不要绝筋折骨,不要让脸面受伤,不要打败仗,不要从车上摔下受惊,至于死,就不敢请求免死了。"赵简子说:"我的愿望也寄寓在您的祷告之中。"

# 史黯谏赵简子田于蝼

赵简子田于蝼①，史黯闻之②，以犬待于门。简子见之，曰："何为?"曰："有所得犬，欲试之兹圃③。"简子曰："何为不告?"对曰："君行臣不从，不顺④。主将适蝼而麓不闻⑤，臣敢烦当日⑥。"简子乃还。

**【注释】**

①田:打猎。蝼:晋君园囿。

②史黯:晋国太史，姓蔡，名墨，字黯。

③兹:此。

④君行臣不从，不顺:史黯讥刺赵简子不从君命，擅自在晋君园囿打猎。

⑤主:指赵简子。麓:主管晋君园囿的官员。不闻:不知赵简子在晋君园囿打猎之事。

⑥当日:值日官员。

**【译文】**

赵简子准备到晋君蝼园打猎，史黯听说这件事，便牵了一只狗守在园囿门口。赵简子看到，问道："你想做什么?"史黯说："我得到一只狗，想在这园囿试试它的看门能力。"赵简子又问："你为什么不告诉我一声?"史黯回答说："君主有所行动，臣下不随从，这是君臣关系不顺。主君将到蝼园打猎，而园囿官员却不知道，我怎么敢烦劳值日官员禀告您呢?"赵简子于是返回。

# 少室周知贤而让

少室周为赵简子之右①，闻牛谈有力②，请与之戏③，弗胜,致右焉④。简子许之,使少室周为宰⑤,曰:"知贤而让,可以训矣⑥。"

**【注释】**

①少室周:赵简子之臣。右:车右武士。

②牛谈:赵简子之臣。

③戏:角力。

④致右焉:将戎右一职让给牛谈。

⑤宰:家宰。

⑥训:法则。

**【译文】**

少室周担任赵简子的戎右,他听说牛谈有力,便请求与牛谈角力,没有战胜牛谈,于是将戎右一职让给牛谈。赵简子赞许少室周这种行为,他委任少室周为家宰,说:"知道贤能而让贤,可以作为法则。"

## 史黯论良臣

赵简子曰:"吾愿得范、中行之良臣①。"史黯侍,曰:"将焉用之?"简子曰:"良臣,人之所愿也,又何问焉?"对曰:"臣以为不良故也。夫事君者,谏过而赏善,荐可而替否②,献能而进贤,择材而荐之,朝夕诵善败而纳之。道之以文③,行之以顺,勤之以力,致之以死。听则进,否则退。今范、中行氏之臣不能匡相其君,使至于难④;君出在外,又不能定,而弃之,则何良之为⑤? 若弗弃,则主焉得之? 夫二子之良,将勤营其君⑥,复使立于外⑦,死而后止,何日以来? 若来,乃非良臣也。"简子曰："善。吾言实过矣。"

**【注释】**

①范、中行：范吉射、中行寅。

②荐：进。替：去。

③道：导。

④难：指范、中行氏因作乱被逐。

⑤为：有。

⑥勤营：勤苦营谋。

⑦立于外：指在他国得到封爵。

**【译文】**

赵简子说："我想得到范氏、中行氏的良臣。"史黯在一旁陪侍，说："您打算用他们干什么？"赵简子说："良臣，是每一个人主都愿意得到的，您又何必问呢？"史黯说："我认为他们不是良臣，才问您的。事奉君主的人，劝谏君主的过错，肯定君主的善行，进献可行之策，废弃不可行之谋，进献贤能之人，选择人才而加以推荐，早晚向君主讲述善败之道，让君主采纳。用文德去引导君主，用顺从态度去行动，用心力去勤劳，将生命交付君主。君主听从劝谏就进身朝廷，君主不听劝谏就应该退隐。如今范氏、中行氏之臣不能匡助他们的君主，使君主陷入灾难；君主出奔在外，又不能让君主安定下来，反而背弃了君主，他们算什么良臣呢？如果他们不背弃自己的主人，那么您怎么能得到他们？如果真是范氏、中行氏的良臣，他们就会勤苦地为君主营谋，使君主在国外能够重新立足，为君主死而后已，哪有时日来追随您？如果他们来追随您，那就不是良臣。"赵简子说："您说得好。我的话确实说错了。"

## 赵简子问贤于壮驰兹

赵简子问于壮驰兹曰①："东方之士孰为愈②？"壮驰兹拜

曰:"敢贺!"简子曰:"未应吾问,何贺?"对曰:"臣闻之:国家之将兴也,君子自以为不足;其亡也,若有余。今主任晋国之政而问及小人,又求贤人,吾是以贺。"

**【注释】**

①壮驰兹:晋国大夫,为吴国人。

②东方:指齐、鲁、吴、越等诸侯国。愈:贤。

**【译文】**

赵简子问晋大夫壮驰兹说:"东方之士谁为贤?"壮驰兹下拜说:"祝贺您!"赵简子说:"您还没有回答我的问题,祝贺我什么?"壮驰兹说:"我听说:国家将要兴旺,君子自认为不足;国家将要灭亡,君子便自认为才能有余。如今主君执晋国之政,向我询问,而且又是想求得贤人,我因此祝贺您。"

# 窦犨谓君子哀无人

赵简子叹曰:"雀入于海为蛤①,雉入于淮为蜃②。鼋鼍鱼鳖③,莫不能化,唯人不能。哀夫!"窦犨侍④,曰:"臣闻之:君子哀无人,不哀无贿⑤;哀无德,不哀无宠;哀名之不令⑥,不哀年之不登⑦。夫范、中行氏不恤庶难,欲擅晋国,今其子孙将耕于齐,宗庙之牺为畎亩之勤⑧。人之化也,何日之有!"

**【注释】**

①蛤(gé):蛤蜊。

②雉:野鸡。蜃(shèn):大蛤蜊。

③鼋(yuán):大鳖。鼍(tuó):扬子鳄。

④窦犨(chōu):晋国大夫,字鸣犊。

⑤贿:财富。

⑥令:美。

⑦登:高。

⑧宗庙之牺:宗庙祭祀所用的纯色牲畜,喻贵族。畎亩之勤:田地
　中勤劳耕作之人。

**【译文】**

　　赵简子叹息说:"雀入海化为蛤蜊,野鸡入淮河化为大蛤蜊。鼋鼍鱼鳖,没有不能变化的,只有人不能变化。悲哀呀!"窦犨侍坐,说:"我听说:君子哀叹没有贤人辅助,不哀叹没有财富;哀叹自己无德,不哀叹不被宠信;哀叹自己名声不美,不哀叹自己年寿不高。范氏、中行氏不体恤庶民苦难,想在晋国擅权,如今他们的子孙将在齐国耕作,本来他们应该在宗庙中担任祭主,而今变为田亩之间勤劳耕作的农夫。人的变化,哪一天没有!"

# 赵襄子使新稚穆子伐狄

　　赵襄子使新稚穆子伐狄①,胜左人、中人②,遽人来告③,襄子将食,寻饭有恐色④。侍者曰:"狗之事大矣⑤,而主之色不怡⑥,何也?"襄子曰:"吾闻之:德不纯而福禄并至⑦,谓之幸⑧。夫幸非福,非德不当雍⑨,雍不为幸,吾是以惧。"

**【注释】**

①赵襄子:赵简子之子,名无恤,又作"毋恤",为晋国正卿。新稚穆

子:晋国大夫新稚狗。

②左人、中人:狄国二邑。左人,在今河北唐县西。中人,在今河北唐县西北。

③遽(jù)人:驿站使者。

④寻:当为"抟"。抟饭,捏饭成团。

⑤事大:指获得二邑。

⑥怡:悦。

⑦纯:一。

⑧幸:侥幸。

⑨当:任。雍:和。

【译文】

赵襄子派新稚穆子讨伐狄国,战胜左人、中人二邑,驿站使者飞车来报,赵襄子正要吃饭,听到胜利消息后,捏着饭团,面有恐惧之色。陪侍者说:"新稚狗获胜是大事,而您脸色不高兴,这是为什么?"赵襄子说:"我听说:德行不纯一而福禄一起到来,这叫做侥幸。侥幸不是福,没有德行就不能承受福禄并至的和乐,和乐不是侥幸,我因此恐惧。"

# 智果论智瑶必灭宗

智宣子将以瑶为后①,智果曰②:"不如宵也③。"宣子曰:"宵也很④。"对曰:"宵之很在面,瑶之很在心。心很败国,面很不害。瑶之贤于人者五,其不逮者一也⑤。美鬓长大则贤,射御足力则贤,伎艺毕给则贤⑥,巧文辩惠则贤⑦,强毅果敢则贤。如是而甚不仁。以其五贤陵人,而以不仁行之,其谁能待之⑧?若果立瑶也,智宗必灭。"弗听。智果别族于太史为辅氏⑨。及智氏之亡也，唯辅果在。

**【注释】**

①智宣子：晋卿荀甲。瑶：智宣子之子智伯，谥"襄"。后：继承人。

②智果：晋国大夫，智氏之族。

③宵：智宵，智宣子的庶子。

④佷(hěn)：狠毒。

⑤不逮者一也：指不仁。

⑥给：足。

⑦巧文：巧于文辞。

⑧待：忍。

⑨智果别族于太史为辅氏：太史掌姓氏，智果认为智伯会灭宗，因
此要求太史将自己的姓氏由智氏改为辅氏。

**【译文】**

智宣子准备以智瑶作为继承人，智果说："不如立智宵。"智宣子说：
"智宵狠毒。"智果说："智宵的狠毒是在表面上，而智瑶的狠毒是在内
心。内心狠毒会败坏国家，表面上狠毒没有危害。智瑶在五个方面贤
于他人，比不上别人的只有一点。鬓发美观身材高大是一贤，射箭驾车
孔武有力是二贤，多才多艺是三贤，巧于文辞善于言辩是四贤，刚强坚
毅果断敢为是五贤。他有这五贤却十分不仁。以此五贤凌驾于他人之
上，再以不仁去施行，谁能忍受他呢？如果您真的立智瑶为继承人，智
氏宗族必定覆灭。"智宣子不听。智果要求太史将自己的姓氏由智氏改
为辅氏。等到智氏灭亡之日，只有辅果一系存活下来。

## 士茁谓土木胜惧其不安人

智襄子为室美①，士茁夕焉②。智伯曰："室美夫！"对曰：

"美则美矣,抑臣亦有惧也。"智伯曰:"何惧?"对曰:"臣以秉笔事君。志有之曰③:'高山峻原④,不生草木。松柏之地,其土不肥⑤。'今土木胜⑥,臣惧其不安人也。"室成,三年而智氏亡⑦。

**【注释】**

①智襄子:智伯,名瑶,谥"襄"。

②士茁:智伯家臣。夕:傍晚晋见。

③志:记,引申为记事的著作。

④峻原:峻峭高原。

⑤松柏之地,其土不肥:松柏茂盛,吸取了土壤养分,故其土不肥。

⑥土木胜:指宫室美丽。

⑦三年而智氏亡:公元前453年,韩、赵、魏三家联合灭了智氏。

**【译文】**

　　智襄子营建宫室,非常美丽,家臣士茁晚上去见智襄子。智伯说:"宫室真是美呀!"士茁回答说:"美倒是美,不过我还是害怕。"智伯问:"你怕什么?"士茁回答说:"我是以秉笔记载来事奉主君。古书上说:'高山峻原,不会生长草木。松柏生长的地方,土壤不会肥沃。'如今宫室美丽,我怕的是宫室内的人不能平安。"宫室建成了,三年之后,智氏灭亡。

# 智伯国谏智襄子

　　还自卫①,三卿宴于蓝台②,智襄子戏韩康子而侮段规③。智伯国闻之④,谏曰:"主不备,难必至矣。"曰:"难将由我,我不为难,谁敢兴之!"对曰:"异于是。夫郤氏有车辕之难⑤,赵有孟姬之谗⑥,栾有叔祁之诉⑦,范、中行有亟治之难⑧,皆主之所知也。《夏书》有之曰⑨:'一人三失⑩,怨岂在明⑪? 不见是图⑫。'《周书》有之曰⑬:'怨不在大,亦不在小。'夫君子能勤小物⑭,故无大患。今主一宴而耻人之君相⑮,又弗备,曰'不敢兴难',无乃不可乎? 夫谁不可喜,而谁不可惧? 蚋蚁蜂虿⑯,皆能害人,况君相乎!"弗听。自是五年⑰,乃有晋阳之难⑱。段规反,首难⑲,而杀智伯于师,遂灭智氏。

**【注释】**

①还自卫:智襄子伐郑,后从卫国返回。

②三卿:智襄子智瑶、韩康子韩虎、魏桓子魏驹。蓝台:地名。

③韩康子:韩虎。段规:魏桓子之相。

④智伯国:晋国大夫,智氏之族。

⑤郤氏有车辕之难:郤犨与长鱼矫争田,将长鱼矫父母妻子绑在车辕上。后来长鱼矫成为晋厉公的宠臣,主谋灭三郤。

⑥赵有孟姬之谗:指庄姬谗杀赵同、赵括之事。

⑦栾有叔祁之诉:栾盈之母叔祁与家臣州宾私通,栾盈不满,叔祁向其父范宣子告状,遂灭栾氏。

⑧范、中行有亟治之难:亟治是范吉射庶子范皋夷食邑,范皋夷想取代范吉射,故作乱驱逐范吉射及其姻亲中行寅。

⑨《夏书》:以下三句引文见于伪古文尚书《五子之歌》。

⑩一人三失:一个人三次得罪人。

⑪怨岂在明:结怨岂在明处。

⑫不见是图:要在怨仇没有显露之前图谋。

⑬《周书》:以下二句引文见于《尚书·周书·康诰》。

⑭能勤小物：能在小事上谨慎。

⑮君：指韩康子。相：指段规。

⑯蚋(ruì)：蚊子。虿(chài)：蝎子。

⑰自是五年：蓝台之宴后五年，为公元前453年。

⑱晋阳之难：智伯联合韩、魏围攻赵襄子于晋阳，结果韩、魏反过来联合赵襄子灭智伯。

⑲段规反，首难：赵氏谋臣张孟谈游说韩魏，段规力谏韩康子，反攻智伯。

**【译文】**

从卫国返回途中，智襄子、韩康子、魏桓子三位晋卿在蓝台宴饮，智襄子戏弄韩康子而侮辱段规。智伯国听到这件事，劝谏智襄子说："主君如果不作防备，灾难必定会到来。"智襄子说："有没有灾难将取决于我，我不发难，谁敢发难！"智伯国回答说："我所了解的不是这样。以前郤氏有车辕之难，赵氏有庄姬进谗之难，栾氏有叔祁诬诉之难，范氏、中行氏有范皋夷巫治之难，这些灾难都是主君所知道的。《夏书》说：'一个人三次得罪人，结怨并不都是在明处，要在怨仇没有显露之前有所图谋防范。'《周书·康诰》说：'怨仇不在于大，也不在于小。'君子能够认真地对待小事，因此才没有大的祸患。如今主君一次宴会就羞辱了一君一相，又不作防备，说'不敢发难'，恐怕不可以吧？谁不能让人喜欢，谁不能让人害怕？蚊子、蚂蚁、黄蜂、蝎子，都能害人，何况是主君国相呢！"智襄子不听。从这五年之后，智襄子有晋阳之难。段规反智氏，首先发难，将智伯杀死在军中，于是消灭智氏一族。

# 晋阳之围

晋阳之围①，张谈曰②："先主为重器也③，为国家之难也，盍姑无爱宝于诸侯乎？"襄子曰："吾无使也。"张谈曰："地也可④。"襄子曰:"吾不幸有疾,不夷于先子⑤,不德而赂。夫地也求饮吾欲⑥,是养吾疾而干吾禄也⑦。吾不与皆毙。"襄子出,曰:"吾何走乎?"从者曰:"长子近⑧,且城厚完⑨。"襄子曰:"民罢力以完之⑩,又毙死以守之,其谁与我?"从者曰:"邯郸之仓库实。"襄子曰:"浚民之膏泽以实之⑪,又因而杀之,其谁与我?其晋阳乎!先主之所属也⑫,尹铎之所宽也,民必和矣。"乃走晋阳,晋师围而灌之⑬,沉灶产蛙⑭,民无叛意。

**【注释】**

①晋阳之围:公元前 455 年至前 453 年,智伯率韩康子、魏桓子围赵襄子于晋阳。

②张谈:张孟谈,赵襄子家臣。

③重器:指钟鼎彝器。

④地:赵襄子家臣。

⑤夷:平,等同。

⑥求饮(yìn)吾欲:只求满足我的欲望。饮,给人饮水,引申为满足。

⑦干:求。

⑧长子:晋国地名,在今山西长治附近。

⑨完:完整。

⑩罢(pí):疲敝。

⑪浚(jùn):刮取。

⑫先主:赵简子。属(zhǔ):嘱咐。

⑬灌之:智伯引汾河水灌晋阳城。

⑭沉灶产蛙:锅灶淹水,生出蛤蟆。

**【译文】**

在智伯围晋阳之前,张孟谈说:"先主赵简子制作钟鼎重器,为的是防备国家之难,何不姑且用重宝来贿赂诸侯呢?"赵襄子说:"我没有合适的使者。"张孟谈说:"地可以为使者。"赵襄子说:"我不幸有毛病,比不上先人,没有德行,只好去贿赂诸侯。地只会满足我的欲望,这是助长我的坏毛病而求得我的俸禄。我不愿意和他一起死。"赵襄子走出门,说:"我往哪里跑呢?"随从说:"长子邑路近,而且城墙厚实完整。"赵襄子说:"民众精疲力竭修筑城墙,现在又要他们拼死守城,谁能帮助我?"随从说:"邯郸邑的仓库充实。"赵襄子说:"搜刮民脂民膏来充实仓库,又因此而使他们被杀,谁能帮助我? 我去晋阳吧! 这是先主所嘱咐的逃难之所,是尹铎用宽缓政策治理的地方,民众必定和谐。"于是赵襄子跑到晋阳,智伯率晋军包围晋阳,用汾河水灌城,锅灶淹水,生出蛤蟆,民众仍没有叛变之意。

# 郑语

## 【题解】

本篇仅收录两篇文章,后一篇记载史伯之语的应验情况,前一篇则是究天人之际、通古今之变的大文字。

西周末年,周王室风雨飘摇,身为司徒的郑桓公向史伯咨询逃死方略。史伯从天道赏善罚恶角度,对未来周王室不可避免的衰落和齐、晋、秦、楚的崛起大势做出预测,建议郑桓公将妻子儿女和财产寄托在济、洛、河、颍之间。史伯的言论既来自神秘直觉,又有对历史与现实的深刻剖析,充满了天人合一和宿命论的信念,集中地体现了西周史官文化特色。"夫成天地之大功者,其子孙未尝不章",这种积善积德的观念对此后民族心理产生了深远影响。

《郑语》在文风上接近周、鲁,这是因为本篇文字出于周王室的史官。

## 史伯为桓公论兴衰

桓公为司徒①,其得周众与东土之人②,问于史伯曰③:"王室多故④,余惧及焉,其何所可以逃死?"史伯对曰:"王室将卑,戎、狄必昌⑤,不可逼也⑥。当成周者⑦,南有荆蛮、申、吕、应、邓、陈、蔡、随、唐⑧，北有卫、燕、狄、鲜虞、潞、洛、泉、徐、蒲⑨，西有虞、虢、晋、隗、霍、杨、魏、芮⑩，东有齐、鲁、曹、宋、滕、薛、邹、莒⑪，是非王之支子母弟甥舅也，则皆蛮、荆、戎、狄之人也，非亲则顽⑫，不可入也。其济、洛、河、颍之间乎⑬！是其子男之国，虢、郐为大，虢叔恃势，郐仲恃险，是皆有骄侈怠慢之心，而加之以贪冒⑭。君若以周难之故，寄孥与贿焉⑮，不敢不许。周乱而弊，是骄而贪，必将背君，君若以成周之众，奉辞伐罪，无不克矣。若克二邑，鄢、弊、补、舟、依、𪃋、历、华，君之土也⑯。若前华后河⑰，右洛左济，主芣、騩而食溱、洧⑱，修典刑以守之⑲，是可以少固⑳。

⑩虞:虞叔之后,姬姓。虢:虢叔之后,姬姓。晋:唐叔之后,姬姓。隗、霍、杨、魏、芮:都是姬姓诸侯国。

⑪齐:姜太公封国,姜姓。鲁:周公封国,姬姓。曹、滕:都是姬姓诸侯国。宋:殷商之后,子姓诸侯国。薛:任姓诸侯国。邹:即"邾",曹姓诸侯国。莒:己姓诸侯国。

⑫顽:指蛮夷戎狄。

⑬济、洛、河、颍之间:韦昭注曰:"左济、右洛、前颍、后河。"《史记·郑世家》"雒之东土,河济之南",即今河南新郑一带。济,济水,出今河南济源王屋山,至温县汇入黄河。洛,洛水。此指发源于谨华山,流经陕西商县至河南入黄河之洛水。河,黄河。颍,颍水,源出河南登封,至安徽寿州汇入淮河。

⑭贪冒:贪图财利。

⑮孥:妻子儿女。贿:财物。

⑯邬、蔽、补、丹、依、䣖、历、华:八邑之名。邬,妘姓,在今河南偃师。一本作"鄢",在今河南鄢陵北偏西。蔽、补、依、䣖,地不详。丹,尧之子丹朱的封国,在今河南内乡境。华,华阳,在今河南新密。一日当作"莘",虢国地名,在今河南三门峡。

⑰华:当为"颍"之误。

⑱主芣(fú)、騩(guī):以芣山、騩山之神为神主。芣、騩,山名。芣,在今河南巩义北。騩,即大騩山。在今河南新密附近。二山都在今河南新郑附近。主,神主。食溱(zhēn)、洧(wěi):饮溱河、洧河之水。溱、洧,水名。溱水源出河南新密,东北流至新郑与洧水合。洧水出河南登封阳城山,经新密,至新郑合溱水,为双洎水,至西华入颍水。邻国正在溱、洧之间。

⑲典刑:常法。

⑳少:稍微。

**【译文】**

　　郑桓公担任周王室司徒,很得西周和东土民众之心,他问史伯说:"周王室多灾多难,我怕被卷进去,何处可以逃避一死?"史伯回答说:"周王室即将衰微,四周戎、狄必定昌盛,不可离他们太近。成周洛邑,南有荆蛮、申、吕、应、邓、陈、蔡、随、唐诸国,北有卫、燕、狄、鲜虞、潞、洛、泉、徐、蒲诸国,西有虞、虢、晋、隗、霍、杨、魏、芮诸国,东有齐、鲁、曹、宋、滕、薛、邹、莒诸国,这些诸侯国不是周王同姓支系子弟和异姓甥舅,就是蛮、荆、戎、狄之人,不是血亲关系就是戎狄凶顽,因此不可进入这一地区。逃难之所,应该选择济水、洛水、河水、颍水之间吧! 这一地区都是子爵、男爵之国,以虢国、郐国为最大,虢叔依靠地势,郐仲倚仗险要,他们都有骄侈怠慢之心,而且贪图财利。您如果以周王室灾难的缘故,要求寄托妻子儿女和财物,他们不敢不许可。周王室发生祸乱而衰落,虢、郐两国君主又骄傲贪婪,他们必将背叛您,您如果率领成周兵马,以严辞讨伐有罪之国,应该是战无不胜。如果攻克虢、郐二国,那么邬、弊、补、丹、依、㝮、历、华八邑,都会成为您的土地。如果前面是颍水后面是黄河,右边是洛水左边是济水,以茅山、騩山之神为神主,饮溱河、洧河之水,修定治国常法来守护这片土地,这样您的地位就可以稍微稳固了。

　　公曰:"南方不可乎<sup>①</sup>?"对曰:"夫荆子熊严生子四人<sup>②</sup>:伯霜、仲雪、叔熊、季纣<sup>③</sup>。叔熊逃难于濮而蛮<sup>④</sup>,季纣是立,薳氏将起之<sup>⑤</sup>,祸又不克。是天启之心也<sup>⑥</sup>,又甚聪明和协,盖其先王<sup>⑦</sup>。臣闻之,天之所启,十世不替<sup>⑧</sup>。夫其子孙必光启土<sup>⑨</sup>,不可逼也。且重、黎之后也<sup>⑩</sup>,夫黎为高辛氏火正<sup>⑪</sup>,以淳耀敦大<sup>⑫</sup>,天明地德<sup>⑬</sup>,光照四海,故命之曰'祝融'<sup>⑭</sup>,其功大矣。

**【译文】**

　　郑桓公担任周王室司徒,很得西周和东土民众之心,他问史伯说:"周王室多灾多难,我怕被卷进去,何处可以逃避一死?"史伯回答说:"周王室即将衰微,四周戎、狄必定昌盛,不可离他们太近。成周洛邑,南有荆蛮、申、吕、应、邓、陈、蔡、随、唐诸国,北有卫、燕、狄、鲜虞、潞、洛、泉、徐、蒲诸国,西有虞、虢、晋、隗、霍、杨、魏、芮诸国,东有齐、鲁、曹、宋、滕、薛、邹、莒诸国,这些诸侯国不是周王同姓支系子弟和异姓甥舅,就是蛮、荆、戎、狄之人,不是血亲关系就是戎狄凶顽,因此不可进入这一地区。逃难之所,应该选择济水、洛水、河水、颍水之间吧! 这一地区都是子爵、男爵之国,以虢国、郐国为最大,虢叔依靠地势,郐仲倚仗险要,他们都有骄侈怠慢之心,而且贪图财利。您如果以周王室灾难的缘故,要求寄托妻子儿女和财物,他们不敢不许可。周王室发生祸乱而衰落,虢、郐两国君主又骄傲贪婪,他们必将背叛您,您如果率领成周兵马,以严辞讨伐有罪之国,应该是战无不胜。如果攻克虢、郐二国,那么邬、弊、补、丹、依、㝮、历、华八邑,都会成为您的土地。如果前面是颍水后面是黄河,右边是洛水左边是济水,以茅山、騩山之神为神主,饮溱河、洧河之水,修定治国常法来守护这片土地,这样您的地位就可以稍微稳固了。

　　公曰:"南方不可乎[①]?"对曰:"夫荆子熊严生子四人[②]:伯霜、仲雪、叔熊、季纣[③]。叔熊逃难于濮而蛮[④],季纣是立,薳氏将起之[⑤],祸又不克。是天启之心也[⑥],又甚聪明和协,盖其先王[⑦]。臣闻之,天之所启,十世不替[⑧]。夫其子孙必光启土[⑨],不可逼也。且重、黎之后也[⑩],夫黎为高辛氏火正[⑪],以淳耀敦大[⑫],天明地德[⑬],光照四海,故命之曰'祝融'[⑭],其功大矣。

**【注释】**

①南方:指成周以南,申国、邓国之间。

②荆:楚。子:楚为子爵。熊严:楚子鬻熊十世孙。

③伯霜:楚子熊霜。仲雪:熊严次子。叔熊:熊严三子,因争位失败而奔濮邑。季纲(xún):楚子熊纲。

④蛮:指叔熊奔濮之后随从蛮俗。

⑤蔿(wěi)氏:楚国大夫。起:指欲立叔熊为君。

⑥天启之心:指上天开启季纲之心。启,开。

⑦盖:超越。

⑧替:废。

⑨光:光大。

⑩重、黎:颛顼时代的两位官员,重为南正司天,黎为北正司地,是楚人祖先。

⑪高辛氏:帝喾。火正:掌管火的官员。

⑫淳耀:光明。敦大:厚大。

⑬天明:观察日月星三辰之明。地德:体现大地美德。

⑭祝融:官职。

**【译文】**

郑桓公问:"南方不可以寄居吗?"史伯回答说:"楚子熊严生了四个儿子:伯霜、仲雪、叔熊、季纲。叔熊逃难到濮邑而随从蛮俗,季纲得以立为楚子,蔿氏试图拥立叔熊,结果因祸而不能成功。这是上天开启季纲之心啊,季纲为人十分聪明温和,团结百姓,功业盖过先王。我听说,上天之所开启的人,十世不会废弃。季纲的子孙一定能够光大前人事业,开疆拓土,因而楚国是不可迫近的。况且楚为重、黎之后,黎担任高辛氏的火正一职,以其光明厚大,则天之明,因地之德,光照四海,因此高辛氏称黎叫'祝融',他的功绩可大了。

　　"夫成天地之大功者,其子孙未尝不章①,虞、夏、商、周是也。虞幕能听协风②,以成乐物生者也③。夏禹能单平水土④,以品处庶类者也⑤。商契能和合五教⑥,以保于百姓者也⑦。周弃能播殖百谷蔬⑧,以衣食民人者也⑨。其后皆为王公侯伯。祝融亦能昭显天地之光明,以生柔嘉材者也⑩,其后八姓于周未有侯伯⑪。佐制物于前代者⑫,昆吾为夏伯矣⑬,大彭、豕韦为商伯矣⑭。当周未有⑮。己姓昆吾、苏、顾、温、董⑯,董姓鬷夷、豢龙⑰,则夏灭之矣。彭姓彭祖、豕韦、诸稽,则商灭之矣。秃姓舟人,则周灭之矣。妘姓邬、郐、路、偪阳,曹姓邹、莒,皆为采卫⑱。或在王室,或在夷、狄,莫之数也,而又无令闻,必不兴矣。斟姓无后。融之兴者,其在芈姓乎?芈姓夔越⑲,不足命也。蛮芈蛮矣⑳,唯荆实有昭德,若周衰,其必兴矣。姜、嬴、荆芈,实与诸姬代相干也㉑。姜,伯夷之后也㉒,嬴,伯翳之后也㉓。伯夷能礼于神以佐尧者也,伯翳能议百物以佐舜者也。其后皆不失祀而未有兴者,周衰其将至矣。"

**【注释】**

①章:显。

②虞幕:虞舜先祖。协:和。

③成乐物生:据段玉裁说,应该是"成物乐生"。

④单:通"殚",尽。

⑤品:区分高下。庶类:众类。

⑥契(xiè):商人始祖。五教:父义、母慈、兄友、弟恭、子孝。

⑦保:养。

⑧弃：后稷。播：播种。

⑨衣食：用做动词。

⑩柔：润。嘉材：五谷材木。嘉，善。

⑪八姓：祝融之后八姓是：己、董、彭、秃、妘、曹、斟、芈。侯伯：诸侯
　　领袖。

⑫佐：助。物：事。前代：夏、商。

⑬昆吾：祝融之孙，陆终长子，名樊，为己姓，封于昆吾。

⑭大彭：陆终第三子，名铿，彭姓，封于大彭，称为彭祖。豕韦：彭
　　姓，封于豕韦。

⑮未有：未有为侯伯者。

⑯己姓昆吾、苏、顾、温、董：五国都是昆吾之后别封者。

⑰鄹（zōng）夷、豢龙：二国名。

⑱采：采服。卫：卫服。

⑲蔓：蔓国，熊挚后代之国。越：越章国。楚子熊渠封少子执疵为越
　　章王。

⑳蛮芈：指叔熊在濮，从蛮俗。

㉑代相干：世相代强。代，交替。

㉒伯夷：炎帝后裔，尧时典礼官员。

㉓伯翳：少暤之后，又称伯益，舜时虞官，掌管山木川泽。

## 【译文】

　　"凡是成就天地之大功的人，他的子孙没有不发迹显达的，虞、夏、商、周都是这样。虞幕能够辨听和风，以此成就万物生长各乐其生。夏禹能够殚精竭力平治水土，以此区分高下使万物各得其宜。商契能够和谐地推行父义、母慈、兄友、弟恭、子孝五教，以此使百姓各得其养。周弃能够播殖百谷蔬菜，以此让人民丰衣足食。虞幕、夏禹、商契、周弃的后人都成为王公侯伯。祝融也能昭显天地光明，让五谷材木滋润生长，祝融之后己、董、彭、秃、妘、曹、斟、芈八姓，在周代尚未有侯伯出现。

在夏商辅佐君主成就大事的人，昆吾曾经为夏代侯伯，大彭、豕韦曾经为商代的侯伯。在周代尚未有侯伯出现。己姓昆吾、苏、顾、温、董五国，董姓鬷夷、豢龙二国，在夏代就被消灭了。彭姓彭祖、豕韦、诸稽几国，在商代就被消灭了。秃姓舟人国，在周代就被消灭了。妘姓邬、郐、路、偪阳四国，曹姓邹、莒二国，都为采服或卫服。这六姓的后代，或近在王室，或远在夷、狄，没有人进行统计，而且又没有好的名声，一定是不会兴盛的。斟姓没有后人。祝融后代能够兴盛的人，大概是在芈姓吧？芈姓诸侯国中的夔、越二国，是不足以享受天命的。蛮芈已经接受了蛮俗，只有楚国确实有明德，如果周室衰微，那么楚国必定兴盛。齐姜、秦嬴、楚芈，确实与诸姬之国递相称雄交锋。姜姓是伯夷的后人，嬴姓是伯翳的后人。伯夷能够致礼于神以辅佐唐尧，伯翳能够掌议百物以辅佐虞舜。他们的后代都能够守住宗庙祭祀，但是却没有兴盛的人，周王室衰落之后，他们兴盛的日子就到了。”

公曰：“谢西之九州①，何如？”对曰：“其民沓贪而忍②，不可因也③。唯谢、郏之间④，其冢君侈骄⑤，其民怠沓其君⑥，而未及周德⑦；若更君而周训之⑧，是易取也，且可长用也⑨。”

**【注释】**

①谢西之九州：当是西周故地及以西之地，即后来的秦地。谢，谢国，在今河南南阳。九州，九个州邑，二千五百家为州。

②沓：贪黩。忍：残忍。

③因：就，接近。

④谢、郏之间：指谢北、郏南的虢、郐地区。郏，周朝的东都，在今河南洛阳。

⑤冢君：大君，对列国君主的敬称。冢，大。

⑥怠沓：怠慢、蒙黢。

⑦周德：忠信之德。

⑧更君：更换君德。周：忠信。训：训导。

⑨长用：久处。

**【译文】**

郑桓公问："谢国西面的九个州邑，怎么样？"史伯回答说："那里的民俗贪黢残忍，不可以接近他们。只有在谢北、郑南之间的虢、郐地带，其国君放纵骄傲，老百姓怠慢欺黢其君，他们还不懂得忠信之德；如果更换君德而以忠信之德加以训导，就易于得到这一地区，而且可以长久地居住在这里。"

公曰："周其弊乎①？"对曰："殆于必弊者也②。《泰誓》曰：'民之所欲，天必从之。'今王弃高明昭显③，而好谗慝暗昧④；恶角犀丰盈⑤，而近顽童穷固⑥。去和而取同⑦。夫和实生物，同则不继。以他平他谓之和，故能丰长而物归之；若以同裨同⑧，尽乃弃矣。故先王以土与金木水火杂，以成百物。是以和五味以调口⑨，刚四支以卫体⑩，和六律以聪耳⑪，正七体以役心⑫，平八索以成人⑬，建九纪以立纯德⑭，合十数以训百体⑮。出千品⑯，具万方⑰，计亿事⑱，材兆物⑲，收经入⑳，行姟极㉑。故王者居九畡之田㉒，收经入以食兆民，周训而能用之㉓，和乐如一。夫如是，和之至也。于是乎先王聘后于异姓㉔，求财于有方㉕，择臣取谏工而讲以多物㉖，务和同也。声一无听，物一无文，味一无果㉗，物一不讲㉘。王将弃是类也而与剖同㉙，天夺之明，欲无弊，得乎？

## 【注释】

①弊：衰败。

②殆：近。

③王：周幽王。高明昭显：光明正大。

④谗慝：进谗邪恶。暗昧：内心黑暗。

⑤角犀丰盈：贤明之相。指贤人。角犀，额角入发处隆起。丰盈，面颊丰满。

⑥顽童：愚顽昏昧。穷固：穷陋。

⑦和：多样性的统一。同：单一的相同。

⑧裨：益。

⑨五味：酸、甜、苦、辣、咸。

⑩刚：强。

⑪六律：黄钟、太簇、姑洗、蕤宾、夷则、无射。

⑫七体：七窍。役心：服务于心。

⑬平：正。八索：人体的八个部位：首、腹、足、股、目、口、耳、手。八索以应八卦，乾为首，坤为腹，震为足，巽为股，离为目，兑为口，坎为耳，艮为手。

⑭建：立。九纪：指九脏：心、肝、脾、肾、肺、胃、膀胱、胆、肠。

⑮十数：王、公、大夫、士、皂、舆、隶、僚、仆、台。百体：百官体制。

⑯千品：千种品位。

⑰万方：万种方法。

⑱计：算。亿：万万为亿。一说，十万为亿。

⑲材：同"裁"。兆：万亿为兆。

⑳收经入：收常规收入。经，常。入，收入。

㉑行姟(gāi)极：达到数字极限。姟，万万兆为姟。极，极数。

㉒九晐(gāi)：九州。

㉓周训：忠信之教。

㉔聘后于异姓：周人有同姓不婚的习俗，故从异姓聘娶王后。

㉕求财于有方：使各方以其财物进贡。

㉖谏工：谏官。讲：讲论。多：众。物：事。

㉗果：成美味。

㉘讲：俞樾说，讲，读为"构"，意为合集。

㉙剸：同"专"，专断。

## 【译文】

郑桓公问："周王室将会衰败吗？"史伯回答说："差不多一定要衰败了。《尚书·泰誓》说：'老百姓所想得到的，上天一定会遵从。'如今周王抛弃光明正大的人，喜欢进谗邪恶、内心黑暗的人；讨厌贤明的人，亲近愚顽鄙陋的人；抛弃多样性的统一，采纳单一的雷同。多样性的统一可以生成万物，单一的雷同就不能发展。把不同的东西加以协调平衡叫做多样性统一，所以能丰富发展而使万物归于统一；如果把相同的东西简单相加，用尽了之后就完了。所以先王把土和金、木、水、火相配合，而生成万物。因此调配五种滋味以适合人的口味，强健四肢来保护身体，调和黄钟、太簇、姑洗、蕤宾、夷则、无射六种音律使之动听悦耳，端正七窍来为心服务，协调身体的八个部分使人完整，经纪心、肝、脾、肾、肺、胃、膀胱、胆、肠九脏以树立纯正的德行，合成王、公、大夫、士、皂、舆、隶、僚、仆、台十种等级来训导百官。于是产生了千种品位，具备了上万方法，计算成亿的事物，经营成兆的财物，取得万兆的收入，达到数字极限。所以君王坐拥九州土地，取得收入来供养万民，用忠信来教化和使用他们，使他们协和安乐如一家人。这样的话，就是和的极点了。于是先王从异姓的家族中聘娶王后，使各方以其财物进贡，在选择大臣时，起用直言进谏之官，来讲论国家众多事务，努力做到多样性的统一而不是单一的雷同。只有一种音符就不能谱成动听的乐曲，只有一种颜色就不能构成绚丽的文采，只有一种味就不能形成美味，只有一种事物就不能集合众事。如今周王摒弃多样性的统一而专用雷同，这是上天夺取了他的理智，要想不衰败，可能吗？

　　"夫虢石父谗谄巧从之人也①，而立以为卿士，与刬同也；弃聘后而立内妾②，好穷固也；侏儒戚施③，实御在侧，近顽童也；周法不昭，而妇言是行，用谗慝也；不建立卿士，而妖试幸措④，行暗昧也。是物也，不可以久。且宣王之时有童谣曰：'檿弧箕服⑤，实亡周国。'于是宣王闻之，有夫妇鬻是器者⑥，王使执而戮之⑦。府之小妾生女而非王子也，惧而弃之。此人也⑧，收以奔褒⑨。天之命此久矣，其又何可为乎⑩？《训语》有之曰⑪：'夏之衰也，褒人之神化为二龙，以同于王庭⑫，而言曰："余，褒之二君也。"夏后卜杀之与去之与止之⑬，莫吉。卜请其漦而藏之⑭，吉。乃布币焉而策告之⑮，龙亡而漦在，椟而藏之⑯，传郊之⑰。'及殷、周，莫之发也。及厉王之末，发而观之，漦流于庭，不可除也。王使妇人不帏而噪之⑱，化为玄鼋⑲，以入于王府。府之童妾未既龀而遭之⑳，既笄而孕㉑，当宣王时而生。不夫而育，故惧而弃之。为弧服者方戮在路，夫妇哀其夜号也，而取之以逸㉒，逃于褒。褒人褒姁有狱㉓，而以为入于王，王遂置之㉔，而嬖是女也㉕，使至于为后而生伯服。天之生此久矣，其为毒也大矣，将使候淫德而加之焉㉖。毒之酋腊者㉗，其杀也滋速㉘。申、缯、西戎方强㉙，王室方骚㉚，将以纵欲，不亦难乎？王欲杀太子以成伯服，必求之申，申人弗畀㉛，必伐之。若伐申，而缯与西戎会以伐周，周不守矣！缯与西戎方将德申㉜，申、吕方强，其隩爱太子亦必可知也㉝，王师若在，其救之亦必然矣。王心怒矣，虢公从矣，凡周存亡，不三稔矣㉞！君若欲避其难，其速规所矣，时至而求用，恐无及也！"

【注释】

① 虢石父：虢国君主，时任周幽王卿士。巧从：巧于媚从。

② 聘后：申后。内妾：褒姒。

③ 侏儒戚施：指宫廷俳优小丑。

④ 妖：妖臣。试：用。幸：幸臣。措：措置，任用。

⑤ 檿（yǎn）：山桑。弧：弓。箕：树木名。服：箭袋。

⑥ 鬻是器：卖檿弧箕服。

⑦ 戮：责。

⑧ 此人：指卖檿弧箕服的人。

⑨ 收：取。褒：古国名，姒姓，故址在今陕西勉县东南。

⑩ 为：治。

⑪ 《训语》：周代典籍。

⑫ 同：共处。

⑬ 后：君。

⑭ 漦（chí）：龙涎。

⑮ 布币焉而策告之：陈列玉帛，以简策之书告求龙漦。

⑯ 椟：柜子，此处用做动词。

⑰ 传郊之：传祭之于郊。

⑱ 不帏而噪之：裸露下身而喧哗鼓噪。此为厌胜之术。帏，下裳的正幅。

⑲ 玄鼋（yuán）：黑色的鳖。

⑳ 既龀（chèn）：刚刚换牙。

㉑ 笄（jī）：盘发插簪，表示成年。女子十五而笄。

㉒ 逸：逃逸。

㉓褒姁(xū)：褒国国君。狱：诉讼案件。

㉔置之：赦免褒姁。

㉕嬖：宠爱。

㉖候淫德：等待淫德之人，指周幽王。加：施加。

㉗酋腊(xī)：制作很久的毒酒。

㉘滋：更加。

㉙申：姜姓诸侯国，为申后娘家。缯：姒姓诸侯国，为申之盟国。西戎：与申国友好。

㉚骚：骚扰，骚乱。

㉛畀：给予。

㉜德：感激。

㉝隩(ào)爱：深爱。

㉞三稔：三年。稔，谷物成熟。

## 【译文】

"虢石父是一个善于进谗、阿谀奉承、巧于媚从之人，而被周王立为王室卿士，这与周王一人专制没有区别；周王废弃申后而立褒姒，这是喜欢鄙陋之人；侏儒俳优，陪侍在周王身边，这是接近愚顽之人；周朝旧法不能得到彰显，一味听信妇人之言，这是任用谗毁邪恶之人；不立有德之人为卿士，而重用妖臣佞幸，这是行为暗昧。这种状况，不可以长久。况且周宣王时代有一首童谣说：'桑弓箕袋，灭亡周国。'于是宣王听到这首童谣，有一对夫妇正好卖桑弓箕袋，周宣王派人将他们抓起来，责罚他们。王宫一个小妾生下女儿，但不是周王的孩子，因为害怕便把刚生下来的孩子丢弃。卖桑弓箕袋的夫妇，将被弃的孩子收养起来，逃奔褒国。上天命定此事很久了，又怎么能改变呢？《训语》上说：'夏朝衰败的时候，褒君之神化为两条龙，共同停留在夏王宫庭，龙说："我们是褒国的两位君主。"夏王占卜，是杀死两条龙，还是把两条龙赶走，还是把两条龙留下来，结果卦象都不吉利。夏王又占卜，请两条龙留下龙漦而加以收藏,结果卦象吉利。于是夏王命令陈列玉帛,以简策之书告求龙漦。龙飞走了,而龙漦还在,夏王用柜子将龙漦收藏起来,在城郊传祭。'一直到殷、周,都没有人打开柜子。厉王末年,将柜子打开观看,龙漦流于宫庭,不可清除。厉王让宫中妇人裸露下身而喧哗鼓噪,结果龙漦化为一只黑色的鳖,进入王府之中。王府中有一个幼小的婢妾,刚到换牙年龄,遇到了这只黑鳖,到了十五岁时,就奇怪地怀孕了,到宣王时期,这个婢妾生下一个女儿。因为婢妾没有丈夫婚配而生育,所以害怕而将女婴抛弃了。卖桑弓箕袋的夫妇正好在路边受责罚,夜里他们听到弃婴的哀号而心生怜悯,于是将孩子抱起来逃逸到褒国。褒君褒姁有罪,将褒姒进献给周王,周王于是赦免了褒姁之罪,而宠爱褒姒,让她逐渐当上王后而生下伯服。上天生此褒姒很久了,她的毒害可大了,就等待淫德之君出现而嫁给他。制作很久的毒酒,杀人也就更快。申国、缯国、西戎正处强盛阶段,王室正在滋生骚乱,周王还想放纵私欲,不是难于免祸吗?周王想杀太子宜臼,来成全褒姒之子伯服,一定要求得申国认可,申国不认可,必定加兵讨伐。如果周王讨伐申国,那么缯国与西戎就会讨伐周室,周王室就保不住了!缯国与西戎正感激申国,申国、吕国正处强盛,他们深爱太子宜臼可想而知,周王军队如果征伐申国,吕国援救申国是必然的。周王之心已经愤怒了,虢石父一定会随从他,周王室的存亡,不会超过三年!您如果想避难,就得迅速规划安身之所,等到灾难到来再想办法,恐怕就来不及了!”

　　公曰:“若周衰,诸姬其孰兴①?”对曰:“臣闻之,武实昭文之功②,文之祚尽③,武其嗣乎④!武王之子,应、韩不在⑤,其在晋乎!距险而邻于小⑥,若加之以德,可以大启⑦。”公曰:“姜、嬴其孰兴?”对曰:“夫国大而有德者近兴,秦仲、齐侯⑧,姜、嬴之隽也⑨,且大,其将兴乎?”公说,乃东寄帑与贿,虢、郐受之，十邑皆有寄地<sup>⑩</sup>。

**【注释】**

①诸姬：西周有四十个姬姓诸侯国，故称诸姬。

②武：周武王。昭：彰显。文：周文王。

③文：指文王子孙封国，如鲁、卫等国。祚尽：福运衰退。

④武：指武王子孙封国。嗣：继承。

⑤应、韩不在：指继承福运的不是应、韩。应、韩，周武王子孙封国。

⑥距险：据险要之地。邻于小：与虞、虢、霍、杨、韩、魏、芮等小国
　　为邻。

⑦大启：大开疆土。

⑧秦仲：嬴姓，为宣王大夫。齐侯：齐庄公，名购，齐成公之子，公元
　　前794—公元前731年在位。齐庄公二十四年，犬戎杀周幽王。

⑨隽：优秀者。

⑩十邑：虢、郐、邬、蔽、补、丹、依、㽨、历、华。皆有寄地：郑桓公之子
　　郑武公夺取十邑之地而居之。

**【译文】**

郑桓公问："如果西周衰微，那么姬姓诸侯国哪一个会兴盛？"史伯回答说："我听说，周武王实在是继承、彰显周文王功业，周文王子孙封国福运衰退，就应该由周武王子孙封国来继承吧！周武王子孙封国，兴盛的不是应、韩，而应该是晋国吧！晋国地处险要，与小国为邻，如果能够以德治国，那么就可以大开疆土。"郑桓公又问："姜姓、嬴姓诸侯国，哪一个会兴盛？"史伯回答说："国土广大而有德者有可能兴盛，秦仲和齐庄公，分别是姜姓、嬴姓诸侯的佼佼者，而且秦、齐两国国土广大，他们可能会兴盛吧？"郑桓公听了很高兴，于是将妻子儿女和财物寄托在东方，虢国、郐国接受了郑桓公的寄托，虢、郐、邬、蔽、补、丹、依、㽨、历、华十邑都有郑桓公家人寄居之地。

# 平王之末秦晋齐楚代兴

幽王八年而桓公为司徒①，九年而王室始骚②，十一年而
毙③。及平王之末④，而秦、晋、齐、楚代兴，秦景、襄于是乎取
周土⑤，晋文侯于是乎定天子⑥，齐庄、僖于是乎小伯⑦，楚蚡
冒于是乎始启濮⑧。

【注释】

①幽王八年：周幽王八年为公元前774年。

②九年：公元前773年。骚：骚乱。

③十一年而毙：指公元前771年，申侯勾结犬戎伐周，杀死幽王，郑
桓公死于战乱。

④平王之末：周平王，名宜臼，公元前770年—公元前720年在位。

⑤秦景：景，应为"庄"。秦庄公，秦仲之子，秦襄公之父。秦庄公有
功于周，周王室赐给他土地。襄：秦襄公。取周土：秦襄公辅佐
周平王东迁，获得西周丰、镐之地，始命为诸侯。

⑥晋文侯于是乎定天子：晋文侯迎周平王，定于洛邑，平定周室。
晋文侯，晋国君主，名仇。

⑦齐庄、僖于是乎小伯：齐庄，齐庄公。僖，齐僖公，名禄父，齐庄公
之子。小伯，小规模会盟诸侯。齐庄公时期，齐国走向强大。齐
僖公多次主盟诸侯，先后征伐宋、郏、许、狄、鲁、郑等国，形成小
霸局面。

⑧楚蚡冒于是乎始启濮：蚡冒，楚国君主熊率，若敖之子。濮，百
濮。蚡冒在位期间，开拓百濮，征服陉隰。

**【译文】**

　　周幽王八年郑桓公担任王室司徒,九年周王室开始骚乱,十一年幽王被杀。到了周平王末年,秦、晋、齐、楚四国交替兴盛,秦庄公、秦襄公在这一时期获取西周丰、镐土地,晋文侯在这一时期安定天子周平王,齐庄公、齐僖公在这一时期小规模会盟诸侯,楚子蚡冒在这一时期开始在百濮一带开疆拓土。

# 楚语上

【题解】

本篇收录上自楚庄王下迄楚灵王的九篇言论材料。

楚国本是一个南方蛮夷小国,西周末年王室衰微,失去对四夷的控制,楚国由此在南方迅速崛起,到春秋中期已经发展成为一个"抚征南海,训及诸夏"的赫赫大国。从本篇可以看到,楚国上层精英有意识地吸取中原华夏政治文化精华,为己所用,他们像周、鲁人士一样征引《诗》、《书》文献,运用礼义价值标准评论政治事件和人物,显示出与华夏诸侯国同化的倾向。遵守礼仪是本篇主题之一,"子囊议恭王之谥章"载子囊根据"先其善不从其过"原则议定楚恭王谥号,"屈建祭父不荐芰章"载屈建严格遵守国家祭典,"左史倚相儆司马子期唯道是从章"载倚相谏止子期以妾为妻。楚灵王是春秋时期楚国昏君,讽谏楚灵王暴政是本篇又一主题,"伍举论台美而楚殆章"载伍举讽谏楚灵王疲弊民力修筑章华台,"范无宇论国为大城未有利者章"载范无宇批评楚灵王修筑陈、蔡、不羹会形成尾大不掉局面,"白公子张讽灵王宜纳谏章"载白公讽谏楚灵王广开言路。其他如"申叔时论傅太子之道章"是先秦时期关于王侯继嗣教育的一篇重要文献,"左史倚相儆申公子亹章"载倚相讽劝子亹不可倚仗年老而拒绝批评。"蔡声子论楚材晋用章"载蔡声子劝说楚国接回椒举,在文风上开战国策士委婉托讽的先河。

# 申叔时论傅太子之道

庄王使士亹傅太子箴①,辞曰:"臣不才,无能益焉。"王曰:"赖子之善善之也。"对曰:"夫善在太子,太子欲善,善人将至;若不欲善,善则不用。故尧有丹朱②,舜有商均③,启有五观④,汤有太甲⑤,文王有管、蔡⑥。是五王者,皆有元德也⑦,而有奸子。夫岂不欲其善,不能故也。若民烦⑧,可教训。蛮、夷、戎、狄,其不宾也久矣⑨,中国所不能用也⑩。"王卒使傅之。

【注释】

①庄王:芈姓,熊氏,名旅,为春秋霸主之一。士亹(wěi):楚国大夫。太子箴:即后来的楚恭王。箴,一作"审"。

②丹朱:尧的不肖之子,名朱,封于丹。

③商均:舜的不肖之子,名均,封于商。

④启:夏启。五观:夏启的不肖之子。

⑤太甲:商汤不肖之孙。

⑥管、蔡:管叔、蔡叔,为周文王不肖之子。

⑦元:大。

⑧民烦:昏乱。民,读为"泯",昏乱,淆乱。

⑨宾:宾服。

⑩用:听从。

【译文】

楚庄王派士亹做太子箴的师傅,士亹推辞说:"为臣没有才能,不能对太子有教益。"楚庄王说:"我想依靠您的善德,使太子也具备善德。"士亹回答说:"善与不善在于太子,太子想善,那么善人就来到他的身边;如果太子不想善,那么即使有善人,他也不会任用。因此尧有不肖子丹朱,舜有不肖子商均,启有不肖子五观,汤有不肖孙太甲,文王有不肖子管叔、蔡叔。这五位圣王,都有大德,却有不肖之子孙。难道这些圣王不希望儿孙有善德吗?这是由于他们的不肖子孙不能善的缘故啊。如果是昏乱之人,还是可以教训的。蛮、夷、戎、狄之人,已经很久不能臣服天子了,中原诸侯国已经不能让他们听从。"楚庄王最终让士亹做太子师傅。

问于申叔时<sup>①</sup>,叔时曰:"教之'春秋'<sup>②</sup>,而为之耸善而抑恶焉<sup>③</sup>,以戒劝其心;教之'世'<sup>④</sup>,而为之昭明德而废幽昏焉,以休惧其动<sup>⑤</sup>;教之'诗'<sup>⑥</sup>,而为之导广显德<sup>⑦</sup>,以耀明其志;教之'礼',使知上下之则<sup>⑧</sup>;教之'乐',以疏其秽而镇其浮<sup>⑨</sup>;教之'令'<sup>⑩</sup>,使访物官<sup>⑪</sup>;教之'语'<sup>⑫</sup>,使明其德,而知先王之务用明德于民也;教之'故志'<sup>⑬</sup>,使知废兴者而戒惧焉;教之'训典'<sup>⑭</sup>,使知族类<sup>⑮</sup>,行比义焉<sup>⑯</sup>。

**【注释】**

①申叔时:楚国贤大夫。"问"的主语是士亹。

②春秋:史书。

③耸:扬。抑:贬。

④世:记载先王世系之书。

⑤休:喜。动:行动。

⑥诗:《诗经》。

⑦导:开导。

⑧则:法则。

⑨疏:疏导。浮:轻浮。

⑩令：先王法令。

⑪访：议。物官：百事之官。

⑫语：记载治国言语的书。

⑬故志：记载前代政治成败的书。

⑭训典：指先王典制之书。

⑮族类：族别分类。

⑯行：用。比义：比度。

**【译文】**

　　士亹就太子教育的事向楚大夫申叔时咨询，申叔时说："教太子读'春秋'史书，可以让太子扬善抑恶，警戒、劝勉太子的心志；教太子读'世'，可以让太子彰显明德而废弃幽昏品行，用喜善惧废的道理引导太子的行为；教太子读'诗'，可以让太子开导、拓广美德，照亮太子的志向；教太子读'礼'，可以让太子懂得上下尊卑的法则；教太子听'乐'，可以让太子疏导邪秽心理而镇服轻浮；教太子读'令'，让太子了解百事之官；教太子读'语'，让太子明白道德的重要性，懂得先王致力于用美德治民的道理；教太子读'故志'，让太子知道历史废兴而为之戒惧；教太子读'训典'，让太子知道族别分类，能够用它来进行比度。

　　"若是而不从，动而不悛①，则文咏物以行之②，求贤良以翼之。悛而不摄③，则身勤之④，多训典刑以纳之⑤，务慎惇笃以固之。摄而不彻⑥，则明施舍以导之忠⑦，明久长以导之信⑧，明度量以导之义⑨，明等级以导之礼，明恭俭以导之孝，明敬戒以导之事，明慈爱以导之仁，明昭利以导之文⑩，明除害以导之武，明精意以导之罚⑪，明正德以导之赏，明齐肃以耀之临⑫。若是而不济，不可为也⑬。

**【注释】**

①悛（quān）：悔改。

②文：文辞。咏物：歌咏事物进行讽谕。

③摄：固。

④勤：勤身勉励。

⑤典刑：典法，常刑。

⑥彻：通。

⑦施舍：赐予。忠：惠爱。

⑧信：诚信。

⑨度量：衡量。义：宜。

⑩昭：俞樾说，当读为"招"。

⑪精意：断狱听讼中的精微之意。

⑫齐：一。肃：敬。耀：明。临：临事。

⑬为：为师傅。

**【译文】**

"如果这样教育，太子仍不听从，行动有错而不改，那么师傅就要用文辞歌咏事物来引导他的行为，选求贤良之士来辅佐他。悔改而不稳固，那么师傅就要勤身勉励他，多讲述典法常刑让他接纳，努力审慎地让太子将敦厚笃实的品德稳固下来。如果太子品德稳固而不能通达事理，那么师傅讲明施舍之义，引导他明白什么是惠爱；讲明治国长久之理，引导他明白什么是诚信；讲明如何衡量是非，引导他明白什么是适宜；讲明尊卑等级的差别，引导他明白什么是礼节；讲明恭敬俭约之义，引导他明白什么是孝道；讲明严肃警戒之道，引导他明白怎样处理国事；讲明慈爱之理，引导他明白什么是仁；讲明如何为百姓谋利，引导他明白什么是文德；讲明如何除害之法，引导他明白什么是武功；讲明断狱听讼中的精微之意，引导他明白怎样施行刑罚；讲明公正之德，引导他明白怎样行赏；讲明专一严肃之道，引导他明白怎样临朝理事。如果这样做了还不成功，就不能做太子的师傅了。

"且夫诵诗以辅相之，威仪以先后之，体貌以左右之，明行以宣翼之①，制节义以动行之②，恭敬以临监之③，勤勉以劝之，孝顺以纳之，忠信以发之，德音以扬之。教备而不从者，非人也，其可兴乎④！夫子践位则退⑤，自退则敬，否则赧⑥。"

**【注释】**

①宣：遍。翼：辅佐，帮助。

②动行：施行，行动。

③临监：监察。

④兴：成。

⑤夫子：士亹。一说指太子。退：谦退。

⑥赧（nǎn）：羞愧。

**【译文】**

"况且吟诵诗歌来辅佐他，确立威仪来先后影响他，端正体貌来左右他，昭明行为来广泛辅翼他，制立节义来约束他，谦恭严肃来监察他，勤奋勉力来激励他，孝敬顺从来接纳他，忠恕诚信来感发他，用嘉言德音来激扬他。如果所有教育手段齐备而太子仍然不听从，那就不是可教之人了，难道这样的人还能成就吗！您在师傅之位就应当引退，自己引退就会受到尊敬，否则就会羞愧。"

## 子囊议恭王之谥

恭王有疾①，召大夫曰："不穀不德②，失先君之业③，覆楚国之师④，不穀之罪也。若得保其首领以殁⑤，唯是春秋所以从先君者⑥，请为'灵'若'厉'。⑦'"大夫许诺。

**【注释】**

①恭王：熊姓，名箴，又名审，楚庄王之子。

②不穀：楚王对自己的谦称。

③失先君之业：指失去楚庄王的霸业。

④覆楚国之师：指楚国在鄢陵战役中战败。

⑤保其首领：不被杀死。首领，头颅。

⑥春秋所以从先君：指在宗庙中与先祖一起接受祭祀。

⑦灵：乱而不损曰灵。若：或，或者。厉：杀戮不辜曰厉。灵、厉都是恶谥。

**【译文】**

楚恭王有病，召来大夫们说："我没有德行，失掉先君霸业，使楚国军队战败，这是我的罪过啊。如果我能够寿终正寝，在宗庙中与先祖一起接受后人祭祀，请将我的谥号定为'灵'或者'厉'。"大夫们答应了。

王卒①，及葬，子囊议谥②。大夫曰："王有命矣。"子囊曰："不可。夫事君者，先其善不从其过③。赫赫楚国④，而君临之，抚征南海⑤，训及诸夏⑥，其宠大矣⑦。有是宠也，而知其过，可不谓'恭'乎⑧？若先君善，则请为'恭'。"大夫从之。

**【注释】**

①王卒：楚恭王卒于公元前560年。

②子囊：楚恭王之弟，令尹公子贞。

③先其善不从其过：先举君主善事，不从君主过错。

④赫赫：显盛。

⑤抚：安。征：正。南海：南方蛮族邦国。

⑥训：教。诸夏：指华夏诸侯国。

⑦宠：荣。

⑧恭：既过能改曰恭。

**【译文】**

楚恭王去世，到下葬之日，令尹子囊要求大夫们讨论谥号。大夫们说："君王已经有命在先。"子囊说："不可以。事奉君主之道，应该是先举君主善事，不从君主过错。显赫的楚国，在君王统治之下，安定南海蛮国，教令施及华夏诸国，他的荣耀很大啊。有这样的荣耀，而能自知过错，难道不是'恭'吗？如果首先称举君主善事，那么就请谥为'恭'。"大夫们听从了他的意见。

# 屈建祭父不荐芰

屈到嗜芰①，有疾，召其宗老而属之②，曰："祭我必以芰。"及祥③，宗老将荐芰④，屈建命去之⑤。宗老曰："夫子属之⑥。"子木曰："不然。夫子承楚国之政，其法刑在民心而藏在王府，上之可以比先王，下之可以训后世，虽微楚国⑦，诸侯莫不誉。其祭典有之曰：国君有牛享⑧，大夫有羊馈⑨，士有豚犬之奠⑩，庶人有鱼炙之荐⑪，笾豆、脯醢则上下共之⑫。不羞珍异⑬，不陈庶侈⑭。夫子不以其私欲干国之典⑮。"遂不用。

**【注释】**

①屈到：楚国大夫，字子夕。芰(jì)：菱角。

②宗老:古代大夫家臣之管理宗族事务的人,本身为宗人。

③祥:祭。在死后一年举行祭祀,称小祥。在死后二十五个月举行祭祀,称为大祥。

④荐:进献。

⑤屈建:屈到之子,字子木。

⑥夫子:指屈到。

⑦虽:语气词。微:不仅。

⑧牛享:祭祀用牛羊猪,称太牢。

⑨羊馈:祭祀有羊、猪而无牛,称少牢。

⑩豚犬之奠:用猪狗祭祀。

⑪鱼炙:鱼肉和烤肉。

⑫笾:祭祀时盛果脯的竹器。豆:祭祀时盛干肉的木器。脯:肉干。醢(hǎi):肉酱。

⑬羞:进献。珍异:珍奇之物。

⑭庶侈:众多。

⑮干:犯。

【译文】

　　屈到喜欢吃菱角,他生病了,召来宗老嘱咐说:"日后祭祀我的时候一定要用菱角。"等到屈到去世,家中举行祥祭,宗老准备进献菱角,屈建命令去掉菱角。宗臣说:"这是老人家生前嘱咐过的。"屈建说:"不是这样。老人家秉承楚国大政,他的法令存在民心藏在王府,上可以媲美先王,下可以教训后世,不仅是楚国,各国诸侯无不称誉。祭祀经典上说:国君祭祀用牛羊猪的太牢,大夫祭祀用羊猪少牢,士祭祀用猪狗,庶人百姓祭祀进献鱼肉和烤肉,至于盛果脯的笾、盛干肉的豆、肉干、肉酱等等,则是君臣上下所共有的。不进献珍奇之物,不陈列众多的祭品。老人家不会以自己的私欲干犯国家祭典。"于是祭祀不用菱角。

# 蔡声子论楚材晋用

椒举娶于申公子牟①，子牟有罪而亡，康王以为椒举遣之②，椒举奔郑，将遂奔晋。蔡声子将如晋③，遇之于郑，飨之以璧侑④，曰："子尚良食⑤，二先子其皆相子⑥，尚能事晋君以为诸侯主⑦。"辞曰："非所愿也。若得归骨于楚，死且不朽。"声子曰："子尚良食，吾归子。"椒举降三拜，纳其乘马⑧，声子受之。

**【注释】**

①椒举：楚国大夫伍举。申公子牟：楚国王子牟，因封于申，故称申公。

②康王：楚国君主，名昭。遣之：放走子牟。

③蔡声子：蔡国大夫公孙归生，字子家。

④璧侑：用玉璧劝酒。

⑤尚：勉力。良食：多进食。

⑥二先子：指椒举父亲伍参和蔡声子父亲子朝。相：辅助。

⑦诸侯主：诸侯盟主。

⑧乘马：四匹马。

**【译文】**

楚国大夫椒举娶申公子牟之女为妻，子牟有罪逃亡，楚康王以为是椒举放走子牟，椒举逃奔郑国，准备再逃奔晋国。蔡声子将到晋国聘问，在郑国遇见椒举，设宴款待椒举，并以玉璧劝椒举饮酒，说："您努力多吃饭，我们两位先人在天之灵都会帮助您，努力事奉晋君作为诸侯盟主。"椒举推辞说："这不是我的愿望。如果我死后能够回到楚国，那么我虽死而不朽。"蔡声子说："您努力多吃饭，我会想法让您回归楚国。"椒举下台阶三次拜谢蔡声子,送给蔡声子四匹马,蔡声子接受了。

　　还见令尹子木<sup>①</sup>,子木与之语,曰:"子虽兄弟于晋<sup>②</sup>,然蔡吾甥也<sup>③</sup>,二国孰贤?"对曰:"晋卿不若楚,其大夫则贤,其大夫皆卿材也。若杞梓、皮革焉<sup>④</sup>,楚实遗之<sup>⑤</sup>,虽楚有材,不能用也。"子木曰:"彼有公族甥舅,若之何其遗之材也?"对曰:"昔令尹子元之难<sup>⑥</sup>,或谮王孙启于成王<sup>⑦</sup>,王弗是<sup>⑧</sup>,王孙启奔晋,晋人用之。及城濮之役,晋将遁矣<sup>⑨</sup>,王孙启与于军事<sup>⑩</sup>,谓先轸曰<sup>⑪</sup>:'是师也,唯子玉欲之,与王心违<sup>⑫</sup>,故唯东宫与西广实来<sup>⑬</sup>。诸侯之从者,叛者半矣,若敖氏离矣<sup>⑭</sup>,楚师必败,何故去之!'先轸从之,大败楚师,则王孙启之为也<sup>⑮</sup>。

【注释】

①令尹子木:屈建。

②兄弟于晋:蔡、晋同为姬姓,为兄弟之国。

③蔡吾甥也:楚、蔡为甥舅之国。

④杞梓:楚国生长的杞树和梓树,为上等木材。

⑤遗(wèi):赠送。

⑥子元之难:公元前 664 年,楚令尹子元图谋以楚成王之母为妻,被申公斗班杀死。

⑦谮:进谗言。王孙启:子元之子。

⑧弗是:不辨是非。

⑨遁:逃走。

⑩与:参与。

⑪先轸：晋军主帅。

⑫唯子玉欲之，与王心违：楚成王不欲与晋交战，子玉坚持，成王怒。子玉，楚令尹成得臣。

⑬东宫：太子属下的部队。西广：楚军分为东、西二广，即左、右两军。西广为右军。

⑭若敖氏离矣：城濮之战，随子玉参战的若敖氏亲兵只有六百人。若敖氏，楚子熊鄂儿子熊仪称若敖，其支族号若敖氏。

⑮王孙启之为也：按，此事未见《左传》记载。

**【译文】**

　　蔡声子出使回来，到楚国去见令尹子木，子木与他交谈，说："您与晋国虽然是兄弟关系，然而蔡君与楚王是甥舅，您认为晋楚两国卿大夫哪一国更贤明？"蔡声子回答说："晋国的卿不如楚国的卿，但晋国大夫却很贤明，他们的大夫都是为卿之材。如同杞树、梓树、皮革一样，都是楚国赠送晋国的，楚国虽然有人才，但自己不能任用。"子木说："晋君有自己的公族子孙和甥舅，为什么还要楚国送他们人才呢？"蔡声子回答说："从前楚国有令尹子元之难，有人向楚成王进王孙启的谗言，楚成王不辨是非，王孙启因此逃奔晋国，晋人重用王孙启。到晋楚城濮之战，晋国本来打算逃遁，王孙启参与晋国军事谋划，他对晋军主帅先轸说：'楚国这次出兵，只有子玉一个人想打，与成王想法相违背，因此楚国只有东宫卫队与西广参战。诸侯们随从楚国的，叛离者过半，若敖氏已经叛离，楚军必败，为什么要撤兵呢！'先轸听从了王孙启的建议，大败楚军，这是楚人王孙启之所为啊。

　　"昔庄王方弱①，申公子仪父为师②，王子燮为傅③，使师崇、子孔帅师以伐舒④。燮及仪父施二帅而分其室⑤。师还至，则以王如庐⑥，庐戢黎杀二子而复王⑦。或谮析公臣于王⑧，王弗是，析公奔晋，晋人用之。实谮败楚⑨，使不规东夏<sup>⑩</sup>,则析公之为也<sup>⑪</sup>。

**【注释】**

①方弱:未满二十岁。弱,二十岁为弱冠之年。

②申公子仪父:楚国大司马斗克。

③王子燮:楚公子。

④师崇:楚太师潘崇。子孔:楚令尹成嘉。舒:偃姓诸侯国。

⑤燮及仪父施二帅而分其室:施,判罪。二帅,师崇、子孔。室,家资,包括封邑及其财产。据《左传》,公子燮与仪父作乱,城郢,使贼杀子孔,未能成功。并无杀师崇与子孔而分其室之事。

⑥以:挟持。庐:楚邑。在今湖北南漳东。

⑦庐戢黎杀二子而复王:戢黎,庐邑大夫。二子,王子燮、仪父。按,上述事在公元前613年。

⑧或谮析公臣:有人进谗,以为析公臣知道王子燮和仪父的阴谋。析公臣,楚国大夫。

⑨实谗败楚:据《左传》声子论楚材晋用一段记载,公元前585年,晋楚在绕角交战,"晋将遁矣,析公曰:'楚师轻窕,易震荡也。若多鼓钧声,以夜军之,楚师必遁。'晋人从之,楚师宵溃。"

⑩不规东夏:楚师败退后,"晋遂侵蔡,袭沈,获其君,败申、息之师于桑隧,获申丽而还。郑于是不敢南面。"规,占有。东夏,指楚国东部蔡、沈两国。

⑪析公之为也:此段记析公在绕角之战中献计败楚事,《左传》声子论楚材晋用一段与此基本相同,但与《左传·成公六年》所记绕角之战的过程不一致,《左传》记此战晋楚遇于绕角,楚师还,晋遂侵蔡,楚以申、息之师救蔡,御诸桑隧,晋师不战而还。

**【译文】**

"从前楚庄王未满二十,申公子仪父做太师,王子燮做太傅,派师崇、子孔统帅楚军征伐舒国。王子燮和仪父判师崇、子孔二帅有罪,分了他们的家室财产。师崇、子孔率楚军回国,王子燮和仪父又挟持庄王到庐邑,庐邑大夫戢黎杀死王子燮和仪父二人,送庄王回到国都。有人向庄王进析公臣的谗言,庄王不辨是非,析公臣逃奔晋国,得到晋人任用。实在是谗言促使楚国在绕角战役中失败,使楚国无法占有东部蔡、沈二国,这是析公之所为啊。

　　"昔雍子之父兄谮雍子于恭王①,王弗是,雍子奔晋,晋人用之。及鄢之役②,晋将遁矣,雍子与于军事,谓栾书曰③:'楚师可料也④,在中军王族而已⑤。若易中下⑥,楚必歆之⑦。若合而臽吾中⑧,吾上下必败其左右⑨,则三萃以攻其王族⑩,必大败之。'栾书从之,大败楚师,王亲面伤⑪,则雍子之为也⑫。

## 【注释】

①雍子:楚国大夫。父兄:指雍子同宗父兄。

②鄢之役:指公元前575年晋楚鄢陵之战。按,《左传》记雍子为晋献计败楚是在公元前573年的彭城之役。

③栾书:晋国正卿。鄢陵之战中晋中军将。

④料:对抗,抵挡。

⑤中军王族:中军之中楚王室同宗亲兵。

⑥易中下:中军和下军互换位置。

⑦歆:贪图。

⑧合:交战。臽(xiàn):同"陷",陷入。中:中军。

⑨上下:晋国上军、下军。左右:楚国左军、右军。

⑩三萃:集合上军、下军、新军三军力量。

⑪王亲面伤：鄢陵之战中，楚恭王被射中眼睛。

⑫则雍子之为也：此段记雍子在鄢陵之战中献计败楚军不见于《左传》，与《左传》声子论晋材楚用一段亦不同。

### 【译文】

"从前雍子同宗父兄向楚恭王进雍子的谗言，恭王不辨是非，雍子逃奔晋国，得到晋人任用。到晋楚鄢陵之战，晋国本来准备逃遁，雍子参与晋国军事谋划，他对晋军主帅栾书说：'楚军可以抵抗，它的主力在中军王室亲兵而已。如果晋国变换中军、上军位置，楚国一定会贪利而进攻。如果两军交战而楚军陷入晋国中军，晋国上军和下军一定能打败楚国左军和右军，这样晋国集合上军、下军、新军三军力量进攻楚军王室亲兵，一定能大败楚军。'栾书听从了雍子的建议，大败楚军，恭王本人眼睛受伤，这是雍子之所为啊。

"昔陈公子夏为御叔娶于郑穆公①，生子南②。子南之母乱陈而亡之，使子南戮于诸侯③。庄王既以夏氏之室赐申公巫臣，则又畀之子反，卒于襄老④。襄老死于邲⑤，二子争之⑥，未有成⑦。恭王使巫臣聘于齐，以夏姬行，遂奔晋⑧。晋人用之，实通吴、晋⑨。使其子狐庸为行人于吴⑩，而教之射御，导之伐楚。至于今为患⑪，则申公巫臣之为也。

### 【注释】

①陈公子夏：陈宣公之子。为御叔娶于郑穆公：御叔娶郑穆公之女夏姬为妻。

②子南：即夏徵舒。

③子南之母乱陈而亡之，使子南戮于诸侯：御叔早死，夏姬与陈灵公及孔宁、仪行父淫乱，夏徵舒杀死陈灵公。公元前 598 年，楚

庄王灭陈，杀夏徵舒。

④庄王既以夏氏之室赐申公巫臣，则又畀(bì)之子反，卒于襄老：据《左传》，庄王本欲自取夏姬，申公巫臣谏止；子反欲取之，巫臣又谏止；卒与连尹襄老。夏氏之室，夏姬。申公巫臣，楚国大夫。畀，给。子反，楚国司马。襄老，楚国连邑之尹。

⑤襄老死于邲：公元前 597 年晋楚在邲地交战，襄老被晋荀首射死。

⑥二子：子反和申公巫臣。之：指夏姬。

⑦成：定局。

⑧恭王使巫臣聘于齐，以夏姬行，遂奔晋：申公巫臣在邲之战后就施计让夏姬回了郑国，前 589 年，楚恭王使巫臣于齐，巫臣先至郑取夏姬，闻齐在鞍之战中战败，乃奔晋。

⑨实通吴、晋：申公巫臣奔晋后，子反灭其族。申公巫臣劝晋国联吴抗楚。

⑩行人：外交官。吴：姬姓诸侯国，周太王之子泰伯、仲雍之后，建都于吴，即今苏州。

⑪至于今为患：吴与晋联合，伐巢、取驾、克棘、入州来，楚疲于奔命。

## 【译文】

"从前陈公子夏为儿子御叔娶郑穆公之女夏姬为妻，生下子南。子南之母夏姬淫乱陈国而导致国家灭亡，使子南被诸侯所杀。庄王先是以夏姬赐给申公巫臣，随之又将夏姬赐给司马子反，最终赐给襄老。襄老死于邲之战，子反和申公巫臣二人争夺夏姬，尚未有定局。恭王派申公巫臣到齐国聘问，申公巫臣携带夏姬出使，于是逃奔晋国。巫臣得到晋人任用，实在是他促成吴、晋联盟。巫臣派儿子狐庸作为行人出使吴国，教吴军射箭驾车，引导吴人伐楚。至今吴国仍然是楚国祸患，这是申公巫臣之所为啊。

　　"今椒举娶于子牟，子牟得罪而亡，执政弗是，谓椒举曰：'女实遣之。'彼惧而奔郑，缅然引领南望①，曰：'庶几赦吾罪②。'又不图也，乃遂奔晋，晋人又用之矣。彼若谋楚，其亦必有丰败也哉③。"

**【注释】**

①缅然：远远地。引领：伸长脖子。

②庶几：表示揣测、希望之辞，差不多，大概。

③丰败：大败。

**【译文】**

　　"如今椒举娶子牟之女为妻，子牟得罪逃亡，楚国执政之卿不辨是非，对椒举说：'实际是你放走了子牟。'椒举恐惧而逃奔郑国，他远远地伸长脖子南向望楚，说：'大概楚国会赦免我的罪过吧。'如果楚国不想办法将他召回，他就会逃奔晋国，晋人又要任用他了。如果他谋害楚国，一定会让楚国大败啊。"

　　子木愀然曰①："夫子何如，召之其来乎？"对曰："亡人得生，又何不来为？"子木曰："不来，则若之何？"对曰："夫子不居矣②，春秋相事③，以还轸于诸侯④。若资东阳之盗使杀之⑤，其可乎？不然，不来矣。"子木曰："不可。我为楚卿，而赂盗以贼一夫于晋，非义也。子为我召之，吾倍其室⑥。"乃使椒鸣召其父而复之⑦。

**【注释】**

①愀然：忧愁的样子。

②不居:不会安居。

③春秋相事:四时出使聘问之事。

④还(xuán)轸:回车。轸,车后横木。

⑤资:收买。东阳:楚国北方之邑。

⑥室:家财。

⑦椒鸣:椒举之子。复:复位。

**【译文】**

子木忧愁地说:"您看如何是好呢,如果召他,他会回来吗?"蔡声子回答说:"逃亡之人已经获得生路,他为何不回来呢?"子木说:"如果他不回来,怎么办?"蔡声子说:"那您就不能安居了,四时出使聘问,乘车遍访各国诸侯。如果收买东阳强盗,让强盗杀掉椒举,可行吗? 不然的话,他就不愿回来了。"子木说:"不可这样做。我身为楚卿,居然收买强盗到晋国去暗杀一个人,这是不义的事。您替我召回他,我会封他加倍的财产。"子木于是派椒鸣召回其父椒举,恢复他的大夫职位。


# 伍举论台美而楚殆

灵王为章华之台①,与伍举升焉②,曰:"台美夫!"对曰:"臣闻国君服宠以为美③,安民以为乐,听德以为聪④,致远以为明⑤。不闻其以土木之崇高、彤镂为美⑥,而以金石匏竹之昌大、嚣庶为乐⑦;不闻其以观大、视侈、淫色以为明,而以察清浊为聪⑧。


**【注释】**

①灵王:芈姓,熊氏,名围,后更名虔,弑杀其侄郏敖篡位为君。为:修建。章华之台:离宫名。在今湖北监利西北离湖上。

②伍举：楚国大夫，又称椒举。升：登台。

③服宠：受天之禄。

④听德：听从有德者。

⑤致远：使远方人归服。

⑥彤镂：彩绘雕饰。

⑦金：钟。石：磬。匏（páo）：笙。竹：箫管。昌：盛。嚣庶：众多。

⑧察：审听。清浊：指宫羽乐声的区分。

**【译文】**

　　楚灵王建造章华之台，与楚大夫伍举一起登台，说："台真美呀！"伍举说："我听说国君以接受上天福禄为美，以安定民众为乐，以听从有德者为耳聪，以能够使远方人归服为眼明。我没有听说过以土木建筑崇高、彩绘雕饰为美，以金石匏竹乐器盛大众多为乐；没有听说过以观赏场面宏大、视觉奢侈、淫于女色为眼明，而以辨察音乐清浊为耳聪。

　　"先君庄王为匏居之台①，高不过望国氛②，大不过容宴豆③，木不妨守备④，用不烦官府⑤，民不废时务，官不易朝常⑥。问谁宴焉，则宋公、郑伯⑦；问谁相礼⑧，则华元、驷騑⑨；问谁赞事⑩，则陈侯、蔡侯、许男、顿子⑪，其大夫侍之。先君以是除乱克敌，而无恶于诸侯。今君为此台也，国民罢焉⑫，财用尽焉，年谷败焉，百官烦焉，举国留之⑬，数年乃成。愿得诸侯与始升焉，诸侯皆距无有至者⑭。而后使太宰启疆请于鲁侯⑮，惧之以蜀之役⑯，而仅得以来。使富都那竖赞焉⑰，而使长鬣之士相焉⑱，臣不知其美也。

**【注释】**

①匏居之台：台榭名。

②国氛:预示国家吉凶的云气。

③容:容纳。豆:盛食物的木器。

④守备:指城廓守御的材料。

⑤不烦官府:不动用官府开支。

⑥易:改变。朝常:上朝常规。

⑦宋公、郑伯:指宋、郑二国朝楚。

⑧相礼:相导行礼。

⑨华元:宋国之卿。驷骓:子驷,郑国之卿。

⑩赞:助。

⑪陈侯、蔡侯、许男、顿子:陈国、蔡国、许国、顿国的君主。

⑫罢(pí):疲惫。

⑬留(liù):用手筑土。

⑭距:通"拒"。

⑮启疆:薳启疆,楚卿。鲁侯:鲁昭公。

⑯惧之以蜀之役:公元前590年,鲁成公与晋国结盟,楚国侵鲁,至于蜀地,鲁成公求和,以衡父(公衡)为质于楚请盟。《左传》载薳启疆召鲁昭公之辞有曰:"今君若步玉趾,辱见寡君,宠灵楚国,以信蜀之役,致君之嘉惠,是寡君既受贶矣,何蜀之敢望? 其先君鬼神实嘉赖之,岂唯寡君? 君若不来,使臣请问行期,寡君将承质币而见于蜀,以请先君之贶。"蜀,鲁地,在今山东泰安附近。

⑰富:容貌好。都:风度优雅。那:美。竖:未成年男子。赞:佐助行礼。

⑱长鬣(liè):长胡须。这里指高大健壮的人。

## 【译文】

"我们的先君庄王曾经建造匏居之台,台的高度不过是便于观望国家吉凶云气,台的大小面积不过是可以容纳宴会俎豆,建台所需木料不妨害国家守备,费用不动用官府开支,民众不至于荒废时务,官员不改变上朝常规。若要问是谁参与宴会,那么就可以举出宋公、郑伯这类大国国君;若要问是谁相助行礼,那么就可以举出宋卿华元、郑卿驷騑这类贤大夫;若要问是谁相助庄王会盟之事,那么就可以举出陈侯、蔡侯、许男、顿子这些盟国国君,他们的大夫在一旁陪侍。先君庄王用这种方法来消除战乱战胜敌人,而各国诸侯对此并不厌恶。如今君王建造这座章华台,楚国民众为此疲惫,楚国财用为此用尽,年成谷物为此歉收,百官为此厌烦,全国民众都来筑土,用了几年才建成。您希望能够与各国诸侯一起登台,可是各国诸侯都予以拒绝,没有人来。此后您派太宰启疆请鲁侯来,以蜀之役相威胁,鲁侯这才来楚。您派容貌美丽、风度优雅的美少年赞礼,派高大健壮的人相助行礼,我不知道章华台美在哪里。

"夫美也者,上下、内外、小大、远近皆无害焉,故曰美。若于目观则美①,缩于财用则匮②,是聚民利以自封而瘠民也③,胡美之为?夫君国者,将民之与处;民实瘠矣,君安得肥?且夫私欲弘侈,则德义鲜少;德义不行,则迩者骚离而远者距违④。天子之贵也,唯其以公侯为官正⑤,而以伯子男为师旅⑥。其有美名也,唯其施令德于远近,而小大安之也。若敛民利以成其私欲,使民蒿焉忘其安乐⑦,而有远心⑧,其为恶也甚矣,安用目观?

**【注释】**

①若于目观则美:徐元诰说,当作"若周于目观则美"。周于目观,眼睛看着舒服。

②缩:乱取材用。

③封:厚。

④迩：指境内。骚：愁。离：叛。远者：指邻国。距违：抗拒违命。
　距，通"拒"。

⑤官正：官长。

⑥师旅：众有司。

⑦蒿：忧损。

⑧远心：叛离之心。

**【译文】**

　　"所谓美，是指对上下、内外、小大、远近都没有危害，这才叫美。如果眼睛看着舒服就是美，但乱取财用导致匮乏，那么这就是聚敛民财使自己富厚而让民众贫穷，如此何美之有？做国君的人，应该与民共处；民众贫穷，君主怎么能独自肥厚？况且人的私欲膨胀，德义就会缺少；德义不能施行，就会近者忧愁叛离而远者抗拒违命。天子的尊贵，就体现在他以公侯作为官长，而以伯子男作为诸位官员。天子之所以具有美名，只是因为他将美德施行到远近之处，使大小诸侯都得到安定。如果聚敛民财来成就自己的私欲，使民众忧伤失去安乐，因而产生叛离之心，那么造成的罪恶就大了，眼睛看着舒服又有什么用呢？

　　"故先王之为台榭也①，榭不过讲军实②，台不过望氛祥③。故榭度于大卒之居④，台度于临观之高。其所不夺穑地⑤，其为不匮财用，其事不烦官业，其日不废时务。瘠硗之地⑥，于是乎为之；城守之木⑦，于是乎用之；官僚之暇，于是乎临之；四时之隙⑧，于是乎成之。故《周诗》曰⑨：'经始灵台⑩，经之营之。庶民攻之⑪，不日成之⑫。经始勿亟⑬，庶民子来⑭。王在灵囿⑮，麀鹿攸伏⑯。'夫为台榭，将以教民利也，不知其以匮之也⑰。若君谓此台美而为之正⑱，楚其殆矣！"

**【注释】**

①台榭：积土为台，无室曰榭。

②讲：讲习。军实：指车马、弓矢、戎兵。

③氛祥：吉凶云气。

④度：衡量。大卒：君王士卒。

⑤稽地：耕地。

⑥瘠硗(qiāo)：土壤坚硬贫瘠。

⑦木：应为"末"，指筑城余料。

⑧隙：空闲时间。

⑨《周诗》：此指《诗经·大雅·灵台》。

⑩经：测量。灵台：天子之台。

⑪攻：治。

⑫不日：没有多少时间。

⑬亟：急。

⑭子来：像子女为父母服务一样。

⑮王：周文王。灵囿：灵台中的园囿。

⑯麀(yōu)鹿：母鹿。攸：所。

⑰不知：没有听说。

⑱正：正确。

**【译文】**

"因此先王建造台榭，榭不过是用来讲习军事，台不过是用来观望国家吉凶云气。因而建造榭只要考虑便于士卒讲武，建造台只要考虑能够达到观望云气的高度。台榭的场所不应该侵夺耕地，建造台榭行为不至于造成财用匮乏，建造台榭的事务不至于影响官员行政，建造台榭的时间不至于荒废农时。贫瘠的土地，可以作为台榭的场所；筑城守备的剩余木料，可以用做建造台榭的材料；官员在空闲时间，可以光临台榭观赏；四季中的空闲，可以作为建造台榭的时机。因此《诗经·大雅·灵台》说：'开始测量灵台，认真地经营它。庶民百姓都来修建，不多久就修成了。开始建造时不必着急，庶民百姓会像子女为父母服务一样涌来。周文王在那灵圃，看着小母鹿躺在草地。'建造台榭，是用来让百姓获得利益，没有听说为建造台榭而让民众匮乏。如果君王认为这座台美丽而认为是正确的，那么楚国就危险了！"

# 范无宇论国为大城未有利者

灵王城陈、蔡、不羹①，使仆夫子皙问于范无宇②，曰："吾不服诸夏而独事晋何也③，唯晋近我远也。今吾城三国，赋皆千乘④，亦当晋矣。又加之以楚，诸侯其来乎？"对曰："其在《志》也⑤，国为大城，未有利者。昔郑有京、栎⑥，卫有蒲、戚⑦，宋有萧、蒙⑧，鲁有弁、费⑨，齐有渠丘⑩，晋有曲沃⑪，秦有征、衙⑫。叔段以京患庄公⑬，郑几不克，栎人实使郑子不得其位⑭。卫蒲、戚实出献公⑮，宋萧、蒙实弑昭公⑯，鲁弁、费实弱襄公⑰，齐渠丘实杀无知⑱，晋曲沃实纳齐师⑲，秦征、衙实难桓、景⑳，皆志于诸侯，此其不利者也。

## 【注释】

①灵王城陈、蔡、不羹：事在公元前531年。城，筑城。陈、蔡、不羹，三国被楚所灭，成为楚国别都。陈，指陈都宛丘，在今河南淮阳。公元前534年楚公子弃疾灭陈。蔡，蔡都新蔡，即今河南新蔡。公元前531年，楚灵王灭蔡。不羹，分两城。东不羹故城在今河南许昌鄢城章化乡前、后古城村。东不羹国原为西周分封子国，楚灭不羹，成为北上中原的军事要地。西不羹故城在今河南襄城西南，范湖乡尧城宋村西。

②仆夫子皙、范无宇：二人均为楚国大夫。范无宇，《左传》作申无宇。

③吾不服诸夏而独事晋：王引之说，当作"诸夏不服吾而独事晋"。

④赋：兵车。

⑤《志》：古书。

⑥京：郑庄公弟叔段之邑。栎：郑子元之邑。子元后与其兄郑昭公
　争位，为厉公。

⑦蒲：宁殖之邑。戚：孙林父之邑。

⑧萧、蒙：宋公子鲍之邑。

⑨弁、费：季氏之邑。

⑩渠丘：雍廪之邑。

⑪曲沃：栾盈之邑。

⑫征、衙：公子铖之邑。

⑬叔段以京患庄公：叔段是郑庄公同母弟，公元前722年，他据京
　邑反叛，后被庄公驱逐。

⑭栎人实使郑子不得其位：公元前680年，郑厉公子元自栎邑起
　兵，派人刺杀子仪。栎人，指郑厉公。郑子，郑庄公之子子仪，郑
　厉公之弟。按，《左传》作"郑庄公城栎而置子元焉，使昭公不
　立"。意即郑庄公将子元安置于栎，后来子元便以栎为根据地与
　郑昭公争位。

⑮卫蒲、戚实出献公：公元前559年，宁殖与孙林父驱逐卫献公。

⑯宋萧、蒙实弑昭公：公元前611年，宋公子鲍射杀昭公自立。

⑰鲁弁、费实弱襄公：公元前562年，鲁国季孙氏三分公室，政归三
　家，鲁襄公被架空。

⑱齐渠丘实杀无知：公元前686年，齐公子无知杀襄公自立，次年
　为雍廪所杀。

⑲晋曲沃实纳齐师：公元前550年，栾盈由齐护送至曲沃，从曲沃
　攻入绛都，齐国遂因栾盈之乱而伐晋。

⑳秦征、衙实难桓、景：指秦公子鍼势力侵逼秦桓公、秦景公。难，侵逼。

**【译文】**

　　楚灵王修筑陈、蔡、不羹城墙，派仆夫子晳咨询范无宇，说："华夏各国诸侯不归附楚国而只是事奉晋国，是什么缘故呢？这是因为晋国离它们近而楚国离它们远。如今我修筑陈、蔡、不羹三国城墙，它们都是可出一千辆兵车的大城，它们的军力也就与晋国相当了。又加上楚国本身，各国诸侯大概会来归附吧？"范无宇回答说："古书上说，国家修筑大城，从来没有对国家有利的。从前郑国有京、栎二邑，卫国有蒲、戚二邑，宋国有萧、蒙二邑，鲁国有弁、费二邑，齐国有渠丘之邑，晋国有曲沃之邑，秦有征、衙二邑。叔段凭借京邑反叛郑庄公，郑庄公几乎被打败，栎人郑厉公居栎，使郑君子仪不能保有君位。卫国蒲、戚之人驱逐卫献公，宋国公子鲍凭借萧、蒙二邑篡弑宋昭公，鲁国季孙氏凭借弁、费二邑削弱鲁襄公权力，齐国渠丘大夫雍廪杀死齐君无知，晋国栾盈在曲沃接纳齐师，秦国公子鍼凭借征、衙二邑侵逼秦桓公和秦景公，这些叛逆事件在各诸侯国都有记载，都是修筑大城不利于国家的例子。

　　"且夫制城邑若体性焉①，有首领股肱②，至于手拇毛脉③，大能掉小④，故变而不勤⑤。地有高下，天有晦明，民有君臣，国有都鄙，古之制也。先王惧其不帅⑥，故制之以义，旌之以服⑦，行之以礼，辩之以名⑧，书之以文⑨，道之以言⑩。既其失也⑪，易物之由⑫。夫边境者，国之尾也，譬之如牛马，处暑之既至，虻蜹之既多⑬，而不能掉其尾，臣亦惧之。不然，是三城也，岂不使诸侯之心惕惕焉⑭。"

## 【注释】

①体性:身体特性。

②首:头。领:脖子。股:大腿。肱:臂。

③手拇:手的大指。毛:毛发。脉:血脉。

④掉:摇动。

⑤变:变动。勤:劳。

⑥帅:遵循。

⑦旌:识别。

⑧名:徽号。

⑨文:文字。

⑩道:表述。

⑪失:指失去规范。

⑫易物:改变尊卑服饰器物制度。

⑬虻蜚:牛虻。

⑭惕惕:警惧的样子。

## 【译文】

“况且建筑城邑如同人的身体,有头、脖子、大腿、手臂,乃至于手指、毛发、血脉,身体大的部位能够指挥、摇动小的部位,因此人体行动并不感到劳苦。大地有高有下,天气有暗有明,民众有君有臣,国家有国都有边邑,这是自古以来的制度。先王担心人们不能遵循制度,因此用道义来节制,用服饰识别尊卑,用礼仪来规范行为,用徽号来分辨,用文字来书写,用语言来表述。之所以失去制度规范,就是因为改变了尊卑服饰器物制度。边境,是国家的尾巴,比如牛马,处暑时节到了,牛虻多起来,牛马却不能摇动尾巴,我也怕国家会尾大不掉啊。不然的话,陈、蔡、不羹这三座城邑,难道不足以让诸侯心生畏惧吗?”

子晳复命,王曰:“是知天咫,安知民则①?是言诞也②。”

右尹子革侍③,曰:"民,天之生也。知天,必知民矣。是其言可以惧哉!"三年,陈、蔡及不羹人纳弃疾而弑灵王④。

**【注释】**

①是知天咫,安知民则:咫、则,均为语气词。

②诞:虚妄。

③右尹:楚国官名。子革:然丹。

④三年,陈、蔡及不羹人纳弃疾而弑灵王:指公元前529年楚灵王驻于乾溪,公子黑肱、公子比发动叛乱,灵王被逼自杀,公子弃疾作为蔡公趁机夺取楚国君位,是为楚平王。弃疾,楚平王,楚恭王之子、楚灵王之弟。

**【译文】**

仆夫子皙向楚灵王复命,楚灵王说:"范无宇这人只懂天道,怎么懂治民之道? 这些话真是荒诞。"右尹子革在一旁侍坐,说:"民众,是天之所生。懂天道,必定懂治民之道。他的这些话值得警惕啊!"三年之后,陈、蔡及不羹民众送公子弃疾入郢都继位而杀死楚灵王。

# 左史倚相儆申公子亹

左史倚相廷见申公子亹①,子亹不出,左史谤之②,举伯以告③。子亹怒而出,曰:"女无亦谓我老耄而舍我④,而又谤我!"

**【注释】**

①左史倚相:楚国史官,以博学著称。廷:王引之认为应为"迋(wǎng)",往。申公子亹:楚国大夫申公史老。

②谤：批评。

③举伯：楚国大夫。

④无亦：不要。耄：八十曰耄。舍：弃。

【译文】

左史倚相往见申公子亹，子亹不出来相见，左史倚相批评子亹，楚国大夫举伯将左史倚相的批评告诉子亹。子亹生气地出来，说："你不要认为我年老而舍弃我，然后又批评我！"

左史倚相曰："唯子老耄，故欲见以交儆子①。若子方壮，能经营百事，倚相将奔走承序②，于是不给③，而何暇得见？昔卫武公年数九十有五矣④，犹箴儆于国⑤，曰：'自卿以下至于师长士⑥，苟在朝者，无谓我老耄而舍我，必恭恪于朝，朝夕以交戒我；闻一二之言⑦，必诵志而纳之⑧，以训导我。'在舆有旅贲之规⑨，位宁有官师之典⑩，倚几有诵训之谏⑪，居寝有亵御之箴⑫，临事有瞽史之导⑬，宴居有师工之诵⑭。史不失书，矇不失诵，以训御之⑮，于是乎作《懿》戒以自儆也⑯。及其没也，谓之睿圣武公⑰。子实不睿圣，于倚相何害。《周书》曰⑱：'文王至于日中昃⑲，不皇暇食⑳，惠于小民，唯政之恭。'文王犹不敢骄。今子老楚国而欲自安也，以御数者㉑，王将何为？若常如此，楚其难哉㉒！"子亹惧，曰："老之过也㉓。"乃骤见左史㉔。

【注释】

①交：夹，指从各方面用力。儆：告诫。

②承序：承顺。

③给：供。

④卫武公：卫国君主，姬姓，名和，公元前812—公元前758年在位，是卫国贤君。

⑤箴：劝诫。

⑥师长士：众士。

⑦言：指批评之言。

⑧志：记。

⑨舆：兵车。旅贲：勇士。规：规谏。

⑩位宁：指君主位置，位是君主俯视朝廷的宝座，宁是君主所立之处。官师：师长。典：常。

⑪几：几案。诵训之谏：指百工乐师将讽诵规谏内容书写在几案之上。

⑫亵御：近侍。亵，近。

⑬临事：面临祭祀与战争大事。瞽：乐师。史：太史。

⑭宴居：闲居。师工：盲人乐师。

⑮御：俞樾认为读为"语"。

⑯《懿》戒：指《诗经·大雅·抑》。

⑰睿：明。圣：通达。武：威强睿德曰武。

⑱《周书》：此指《尚书·周书·无逸》。

⑲昃（zè）：太阳偏西。

⑳不皇暇食：没有时间吃饭。皇，通"遑"。暇，空闲。

㉑御：止。数者：批评数落的人。

㉒难：难以为治。

㉓老：子蘁名史老。

㉔骤：屡次。

【译文】

左史倚相说："正因为您年老，所以我才想从各方面来告诫您。如果您正处壮年,能够处理各种国事,那么倚相将会奔走先后承顺您的命令,对此尚且来不及,哪有时间来见您? 从前卫武公九十五岁高龄,尚且警戒国人,说:'卫国从卿以下至于众士,只要是在朝为官,不要认为我年老而舍弃我,一定要恭敬地在朝任职,早晚都要劝诫我;听到哪怕只有一两句批评言论,一定要诵记下来告诉我,以此来训导我。'他在兵车中有勇士的规谏,在朝廷上有官员师长讲述的法典,倚靠在几案上有讽诵的规谏,在寝宫有近侍的劝诫,遇到祭祀、战争大事有瞽师、太史的教导,闲居有乐师的讽诵。史官不停地记载,瞽矇乐师不停地讽诵,献上训导之语,卫武公于是作《懿》戒以自我戒勉。等到他死后,国人称他为睿圣武公。如果您实在不想做明圣的人,这对我倚相有什么害处?《周书·无逸》说:'周文王到太阳偏西,都没有时间吃饭。他一心想着施惠给小民,一心想着恭敬施政。'周文王尚且不敢骄傲。如今您在楚国倚仗年老就想自求安逸,抵制批评的人,君王将怎么办? 如果您经常如此,楚国就难治了!"子亹害怕了,说:"这是我的过错。"于是屡次接见左史。

# 白公子张讽灵王宜纳谏

灵王虐,白公子张骤谏①。王患之,谓史老曰②:"吾欲已子张之谏③,若何?"对曰:"用之实难④,已之易矣。若谏,君则曰:'余左执鬼中⑤,右执殇宫⑥,凡百箴谏,吾尽闻之矣,宁闻他言?'"

【注释】

①白公子张:楚国白邑大夫。骤:屡次。

②史老:子亹。

③已:止。

④用:将白公子张的劝谏付诸实施。

⑤鬼中:犹录鬼簿。

⑥殇宫:指殇者的灵魂。殇,夭折。宫,读为"躬",身。

【译文】

楚灵王暴虐,白公子张屡次劝谏。楚灵王对此感到烦心,对史老说:"我想让子张停止劝谏,该怎么办呢?"史老回答说:"将白公子张的劝谏付诸实施确实很难,让他停止劝谏很容易。如果子张再劝谏,君王就说:'我左手执录鬼簿,右手执殇者灵魂,所有规谏,我全都听说过了,难道还想听其他劝谏吗?'"

白公又谏,王如史老之言。对曰:"昔殷武丁能耸其德①,至于神明②,以入于河③,自河徂亳④,于是乎三年,默以思道⑤。卿士患之,曰:'王言以出令也,若不言,是无所禀令也⑥。'武丁于是作书,曰:"以余正四方,余恐德之不类⑦,兹故不言。'如是而又使以象梦旁求四方之贤⑧,得傅说以来,升以为公⑨,而使朝夕规谏,曰:'若金,用女作砺⑩。若津水⑪,用女作舟。若天旱,用女作霖雨⑫。启乃心⑬,沃朕心⑭。若药不瞑眩⑮,厥疾不瘳⑯。若跣不视地⑰,厥足用伤。'若武丁之神明也,其圣之睿广也,其智之不疚也,犹自谓未乂⑱,故三年默以思道。既得道,犹不敢专制,使以象旁求圣人。既得以为辅,又恐其荒失遗忘,故使朝夕规诲箴谏,曰:'必交修余⑲,无余弃也。'今君或者未及武丁,而恶规谏者,不亦难乎!

**【注释】**

①殷武丁：即殷高宗，为殷中兴之君。耸：敬。

②至于神明：通于神明。

③入于河：指殷高宗迁都河内。

④徂(cú)：往。亳：商都，在今河南偃师。

⑤道：指为君之道。

⑥禀令：禀受命令。

⑦类：善。

⑧象梦：绘出梦中贤人图像。旁：广泛。

⑨得傅说(yuè)以来，升以为公：传说武丁梦得圣人，名叫说，于是按照梦中所见绘出图像，遍求于野，后在傅岩得到傅说，傅说正为筑墙奴隶，武丁任命他为相，国家得到大治。

⑩砺：磨刀石。

⑪津水：水涨溢，泛滥。

⑫霖：下雨三日以上为霖。

⑬启：开。

⑭沃：浇灌。

⑮瞑眩：头晕目眩。

⑯厥：其。瘳(chōu)：病愈。

⑰跣(xiǎn)：赤脚。

⑱乂(yì)：治理。

⑲交：夹，从各方面用力。修：勉励。

**【译文】**

　　白公又一次进谏，楚灵王将史老的话说了一遍。白公对答说："从前殷武丁能够敬重美德，通于神明，他先是将国都迁到河内，后来又从河内迁往亳都，于是他用了三年时间，沉默思考为君之道。朝廷卿士对此深感忧患，说：'君王说话发出号令，如果君王不说话，那么我们就无从禀受命令了。'武丁于是发布文书,说:"由于我肩负着治理四方的重任,所以我害怕我的道德不善,因而我不愿说话。'发布文书之后,武丁又派人拿着梦中贤人图像广求四方之贤,得到傅说,将他请来,提升傅说为上公,让傅说早晚规谏,说:'如果我是金属,那么我就用您作磨刀石。如果我遭遇洪水,那么我就用您作为舟船。如果我遭遇天旱,那么我就用您作为甘霖喜雨。开启您的心智,浇灌我的心灵。如果药不让人头晕目眩,那么病就不能痊愈。如果赤脚走路不看地,那么脚就会受伤。'像武丁这样通于神明,他的圣德明睿广博,他的才智没有缺陷,尚且自称未能治理好国家,因此三年沉默来思考为君之道。在得道之后,尚且不敢专制,派人按图像广求圣人。得到圣人作为辅佐之后,又怕自己疏忽遗忘,因此要求傅说早晚规谏,说:'您一定要从各方面勉励我,不要抛弃我。'如今君王或许没有达到武丁的境界,而厌恶规谏,不是难以治国吗!

"齐桓、晋文,皆非嗣也①,还轸诸侯②,不敢淫逸,心类德音③,以德有国。近臣谏,远臣谤,舆人诵④,以自诰也⑤。是以其入也,四封不备一同⑥,而至于有畿田⑦,以属诸侯⑧,至于今为令君⑨。桓、文皆然,君不度忧于二令君⑩,而欲自逸也,无乃不可乎?《周诗》有之曰⑪:'弗躬弗亲⑫,庶民弗信。'臣惧民之不信君也,故不敢不言。不然,何急其以言取罪也?"

【注释】

①嗣:嫡嗣。

②还轸:巡回游历。

③类:率,遵循。德音:善言忠告。

④舆人:众人。诵:诵善败。

⑤自诰:自我诫勉。

⑥四封:四境。备:满。同:方圆百里为同。

⑦畿田:方圆千里的土地。

⑧属:会盟。

⑨令君:明君。

⑩度:思考。忧:担忧。

⑪《周诗》:此指《诗经·小雅·节南山》。

⑫躬:亲身。

**【译文】**

"齐桓公、晋文公二人,都不是嫡嗣,他们出奔游历诸侯,不敢放纵,内心遵循忠言德音,最终依靠自己的善德而拥有国家。近臣规谏,远臣批评,众人讽诵,这些都被他们用来自我告诫。因此他们回国即位时,四境面积不满百里,而最终发展为方圆千里的大国,主盟诸侯,到现在仍被称为明君。齐桓公、晋文公都能做到这样,君王不考虑担忧自己比不上二位明君,反而想自我放纵,这恐怕不可以吧?《诗经·小雅·节南山》有诗句说:'君主为政不能躬亲,民众就不会信任。'我怕楚国民众不信任君王,因此不敢不说。要不是这样,我为什么要急于以言获罪呢?"

王病之,曰:"子复语。不穀虽不能用,吾愁寘之于耳①。"对曰:"赖君用之也,故言。不然,巴浦之犀、犛、兕、象,其可尽乎,其又以规为瑱也③?"遂趋而退,归,杜门不出。七月,乃有乾谿之乱,灵王死之。

**【注释】**

①愁(yìn):愿。寘:置。

②巴浦：楚国地名。犛(máo)：野牛。形状毛尾全同牦牛，但比牦牛
　大。一说即牦牛。

③瑱(tiàn)：塞耳之玉。

**【译文】**

　　楚灵王对此感到心烦，说："您可以再说。我虽然不能采纳，但我愿
意将您的劝谏放在耳边。"白公回答说："我希望君王能够采用，因此才
说出来。不然的话，巴浦的犀、犛、兕、象，难道可以用尽吗，又何必以规
谏作为塞耳呢？"说完便快步退出，回家以后，闭门不出。七个月之后，
就发生了乾豀之乱，楚灵王自杀而死。

# 左史倚相儆司马子期唯道是从

　　司马子期欲以妾为内子①，访之左史倚相，曰："吾有妾
而愿②，欲笄之③，其可乎？"对曰："昔先大夫子囊违王之命
谥；子夕嗜芰，子木有羊馈而无芰荐。君子曰：违而道④。谷
阳竖爱子反之劳也，而献饮焉，以毙于鄢⑤；芊尹申亥从灵王
之欲，以陨于乾豀⑥。君子曰：从而逆⑦。君子之行，欲其道
也，故进退周旋，唯道是从。夫子木能违若敖之欲⑧，以之道
而去芰荐，吾子经营楚国，而欲荐芰以干之⑨，其可乎？"子期
乃止。

**【注释】**

①司马子期：楚平王之子公子结，为楚国大司马。内子：卿之嫡妻。

②愿：忠实。

③欲笄(jī)之：指扶为正妻。笄，簪子，此处指嫡妻首饰衡笄。

④违而道：违命合道。

⑤谷阳竖爱子反之劳也，而献饮焉，以毙于鄢：鄢陵之战当日晋楚未分胜负，子反本欲整军再战，因子反嗜酒，谷阳竖献酒。楚恭王召子反，子反醉不能见，楚师遂败退，子反因而自杀。谷阳竖，楚国大司马子反的小臣。

⑥芊尹申亥从灵王之欲，以陨于乾谿：公元前529年，楚灵王于乾谿败逃，申亥在棘门找到灵王带回家，灵王自缢，申亥以二女为楚灵王殉葬。芊尹，楚国芊地长官。申亥，申无宇之子。

⑦从而逆：从君欲而违道。

⑧若敖：指屈到。

⑨荐芰以干之：子期以妾为妻，如同以芰祭子夕。干，犯。

【译文】

　　司马子期想以妾为嫡妻，为此向左史倚相咨询，说："我有一个妾，人很老实，想把她扶为嫡妻，可以吗？"左史倚相回答说："从前先大夫子囊违背楚恭王关于谥号的遗命；子夕喜欢吃菱角，子木祭祀只用羊而不进献菱角。君子对此评论说：虽然违背君父之命却符合道义。谷阳竖怜惜子反作战劳苦，献酒给他喝，结果让子反命丧鄢陵；芊尹申亥迎合楚灵王的欲望，让两个女儿丧命乾谿。君子对此评论说：顺从君主欲望却违背道义。君子的行为，是想追求道义，因此进退周旋，只听从道义。子木能违背若敖子夕的欲望，以此合道而不进献菱角，您主持楚国政务，却想进献菱角来违犯道义，这可以吗？"子期于是放弃了以妾为妻的打算。

# 楚语下

本篇收录楚昭王、楚惠王时期九条言论材料。

楚昭王时期大夫观射父是一个国宝级的博物君子，本篇记载了他的两篇言论："观射父论绝地天通章"对"重黎绝地天通"作了详细的阐述，"观射父论祀牲章"则详尽地论述了祭祀牺牲制度。春秋后期，吴国在东方崛起，对楚国构成重大威胁，发生于公元前506年的吴楚柏举之战是当时重大历史事件，本篇记载了四篇相关言论材料："子常问蓄货聚马斗且论其必亡章"载斗且预言子常因贪得无厌而覆灭，"蓝尹亹避昭王而不载章"载蓝尹亹通过拒载楚昭王而对其发出警示，"郧公辛与弟怀或礼于君或礼于父章"通过郧公兄弟对君父的不同态度来揭示楚人的伦理价值观，"蓝尹亹论吴将毙章"载蓝尹亹剖析吴国必将覆亡的趋势。其他如"王孙围论国之宝章"载楚使王孙围纵论何为国宝，"鲁阳文子辞惠王所与梁章"载鲁阳文子辞退险邑，"叶公子高论白公胜必乱楚国章"载叶公子高劝谏子西勿召白公，这些言论都有一定垂鉴资治意义。

## 观射父论绝地天通

昭王问于观射父①，曰："《周书》所谓重、黎实使天地不

通者<sup>②</sup>，何也？若无然<sup>③</sup>，民将能登天乎<sup>④</sup>？"

**【注释】**

①昭王：楚昭王，平王之子，名壬，又名轸。观射父：楚国大夫。

②《周书》：此指《尚书·周书·吕刑》。重、黎：颛顼时掌管天地之臣，重为南正司天，黎为火正司地。

③无然：不是这样。

④民：人。

**【译文】**

楚昭王问大夫观射父，说："《尚书·周书·吕刑》所说的重、黎使天地不通，这是怎么回事？如果不是这样，人还能登天吗？"

对曰："非此之谓也。古者民神不杂<sup>①</sup>。民之精爽不携贰者<sup>②</sup>，而又能齐肃衷正<sup>③</sup>，其智能上下比义<sup>④</sup>，其圣能光远宣朗<sup>⑤</sup>，其明能光照之，其聪能听彻之<sup>⑥</sup>，如是则明神降之<sup>⑦</sup>，在男曰觋<sup>⑧</sup>，在女曰巫。是使制神之处位次主<sup>⑨</sup>，而为之牲器时服<sup>⑩</sup>，而后使先圣之后之有光烈<sup>⑪</sup>，而能知山川之号、高祖之主、宗庙之事、昭穆之世、齐敬之勤、礼节之宜、威仪之则、容貌之崇、忠信之质、禋洁之服<sup>⑫</sup>，而敬恭明神者，以为之祝<sup>⑬</sup>。使名姓之后<sup>⑭</sup>，能知四时之生、牺牲之物、玉帛之类、采服之仪、彝器之量、次主之度、屏摄之位、坛场之所、上下之神、氏姓之出<sup>⑮</sup>，而心率旧典者为之宗<sup>⑯</sup>。于是乎有天地神民类物之官<sup>⑰</sup>，是谓五官<sup>⑱</sup>，各司其序，不相乱也。民是以能有忠信，神是以能有明德，民神异业<sup>⑲</sup>，敬而不渎<sup>⑳</sup>，故神降之嘉生<sup>㉑</sup>，民以物享<sup>㉒</sup>，祸灾不至，求用不匮。

## 【注释】

①民神不杂:指司民、司神之官各异。

②爽:明。携:杂。贰:二。

③齐:一。肃:敬。衷:中。

④比义:比度。

⑤圣:通。光远:广远。宣朗:明朗。

⑥彻:达。

⑦降:下。

⑧觋(xí):男巫。

⑨处:居。位:祭位。次主:尊卑先后的次序。

⑩牲:指牲畜毛色、小大。器:祭器。时服:四时祭祀所着服色。

⑪光烈:光明。

⑫号:名号。高祖之主:远祖神主。昭穆:祖宗神主的排列次序,父昭居左,子穆居右,始祖居中。齐(zhāi):庄。崇:修饰。禋(yīn):洁净的祭祀。

⑬祝:太祝,掌管祈求幸福吉祥。

⑭名姓:指旧族。

⑮生:万物生长。牺:指纯毛色。牲:指牛、羊、豕。牺牲合称,指用于祭祀的牲畜。类:类别。采服:祭祀时所穿的服饰。彝器:用于祭祀的鼎、尊、俎、豆等器物。量:数量。次主之度:按照亲疏排列神主次序的尺度。次,排列次序。屏摄之位:指按照亲疏尊卑排列的祭祀位置。屏,屏风。摄,扇。坛场:祭祀的场所。

⑯率:遵循。宗:宗伯,掌祭祀礼仪。

⑰类物:各种事物。

⑱五官:五行之官,木正句芒,火正祝融,金正蓐收,水正玄冥,土正后土。

⑲异业:异事。

⑳渎：亵渎。

㉑嘉生：吉祥事物。

㉒民以物享：民众用牺牲黍稷祭神。

**【译文】**

　　观射父回答说："《周书》所说的不是这个意思。古时候司民、司神之官不会杂处。民众之中那些精明没有二心的人，而又能做到专一、恭敬、中正，他的智慧能够上下比度，他的通达能够广远明朗，他的洞明能够光照万物，他的耳聪能够听到四方，这样明神就会下附到他们身上，具备这种能力的男性叫做觋，具备这种能力的女性叫做巫。这些巫觋制定神灵居所和祭位次序，规定牺牲、祭器、四时祭服，而后选择先圣后裔中品质光明，能够知道山川名号、远祖神主、宗庙事务、昭穆世系、庄敬勤谨、礼节适宜、威仪规则、容貌修饰、忠信品质、洁祀祭服，能够尊敬明神的人，让他们做太祝。选择著名姓氏的后裔，能够知道四时物产、牺牲动物、玉帛类别、祭服准仪、彝器数量、神主次序、祭者位次、祭坛场所、上下神祇、氏姓出处，诚心遵循旧典的人做宗伯。于是设有天地神民以及各种事物的官员，称之为金正、木正、水正、火正、土正五官，各司其职，不相混乱。下民因此能有忠信，天神因此能有明德，民神异事，恭敬而不亵渎，因此神降下吉祥事物，下民以各种祭物献享，祸灾不会到来，财用不会匮乏。

　　"及少皞之衰也①，九黎乱德②，民神杂糅③，不可方物④。夫人作享⑤，家为巫史⑥，无有要质⑦。民匮于祀⑧，而不知其福⑨。烝享无度⑩，民神同位。民渎齐盟⑪，无有严威⑫。神狎民则⑬，不蠲其为⑭。嘉生不降，无物以享。祸灾荐臻⑮，莫尽其气⑯。颛顼受之⑰，乃命南正重司天以属神⑱，命火正黎司地以属民，使复旧常，无相侵渎⑲，是谓绝地天通⑳。

**【注释】**

①少皞（hào）：黄帝之子金天氏，古代东夷族首领，传说中的古代圣王。

②九黎：古代南方部落名，其种族繁多，故曰九黎。乱德：破坏已有的秩序。

③杂糅：混杂相扰。

④方物：辨别名物。

⑤夫人：人人。作享：祭祀。

⑥家为巫史：家家自为巫史。巫主降神，史主位次。

⑦要质：盟誓之诚。

⑧民匮于祀：民众因祭祀泛滥而匮乏。

⑨不知其福：未获神灵赐福。

⑩烝享：献祭。无度：没有法度。

⑪渎：亵渎。齐盟：犹同盟。齐，同"斋"。盟，盟誓。

⑫严：敬。威：畏。

⑬狎：习。则：法则。

⑭蠲（juān）：洁。

⑮荐：重，再。臻：至。

⑯莫尽其气：民众未能尽获受命之气而早夭。气，受命之气。

⑰颛顼：黄帝之曾孙，号高阳氏。受之：受命而王。

⑱南：阳位。正：长。司：主。属：会。

⑲侵：侵犯。

⑳绝地天通：绝地民与天神相通之道。

**【译文】**

"到少皞衰落的时候，南方九黎破坏已有的秩序，地民与天神混杂相扰，不可辨别名物。人人祭祀，家家自为巫史，没有盟誓之诚。民众因祭祀泛滥而匮乏，而未获神灵赐福。祭祀没有法度，地民与天神处于同等位置。民众亵渎斋戒盟誓，对天神没有敬畏之心。天神习狎民众祭祀法则，认为民众祭祀行为不洁。祥瑞事物不再降生，民众没有嘉谷献享。祸灾一再到来，民众未能尽获受命之气而早夭。颛顼受命而王，于是命南正重主管天以会众神，命火正黎主管地以会众民，让祭祀恢复旧规，不要互相侵犯亵渎，这就叫做绝地民与天神相通之道。

"其后，三苗复九黎之德①，尧复育重、黎之后不忘旧者②，使复典之。以至于夏、商，故重、黎氏世叙天地③，而别其分主者也④。其在周，程伯休父其后也⑤，当宣王时，失其官守⑥，而为司马氏⑦。宠神其祖⑧，以取威于民，曰：'重实上天⑨，黎实下地。'遭世之乱⑩，而莫之能御也⑪。不然，夫天地成而不变，何比之有⑫？"

**【注释】**

①三苗：九黎的后代。

②育：培育。重、黎之后：指羲氏、和氏。

③叙：次。

④分：位。

⑤程伯休父：程是国名，伯是爵位，休父是名。

⑥失其官守：失去天地之官的官位职守。

⑦司马氏：程伯休父以诸侯身份为周王室大司马。

⑧宠：尊。

⑨实：语助词，用以加强语意。

⑩遭世之乱：指西周末年政治动乱。

⑪御：止。

⑫比：比近。

**【译文】**

"后来,三苗恢复九黎乱德,唐尧重新培育重、黎后裔中不忘旧业的羲氏、和氏,让他们重新掌天地之官。一直延续到夏朝、商朝,因此重、黎后人世世代代掌管天地,分管地民与天神的位次。到了周朝,程伯休父是重、黎的后人,在周宣王时期,程伯休父失去掌管天地的官职,成为司马氏。程伯休父的后人为了尊崇、神化他们的祖先,在民众中建立威信,说:'重实能上天,黎实能下地。'后来遭到时世动乱,没有人能够制止这种说法。不然的话,天地形成之后就不会变化,天地哪有相接近的呢?"

# 观射父论祀牲

子期祀平王①,祭以牛俎于王②,王问于观射父,曰:"祀牲何及③?"对曰:"祀加于举④。天子举以大牢⑤,祀以会⑥;诸侯举以特牛⑦,祀以大牢;卿举以少牢⑧,祀以特牛;大夫举以特牲⑨,祀以少牢;士食鱼炙⑩,祀以特牲;庶人食菜,祀以鱼。上下有序,则民不慢。"

**【注释】**

①子期:楚平王之子。

②以:通"已",完毕。牛俎:祭祀所用牛肉。王:楚昭王。名壬,又名轸,平王之子。

③祀牲:祭祀所用的牲畜。何及:用哪些。

④加:增加。举:君主在朔望之日祭祖。

⑤大牢:太牢,牛、羊、猪。

⑥会:韦昭注曰:"会三大牢,举四方之贡。"

⑦特牛：一头牛。

⑧少牢：羊、猪。

⑨特牲：一头猪。

⑩炙：烧烤的肉。

【译文】

　　子期祭祀其父楚平王，祭祀完毕后，将祭祀用的牛肉进献给楚昭王，昭王问观射父，说："祭祀所用牲畜有哪些？"观射父说："祭祀用牲，要比朔望供奉祖先的祭品丰盛。天子朔望祭祖是用牛、羊、猪一太牢，祭祀时则要用三太牢；诸侯朔望祭祖时用一头牛，祭祀时则用牛、羊、猪一太牢；卿朔望祭祖时用羊、猪一少牢，祭祀时则用一头牛；大夫朔望祭祖时用一头猪，祭祀时则用羊、猪一少牢；士平时食用鱼肉和烤肉，祭祀时用一头猪；庶民百姓吃菜，祭祀时用鱼。上下尊卑有次序，这样民众就不会轻慢。"

　　王曰："其小大何如？"对曰："郊禘不过茧栗①，烝尝不过把握②。"王曰："何其小也？"对曰："夫神以精明临民者也，故求备物③，不求丰大。是以先王之祀也，以一纯、二精、三牲、四时、五色、六律、七事、八种、九祭、十日、十二辰以致之④，百姓、千品、万官、亿丑、兆民经入畡数以奉之⑤，明德以昭之，和声以听之⑥，以告遍至⑦，则无不受休⑧。毛以示物⑨，血以告杀⑩，接诚拔取以献具⑪，为齐敬也⑫。敬不可久，民力不堪，故齐肃以承之⑬。"

【注释】

①郊禘：郊祭天地。茧栗：牛角之形如蚕茧和栗子，指牛犊。

②烝：冬祭。尝：秋祭。把握：牛角之形一手能握住，指小牛。

③备物:具备牺牲。

④一纯:内心纯一。二精:祭祀所用玉和帛。三牲:牛、羊、猪。四时:春夏秋冬四季物产。五色:五采祭服。六律:黄钟、太簇、姑洗、蕤宾、夷则、无射。七事:天、地、民、四时之务。八种:八音。九祭:九州助祭。十日:甲乙丙丁戊己庚辛壬癸。十二辰:子丑寅卯辰巳午未申酉戌亥。

⑤百姓:百官所受氏姓。千品:百姓之下各有僚属十类,故称千品。万官:五物之官,其下陪属万官。亿丑:万官之下各有僚属十类,为亿类。兆民:亿兆庶民。经入:十兆收入为经。畡(gāi)数:十经为畡。泛指极大的数目。

⑥和声:中和之声。

⑦至:神至。

⑧休:庆。

⑨毛以示物:祭祀时献上牺牲之毛以示毛色纯正。物,色。

⑩血以告杀:祭祀时献上牲血以示新杀。

⑪接诚:接诚于神。拔取:拔毛取血。献具:献其备物。

⑫齐敬:洁敬。

⑬齐肃:迅速。承:承奉。

**【译文】**

昭王问:"牺牲的小大如何?"观射父说:"郊祭天地所用牲畜的角不过蚕茧和栗子那么大,秋冬祭祀所用牲畜的角不过一只手能握住那么大。"昭王说:"怎么这么小呢?"观射父说:"神灵是以精细明察来监临民众,因此要求牺牲完备,不要求肥大。所以先王的祭祀,用专一纯正之心、玉和帛二种精品、牛羊猪三牲、春夏秋冬四时、五采祭服、黄钟等六律、天地民和四时七事、八种乐器、九州助祭、天干十日、地支十二辰,招致神灵歆享牺牲,还有受氏姓的百官、上千的臣僚、上万的官员、上亿的各类官属,上兆的民众,都用自己的收入敬奉神灵,用明德来昭示崇敬,用中和之声让神灵倾听,告祭之后神灵都降下祭坛,所有祭祀者都蒙受神灵所赐的吉庆。献上牺牲之毛以示毛色纯正,献上牲血以示新杀,接诚于神,拔毛取血,进献备物,为的是表达洁敬。如此虔敬的祭祀不可长久,因为民力承受不了,因此牲畜稍微长大就要尽快地供奉给神灵。”

王曰:“刍豢几何<sup>①</sup>?”对曰:“远不过三月,近不过浃日<sup>②</sup>。”王曰:“祀不可以已乎<sup>③</sup>?”对曰:“祀所以昭孝息民、抚国家、定百姓也<sup>④</sup>,不可以已。夫民气纵则底<sup>⑤</sup>,底则滞<sup>⑥</sup>,滞久而不振<sup>⑦</sup>,生乃不殖<sup>⑧</sup>。其用不从<sup>⑨</sup>,其生不殖,不可以封<sup>⑩</sup>。是以古者先王日祭、月享、时类、岁祀<sup>⑪</sup>。诸侯舍日,卿、大夫舍月,士、庶人舍时。天子遍祀群神品物<sup>⑫</sup>,诸侯祀天地、三辰及其土之山川<sup>⑬</sup>,卿大夫祀其礼<sup>⑭</sup>,士、庶人不过其祖。日月会于龙豵<sup>⑮</sup>,土气含收<sup>⑯</sup>,天明昌作<sup>⑰</sup>,百嘉备舍<sup>⑱</sup>,群神频行<sup>⑲</sup>。国于是乎蒸尝,家于是乎尝祀<sup>⑳</sup>。百姓夫妇择其令辰<sup>㉑</sup>,奉其牺牲,敬其粢盛<sup>㉒</sup>,洁其粪除<sup>㉓</sup>,慎其采服,禋其酒醴<sup>㉔</sup>,帅其子姓<sup>㉕</sup>,从其时享,虔其宗祝<sup>㉖</sup>,道其顺辞,以昭祀其先祖,肃肃济济<sup>㉗</sup>,如或临之。于是乎合其州乡朋友婚姻<sup>㉘</sup>,比尔兄弟亲戚<sup>㉙</sup>。于是乎弭其百苛<sup>㉚</sup>,殄其谗慝<sup>㉛</sup>,合其嘉好,结其亲昵,亿其上下<sup>㉜</sup>,以申固其姓。上所以教民虔也,下所以昭事上也。天子禘郊之事,必自射其牲<sup>㉝</sup>,王后必自舂其粢;诸侯宗庙之事,必自射牛、刲羊、击豕<sup>㉞</sup>,夫人必自舂其盛。况其下之人,其谁敢不战战兢兢,以事百神!天子亲舂禘郊之盛,王后亲缲其服<sup>㉟</sup>,自公以下至于庶人,其谁敢不齐肃恭敬致力于神!民所以摄固者也<sup>㊱</sup>,若之何其舍之也<sup>㊲</sup>!”

**【注释】**

①刍豢:养牛羊曰刍,养犬豕曰豢。

②远不过三月,近不过浃(jiā)日:远,指牛、羊、猪三牲。近,指鸡鸭之类。浃日,十日。

③已:止。

④昭孝:昭示孝道。息民:蕃息民众。

⑤气:志气。纵:放纵。底:止住,停滞。

⑥滞:废滞。

⑦振:振兴。

⑧生:生物。殖:长。

⑨不从:不听从上令。

⑩封:封国。

⑪日祭:每日祭祀祖考。月享:每月祭祀曾祖高祖。时类:每季祭祀两位功德卓著的祖先。岁祀:每年合祭祖先神主。

⑫品物:指各类动植物之神。

⑬三辰:日、月、星。

⑭卿大夫祀其礼:礼规定,卿大夫祭先祖以及门、户、宅、井、灶五神。

⑮龙豵(dòu):龙尾,指二十八宿中的尾宿。

⑯含收:收缩。

⑰昌:盛。作:起。

⑱百嘉:百种嘉谷。备舍:完备入舍。

⑲频行:并行求食。

⑳家:卿大夫之家。尝:尝百物。

㉑令辰:良辰。

㉒粢盛:祭祀所用谷物。

㉓粪除:扫除。

㉔ 禋：洁。

㉕ 子：众子。姓：同姓宗族。

㉖ 宗：主管祭祀。祝：主管祈祷。

㉗ 肃肃：严肃恭敬的样子。济济：众多的样子。

㉘ 合：会。

㉙ 比：亲近。

㉚ 弭：止。百苟：各种苛政。

㉛ 殄：绝。

㉜ 亿：安。

㉝ 牲：牛。

㉞ 刲（kuī）：刺，割。击：杀。

㉟ 缲（sāo）：缫丝。服：祭服。

㊱ 摄：持，维系。

㊲ 舍：废。

## 【译文】

昭王问："祭祀用的牲畜要养多久？"观射父回答说："豢养牛、羊、猪三牲不超过三个月，喂养鸡、鸭不超过十日。"昭王又问："祭祀不可以废除吗？"观射父说："祭祀是用来昭示孝道繁息民众、镇抚国家、安定百姓的礼仪，不可以废除。民众志气放纵就会停止，停止就会废滞，废滞太久就会不能振兴，民生因此就不能成长繁殖。民众不听从上令，民生不能成长繁殖，就不可以封国。因此古代先王每日祭祀祖考，每月祭祀曾祖高祖，每季祭祀两位功德卓著的祖先，每年合祭祖先神主。诸侯不必日祭，卿大夫不必月祭，士庶人不必四时祭祀。天子遍祀群神及万物之神，诸侯祭祀天地、日月星三辰及其土地山川之神，卿大夫根据礼制祭先祖以及门、户、宅、井、灶五神，士庶人不过是祭祀自己的祖先。日月会于尾宿之时，大地土气收缩，天气清明，各种嘉谷都收获入库，群神并行降临求食。诸侯国于是开始秋祭和冬祭，卿大夫之家于是举行秋祭，百姓夫妇选择吉日良辰,供奉牺牲,敬献谷物,打扫清洁,谨慎地选择祭服,准备洁净的甜酒,率领众子和同姓宗族,按照祭礼献上祭品,宗祝虔诚地履行职责,诵读祝祷之辞,隆重地祭祀先祖,严肃恭敬,济济一堂,如同祖先神灵降临一般。于是会合本州本乡朋友姻亲,使兄弟亲戚更为亲近。于是废除各种苛政,杜绝谗佞之言,会合亲朋好友,缔结亲昵关系,安定上下,以此重新稳固同姓关系。对上来说,君主可以通过祭祀来教育民众虔敬,对下来说,民众可以通过祭祀来表明事奉君主之心。天子在举行郊祭天地之前,一定要亲自射杀牲畜,王后一定要亲自舂谷;诸侯在祭祀宗庙之前,一定要亲自射杀牲牛,割羊、杀猪,诸侯夫人一定要亲自舂谷。何况天子诸侯以下之人,谁敢不战战兢兢,事奉百神!天子在郊祭天地时亲自舂谷,王后亲自缫丝织成祭服,自公侯以下至于庶人,谁敢不严肃恭敬,效力于神!祭祀是用来维系、稳固民心的礼仪,怎么能够废弃呢!"

王曰:"所谓一纯、二精、七事者,何也?"对曰:"圣王正端冕①,以其不违心②,帅其群臣精物以临监享祀③,无有苛慝于神者④,谓之一纯。玉帛为二精。天、地、民及四时之务为七事。"王曰:"三事者,何也?"对曰:"天事武⑤,地事文⑥,民事忠信⑦。"王曰:"所谓百姓、千品、万官、亿丑、兆民经入畡数者,何也?"对曰:"民之彻官百⑧。王公之子弟之质能言能听彻其官者⑨,而物赐之姓⑩,以监其官⑪,是为百姓。姓有彻品⑫,十于王谓之千品。五物之官⑬,陪属万为万官⑭。官有十丑,为亿丑。天子之田九畡,以食兆民,王取经入焉,以食万官。"

## 【注释】

①端:玄端礼服。冕:大冠,礼帽。

②不违心:心意端正。

③精物:洁净的祭品。临监:亲临监视。享祀:献享祭祀。

④苛慝:暴虐邪恶。

⑤天事武:天为乾,乾为刚健,因此称武。

⑥地事文:地为坤,坤为柔顺,因此称文。

⑦民事忠信:民众以忠信为行。

⑧彻:达。

⑨质:有贤质。能言:能言其官职。

⑩物赐之姓:以功事赐之姓。物,事。

⑪监:充任。

⑫姓有彻品:每一官姓,其僚属都有达于王者。

⑬五物之官:指天、地、神、民、类物之官。

⑭陪属:臣下之臣。

## 【译文】

昭王问:"您所说的一纯、二精、七事,是什么意思呢?"观射父回答说:"圣王端正礼服礼冠,心意端正,率领群臣,奉献洁净祭品,亲临监视献享祭祀,对神没有暴虐邪恶之心,这叫做一纯。玉和帛叫做二精。天、地、民以及四时之务称之为七事。"昭王问:"您所说的三事,是什么意思?"观射父回答说:"天事刚健为武,地事柔顺为文,民事以忠信为行。"昭王问:"您所说的百姓、千品、万官、亿丑、兆民经入畡数,是什么意思?"观射父回答说:"民众之中能够自达于天子的人有百姓。王公子弟中有贤能资质、能言其官职、能听达其官的人,天子按照他们事功赐姓,以此充任官职,这叫做百姓。每一官姓有僚属十人达于天子,这叫做千品。天、地、神、民、类物五官,臣属为万数,这叫做万官。万官之下僚属又有十类,这叫做亿丑。天子有九州之田,用来养育兆民,天子收取十兆赋税，来养育万官。"

# 子常问蓄货聚马斗且论其必亡

斗且廷见令尹子常①，子常与之语，问蓄货聚马②。归以语其弟，曰："楚其亡乎！不然，令尹其不免乎？吾见令尹，令尹问蓄聚积实③，如饿豺狼焉，殆必亡者也。夫古者聚货不妨民衣食之利，聚马不害民之财用，国马足以行军④，公马足以称赋⑤，不是过也⑥。公货足以宾献⑦，家货足以共用⑧，不是过也。夫货、马邮则阙于民⑨，民多阙则有离叛之心，将何以封矣⑩。

**【注释】**

①斗且(jū)：楚国大夫。廷：王引之说，"廷"是"迋"的讹字。迋，往。
　令尹：楚国国相。子常：名囊瓦。

②蓄货：积蓄财物。

③积实：积累财富。

④国马：国家的军马。

⑤公马：公卿的马。足以称赋：足可以与兵赋相称。

⑥不是过也：不超过这个水平。

⑦公货：公卿财货。宾献：馈赠和进献。

⑧家货：大夫之家的财物。共：通"供"。

⑨邮：通"尤"，过。阙：缺失。

⑩封：封国。

**【译文】**

斗且前往见令尹子常，子常与斗且谈话，问蓄积财物与马匹之事。

斗且归来后将谈话内容告诉弟弟,说:"楚国大概要灭亡了吧? 否则,令尹大概免不了灾难吧? 我去见令尹,令尹问蓄积财物,如同饿狼一般,恐怕是一定要灭亡的。古代聚积财物不妨害民众衣食的利益,聚集马匹不妨害民众的财用,国家的军马足以行军,公卿的马匹足以与兵赋相称,不会超过这个水平。公卿的财物足以馈赠和进献,大夫的财物足以供使用,不会超过这个水平。财物、马匹积蓄过多,民众财用就会缺失,民众缺失多了,就会有叛离之心,这将拿什么封国呢?

"昔斗子文三舍令尹①,无一日之积,恤民之故也。成王闻子文之朝不及夕也②,于是乎每朝设脯一束、糗一筐③,以羞子文④。至于今秩之⑤。成王每出子文之禄,必逃,王止而后复⑥。人谓子文曰:'人生求富,而子逃之,何也?'对曰:'夫从政者,以庇民也。民多旷者⑦,而我取富焉,是勤民以自封也⑧,死无日矣。我逃死,非逃富也。'故庄王之世灭若敖氏,唯子文之后在⑨,至于今处郧⑩,为楚良臣。是不先恤民而后己之富乎⑪?

**【注释】**

①斗子文三舍令尹:斗子文,斗谷於菟,字子文,楚国名相。子文于公元前664年为楚国令尹,到公元前637年让位给子玉,其间几次被罢免又被任命。舍,放弃。

②成王:名頵,一说名"恽"。朝不及夕:吃了早饭没有晚饭。

③脯:肉干。糗(qiǔ):炒熟的干粮。

④羞:献给。

⑤秩:常规。

⑥复:复位。

⑦旷：空，指家中无财物。

⑧勤民：使民辛劳。自封：自家富厚。

⑨故庄王之世灭若敖氏，唯子文之后在：公元前605年，子文之侄斗椒作乱，楚庄王灭若敖一族，唯独赦免了子文之孙克黄。若敖氏，斗氏家族。

⑩郧(yún)：楚地名，在今湖北安陆。

⑪先恤民：以恤民为先。后己之富：以自己之富为后。

**【译文】**

　　"从前斗子文三次辞去令尹，家里没有一天的积蓄，这是体恤民众的缘故。楚成王听说斗子文吃了早饭没有晚饭，因此每次上朝就预备一束干肉，一筐干粮，送给子文。至今这仍是楚王对待令尹的常规。成王每次要增加子文的俸禄，子文一定要逃避，直到成王停止给他增加俸禄，他才返回朝廷任职。有人对子文说：'人生就是求富贵，你却逃避富贵，为什么呢？'子文回答说：'从政的人是庇护民众的。民众家中空空，而我却取得了富厚，这是使民众辛劳来增加我自己的财富，那么我离死亡也就不远了。我是在逃避死亡，不是在逃避富贵。'所以楚庄王在位的时候灭了若敖氏家族，只有子文的后代存活了下来，直到现在还居住在郧地，做楚国的良臣。这难道不是以恤民为先、以自己富贵为后吗？

　　"今子常，先大夫之后也①，而相楚君无令名于四方②。民之羸馁③，日已甚矣④。四境盈垒⑤，道殣相望⑥，盗贼司目⑦，民无所放⑧。是之不恤，而蓄聚不厌⑨，其速怨于民多矣⑩。积货滋多，蓄怨滋厚，不亡何待！

**【注释】**

①先大夫之后：子常是楚大夫子囊之子。

②令名：美名。

③羸（léi）：瘦弱。馁（něi）：饥饿。

④日已甚矣：一天天加重。

⑤盈垒：布满军事堡垒。

⑥殣（jìn）：饿死的人。

⑦司目：张目窥伺。

⑧放（fǎng）：依靠。

⑨厌：满足。

⑩速怨：招致怨恨。

【译文】

"如今子常，是先大夫子囊的后代，身为楚王辅佐却没有将美名传播到四方。楚国民众瘦弱饥饿，一天比一天严重。楚国四境布满了军事堡垒，道路上饿死的人到处可见，盗贼张目窥伺，民众无所依靠。子常不能体恤这些国情，反而蓄聚财物不知满足，招致民怨太多了。他的财物聚敛得越多，所蓄积的民怨就越厚，如此不灭亡还等什么！

　　"夫民心之愠也①，若防大川焉②，溃而所犯必大矣。子常其能贤于成、灵乎③？成不礼于穆④，愿食熊蹯⑤，不获而死。灵不顾于民，一国弃之，如遗迹焉。子常为政，而无礼不顾，甚于成、灵⑥，其独何力以待之⑦！"

【注释】

①愠（yùn）：愤怒。

②防：堵塞。

③成：楚成王。灵：楚灵王。

④成不礼于穆：楚成王想废黜太子商臣，结果被商臣率兵包围，自

缢而死。商臣自立为楚王,谥"穆"。

⑤熊蹯(fán):熊掌。

⑥甚:超过。

⑦待:防御。

【译文】

"民心的愤怒不可轻视,像堵塞大河一样,河堤一旦崩溃,伤害一定很大。子常难道比楚成王、楚灵王本领更大吗?楚成王对穆王无礼,想吃熊掌,没有吃上,就自缢而死。楚灵王不顾民众,一国民众都抛弃他,如同行人遗弃其迹。子常执政,在'无礼''不顾'方面,超过了楚成王和楚灵王,他能有什么力量来防御民怨呢?"

期年①,乃有柏举之战②,子常奔郑,昭王奔随③。

【注释】

①期年:一周年。

②柏举之战:公元前506年,吴楚在柏举大战,楚人战败。柏举,楚地名。故址在今湖北麻城。

③随:随国,为姬姓诸侯国,后为楚附庸国,故址在今湖北随州。

【译文】

一年之后,吴楚在柏举发生大战,子常逃奔到郑国,楚昭王逃奔到随国。

## 蓝尹亹避昭王而不载

吴人入楚①,昭王出奔②,济于成臼③,见蓝尹亹载其孥④。王曰:"载予。"对曰:"自先王莫坠其国⑤,当君而亡之,君之过也。"遂去王。王归，又求见，王欲执之，子西曰⑥："请听其辞，夫其有故。"王使谓之曰："成臼之役，而弃不穀，今而敢来，何也？"对曰："昔瓦唯长旧怨⑦，以败于柏举，故君及此。今又效之，无乃不可乎？臣避于成臼，以儆君也，庶悛而更乎⑧？今之敢见，观君之德也，曰：庶忌惧而鉴前恶乎？君若不鉴而长之，君实有国而不爱，臣何有于死⑨，死在司败矣⑩！惟君图之！"子西曰："使复其位，以无忘前败。"王乃见之⑪。

**【注释】**

①吴人入楚：公元前 506 年，柏举之战后吴王阖庐率兵攻入楚郢都。

②昭王出奔：楚昭王出奔随。

③济：渡过。成臼：渡口名，大约在今湖北天门。

④蓝尹亹（wěi）：楚国大夫。孥：妻子儿女。

⑤坠：丢掉。

⑥子西：楚国令尹公子申。

⑦瓦：囊瓦，字子常，楚国前任令尹。长：积。

⑧悛（quān）：悔改。

⑨何有：何惜。

⑩司败：司寇。

⑪王乃见之：按，此章重在表现蓝尹希望楚王能从柏举之战中吸取教训。《左传》记此事曰："蓝尹亹涉其帑，不与王舟。及宁，王欲杀之。子西曰：'子常唯思旧怨以败，君何效焉？'王曰：'善。使复其所，吾以志前恶。'"重在表现柏举之战后楚国君臣知错能改。

**【译文】**

　　吴国人攻入楚郢都,楚昭王出奔,渡过成臼渡口,看到楚大夫蓝尹亹车上载着妻子儿女。楚昭王说:"把我载上。"蓝尹亹回答说:"楚国先王从没有失去国家,在您当楚王时使国家败亡,这是您的过错。"于是驱车离开楚昭王。楚昭王后来回到郢都,蓝尹亹又来求见楚昭王,楚昭王想把蓝尹亹抓起来,令尹子西说:"请您听他说什么,他拒载您,其中必有缘故。"楚昭王派人对蓝尹亹说:"成臼这一战,你抛弃我,今天却敢前来,这是什么原因?"蓝尹亹回答说:"从前令尹囊瓦就是积累旧怨,所以败于柏举,因而君王才落到这个地步。如今君主又效法囊瓦,恐怕不可以吧? 我之所以在成臼避开您,是为了警示您,大概您会悔恨而更改吧? 今天我敢来见您,是想以此观察君王之德,我在内心说:君王差不多会回忆恐惧往事而以前恶为鉴吧? 君王如果不重前车之鉴而积累旧怨,这就意味着君王有国家而不爱惜,我对死有什么可惜的,我愿意死在司败手中! 请君王考虑吧!"子西说:"让蓝尹亹恢复旧位,以此表示不忘前败。"楚昭王于是接见蓝尹亹。

# 郧公辛与弟怀或礼于君或礼于父

　　吴人入楚,昭王奔郧①,郧公之弟怀将弑王,郧公辛止之。怀曰:"平王杀吾父②,在国则君,在外则雠也。见雠弗杀,非人也。"郧公曰:"夫事君者,不为外内行③,不为丰约举④,苟君之,尊卑一也。且夫自敌以下则有雠⑤,非是不雠。下虐上为弑,上虐下为讨,而况君乎! 君而讨臣,何雠之为⑥? 若皆雠君,则何上下之有乎? 吾先人以善事君,成名于诸侯,自斗伯比以来⑦,未之失也。今尔以是殃之⑧,不可⑨。"怀弗听,曰:"吾思父,不能顾矣。"郧

如果人们都以君主为仇敌,那还有什么上下之分呢?我们的祖先都是由于善于事奉君主,在诸侯中有口皆碑,自从斗伯比以来,没有什么过失。如今你以弑君败坏祖先的好名声,不可以这样做。"斗怀不听,说:"我思念父亲,顾不上这些了。"郧公斗辛只好护送楚昭王逃奔到随国。

王归而赏及郧怀,子西谏曰:"君有二臣<sup>①</sup>,或可赏也<sup>②</sup>,或可戮也。君王均之,群臣惧矣。"王曰:"夫子期之二子耶<sup>③</sup>?吾知之矣。或礼于君,或礼于父,均之,不亦可乎!"

**【注释】**

①二臣:斗辛、斗怀。

②或:有人。

③子期:疑当依《左传》作"子旗",蔓成然字。同时还有另一子期,随昭王奔随,愿代昭王被献给吴军。

**【译文】**

楚昭王回到国都,奖赏者中有斗怀的名字,子西进谏说:"君王有两位臣子,有人可以奖赏,有人可以惩罚。君王同等奖赏他们,群臣会害怕的。"楚昭王说:"你说的是子期的两个儿子吗?我知道了。他们一个人有礼于君,另一个人有礼于父,给他们同等奖赏,不是可以吗!"

## 蓝尹亹论吴将毙

子西叹于朝,蓝尹亹曰:"吾闻君子唯独居思念前世之崇替<sup>①</sup>,与哀殡丧,于是有叹,其余则否。君子临政思义,饮食思礼,同宴思乐,在乐思善,无有叹焉。今吾子临政而叹,何也?"子西曰:"阖庐能败吾师<sup>②</sup>。阖庐即世<sup>③</sup>,吾闻其嗣又甚焉④。吾是以叹。”

【注释】

①崇替：兴废。

②阖庐：吴国君主。败吾师：指柏举之战。

③即世：去世。

④嗣：指阖庐之子夫差。

【译文】

子西在朝廷上叹息，蓝尹亹说：“我听说君子只有在独居的时候思念前代王朝的兴废，以及哀悼殡丧，在这样的场合才会叹息，其余的场合不会叹息。君子在处理政务时所想的是义，饮食时所想的是礼，参与宴会时所想的是乐，快乐的时候想的是善，都不会叹息。如今您在处理政务时叹息，是何缘故？”子西说：“吴王阖庐能打败我军。阖庐死了，我听说他的儿子比他还要厉害。我因此叹息。”

对曰：“子患政德之不修，无患吴矣。夫阖庐口不贪嘉味，耳不乐逸声，目不淫于色，身不怀于安，朝夕勤志，恤民之赢①，闻一善若惊②，得一士若赏③，有过必悛，有不善必惧，是故得民以济其志。今吾闻夫差好罢民力以成私好，纵过而翳谏④，一夕之宿，台榭陂池必成⑤，六畜玩好必从⑥。夫差先自败也已，焉能败人。子修德以待吴，吴将毙矣。”

【注释】

①赢：病。

②惊：受震撼。

③赏：受奖赏。

④翳：掩饰。

⑤陂(bēi)：池塘。

⑥六畜：马、牛、羊、鸡、狗、猪。

**【译文】**

蓝尹亹说："您应该担忧未能培养政之德，不必担忧吴国。阖庐口不贪美味，耳不听淫逸之音，目不沉迷于女色，身不贪图安逸，早晚砥砺意志，体恤民众疾苦，听到一句善言如受震撼，得到一位贤士如受奖赏，有过必改，有不善必畏惧，因此得到民心而成就自己志向。如今我听说夫差喜欢滥用民力来满足个人所好，放纵过失，拒绝劝谏，他外出睡一个晚上，一定要修台榭陂池供他赏玩，所有六畜赏玩之物都要带上。夫差已经先被自己打败了，怎么能打败别人呢？您修德等待吴国，吴国快要灭亡了。"


# 王孙圉论国之宝

王孙圉聘于晋①，定公飨之②，赵简子鸣玉以相③，问于王孙圉曰："楚之白珩犹在乎④？"对曰："然。"简子曰："其为宝也，几何矣⑤。"


**【注释】**

①王孙圉(yǔ)：楚国大夫。

②定公：晋国君主，名午。

③鸣玉：走动时因碰撞而发声的佩玉。相：赞礼。

④白珩(héng)：系在玉佩上的横玉。

⑤几何：多久。

**【译文】**

楚国大夫王孙圉到晋国聘问,晋定公设宴款待他,赵简子身佩叮咚作响的鸣玉赞礼,他问王孙圉说:"楚国的白珩还在吗?"王孙圉回答说:"是的。"赵简子问:"白珩作为国宝,有多久时间了?"

曰:"未尝为宝。楚之所宝者,曰观射父①,能作训辞②,以行事于诸侯③,使无以寡君为口实④。又有左史倚相,能道训典⑤,以叙百物⑥,以朝夕献善败于寡君,使寡君无忘先王之业;又能上下说于鬼神,顺道其欲恶,使神无有怨痛于楚国。又有薮曰云连徒洲⑦,金木竹箭之所生也。龟、珠、角、齿、皮、革、羽、毛所以备赋⑧,以戒不虞者也⑨。所以共币帛,以宾享于诸侯者也⑩。若诸侯之好币具⑪,而导之以训辞⑫,有不虞之备,而皇神相之⑬,寡君其可以免罪于诸侯,而国民保焉。此楚国之宝也。若夫白珩,先王之玩也,何宝之焉?

**【注释】**

①观射父:楚国大夫。

②训辞:外交辞令。

③行事:指出使。

④口实:话柄。

⑤训典:先王遗训典籍。

⑥叙:次序,安排。百物:百事。

⑦薮:少水的泽地。云连徒洲:云梦泽。

⑧龟:龟甲,用于占卜。珠:珍珠。角:兽角,用作弓弩。齿:象牙,用做弓饰。皮:虎豹皮革,用做箭袋。革:犀牛皮,用做甲胄。羽:鸟羽,用做旌旗饰物。毛:旄牛尾,用做旗杆饰物。赋:军赋。

⑨不虞：预料之外的事。

⑩享：献。

⑪好币：丰厚礼物。

⑫导：行。

⑬皇：大。相：助。

**【译文】**

王孙圉回答说："楚国人从来没有将白珩当做宝物。楚国人视为国宝的，叫观射父，他能制作外交辞令，以便楚人出使各诸侯国，使各国诸侯没有攻击楚君的话柄。楚国国宝又有左史倚相，他能够讲述先王遗训典籍，讲论百事井然有序，早晚将历史上的成败故事献给楚君，使楚君不忘先王大业；左史倚相又能够上下取悦于天地鬼神，顺应鬼神的好恶，使鬼神不会埋怨痛恨楚国。楚国又有大泽叫云梦泽，这里生长金、木、竹箭。又盛产龟甲、珍珠、兽角、象牙、虎皮、犀革、鸟羽、旄牛尾，可以用来制备军赋，以此防备意外祸患。又可以用来提供馈赠礼品，用来接待和进献各国诸侯。如果具备了馈赠各国诸侯的礼物，再用外交辞令来传达楚王之意，又有预防不测的武备，天地鬼神又辅佐楚国，楚君大概就可以避免各国诸侯的罪责，楚国民众因此受到保护。这就是楚国的国宝。至于白珩，不过是先王的玩物，有什么值得视为国宝的呢？

"圉闻国之宝六而已：明王圣人能制议百物①，以辅相国家，则宝之；玉足以庇荫嘉谷②，使无水旱之灾，则宝之；龟足以宪臧否③，则宝之；珠足以御火灾④，则宝之；金足以御兵乱⑤，则宝之；山林薮泽足以备财用，则宝之。若夫哗嚣之美⑥，楚虽蛮夷，不能宝也。"

## 【注释】

①制议：议定。

②玉：祭祀之玉。

③宪：昭示。臧否：善恶，好坏。

④珠足以御火灾：古人认为珠是蚌之阴精，能够胜火。

⑤金：金属，用来制作兵器。

⑥哗嚣：喧哗，指鸣玉声响。

## 【译文】

"我听说国家之宝只有六种而已：明王圣人能议定百事，用来辅助国家，如此就把他视为国宝；用作祭祀的玉能够让鬼神庇荫五谷，使国家没有水旱之灾，如此就把它视为国宝；龟甲能够昭示吉凶好坏，如此就把它视为国宝；珍珠能够防御火灾，如此就把它视为国宝；金属能够防御兵乱，如此就把它视为国宝；山林薮泽能够提供国家财用，如此就把它视为国宝。至于叮咚作响的鸣玉之美，楚国虽然是蛮夷邦国，也不能把它视为国宝。"

# 鲁阳文子辞惠王所与梁

惠王以梁与鲁阳文子①，文子辞，曰："梁险而在境，惧子孙之有贰者也②。夫事君无憾，憾则惧逼③，逼则惧贰。夫盈而不逼，憾而不贰者，臣能自寿④，不知其他。纵臣而得全其首领以没，惧子孙之以梁之险，而乏臣之祀也。"王曰："子之仁，不忘子孙，施及楚国，敢不从子。"与之鲁阳⑤。

## 【注释】

①惠王：名章。梁：楚国北部边境。鲁阳文子：司马子期之子鲁

②贰：二心。

③憾：恨。逼：指威逼君主。

④自寿：自保。

⑤鲁阳：地名，在今河南鲁山西北。

**【译文】**

楚惠王以梁地封鲁阳文子，文子谢绝了，说："梁地险要而且在楚国边境，我怕的是子孙后代对君主有二心。事奉君主不能心怀怨恨，心怀怨恨就会威逼君主，威逼君主就会产生二心。即使盈满也不会威逼君主，即使心怀怨恨也不会有二心，我能够保证自己做得到，但不知子孙后代如何。即使我能够平安地寿终正寝，但我怕的是子孙倚仗梁地险要反叛，身后没有人祭祀我了。"楚惠王说："您的仁心，既不忘子孙，又惠及楚国，我怎么敢不听从您的意见呢？"于是楚惠王将文子封在鲁阳。

# 叶公子高论白公胜必乱楚国

子西使人召王孙胜①，沈诸梁闻之②，见子西曰："闻子召王孙胜，信乎？"曰："然。"子高曰："将焉用之？"曰："吾闻之，胜直而刚，欲寘之境③。"子高曰："不可。其为人也，展而不信④，爱而不仁⑤，诈而不智⑥，毅而不勇⑦，直而不衷⑧，周而不淑⑨。复言而不谋身⑩，展也；爱而不谋长⑪，不仁也；以谋盖人⑫，诈也；强忍犯义⑬，毅也；直而不顾⑭，不衷也；周言弃德⑮，不淑也。是六德者，皆有其华而不实者也，将焉用之？

**【注释】**

①王孙胜：楚平王太子建之子白公胜，又称王孙胜。楚平王夺太子

建之妻,太子建奔郑,后与晋人谋袭郑,被郑人杀死,王孙胜奔
吴。公元前 487 年,楚令尹子西召回王孙胜,封于白邑,号白公。

②沈诸梁:叶公子高。

③寘:同"置"。

④展而不信:表面实在,内不守信。

⑤爱而不仁:表面爱人,内无仁心。

⑥诈而不智:机诈而并无真正智慧。

⑦毅:果。

⑧衷:中。

⑨周:周密。淑:善。

⑩复言:践行诺言。不谋身:不计身害。

⑪不谋长:不为长久打算。

⑫盖:掩盖。

⑬强忍:强力忍受。犯义:违犯道义。段玉裁说,"犯义"二字涉注
　文误衍。

⑭不顾:不顾隐讳。

⑮周言:言论周详。

## 【译文】

子西派人从吴国召回王孙胜,叶公子高听说这件事,去见子西说:
"听说您要召回王孙胜,这是真的吗?"子西说:"是的。"子高说:"您怎么
任用他呢?"子西说:"我听说,王孙胜正直而刚强,想把他安置在边境。"
子高说:"不可以这样做。王孙胜的为人,表面实在而内不守信,表面爱
人内无仁心,机诈而并无真正智慧,果毅而并无真正勇气,正直而不守
中正之道,周密而并不出于良善。好践行诺言而不考虑其身利害,这就
是他的表面实在内不守信;似爱而不为长久打算,这就是他的不仁;以
计谋掩盖他人,这就是他的机诈;强忍犯义之事,这就是他的果毅;率直
而不顾隐讳,这就是他的不守中正之道;言论周详而抛弃道德,这就是

他的不善。他的六种品德，都是华而不实，您将怎样任用他呢?

"彼其父为戮于楚①，其心又狷而不洁②。若其狷也，不忘旧怨，而不以洁悛德③，思报怨而已。则其爱也足以得人，其展也足以复之④，其诈也足以谋之，其直也足以帅之⑤，其周也足以盖之⑥，其不洁也足以行之，而加之以不仁，奉之以不义，蔑不克矣⑦。

【注释】

①彼其父:太子建。为戮于楚:太子建本为郑人所杀,但他是由楚奔郑,所以也可以说他是被楚人所杀。

②狷:心胸狭隘。

③悛:改。

④复之:践行前言。

⑤帅之:帅众。

⑥盖之:掩盖阴谋。

⑦蔑:无。

【译文】

"王孙胜的父亲被楚国所杀,王孙胜心胸狭隘而不纯洁。像这样狭隘的人,他是不会忘记旧怨的,而不会以纯洁之心改变品德,一心只想着报怨而已。他的爱足以使他得到众人拥护,他的实在足以使他践行复仇之言,他的机诈足以使他能够谋划反叛,他的率直足以使他统领叛军,他的周密足以使他掩盖阴谋,他的不洁足以使他将阴谋付诸实施,再加他的不仁,不守道义,没有不胜的道理。

"夫造胜之怨者①，皆不在矣。若来而无宠，速其怒也②。

若其宠之，毅贪无厌，既能得入③，而耀之以大利④，不仁以长之⑤，思旧怨以修其心⑥，苟国有衅⑦，必不居矣⑧。非子职之⑨，其谁乎？彼将思旧怨而欲大宠⑩，动而得人，怨而有术，若果用之，害可待也。余爱子与司马⑪，故不敢不言。”

**【注释】**

①造胜之怨者：指谗害太子建的费无极等人。

②速其怒：加速他的怨怒。

③入：疑当为“人”。

④耀：示。

⑤长（zhǎng）：助长。

⑥修其心：勉励其复仇之心。修，勉。

⑦衅：隙，空子。

⑧不居：不安守本分。

⑨职：主，主要受祸者。

⑩大宠：指欲得令尹、司马大位。

⑪司马：子西之弟子期。

**【译文】**

“当年那些造成王孙胜仇怨的人，如今都不在世了。如果被召来而不受宠，这会加速他的愤怒。如果宠信他，他果毅贪婪，没有满足，既能得到别人拥护，又可以看到极大的利益，以不仁之心助长私欲，其复仇之心因思念旧怨而更为强烈，只要国家有机可乘，他一定不会安分的。这个灾祸如果不是主要由您来承担，那还会是谁呢？他将会思念旧怨而想得到大位，举动而能得人拥戴，怨愤而有权术，如果您真的起用他，祸害指日可待。我爱您与司马，因此不敢不说。”

子西曰:"德其忘怨乎①!余善之,夫乃其宁②。"子高曰:"不然。吾闻之,唯仁者可好也,可恶也,可高也,可下也。好之不逼,恶之不怨,高之不骄,下之不惧。不仁者则不然。人好之则逼,恶之则怨,高之则骄,下之则惧。骄有欲焉③,惧有恶焉④,欲恶怨逼,所以生诈谋也。子将若何?若召而下之,将戚而惧;为之上者,将怒而怨。诈谋之心,无所靖矣⑤。有一不义,犹败国家,今壹五六⑥,而必欲用之,不亦难乎?吾闻国家将败,必用奸人,而嗜其疾味⑦,其子之谓乎?

**【注释】**

①德其忘怨:教之以德,必忘怨恨。

②宁:安宁。

③欲:欲专宠。

④恶:恶其上。

⑤靖:安。

⑥壹:一人,指王孙胜。五六:指展而不信,爱而不仁,诈而不智,毅而不勇,直而不衷,周而不淑。

⑦嗜:贪。疾味:致人疾病的美味,比喻爱好不善之人。

**【译文】**

子西说:"教给他美德,他大概会忘记怨恨吧!我对他好,他大概会安宁下来。"子高说:"不是这样。我听说,只有仁者可以对他好,可以对他恶,可以让他居高位,可以让他居下位。对他好不会凌逼君主,对他恶不会怨恨,让他居高位不会骄傲,让他居下位不会畏惧。不仁者就不是这样。别人对他好会凌逼别人,对他恶会怨恨别人,让他居高位就会骄傲,让他居下位就会畏惧。骄傲生贪欲,畏惧生邪恶,贪欲、邪恶、怨恨、凌逼,是产生机诈阴谋的原因。您打算怎么办?如果将王孙胜召来居下位,他会担忧畏惧;让他居上位,他会愤怒怨恨。机诈阴谋之心,会导致国无宁日了。有一种不义品德,尚且击败国家,如今他一个人就有五六种不义的品德,您一定要用他,不是危险的事吗?我听说国家将败,一定是重用奸人,爱好致人疾病的美味,大概说的就是您这样的人吧?

　　"夫谁无疾眚<sup>①</sup>!能者早除之。旧怨灭宗,国之疾眚也,为之关籥蕃篱而远备闲之<sup>②</sup>,犹恐其至也,是之为日惕。若召而近之,死无日矣。人有言曰:'狼子野心,怨贼之人也。'其又何善乎?若子不我信,盍求若敖氏与子干、子晳之族而近之<sup>③</sup>?安用胜也,其能几何?

【注释】

①眚(shěng):疾病,灾祸。

②关籥(yuè):关卡。籥,通"钥"。蕃篱:篱笆,壁垒。备闲:防备。

③若敖氏:此指斗椒。若敖氏为楚王若敖之后,自子文世为楚令尹,至斗椒时,欲专楚政,乃攻楚庄王,为楚庄王所灭。子干、子晳:子干,楚恭王庶子公子比。子晳,楚恭王庶子公子黑肱。二人在楚灵王时出奔,后趁灵王在乾谿时回国发动叛乱,子干自立为君,子晳为令尹,后被公子弃疾逼迫自杀,公子弃疾自立为楚王。

【译文】

　　"谁能没有疾病呢!有能力的人早除病根。由于旧怨而被灭宗族,这些宗族余孽就是国家的疾病,设置关卡、篱笆而远远地加以防备,尚且怕病魔降临,对此时刻保持警惕。如果主动召来而加以亲近,死的日子就不远了。俗话说:'狼子野心,是心怀怨贼的人。'为什么还要善待他们呢？如果您不相信我的话,您何不寻求被先王灭族的若敖氏与子干、子皙的后人而加以亲近呢？何必要重用王孙胜,他能让楚国安宁多久？

　　"昔齐驺马缥以胡公入于具水①,邴歜、阎职戕懿公于囿竹②,晋长鱼矫杀三郤于榭③,鲁圉人荦杀子般于次④,夫是谁之故也,非唯旧怨乎？是皆子之所闻也。人求多闻善败,以监戒也。今子闻而弃之,犹蒙耳也。吾语子何益,吾知逃也已。"

**【注释】**

①齐驺马缥(rú)以胡公入于具水:胡公虐待驺马缥,被驺马缥杀死后投入具水。驺马缥,齐国大夫。胡公,齐太公姜尚玄孙之子姜靖。具水,水名。

②邴歜(chù)、阎职戕懿公于囿竹:齐懿公掘邴歜父墓并刑尸,强占阎职之妻,又命邴歜为车仆、阎职为骖乘。公元前609年,邴歜、阎职杀懿公,将尸体藏于竹林之中。邴歜、阎职,齐国大夫。戕,残杀。懿公,齐桓公之子姜商人。

③晋长鱼矫杀三郤于榭:郤犨与长鱼矫争田,将长鱼矫及其父母妻子绑在车上。后长鱼矫受到晋厉公宠信,谮杀三郤于榭。长鱼矫,晋国大夫。三郤,郤锜、郤至、郤犨。

④鲁圉人荦杀子般于次:子般为太子时曾鞭打圉人荦。子般即位后,庆父与哀姜私通,哀姜欲立庆父为君。公元前661年,庆父派圉人荦在党氏家刺杀子般。圉人,养马者。子般,鲁庄公太子。次,住所。

**【译文】**

　　"从前齐国骖马繻将胡公尸体投入具水,邴歜、阎职杀死懿公后藏尸于圃竹,晋国长鱼矫杀三郤于台榭,鲁国圉人荦在住所杀死子般,这些事件是谁的缘故呢,难道不是出于旧怨吗? 这些都是您所听到的啊。人们追求多听成败的事,以此作为借鉴。如今您听到了却无动于衷,这如同蒙住耳朵一样。我对您说这些有什么益处,我知道只有逃祸而已。"

　　子西笑曰:"子之尚胜也①。"不从,遂使为白公。子高以疾闲居于蔡②。及白公之乱③,子西、子期死。叶公闻之,曰:"吾怨其弃吾言,而德其治楚国④,楚国之能平均以复先王之业者,夫子也⑤。以小怨寘大德,吾不义也,将入杀之。"帅方城之外以入⑥,杀白公而定王室,葬二子之族。

**【注释】**

　　①尚胜:争强好胜。

　　②以疾:称疾。蔡:故蔡国,为楚所灭,当时为叶公封邑。

　　③白公之乱:公元前479年,白公怒楚国不伐郑国反而救郑,发动叛乱。

　　④德:感念,感谢。

　　⑤夫子:指子西。

　　⑥帅:循。

**【译文】**

　　子西笑着说:"您就是喜欢争强好胜。"他不听叶公子高劝谏,封王孙胜为白公。叶公子高称疾闲居于蔡邑。待到白公之乱发生,子西、子期都死于叛乱。叶公子高听说此事,说:"我怨恨他不听我的规劝,而感念他治理楚国,楚国能够政治均平,恢复先王的业绩,都是子西的功劳。因为小怨而抛弃大德,就是我不讲道义,我要攻入楚都杀死白公。"于是率兵循方城之外攻入郢都,杀死白公,安定楚王室,埋葬子西、子期及其族人。

# 吴语

【题解】

本篇收录吴王夫差期间九条言论材料。

殷朝末年,古公亶父长子太伯因让位季历而逃奔荆蛮,自号句吴。历五世而至周章,周武王灭殷,封周章于吴。传十四世到寿梦,吴国始盛称王。春秋末年,吴越争霸是一篇波澜壮阔的传奇,是一首惊心动魄的悲壮史诗。吴越争斗是由特定的地理环境决定的:"三江环之,民无所移,有吴则无越,有越则无吴,将不可改于是矣。"吴王夫差本有机会灭越,但被越国谦卑的言辞所迷惑,于是放弃灭越,转而北上与齐、晋争锋,最终被越国所灭。

本篇记载吴国与越行成、北上伐齐、逼杀子胥、与晋争长以及为越所灭几个片断。"越王句践命诸稽郢行成于吴章"载越使卑辞求和,"吴王夫差与越荒成不盟章"载夫差拒绝伍子胥之谏而与越构和,"夫差伐齐不听申胥之谏章"载伍子胥劝谏夫差释齐伐越,"夫差胜于艾陵使奚斯释言于齐章"载吴国行人奚斯对齐国解释吴国获胜原因,"申胥自杀章"载夫差逼迫伍子胥自杀,"吴晋争长未成句践袭吴章"载王孙雒提出应对句践偷袭的谋略,"吴欲与晋战得为盟主章"载夫差以挑战之略而争得盟主,"夫差退于黄池使王孙苟告于周章"载吴国称霸之后向周天子告功,"句践灭吴夫差自杀章"载句践部署灭吴。

本篇文风突怒偃蹇，拗倔恣放，在《国语》中别具一格。

# 越王句践命诸稽郢行成于吴

吴王夫差起师伐越<sup>①</sup>，越王句践起师逆之<sup>②</sup>。大夫种乃献谋曰<sup>③</sup>："夫吴之与越，唯天所授，王其无庸战<sup>④</sup>。夫申胥、华登简服吴国之士于甲兵<sup>⑤</sup>，而未尝有所挫也。夫一人善射，百夫决拾<sup>⑥</sup>，胜未可成也。夫谋必素见成事焉<sup>⑦</sup>，而后履之<sup>⑧</sup>，不可以授命<sup>⑨</sup>。王不如设戎<sup>⑩</sup>，约辞行成<sup>⑪</sup>，以喜其民，以广侈吴王之心<sup>⑫</sup>。吾以卜之于天<sup>⑬</sup>，天若弃吴，必许吾成而不吾足也<sup>⑭</sup>，将必宽然有伯诸侯之心焉<sup>⑮</sup>。既罢弊其民，而天夺之食，安受其烬<sup>⑯</sup>，乃无有命矣<sup>⑰</sup>。"

## 【注释】

①吴王夫差(chāi)：吴国君主，姬姓，阖庐之子。

②越王句(gōu)践：越国君主，姒姓，允常之子。"句"，一作"勾"。逆：迎战。

③大夫种：越国大夫文种。

④庸：用。

⑤申胥：伍子胥，本为楚人，楚平王杀其父，又欲杀子胥，故奔吴，吴王封于申，故称申胥。华登：本为宋人，宋元公与华氏、向氏相攻，华登逃难到吴，为吴国大夫。简：挑选。服：教习。

⑥决拾：射箭。决，用兽骨做的扳指。拾，皮革做的护臂。

⑦素见：预见。

⑧履：付诸实施。

⑨授命：送命。

⑩设戎：设兵防守。

⑪约辞行成：用谦卑的言辞讲和。

⑫广侈：扩大。

⑬以：同"已"。

⑭不吾足：不足吾，不畏惧越国。

⑮宽然：宽缓的样子。伯：通"霸"。

⑯烬：灰烬，此处指残局。

⑰无有命：没有天命保佑。

**【译文】**

　　吴王夫差起兵讨伐越国，越王句践起兵迎战。越国大夫文种向句践献计说："吴国和越国的命运，只看上天授命给谁了，君王您不用应战。伍子胥、华登挑选吴人加以训练，未曾在战场上打过败仗。吴国只要有一个人善于射箭，就会有一百个人套上扳指、护臂去仿效他，我们战胜吴国并没有把握。我们谋划迎战，一定要预见有成功的把握，然后付诸实施，不可以白白地送命。君王不如设兵防守，用谦卑的言辞讲和，让吴人欢喜，让吴王称霸心理膨胀。我已经卜问过上天，上天如果抛弃吴国，一定会让吴王答应讲和，吴王一定不把我们放在眼里，一定会滋生称霸诸侯之心。等到战争将吴国百姓拖得精疲力竭，上天又降灾夺去吴人食物，我们越国就可以安然地收拾残局，吴国就不再有天命保佑了。"

　　越王许诺，乃命诸稽郢行成于吴①，曰："寡君句践使下臣郢不敢显然布币行礼②，敢私告于下执事曰③：昔者越国见祸④，得罪于天王⑤。天王亲趋玉趾⑥，以心孤句践⑦，而又宥赦之⑧。君王之于越也，繄起死人而肉白骨也⑨。孤不敢忘天灾，其敢忘君王之大赐乎！今句践申祸无良⑩，草鄙之人，敢忘天王之大德,而思边垂之小怨①,以重得罪于下执事?句践用帅二三之老②,亲委重罪③,顿颡于边④。

**【注释】**

①诸稽郢:越国大夫。

②布币:陈列礼品。行礼:举行正式外交礼仪。

③下执事:下等办事人员,意谓不敢直接对吴王说话。

④越国见祸:指越王允常去世。

⑤得罪于天王:公元前496年,吴王阖庐在槜李之战中被越人击伤,后不治身亡。天王,这是对吴王夫差的尊称。

⑥趋:迈。玉趾:尊贵的脚。

⑦孤:顾念。

⑧而又宥赦之:宥赦,宽宥赦免。按,此时吴王并未赦越,诸稽郢说吴王宥赦越国,可能是指吴国暂停进攻。

⑨繄(yì):句首语气词。起死人而肉白骨:使死人复起,使枯骨生肉。

⑩今句践申祸无良:申祸,再次遭受战祸,指越王起兵迎战。良:善。

⑪垂:通"陲"。

⑫用:因此。帅:率领。老:家臣。

⑬委:归,指认罪。

⑭顿颡(sǎng):下拜叩头,以额触地。

**【译文】**

越王答应了,于是派大夫诸稽郢到吴国求和,说:"我们君主句践派小臣诸稽郢出使贵国,不敢公然陈列礼品举行礼仪,只能私下禀告下级办事人员说:从前越国遭受战祸,得罪了天王。天王亲自讨越,由于心里顾念句践,又宽宥赦免了他。君王对于越国,恩同于使死人复起,让白骨生肉。句践不敢忘记天灾,难道敢忘记君王的大恩大德! 如今句践再次遭受战祸而处境不善,草野边境之人,怎敢忘记天王的大德,而去计较边陲小怨,以致重新得罪下级办事人员? 句践因此率领几位家臣,亲自承认重罪,在边境叩头下拜,请求天王赦免。

"今君王不察,盛怒属兵<sup>①</sup>,将残伐越国。越国固贡献之邑也,君王不以鞭箠使之<sup>②</sup>,而辱军士使寇令焉<sup>③</sup>。句践请盟:一介嫡女<sup>④</sup>,执箕帚以晐姓于王宫<sup>⑤</sup>;一介嫡男,奉槃匜以随诸御<sup>⑥</sup>;春秋贡献<sup>⑦</sup>,不解于王府<sup>⑧</sup>。天王岂辱裁之<sup>⑨</sup>? 亦征诸侯之礼也<sup>⑩</sup>。

**【注释】**

①属:集合。

②箠:鞭子。

③辱:辱没。寇令:抵御贼寇的号令。

④一介:一个。嫡女:正妻所生的女儿。

⑤箕帚(zhǒu):打扫工具。晐(gāi):献女子给天子。姓:各种姓氏。

⑥槃(pán):木盘。匜(yí):洗手器皿。御:供君王驱使的近臣。

⑦春秋:举春秋以包括全年。

⑧解:通"懈"。

⑨裁:制裁,惩罚。

⑩征:征税。

**【译文】**

"如今君王不体察越王的忠心,盛怒之下集合兵马,准备消灭越国。越国本来就是向吴国进贡献礼的一个城邑,君王不用鞭子抽打它,反而像抵御贼寇一样率军士屈尊来讨伐。句践请求缔结盟约:送上一个嫡亲的女儿,让她充当手执簸箕笤帚打扫王宫的宫女;送上一个嫡亲的儿子,让他跟随近臣捧盘端匜侍候君王;越国全年按时献上贡品,不懈怠地充实君王库府。天王何必屈尊制裁越国?我们也是按照天子向诸侯征税的礼节进贡啊。

　　"夫谚曰:'狐埋之而狐搰之①,是以无成功。'今天王既封植越国②,以明闻于天下,而又刈亡之③,是天王之无成劳也④。虽四方之诸侯,则何实以事吴⑤?敢使下臣尽辞⑥,唯天王秉利度义焉⑦!"

**【注释】**

①搰(hú):发掘。

②封植:扶植。

③刈亡(yì):铲除,灭亡。刈,割草。

④成劳:成效。

⑤实:事实。

⑥尽辞:把话说完。

⑦秉:执。度:考虑。义:宜。

**【译文】**

　　"谚语说:'狐狸埋好东西,狐狸又把它刨出来,因此没有功效。'如今天王扶植越国,已经明闻天下,却又要消灭越国,这样天王就没有成效了。即使四方诸侯尊奉吴国,那么吴国拿什么事实让他们信服呢?越王派小臣把话说完,就请天王根据利害来考虑适宜的处置方案吧!"

## 吴王夫差与越荒成不盟

　　吴王夫差乃告诸大夫曰:"孤将有大志于齐①,吾将许越成,而无拂吾虑②。若越既改,吾又何求? 若其不改,反行③,吾振旅焉④。"

【注释】

①有大志于齐:指征伐齐国。

②而:你,你们。拂:违背。

③反行:伐齐返回。反,同"返"。

④振旅:起兵。

【译文】

吴王夫差于是告诉诸大夫说:"我有讨伐齐国的大志,我准备答应与越国讲和,你们不要违背我的意图。如果越国已经改变态度认罪,我还求什么? 如果越国不认罪,我伐齐返回,再起兵伐越。"

申胥谏曰:"不可许也。夫越非实忠心好吴也,又非慑畏吾兵甲之强也①。大夫种勇而善谋,将还玩吴国于股掌之上②,以得其志。夫固知君王之盖威以好胜也③,故婉约其辞,以从逸王志④,使淫乐于诸夏之国,以自伤也。使吾甲兵钝弊,民人离落⑤,而日以憔悴,然后安受吾烬。夫越王好信以爱民,四方归之,年谷时熟,日长炎炎⑥。及吾犹可以战也,为虺弗摧⑦,为蛇将若何?"

【注释】

①慑畏:因受威慑而畏惧。

②还(xuán)玩:旋转玩弄。

③盖威:崇尚威武。

④从:同"纵"。

⑤离：叛离。落：殒落，死亡。

⑥炎炎：兴盛的样子。

⑦虺（huǐ）：小蛇。

**【译文】**

伍子胥劝谏说："不可以答应越国的要求。越国并不是实实在在地忠心喜好吴国，又不是畏惧我们兵甲的强大。越大夫文种勇敢而善于谋略，他们将旋转玩弄吴国于股掌之上，以便得行其志。他们本来知道君王崇尚威武，争强好胜，因此才把话说得委婉谦卑，以此让君王放纵心志，让您纵情逞威于中原华夏诸国，以致自己伤害自己。让吴国甲兵疲惫毁损，民众叛离逃亡，国力日趋衰落，然后安稳地收拾我们的残局。越王句践好讲信用，爱护民众，四方民众都来归附，每年粮食丰收，国力日益兴盛。趁着我们现在尚可以战胜他们之时下手，犹如一条小蛇，现在不打死它，长成大蛇后将怎么办？"

吴王曰："大夫奚隆于越①，越曾足以为大虞乎②？若无越，则吾何以春秋曜吾军士③？"乃许之成。

**【注释】**

①奚：为什么。隆：盛，此处指看重。

②虞：忧患。

③春秋：指春秋两季大阅兵。曜：炫耀。

**【译文】**

吴王夫差说："大夫为什么如此看重越国，越国难道足以成为我们的心腹大患吗？如果没有越国，那么我们在春秋阅兵时还能向谁炫耀我们的军威呢？"于是允许越国求和。

将盟,越王又使诸稽郢辞曰:"以盟为有益乎? 前盟口血未干①,足以结信矣。以盟为无益乎? 君王舍甲兵之威以临使之,而胡重于鬼神而自轻也②?"吴王乃许之,荒成不盟③。

**【注释】**

①口血未干:古代盟誓时以血涂在嘴上,以表诚信。口血未干,指距离前次盟誓时间尚短。

②胡:为何。

③荒成不盟:空口讲和,没有盟誓。

**【译文】**

将要举行盟誓,越王句践又派诸稽郢辞谢说:"君王认为盟誓有用吗? 前次盟誓,口上的血迹还没有干,足以表示诚信了。君王认为盟誓没有用吗? 那么君王就舍弃甲兵的威慑,亲自光临役使越国就行了,为什么重视鬼神而轻视自己呢?"吴王于是允许了诸稽郢的请求,只是空口讲和而没有举行盟誓。

# 夫差伐齐不听申胥之谏

吴王夫差既许越成,乃大戒师徒①,将以伐齐。申胥进谏曰:"昔天以越赐吴,而王弗受。夫天命有反②,今越王句践恐惧而改其谋,舍其愆令③,轻其征赋,施民所善,去民所恶,身自约也④,裕其众庶⑤,其民殷众⑥,以多甲兵。越之在吴,犹人之有腹心之疾也。夫越王之不忘败吴,于其心也怵然⑦,服士以伺吾间⑧。今王非越是图,而齐、鲁以为忧。夫齐、鲁譬诸疾，疥癣也，岂能涉江、淮而与我争此地哉？将必越实有吴土。

**【注释】**

①戒：整顿约束。师徒：将士。

②天命有反：指由盛转衰，由福转祸。

③舍：废。愆令：错误的命令。

④约：俭约。

⑤裕其众庶：使庶民富裕。

⑥殷：盛。

⑦伐（chī）然：警惕的样子。

⑧服士：训练士卒。伺：等候。间：间隙，时机。

**【译文】**

吴王夫差已经答应越国求和，于是大规模地训练将士，准备讨伐齐国。伍子胥进谏说："以前上天将越国赐给吴国，而君王没有接受。天命是有反复的，如今越王句践因恐惧而改变谋略，舍弃了那些错误的命令，减轻民众的赋税，施行民众所欢迎的政策，除去民众所厌恶的举措，他自身节约，让老百姓富裕，越国人口越来越多，因此甲兵数量也就增多。越国对于吴国来说，如同人有心腹之患一样。越王句践不忘记打败吴国，内心时刻保持警惕，训练将士来窥伺可趁之机。如今君王不考虑对付越国，而担忧北方齐、鲁。拿疾病打个比方，齐、鲁对吴国来说相当于疥癣小毛病，他们怎么能渡过长江、淮河与我国争夺这一片土地呢？将来一定是越国占领吴国土地。

"王其盍亦鉴于人①，无鉴于水。昔楚灵王不君②，其臣箴谏以不入。乃筑台于章华之上，阙为石郭③，陂汉④，以象帝舜⑤，罢弊楚国，以间陈、蔡⑥。不修方城之内⑦，逾诸夏而图东国⑧，三岁于沮、汾以服吴、越⑨。其民不忍饥劳之殃，三军叛王于乾谿⑩。王亲独行，屏营仿徨于山林之中⑪，三日乃见其涓人畴⑫。王呼之曰：'余不食三日矣。'畴趋而进，王枕其股以寝于地。王寐，畴枕王以墣而去之⑬。王觉而无见也，乃匍匐将入于棘闱⑭，棘闱不纳，乃入芋尹申亥氏焉⑮。王缢，申亥负王以归，而土埋之其室。此志也⑯，岂遽忘于诸侯之耳乎⑰？

【注释】

①盍：何不。

②不君：失去君主之道。

③阙：凿。石郭：石椁，墓中放置棺材的石室。

④陂（bēi）汉：堵塞汉水。

⑤以象帝舜：舜墓有水环绕，楚灵王模仿帝舜，引汉水环绕墓室。象，模仿。

⑥以间陈、蔡：趁机消灭陈、蔡。

⑦不修方城之内：指不理国政。方城，山名，今河南叶县南有方城山，为楚国北境。

⑧诸夏：指陈、蔡。东国：东部地区，指吴、越、徐等国。

⑨沮、汾：楚国东部的沮水、汾水。

⑩三军叛王于乾谿：指公元前529年楚国爆发乾谿之乱，楚灵王自杀。

⑪屏营：惶恐，恐惧。

⑫涓人：宫中近侍小臣。

⑬墣：土块。

⑭棘闱:楚国地名。

⑮芋尹申亥:楚国大夫。

⑯志:记事之书。

⑰遽:快,迅速。

**【译文】**

"君王何不以人为鉴,不要以水为鉴。从前楚灵王失去为君之道,大臣劝谏都听不进去。于是在章华修筑高台,凿成石椁,拦截汉水,模仿帝舜陵墓,导致楚国民力疲惫,并伺机消灭陈国和蔡国。不去治理楚国方城之内的国政,却想越过陈、蔡诸夏去征讨吴、越、徐等东方诸侯国,他用了三年时间才渡过沮水和汾水来征服吴国和越国。楚国民众忍受不了饥饿劳苦的祸殃,三军将士在乾谿反叛楚灵王。楚灵王孤身独行,惶恐不安地徘徊于山林之中,三日之后才见到宫中涓人畴。楚灵王喊道:'我已经三天没有吃饭了。'畴快步走向楚灵王,楚灵王枕着他的大腿在地上睡觉。楚灵王睡着后,畴用个土块给楚灵王当枕头,自己跑开了。楚灵王醒来后不见涓人畴,于是爬行进入棘闱,棘闱人不让他进去,于是他进入芋尹申亥氏之家。楚灵王自缢而死,申亥背着灵王的尸体回到家里,用土把他埋在屋内。这些历史记载,难道如此迅速地被诸侯遗忘了吗?

"今王既变鲧、禹之功①,而高高下下②,以罢民于姑苏③。天夺吾食,都鄙荐饥④。今王将很天而伐齐⑤。夫吴民离矣⑥,体有所倾⑦,譬如群兽然,一个负矢⑧,将百群皆奔,王其无方收也⑨。越人必来袭我,王虽悔之,其犹有及乎?"

**【注释】**

①变鲧、禹之功:改变鲧、禹治水造福于民的做法。

②高高:使高台更高。下下:使湖池更深。

③姑苏:山名,夫差在此修筑高台,称为姑苏台。

④都:国都。鄙:边境。荐饥:连年饥荒。

⑤很:违背。

⑥离:叛离。

⑦倾:伤。

⑧负矢:被箭射中。

⑨方:道,方法。收:还。

【译文】

"如今君王改变鲧、禹治水造福于民的功绩,使高台更高,使湖池更深,使民众为修筑姑苏台而疲于奔命。上天侵夺我们的粮食,无论是国都还是边境都连年饥荒。如今君王又要违背天意去讨伐齐国。吴国民众已经开始叛离了,国家肌体已经有所损伤,譬如一群野兽,一只野兽被箭射中,百群野兽都会逃奔,君王将没有办法收拾局面。越国人必定会来袭击我国,到那时君王即使后悔,难道还来得及吗?"

王弗听。十二年①,遂伐齐。齐人与战于艾陵②,齐师败绩,吴人有功。

【注释】

①十二年:吴王夫差十二年为公元前484年。

②艾陵:齐国地名。在今山东莱芜。

【译文】

吴王夫差不听。吴王十二年,于是讨伐齐国。齐人与吴军在艾陵交战,齐军大败,吴人获得战功。

# 夫差胜于艾陵使奚斯释言于齐

吴王夫差既胜齐人于艾陵,乃使行人奚斯释言于齐[1],曰:"寡人帅不腆吴国之役[2],遵汶之上[3],不敢左右[4],唯好之故。今大夫国子兴其众庶[5],以犯猎吴国之师徒[6],天若不知有罪,则何以使下国胜[7]!"

**【注释】**

①行人:外交官。奚斯:吴国大夫。释言:用语言解释。

②不腆:不丰厚。役:军队。

③遵:沿着。汶:汶水。

④不敢左右:不敢左右暴掠齐国民众。

⑤国子:国书,齐国上卿。兴:征发。众庶:军队。

⑥犯猎:欺凌施虐。

⑦下国:吴国自谦之词。

**【译文】**

吴王夫差在艾陵战胜齐人之后,于是派行人奚斯到齐国解释道:"我率领很少的吴国军队,沿着汶水而上,不敢左右暴掠齐国百姓,只是为了表示对齐国友好的缘故。如今大夫国子征发军队,欺凌、施虐吴国军队,上天如果不知道齐国有罪,为什么会让我们吴国获胜!"

# 申胥自杀

吴王还自伐齐,乃讯申胥曰[1]:"昔吾先王体德明圣[2],达于上帝,譬如农夫作耦[3],以刈杀四方之蓬蒿[4],以立名于荆[5],此则大夫之力也。今大夫老,而又不自安恬逸[6],而处以念恶⑦，出则罪吾众⑧，挠乱百度⑨，以妖孽吴国。今天降衷于吴⑩，齐师受服⑪。孤岂敢自多⑫，先王之钟鼓⑬，寔式灵之⑭。敢告于大夫。"

**【注释】**

①讯：责让，诘问。

②先王：指吴王阖庐。

③耦：两人并肩而耕，喻阖庐与伍子胥君臣合作。

④刈杀：割除。蓬蒿：杂草。

⑤立名于荆：指公元前506年，伍子胥辅佐阖庐在柏举战胜楚国。

⑥恬逸：恬静安逸。

⑦处以念恶：闲居时产生作恶念头。

⑧出则罪吾众：出朝怪罪吴国军队。

⑨挠乱：扰乱。百度：各种法度。

⑩衷：善。

⑪受服：受命服罪。

⑫自多：自以为是。

⑬钟鼓：指军队。

⑭寔：实。式：用。灵：神。

**【译文】**

　　吴王夫差伐齐后返回，于是责问伍子胥说："从前我的先王禀受明圣美德，通达上帝旨意，君臣合力如农夫耦耕，割除四方蓬蒿杂草，在楚国立下功名，这是大夫您的功劳。如今大夫年老，又不能自我安于恬淡安逸，闲居时产生作恶念头，出朝就怪罪吴国军队，扰乱各种法度，在吴国妖言惑众。如今上天降下善福给吴国，让齐国军队受命服罪。我岂敢自以为是，先王的军队，受到神灵的保佑。我大胆地告诉您这件事。"

申胥释剑而对曰：“昔吾先王世有辅弼之臣，以能遂疑计恶<sup>①</sup>，以不陷于大难。今王播弃黎老<sup>②</sup>，而孩童焉比谋<sup>③</sup>，曰：‘余令而不违。’夫不违，乃违也<sup>④</sup>。夫不违，亡之阶也。夫天之所弃，必骤近其小喜，而远其大忧。王若不得志于齐，而以觉寤王心，而吴国犹世<sup>⑤</sup>。吾先君得之也，必有以取之<sup>⑥</sup>；其亡之也，亦有以弃之<sup>⑦</sup>。用能援持盈以没<sup>⑧</sup>，而骤救倾以时<sup>⑨</sup>。今王无以取之<sup>⑩</sup>，而天禄亟至<sup>⑪</sup>，是吴命之短也。员不忍称疾辟易<sup>⑫</sup>，以见王之亲为越之擒也。员请先死。”遂自杀。将死，曰：“以悬吾目于东门，以见越之人，吴国之亡也<sup>⑬</sup>。”王愠曰<sup>⑭</sup>：“孤不使大夫得有见也。”乃使取申胥之尸，盛以鸱鴺<sup>⑮</sup>，而投之于江。

**【注释】**

①遂疑：决断疑难。计恶：考虑得失。

②播弃：抛弃。黎老：老人。

③比谋：合谋。

④违：违道。

⑤世：世代相传。

⑥有以取之：有取胜的原因。

⑦有以弃之：有失败的原因。

⑧用：因此。援持：继续保持。盈：满。没：终。

⑨骤：疾。以时：不失时。

⑩无以取之：无政德。

⑪天禄：上天所赐福禄。亟：屡次。

⑫辟易：逃避。辟，退避、躲避。

⑬“以悬吾目于东门”三句：按，《左传》记伍子胥在吴胜齐后使齐，

将儿子托付给鲍氏,吴王听说后赐他属镂之剑令他自杀。伍子胥临死之前曰:"树吾墓槚,槚可材也,吴其亡乎! 三年,其始弱矣。盈必毁,天之道也。"《史记·伍子胥列传》记伍子胥之死还由于伯嚭进谗,伍子胥死前曰:"嗟乎! 谗臣嚭为乱矣,王乃反诛我。我令若父霸。自若未立时,诸公子争立,我以死争之于先王,几不得立。若既得立,欲分吴国予我,我顾不敢望也。然今若听谀臣言以杀长者。"又曰:"必树吾墓上以梓,令可以为器;而抉吾眼悬吴东门之上,以观越寇之入灭吴也。"

⑭愠:怒。

⑮鸱鹗(chī yí):皮革口袋。

**【译文】**

伍子胥放下宝剑回答说:"从前我们先王世代都有辅弼大臣,能够决断疑难,考虑得失,因此才使吴国不陷入大难。如今君王抛弃老臣,与孩童合谋,说:'我的命令不会有人违背。'不违背君王命令,其实违背了为政之道。不违背君王命令,是亡国的阶梯啊。上天要抛弃一个国家,一定会让这个国家多次拥有小喜事,而把大忧患留到后面。君王如果不能战胜齐国,那么君王之心会有所觉悟,吴国尚能世代相传。我们先君阖庐获胜,必定有获胜的原因;他失败,也一定有失败的原因。因此他能够继续保持强盛局面直到去世,屡次不失时机地挽救国家危势。如今君王并无政德,可是上天屡次赐予福禄,这说明吴国命运很短了。我不忍心称病逃避,看到君王亲身被越国所擒。我请求先死。"于是伍子胥自杀。临死之前,伍子胥说:"将我的眼睛悬挂在东门,以便我能看见越军进入,看到吴国的灭亡。"吴王夫差愤怒地说:"我不会让你看得见的。"于是派人取来伍子胥尸体,装在皮革口袋中,将口袋投入长江。

# 吴晋争长未成句践袭吴

吴王夫差既杀申胥,不稔于岁①,乃起师北征。阙为深

沟,通于商、鲁之间,北属之沂,西属之济②,以会晋公午于
黄池③。

【注释】

①稔(rèn):庄稼成熟。

②"阙为深沟"四句:阙,通"掘"。商,宋国,宋为殷商之后。属,连
　　通。沂,沂水。济,济水。按,此即邗沟。从今江苏扬州西长江
　　边向东北开凿航道,沿途拓沟穿湖至射阳湖,至淮安旧城北五里
　　与淮河连接。

③晋公午:晋定公,名午。黄池:地名。在今河南封丘南。

【译文】

吴王夫差杀死伍子胥之后,不等到庄稼成熟,就起兵北征。他命士
兵挖掘深沟,直通宋、鲁之间,向北连通沂水,向西连通济水,在黄池与
晋定公午相会。


于是越王句践乃命范蠡、舌庸①,率师沿海溯淮以绝吴
路。败王子友于姑熊夷②。越王句践乃率中军溯江以袭
吴③,入其郛④,焚其姑苏,徙其大舟⑤。

【注释】

①范蠡、舌庸:越国大夫。

②王子友:吴王夫差太子。姑熊夷:吴国地名。

③江:吴江。

④郛(fú):外城。

⑤徙:夺取。大舟:吴王乘坐的大船。

**【译文】**

　　于是越王句践派大夫范蠡、舌庸,率领军队沿着海岸逆淮河而上,断绝吴兵退路。在姑熊夷打败王子友。越王句践于是亲自率中军逆吴江而上,袭击吴都,进入吴都外城,焚烧了姑苏台,夺取吴王专乘的大船。

　　吴、晋争长未成①,边遽乃至②,以越乱告。吴王惧,乃合大夫而谋曰:“越为不道,背其齐盟③。今吾道路修远④,无会而归⑤,与会而先晋⑥,孰利?”王孙雒曰⑦:“夫危事不齿⑧,雒敢先对。二者莫利。无会而归,越闻章矣⑨,民惧而走,远无正就⑩。齐、宋、徐、夷曰:‘吴既败矣!’将夹沟而廊我⑪,我无生命矣。会而先晋,晋既执诸侯之柄以临我⑫,将成其志以见天子。吾须之不能⑬,去之不忍。若越闻愈章,吾民恐叛。必会而先之。”

**【注释】**

　　①长:诸侯盟主。

　　②边遽(jù):边境驿车。

　　③齐盟:同盟。

　　④修:长。

　　⑤会:会盟。

　　⑥先晋:让晋国先歃血。

　　⑦王孙雒(luò):吴国大夫。

　　⑧不齿:不按年龄大小。

　　⑨章:显著。

　　⑩正:适。

⑪瘛(chǐ)：从旁袭击。

⑫柄：权柄。

⑬须：等待。

**【译文】**

　　吴、晋两国争做盟主尚未有结果，吴国边境驿车就到了，向吴王汇报越国作乱的消息。吴王恐惧，于是召集大夫谋划说："越国不讲道义，背弃两国的盟约。如今我们回国道路长远，不和晋国会盟返回，与会盟而让晋国先歃血，哪一条对策对我们更有利？"王孙雒说："面临危机大事，就不必按年龄大小次序发言了，我大胆地先回答。这两条对策都没有好处。如果不和晋国会盟就返回，越国作乱的消息就会广为传播，吴国民众恐惧奔逃，我们远离国土就没有适合的栖身之所。齐、宋、徐、夷等国就会说：'吴国已经被打败了！'他们会沿着沟渠从两旁袭击我们，我们就没有生路了。如果与晋国会盟而让晋国先歃血，晋国已经掌握诸侯权柄来指挥我们，将会实现他们称霸的志向，率领诸侯去朝见周天子。我们既不能在此等待，又不忍心撤兵。如果越国作乱的消息越传越厉害，吴国民众恐怕要叛离。一定要和晋国会盟并且要先歃血。"

　　王乃步就王孙雒曰①："先之，图之将若何②？"王孙雒曰："王其无疑，吾道路悠远，必无有二命③，焉可以济事④。"王孙雒进，顾揖诸大夫曰："危事不可以为安，死事不可以为生，则无为贵智矣⑤。民之恶死而欲贵富以长没也⑥，与我同。虽然，彼近其国，有迁⑦；我绝虑⑧，无迁。彼岂能与我行此危事也哉⑨？事君勇谋，于此用之。今夕必挑战，以广民心。请王励士，以奋其朋势⑩。劝之以高位重畜⑪，备刑戮以辱其不励者，令各轻其死。彼将不战而先我，我既执诸侯之柄，以岁之不获也，无有诛焉⑫，而先罢之⑬，诸侯必说。既而皆入其地⑭，王安挺志⑮，一日惕⑯，一日留⑰，以安步王志⑱。必设以此民也⑲，封于江、淮之间，乃能至于吴。"吴王许诺。

**【注释】**

①步就：走近。

②图：谋划。

③二命：两种出路。

④焉：乃。济事：成事。

⑤贵智：高超的智慧。

⑥长没：长寿而死。

⑦迁：迁移。

⑧绝虑：没有其他想法。

⑨彼：指晋国。行此危事：行此以死争霸之事。

⑩朋势：群情盛怒之势。

⑪重畜：贵重财宝。

⑫诛：责求贡赋。

⑬罢之：罢遣诸侯，让他们先回国。

⑭入其地：进入国境之内。

⑮安：乃。挺志：宽心。

⑯惕：快。

⑰留：慢。

⑱安步王志：安然推行君王归国之志。步，行。

⑲设：许诺。此民：指吴王手下士卒。

**【译文】**

吴王夫差走近王孙雒说："如果我们先歃血，应该怎么办？"王孙雒说："君王不必怀疑，我们道路悠远，一定不要幻想有第二条出路，这样才可以成事。"王孙雒向前走进几步，环顾诸位大夫，作揖说："不能将危险的事转为安全,将死亡的事转为重生,那么就称不上高超的智慧了。民众厌恶死亡,希望尊贵富有长寿而死,这些想法与我们相同。虽然这样,晋国距离国土很近,有迁移的希望;而我们没有其他想法,没有退却的可能。他们怎么敢与我们一样做以死争霸的危险之事呢?事奉君主应该有勇有谋,勇敢和智谋此时应该运用了。今天晚上一定要向晋军挑战,以此来安定民心。请君王鼓励将士,以振奋将士群情盛怒之势。用高官厚禄来激励将士,准备刑戮来羞辱那些不努力作战的人,让他们不怕牺牲。晋国将会不敢应战而先让我们歃血,我们在执掌诸侯权柄之后,就以年成不好为由,不向各国诸侯征收贡赋,先罢遣诸侯回国,诸侯一定高兴。等到各国诸侯回到国内,君王就可以放宽心怀,一天快走,一天慢走,这样就可以安然地实现君王归国之志。君王一定要向将士们承诺,将把他们封于江、淮之间,这样我们才能回到吴国。"吴王答应了。

## 吴欲与晋战得为盟主

吴王昏乃戒①,令秣马食士②。夜中③,乃令服兵擐甲④,系马舌⑤,出火灶⑥,陈士卒百人⑦,以为彻行百行⑧。行头皆官师⑨,拥铎拱稽⑩,建肥胡⑪,奉文犀之渠⑫。十行一嬖大夫⑬,建旌提鼓,挟经秉枹⑭。十旌一将军,载常建鼓⑮,挟经秉枹。万人以为方阵,皆白裳、白旆、素甲、白羽之矰⑯,望之如荼⑰。王亲秉钺⑱,载白旗以中陈而立。左军亦如之,皆赤裳、赤旆、丹甲、朱羽之矰⑲,望之如火。右军亦如之,皆玄裳、玄旗、黑甲、乌羽之矰,望之如墨。为带甲三万,以势攻,鸡鸣乃定。既陈,去晋军一里。昧明⑳,王乃秉枹,亲就鸣钟鼓、丁宁、錞于振铎㉑,勇怯尽应,三军皆哗釦以振旅㉒,其声动天地。

**【注释】**

①昏:黄昏。戒:命令。

②秣(mò)马:喂马。

③夜中:半夜。

④服兵:拿着兵器。擐(huàn)甲:穿着铠甲。

⑤系马舌:把马的舌头绑起,防止出声。

⑥出火灶:将灶火掏出灶外,用于照明。

⑦陈:排列。士卒:中军士卒。

⑧彻行百行:以一百人排成一行,一百行组成一万人的方阵。彻,通。

⑨行头:排头。官师:上士。

⑩拥:抱。铎(duó):金属制造的大铃。拱:执。稽:棨(qǐ)戟,仪仗队所用的木戟。

⑪建:竖立。肥胡:一种窄长的旗帜。

⑫奉:举。文犀之渠:用有纹理的犀牛皮制作的盾牌。

⑬嬖大夫:下大夫。

⑭挟:夹。经:俞樾认为读为"茎",剑茎。秉枹:拿着鼓槌。

⑮常:画有日月的旗帜。

⑯裳:下衣。旂(qí):画有交叉龙形的旗帜。素甲:白甲。矰(zēng):短箭。

⑰荼(tú):茅草开的白花。

⑱钺:大斧。

⑲旟(yú):绘有鹰隼图案的旗帜。

⑳昧明:黎明。

㉑丁宁:铜钲,形似钟而狭长的乐器。錞(chún)于:铜制军乐器。振

铎：摇铃。

㉒哗釦(kòu)：呼吼。釦，通"叩"。敲击。振旅：振奋军威。

**【译文】**

吴王黄昏时下令,命令喂马馈士。半夜时分,吴王下令将士拿起武器穿上铠甲,缚上马舌头,将灶火掏出灶外以便照明,陈列中军士卒一百人,以一百人排成一行,一百行组成一万人的方阵。每行排头兵都是上士,抱着大铃,拿着木戟,士卒高举肥胡窄旗,手执用有纹理的犀牛皮制作的盾牌。十行派一位下大夫率领,举着旌旗,提着战鼓,挟着剑柄,拿着鼓槌。一百行派一名将军率领,举着画有日月图案的旗帜,架起战鼓,挟着剑柄,拿着鼓槌。一万人组成一个方阵,一律白裳、白旗、白甲、白色羽毛短箭,远望如同一片白茅花。吴王夫差亲持大斧,身旁竖起白色旌旗,站在方阵中央。左军也是万人方阵,一律红裳、红旗、红甲、红色羽毛短箭,远望如同一片烈火。右军也是万人方阵,一律黑裳、黑旗、黑甲、黑色羽毛短箭,远望如同一片黑墨。一共有甲士三万人,形成进攻阵势,鸡鸣时分才安排妥当。摆好阵势之后,吴师开进到距离晋军一里之处。黎明,吴王于是手执鼓槌,亲自擂响战鼓,士卒敲响金钲、金镎、金铎,将士无论勇怯都一起响应,三军将士共同呼吼来振奋军威,声势惊天动地。

晋师大骇不出,周军饬垒①,乃令董褐请事②,曰："两君偃兵接好③,日中为期。今大国越录④,而造于弊邑之军垒⑤,敢请乱故。"

**【注释】**

①周军：环绕军营。饬垒：整治营垒。

②董褐：晋国大夫司马寅。请事：询问情况。

③偃兵：休兵。接好：和合友好。

④越录：超越次序。

⑤造：到达。

**【译文】**

晋师大为惊骇不敢出战，环绕军营整治营垒，晋定公于是派董褐前来询问情况，说："晋吴两国君主休兵合好，约定日中为盟会之期。如今大国违背约定，来到晋国军垒之外，我大胆地请问你们扰乱会盟的缘故。"

吴王亲对之曰："天子有命，周室卑约①，贡献莫入，上帝鬼神而不可以告②。无姬姓之振也③，徒遽来告④。孤日夜相继，匍匐就君⑤。君今非王室不平安是忧，亿负晋众庶⑥，不式诸戎、狄、楚、秦⑦，将不长弟⑧，以力征一二兄弟之国⑨。孤欲守吾先君之班爵⑩，进则不敢，退则不可。今会日薄矣⑪，恐事之不集⑫，以为诸侯笑。孤之事君在今日，不得事君亦在今日。为使者之无远也，孤用亲听命于藩篱之外⑬。"

**【注释】**

①卑：卑微。约：困窘。

②告：告祭。

③姬姓：吴国、晋国与周王室为同为姬姓。振：救。

④徒：步行。遽：驿车。

⑤匍匐：伏地而行。就：接近。君：指晋君。

⑥亿：安心。负：依靠。

⑦式：用，指征讨。

⑧长弟：长幼先后。

⑨兄弟之国：指鲁、卫等姬姓诸侯国。

⑩孤欲守吾先君之班爵：吴太伯为周室长子，夫差以此为由争当霸

主。先君，吴太伯。班爵，班次爵位。

⑪薄：迫近。

⑫集：成。

⑬藩篱：军营。

**【译文】**

吴王夫差亲自应对晋使说："天子有命令，周王室卑微困窘，没有诸侯进贡，无法告祭上帝鬼神。没有姬姓诸侯国出面拯救周王室，周王室使者或步行或乘驿车到吴国告困求援。我日夜兼程，艰难地前来会见晋君。晋君如今不是为周王室担忧，反而安心依靠晋国人多势众，不去讨伐诸戎、狄、楚、秦等国，而是不讲长幼先后，以暴力征讨姬姓兄弟之国。我想固守吴国先君太伯作为长子的班次爵位，进军不敢，退兵不能。如今会盟日期临近了，我担心事情不成功，被诸侯耻笑。我事奉晋君在今日，不能事奉晋君也在今日。为了使者不必长途奔走，因此我将在贵国军营之外来听候命令。"

　　董褐将还，王称左畸曰①："摄少司马兹与王士五人②，坐于王前。"乃皆进，自剄于客前以酬客③。

**【注释】**

①称：呼。左畸：军中左部军吏。

②摄：执。少司马：官名。兹：人名。王士：吴王士卒。

③自剄：自刭。酬：酬谢。

**【译文】**

董褐准备返回，吴王夫差招呼左部军吏说："将少司马兹和王士五人抓来，坐在我的面前。"六人一齐向前，在董褐面前自刭，来酬谢晋国客人。

董褐既致命,乃告赵鞅曰①:"臣观吴王之色,类有大忧②,小则嬖妾、嫡子死,不则国有大难;大则越入吴。将毒③,不可与战。主其许之先④,无以待危,然而不可徒许也⑤。"赵鞅许诺。

【注释】

①赵鞅:即赵简子,晋国正卿。

②类:好像。

③毒:凶残。

④主:指赵简子。

⑤徒:白白地。

【译文】

董褐回去向晋定公复命后,便对正卿赵简子说:"我观察吴王夫差气色,好像有大的忧患,小则是宠妾、嫡亲子女死亡,不然就是吴国有大灾难;大则是越国入侵吴国。他将会无比凶残,不能与他交战。您可以允许他先歃血,不要使我们陷入危险境地,然而不可以白白地允许他做盟主。"赵简子答应了。

晋乃令董褐复命曰:"寡君未敢观兵身见①,使褐复命曰:'曩君之言②,周室既卑,诸侯失礼于天子,请贞于阳卜③,收文、武之诸侯④。孤以下密迩于天子⑤,无所逃罪,讯让日至⑥,曰:昔吴伯父不失⑦,春秋必率诸侯以顾在余一人⑧。今伯父有蛮、荆之虞⑨,礼世不续⑩,用命孤礼佐周公⑪,以见我一二兄弟之国,以休君忧⑫。今君掩王东海⑬,以淫名闻于天子⑭,君有短垣⑮,而自逾之,况蛮、荆则何有于周室?夫命圭有命⑯,固曰吴伯,不曰吴王。诸侯是以敢辞⑰。夫诸侯无

二君,而周无二王,君若无卑天子,以干其不祥⑱,而曰吴公,
孤敢不顺从君命长弟⑲!'"许诺⑳。

**【注释】**

①观兵:显示兵力。身见:亲自现身。

②曩(nǎng):先前。

③贞:卜问。阳卜:问卜外事。

④收:收复。文、武之诸侯:周文王、周武王所封的诸侯。

⑤孤以下:晋君自称。密迩:距离很近。

⑥讯让:责问。

⑦吴伯父:吴国先君,周天子称同姓诸侯为伯父。不失:不失朝聘
之礼。

⑧顾:朝见。在:存问。余一人:天子自称。

⑨伯父:指吴王夫差。虞:忧患。

⑩礼世不续:朝聘之礼未能世续。

⑪用:因此。礼佐:以礼佐助。周公:周王室太宰。

⑫休:息。

⑬掩:盖。

⑭淫名:僭越的名号,指吴国僭称王。

⑮短垣:矮墙,比喻礼制。

⑯命圭:天子册封诸侯时所赐的玉圭。

⑰敢辞:敢于不事吴国。

⑱干:冒犯。

⑲长弟:先后。

⑳许诺:此二字为衍文。

**【译文】**

晋君于是命令董褐答复吴王说:"晋君不敢显示兵力而亲自现身,

派董褐答复说:'正如先前您所说,周王室已经卑微,诸侯对天子失礼,请求对外事进行卜问,以便收复周文王、周武王所封的诸侯。晋国邻近天子,无法逃避罪责,天子的责问天天传到,说:从前吴国先君不失朝聘之礼,每年必定率诸侯前来朝聘我。如今吴王有蛮、楚的忧患,朝聘之礼未能世代继承,因此命令晋君按照礼节辅佐周太宰,率领同姓诸侯朝见天子,以此消除周王室的忧患。如今您在东海称王,僭越名声传到天子之处,如同有一座短墙,您自己跳过墙去,况且蛮、楚对周王室有什么礼仪可言? 天子所赐的命圭之上有命令,本来是称吴伯,没有称吴王。诸侯因此才敢于不听吴国。诸侯不能有两个霸主,周室不能有两个王,您如果不蔑视天子,冒犯不祥,就请您称吴公,晋国怎敢不顺从您的命令、不遵守长幼之序呢!'"

吴王许诺,乃退就幕而会①。吴公先歃②,晋侯亚之。吴王既会,越闻愈章,恐齐、宋之为己害也,乃命王孙雒先与勇获帅徒师③,以为过宾于宋④,以焚其北郛焉而过之⑤。

**【注释】**

①幕:军帐。

②歃(shà):歃血。

③勇获:吴国大夫。徒师:步兵。

④为:通"伪"。假装,欺诈。过宾:路过的宾客。

⑤北郛(fú):北面外城。

**【译文】**

吴王答应了,于是退兵进入军帐会盟。吴王夫差先歃血,晋侯第二个歃血。吴王会盟完毕,越国入侵吴国的消息传播越来越厉害,吴王担心齐、宋两国袭击自己,于是命令王孙雒先与吴大夫勇获率领步兵,以过路的名义来到宋国,放火焚烧了宋国北面外城,然后过境回国。

# 夫差退于黄池使王孙苟告于周

　　吴王夫差既退于黄池，乃使王孙苟告劳于周①，曰："昔者楚人为不道，不承共王事②，以远我一二兄弟之国。吾先君阖庐不贳不忍③，被甲带剑，挺铍搢铎④，以与楚昭王毒逐于中原柏举⑤。天舍其衷⑥，楚师败绩，王去其国⑦，遂至于郢⑧。王总其百执事⑨，以奉其社稷之祭。其父子、昆弟不相能⑩，夫概王作乱⑪，是以复归于吴。今齐侯壬不鉴于楚⑫，又不承共王命，以远我一二兄弟之国。夫差不贳不忍，被甲带剑，挺铍搢铎，遵汶伐博⑬，簦笠相望于艾陵⑭。天舍其衷，齐师还。夫差岂敢自多，文、武实舍其衷。归不稔于岁，余沿江沂淮，阙沟深水，出于商、鲁之间，以彻于兄弟之国。夫差克有成事⑮，敢使苟告于下执事。"

【注释】

①王孙苟：吴国大夫。告劳：禀告吴国功劳。

②承共：承担，供奉。

③不贳(shì)不忍：不能宽恕、容忍。贳，赦免，宽纵。

④挺铍(pī)：挺着长矛。搢(jìn)铎：摇动金铎。

⑤毒逐：鏖战。

⑥天舍其衷：上天赐给吴国福善。衷，善。

⑦王去其国：楚昭王战败后逃奔随国。王，指楚昭王。

⑧郢：楚国首都。在今湖北江陵之纪南城。

⑨王：吴王阖庐。总：率领。百执事：百官。

⑩昆弟:兄弟。能:和睦。

⑪夫概王作乱:夫概王是吴王阖庐之弟。阖庐深入楚地追击楚昭王,秦军在沂大败夫概王,夫概王逃回吴国自立为王。阖庐回兵打败夫概王,夫概王奔楚。

⑫齐侯壬:齐简公。

⑬博:齐国地名。在今山东泰安东南。

⑭簦笠(dēng lì):有柄的笠。艾陵:齐国地名。在今山东莱芜。

⑮克:能。成事:成功。

**【译文】**

吴王夫差从黄池退兵,于是派王孙苟到周王室禀告功劳,说:"从前楚国人行为不道,不能承担、供奉王室的职事,疏远离间我们姬姓诸侯国的兄弟关系。我们先君阖庐对此不能宽恕、容忍,身被铠甲携带利剑,挺着长矛摇动金铎,与楚昭王在柏举大战。上天赐给吴国福善,楚军大败,楚昭王逃离本国,吴军于是一直打到楚国郢都。吴王阖庐率领百官,供奉楚国社稷。可惜的是吴国父子兄弟之间不能和睦,夫概王在国内作乱,因此吴王重新回到吴国。如今齐侯姜壬不以楚国为鉴,又不能承担、供奉王室的职事,疏远离间我们姬姓诸侯国的兄弟关系。夫差对此不能宽恕、容忍,身被铠甲携带利剑,挺着长矛摇动金铎,沿着汶水征伐博邑,从博邑到艾陵都是头戴簦笠的吴国将士。上天赐给吴国福善,齐军返还。夫差怎么敢自以为是,实在是周文王、周武王赐给吴国福善。归国后不等庄稼成熟,夫差又沿着长江溯淮河而上,挖掘壕沟注入深水,直通宋国、鲁国之间,以沟通姬姓兄弟之国。夫差能有成功,大胆地派王孙苟向天子的下级办事人员禀告。"

周王答曰①:"苟,伯父令女来,明绍享余一人②,若余嘉之③。昔周室逢天之降祸④,遭民之不祥,余心岂忘忧恤,不唯下土之不康靖⑤。今伯父曰:'戮力同德⑥。'伯父若能然,余一人兼受而介福⑦。伯父多历年以没元身⑧,伯父秉德已侈大哉⑨!"

**【注释】**

①周王:周敬王,名匄。

②绍:继承。享:献。

③嘉:赞许。

④周室逢天之降祸:指公元前 520 年王子朝之乱。

⑤下土:指周室之下的各诸侯国。康靖:安康稳定。

⑥戮力:合力。

⑦而:你。介福:大福。

⑧多历年:多享年寿。元:善。

⑨秉:秉有。侈:广。

**【译文】**

周王回答说:"王孙苟,伯父派你来,表明他继续向我献贡,我对此表示赞许。从前周王室遭到上天降祸,遭受庶民作乱的不祥,我内心难道能忘记国家忧患吗,我担心的不仅仅是各诸侯国不能安康稳定。如今伯父说:'合力同德。'伯父如果能做到这样,那么我就享受大福了。希望伯父多享年寿,获得善终,伯父秉有的美德真是广大啊!"

## 句践灭吴夫差自杀

吴王夫差还自黄池,息民不戒①。越大夫种乃唱谋曰②:"吾谓吴王将遂涉吾地,今罢师而不戒以忘我,我不可以怠。日臣尝卜于天③,今吴民既罢,而大荒荐饥④,市无赤米⑤,而囷鹿空虚⑥,其民必移就蒲赢于东海之滨⑦。天占既兆⑧,人事又见,我蔑卜筮矣⑨。王若今起师以会⑩,夺之利,无使夫悛⑪。夫吴之边鄙远者,罢而未至⑫,吴王将耻不战,必不须至之会也⑬,而以中国之师与我战⑭。若事幸而从我⑮,我遂践其地,其至者亦将不能之会也已,吾用御儿临之⑯。吴王若惕而又战,奔遂可出⑰。若不战而结成⑱,王安厚取名而去之⑲。"越王曰:"善哉!"乃大戒师,将伐吴。

### 【注释】

①息民:让民众休息。不戒:不作戒备。

②唱:同"倡"。倡导,发起。

③日:日前。

④荐:重。

⑤赤米:早稻红米,俗称"小红稻"。一种劣质米。

⑥囷(qūn)鹿:粮仓,圆仓曰囷,方仓曰鹿。

⑦蒲:水草。蠃(luó):蚌蛤之类。

⑧兆:见。

⑨蔑:无,不必。

⑩会:会战。

⑪夫:指吴王。悛(quān):悔改。

⑫罢:归。

⑬须:等待。

⑭中国:国中,指吴国首都。

⑮事幸而从我:事幸而战胜。"我"字为衍文。

⑯御儿:越国地名,在浙江嘉兴。

⑰出:使之出奔。

⑱结成:结盟讲和。

⑲安厚:安稳地获得厚利。取名:取得名声。

**【译文】**

　　吴王夫差从黄池返回吴国以后,让将士解甲休息,不作戒备。越大夫文种便向越王倡议谋划说:"我以为吴王将会入侵越国,如今他下令让部队休息,不作戒备,似乎忘记了我们,我们不可以懈怠。昔日我曾经占卜问天,如今吴国民众已经疲惫,而连年出现大饥荒,市上连劣质的红稻米也没有,而国库空虚,吴国民众必定会迁移到东海之滨,去拾取蒲草、蚌蛤作为食物。天意已经应验了占卜的征兆,亡国的人事迹象又显现了,我们不必再占卜了。君王如果现在起兵与吴国会战,必定会夺取有利战机,不给吴王有悔改、喘息之机。吴国边境地区将士路途遥远,刚回去而不能及时赶来,吴王将以不应战为耻,必定不会等到全国兵力集结,而只会以首都士兵与我们交战。如果战事发展顺利,我们就可以攻入吴国,那些从边远地区赶来的吴国军队将不能与国都军队会合,我们可以用越国御儿地区军队抵御他们。吴王如果愤怒而又与我们作战,我们就可以打得让他出奔外国。如果吴王不战而想与我们结盟讲和,君王就可以在安稳地获得厚利和名声之后再撤兵。"越王说:"好啊!"于是越王大规模整顿军队,准备讨伐吴国。

　　楚申包胥使于越①,越王句践问焉,曰:"吴国为不道,求残我社稷宗庙,以为平原,弗使血食②。吾欲与之徼天之衷③,唯是车马、兵甲、卒伍既具,无以行之④。请问战奚以而可⑤?"包胥辞曰:"不知。"王固问焉,乃对曰:"夫吴,良国也⑥,能博取于诸侯⑦。敢问君王之所以与之战者⑧?"王曰:"在孤之侧者,觞酒、豆肉、箪食⑨,未尝敢不分也。饮食不致味⑩,听乐不尽声⑪,求以报吴。愿以此战。"包胥曰:"善则善矣,未可以战也。"王曰:"越国之中,疾者吾问之,死者吾葬之,老其老,慈其幼,长其孤,问其病,求以报吴。愿以此战。"包胥曰:"善则善矣,未可以战也。"王曰:"越国之中,吾宽民以子之,忠惠以善之。吾修令宽刑,施民所欲,去民所恶,称其善,掩其恶,求以报吴。愿以此战。"包胥曰:"善则善矣,未可以战也。"王曰:"越国之中,富者吾安之,贫者吾与之,救其不足,裁其有余⑫,使贫富皆利之,求以报吴。愿以此战。"包胥曰:"善则善矣,未可以战也。"王曰:"越国南则楚,西则晋,北则齐,春秋皮币、玉帛、子女以宾服焉⑬,未尝敢绝,求以报吴。愿以此战。"包胥曰:"善哉,蔑以加焉,然犹未可以战也。夫战,智为始,仁次之,勇次之。不智,则不知民之极⑭,无以铨度天下之众寡⑮;不仁,则不能与三军共饥劳之殃;不勇,则不能断疑以发大计。"越王曰:"诺。"

**【注释】**

①申包胥:楚国大夫,伍子胥的好友。柏举之战吴入郢后曾赴秦求
　得援军打败吴国,恢复楚国。

②血食:指祭祀,古代祭祀时以带毛血的牲畜作为祭品。

③徼天之衷:求上天判决赐福给谁。徼,通"邀",求取。

④无以行之:没有用兵的方法谋略。

⑤奚以:凭什么。

⑥良国:强大国家。

⑦博取于诸侯:广泛地向诸侯征收贡赋。

⑧所以与之战:用来与吴国交战的方法。

⑨觞(shāng):酒杯。豆:盛肉的高脚木盘。箪(dān):盛饭的竹器。

⑩不致味:不追求最美的味道。

⑪不尽声:不追求最美的音乐。

⑫裁其有余:对有余者征税。

⑬宾服:臣服。

⑭极:中,指民意。

⑮铨度:衡量。

**【译文】**

楚国大夫申包胥出使越国,越王句践向他咨询,说:"吴国行为不合道义,他们想毁灭我们的社稷宗庙,将其夷为平原,不让我们的祖宗享受祭祀。我想与吴国求上天决断祸福,我们的车马、兵甲、军队都已经准备好了,只是没有用兵的方法谋略。请问我们凭什么与吴国交战才能获胜呢?"申包胥推辞说:"我不知道。"越王坚持询问,申包胥才回答道:"吴国,是一个强大国家,能广泛向诸侯征收贡赋。我大胆地问一下,君王靠什么与吴国决战呢?"越王说:"在我的旁边,杯中的酒、豆中的肉、竹篮中的食物,从未敢不分给大家。饮食不追求最美的味道,听乐不追求最美的音乐,我追求的就是报复吴国。我希望以此与吴国决战。"包胥曰:"您做得好是好,但不可以此决战。"越王又说:"越国之中,生病的人我去慰问,死去的人我给埋葬,尊敬老人,慈爱年幼,抚养孤儿,访问民间疾苦,我追求的就是报复吴国。希望以此与吴国决战。"申包胥说:"您做得好是好,但不可以此决战。"越王说:"越国之中,我像对自己孩子一样宽以待民,忠厚惠爱,善待他们。我修治法令,放宽刑罚,施行民众所想要的政策,去掉民众所厌恶的苛政,称赞民众之善,掩盖民众之恶,我追求的就是报复吴国。希望以此与吴国决战。"申包胥说:"您做得好是好,但不可以此决战。"越王说:"越国之中,富贵的人我让他们安心,贫困的人我给予他们帮助,拯救不足,向有余的人征税,让贫富两种人都得到利益,我追求的就是报复吴国。希望以此与吴国决战。"申包胥说:"您做得好是好,但不可以此决战。"越王说:"越国南边是楚国,西边是晋国,北边是齐国,每年我都给他们赠送皮币、玉帛、美女,表示臣服,未曾断绝,我追求的就是报复吴国。希望以此决战。"申包胥说："好啊,没有比您做得更好的了,但是仍然不可以此决战。两国决战,智慧是最重要的,其次是仁义,其次是勇敢。没有智慧,就不知道民意,就无法衡量天下各国力量的众寡;没有仁义,就不能与三军将士同受饥劳之苦;没有勇敢,就不能判断疑难,定出大计。"越王说："好。"

　　越王句践乃召五大夫①,曰："吴为不道,求残吾社稷宗庙,以为平原,不使血食。吾欲与之徼天之衷,唯是车马、兵甲、卒伍既具,无以行之。吾问于王孙包胥,既命孤矣②;敢访诸大夫③,问战奚以而可? 句践愿诸大夫言之,皆以情告,无阿孤④,孤将以举大事。"大夫舌庸乃进对曰："审赏则可以战乎⑤?"王曰："圣⑥。"大夫苦成进对曰："审罚则可以战乎?"王曰："猛⑦。"大夫种进对曰："审物则可以战乎⑧?"王曰："辩⑨。"大夫蠡进对曰："审备则可以战乎⑩?"王曰："巧⑪。"大夫皋如进对曰："审声则可以战乎⑫?"王曰："可矣。"王乃命有司大令于国曰："苟任戎者,皆造于国门之外⑬。"王乃命于国曰："国人欲告者来告⑭,告孤不审⑮,将为戮不利⑯,及五日必审之,过五日,道将不行⑰。"

【注释】

①五大夫:舌庸、苦成、文种、范蠡、皋如。

②命:告诉。

③访:咨询。

④阿:曲从。

⑤审赏:赏不失劳。审,审慎。

⑥圣:通达。

⑦猛:勇猛。

⑧物：指旌旗徽帜。

⑨辩：辨别。

⑩备：守备。

⑪巧：巧妙。

⑫声：指钲鼓进退之声。

⑬造：至。国门：城门。

⑭告：告知意见。

⑮不审：不审慎之处。

⑯戮：革除。

⑰道：道术，指国人所提意见。

**【译文】**

　　越王句践于是召来舌庸、苦成、文种、范蠡、皋如五位大夫，说："吴国行为不合道义，他们想毁灭我们的社稷宗庙，将其夷为平原，不让我们的祖宗享受祭祀。我想与吴国求上天决断祸福，我们的车马、兵甲、军队都已经准备好了，只是没有用兵的方法谋略。我向楚国大夫王孙包胥咨询，他已经把自己的想法告诉我了；现在我大胆地咨询诸位大夫，请问我们凭什么与吴国交战才能获胜呢？句践希望诸位大夫说一下，都要告诉你们的真实想法，不要曲意奉承我，我准备举行大事。"大夫舌庸上前应对说："审慎地赏劳，凭此可以战胜吗？"越王说："通达。"大夫苦成上前应对说："审慎地惩罚，凭此可以战胜吗？"越王说："勇猛。"大夫文种上前应对说："审慎地制定旌旗徽帜，凭此可以战胜吗？"越王说："善辨。"大夫范蠡上前应对说："审慎地从事守备，凭此可以战胜吗？"越王说："巧妙。"大夫皋如上前应对说："审慎运用钲鼓进退之声，凭此可以战胜吗？"越王说："可以了。"越王于是命有关人员向全国发布命令说："只要是愿意参战的国人，都到国门之外集合。"越王于是向国人发布命令说："国人想提建议的都来提建议，凡是指出我有不审慎之处，我都会革除不好的地方，五日之内一定会审慎对待，超过五日，你们所提的建议就没有用了。"

王乃入命夫人。王背屏而立<sup>①</sup>，夫人向屏。王曰："自今日以后，内政无出<sup>②</sup>，外政无入<sup>③</sup>。内有辱，是子也；外有辱，是我也。吾见子于此止矣。"王遂出，夫人送王，不出屏，乃阖左阖<sup>④</sup>，填之以土，去笄侧席而坐<sup>⑤</sup>，不扫。王背檐而立，大夫向檐。王命大夫曰："食土不均<sup>⑥</sup>，地之不修<sup>⑦</sup>，内有辱于国，是子也；军士不死，外有辱，是我也。自今日以后，内政无出<sup>⑧</sup>，外政无入<sup>⑨</sup>，吾见子于此止矣。"王遂出，大夫送王不出檐，乃阖左阖，填之以土，侧席而坐，不扫。

【注释】

①屏：寝门内屏风。

②内政：内宫之政。无出：不出宫门。

③外政：外朝政事，指国事。无入：不准进入宫门。

④阖左阖：关上左边的宫门。

⑤笄(jī)：簪子。侧席而坐：按照礼仪，忧者侧席而坐。

⑥食土：分配土地。均：平。

⑦修：开垦种植。

⑧内政：国政。

⑨外政：军政。

【译文】

越王于是入宫命令夫人。越王背靠屏风站立，夫人面向屏风站立。越王说："从今日以后，内宫之政不出宫门，外朝之政不入宫门。宫内有差错，这是您的责任；外朝有差错，这是我的责任。我来见您，到此为止。"越王于是出宫，夫人送别越王，不出屏风，于是关上左边宫门，用土填塞,除去簪笄,侧身坐在席上,不再打扫内宫。越王背对屋檐站立,大夫面向屋檐站立。越王命令大夫说:"分配土地不均,土地未能开垦种植,国内有差错,这是您的责任;将士不能死战,战事有差错,这是我的责任。从今日以后,国政不出朝,军政不入朝,我来见您,就此止步。"越王于是出朝,大夫送别越王不出屋檐,于是关上朝廷左门,用土填塞,侧身坐在席上,不再打扫朝廷。

　　王乃之坛列<sup>①</sup>,鼓而行之,至于军,斩有罪者以徇<sup>②</sup>,曰:"莫如此以环瑱通相问也<sup>③</sup>。"明日徙舍<sup>④</sup>,斩有罪者以徇,曰:"莫如此不从其伍之令。"明日徙舍,斩有罪者以徇,曰:"莫如此不用王命。"明日徙舍,至于御儿,斩有罪者以徇,曰:"莫如此淫逸不可禁也。"

【注释】

①坛列:郊外土坛。

②徇:示众。

③环:金玉之环。瑱:塞耳。通:行贿乱军。问:馈赠,此处指行贿。

④徙舍:迁移驻地。

【译文】

　　越王于是走上郊外土坛,击鼓出发,来到军营,将有罪者斩首示众,说:"不要像他们这样用金环玉瑱行贿乱军。"第二日迁移驻地,将有罪者斩首示众,说:"不要像他们这样不服从军令。"第三日迁移驻地,将有罪者斩首示众,说:"不要像他们这样不听王命。"第四日迁移驻地,到达御儿,将有罪者斩首示众,说:"不要像他们这样放纵散漫而不可禁止。"

　　王乃命有司大徇于军,曰:"有父母耆老而无昆弟者<sup>①</sup>,

以告。"王亲命之曰:"我有大事,子有父母耆老,而子为我死,子之父母将转于沟壑②,子为我礼已重矣③。子归,殁而父母之世④。后若有事,吾与子图之。"明日徇于军,曰:"有兄弟四五人皆在此者,以告。"王亲命之曰:"我有大事,子有昆弟四五人皆在此,事若不捷,则是尽也。择子之所欲归者一人。"明日徇于军,曰:"有眩瞀之疾者⑤,以告。"王亲命之曰:"我有大事,子有眩瞀之疾,其归若已。后若有事,吾与子图之。"明日徇于军,曰:"筋力不足以胜甲兵、志行不足以听命者归,莫告。"明日,迁军接和⑥,斩有罪者以徇,曰:"莫如此志行不果⑦。"于是人有致死之心。王乃命有司大徇于军,曰:"谓二三子归而不归,处而不处⑧,进而不进,退而不退,左而不左,右而不右,身斩,妻子鬻⑨。"

**【注释】**

①耆老:六十为耆,七十为老。昆弟:兄弟。

②转:入,指弃尸。

③为我礼已重:指离开父母而从军。

④殁:送终。而:你。

⑤眩瞀(mào):眼睛昏花。

⑥接和:建立军门。一说,接和为地名。

⑦果:果决。

⑧处:止。

⑨鬻:卖。

**【译文】**

越王于是命令有关官员通告全军,说:"家中有父母年老而无兄弟者,报告上来。"越王亲自命令道:"我要与吴决战,你们家中有父母年老,而你们为我战死,你们的父母将会弃尸山谷沟壑之中,你们对我的礼义已经很重了。你们回去,为你们父母养老送终。以后如果有事,我再与你们商量。"次日又通告全军,说:"有兄弟四五人都在这里的,报告上来。"越王亲自命令道:"我要与吴决战,你们有兄弟四五人都在这里,仗如果打不胜,那么兄弟四五人全完了。你们自己选择一个愿意回家的人。"次日又通告全军,说:"有眼睛昏花毛病的,报告上来。"越王亲自命令道:"我要与吴决战,你们有眼睛昏花的毛病,回家去吧。以后如果有事,我再与你们商量。"次日又通告全军,说:"体力不能胜任作战、志向品行不能服从军令的人回去,不用报告。"次日,全军驻扎下来,建立军门,将有罪者斩首示众,说:"不要像他们这样志向行为不果决。"于是越军将士人人都有死战之心。越王便命令有关官员向全军宣告,说:"你们当中如果有让回防而不愿回防,让停止而不愿停止,让前进而不前进,让后退而不后退,让向左而不向左,让向右而不向右,这样的人要斩首,妻子儿女卖掉为奴。"

　　于是吴王起师,军于江北①,越王军于江南。越王乃中分其师以为左右军。以其私卒君子六千人为中军②。明日将舟战于江,及昏,乃命左军衔枚溯江五里以须③,亦令右军衔枚逾江五里以须④。夜中,乃命左军、右军涉江鸣鼓中水以须⑤。吴师闻之,大骇,曰:"越人分为二师,将以夹攻我师。"乃不待旦,亦中分其师,将以御越。越王乃令其中军衔枚潜涉⑥,不鼓不噪以袭攻之,吴师大北⑦。越之左军、右军乃遂涉而从之,又大败之于没⑧,又郊败之,三战三北,乃至于吴。越师遂入吴国,围王台⑨。

**【注释】**

①江:松江。

②私卒君子:指越王所亲近而品行好的士卒。

③衔枚:口中衔小木棍,防止出声。须:等待。

④逾江:渡江。

⑤中水:水中央。

⑥潜涉:暗中渡水。

⑦北:军败奔走。

⑧没:吴国地名。

⑨王台:姑苏台。

**【译文】**

　　于是吴王夫差起兵,驻扎在江北,越王句践驻扎在江南。越王于是将军队分为左右两军。以越王所亲近而品行好的士卒六千人为中军。次日将在吴淞江中举行舟战,等到黄昏,越王命令左军口衔木棍溯江而上五里待命,又命令右军口衔木棍,渡江后下行五里待命。半夜时分,越王命令左军、右军渡江,在水中击鼓待命。吴国军队听到鼓声,大为惊骇,说:"越人分为两支军队,将来夹攻我军。"吴军不等到天亮,也将军队分为两军,准备抵御越军。越王于是命令中军将士口衔木棍暗中渡水,不击鼓,不喧哗,发动偷袭进攻,吴军大败。越国左军、右军于是渡江追击,又在没地大败吴军,继而又在吴都郊外大败吴军,吴军三战三败,越军攻至吴国都城。越军攻入吴国都城,把吴王夫差包围在姑苏台。

　　吴王惧,使人行成。曰:"昔不穀先委制于越君①,君告孤请成,男女服从。孤无奈越之先君何,畏天之不祥,不敢绝祀,许君成,以至于今。今孤不道,得罪于君王,君王以亲辱于弊邑。孤敢请成,男女服为臣御②。"越王曰:"昔天以越赐吴,而吴不受;今天以吴赐越,孤敢不听天之命,而听君之令乎?"乃不许成③。因使人告于吴王曰:"天以吴赐越,孤不敢不受。以民生之不长④,王其无死! 民生于地上,寓也⑤,其与几何⑥? 寡人其达王于甬句东⑦,夫妇三百⑧,唯王所安,以没王年。"夫差辞曰:"天既降祸于吴国,不在前后,当孤之身,实失宗庙社稷,凡吴土地人民,越既有之矣,孤何以视于天下!"夫差将死,使人说于子胥曰⑨:"使死者无知,则已矣;若其有知,君何面目以见员也!"遂自杀。

**【注释】**

①不穀:不善,君主谦称。委制:归顺并接受约束。

②臣御:奴仆。

③乃不许成:按,《史记·越王句践世家》载越王本欲许成,范蠡以"天与弗取,反受其咎"相谏,句践乃不许吴成。

④民生:人生。

⑤寓:寄居。

⑥其与几何:人生能有多久。与,参与,指生存。

⑦达:送到。甬句东:越国地名,在今浙江舟山群岛。

⑧夫妇:男女臣仆。

⑨说:告祭。

**【译文】**

吴王害怕了,派人到越国求和。说:"以前我曾经臣服于越君,君王要与我讲和,派男女臣仆到吴国服役。我没有办法面对越国先君的友谊,害怕上天降下不祥,不敢灭绝越国的宗庙祭祀,因此允许与越君讲和,一直到现在。如今我没有遵守道义,得罪了君王,君王亲自辱身到吴国。我大胆地请求讲和,吴国男女愿为君王臣仆。"越王说:"以前上天将越国赐吴国,而吴国不接受;如今上天将吴国赐给越国,我岂敢不听上天的命令,而听从吴君的命令呢?"不答应讲和。于是越王派人告诉吴王说:"上天将吴国赐给越国,我不敢不接受。因为人生在世不长,君王还是不要去死! 人生活在大地之上,只不过是寄居,能有多久呢?我将送君王到甬句东,派三百对男女仆如,供君王使唤,让君王安享天年。"夫差推辞说:"上天已经降祸到吴国,不在我之前,不在我之后,正当我为君期间,我失去了吴国的宗庙社稷,凡属吴国的土地人民,越国已经拥有了,我有什么面目再见天下人!"夫差临死之前,派人告祭伍子胥说:"假使死者没有知觉,那就算了;如果死者有知觉,吴君有何面目去见伍子胥呢!"于是吴王自杀。

　　越灭吴,上征上国①,宋、郑、鲁、卫、陈、蔡执玉之君皆入朝②。夫唯能下其群臣,以集其谋故也③。

**【注释】**

①上征:北征。上国:中原诸侯国。

②执玉之君:指周天子分封的诸侯,玉是命圭。

③集:成。

**【译文】**

　　越国在消灭了吴国之后,北征中原诸侯国,宋、郑、鲁、卫、陈、蔡等执命圭的君主都来越国朝见。这是因为越王句践能够放下身段,倾听群臣意见,会集群臣谋略的缘故。

# 越语上

【题解】

　　本篇只收录一条材料,记载越王句践从战败到复仇灭吴的过程。文章可以分为两个部分:前半部分记载越大夫文种卑辞厚礼,向吴王夫差求和,伍子胥力谏夫差灭越,后因越人以美女成功贿赂吴太宰伯嚭,实现与吴人议和;后半部分记载越王句践休养生息,医治战争创伤,积极创造灭吴条件,最终消灭吴国。

　　将《越语》上、下两篇进行比较,可以发现两篇各有侧重:上篇重在记载文种求和与句践休养生息;下篇重在记载范蠡谋划灭吴方略;上篇虽然也记载了一些人物言论,但有相当一部分文字是叙述史实;下篇则重在说理,具有浓厚的哲理意味。两篇内容互不重复,可能是分别出于越国两位史官之手。

　　本篇只写了越王句践、越大夫文种、吴王夫差、吴大夫伍子胥、吴太宰伯嚭数人,虽然每个人都着墨不多,但却写出鲜明的人物性格,像句践之隐忍,文种之机智,夫差之昏聩,伍子胥之犀利,伯嚭之荒淫,都能给读者留下深刻的印象。

## 句践灭吴

　　越王句践栖于会稽之上①,乃号令于三军曰:"凡我父兄昆弟及国子姓<sup>②</sup>,有能助寡人谋而退吴者,吾与之共知越国之政<sup>③</sup>。"大夫种进对曰<sup>④</sup>:"臣闻之贾人<sup>⑤</sup>,夏则资皮<sup>⑥</sup>,冬则资𫄨<sup>⑦</sup>,旱则资舟,水则资车,以待乏也<sup>⑧</sup>。夫虽无四方之忧,然谋臣与爪牙之士<sup>⑨</sup>,不可不养而择也。譬如蓑笠,时雨既至必求之。今君王既栖于会稽之上,然后乃求谋臣,无乃后乎<sup>⑩</sup>?"句践曰:"苟得闻子大夫之言,何后之有?"执其手而与之谋。

**【注释】**

①越王句践栖于会稽之上:公元前494年,吴败越于夫椒,越王句践退保会稽。栖,栖身。会稽,山名,在今浙江绍兴。

②昆弟:弟兄。国子姓:越国子民。

③共知:共治。

④大夫种:越大夫文种,字子禽。

⑤贾人:商人。

⑥资皮:求取皮货。资,取。

⑦𫄨(chī):细葛布。

⑧待乏:等待物资缺乏。

⑨爪牙之士:勇敢的将士。

⑩后:晚。

**【译文】**

越王句践栖身于会稽山上,号令三军说:"凡属我父子兄弟及越国子民,如果有能帮助我退吴兵的人,我与他共治越国之政。"大夫文种上前回禀说:"我听商人说,在夏天就要开始收取冬天所需的皮货,冬天则要收取夏天所需的细葛布,大旱季节收取汛期的舟船,水涝季节收取旱季的大车,这样做是为了等待物资缺乏。越国平时虽然没有四方的忧虑，但谋臣与勇将，却不可不供养并加以甄选。譬如蓑衣斗笠，在大雨已到之时一定会求取使用。如今君王已经栖身于会稽山上，然后才求谋臣，这未免太晚了吧？"句践说："只要能听到大夫您的话，现在为时不晚！"越王拉着文种的手与之谋划退吴策略。

遂使之行成于吴，曰："寡君句践乏无所使①，使其下臣种②，不敢彻声闻于天王③，私于下执事曰④：寡君之师徒不足以辱君矣⑤，愿以金玉、子女赂君之辱⑥，请句践女女于王⑦，大夫女女于大夫，士女女于士。越国之宝器毕从⑧。寡君帅越国之众，以从君之师徒，唯君左右之⑨。若以越国之罪为不可赦也，将焚宗庙，系妻孥⑩，沉金玉于江，有带甲五千人将以致死，乃必有偶⑪。是以带甲万人事君也，无乃即伤君王之所爱乎⑫？与其杀是人也⑬，宁其得此国也⑭，其孰利乎？"

**【注释】**

①乏无所使：缺乏人才，没有合适使臣。

②下臣：下等之臣，这是文种自我谦称。

③彻：达。声闻：说话声音。天王：指吴王夫差。

④私：私下。下执事：吴王手下执事之人。

⑤师徒：军队。不足以辱君：不值得您屈尊亲自讨伐。

⑥子女：美女。赂君之辱：补偿吴王屈尊伐越。

⑦请句践女女（nǔ）于王：请求以句践之女作为吴王的婢妾。第二个"女"，意为充当婢妾。

⑧毕从：全部随同进贡。

⑨左右：任意处置。

⑩系：用绳捆绑。孥(nú)：子女。

⑪乃必有偶：五千甲士拼命，力量加倍，相当于一万人。

⑫伤君王之所爱：杀伤吴王所爱的将士。

⑬是人：这些人。可能是既指越国带甲五千人，也包括被杀死的吴人。

⑭此国：越国。

【译文】

越王于是派文种到吴国求和，说："越王句践手下缺人，没有合适使臣，派下等之臣文种，不敢直接对天王说话，私下对天王执事人员说：越王军队不值得天王屈尊讨伐，愿意用金玉美女补偿天王屈尊伐越，请求以句践之女作为吴王的婢妾，越国大夫之女作为吴国大夫的婢妾，越国士之女作为吴国士的婢妾。越国的宝器全部进贡吴国。越王率领军队，服从吴国军队指挥，任天王随意处置。如果天王认为越国罪在不赦，那么越国将焚烧宗庙，捆绑妻子儿女，将金玉沉到江底，有披甲戴盔五千将士拼死战斗，他们就会以一当二。因此，将有一万甲士与君王作战，恐怕会杀伤吴王所爱的将士吧？与其让这些吴越人互相残杀，宁可不战而得到越国，哪一个对天王更有利呢？"

夫差将欲听与之成，子胥谏曰①："不可。夫吴之与越也，仇雠敌战之国也②。三江环之③，民无所移，有吴则无越，有越则无吴，将不可改于是矣④。员闻之，陆人居陆，水人居水。夫上党之国⑤，我攻而胜之，吾不能居其地，不能乘其车。夫越国，吾攻而胜之，吾能居其地，吾能乘其舟。此其利也，不可失也已，君必灭之。失此利也，虽悔之，必无及已。"

**【注释】**

①子胥：伍子胥，名员。即前文的申胥。

②仇雠敌战之国：互为仇视、敌对、征战的两个国家。

③三江：吴江、钱塘江、浦阳江。环：环绕。

④不可改于是：不能改变这种格局。

⑤上党：地名，在山西太原一带。此处是借上党指代中原多陆少水的诸侯国。

**【译文】**

吴王夫差想听从文种与之讲和，伍子胥劝谏说："不可以。吴国之于越国，是互为仇视、敌对、征战的两个国家。外有三江环绕，人民无法迁移，有吴国就没有越国，有越国就没有吴国，这种格局是不能改变的了。伍员我听说，内陆人家住在内陆，水边人家住在水边。上党那些中原诸侯国，即使我们进攻获胜，也不能住在他们的国土上，不能乘用他们的车辆。而越国，我们进攻获胜，就能住在他们的土地上，就能乘坐他们的舟船。这就是利益，不可失去啊，君王一定要消灭越国。失去这个利益，即使后悔，一定会来不及的。"

越人饰美女八人纳之太宰嚭①，曰："子苟赦越国之罪，又有美于此者将进之。"太宰嚭谏曰："嚭闻古之伐国者，服之而已。今已服矣，又何求焉？"夫差与之成而去之②。

**【注释】**

①太宰嚭：伯氏，名嚭，本为楚人，楚平王时，费无极谗杀郤宛，伯氏因是郤宛同党而逃离楚国，伯嚭逃至吴，为吴王夫差之太宰。

②与之成：与越讲和。

**【译文】**

越人妆扮好八名美女献给吴国太宰伯嚭，说："您如果能赦免越国之罪，又有比她们更美的女子献给您。"太宰伯嚭进谏说："我听说古代征伐敌国，只是使敌国臣服而已。越国现在已经臣服了，吴国还追求什么呢？"夫差与文种讲和而撤兵。

　　句践说于国人曰："寡人不知其力之不足也，而又与大国执雠①，以暴露百姓之骨于中原②，此则寡人之罪也。寡人请更③。"于是葬死者，问伤者，养生者，吊有忧④，贺有喜，送往者，迎来者，去民之所恶，补民之不足。然后卑事夫差，宦士三百人于吴⑤，其身亲为夫差前马⑥。

【注释】

①执雠：结仇。

②中原：原野之中。

③更：更改。

④吊有忧：吊唁有丧事者。

⑤宦士三百人于吴：派三百名士人到吴国做臣仆。

⑥前马：马前卒，在马前护卫或引导。

【译文】

　　句践对国人说："我不知道自己力量不足，与强大的吴国结仇，使百姓暴露骨骸于原野之中，这是我的罪过啊！我请求改正错误。"于是越王葬埋死者，慰问伤者，抚养生者，吊唁有丧事者，祝贺有喜事者，送别他国使者，迎接他国来者，除去人民所厌恶的弊政，弥补人民的不足。然后越王谦卑地事奉夫差，派三百名越士到吴国做臣仆，句践亲身做夫差的马前卒。

　　句践之地，南至于句无①，北至于御儿②，东至于鄞③，西至于姑蔑④，广运百里⑤。乃致其父母昆弟而誓之曰："寡人闻，古之贤君，四方之民归之，若水之归下也。今寡人不能，将帅二三子夫妇以蕃⑥。"令壮者无取老妇，令老者无取壮妻。女子十七不嫁，其父母有罪；丈夫二十不娶，其父母有罪。将免者以告⑦，公令医守之⑧。生丈夫，二壶酒，一犬；生女子，二壶酒，一豚。生三人⑨，公与之母⑩；生二人，公与之饩⑪。当室者死⑫，三年释其政⑬；支子死⑭，三月释其政。必哭泣葬埋之，如其子。令孤子、寡妇、疾疹、贫病者⑮，纳宦其子⑯。其达士⑰，洁其居，美其服，饱其食，而摩厉之于义⑱。四方之士来者，必庙礼之⑲。句践载稻与脂于舟以行⑳，国之孺子之游者㉑，无不铺也㉒，无不歠也㉓，必问其名㉔。非其身之所种则不食，非其夫人之所织则不衣，十年不收于国，民俱有三年之食。

**【注释】**

①句无：地名，在今浙江诸暨。

②御儿：地名，在今浙江嘉兴。

③鄞（yín）：地名，在今浙江鄞州。

④姑蔑：地名，在今浙江衢州龙游。

⑤广运：东西为广，南北为运。

⑥蕃：繁殖人口。

⑦免：通"娩"。分娩。

⑧公：官方。

⑨生三人：指三胞胎。

⑩公与之母：官方给予安排乳母。

⑪饩（xì）：食物。

⑫当室者：嫡子。

⑬释：免除。政：指徭役。

⑭支子：庶出之子。

⑮疹（chèn）：同"疢"。疾病。

⑯纳宦其子：将其子交官方抚养。

⑰达士：国中显达之士。

⑱摩厉：磨砺，切磋。义：事物道理。

⑲庙礼：在庙堂上接待以示尊重。

⑳脂：油。行：巡视。

㉑孺子：年轻人。游：飘流。

㉒饩之：给他食物吃。

㉓歠（chuò）之：给他水喝。

㉔必问其名：一定要问他们的名字，以便日后任用。

**【译文】**

　　句践的国土，南到句无，北到御儿，东到鄞县，西到姑蔑，方圆百里。句践将越人父母兄弟叫来，对他们发誓说："我听说，古代的贤君，四方人民都归附他，如同水往低处流一样。如今我不能做到这样，将率领国人夫妇繁殖人口。"命令壮年人不要娶老年妇女，老年人不要娶壮年妻子。女子年到十七岁不出嫁，其父母有罪；男子二十岁不娶妻，其父母有罪。即将分娩的女子上报官方，官方命医生守护。生下男婴，官方奖励两壶酒，一只狗；生下女婴，奖励两壶酒，一头猪。生下三胞胎，官方给予安排乳母；生下双胞胎，官方给予食物。家中嫡子去世，官方免除三年徭役；家中庶子去世，官方免除三个月徭役。对死者，官员一定要哭泣葬埋，如同自己亲子一样。命令孤儿、寡妇、疾病以及贫病的人，将其子交官方抚养。对国中显达之士，让他们居处清洁，衣服华美，吃饱喝足，与他们切磋事物道理。四方之士来到越国，一定要在庙堂上接待以示尊重。句践用船载着稻米与食油，遇到国中年轻人在外飘流的，就给他食物吃，给他水喝，一定要问他的名字。如果不是句践亲身种的粮食，他就不吃，不是夫人所织的布，他就不穿，十年不向国人征税，人民都储存有三年的食物。

　　国之父兄请曰："昔者夫差耻吾君于诸侯之国，今越国亦节矣①，请报之。"句践辞曰："昔者之战也，非二三子之罪也，寡人之罪也。如寡人者，安与知耻②？请姑无庸战③。"父兄又请曰："越四封之内，亲吾君也，犹父母也。子而思报父母之仇，臣而思报君之雠，其有敢不尽力者乎？请复战。"句践既许之，乃致其众而誓之曰："寡人闻古之贤君，不患其众之不足也，而患其志行之少耻也。今夫差衣水犀之甲者亿有三千④，不患其志行之少耻也，而患其众之不足也。今寡人将助天灭之。吾不欲匹夫之勇也，欲其旅进旅退也⑤。进则思赏，退则思刑，如此则有常赏⑥。进不用命，退则无耻，如此则有常刑。"果行，国人皆劝⑦，父勉其子，兄勉其弟，妇勉其夫，曰："孰是君也⑧，而可无死乎⑨？"是故败吴于囿⑩，又败之于没⑪，又郊败之。

**【注释】**

①节：有节度，步入正轨。

②安与知耻：哪里配得上知道耻辱。

③请姑无庸战：请大家姑且不用战斗。

④衣：穿。水犀之甲：水犀皮制作的铠甲。亿：十万。

⑤旅：俱。

⑥常赏：常规赏赐。

⑦劝：互相勉励。

⑧孰是君也：谁有我们这样好的君主。

⑨而可无死：怎能不为他战死。

⑩囿：地名，在今浙江太湖一带。

⑪没：地名。

**【译文】**

越国的父兄请命说："以前夫差在诸侯之国面前羞辱我们君王，如今越国也步入正轨了，请求报复此仇。"句践推辞说："以前的越吴之战，不是你们的罪过，是我的罪过。像我这样的人，哪里配得上称知道耻辱？请大家姑且不用战斗。"越国父兄又请命说："越国四境之内，亲近君王，像亲近父母一样。子女欲报父母之仇，臣民思报君王之仇，岂有敢不尽力的人？请求再与吴国决战。"句践答应了越人父兄的请命，他召集民众发誓说："我听说古代的贤君，不怕民众人数不足，而担心民众志向行为缺少羞耻。如今夫差手下穿水犀牛皮的甲士有十万三千人，他不担心士兵志行是否有羞耻感，而是担心人数不够多。如今我要帮助上天消灭吴国。我不希望你们只有匹夫之勇，我要求你们一齐进退。进攻时想到受赏，退逃时想到受刑，这样就会有常规的赏赐。进攻不听命令，退逃没有羞耻感，这样就会有常规的刑罚。"越兵果然按时出动，国人都互相勉励，父亲勉励儿子，兄长勉励弟弟，妻子勉励丈夫，说："谁有我们这样好的君主，我们怎能不为他战死呢？"因此越人在囿地战败吴军，接着又在没地打败吴军，又在吴国京郊打败吴军。

夫差行成，曰："寡人之师徒，不足以辱君矣。请以金玉、子女赂君之辱。"句践对曰："昔天以越予吴，而吴不受命；今天以吴予越，越可以无听天之命，而听君之令乎！吾请达王甬句东①，吾与君为二君乎②。"夫差对曰："寡人礼先壹饭矣③。君若不忘周室④，而为弊邑宸宇⑤，亦寡人之愿也。君若曰：'吾将残汝社稷，灭汝宗庙。'寡人请死，余何面目以视于天下乎！"越君其次也⑥，遂灭吴。

**【注释】**

①达：遣送。王：指夫差。

②二君：两位君主。

③礼先壹饭：犹言"有一饭之礼在先"，指夫差曾在会稽允许句践求和。

④不忘周室：吴国与周王室同姓，夫差此言要求句践看在周王室的份上。

⑤为弊邑宸宇：吴国愿在越国屋檐下，受其庇护。弊邑，指吴国。宸宇，屋檐下。

⑥越君其次：越君住进吴国。次，居住。

**【译文】**

夫差求和，说："我的军队，不足以让越王屈尊讨伐了。请求以吴国的金玉、美女来补偿越王屈尊讨伐。"句践回答说："从前上天将越国赐给吴国，吴国却不接受天命；如今上天以吴国赐给越国，越国能够不听上天命令、而听吴王的命令吗？我想把吴王遣送到甬句东，我与吴王像两个国君一样。"夫差回答说："我在会稽已经有礼在先了。君王如果不忘记周王室，庇护吴国于屋檐之下，这也是我的愿望。君王如果说：'我将摧毁吴国社稷，灭掉吴国宗庙。'那么我就请求一死，我还有什么脸面来看天下呢！"越王住进吴国，于是灭吴。

# 越语下

【题解】

本篇共收录了八条范蠡与越王句践谋伐吴国的言论材料。

"持盈者与天,定倾者与人,节事者与地",是范蠡灭吴谋略的理论基础。范蠡认为,"人事必将与天地相参,然后乃可以成功",他对天时、地利、人和各种条件进行综合考虑,极为精准地拿捏伐吴的时机和节奏,针对不同阶段的形势有步骤地采取有力措施,最后实现了灭吴的目标。这些材料充分地体现了范蠡同时兼有杰出思想家、战略家、战术家的素质。本篇记事与《吴语》《越语上》有一些差异,可能是由于出自不同史官之手。

本篇各条材料之间有着内在的关联,它按照时间顺序,以灭吴为主线,记载范蠡在各个关键时刻的言论,八条言论材料蝉联而下,由越王句践栖于会稽开始,以范蠡功成之后泛舟五湖为终结,各条材料分开可以各自独立,合起来则是一个完整的结构,全面地展现了越国君臣十年复仇的历程。文中不少句子富有音韵美,例如:"天道皇皇,日月以为常,明者以为法,微者则是行。阳至而阴,阴至而阳;日困而还,月盈而匡。"这体现出越国史官对散文语言艺术美的追求。

# 范蠡进谏句践持盈定倾节事

越王句践即位三年而欲伐吴①，范蠡进谏曰②："夫国家之事，有持盈③，有定倾④，有节事⑤。"王曰："为三者，奈何？"对曰："持盈者与天⑥，定倾者与人⑦，节事者与地⑧。王不问，蠡不敢言。天道盈而不溢⑨，盛而不骄⑩，劳而不矜其功。夫圣人随时以行⑪，是谓守时。天时不作⑫，弗为人客⑬；人事不起⑭，弗为之始⑮。今君王未盈而溢，未盛而骄，不劳而矜其功，天时不作而先为人客，人事不起而创为之始，此逆于天而不和于人。王若行之，将妨于国家⑯，靡王躬身⑰。"王弗听。

## 【注释】

①越王句践即位三年：句践三年，公元前493年。

②范蠡：字少伯，本为楚人，仕越为大夫。

③持盈：保持盈满。

④定倾：使倾覆的国家安定。

⑤节事：合理节制国家政事。

⑥与天：效法盈而不溢的天道。

⑦与人：重视人和。

⑧与地：注重地利。

⑨盈而不溢：盈满而不溢出。

⑩盛而不骄：盛大而不骄傲。

⑪随时：随顺天时。

⑫作：起。

⑬为人客：攻打他国，被攻者为主，攻者为客。

⑭人事：国家人事发生变化。

⑮始：事端。

⑯妨：害。

⑰靡：不止是。躬身：自身。

## 【译文】

越王句践即位三年，打算讨伐吴国，范蠡进谏说："国家大事，有的是保持国家强盛，有的是使倾覆的国家安定，有的是合理节制国家政事。"越王问："这三种情形，各自是如何去做的？"范蠡回答说："保持国家强盛的人效法天道，使倾覆国家安定的人重视人和，合理节制国家政事的人注重地利。君王如果不问，我不敢说。天道盈满而会不溢出，盛大而不骄傲，辛劳而不夸耀其功。圣人随顺天时而行动，这叫做遵守天时。如果天时未发生变化，就不要攻打吴国；如果吴国人事未发生变化，就不要挑起事端。如今君王尚未满盈就已经溢出，尚未强盛就已经骄傲，尚未付出辛劳就已经夸耀其功，天时尚未变化就要进攻吴国，吴国人事尚未发生变化就要挑起事端，这种做法上背于天下逆人。君王如果真的要这样做，所妨害的不止是君王自身。"越王不听。

范蠡进谏曰："夫勇者，逆德也①；兵者，凶器也；争者，事之末也②。阴谋逆德③，好用凶器，始于人者，人之所卒也④；淫佚之事⑤，上帝之禁也，先行此者，不利。"王曰："无是贰言也⑥，吾已断之矣⑦！"果兴师而伐吴，战于五湖⑧，不胜，栖于会稽。

## 【注释】

①逆德：背逆的德行。

②末：最后之选。

③阴谋逆德：暗中谋划背德之事。

④始于人者，人之所卒也：从伐人开始，以被人伐告终。卒，终。

⑤淫佚：过分。

⑥无是贰言也：俞樾将此句断为"无！是贰言也"，意为"不要说了！这是扰乱军心的话"。

⑦断：下决断。

⑧五湖：菱湖、游湖、莫湖、贡湖、胥湖。

**【译文】**

　　范蠡进谏说："勇敢，是一种背逆的德行；兵器，是一种凶器；战争，是最后的选择。暗中谋划背德的事，喜欢使用凶器，从讨伐他人开始，将以被他人讨伐告终；过分的事，是上帝所禁止的，先做过分的事，对自己不利。"越王说："不要说了！这是扰乱军心的话。我已经下决断了！"越王果然起兵讨伐吴国，吴越在五湖交战，越王没有战胜，在会稽山上栖身。

　　王召范蠡而问焉，曰："吾不用子之言，以至于此，为之奈何？"范蠡对曰："君王其忘之乎？持盈者与天，定倾者与人，节事者与地。"王曰："与人奈何？"对曰："卑辞尊礼①，玩好女乐②，尊之以名③。如此不已④，又身与之市⑤。"王曰："诺。"乃令大夫种行成于吴，曰："请士女女于士，大夫女女于大夫，随之以国家之重器⑥。"吴人不许。大夫种来而复往，曰："请委管籥属国家⑦，以身随之，君王制之⑧。"吴人许诺。王曰："蠡为我守于国。"对曰："四封之内⑨，百姓之事，蠡不如种也。四封之外，敌国之制⑩，立断之事，种亦不如蠡也。"王曰："诺。"令大夫种守于国，与范蠡入宦于吴⑪。

**【注释】**

①卑辞尊礼:谦卑的言辞,尊崇的礼节。

②玩好:古玩珍宝。女乐:能歌善舞的歌女。

③尊之以名:以特别的名号尊称吴王,即下文的"天王"。

④不已:不罢休。

⑤又身与之市:又把自己卖给他。

⑥国家之重器:指镇国宝鼎之类彝器。

⑦委:交付。管籥:国库的钥匙。籥,通"钥"。属国家:交付整个
　国家。

⑧制:控制。

⑨四封:四境。

⑩敌国之制:抵制敌国的办法。

⑪入宦:入吴为其臣仆。

**【译文】**

　　越王召来范蠡询问,说:"我不听您的话,以致陷于目前这种状况,该怎么办?"范蠡说:"君王忘记了吗?保持国家强盛的人效法天道,使倾覆国家安定的人重视人和,合理节制国家政事的人注重地利。"越王问:"怎样重视人和呢?"范蠡回答说:"派使者以谦卑的言辞和尊崇的礼节去见吴王,献上古玩珍宝和能歌善舞的歌女,以特别的名号尊称吴王。如果这样做吴王仍不罢休,君王就把自己卖给他做臣仆。"越王说:"好。"于是越王命大夫文种到吴国求和,说:"越人请求将士的女儿送给吴国的士做婢妾,越国大夫的女儿送给吴国的大夫做婢妾,把越国镇国宝器也送给吴国。"吴人不允许求和。大夫文种又一次来到吴国,说:"越人请求将国库钥匙交给吴国,做吴国的附属国,越王以身随同吴王做臣仆,请吴王控制。"吴人答应了。越王说:"范蠡替我镇守国家。"范蠡说:"管理四境之内,百姓之事,范蠡不如文种。应对四境之外,如何抵制敌国,迅速做出决断,文种不如范蠡。"越王说:"好。"命令大夫文种

守卫越国,越王自己与范蠡进入吴国做臣仆。

三年①,而吴人遣之②。归及至于国,王问于范蠡曰:"节事奈何?"对曰:"节事者与地。唯地能包万物以为一③,其事不失④。生万物,容畜禽兽⑤,然后受其名而兼其利⑥。美恶皆成⑦,以养其生。时不至⑧,不可强生⑨;事不究⑩,不可强成⑪。自若以处⑫,以度天下⑬,待其来者而正之⑭,因时之所宜而定之⑮。同男女之功⑯,除民之害,以避天殃。田野开辟,府仓实,民众殷⑰。无旷其众⑱,以为乱梯⑲。时将有反⑳,事将有间㉑,必有以知天地之恒制㉒,乃可以有天下之成利㉓。事无间,时无反,则抚民保教以须之㉔。"

**【注释】**

①三年:句践入吴三年,公元前491年。

②吴人遣之:吴王将句践遣回越国。

③唯:只有。包:包容。以为一:使之成为一个整体。

④失:遗漏。

⑤畜(xù):畜养。

⑥受其名:大地承担载物之名。兼其利:兼得万物之利。

⑦美恶皆成:万物无论美恶,大地都使之成长。

⑧时:时机。

⑨强生:勉强生长。

⑩究:穷,指事物发展的转折点。

⑪强成:勉强促其成功。

⑫自若:如常。

⑬度:揣度。

⑭待其来者：等到未来时机成熟的时候。正：改正，指变不利为有利。

⑮因时之所宜：顺应适宜的时机。定：固定，巩固。

⑯同男女之功：越王夫妇如民众一样男耕女织。

⑰殷：殷实。

⑱旷：白白浪费。

⑲乱梯：导致民众动乱的阶梯。

⑳反：反转。

㉑间：间隙。

㉒恒制：常度。

㉓成利：有利的成果。

㉔抚民：抚恤人民。保教：保护教育。须：等待。

## 【译文】

三年之后，吴王将句践遣回越国。回到越国后，越王问范蠡说："怎样合理地节制国家政事呢？"范蠡回答说："合理节制国家政事的人注重地利。只有大地能够包容万物，使之成为一个整体，没有遗漏一物。地上生长万物，容纳畜养各种禽兽，然后承担载物之名而兼得万物之利。物无论美恶，大地都使之成长，人类赖以养生。时机未到，不可让万物勉强生长；事物不到转折点，不可勉强促其成功。君王以如常态度处于当世，来揣度天下事物，等到未来时机成熟的时候，变不利为有利，顺应适宜的时机而巩固有利条件。君王夫妇应该如民众一样男耕女织，为民除去祸害，来逃避上天的祸殃。将荒芜的田野开辟出来，让府库仓廪充实起来，让民众殷实起来。不要白白浪费民众的时间，以免成为导致民众动乱的阶梯。天时将会有反转的时刻，人事会有间隙可乘的时候，一定要知道天地的常道，才会获得天下有利的成果。如果人事暂时没有间隙可乘，天时尚无转机，那么就抚恤、保护、教育人民而耐心等待。"

王曰："不穀之国家，蠡之国家也，蠡其图之！"对曰："四封之内，百姓之事，时节三乐①，不乱民功②，不逆天时，五谷睦熟③，民乃蕃滋④，君臣上下交得其志，蠡不如种也。四封之外，敌国之制，立断之事，因阴阳之恒⑤，顺天地之常，柔而不屈，强而不刚，德虐之行⑥，因以为常⑦；死生因天地之刑⑧，天因人⑨，圣人因天；人自生之⑩，天地形之，圣人因而成之。是故战胜而不报⑪，取地而不反⑫，兵胜于外，福生于内，用力甚少而名声章明⑬，种亦不如蠡也。"王曰："诺。"令大夫种为之。

**【注释】**

①时节三乐：春、夏、秋三季，使民众乐于农功。

②民功：人民农功。

③睦：和。熟：成熟。

④蕃滋：繁殖增多。

⑤因阴阳之恒：顺应阴阳的常理。

⑥德：施德。虐：虐杀。

⑦常：常道。

⑧死生：执行生杀大权。因：顺应。刑：通"形"，征兆。

⑨天因人：即民为神主。

⑩人自生之：人类的吉凶是自然发生的。

⑪不报：无法报复。

⑫不反：无法收复。

⑬章明：彰显。

**【译文】**

越王说："我的国家，也就是您范蠡的国家，您为国家谋划吧！"范蠡回答说:"四境之内,百姓之事,春夏秋三季使民乐于农功,不扰乱人民农功,不违背天时,五谷得天地之和而成熟,民众人口繁殖增多,君臣上下各得其志,在这些方面范蠡不如文种。四境之外,制定应对敌国的策略,遇事当机立断,顺应阴阳的常理,随顺天地的常道,柔而不至于受屈,强而不至于太刚,无论是施德还是虐杀,都顺应天地的常道;顺应天地的征兆来决定人之生死,上天顺应民众的意志,圣人顺应上天的意志;人类的吉凶是自然发生的,其征兆由天地自然现象体现出来,圣人顺应天地规律而获得成功。因此战胜敌人而使之无法报复,夺取敌国土地而使之无法收回,军队在国外打胜仗,福泽产生于国内,用力很少而名声显扬,在这些方面文种不如范蠡。"越王说:"好。"于是命大夫文种处理国内事务。

## 范蠡劝句践无蚤图吴

　　四年①,王召范蠡而问焉,曰:"先人就世②,不穀即位。吾年既少,未有恒常③,出则禽荒④,入则酒荒⑤。吾百姓之不图⑥,唯舟与车。上天降祸于越,委制于吴⑦。吴人之那不穀⑧,亦又甚焉⑨。吾欲与子谋之,其可乎?"对曰:"未可也。蠡闻之,上帝不考⑩,时反是守⑪,强索者不祥⑫。得时不成⑬,反受其殃。失德灭名⑭,流走死亡⑮。有夺⑯,有予⑰,有不予⑱,王无蚤图⑲。夫吴,君王之吴也,王若蚤图之,其事又将未可知也。"王曰:"诺。"

**【注释】**

①四年:越王句践归国四年,公元前490年。

②先人:指句践之父允常。就世:去世。

③未有恒常:没有恒常之心。

④禽荒:沉溺于田猎。

⑤酒荒:沉湎于宴饮。

⑥图:考虑。

⑦委制:归顺并接受约束。

⑧之那:之于。

⑨亦又甚焉:也太过分了。

⑩考:成,扶助。

⑪时反:时机反转。守:等待。

⑫强索者:不顾时机而强求。

⑬得时:得到天时。不成:不能成事。

⑭失德:失去德行。灭名:毁灭名声。

⑮流走:流亡奔逃。

⑯有夺:有国家被人夺取。

⑰有予:有国家被上天赐予好运。

⑱有不予:有国家被上天所抛弃。

⑲蚤:通"早"。

**【译文】**

句践归国四年,越王召来范蠡询问,说:"先王去世,我继承王位。我年纪轻,没有恒常之心,出宫便沉溺于田猎,入宫便沉湎于宴饮。我没有为老百姓考虑,只想乘舟车游玩。上天给越国降下大祸,让越国受制于吴国。吴人对我,做得太过分了。我想与您谋划伐吴,可以吗?"范蠡回答说:"不可以。我听说,上帝不扶助,只有等待时机的反转。不顾时机而强求,结果不会吉祥。得到天时而不能成事,反而会遭到祸殃。失去德行,毁灭名声,流亡奔逃,乃至死亡。有国家被人夺取的情形,有国家被上天赐予好运的情形,有国家被上天抛弃的情形,君王不要过早地图谋伐吴。吴国,迟早是君王的吴国,君王如果过早地图谋伐吴,那么情况又会是不可预料的。"越王说:"好。"

# 范蠡谓人事至而天应未至

又一年<sup>①</sup>,王召范蠡而问焉,曰:"吾与子谋吴,子曰'未可也',今吴王淫于乐而忘其百姓,乱民功,逆天时;信谗喜优<sup>②</sup>,憎辅远弼<sup>③</sup>,圣人不出<sup>④</sup>,忠臣解骨<sup>⑤</sup>;皆曲相御<sup>⑥</sup>,莫适相非<sup>⑦</sup>,上下相偷<sup>⑧</sup>。其可乎?"对曰:"人事至矣,天应未也<sup>⑨</sup>,王姑待之。"王曰:"诺。"

**【注释】**

①又一年:承上文,此年为公元前489年。

②优:俳优,即供君主取乐的歌女及侏儒。

③憎:憎恶。远:疏远。辅、弼:指朝廷辅佐大臣。

④圣人:通才达智之人。

⑤解骨:解体,指失去生命。

⑥曲:曲意。御:迓,迎,指迎合君主。

⑦莫适相非:吴国群臣无人敢非议国王。适,坚持己见。

⑧偷:苟且。

⑨天应:上天的感应。

**【译文】**

又过了一年,越王召范蠡问道:"我和您谋划伐吴,您说'不可以',现在吴王沉溺于歌舞声色,而忘记百姓,兴徭役扰乱民事,违背天时;听信谗言,喜欢俳优,憎恨辅臣,远离良弼,吴国的通才圣人都隐藏山林,忠臣失去生命,朝臣们都曲意迎合君主,无人敢非议吴王,上下苟且。现在大概可以讨伐了吧?"范蠡回答说:"人事上是可以了,上天的感应还没有到呢。君王姑且等待吧。"越王说:"好。"

## 范蠡谓先为之征其事不成

又一年①,王召范蠡而问焉,曰:"吾与子谋吴,子曰'未可也',今申胥骤谏其王②,王怒而杀之,其可乎?"对曰:"逆节萌生③。天地未形④,而先为之征,其事是以不成,杂受其刑⑤。王姑待之。"王曰:"诺。"

**【注释】**

①又一年:承上文,此年为公元前 488 年。

②申胥:伍子胥。骤谏:屡次劝谏。

③逆节萌生:反常情形开始萌生。

④天地未形:天地尚未出现吴亡的征兆。

⑤杂:通"匝",反而。

**【译文】**

又过了一年,越王召来范蠡询问,说:"我与您谋划伐吴,您说'不可以',如今伍子胥屡次劝谏吴王,吴王愤怒,杀死了伍子胥,现在该可以讨伐了吧?"范蠡回答说:"吴国反常的情形开始萌生。不过天地尚未出现吴国灭亡的征兆,如果先行征讨,其事可能会因此不成功,反过来还会受其害。君王姑且等待吧。"越王说:"好。"

## 范蠡谓人事与天地相参乃可以成功

又一年①,王召范蠡而问焉,曰:"吾与子谋吴,子曰'未可也'。今其稻蟹不遗种②,其可乎?"对曰:"天应至矣,人事未尽也,王姑待之。"王怒曰:"道固然乎③,妄其欺不穀邪④?吾与子言人事,子应我以天时;今天应至矣,子应我以人事。何也?"范蠡对曰:"王姑勿怪。夫人事必将与天地相参,然后乃可以成功。今其祸新民恐⑤,其君臣上下,皆知其资财之不足以支长久也,彼将同其力,致其死,犹尚殆⑥。王其且驰骋弋猎⑦,无至禽荒;宫中之乐,无至酒荒;肆与大夫觞饮⑧,无忘国常⑨。彼其上将薄其德⑩,民将尽其力⑪,又使之望而不得食⑫,乃可以致天地之殛⑬。王姑待之。"

**【注释】**

①又一年:承上文,此年为公元前487年。

②稻蟹不遗种:稻谷与螃蟹都死光了。

③道固然乎:道理本来是这样的吗?

④妄:通"亡",读为"无"。

⑤祸新民恐:新遇饥荒之祸,民心惊恐。

⑥犹尚殆:目前伐吴仍有危险。

⑦弋猎:田猎。

⑧肆:放肆地。觞饮:举杯饮酒。

⑨国常:国家正常政事。

⑩彼:指吴国。上将薄其德:在上位者更加不修德行。

⑪民将尽其力:民力将被盘剥殆尽。

⑫望而不得食:怨望其君而又没有粮食吃。望,怨望。

⑬殛:诛。

**【译文】**

又过了一年,越王召来范蠡询问,说:"我与您谋伐吴国,您说'不可以'。如今吴国稻谷螃蟹都死光了,该可以讨伐了吧?"范蠡回答说:"上天的感应已经出现了,可是人事尚未成熟,君王姑且等待吧!"越王生气地说:"道理本来就这样的吗? 该不是您在欺骗我吧? 我与您谈人事,您以天时来回应我;如今上天感应出现了,您又以人事回应我。这是为什么?"范蠡回答说:"君王姑且不要怪罪。人事一定要与天地互相参照,然后才可以成功。如今吴国新遇饥荒之祸,民心惊恐,君臣上下都知道资财不能长久支持,他们将会同心协力,舍生忘死,所以目前伐吴仍有危险。君王还是去驰骋打猎,只是不要沉迷猎禽之中;享受宫中之乐,只是不要沉湎于酒;可以放肆地与大夫畅饮,只是不要忘记国家正常政事。吴国君臣将会更加不修德行,民力将被盘剥殆尽,民众怨望其君而又没有粮食吃,届时才可以行使天地的诛罚。君王姑且等待吧!"

# 越兴师伐吴而弗与战

至于玄月①,王召范蠡而问焉,曰:"谚有之曰:'觥饭不及壶飧②。'今岁晚矣,子将奈何?"对曰:"微君王之言③,臣故将谒之④。臣闻从时者⑤,犹救火、追亡人也⑥,蹶而趋之⑦,惟恐弗及。"王曰:"诺。"遂兴师伐吴,至于五湖。

**【注释】**

①玄月:九月。

②觥(gōng)饭:大餐。觥,大。壶飧(sūn):壶装的水泡饭。飧,水泡饭。

③微:无。

④谒:请求。

⑤从时者:善于抓时机的人。

⑥追亡人:追赶逃亡的人。

⑦蹶:跌跌撞撞。趋:快跑。

**【译文】**

到了九月,越王召来范蠡询问,说:"有谚语说:'吃大餐固然好,但比不上水泡饭救急充饥。'如今岁月已经晚了,您打算怎么办?"范蠡回答说:"如果没有君王的催促,我本来也会求见君王了。我听说,善于抓时机的人,像救火、追逃犯一样,跌跌撞撞地快跑,唯恐赶不上。"越王说:"好。"于是起兵伐吴,到达五湖。

吴人闻之,出而挑战,一日五反①。王弗忍,欲许之②。范蠡进谏曰:"夫谋之廊庙③,失之中原,其可乎?王姑勿许也。臣闻之,得时无怠④,时不再来,天予不取,反为之灾。赢缩转化⑤,后将悔之。天节固然⑥,唯谋不迁⑦。"王曰:"诺。"弗许。

**【注释】**

①一日五反:挑战者一天往返五次。

②欲许之:想允许吴人,与之决战。

③廊庙:朝廷。

④得时无怠:得到时机,千万不可懈怠。

⑤赢缩转化:进退变化。

⑥天节固然:天道本来如此。

⑦唯谋不迁:只要谋定就不变动。

**【译文】**

吴人听说越人来伐,出兵挑战,一天五次往返。越王忍不住,想应战。范蠡进谏说:"在朝廷中谋划好,却又失之于原野,这样做可以吗?君王姑且不要应战。我听说,得到时机,千万不可懈怠,时机不会再来,上天赐予却不取,反而成为祸灾。进退变化,日后将会后悔。天道本来如此,只要计谋已定就不变动。"越王说:"好。"于是不去应战。

范蠡曰:"臣闻古之善用兵者,赢缩以为常①,四时以为纪②,无过天极③,究数而止④。天道皇皇⑤,日月以为常,明者以为法⑥,微者则是行⑦。阳至而阴⑧,阴至而阳;日困而还⑨,月盈而匡⑩。古之善用兵者,因天地之常,与之俱行。后则用阴⑪,先则用阳⑫;近则用柔⑬,远则用刚⑭。后无阴蔽⑮,先无阳察⑯,用人无艺⑰。往从其所⑱,刚强以御⑲,阳节不尽⑳,不死其野㉑。彼来从我㉒,固守勿与㉓。若将与之㉔,必因天地之灾㉕,又观其民之饥饱劳逸以参之㉖。尽其阳节、盈吾阴节而夺之㉗。宜为人客㉘,刚强而力疾;阳节不尽㉙,轻而不可取㉚。宜为人主㉛,安徐而重固㉜;阴节不尽㉝,柔而不可迫㉞。凡陈之道㉟,设右以为牝㊱,益左以为牡㊲,蚤晏无失㊳,必顺天道,周旋无究㊴。今其来也,刚强而力疾,王姑待之。"王曰:"诺。"弗与战。

**【注释】**

①赢缩以为常:根据金星方位决定军队进退,以此为用兵常法。

②四时以为纪:以四季运行作为用兵的规律。

③无过天极:不要超过天的准则。

④究数而止:尽天数而止。

⑤皇皇:明显。

⑥明:指日月之明。法:法则。

⑦微:指日月昏暗。是行:行事。

⑧至:极。

⑨困:日落。还:东升。

⑩匡:亏缺。

⑪后:指后发制人。用阴:运用阴柔方法。

⑫先:指先发制人。用阳:运用阳刚方法。

⑬柔:阴柔。

⑭刚:阳刚。

⑮后:后发制人者。阴蔽:退缩。

⑯先:先发制人者。察:显露。

⑰用人:用兵。艺:常道。

⑱往从其所:进攻敌人住所。

⑲刚强以御:遭到敌人顽强的抵抗。

⑳阳节不尽:敌人强大力量尚未用尽。

㉑不死其野:不要死于原野。

㉒彼:敌方。从我:攻打我方。

㉓勿与:不与它交战。

㉔与之:与敌交战。

㉕因天地之灾:顺应敌国的天地自然灾害。

㉖参:参考。

㉗尽:消耗殆尽。阳节:敌人强大力量。盈吾阴节:让我方阴柔力量盈满。夺之:夺取胜利。

㉘人客:进攻一方。

㉙阳节不尽:敌方强大兵力尚未用尽。

㉚轻而不可取:似可轻易取胜,实则不易攻取。

㉛人主:守势一方。

㉜安徐:从容。重固:持重稳固。

㉝阴节不尽:取守势一方阴柔力量尚未耗尽。

㉞柔而不可迫:看似柔弱,实则不可进逼。

㉟陈:兵阵。

㊱牝:虚。

㊲牡:实。

㊳蚤晏:早晚。

㊴周旋无究:循环无穷。

### 【译文】

范蠡说:"我听说古代善于用兵的人,根据金星方位决定进退,以此为常法,以四季运行作为用兵的规律,不要超过上天的准则,直到尽其天数为止。天道是很明显的,日月运行有其常道,日月明亮的时候作为法则,日月昏暗的时候行事。阳极则变阴,阴极则变阳;日头西落又东升,月满之后又亏缺。古代善于用兵的人,顺应天地的常道,与天地四时一起行动。后发制人者用阴柔方法,先发制人者用阳刚方法;对付近敌运用阴柔方法,对付远敌运用阳刚方法。后发制人者不要过于退缩,先发制人者不要过于显露,用兵本来就没有不变的常道。前往进攻敌人住所,会遭到敌人顽强的抵御,在敌人强大力量尚未用尽之际,进攻一方要保存自己力量,不要死于原野。如果敌人来攻打我方,则要固守阵地,不与它交战。如果将要与敌交战,必须顺应敌国的天地灾害,再观察敌国民众饥饱、劳逸情况进行参考。待到敌人强大力量消耗殆尽,我方阴柔力量盈满,然后夺取胜利。作为进攻一方,应该是刚强有力迅疾者,敌方强大兵力尚未用尽,看似可以轻易取胜,实则不易攻取。作为守势一方,应该从容沉稳,阴柔力量尚未耗尽,看似柔弱,实则不可进逼。凡是布兵用阵之道,设右翼以为虚,壮大左翼以为实,早晚都不要有疏失,一定要顺应上天之道,如此循环往复以致无穷。吴军现在刚刚出兵,正处在刚强有力迅疾的时候,君王姑且等待吧!"越王说:"好。"不与吴人交战。

# 范蠡谏句践勿许吴成卒灭吴

　　居军三年,吴师自溃。吴王帅其贤良,与其重禄<sup>①</sup>,以上姑苏<sup>②</sup>。使王孙雒行成于越<sup>③</sup>,曰:"昔者上天降祸于吴,得罪于会稽。今君王其图不榖,不榖请复会稽之和<sup>④</sup>。"王弗忍,欲许之。范蠡进谏曰:"臣闻之,圣人之功,时为之庸<sup>⑤</sup>。得时不成,天有还形<sup>⑥</sup>。天节不远<sup>⑦</sup>,五年复反<sup>⑧</sup>,小凶则近<sup>⑨</sup>,大凶则远。先人有言曰:'伐柯者其则不远<sup>⑩</sup>。'今君王不断<sup>⑪</sup>,其忘会稽之事乎?"王曰:"诺。"不许。

**【注释】**

①重禄:宝璧。

②姑苏:台名,为夫差所筑,在今苏州西南。

③王孙雒:吴国大夫。

④请复会稽之和:请求按照会稽和约模式讲和。

⑤庸:用。

⑥还:反。形:通"刑",惩罚。

⑦天节:上天节期。

⑧五年复反:五年再闰,喻五年后吴越形势会发生逆转。

⑨凶:祸。

⑩伐柯:伐木作为斧柄。则:取法准则。

⑪断:决断。

**【译文】**

　　越军围吴三年,吴军自己崩溃。吴王率领贤良大夫,带上宝璧,逃上姑苏台。派王孙雒向越国求和,说:"以前上天降大祸给吴国,在会稽得罪了越王。如今越王图谋报复我,我请求按照会稽方式讲和。"越王心存不忍,想答应吴人。范蠡进谏说:"我听说,圣人立功,注重天时的运用。得到天时而不能成功,上天反过来会有惩罚。上天节期不会遥远,五年就会有一个反复,小祸近在眼前,大祸远在后面。古人有话说:'伐斧柄者,斧柄样子就在自己手里。'现在君王不决断,您难道忘记了会稽的事吗?"越王说:"好。"不应许吴人求和。

　　使者往而复来,辞愈卑,礼愈尊,王又欲许之。范蠡谏曰:"孰使我蚤朝而晏罢者①,非吴乎? 与我争三江、五湖之利者,非吴耶? 夫十年谋之②,一朝而弃之,其可乎? 王姑勿许,其事将易冀已③。"王曰:"吾欲勿许,而难对其使者,子其对之。"范蠡乃左提鼓,右援枹④,以应使者曰:"昔者上天降祸于越,委制于吴,而吴不受。今将反此义以报此祸⑤,吾王敢无听天之命,而听君王之命乎?"王孙雒曰:"子范子,先人有言曰:'无助天为虐,助天为虐者不祥。'今吴稻蟹不遗种,子将助天为虐,不忌其不祥乎⑥?"范蠡曰:"王孙子,昔吾先君固周室之不成子也⑦,故滨于东海之陂⑧,鼋鼍鱼鳖之与处⑨,而蛙黾之与同渚⑩。余虽觍然而人面哉⑪,吾犹禽兽也,又安知是諓諓者乎⑫?"王孙雒曰:"子范子将助天为虐,助天为虐不祥。雒请反辞于王⑬。"范蠡曰:"君王已委制于执事之人矣⑭。子往矣,无使执事之人得罪于子。"使者辞反⑮。范蠡不报于王,击鼓兴师以随使者,至于姑苏之宫,不伤越民,遂灭吴。

【注释】

①蚤朝而晏罢:早听朝,晚罢朝。

②十年谋之：句践宦吴三年，返国四年，居军三年，共十年。

③易冀已：容易有希望了。

④援枹：拿鼓槌。

⑤反此义：一反此道。

⑥不忌：不忌讳。

⑦吾先君固周室之不成子：不成子，不成国的子爵。按，《史记·越王句践世家》与《吴越春秋》都说越王句践是禹的后代，在夏朝已分封立国；而《韩诗外传》则曰"越亦周室之列封也"，与《国语》都说是周时的封国。

⑧故：从前。滨：邻近。陂：岸。

⑨鼋（yuán）：大鳖。鼍（tuó）：扬子鳄。

⑩黾（měng）：蛙的一种，或曰即金钱蛙。渚：水中小洲。

⑪觍（tiǎn）然：面目具备的样子。

⑫谗谀（jiàn）：巧辩之言。

⑬反辞于王：回禀越王。

⑭委制于执事之人：授权于办事人员。

⑮反：同"返"。

## 【译文】

吴国使者去而又来，言辞越来越谦卑，礼节越来越尊重，越王又想答应吴人求和。范蠡劝谏说："谁迫使我们早上朝晚罢朝，不就是吴国吗？与我们争夺三江、五湖利益的，不就是吴国吗？我们用了十年时间谋划伐吴，现在一个早上就抛弃了，这样做可以吗？君王姑且不要答应他们，这样事情就容易有希望了。"越王说："我是想不答应，但是我难以面对吴国使者，您去应对他吧。"范蠡于是左手提战鼓，右手拿鼓槌，去应对吴国使者说："从前上天降给越国灾祸，使越国听命吴国宰割，但吴国却不接受上天的礼物。如今越国将要一反吴国姑息之道来处理吴人灭国之祸，我们越王怎么敢不听上天的命令，而听吴王的命令呢？"王孙雒说:"范先生,古人有话说:'不要助天为虐,助天为虐的人不吉祥。'现在吴国稻谷和螃蟹都死光了,您还要助天为虐,不怕不吉祥吗?"范蠡说:"王孙先生,从前我们越人先王本来就是周王室不成国的子爵,住在东海岸边,与鼋鼍鱼鳖相处,和青蛙、金钱蛙同居一个小洲,我们虽然长了一副人的面孔,实际上如同禽兽一般,哪里知道你这些花言巧语呢?"王孙雒说:"范先生将要助天为虐,助天为虐不吉祥。我请求回禀越王。"范蠡说:"君王已经授权给我了。你走吧! 不要让我得罪你。"吴国使者告辞返回。范蠡不禀报越王,击鼓起兵跟随在使者之后,一直追到姑苏台,越人没有伤亡,于是灭亡吴国。

# 范蠡乘轻舟以浮于五湖

　　反至五湖,范蠡辞于王曰:"君王勉之,臣不复入越国矣。"王曰:"不穀疑子之所谓者何也①?"对曰:"臣闻之,为人臣者,君忧臣劳,君辱臣死。昔者君王辱于会稽,臣所以不死者,为此事也②。今事已济矣③,蠡请从会稽之罚④。"王曰:"所不掩子之恶,扬子之美者⑤,使其身无终没于越国⑥。子听吾言,与子分国。不听吾言,身死,妻子为戮。"范蠡对曰:"臣闻命矣。君行制⑦,臣行意⑧。"遂乘轻舟以浮于五湖,莫知其所终极。

**【注释】**

①不穀疑子之所谓者何也:我不明白您说的是什么意思。

②此事:指句践复仇之事。

③济:成功。

④从:接受。

⑤所不掩子之恶,扬子之美者:所不……者,这是古代发誓的一种
　句式。所,若。

⑥使其身无终没于越国:让他不要死在越国而客死他乡。

⑦制:法令。

⑧意:意愿。

**【译文】**

返回到五湖,范蠡向越王告辞说:"君王好自为之,臣不再进入越国
了。"越王说:"我不明白您所说的是什么意思?"范蠡回答说:"臣听说
过,身为人臣,如果君主忧患,人臣就要为之操劳;如果君主受辱,人臣
就要为之死节。以前君王在会稽受辱,那时臣之所以没有死,就是为了
复仇大事啊。今天复仇大事已经成功,范蠡请求接受会稽之处罚。"越
王说:"今后我如果不掩藏您的恶行,不宣传您的美德,让我客死在越国
之外。您听从我的话,我与您分享越国。如果不听我的话,您会被杀
死,妻子也要处死。"范蠡回答说:"臣已经听到了君王的命令。君王可
以制定法令,人臣也可以按自己意愿行事。"于是范蠡乘一叶扁舟泛于
五湖,没有人知道他的结局。


　　王命工以良金写范蠡之状而朝礼之①,浃日而令大夫朝
之②,环会稽三百里者以为范蠡地③,曰:"后世子孙,有敢侵
蠡之地者,使无终没于越国,皇天后土、四乡地主正之④。"


**【注释】**

①工:指铸造工匠。良金:上等黄金。写范蠡之状:铸造范蠡形状。
　朝礼:指越王亲自朝拜施礼。

②浃(jiā)日:每隔十天。

③环:周围,环绕。

④四乡:四方。地主:地祇。正:通"证"。

**【译文】**

越王命令工匠用上等黄金铸造范蠡像而亲自朝拜，又命令越国大夫每隔十日朝拜范蠡像，以会稽周围三百里作为范蠡封地，说："后世子孙，如果敢有侵犯范蠡之地者，要让他在越国不得善终，皇天后土、四方地祇可以为证。"

# 中华经典名著
## 全本全注全译丛书
### （已出书目）